Mein gnädigster Herr! Meine gütige Korrespondentin!

Fanny Lewalds Briefwechsel
mit Carl Alexander von Sachsen-Weimar

Mein gnädigster Herr!
Meine gütige Korrespondentin!

Fanny Lewalds Briefwechsel
mit
Carl Alexander von Sachsen-Weimar
1848–1889

Mit einer Einführung
von Eckart Kleßmann

2000
Verlag Hermann Böhlaus Nachfolger Weimar

Anmerkungen von Rudolf Göhler
Zeittafeln von Ulrike Nikel

Die Deutsche Bibliothek – CIP-Einheitsaufnahme

Lewald, Fanny:
Mein gnädigster Herr! Meine gütige Korrespondentin! : Fanny Lewalds Briefwechsel mit Carl Alexander von Sachsen-Weimar 1848 – 1889 / mit einer Einf. von Eckart Kleßmann und Anm. von Rudolf Göhler. – Weimar : Verlag Hermann Böhlaus Nachfolger Weimar, 2000
ISBN 3-7400-1112-2

Gedruckt auf chlorfrei gebleichtem, säurefreiem und alterungsbeständigem Papier

ISBN 3-7400-1112-2

Dieses Werk einschließlich aller seiner Teile ist urheberrechtlich geschützt. Jede Verwertung außerhalb der engen Grenzen des Urheberrechtsgesetzes ist ohne Zustimmung des Verlages unzulässig und strafbar. Das gilt insbesondere für Vervielfältigungen, Übersetzungen, Mikroverfilmungen und die Einspeicherung und Verarbeitung in elektronischen Systemen.

© 2000 Verlag Hermann Böhlaus Nachfolger Weimar
Umschlaggestaltung: Ise Billig
Umschlagmotiv: Fanny Lewald und Carl Alexander von Sachsen-Weimar.
Foto: AKG, Berlin
Satz: Johanna Boy, Brennberg
Druck und Bindung: Franz Spiegel Buch GmbH, Ulm
Printed in Germany

Inhalt

Einführung von Eckart Kleßmann XI

BRIEFE

I 27. Oktober 1848 – 19. Juni 1849 3
   Das »Italienische Bilderbuch« – Goethe und Frau von Stein –
   Politische Zustände in Preußen – Frau von Schwendler – »Prinz
   Louis Ferdinand« – Franzensbad – Stahrs »Ein Jahr in
   Italien« – Rückblick auf den 22. 10. 1848 – Die
   Preußischen Kammern – »Erinnerungen aus dem Jahre 1848«
   – Levin Schückings »Eine Römerfahrt« – Mirabeaus Briefe –
   Die Wundertäterin Luise Braun – Bettine v. Arnim –
   Politische Zustände Deutschlands – Therese v. Bacheracht –
   Carl Alexanders Teilnahme am dänischen Krieg 1849

II 26. September 1849 – 22. April 1850 33
   Fanny Lewald auf Helgoland – Liszt – Politische Märtyrer –
   »Liebesbriefe eines Gefangenen« – Großherzog Carl August –
   Fanny Lewalds Religion – Amely Bölte – Rückkehr des
   Prinzen v. Preußen aus Schleswig-Holstein – Johann Jakoby –
   Therese v. Lützow – »Jenny« – Adolf Stahr – Richard
   Wagners »Die Kunst und die Revolution« – Macaulays
   »Geschichte Englands« – Benedikt Waldeck – Griepenkerls
   »Robespierre« – Schloß Biljoen – Carl Alexanders Petschaft –
   Thackerays »Vanity Fair« – Eugen Sues »Juif errant« –
   Dickens »Dombey und Sohn« – Ein Brief Thereses –
   Färbermeister Beckendorf

III 11. Juni 1850 – 19. Dezember 1851 69
   Fanny Lewald in England – Macaulay und Thackeray –
   Konsul Kahlmann – Madame Brandt – Mr. Robert
   Chambers – Miß Jewsbury – »Dünen- und Berggeschichten« –
   Hermann Hettner – Paris und der Louvre – »Auf roter Erde«
   – Gutzkows »Ritter vom Geiste« – Das Kinderidyll in
   Nischwitz – Fanny Lewald und Adolf Stahr in Weimar –
   Die Wartburg – Fanny Lewald in Jena – A. v. Humboldt –
   Kanzler Müller – Goethestiftung – Fanny Lewald in Weimar
   – Vorträge Hettners und von Seebecks – Weimarische Öfen –
   Liszts »Lohengrin und Tannhäuser«

IV 1. März 1852 – 31. März 1853 101

Fanny Lewald in Berlin – Stahr siedelt nach Jena über – Der russische Kaiser in Berlin – Berliner Denkmäler – Gustav Bläser – Fanny Lewald in Rudolstadt – Carl Alexanders Italienreise – Stahrs Ehescheidung – Das Lutherbett – Hausbrand in Jena – Tod Thereses v. Lützow – Berthold Sigismund – Rietschels Goethe-Schiller-Denkmal – Gassers Wielandstatue – Die Berliner Theater – »Die Wandlungen«

V 24. Juli 1853 – 12. Februar 1855 125

Carl Alexanders Regierungsantritt – Seine Bemühungen in Stahrs Eheangelegenheiten – Griepenkerls »Girondisten« – Wilhelmine Klauß – Marmorrelief der Schröder-Devrient – Moritz Hartmann – Stahrs »Torso« – Der 6. Februar 1855 – Hauenschilds Tod

VI 19. Juli 1855 – 5. Februar 1860 145

»Adele« – Breslau und Freytags »Soll und Haben« – Alwin Stahr – Elise Schmidt – »Deutsche Lebensbilder« – Weimarer Festtage September 1857 – Jenaer Universitätsfeier August 1858 – Stahrs »Lessing« – Major Beitzke – Stahr und Fanny Lewald in Oberitalien – Friedrich Nerly – Prinz Wilhelm von Preußen – Tod der Prinzessin Sophie – Gemeinsamer Aufenthalt auf Helgoland – Die Benachteiligung der schriftstellernden Frau in Deutschland

VII 7. September 1860 – 13. Dezember 1864 173

Die neue Wartburg – Verdienst des Großherzogs um die Thüringer Industrie – Fanny Lewalds schwere Erkrankung – Ihre Bitte für ihren Stiefsohn Alwin – »Lebensgeschichte« – Briefwechsel Carl Augusts mit Goethe – Der dänische Krieg 1863/64 – »Von Geschlecht zu Geschlecht« – Der Roman »Le maudit« – Die Shakespeareaufführungen in Weimar – »Osterbriefe« – Die mindere Bewertung der Künstlerinnen – Carl Alexanders Einspruch dagegen – Gemeinsamer Aufenthalt in Ostende – Alwin Stahrs Verlobung – »Poesie und Prosa« – Rückkehr der preußischen Truppen aus Holstein

VIII 18. Mai 1865 – 16. April 1867 198
Gutzkows tragisches Geschick – Der Tod des russischen Thronfolgers – Liszt als Abbé – Die Stahrsche Familie – Graf Kalckreuth – Stahrs »Römische Kaiserfrauen« – Georg Ebers – Ernst Häckel – »Von Geschlecht zu Geschlecht« 2. Abt. – Stahrs »Goethes Frauengestalten« – Der Bruderkrieg 1866 – Stahrs schwere Erkrankung – Zweiter römischer Aufenthalt – Römische Zustände – Liszt – Stahrs neue Erkrankung – Der Herzog von Sermoneta und seine Familie – Storys Atelier – August Goethes Grab in Rom

IX 23. September 1867 – 22. Februar 1869 222
Aufenthalt in Glion und Montreux – Wartburgfeier – Ein Lessingbild – Garibaldi und der Genfer Friedenskongress – »Zehn Artikel wider den Krieg« – Kurd v. Schlözer – Carl Alexanders silberne Hochzeit – Alwin Stahr als Lebensretter – Stahrs Töchter – »Jasch« – »Revue des deux mondes« – Prof. Karl Vogt – Oberst Frigyesi – Der drohende Krieg mit Frankreich – Der alte Fritz – Russischer Aberglaube – Die Deutschen in den Ostseeprovinzen – Stahrs »Der Kommunismus und die deutschen Klassiker« – Weimars Museumsbau – Dr. Anton Dohrn – Fanny Lewald und Stahr in Lille – »Villa Riunione« – Fannys »Tagebuch vom Genfersee« – Stahrs »Ein Winter in Rom« – »Lanfreys L'histoire de Napoléon I.«

X 28. Januar 1870 – 29. Oktober 1873 254
»Für und wider die Frauen« – Stahrs »Vierzehn Tage im Elsass« – Goethes Unterhaltungen mit dem Kanzler v. Müller – Sulpiz Boisserée – »Nella« – Wagners »Meistersinger« – Das Weimarer Museum – Verlobung des Erbgroßherzogs – Alwin Stahr muss Lille verlassen – Der Siemeringsche Fries – Ottilie v. Goethe – Ludmilla Assings »Briefwechsel und Tagebücher des Fürsten Pückler-Muskau« – »Die Erlöserin« – Der zunehmende Luxus – Katharine Baum – Die Hochzeit des Erbgroßherzogs – Siegessäule in Berlin – Konsul Marchand – Briefe der Prinzessin Caroline an Schillers Frau

XI 13. Juli 1874 – 19. November 1876 284
Bad Liebenstein – »Benedikt« – Stahrs »Frau von Stein« – Frau von Heldburg – »Zur Volkserziehung« – Großherzog Karl Friedrich – Stahrs 70. Geburtstag – »Benvenuto« – »Goethes Tagebücher« – Denkmal des Freiherrn vom Stein in Berlin – Carl August-Denkmal – Faust-Vorstellungen in Weimar – Briefe der Brüder Humboldt an Goethe – Geburt des Prinzen Wilhelm Ernst – Stahrs Tod in Wiesbaden

XII 29. Dezember 1876 – 12. November 1878 310
Herman Grimms »Neue Novellen« – Goethes »Dichtung und Wahrheit« – Rietscheldenkmal und Fürstenfries in Dresden – F. Lewald in Rom – »Briefe in die Heimat« – Maler v. Otterstedt – Tod Viktor Emanuels – Italienische Sittenlosigkeit – Boitos Oper »Mefistofele« – Tod von Papst Pius IX. – Donizettis »Belisario« – Carl Alexanders 25-jähriges Regierungsjubiläum – Untergang des »Großen Kurfürsten« – Attentate auf Kaiser Wilhelm I. – Auflösung des Reichstags – Die Zeit Goethes und die unruhige Gegenwart – Carl Alexander und Dr. Ried – Die Verdienste des Großherzogs um Weimar

XIII 11. Januar 1879 – 5. März 1881 344
Sehnsucht nach Italien – Deutschlands politische Verhältnisse im Vergleich mit den englischen – Kingsley »Hypatia« und Hausraths »Anfänge des Christentums« – Kopenhagen und Lübeck – Sammlung der Kunstschätze in Deutschland – »Reisebriefe« – »Vater und Sohn« – »Helmar« – Goethes Standbild und Königin Luise-Denkmal in Berlin – Gerbermühle bei Offenbach – Goethe-Jahrbuch – Goethes Brustbild von Kolbe – Dr. Ludwig Geiger – Fanny Lewalds letzter Aufenthalt in Rom – Aufdeckung neuer Katakomben und des Isistempels – Bildhauer Hermann Wittig

XIV November 1881 – 6. Dezember 1884 369
»Sorrentiner Stilleben« – Berthold Auerbach – Kaiserin Augusta – »Berlin in Frascati« – »Abschied von Rom« – Bürgeler Tonwaren – Schillers »Wallenstein« – Ernest Rénan »Les apôtres« – Typhus in Rom – Bildhauer Römer – Siemerings Gräfe-Denkmal – Wartburgsprüche – Bilder von Wereschtschagin und Neuville – Tod des Prinzen Karl von Preußen und Wolfgang Goethes – »Modische Wohnungen« – »Stella« – Walter Robert-Tornow – Urteil über Holland

XV 27. Januar 1885 – 4. Juli 1889 394
Richard Voß – Carmen Sylvas »Aus zwei Welten« – Das Bild des Großherzogs – Walter Goethes Tod und sein Vermächtnis – Fanny Lewalds Wohnungswechsel – Stahrs Bibliothek – Die Lutherspiele in Jena – »Im Abendrot« – Prinzessin Elisabeth – Gurlitts Kunstsalon – »Reiche Bettler« – Tod König Ludwigs II. von Bayern – Liszts Tod – »Familie Darner« – von Loën – Tod Kaiser Wilhelms I. – »Zwölf Bilder nach dem Leben« – Carl Alexanders Unfall – Hass der Schweizer gegen Deutschland – Frau v. Olfers – Katastrophe von Mayerling – Shakespeare- und Goethe-Stiftung – Goethe und Schiller-Archiv

Anmerkungen 421

Zeittafel Fanny Lewald 445
Zeittafel Carl Alexander von Sachsen-Weimar 450

Personenregister 455

Einführung

Nein, eine deutsche George Sand ist sie nie gewesen, obwohl die Kritik sie oft und gern als eine solche sah. »Dazu waren der Boden, von dem wir ausgingen, dazu waren unsere Anlagen und unsere religiösen und sozialen Anschauungen schon viel zu sehr voneinander verschieden«, schrieb Fanny Lewald 1861 in *Meine Lebensgeschichte*, worin sie auch ihre zeitweilige »blinde Verehrung für George Sand« einräumt. Allein schon gleich der Französin sich in Männerkleidung und Zigarren rauchend der Öffentlichkeit zu präsentieren (womit sich die Öffentlichkeit, zumal in Deutschland, weitaus lieber befaßte denn mit George Sands literarischem Werk), wäre Fanny Lewald am wenigsten in den Sinn gekommen, denn sie sah ihre Aufgabe nicht darin, die Gesellschaft durch Äußerlichkeiten zu provozieren, ja sie wollte es nicht einmal mit ihrem literarischen Werk, dem sie nicht eine provokante, sondern aufklärerische Funktion beimaß. Das hatte mit ihrer Herkunft zu tun.

Geboren am 24. März 1811 in Königsberg (Ostpreußen) als erstes Kind des jüdischen Kaufmanns David Marcus, der 1831 mit seiner Familie den Namen Lewald annimmt, ein Jahr nach Fannys Taufe. Sie wächst mit sieben Geschwistern auf, um deren Erziehung sie sich kümmern muß, da die Mutter sehr oft krank ist und schon mit 50 Jahren stirbt. Fanny bekommt eine gute Ausbildung, erfährt aber früh, daß sie als Mädchen gegenüber ihren Brüdern benachteiligt wird. Versuche des Vaters, der 1835 der erste jüdische Stadtrat Königsbergs wird, ihr eine Konvenienzehe zuzumuten, wehrt sie ab.

Um diese Zeit beginnt sie, sich auch mehr und mehr einer schriftstellerischen Tätigkeit zuzuwenden. Nach ersten Zeitungspublikationen veröffentlicht sie – noch anonym – 1843 zwei Romane: *Clementine* und *Jenny*. Während *Clementine* gegen die damals weit verbreitete Konvenienzehe gerichtet ist, setzt sich *Jenny* mit dem nach den napoleonischen Kriegen in Preußen wachsenden Judenhaß und der jüdischen Emanzipation auseinander. Von beiden Themen ist Fanny Lewald selbst ganz unmittelbar betroffen, und das Problem der Konvenienzehe und der – damals noch sehr erschwerten – Ehescheidung werden sie noch viele Jahre beschäftigen und in ihre Romane und Erzählungen eingehen.

Sie zieht nach Berlin, wo sie zunächst mehrere Jahre lang unter sehr dürftigen Verhältnissen bei einem Onkel Unterkommen findet, veröffentlicht weitere Bücher, die jetzt unter ihrem Namen erscheinen, und wird rasch bekannt. Sie verkehrt in den Salons von Henriette Herz und Sarah Levy, macht die Bekanntschaft von Willibald Alexis und Karl August Varnhagen von Ense und wird zu den berühmten musikalischen Sonntagsmatineen von Fanny Mendelssohn eingeladen, wo sie erstmals auch Franz Liszt begegnet. Erst 1845 kann sie sich eine eigene, noch sehr bescheidene Wohnung in Berlin leisten (daß sie darin allein, ohne Personal, wohnt, gilt als wenig schicklich) und lebt von den Erträgen ihrer Feder. Bei ihrem immensen Fleiß ist das möglich, zumal die Verleger auf sie aufmerksam geworden sind und sie stets mit Aufträgen rechnen darf. Ja, sie kann sich sogar 1845 eine Reise nach Italien leisten, wo sie über ein Jahr bleibt. In Rom macht sie die Bekanntschaft mit dem Literarhistoriker Adolf Stahr. Mit ihm erlebt sie bald die große Liebe ihres Lebens. Nur – Adolf Stahr ist verheiratet (Vater von fünf Kindern), und ob sie jemals ein Paar werden können, ist 1846, als sie Italien verläßt, noch völlig ungewiß. Literarische Frucht ist das *Italienische Bilderbuch,* dessen zwei Bände 1847 erscheinen.

Mit ihrer Freundin Therese von Bacheracht, unglücklich verheiratet und einige Jahre die Geliebte des Schriftstellers Karl Gutzkow, reist Fanny Lewald 1848 nach Paris und wird Augenzeugin der dort ausbrechenden Revolution. Hier befreundet sie sich auch mit Heinrich Heine. Fasziniert beobachtet sie die revolutionären Vorgänge in Berlin und besucht im Herbst 1848 die Versammlungen des in der Frankfurter Paulskirche tagenden Parlaments, in deren Reihen zwei Freunde als Abgeordnete der äußersten Linken sitzen: Johann Jacoby und Heinrich Simon. Kurz darauf lernt sie bei einem Aufenthalt in Weimar Carl Alexander, den Erbprinzen von Sachsen-Weimar, kennen.

Der junge Prinz, 1818 geboren, mithin sieben Jahre jünger als Fanny Lewald, hat seine Prägung im Weimar Goethes empfangen. Er ist der Enkel des Großherzogs Carl August, er geht im Goethehaus am Frauenplan ein und aus, ist befreundet mit den Enkeln des Dichters und mit dessen Schwiegertochter Ottilie, und zu seinen Lehrern gehören Johann Peter Eckermann und Frédéric Soret. Man kann sagen, dass Carl Alexander aus Goethes Welt kommt, ihr Erbe in sich bewahrt und von der Vorstellung bestimmt wird, eines Tages, wenn er erst selber Großherzog geworden ist, aus Weimar wieder einen wahren Musensitz zu machen, ähnlich wie ihn einst sein Großvater geschaffen hatte.

Als der junge Prinz hört, daß Fanny Lewald im *Erbprinzen* abgestiegen ist, macht er ihr (und ihrer Freundin Therese von Bacheracht) seine Aufwartung. Sie unterhalten sich sehr angeregt anderthalb Stunden, verstehen sich, mögen sich, und Fanny Lewald schreibt an Adolf Stahr: »Wir hatten beide die Empfindung, daß der Prinz diese Stunde nicht vergessen wird, und ich den Glauben, daß ich ihn behalten werde.« Ähnlich empfindet auch Carl Alexander.

Das erste Schreiben, mit dem Fanny Lewald am 27. Oktober 1848 aus Dresden ihren Briefwechsel mit Carl Alexander beginnt, eine Korrespondenz, die über vierzig Jahre währen wird, eröffnet ein Satz, der fast wie ein Motto über diesem Gedankenaustausch stehen könnte:

»Unsere Zeit, welche die Idee der Gleichheit und der heiligen Brüderlichkeit zur Wirklichkeit zu machen strebt, emanzipiert auch den Fürsten von der einsamen Höhe, auf der er, eingeengt in die Mauer unübersteiglicher Etikette, über den Menschen, also außer der Menschheit stehend, ein trauriges Sonderdasein zu leben gezwungen war.« Und sie fährt fort: »Das biblische Wort von ›der Gemeinde der Heiligen‹ wird jetzt eine Wirklichkeit, da sich die Guten, welche nach Wahrheit streben, überall verständnisvoll erkennen, um vereint zu helfen und zu wirken. Daß wir nach Wahrheit streben, das Gute wollen, das ist jener Adelsbrief der Gleichheit, der Ihnen, königl. Hoheit! und Frau von Bacheracht und mir, die Herzen erschloß zu offenem Aussprechen, als Sie mir die Freude Ihres Besuches gönnten. Jene Stunde war eben eine von den Goldorangen des Glücks, von denen ich Ihnen erzählte, die das Schicksal uns unerwartet zuwirft, und die wir uns aneignen können, wenn wir die Hände danach ausbreiten, statt sie uns, erschreckend, vor das Gesicht zu halten.«

Die »Idee der Gleichheit« ist ihr, tief beeindruckt von den revolutionären Vorgängen 1848, eine Herzenssache, und so wird der junge Fürst darüber auch gleich ausführlich belehrt. Allerdings: Bei allem Enthusiasmus ist sie doch Realistin genug, als daß sie nicht sähe, wie groß die Distanz zwischen demokratischer Idee und republikanischer Verwirklichung noch ist. Was immer an politischen Veränderungen in Deutschland geschieht: Die Existenz der Fürstenhäuser ist nun einmal gegeben, und auch die politische Landkarte läßt sich nur mit militärischer Gewalt verändern. Also muß man den Fürsten zur Unabhängigkeit des Denkens verhelfen, zur eigenen Emanzipation, die Herrscher müssen sich an die Spitze ihrer nach Freiheit verlangenden Völker stellen.

Carl Alexander nimmt diese Vorstellungen der Schriftstellerin verständnisvoll auf und bemerkt mit zarter Ironie, »daß ich, immer Dank sei es Ihnen, die Republik noch etwas fernhalten dürfte«. Aber er steht den ihm vorgetragenen Gedanken gar nicht so fern. Sein Großvater hatte, als einer der ersten (und wenigen) deutschen Fürsten, das den Kriegsfreiwilligen von 1813 gegebene Versprechen einer Verfassung eingelöst, und auch der Enkel strebt nicht nach absolutistischer Macht. Dem Erbprinzen und späteren Großherzog schwebt ein Musenhof Goethescher Prägung in Weimar vor, das ist sein lebenslanger Traum, den aber die übermächtige Realität fast immer zerstört.

Carl Alexander, der 1853 Großherzog wird, sind die Hände gebunden. Dabei spielt die geringste Rolle, daß die Verfassung ihm ein autokratisches Regiment untersagt. Davon hätte er selbst dann schwerlich Gebrauch gemacht, wenn er es gedurft hätte, denn es war seinem innersten Wesen zuwider. Weit ärger sind die Fesseln, die ihm die Finanzen anlegen, denn das kleine Großherzogtum ist ein armes Land, und entsprechend bescheiden ist auch des Großherzogs Privatschatulle. Schon seine Mutter, die Zarentochter Maria Pawlowna, hatte die ihr am Herzen liegende Kulturförderung weitgehend aus ihrem Privatvermögen finanziert und so z. B. 1819 den als Komponisten, mehr noch aber als Klaviervirtuosen hoch geschätzten Johann Nepomuk Hummel für Weimar gewinnen können. Auch Carl Alexander heiratet 1842 mit Sophie, Prinzessin der Niederlande, eine vermögende Frau, und wenn es auch eine unter Fürsten übliche Konvenienzehe ist, so teilt Sophie die musischen Pläne ihres Mannes, nur ändert das natürlich nichts daran, daß ein kulturelles Leben, wie es Carl Alexander vorschwebt, im Großherzogtum nicht zu finanzieren ist.

Und schließlich sind da noch die Fesseln, die der Hof sich selber bindet. Auch in einem so kleinen Staat gibt es so manchen Einflußreichen, der hinter den Kulissen sorgfältig und geschickt seine Fäden spinnt und tausendundeins Gründe findet, warum so mancher schöne Plan Carl Alexanders nicht realisierbar ist. Der Fürst besitzt nicht die robuste und durchsetzungsfähige Natur seines Großvaters, er ist ein sensibler, introvertierter, mildherziger Mann, der sein ganzes Glück auf ausgedehnten Italienreisen findet, in der Musik, der Literatur und in den bildenden Künsten und dabei Träumen anhängt, die immer wieder wie Seifenblasen dann zerplatzen, wenn sie so besonders schön schimmern.

Carl Alexander begeistert sich für Richard Wagner und setzt eine Aufführung des *Tannhäuser* am 16.2.1849 durch, die Franz Liszt dirigiert und zu einem großen Publikumserfolg wird. Wenige Monate später kommt Wagner als politischer, steckbrieflich gesuchter Flüchtling durch Weimar. Carl Alexander schickt dem Mittellosen 100 Taler durch Franz Liszt und engagiert sich für eine Aufführung des *Lohengrin,* die am 28.8.1850 – explizit zu Goethes Geburtstag – stattfindet. Die Pflege des Wagnerschen Opernschaffens wird in Weimar selbstverständlich; die erste Aufführung von *Tristan und Isolde* nach der Münchner Premiere findet am 21.6.1874 in Weimar statt. Aber die Versuche des Großherzogs, in Deutschland eine Amnestie für Wagner durchzusetzen, scheitern. Als sie dann endlich 1860 kommt, schließt sich das Königreich Sachsen aus und die von Carl Alexander gewünschte Anstellung Wagners in Weimar muß unterbleiben, weil sie für Dresden einen unerhörten Affront bedeuten würde. Und es versteht sich fast von selbst, daß das von Wagner gewünschte Festspielhaus in Weimar nicht zu realisieren ist, so sehr sich Fürst und Komponist auch darum bemühen.

Auch der Versuch, Friedrich Hebbel nach Weimar zu holen, scheitert. Man führt seine Stücke auf, der Großherzog lädt ihn wiederholt zu Gesprächen, Lesungen und Diners ein, aber dann entscheidet sich der Dichter 1861 doch wieder für Wien, das er eigentlich aufgeben wollte: Es ist in vieler Beziehung eben doch die attraktivere Stadt als die kleine Provinzmetropole in Thüringen.

Ähnlich geht es mit Josef Viktor Scheffel, dem damals hoch geschätzten Autor des *Ekkehard*. Er soll einen Wartburg-Roman am Ort des Geschehens schreiben (nächst Italien ist die Wartburg des Großherzogs liebstes Refugium), aber nach eingehenden Recherchen gibt der Dichter auf und geht seiner Wege, versehen mit Hofratstitel und Falkenorden. So geht es fort: Weder die Autoren Ferdinand Gregorovius, Paul Heyse und Hoffmann von Fallersleben noch der Maler Anselm Feuerbach lassen sich nach Weimar locken, einzig

Franz Liszt bleibt von 1842 bis 1861 als Hofkapellmeister hier, dann aber scheidet auch er, zermürbt von Intrigen und Provinzialismus und in der Erkenntnis, daß der weiche und nicht besonders entschlußfreudige Großherzog die Verhältnisse nicht zu ändern vermag.

Ins Gespräch kommt 1851 auch einmal Adolf Stahr, dessen Bücher Carl Alexander kennt und schätzt. Er ist vorgesehen als Herausgeber einer anspruchsvollen Zeitschrift und als Dramaturg am Hoftheater, aber es ist Fanny Lewald, die abrät. Denn sie fürchtet um die Unabhängigkeit des Freundes, die persönliche gegenüber dem Fürsten, die politische aber erst recht, denn die Zensur und die notorische Bevormundung sind zu groß, nicht unbedingt in Weimar selbst, aber das kleine Land kann sich eine eigene liberale Pressepolitik gegenüber dem Deutschen Bund und ganz besonders gegenüber dem stets mißtrauischen Preußen nicht erlauben.

Es sind aber keineswegs nur die bescheidenen Finanzen und feinen Intrigen, die so manchen Künstler – durchaus beeindruckt von Carl Alexanders Persönlichkeit – von Weimar Abstand nehmen lassen. Das kulturelle Leben in Berlin, Wien oder Dresden ist ungleich reicher und verlockender, und der rasche Ausbau des Eisenbahnnetzes sorgt für bequemes und zeitsparendes Reisen. Warum dann im noch so schönen Thüringen versauern, dazu in einer Residenzstadt, wo jeder jeden kennt?

Fanny Lewald hat eine Übersiedlung dorthin nie ernsthaft erwogen. Sie ist glücklich über die Freundschaft mit Carl Alexander, der sie besucht, wenn er in Berlin zu tun hat, denn zum einen ist seine Schwester Augusta die Frau des preußischen Königs (und seit 1871 deutschen Kaisers) Wilhelm I., zum andern beruft die absolut dominierende preußische Macht von Zeit zu Zeit Fürsten zu Gesprächen nach Berlin. Carl Alexander steht dieser aufsteigenden Macht skeptisch gegenüber, und die siegreich geführten Kriege gegen Dänemark (1864), Österreich (1866) und Frankreich (1870/71) sind ihm durchweg ein Greuel, was er natürlich öffentlich nicht äußern darf. Dennoch erkennt er, daß die von Bismarck ins Werk gesetzte Einigung Deutschlands der allgemeinen Zeittendenz entspricht und nicht aufzuhalten ist. Der wachsende deutsche Nationalismus irritiert ihn, denn er ist aus ganzem Herzen ein Weltbürger in Goethes Sinne.

Ihn und seine Briefpartnerin verbindet eine sich mit den Jahren vertiefende Freundschaft. Bei aller republikanischen Gesinnung achtet Fanny Lewald selbstverständlich stets auf die korrekte Form. Nie wird sie ihn anders anreden denn »Königliche Hoheit«, »gnädigster Herr« oder »lieber, gnädiger Herr«, das hat nichts mit Opportunismus zu tun, der ihr von demokratisch gesonnenen Freunden vorgeworfen wird, sondern mit Höflichkeit und Stilgefühl. Carl Alexander seinerseits nennt sie »verehrte Freundin«, »verehrte Gönnerin« oder »meine gütige Korrespondentin«. Am Ende ihres langen Briefwechsels, am 7.2.1889, schreibt ihm die inzwischen verwitwete und kranke Fanny Lewald, 78 Jahre alt, diese bewegenden Sätze:

»Ich sehe und sah es als ein schönes Symbol meines ganzen Lebens und Strebens an, daß *Sie,* Königliche Hoheit! in meinen alten und leidenden Tagen bei mir saßen, als gehörte ich zu Ihnen! Ich habe nach Rang und Titel und Orden nie getrachtet – daß Sie mir sagten: Haben Sie denn ganz vergessen, *wie* lieb ich Sie habe? Daß ich von Ihrer Krankheit erst durch Derenthal erfuhr! – das, gnädigster Herr, ist mein Adelsbrief – und die Freundschaft *vieler* Guten, das sind meine Ehrenzeichen! Bleiben Sie mir gut bis zu meinem Ende – wie ich Ihrer in Freundschaft ergeben und in Verehrung von ganzem Herzen! Denn auch Sie haben nach dem Höchsten und Besten gestrebt, und es ist Ihnen viel gelungen.«

In ihrer Korrespondenz ist sie die Gebende und er der Empfangende, urteilt man nach Umfang und Häufigkeit der Briefe. Aber so einfach ist es nicht. Auch wenn dem mit Regierungsgeschäften überhäuften Fürsten nicht immer die wünschenswerte Zeit zu Gebote steht, so reagiert er doch auf die Bücher seiner Partnerin, auch wenn es oft eine Weile dauert, bis er die Zeit zum Lesen findet. Immerhin bedenkt ihn die fleißige Fanny Lewald Jahr um Jahr mit einem neuen Buch. Carl Alexander antwortet mit kurzen Charakteristiken und Urteilen, und wenn er sich einmal kritisch äußert wie nach dem Erscheinen ihres Romans *Prinz Louis Ferdinand* (1849), so akzeptiert sie sein Urteil, das ihr stets wichtig bleibt.

Spürbare Mühe bereitet ihm aber der Feminismus seiner »verehrten Freundin«. Auf ihr leidenschaftliches Plädoyer vom 4.2.1860, die Geringschätzung und Zurücksetzung der Frauen betreffend (»... so schlau weiß die Männerwelt es einzurichten, dass wir in gewissem Sinne immer erst die Erlaubnis dafür erbitten, ja um Entschuldigung dafür bitten müssen, wenn wir uns durch irgendwelche Bedeutung über und aus der Masse der gewöhnlichen Frauen erheben«), antwortet er nur mit ein paar nichtssagenden Floskeln, ebenso, als sie sich am 13.5.1864 darüber beschwert, dass sie – anders als Adolf Stahr – bei einem Empfang des Weimarer Hofes als Frau ausgeschlossen wurde. Doch ihre leidenschaftlichen Proteste und einschlägigen Schriften zeigen allmählich Wirkung, wenigstens in Ansätzen, mehr ist damals wohl auch nicht zu erwarten. Fragen des Glaubens bleiben ausgespart. Carl Alexander ist ein überzeugter evangelischer Christ, Fanny Lewald Atheistin. Ihr 1830 durch die Taufe besiegelter Übertritt vom jüdischen zum christlichen Glauben ist für sie nie etwas anderes gewesen als das »Entréebillet zur europäischen Kultur«, wie es ihr Freund Heine formulierte. Fürst und Autorin umgehen das heikle Thema, jeder respektiert des anderen Haltung.

Carl Alexander bewährt sich als Freund. Nicht nur erfüllt er ihre Bitte, die kostspielige Postbeförderung an Therese von Bacheracht zu übernehmen, die 1849 mit ihrem zweiten Ehemann nach Batavia gegangen ist (wo sie schon 1852 stirbt). Ja, sie darf den »gnädigen Herrn« sogar bitten, seine Verbindungen zur Regierung des Herzogtums Oldenburg einzusetzen, als es um die Ehescheidung Adolf Stahrs geht. Fanny Lewald hatte in der Zeit zwischen 1846 und 1852 den Freund nur ab und an sehen können (1850 reisten sie gemeinsam nach Paris), denn Stahr lebt als Gymnasialprofessor in Oldenburg, wenngleich er nach seiner Rückkehr aus Italien die Lehrtätigkeit wegen seiner angegriffenen Gesundheit hatte aufgeben müssen. Neben einer unzureichenden Rente erwirbt er den Lebensunterhalt für sich und seine Familie mit Beiträgen für Zeitungen und Zeitschriften. Erst 1854 wird die Scheidung endlich ausgesprochen, ein Jahr darauf heiraten Fanny Lewald und Adolf Stahr, der schon 1852 nach Berlin gezogen war. Und als sie 1863 Carl Alexander bittet, ihren als Kaufmann in Lille lebenden Stiefsohn Alwin Stahr zum Konsul zu ernennen, wird ihr auch diese Bitte erfüllt.

»Ich habe von Jugend auf viel gelitten, leide noch, und weiß, dass es so fortgehen wird, bis es zu Ende ist«, gesteht sie 1849 Carl Alexander. Es ist selten, daß in diesen Briefen ein Wort der Klage über ihre Lippen kommt, dabei ist sie in ihrem 78 Jahre währenden Leben nur selten wirklich gesund gewesen. Kaum ein Jahr vergeht ohne Krankheit, meist sind es asthmatische Herzbeschwerden, die ihr sehr zusetzen. Daher sind viele ihrer Briefe aus Kurorten datiert. Ihre häufigen und sehr ausgedehnten Aufenthalte im milden Klima Italiens dienen der Gesundheit ebenso wie ihren kulturellen Neigungen.

Auch in Rom verläßt sie das politische Interesse nicht. Aufmerksam verfolgt sie den Einigungskampf des Landes und freut sich, als sie 1867 Giuseppe Garibaldi persönlich kennenlernt. Der Ausdehnung Preußens steht sie mit wachsender Sympathie gegenüber und spricht – gleichfalls 1867 – etwas geringschätzig von Süddeutschland, das sich »mit einer gewissen dummen Hartnäckigkeit gegen Norddeutschland stemmte«. Als elf Jahre später auf Kaiser Wilhelm I. kurz hintereinander zwei – mißglückte – Attentate verübt werden, lautet ihre empörte Reaktion: »Die Regierung hat dem Treiben der Sozialdemokratie viel zu lange zugesehen.« Das schreibt sie dreißig Jahre nach der Revolution von 1848, der sie mit so viel Sympathie begegnet war, deren Ideale aber bei ihr mittlerweile verblaßt waren. Offenbar beschäftigt sie aber weit weniger die allgemeine große Linie, als vielmehr die Teilnahme an einem individuellen Schicksal. Sie versetzt sich in das Leid der kaiserlichen Familie, »den alten Mann blutend und leidend vor sich liegen« zu sehen. Auch das Ende Ludwigs II. von Bayern im Starnberger See 1886 und die Affäre von Mayerling 1889 erfüllen sie mit Mitgefühl; sie sieht freilich im Ende des österreichischen Kronprinzen Rudolf und in den skandalträchtigen Umständen des Todes auch schwerwiegende politische Folgen, denn »unser Boden ist unterwühlt genug durch die Anarchisten«.

Seit Adolf Stahr nach Berlin gezogen ist, lädt das Paar zu ihren bald berühmt werdenden Montagabenden ein. Hier treffen sich Schriftsteller wie Berthold Auerbach, Theodor Fontane, Paul Heyse, Gottfried Keller und Levin Schücking sowie Politiker der deutschen Linken: Johann Jacoby, Ferdinand Lassalle und Heinrich Simon. Aus England ist im Winter 1854/55 auch einmal die Schriftstellerin George Eliot zu Gast, deren Romane Fanny Lewald schon lange schätzt, und auch Franz Liszt kommt vorbei, wenn er Berlin besucht. Er gehört längst zu den Freunden des Paares, und er war es auch, der vorgeschlagen hatte, Adolf Stahr zum Leiter des Schauspiels in Weimar zu berufen. Sabine Lepsius erinnerte sich 1913 an Fanny Lewald als Gastgeberin der Montagabende: »Ihr imponierender Kopf ist mir in lebhafter Erinnerung; sie brachte ihn gern durch einen breiten Hermelinkragen zur Geltung, der ihren Herrscherinnentypus nicht übel charakterisierte. Für jene Zeit wollte es viel sagen, dass ein ungetrautes Paar mit so viel selbstverständlicher Würde eine ausgezeichnete Gesellschaft bei sich empfing.«

Stahrs sich mehr und mehr verschlechternde Gesundheit führt dann zur Unterbrechung des *jour fixe*; am 3.10.1876 erliegt er seinem Leiden während eines Aufenthalts in Wiesbaden. »Dreißig Jahre einer geistigen Gemeinschaft ohnegleichen, einundzwanzig Jahre einer unsäglich glücklichen Ehe lassen sich aus dem Leben eines Menschen nicht mit dem Vorsatz ›sich zu fassen‹ ungelebt machen«, schreibt sie am 19. November an Carl Alexander. »Ich besitze sie in mir als ein unschätzbares Glück, als ein Heiligtum – aber die Welt, die vor mir liegt, und das Stück Leben, das ich vielleicht noch einsam zu bewältigen habe, starren mich wie die Wüste an – und das ist auch mit meinem besten Willen nicht zu ändern.«

Das Zitat »sich zu fassen« stammt aus Goethes *Tasso*: »Das Alter muß doch einen Vorzug haben, / Daß, wenn es auch dem Irrtum nicht entgeht, / Es doch sich auf der Stelle fassen kann.« Denn Goethe ist der geheime Mittelpunkt dieser Korrespondenz, und die Beschäftigung mit ihm und seinem Werk gibt ihr immer wieder Anregung und Kraft, gerade jetzt im Alter und in der Vereinsamung. Sein Geburtstag – der 28. August – ist beider Festtag. So beginnt sie am 28.8.1859 einen Brief: »Guten Morgen, Königliche Hoheit! Ich gratuliere Ihnen zu Goethes Geburtstag, zu welchem beglückwünscht zu werden Sie und Ihr Haus das erste und höchste Anrecht haben …« Als sie im Dezember 1876 Carl Alexander Herman Grimms soeben erschienene *Vorlesungen über Goethe* empfiehlt, antwortet ihr Briefpartner in Goethescher Diktion: »Goethe braucht ein jeder, der wahrhaft sich zu bilden strebt.«

Die eigentliche Kraft aber, den Schmerz über den Verlust Adolf Stahrs zu bewältigen, findet sie in ihrer unermüdlichen Arbeit, und sie nimmt auch die Tradition der Montagabende wieder auf, bis dann 1887 ihre Kräfte versagen. Das letzte Buch, das sie 1888 noch veröffentlichen kann, heißt *Zwölf Bilder nach dem Leben*. In diesen Porträts von Zeitgenossen hat sie auch die erste Begegnung mit Carl Alexander am 22. Oktober 1848 im Hotel *Erbprinz* sehr humorvoll geschildert. Das letzte Treffen der beiden findet am 28. Januar 1889 in ihrer Berliner Wohnung statt. Sie schreibt in ihr Tagebuch: »Großherzog von Sachsen. Langer Besuch; er beträgt sich wie ein Sohn und ist sehr mitteilsam.« Es ist jener Besuch, bei der ihr Freund fragt: »Haben Sie denn ganz vergessen, *wie* lieb ich Sie habe?«

Um der sommerlichen Hitze in den Mauern Berlins zu entgehen, reist sie nach Dresden und schreibt als letzte Eintragung am 8. Juli 1889 in ihr Tagebuch: »Und nun morgen in die Welt und in den Tod – von Hause fern! – wozu?« Es ist vorbei, und sie weiß es. Ihr sich verschlimmerndes Leiden begleitet sie. Die letzten Wochen sind qualvoll, bis sie am 5. August 1889 durch den Tod erlöst wird. Ihren Leichnam überführt man nach Wiesbaden, wo man ihn auf dem Alten Friedhof an der Seite Adolf Stahrs bestattet.

Eckart Kleßmann

BRIEFE

I

27. Oktober 1848 – 19. Juni 1849

Das »Italienische Bilderbuch« – Goethe und Frau von Stein – Politische Zustände in Preußen – Frau von Schwendler – »Prinz Louis Ferdinand« – Franzensbad – Stahrs »Ein Jahr in Italien« – Rückblick auf den 22. 10. 1848 – Die Preußischen Kammern – »Erinnerungen aus dem Jahre 1848« – Levin Schückings »Eine Römerfahrt« – Mirabeaus Briefe – Die Wundertäterin Luise Braun – Bettine v. Arnim – Politische Zustände Deutschlands – Therese v. Bacheracht – Carl Alexanders Teilnahme am dänischen Krieg 1849

1. *Fanny Lewald an Carl Alexander*

Dresden, den 27. Oktober 1848

Unsere Zeit, welche die Idee der Gleichheit und der heiligen Brüderlichkeit zur Wirklichkeit zu machen strebt, emanzipiert auch den Fürsten von der einsamen Höhe, auf der er, eingeengt in die Mauer unübersteiglicher Etikette, über den Menschen, also außer der Menschheit stehend, ein trauriges Sonderdasein zu leben gezwungen war. Das biblische Wort von »der Gemeinde der Heiligen« wird jetzt eine Wirklichkeit, da sich die Guten, welche nach Wahrheit streben, überall verständnisvoll erkennen, um vereint zu helfen und zu wirken. Dass wir nach Wahrheit streben, das Gute wollen, das ist jener Adelsbrief der Gleichheit, der Ihnen königl. Hoheit! und Frau von Bacheracht und mir, die Herzen erschloss zu offenem Aussprechen, als Sie mir die Freude Ihres Besuches gönnten. Jene Stunde war eben eine von den Goldorangen des Glücks, von denen ich Ihnen erzählte, die das Schicksal uns unerwartet zuwirft, und die wir uns aneignen können, wenn wir die Hände danach ausbreiten, statt sie uns erschreckend vor das Gesicht zu halten.

Sie sagten an jenem Abend, ich sähe aus, als ob ich glücklich wäre. Ich bin es einmal gewesen, und die Erinnerungen jenes glücklichen Jahres ruhen in den Blättern meines *Italienischen Bilderbuches*. Frau von Bacheracht, die sich Ihrem Erinnern angelegentlichst empfiehlt, sagte mir, dass Sie jenes Buch zu lesen wünschten. Gönnen Sie mir die Freude königl. Hoheit! dass Sie es in einem Exemplar kennen lernen, welches Ihnen von mir kommt. Ich sollte vielleicht sagen »das ich Ihnen in tiefster Ergebenheit weihe« – aber empfände ich es so, dann schickte ich es Ihnen nicht; dann wären Sie nicht der Erbprinz von Weimar, der mich aufsuchte; ich nicht mehr ich; und beide nicht Kinder unserer Zeit, von deren liebevoller Gleichheitslehre die Gestaltung der Zukunft allein ausgehen kann.

Gestern und heute habe ich den Briefwechsel Goethes mit Frau von Stein[1] gelesen, dessen Sie, königl. Hoheit! so verständnisvoll erwähnten. Was mich in diesem schönen, reinen Seelengemälde betrübte, ist die Bestätigung der Erfahrung, dass doch ein jeder in seiner schönsten Gegenwart zu leiden hat; dass man in seinen besten Gefühlen immerdar durch Missverstand und Kleinlichkeit gehetzt und gequält wird; dass die Mitwelt eine lebende Liebe nicht versteht und sie verdammt, über die die Nachwelt Tränen der Rührung vergießt und sich daran erbaut, wenn das frische Leben Tod, und das heiße Wort der Liebe ein kalter gedruckter Buchstaben geworden sind. Das ist so weise, als zöge man die im Herbarium getrockneten Pflanzen dem blühenden Strauß vor, der uns taufunkelnd entgegenduftet. Die einzige Entschuldigung für die »Verdammenden« ist die, dass man sie für ungesund erklärt. Ihre zerstörten Nerven ertragen den frischen, naturwüchsigen Blumenduft eben nicht! Und doch reicht das Gleichnis nicht aus! Denn den Blumen ist's wahrscheinlich sehr gleichgültig, was man von ihnen denkt – Goethe aber und Frau von Stein mögen oft genug durch die leisen Worte, durch die sanften, vorwurfsvollen Blicke manches tugendhaften, verständnislosen Richters gelitten haben. Solche Menschen sollten aber nicht leiden müssen.

Wir bleiben noch in Dresden[2], uns des Herbstes zu erfreuen. Möge sein goldener Sonnenschein in Ihre helle, offene Seele, königl. Hoheit! seine strahlendsten Lichter werfen und alles Gute und Schöne mit Ihnen sein.

2. *Carl Alexander an Fanny Lewald*

Weimar, den 31. Oktober 1848

Zu Anfang Ihres italienischen Bilderbuches sagen Sie: »Es gibt einen Epikuräismus der Entsagung, den ich sehr süß finde; er besteht darin, sich den Genuss eines Glücks, dessen man sicher ist, so lang als möglich vorzuenthalten.« Durch meine eilige Antwort bekenne ich mich also zu Ihrem Gegner und dies im ersten Augenblick der Bekanntschaft und überdies in einem Augenblick, wo ich das Gegenteil empfinde von dem, was ich schreibe, denn ich fühle mich nicht Ihr Gegner. Wickeln Sie mich nun aus diesem Widerspruch, in welchen Sie mich gütigst verflochten haben, heraus wie Sie können. Vielleicht hilft Ihnen hierzu meine Dankbarkeit, von deren Herzlichkeit ich Sie überzeugt wissen möchte und auch in der Tat überzeugt halte. Denn Sie werden mir ohne Versicherung glauben, dass ich Sie genug zu kennen meine, um nicht in künstliche Phrasen – könnte ich diese überhaupt – meine Gefühle zu kleiden, die ich Ihnen *auszusprechen* wünsche. Ich bringe sie Ihnen dar in aller Aufrichtigkeit und mit der Freude, die ich empfand, als ich heute Ihr Paket eröffnete und Ihren Brief las. Meine Goldorange des Glücks halte ich auch fest, wie Sie sehen, wie ich sie festhielt als ich Ihre Ankunft in Weimar erfuhr, ja ich behaupte sogar: ich besitze jenen Hesperiden Apfel ganz allein, denn die Bekanntschaft nur der Person kann interessant und beglückend für den strebenden Geist sein, welche ihn mit anerkannter Wirksamkeit gepaart hat. Dies ist aber bei Ihnen, noch nicht bei mir der Fall. Gönnen Sie mir den Glauben, dass bei dem Streben nach der meinigen Sie mir Ihr wohlmeinendes Interesse nicht versagen werden.

Ihre Bemerkung über den Goetheschen Briefwechsel ist wahr. Betrachten wir indessen menschlich das Menschliche; sie, d.h. die Menschen urteilten über das Verhältnis, wie man auf Erden es eben tut, weil man auf Erden wallt. Es liegt etwas unendlich Gewöhnliches auf dem ersten Blick in dem Gesagten; indessen ist dem nicht so, denn unsere Pflicht erfordert es, dies Menschliche aufzufassen. Hierinnen liegt ein Schlüssel zur Erkenntnis, zur Führung der Menschen. Ich trachte hiernach, weil ich fühle, dass dies mir helfen wird, meine Zeit zu erkennen und mein Steuerruder zu lenken. Ist doch das Menschliche auch wahr, und erfordert doch diese Zeit ewig die Wahrheit.

Ich möchte Sie sagten: »Sie brächten in Weimar den Herbst zu!« Dieser Wunsch ist auch wahr, wie der in das Gedächtnis der Frau v. Bacheracht zurückgerufen zu werden und in dem Ihrigen fortzuleben.

3. Fanny Lewald an Carl Alexander

Berlin, den 17. Dezember 1848

Hätte ich Ihnen so oft geschrieben, als ich Ihrer gedachte – und alles, was ich in diesen Zeiten und bei den letzten Ereignissen für Sie auf dem Herzen hatte, Sie hätten schon Mappen voll Briefe erhalten, während Sie mich jetzt vielleicht undankbar nennen, weil ich Ihren guten, liebenswürdigen Brief bis jetzt nicht beantwortet habe.

Dies Schweigen hatte zwei Gründe. Erstens Bescheidenheit – ich dachte, der Prinz hat dir nicht gesagt, dass du ihm antworten sollst – zweitens Eitelkeit; denn im Grunde meiner Seele weiß ich, dass es Ihnen, gnädigster Herr! nicht unlieb sein wird, wenn ich Ihnen schreibe, und wollte mit meinem Brief nicht in einem Augenblick kommen, da Ihre Teilnahme durch die Weltvorgänge so in Anspruch genommen sein musste, dass Sie für mich keine haben konnten. Wir haben eine furchtbar schwere Zeit in Berlin verlebt – und sie ist nicht zu Ende fürchte ich. Täglich sollte der König beten: »Herr! bewahre mich vor meinen Freunden!« – Dieselbe Partei, welche 1840 den König abhielt, eine ehrliche und wahre Konstitution zu geben, was uns die ganze schwere Revolution erspart hätte – dieselbe Partei hindert es, dass der König die nackte Wahrheit erfährt und wird [ich wollte gern ein falscher Prophet sein] neues, maßloses Unglück im Laufe der nächsten Jahre über uns heraufbeschwören. – Ich habe Ihnen unverhohlen gesagt, Königliche Hoheit, dass ich als das Ideal einer Staatsverfassung immer die Republik, das *self government,* betrachtet habe und noch dafür betrachte. Die Erfahrung aber, welche wir jetzt an Frankreich machen, lehrt mich, dass noch die Völker zu dieser Art der Staatsverfassung nicht vorbereitet sind; dass ein Teil der Menschen noch seinen Phantasien folgt und dass man sie also an dem Gängelband ihrer Unklarheit missleiten kann. Frankreich wird in die Hände eines Mannes[3] fallen, den man mir in drei, vier Briefen als *complètement nul* schildert. Es bleibt also nichts übrig, als für die Gestaltung der Zukunft an die Herzen, an das Gewissen der Fürsten zu appellieren; und immer und immer wieder möchte ich Ihnen wiederholen, was ich Ihnen sagte: »Sie stehen auf einem gottbegnadigten Standpunkt, denn Sie haben die Mittel, unsägliches Elend zu verhüten, unberechenbar Gutes zu wirken.«

Ich predige Ihnen vor, als säßen Sie wieder in der kleinen öden Stube des Hotels – aber ich habe es so oft, so warm in dieser ganzen Zeit gedacht, dass ich es Ihnen sagen muss. Sehen Sie, Königliche Hoheit! Das Unglück der Fürsten ist, dass sie so schwer den Begriff aufgeben, *Eigentümer* ihrer Länder zu sein; dass sie glauben, man nähme ihnen ein Recht, wenn man die Freiheit der Nation verlangt, selbst über sich zu bestimmen. Jenes mittelalterliche Verhältnis der Herrscher, das den lombardischen Wahlspruch der eisernen Krone[4] erzeugte, jenes »Gott hat sie mir gegeben, wehe dem, der an meine Krone rührt« ist keine Wahrheit mehr. Es war das »Alte Testament« des Bundes zwischen Volk und Fürst. Hätten die Ratgeber unseres Königs ihm das vorgehalten, hätte man ihn auf den Standpunkt der Jetztzeit gestellt – er wäre vielleicht einer der ersten Fürsten des Jahrhunderts gewesen, denn seine großmütige und enthusiastische Natur hätte Wunder wirken können, wenn sie sich mit all der Glut und Kraft der neuen Zeit, dem »Neuen Testament« des jetzigen Verhältnisses der Völker zu den Fürsten hingegeben hätte.

Mit wahrer Freude habe ich neulich in der *National-Zeitung* – dem edelsten und ruhigsten Verfechter jener Ansicht, welche die Intelligenz des Landes hegt – gelesen »man ist in Weimar, wie es scheint, entschlossen, streng festzuhalten an den Grundsätzen einer demokratischen Monarchie«. – Königliche Hoheit! tun Sie das bis in die kleinsten Kleinigkeiten. Nach Jahren des Kampfes, nach Jahren unseliger Parteiungen, die Preußen zerreißen, wird man einsehen, dass man dies ehrlich hätte tun sollen und – dann wird es vielleicht zu spät sein. Das Wort »zu spät!« ist der furchtbare Fluch, der über uns seit 1840 schwebt. Unsere Zustände sind nicht so beruhigt, als sie scheinen – die Berichte des *Staatsanzeigers,* der *Kreuzzeitung,* der *Neuen Preußischen Zeitung* und vieler andern sind gemacht. Sie wissen, ob ich Guillotinen, ob ich Anarchie und jenen albernen Popanz, die rote Republik liebe – aber so sicher als die vorschnelle Übertreibung einzelner Schwärmer für die jetzige Ausrufung der Republik dem absoluten Königtum in die Hände arbeitete, so gewiss werden die Versuche, das demokratische Königtum möglichst zu beschränken, uns einer neuen Revolution entgegenführen. In der Politik lässt sich *zuversichtlich* voraussagen, was geschehen wird – aber *wann* es geschehen wird, das hängt von Umständen ab.

Ein Fürst, der jetzt nicht mehr »der Eigentümer des Landes, nicht mehr der Herr des Volkes, sondern Symbol, der Vertreter, der Aufrechterhalter des Gesetzes« sein wollte, welches das Volk sich gibt, der würde angebetet werden und eine göttliche Mission vollstrecken, denn er würde die alleinmögliche Lösung der jetzigen Wirren bringen – er würde Frieden und Glück um sich und in sich verbreiten.

Dass Sie, Königliche Hoheit! die Liebe und die Kraft hätten, dies Ziel zu erstreben und zu erreichen, das ist der Wunsch, den ich Ihnen aus dem alten, schmerzensvollen Jahr in das neue mit hinübergebe. Ein Fürst, der sich selbst dem Wohle seines Landes opfert, muss das höchste Glück empfinden, dessen ein Menschenherz fähig ist. Machen Sie sich dieses Glücks teilhaftig, wenn Sie einst die Macht dazu besitzen.

Und nun muss ich noch auf ein Wort zurückkommen, das Sie, königliche Hoheit! in Ihrem Brief brauchten, als Sie des Goethe=Steinschen Briefwechsels gedachten. Sie sagen, »man muss es *menschlich* beurteilen und sich den Menschen gleichstellen«. Der Meinung bin ich nicht. Ich glaube, der gewöhnliche Standpunkt »der Menschen, die man die Leute nennt«, ist ein beschränkter, von dem sich jeder frei machen soll, dem die Möglichkeit dazu gegeben ist; vor allem, wenn es die Beurteilung so hervorragender Persönlichkeiten gilt, wie Goethe und Frau von Stein. Da jeder von uns den Gott in sich trägt, so sollen wir nicht menschlich, sondern göttlich, d.h. mild und verständnisvoll urteilen und bedenken, dass jede Individualität eigenen Bedingungen, eigenen Gesetzen ihrer Natur unterworfen ist. Das würde uns vor Strenge, vor manchem Tadeln und die betreffenden Personen vor tausend Schmerzen bewahren.

Ich habe in Weimar von der alten Frau von Schwendler[5] einen Ausspruch gehört, für den ich ihr gern die Hand geküsst hätte. Sie sagte: »Wenn ich Menschen, die ich sonst für gut und edel halten muss, einen Lebensweg gehen sehe, der von meinen Sittenbegriffen abweicht und jene dem Tadel der Welt aussetzt, so denke ich immer: Solcher Tadel, solches Zerfallen mit der öffentlichen Meinung ist so schwer, dass niemand es zum Spaß über sich nimmt. Es muss dann doch eine schwere Notwendigkeit dafür da sein, und vor der habe ich ebensoviel Respekt, wie ich mit den Unglücklichen Mitgefühl habe, die dieser Notwendigkeit erliegen.« Das Wort werde ich nie vergessen. Im

Munde einer so bejahrten Frau hatte es doppelten Wert. Und Sie, Sie vor allen, müssen *nie* menschlich, sondern immer göttlich urteilen. Versprechen Sie mir das.

Ich schreibe aber, als hätten Sie auf der Welt nichts zu tun, Köngliche Hoheit! als Briefe von Fräulein Lewald zu lesen. Ich will enden.

Fürs erste bleibe ich in Berlin, wo ich in der Oberwallstraße – nicht fern vom königlichen Palais – für einige Jahre eine Wohnung gemietet habe, in der ich ... Sie königliche Hoheit! zu sehen hoffe, wenn Sie einmal länger in Berlin verweilen. Da Sie den Weg in das unwirtliche Hotel nicht scheuen, ist diese Voraussetzung, so denke ich, weder anmaßend noch zu kühn, sondern auf das einfache Verständnis Ihres Wesens gegründet.

Ich habe einen großen, dicken Roman beendet – *Prinz Louis Ferdinand* –, aber die Verleger wollen keine Romane drucken in diesen Revolutionszeiten, und mein Prinz muss im Pult bleiben, bis seine Cousins und Onkel uns Ruhe und Frieden bringen. Denken Sie also, wie ich den Frieden ersehne!

Gott sei mit Ihnen, Königliche Hoheit! Möge das kommende Jahr Ihnen und der Welt ein glückliches sein.

4. *Carl Alexander an Fanny Lewald*

Weimar, den 24. Dezember 1848

Sie haben meinen stillen Wunsch erraten, indem Sie mir aufs neue schrieben; ich bin Ihnen also doppelten Dank schuldig, einmal dass Sie meiner wiederholt gedachten, dann, dass Sie unsre Korrespondenz fortsetzten. Aber umso herzlicher ist der Dank, wenn ich mich in den Inhalt Ihres Schreibens recht hinein denke und fühle. Sie haben in raschem Federzug die weiten Grenzen einer ganzen Welt umlaufen, in die Sie mich mit warmem Anteil verflechten. Dieser Anteil lässt Sie, meine Gnädigste, in einen kleinen Widerspruch fallen, denn die Republikanerin gibt dem Fürsten Rat, wie er die Zeit erkennen und sie leiten, mithin dem Lande sich nützlich machen, hierdurch aber die Republik bekämpfen könne. Sie sehen, es ist gefährlich mit den Waffen zu spielen, denn nun wenden sie sich gegen Sie, denn ich erkläre Ihnen, dass Sie an mir, Ihnen zum Trotz, einen so vortrefflichen Schüler bekommen sollen, dass ich, immer Dank sei es Ihnen, die Republik noch etwas fernhalten dürfte. Vielleicht gelingt es mir, Ihnen Glauben zu dem Gesagten einzuflößen, wenn ich gestehe, dass ich in dem Land nie den unbedingten Besitz des Fürsten, wohl aber ein von Gott seiner Sorgfalt anvertrautes Gut erkannte, über das er Gott, wie dem Volk Rechenschaft zu geben habe. Hieraus folgt der Standpunkt des Fürsten, den die Stürme der jetzigen Zeit klarer gezeichnet haben. Er ist nicht immer leicht, das weiß der am besten, der ihn so wollte, allein, ich wenigstens finde, dass das Leben im Leichten nie ein volles Leben ist, deshalb klage ich nicht über den Kampf, sondern fühle mich gestärkt wie am Körper in der Brandung der See. Aber klagen tue ich, dass mancher, von dem so vieles abhängt, diesem Kampfe fernstehen zu wollen scheint, und deshalb seufze ich mit Ihnen, dass der richtige Rat da zu fehlen scheint, wo auch ohne ihn das Richtige und Weise gefühlt werden sollte. Wäre dies der Fall gewesen, so würden allerdings die Zustände in Preußen anders sich herausgestellt haben. Indessen ist es nun einmal so, und frisch wollen wir mit dem Strom vorwärts schwimmen. Es ist dies die Grundbedingnis zu dem möglichen Sieg in den Kämpfen, die uns, befürchte ich, noch bevorstehen.

Sie kritisieren das Wort »menschlich« was ich rücksichtlich der Stein'schen Briefe anwendete, doch was Sie sagen beweist mir, dass wir einerlei Meinung sind. Göttlich, sagen Sie, müsse man, müsse ein Fürst urteilen. Aber dies eben ist auch das Menschliche! Soll ein Fürst göttlich über Menschen urteilen, so muss er die Gefühle, die Leiden, die Freuden derselben kennen, fühlen, um das Göttliche diesen eben anzupassen und es menschlich zu machen. »Und das Wort war Fleisch etc.«[6]. Was ist nun menschlicher, als dass zwei edle Seelen sich erkennen, sich lieben; das menschliche Gefühl erkennt dies und toleriert es, freut sich und leidet mit – die Leute aber verfolgen das Verhältnis mit den Augen und Zungen der Welt – vielleicht könnte man die Gesinnung daher eine weltliche nennen!

Noch einen Dank habe ich Ihnen auszusprechen und zwar für Ihr Werk über Italien. Jetzt, wo ich es kenne, kann ich Ihnen erst recht danken. Sie haben mir wahre Freude, wahren Genuss mit demselben bereitet. Es ist immer verdienstlich, wenn man sein selbst ist und sein will und namentlich da und dann, wo und wenn viele ein und dieselbe Straße laufen zu müssen glauben. Wie sonderbar doch, dass das, was am nächsten scheint, das entferntteste ist! Was scheint aber natürlicher als dass man, wenn man Ich hat, auch ein Ich ist und doch sind die wenigsten Ich, gewöhnlich weil sie der oder die oder das sein wollen.

Doch Sie schreiben Werke, und ich werfe, wie Sie sehen, mit Artikeln um mich herum – das Kind spielt mit den einzelnen Lettern des Schriftsetzers – daher ist es besser, dass ich, mein bescheidenes Ich erkennend, Ihnen für heute Lebewohl sage. Meine besten Wünsche für Sie zum neuen Jahr, mir selbst der Glaube, dass Sie mir gewogen bleiben werden.

5. Fanny Lewald an Carl Alexander

Berlin, den 20. Januar 1849

Ihr liebenswürdiger und mir in allen seinen Richtungen sympathischer Brief, traf mich mitten in Ihren Landen. Ich war allein, stand in allerlei Gedanken versunken am Ofen, war unzufrieden, dass es Winter sei und dachte, wo man sich wohl im Sommer für einige Wochen so einrichten könne, dass man zu gleicher Zeit frische Luft in guter Gegend und die Möglichkeit hätte, das Landvolk zu studieren, das ich leider noch immer viel zu wenig kenne. Badeorte und alle Sommerpartien, in denen die »Gesellschaft« sich versammelt, sind für mich Strafanstalten, in denen Langeweile, Neugier und Zudringlichkeit unsere Zuchtmeister sind; und ich werde es nie vergessen, welch tödlich langweilige Stunden ich im Sommer 44 in Teplitz und Franzensbad verlebte, wo ich erst eine Tante, dann eine Schwester zu pflegen hatte. In Franzensbad waren der jetzige König von Bayern; der abessinische Jockey eines Herrn von Koller; ich und ein großer Affe, der einer österreichischen Dame gehörte, nebst einigen Flakons, Chinesen und Möpsen von Porzellan in den Boutiquen, die Gegenstände der Neugier und der Unterhaltung; und ich habe es selbst gehört, dass eine neu angekommene Brunnentrinkerin, neben mir stehend, sagte: »Den Kronprinzen und den Mohren habe ich schon gesehen, aber die Lewald nicht – und auch Frau von Obst mit dem Affen nicht!« – Ist dies nicht ein Stoff, der zur Satire sich eignet? –

Indes, ich wollte Ihnen erzählen, wo ich in Ihrem Lande war. Ich hatte wie im Guckkasten mir Gegenden vorgeführt, in denen ich leben möchte. Erst hielt ich zwischen Verviers und

Lüttich, in einem sehr anmutigen Flecken Chaudes Fontaines – aber es war mir zu weit von Berlin und das Volk nicht deutsch. Dann machte ich eine Exkursion durch den Schwarzwald, indes Süddeutschland ist mir weniger verständlich als Norddeutschland; ich kann mich schwer in die Schwaben hineindenken und in ihre Art der Poesie. Endlich, weil ich gern wo bleiben möchte, wo man fern von den Eisenbahnen, noch das wirkliche Landleben hat, wanderte ich von Frankfurt bis Eisenach, da mir Franken und Thüringen, obschon herbstlich kahl, ganz ungemein gefallen hatten, und ich kam zu dem Entschlusse, diesen Sommer einige Zeit im Vachatal zu leben, das mir bei Sonnenuntergang einen höchst lieblichen Eindruck gemacht hat. Aber Sie wissen, wie das mit Entschlüssen ist, gnädigster Herr! die auf Wenn's und Aber's gegründet sind. Nur das steht fest – die Wenn's und Aber's besiegt – möchte ich dorthin, und werde, wenn ich frei bin, den jungen Maler Hummel[7] bitten, sich im Vachatal zu erkunden, ob man dort irgendwo bei Landleuten ein paar Zimmer und Speise und Trank finden kann, wie bei den römischen Villeggiaturen. – Dass nun Ihr Brief kam, gerade in dem Augenblick, in dem ich dies alles überlegte, hat mir Freude gemacht, und ich habe es für ein gutes Zeichen genommen. Einstweilen muss man mit Goethe sagen: »Wenn der Schnee schmilzt, wird sich's finden!«[8]

Dass ich Ihren Brief, dass ich Ihre Briefe nicht schneller beantworte, ist die Furcht, Sie würden dann nicht Muße haben zu schreiben, ich würde mich wundern, dass es nicht geschähe, würde vielleicht eine Missempfindung davon haben – und ich möchte das nicht. Darum setze ich selbst mich *au régime* und sage mir *lettres à discrétion!* Daran Königliche Hoheit! denken Sie, und legen Sie es mir nicht für Säumnis aus, wenn dieser Brief erst heute kommt.

Sie necken mich, dass ich, mit republikanischen Tendenzen, Ihnen, dem Fürsten, gute Lehren gebe, und haben mich doch ganz richtig verstanden, wie wir nun auch über menschliches und göttliches Urteil ganz einig sind. Ihr Wort »weltliches Urteil« trifft die Sache vollkommen. So lassen wir der Welt ihr weltlich Urteil und versuchen, uns das menschliche Urteil rein und hoch in der Seele zu bewahren. Übrigens verlange ich von Ihnen nichts, teuerster Prinz! als dass Sie ein »guter Fürst« sind und werden. Alle meine Hoffnungen für die nächste Zeit beschränken sich auf »gute Fürsten«, denn ich weiß, dass *jetzt* die Republik unmöglich ist in Deutschland; dass sie in Frankreich noch unmöglich ist. Ich habe *tiefen* Schmerz bei dieser Einsicht und finde nur Trost in dem Bewusstsein, dass die Weltgeschichte nicht nach Tagen, sondern nach Jahrhunderten zählt, und dass wir Eintagsfliegen uns begnügen müssen, an jedem unsrer Tage nach bestem Gewissen das Beste zu tun, auch dann, wenn wir das Ende nur ahnen, nicht wissen können. Diese Ergebung in die Pflichterfüllung, diese Resignation unter die Notwendigkeit, ist auch ein Gottesdienst, eine Religion, und zwar die, welche ich bekenne und in der Sie und ich uns immer zusammenfinden und verständigen werden. Ich habe in der ersten Stunde zu Ihnen das Vertrauen gehabt, und Ihre Briefe haben es mir bestätigt, dass Sie ein guter Fürst sein, dass Sie dem Lande *dienen* wollen. Dazu gebe der Himmel Ihnen Kraft und vor allem den Willen, die Wahrheit sehen zu wollen mit eignen Augen. Je mehr ich selbst an Freunden hänge, den Einflüssen ihres Geistes, ihrer Ansicht offen und selbst unterworfen bin, wenn ich sie recht liebe, um so besser weiß ich, wie schwer es sein muss, sich jene unnahbare Selbständigkeit zu erhalten, deren Sie bedürfen, und zugleich doch Menschen um sich zu vereinen, die Ihnen sehen helfen und Ihnen wahr sind. Bleiben Sie Sie selbst – und es wird gehen! Die Kraft wird Ihnen in der Brandung wachsen, wie Sie selbst es sagen – und ich will mich aus meiner Ferne von Grund des Herzens des braven jungen Schwimmers freuen.

Mein Buch hat Ihnen gefallen? Das freut mich *sehr*. Es hat das Verdienst der Ehrlichkeit. Wollen Sie aber einmal etwas geradezu Vortreffliches lesen, so lassen Sie sich das Buch meines Freundes Adolf Stahr *Ein Jahr in Italien* geben. Wir waren von den vierzehn Monaten, welche ich in Italien verlebte, etwa sechs Monate zusammen dort, wo er – krank und leidend – Genesung suchte und zum Teil fand. Das Buch hat klassischen Wert und wird unsere Zeit lange überdauern. Lassen Sie sich z.B. aus dem ersten Band die Villeggiatura in Arriccia, aus dem zweiten die Oktoberfeste und den Karneval oder die Geschichte der Luigia San Felice und die Geschichte der Varderelli vorlesen, das sind wahrhafte Meisterwerke. Ich nenne sie Ihnen, weil ich Ihnen das Beste geben möchte.

Zu dem Besten gehört denn andererseits auch das Spaßhafte, und so habe ich immer bedauert, dass Sie nicht unsichtbar die

Viertelstunde mit erleben konnten, die damals im Erbprinzen Ihrer Ankunft vorherging. Es war das drolligste Bild von der Welt. – Ich war nicht zu Hause, sondern bei Frau von Schwendler, als Frau von Bacheracht mir sagen kam, dass Sie mir die Freude Ihres Besuches zugedacht hätten. Wir stiegen in den Wagen und schnell nach Hause. Dort angelangt, fällt Frau von Bacherachts Auge verzweifelnd auf unsere Wohnung: »Unmöglich ihn hier zu empfangen! In jeder Stube eine Waschtoilette! In jeder Stube ein Bett! Und dazu seine königliche Hoheit! Fanny! Was fangen wir an?« – »Ich denke, gar nichts, da wir es nicht ändern können!« – »Aber es *muß* geändert werden!« – »Nun, dann ändre es.« – Es wird dem Kellner geschellt: »Haben Sie keinen Salon?« – Nein! – »Kein Zimmer ohne Betten?« – Nein! – Hat Herr Liszt einen Salon? – Ja! – Ist Herr Liszt zu Hause? – Nein! – Der Kellner geht fort und die Sorgen beginnen wieder. Endlich fasst Frau von Bacheracht einen heroischen Entschluss: »Bett und Waschtoilette müssen heraus!« – Vortrefflich! – Frau von Bacheracht, die Kammerjungfer, ich, der Kellner, alles in großer Bewegung. Die Türen werden aufgerissen, die Betten, Koffer, Mäntel, Necessaires, Schals – alles heraus! – Glorreicher Moment. Wir stehen da in Siegesfreude, und sich zu mir wendend fragt Therese: Nun? – »Oh! Jetzt ists hübsch! Kalt und kahl wie ein Reitsaal, und es hat sich auch von draußen ein starker Kohlgeruch hereingezogen; aber das ist wahrscheinlich hoffähig, du mußt's ja wissen!« Gegen die Wahrheit dieser Bemerkung war nichts zu tun; also neue Bestrebungen. Alle Stühle aus der Nebenstube herein; ein Flakon voll schlechten Eau de Lavande in die Röhre des Ofens, Feuer in den Ofen und – dies war das Höchste, was wir zu leisten vermochten – eine weiße Serviette über den ganz zerschrammten Tisch, nebst vier Leuchtern, die aussahen, als müsse notwendig ein Geburtstagskuchen mit der Aufschrift »es lebe die gute Tante!« in ihre Mitte. – Lachend wie Schulmädchen, hatten wir eben unser Empfangszimmer hergerichtet, als wir Ihren Wagen rollen hören. »Wenn dem Erbgroßherzog dieser Empfang nicht zu Herzen geht, so hat er keines! Denn wir haben Wunder getan für ihn!« – »Ja!« entgegnet Therese – »aber – (wir hörten schon Ihre Schritte) – sei so gut (sehr angstvoll) und sage zuweilen Königliche Hoheit oder Gnädigster Herr!« – Dieser Stoßseufzer der Angst, hervorgegangen aus Frau von Bacherachts liebenswürdiger Natur und ihrer Liebe für mich, welche nicht wollte, dass ich Ihnen missfiele, hätte mir ohne Zweifel das tollste Lachen abgenötigt, wäre er nicht geradezu rührend für mich gewesen. Nachher aber, als die Freude über die gute Stunde mit Ihnen vorüber war, als wir in Berlin mit Bekannten die Erlebnisse dieser letzten gemeinsamen Reise durchplauderten, blieb immer dies Salonherrichten ein Gegenstand des Lachens, und wir gestanden uns, dass wir beide kaum eine komischere Szene erlebt hätten. Ich sagte damals gleich, wenn ich Sie, königliche Hoheit! jemals wiedersähe, würde ich es Ihnen erzählen; da man aber nicht weiß, wann etwas geschehen kann, ist's immer am besten, man tut es gleich; und ich lasse Sie also den Blick hinter die Kulissen schon heute tun, überzeugt, dass Sie es auch spaßhaft finden müssen, besonders die letzte Lektion für mich, die offenbar davon herrührte, dass ich mich in Hamburg nie entschließen konnte, Frau Senatorin oder Frau Präses zu sagen, weil es mir lächerlich erschien; denn außerdem hatte ich nie ein Zeichen republikanischer Widersetzlichkeit gegen die Regeln der Sitte gegeben – wenn Sie nicht die Erzählung dieses Vorgangs dazu rechnen. Und das werden Sie nicht.

Aus Paris schreibt man mir heute, die Wahlen würden entschieden monarchisch ausfallen; hier ersehnt man Wahlen aus den beiden Zentren, weil die Wahlen der äußersten Rechten und äußersten Linken keine Ausgleichung zulassen und darum kein gutes Resultat geben würden. Möchte sich alles zum Besten wenden, und möchten wir nicht nötig haben, neue Worte zu erfinden, für die Politik der nächsten Zeit. Ich bin wie die Bauern, die nicht essen mögen, was sie nicht kennen – ich bin misstrauisch gegen Worte, die ich nicht kenne. Vereinbarung, Errungenschaft! So etwas ist mir gleich unheimlich, weil ich es nicht kenne und erst verstehen lernen muss; weil sich jeder unter einem neuen Wort denken kann, was er will. Solch neues Wort ist wie Guttapercha – man kann alles daraus machen. – Ich liebe auch Guttapercha nicht. – Wenn mir jemand sagt, wie Sie, ich will das Wohl des Vaterlandes! Das verstehe ich und das zu bewirken, möge Ihnen so gelingen, wie ich es Ihnen wünsche.

Lassen Sie sich den langen Brief gefallen gnädigster Herr! und erhalten Sie mir die Gesinnung des Wohlwollens, die mich sehr glücklich macht.

6. Carl Alexander an Fanny Lewald

Weimar, den 26. Januar 1849

Schade, dass Sie sich nicht aus sich selbst hinaus versetzen können, um Ihre Werke so zu genießen, wie die es tun, welchen Sie dieselben reichen – Sie würden bei dem Empfang Ihres Briefes vom 20. dieselbe Freude, bei dem Lesen desselben gleichen Genuss, wie ich, gehabt haben. Glauben Sie mir also, dass mein Dank ein sehr herzlicher ist. – Ihre pikanten und geistreichen Erklärungen, warum Sie das Leben in den privilegierten Sommergenuss-Orten nicht leiden können, und nun endlich dies Kulissendetail jener Viertelstunde, die unserer Bekanntschaft vorausging, versetzten mich in so tolle Laune, dass ich auf meinem Stuhl in lautes Lachen ausbrach und die Ruhe in dem Schlafzimmer meiner Frau über den Haufen warf, wo ich gerade nach ihrer am 20. erfolgten Niederkunft[9] Wache hielt. Auch in jenen Erklärungen wie Bekenntnissen, liegt eine neue Sympathie zwischen uns beiden, denn ich lache gern und hasse die Badeorte – ja selbst auf einen und denselben Grund konzentriert sich unser Hass – denn Franzensbrunn ist am Ende einer dort verlebten Woche fast mein Tod vor langer Weile geworden. Für Ihre Erzählung der Gasthofs-Erlebnisse, bin ich Ihnen übrigens noch aus einem andern Grunde dankbar. Dieselbe Gesinnung, welche das »menschliche Urteil« mir inspirieren durfte, lässt mich einen eigenen Wert in jedes Lebensdetail, weil es ein solches ist, legen – deshalb danke ich Ihnen noch besonders, mir diese spezielle Freude gemacht zu haben, die Sie vollkommen erkennen werden, denn Ihr Wunsch, das Volk zu studieren und Ihre Projekte für das Vachatal dürften doch nur auf etwas Ähnlichem, wenn auch nicht allein, basiert sein. Wie sehr ich mich übrigens über diese Projekte freue, müssen Sie selbst fühlen, nicht weniger, dass es mein sehr aufrichtiger Wunsch sein muss, Sie vom Projektieren zum Realisieren schreiten zu sehen. – Wäre ich einmal in der Hölle, ich glaube Luzifer machte mich, aus Rücksicht zu diesem besonderen Beobachtungshang, zum *diable boiteux*[10], dessen wahre Partikularität gerade diese Beobachtungslust ist. Und wie viel Menschen gelüstet es gerade, das Leben *nicht* zu sehen, wie es ist! Ihre Meinung rücksichtlich meiner selbst rührt und ehrt mich, indessen – *trêve de compliments*[11] – dürfte ich noch weit davon sein, der zu sein, den Sie so gütig beurteilen. In einem haben Sie sich aber nicht geirrt, es ist in der sehr aufrichtigen Erwiderung des Vertrauens, welches Sie mir geschenkt. Sie sagen mir ein sehr wahres Wort: Seien Sie Sie selbst! Danach ringe ich, und es tuend sehe ich erstaunt, wie wenig überhaupt man gerade dieses ist! Ihre Prophezeiung auf gutes Gelingen nehme ich dankbar an, denn im Kampf tut es wohl, wenn eine Seele, die sich mit uns identifiziert, aus eben diesem Kampf die Ahnung des Gelingens fühlt und so von Bergesgipfel zu Bergesgipfel blickt, während der Kämpfer im Tal, vor Tiefe desselben, nicht immer die höchste Höhe mehr sehen kann. – Das Buch, dessen Sie erwähnen, werde ich mir gleich kommen lassen; ich empfehle Ihnen dagegen eins, dem ich vielen Genuss und merkwürdige Aufschlüsse über die jetzigen Zustände in Italien verdanke; es ist Levin Schückings *Römerfahrt*. Aus dem Buch empfehle ich Ihnen besonders den Brief Venturas, des Metropoliten von Messina an Monseigneur von Sibour, Erzbischof von Paris[12], ein kühnes, von Wahrheit leuchtendes Werk, das in Frankreich wohl befolgt werden dürfte. –

Sie mögen keine neuen Worte, drum will ich Ihnen eins sagen, an das Sie sich schon gewöhnt haben werden, nämlich die sehr aufrichtige Ergebenheit, die ich für Sie hege.

7. Fanny Lewald an Carl Alexander

Anfang März 1849

Lassen Sie meinen heutigen Brief um Gottes willen nicht so lange unbeantwortet, als ich den Ihren; man hat ein zu jämmerliches Gewissen, wenn man sich sagen muss: »Du bist undankbar, Du hast Unrecht! Und schäme Dich, und mache es besser!« – schreiben Sie mir bald, Sie werden sonst immerfort an mich denken müssen, wie ich an Sie – und es ist schrecklich, wenn uns jemand ganz glorios vor dem innern Auge steht und uns kopfschüttelnd, verwundert, missbilligend ansieht.

Ich habe aber so viel damit zu tun gehabt, den verstorbenen Prinzen Louis Ferdinand zu seiner literarischen Wiedergeburt vorzubereiten, dass ich wirklich nicht Herr meiner Zeit gewesen bin. Jetzt ist er seit vierzehn Tagen unter der Presse, und das erste Exemplar soll zu Ihnen wandern und mir freundliche Nachsicht für mein langes Schweigen erbitten.

Wir haben nun die Kammern hier beisammen, noch aber sind keine wesentlichen Resultate davon zu berichten, und im Ganzen nehme ich an den politischen Details weniger Anteil, als Sie vielleicht glauben dürften. Während der ganzen vorjährigen Sitzungszeit von Anfang Mai bis Mitte Juli bin ich nur dreimal in der Kammer gewesen. Einmal um meinen Freund Johann Jacoby in der deutschen Angelegenheit sprechen zu hören; dann mit Frl. v. Arnim[13], welche die Polenfrage hören wollte und endlich mit Frl. Hansemann, als man den Sturz des Ministeriums Hansemann[14] erwartete. Zum Teil mag diese anscheinende Teilnahmslosigkeit daher rühren, dass ich durch mündliche Mitteilung der mir befreundeten Männer immer *au courant* der Tatsachen und Vorgänge erhalten werde, ohne dass ich nötig hätte, mich durch die schwüle Hitze siebenstündiger Sitzungen oder durch die langen Spalten der Zeitungen durchzuarbeiten, zum Teil aber ist mir diese ganze Zeit, wie sie sich jetzt entwickelt hat, nur das Vorspiel der Zukunft, das Stimmen der Instrumente für die neue große Harmonie. Da mache ich mir denn eben kein Gewissen daraus, hie und da nicht aufzupassen, ein bisschen zu schwatzen, ein bisschen umherzugucken. Weiß ich doch, dass die Musikanten das Ihrige tun und dass zur *rechten* Zeit die Sinfonie, welche ich ersehne, anfangen wird, weil sie anfangen muss. Machen Sie teurer Prinz! dass Sie dann zur rechten Zeit auf Ihrem Platz sind, damit Sie nichts versäumen. Es gibt einen furchtbaren Fluch, der in diesem Jahrhundert von dem Schicksal über die Häupter der Machthabenden ausgesprochen zu sein schien – das *zu spät!* – Möchten Sie, ich hoffe es, nie nötig haben, dies Wort auszusprechen.

In der Zeit, in der ich Ihnen jetzt nicht schrieb, habe ich oft große Sehnsucht gehabt, Sie zu sprechen und Ihnen manches zu sagen, was mir durch den Sinn ging für Sie. Ein Brief ist ein so armselig Ding – man müsste Bücher, mindestens Tagebücher schreiben, um die Entfernung in gewisser Weise zu besiegen. Dazu kommt nun mein Glauben an die Notwendigkeit dessen, was geschieht. Als Sie zu mir kamen, sagte ich mir: »Es geschieht nichts zufällig; nichts ist zusammenhanglos und wirkungslos; da der Prinz gekommen ist, musst du einen Beruf für ihn haben, und in diesem Glauben denke ich tausendmal »wenn du ihm doch dies und jenes sagen könntest, was er zuverlässig ohne dich nicht erfährt«. Sie sind so verbarrikadiert in Ihren

Verhältnissen, man kommt so schwer ohne besondere Einlasskarte an die Regierenden heran, dass diejenigen, welche die Freisten sein könnten, positiv und zu ihrem höchsten Nachteil die Unfreisten sind. Es ist wie mit unserm neu erfundenen Belagerungszustand; man kommt und geht innerhalb der Stadt wie man mag – nur die Hofdamen und Hofherren sind streng bewacht. Es liegt darin für mich etwas sehr Ironisches, und mündlich würde ich Ihnen eine prächtige Anekdote von Bettine, eine Äußerung über den Belagerungszustand erzählen, die zum Schreiben zu lang ist – und sich auch erzählt besser ausnimmt.

Ein gutes Stück dessen, was ich über unsere Zeit denke, könnten Sie übrigens zu lesen bekommen, Königliche Hoheit! – vorausgesetzt *que tel est votre plaisir* – wenn Sie sich das *Morgenblatt* (das Cottasche) geben ließen, wo mit dem ersten Januar dieses Jahres, der Abdruck jener Briefe begonnen und jetzt beendet ist, die ich im Frühjahr meinem Bruder und meinem Freund Stahr aus Paris geschrieben habe. Vieles darin würde Sie interessieren, und es ist eine Lektüre von einigen Stunden. Sie sind überschrieben *Der Märzmonat in der franz. Republik.*[15]

Das Buch von Schücking, dessen Sie rühmend gedachten, habe ich leider noch nicht gelesen; ich hatte gerade die Kapitel, deren Sie erwähnten, auch von Professor Stahr mit Lob erwähnen hören, und habe also noch die Freude, sie zu lesen, vor mir. Ich war durch einen Zufall auf Mirabeaus Briefe[16] gekommen, welche er aus dem Donjon von Vincennes geschrieben, und so vollständig von der Gewalt dieses größten Menschen beherrscht und erfasst, dass mir dagegen alles andere klein, gering und blass erschien. Es ist ein Werk – nein! so kann man es nicht nennen, weil es nichts mit Absicht Gemachtes ist – sondern, es wird uns in diesen Briefen an seinen Vater, an seinen Gefängnisvorsteher, an die Behörden, an seine Mutter und vor allem an seine Geliebte, Sophie Monnier, eine der größten Menschengestalten vorgeführt, so groß, so eins in sich, so ganz, dass man sich selbst bevorzugt nennen darf, wenn man nur die Kraft hat, ihr Abbild in diesen toten Blättern zu erfassen. Die Kraft der meisten Frauen, deren Seelen unfertig oder zerbrochen worden sind, durch den alles vernichtenden Dualismus von Körper und Geist, werden und müssen vor diesen Blättern zurückschaudern, wie vor der nackten Schönheit in Leben und Kunst. Ich aber – das beteure ich Ihnen – habe wahrhaften

Gottesdienst gehalten, vor der Offenbarung des Gottes im Menschen, wie sie sich in Mirabeau erzeugt hat. Größer, heiliger, schöner, hat nie ein Menschenherz geglaubt und geliebt als er – und mitten in der Depravation seiner Zeit.

Ich sehe, ich bin eben auf dem besten Wege, ein Buch über Mirabeau zu schreiben – etwas, einen Aufsatz oder irgendwas, schreibe ich auch gewiss; denn meine ganze Seele ist voll von seinem Bilde. Ich habe denn auch ein vortreffliches Porträt von ihm geschenkt bekommen und einer der französischen Gesandtschaftssekretäre hat mir versprochen, von Paris Mirabeaus Totenmaske kommen zu lassen. Er sagt mir, dass der Ausdruck geistiger Hoheit, das Lächeln geistiger Freiheit selbst nicht von der Hand des erstarrenden Todes zu vertilgen gewesen sei, und dass Mirabeaus Totenmaske noch den Götterfunken des schöpferischen Prometheus von der Stirn leuchte.

Später. Ich bin unterbrochen worden, und will, ehe ich Ihnen Lebewohl sage, noch schnell den gefährlichen Sprung vom *sublime* zum *ridicule* wagen. Wie gefällt Ihnen denn der Veitstanz der Abgeschmacktheit, den die Berliner um die Wundertäterin Luise Braun tanzen? – Das Unverantwortliche dabei ist, dass bis auf diese Stunde noch keine Behörde, weder Polizei noch Medizinalkollegium, irgendeinen belehrenden (ich sage nicht verbietenden) Schritt dagegen getan hat. Man muss den Menschen das Recht lassen, närrisch zu sein, wenn man ihnen gesagt hat, dass sie Narren sind und sich betrügen lassen; aber man muss ihnen das sagen. Die Medizinalbehörden hätten die Pflicht zu erklären: Das ist ein bleichsüchtiges, von einer pietistischen Mutter, verdreht gemachtes Kind, dem eine tüchtige Stahlkur sehr nötig wäre und die euch gar nichts helfen kann. Wer dann noch hingehen wollte, sich sagen lassen: »Gehen Sie nach Hause und beten Sie, und glauben Sie an Gott! So wird Ihnen geholfen werden,« denn mehr tut die Braun nicht, der wäre frei hinzugehen, solange er Lust hat. So aber setzt sich die Regierung und die pietistische Partei in derselben dem gerechten Vorwurf aus, dass sie bei dem Unfug schweigt, weil die Aufmerksamkeit des Volkes dadurch von den politischen Dingen abgezogen wird, und dass die Braun bei ihren Exhortationen zum Beten, den Nachsatz hinzufüge, man müsse dem König gehorchen. – Ich gestehe Ihnen, ich halte diesen Nachsatz für erfunden; ich glaube nicht, dass die Regierung irgendetwas mit der Braun gemein hat; aber es gibt Verhältnisse, und die der preußischen Regierung sind solche, in denen man auch den Schein zu meiden hat. Dass man durch Konstabler die Meldungskarten in das Haus der Braun hineinreichen lässt, was ich selbst gesehen habe, dass man, was ich mehrmals gehört habe, in Gegenwart dieser Konstabler behauptet, heute sei die Braun zu dem Prinzen, morgen zu der Prinzess bestellt, um dort Kranke zu heilen, das ist ein großes Unrecht; ich sage wie Casimir Delavigne[17]: *j'impute au souverain les excès qu'il tolère!* – Nebenher hat die Sache eine sehr ernste Seite. Eine kranke, an schwerem Fußübel leidende Frau, welcher eine Freundin von mir ihren Arzt und die nötigen Medikamente zukommen ließ, gab mit einemmal die ganze Kur auf, ließ das Übel unheilbar werden und sagte ganz ruhig: »Mein Mann hat schon der Braun meinen Namen hingetragen, nun will ich doch erst abwarten, denn die Braun hat gesagt, mir würde geholfen werden.« Diese Frau aber wird ein Opfer davon werden, dass die Behörden schweigen. Dass die Hofpartei und die Demokraten, beide, diese Angelegenheit ausbeuten, und die letztere mit vollem Recht, das bleibt nicht aus. Gestern ist endlich eine im Sprachton des Volkes, in echtem Berliner Deutsch, geschriebene Satire durch die Presse ausgegeben, »ein Brief August Buddelmeyers über das Wunderbalg«, der vielleicht der Sache ein Ende machen wird, da die Behörden es versäumen.

Pause. Und wieder bin ich unterbrochen! Das ist recht gut. Sie werden mich, da ich immer tadle, zuletzt für eine alte brummige Tante halten – während all mein Zorn Liebe, und all mein Zanken Freundlichkeit ist.

Bleiben Sie mutig und frisch königliche Hoheit! – Gestern sagte mir Professor Curtius[18], dass Sie meiner freundlich gegen ihn gedacht hätten; das ist sehr recht von Ihnen und freut mich. Ich bilde mir auch ein, dass ich es um Sie verdienen würde, sobald ich dazu Gelegenheit fände.

Schreiben Sie mir bald, des guten Gewissens wegen und leben Sie wohl.

8. Carl Alexander an Fanny Lewald

März 1849

Meinen epistolaren guten Willen zu beweisen, ergreife ich also bald wieder die Feder. Sie danke Ihnen für die gütigen Zeilen, nicht minder für die Aussicht, welche Sie mir eröffnen, nächstens den kleinen Dämon kennen zu lernen, der sich in unsere Korrespondenz gedrängt. Der Name, den er führt, vor allem aber die Hand, die ihn gebildet, lassen auf Geist und Witz schließen, und diese behaupten ihren Platz. Sie behaupten ihn, indem der Brief so trefflich den jetzigen Zustand der Kammern mit dem Stimmen der Instrumente vor Beginn der Symphonie charakterisiert. Ich harre dieser Symphonie wie Sie; sollten wir dieses gleich in verschiedenen Logen tun, so umfängt uns doch ein und dasselbe Dach. – Sehr geschmeichelt fühle ich mich durch die Anwendung, welche Sie auf mich von dem Satz nehmen, dass: »nichts zufällig ist«, umso mehr ich von jeher fest und innig daran geglaubt. Ich finde deshalb es ebenso irrig, das Gegenteil aufzustellen, oder wohl gar dem Zufall eine Macht einzuräumen, als es mir falsch dünkt, etwa das Alter der Menschen nach ihren Jahren zu beurteilen, oder überhaupt dem Urteil anderer nachzugehen, weil es einmal so abgeurteilt ist. Entwickeln Sie sich daher gefälligst aus dem Gesagten das nicht geringe Vergnügen, was ich empfand, als ich aus Ihrem Brief entdeckte, dass Sie in gleichen Banden befangen sind. Denn Ihr Bedauern über die Verbarrikadierung unserer Existenz ist eben nichts anderes und die Serviette auf Ihrem Tisch im Gasthof zu Weimar, ausgebreitet *pour me recevoir dignement*, wird für mich zur Siegesfahne, denn die kleine, saubere beweist mir, dass auch Sie vorgefasste Meinungen haben, auch Sie verbarrikadiert sind, wenn wir es sein sollten. Dass ich nun aber im Vollgenuss meines Gaudiums hierüber Ihnen die Hand küssen dürfe, müssen Sie mir gestatten, denn jener Dämon Louis Ferdinand wird schon Ihnen längst gelernt haben, dass die Galanterie gegen das schöne Geschlecht – in besonderem gegen geistreiche Frauen – das älteste unantastbarste Recht der Fürsten ist! – Als Frau werden Sie aber auch begreiflich finden, dass ein Mann neugierig sein könne und deshalb bitte ich gar schön, dass Sie mir doch ja nicht jene Anekdote Bettines über den Belagerungszustand entgehen lassen. Dass ich konsequenterweise mich nächstens auf

Ihre Korrespondenz stürzen werde, welche in der Zeitung steht[19], werden, müssen Sie mir glauben, denn ich habe das Gefühl, mich heute in lauter Konsequenzen umherzutreiben. Endlich werde ich auch demzufolge nächstens Mirabeaus Briefe vornehmen – um in der Kenntnis ihrer selbst vorzuschreiten, denn eines der größten Mittel, andere kennen zu lernen, ist, finde ich, das zu studieren, was diese anderen bewundern oder nicht mögen. Deshalb interessiert mich auch bei Personen, die mich interessieren, die Frage weit mehr: Was lesen Sie? als jene: Wie befinden Sie sich? Denn erstere gibt den Barometerstand, die Entwicklungsstufe und Fähigkeit der Seele dieses Mikrokosmos der Welt an. Und der Körper ist ein Atom zu jenem, wenn auch ein respektables. – Schreiben Sie ja jenen Aufsatz, von dem Sie die Absicht hegen. Ihre Bemerkungen versprechen in jedem Fall einen höchst geistreichen. – Ich gestehe zu meiner Beschämung, dass mir die Episode von Luise Braun in dem politischen Chaos ganz entgangen ist. Ist sie eine Betrügerin, so entlarve man sie je eher je lieber, nur schade, dass so viele geistige und körperliche Ärzte um das *origine* von Krankheiten streiten, während dem der Kranke stirbt oder sie ansteckt. Hier scheint in der Tat, wie Sie die Details mir geben, ein Betrug zugrunde zu liegen. Mir ist es immer ein Greuel gewesen, wenn man aus dem Leiden eines Menschen ein Spektakel macht, dabei ist der Magnetismus ein so unbekanntes Feld! Es kommt mir dieses Benutzen der noch nicht erforschten Kraft vor, als böte ein Weltentdecker Güter auf dem noch zu entdeckenden Lande zum Verkaufe aus!

Ich trenne mich nun von meinem Brief, ihn der Eisenbahn anzuvertrauen. Nehmen Sie ihn auf, wie er geschrieben.

9. Fanny Lewald an Carl Alexander

Berlin, den 22. März 1849

Versteht sich, Königliche Hoheit! Dass Männer neugierig sind, und sehr neugierig! Darum sollen Sie auch nicht einen Tag auf die Bettine-Geschichte warten, nachdem Sie sie zu hören verlangt haben. Nur diese eine schreibe ich, da ich notwendig zu arbeiten habe, und behalte mir es vor, Ihren eingehenden liebenswürdigen Brief in der ersten freien Stunde recht in Ruhe zu beantworten.

Als der Belagerungszustand erklärt wurde oder vielmehr erklärt worden war, geht Bettine am nächsten Morgen nach dem Schlosse, um Frl. von Kalb oder Frl. von Arnim, vom Hofstaat der verstorbenen Prinzess Wilhelm[20] zu besuchen. Sie kommt an das Portal, das Gitter ist zu, eine Schildwache davor und man sagt: *non si entra!* – Sie können nicht herein! –

»Ich will aber eine Hofdame, eine Verwandte besuchen!«

Soldat: »Hat sie Ihnen eine Karte gegeben, dass Sie rein sollen, dann können Sie rein, haben Sie keine Karte, so können Sie nicht rein.«

Bettine: »Nun du Mensch, wie soll sie denn wissen, dass ich kommen werde?«

Soldat: »Ja! Das ist wahr! Na warten Sie, ich werde zum Unteroffizier gehen, der kann den Offizier fragen, ob Sie zu den Hofdamen können.«

Der Soldat in pflichtwidrigem Diensteifer, in Belagerungskonfusion, verlässt seinen Posten, um ins Schloss zu gehen. Bettine bleibt außen am Gitter und guckt ihm nach. Mit einem Mal, wie er schon fort ist, ruft sie: »Hören Sie mal! Kommens mal her! Sagen Sie Ihrem Unteroffizier, er soll dem Offizier sagen, er könnt sich seine alte Hofdame einpökeln, so viel sind sie gar nicht an Lauferei wert.«

Soldat: »Na! das ist im Grunde auch wahr.«

Bettine, höchlich belustigt durch dies Zugeständnis: »Und sagen Sie dem Unteroffizier, er soll dem Offizier sagen, ich ließ den Hofdamen und den königlichen Herrschaften gratulieren zum schönen Belagerungszustand, und ich wär die Frau von Arnim!« –

Da haben Sie, Königliche Hoheit! Bettine wie sie leibt und lebt. Sie kennen sie gewiss. Ich liebe sie sehr und sehe sie oft.

Mirabeaus Briefe müssen Sie ganz mit »primitiv menschlichen«, nicht mit »zivilisiert weltlichen« Augen lesen, wenn Sie mich daraus kennen lernen wollen. Um diese Briefe zu verstehen, muss der weite Weg von der falschen Kultur zur reinen gottberechtigten Natur glorreich überwunden sein. Sie, der so glücklich »menschliches« und »weltliches« Urteil zu unterscheiden wusste, können sie lesen, ohne mich zu verkennen – und werden allerdings besser wissen, was Sie an mir haben, als vorher.

Ich sehe – aber ohne Schreck – dass ich respektwidriges Oktavpapier genommen habe. Ich war eilig, schreibe immer auf solchem, nahm es also – und Sie hätten ja auch die weiße Zeremonieserviette zu entbehren vermocht.

Ich schreibe bald, sehen Sie heute in der fliegenden Eile nur den sehr guten Willen. Leben Sie wohl, königliche Hoheit!

10. Fanny Lewald an Carl Alexander

Berlin, den 16. April 1849

Ich denke Sie mir so in Anspruch genommen von den Weltvorgängen, dass ich immer fürchte, Sie haben keine Muße für sich, und doch möchte ich einen Teil davon in Anspruch nehmen. Wer weiß, ob Sie sich nicht bereits für den projektierten Fürstenkongress[21] rüsten, der darum so unheilvoll ist, weil er es abermals zur Evidenz herausstellt, dass die Interessen der Fürsten nicht die der Völker sind, dass die Fürsten nicht aufgehen in ihren Völkern, sondern dass sie sich als gesonderte und – in den meisten Fällen – feindliche Parteien gegenüberstehen. Auch in diesem Fürstenkongress werden die verschiedenen Gesinnungen der Machthabenden sich so positiv herausstellen wie die Gesinnungsverschiedenheit in den Kammern der Volksvertreter, und ich erwarte es von Ihnen mit felsenfester Zuversicht, dass Sie die äußerste Linke unter den Fürsten Deutschlands einnehmen, dass Sie warm die Freiheit des Volkes, die Rechte des *self government* verteidigen werden.

Börne sagt einmal: »Für die Machthabenden fängt die Schwärmerei da an, wo ihr Vorteil aufhört.« Als ich Sie kennen lernte, fand das Wort keine Anwendung auf Sie – Sie ehrten das Volk, weil Sie die Berechtigung des Individuums als Wahrheit erkannten. Aber wie darf man an die Einsicht, an Verständnis bei den Machthabenden glauben, wenn man hört und liest, auf welche Basis man den Frieden mit Dänemark zu gründen denkt? – Es gibt Dinge, Königliche Hoheit! vor denen mein Verstand wie vor einer chinesischen Mauer stehen bleibt, weil ich sie in ihrer Grundlosigkeit nicht begreifen kann. Ich lese: »Der König von Dänemark soll den Kronprinzen von Oldenburg adoptieren, Oldenburg an Hannover fallen; Birkenfeld an Preußen; Lauenburg, Eutin, die Herzogtümer Schleswig und Holstein sollen ein Königreich bilden[22], im Verband mit Dänemark; die Augustenburgische Linie soll Apanagen erhalten, zu denen Preußen und Hannover beisteuern – und so wird die Sache sich zur allgemeinen Zufriedenheit arrangieren lassen.« Sehen Sie, davor steht mein Verstand still. Man arrangiert zum Besten der Fürsten und niemand fragt: »Wollen die Ostfriesen, die Jeveraner, diese freien, echt demokratischen Stämme, welche nie Adel unter sich hatten, *wollen* diese, jetzt, da sie ohnehin eine freie Verfassung erhielten, sich dem steinernen Ernst August unterwerfen? Wollen sie ihn als König anerkennen?« – Ich zweifle sehr daran. Oldenburg hat nicht *eine* eingeborene Adelsfamilie, und der Hofstaat wird aus den benachbarten Ländern rekrutiert, so dass die Residenz eine Musterkarte der deutschen Stämme in ihrem Adel aufzuweisen hat, unter dem sich übrigens sehr liebenswürdige und mir werte Personen befinden. Und wenn die Oldenburger und Eutiner und Lauenburger dies Arrangement nicht eingehen wollen, mit welchem Recht will man sie dazu zwingen? – Durch das Recht der Kanonen? Das Recht des Stärkern? – Das ist eine Barbarei, vor der die Sittlichkeit, das Menschheitsbewusstsein zurückschaudert. – Ich war an dem Tag, an dem ich von diesen Friedensvorschlägen hörte, mit Beamten zusammen, welche dies eine vernünftige Ausgleichung nannten. Ich erschrak davor und fragte: »Und wenn Sie nun plötzlich Bayern oder Österreicher werden sollten?« – Sie zuckten mit Resignation die Schultern, und ich sagte mir die Worte des Freiherrn vom Stein, dass man zuerst alle Beamte totschlagen müsse. Sie sind so depraviert durch das Gefühl der Dienstbarkeit, dass sie *jedem* dienen, der sie bezahlt, und alles selbständige Empfinden verloren haben. Aber denken Sie sich nur das Empfinden freier, selbständiger Männer, die sich als Herren fühlen auf ihrer Scholle, in ihrem Hause, und sich plötzlich einem fremden Herrscher überantwortet sehen, wie man bei einem Gutskauf einen Viehstand übergibt. Es ist etwas so Widersinniges darin, dass man davor zurückschreckt. Denken Sie nur, teurer Prinz! dass man Weimaraner, welche vielleicht durch Bande gegenseitiger Achtung Ihnen, Ihrer Mutter, Ihrer Großmutter attachiert wären, etwa plötzlich an Österreich abträte? – Dieser unberechtigte Ländertausch, der ein jämmerliches Schachergeschäft ist und schlimmer als Geldwucher, hatte Deutschland von 1800 bis 1806 so ruiniert, dass Napoleon es nur ganz ruhig in die Tasche zu stecken und damit nach freiem Belieben zu schalten hatte. – Napoleon hat Ihre Großmutter eine edle und mutige Frau genannt, und um Ihretwillen dem Lande Erleichterungen geschafft. Möchten Sie ihr rechter Enkelsohn sein! Ich weiß, der Einzelne vermag nicht alles, aber jeder vermag viel, wenn er sich, ernst und auf Überzeugung gestützt, einer Arbeit unterzieht. Halten Sie den Gedanken fest, dass die Länder nicht den Fürsten gehören, dass die Völker nicht die Diener der Fürsten sind, sondern die Fürsten die Diener des Volkes und dass man einem mündigen Volk anders dienen müsse als ein Gouverneur dem ihm zur Erziehung anvertrauten Kind.

So oft ich Ihnen schreibe, habe ich viel für Sie auf dem Herzen – ich möchte Ihnen gern die positiven Wahrheiten nahelegen, welche im Bewusstsein des Volkes erwachsen, für »Schwärmerei« gelten vor den Thronen. Ich weiß, dass ich Sie dafür gewinnen müsste, denn Sie haben offene Augen zu sehen, ein gutes Ohr zu hören. Ich hasse Revolutionen, ich schaudre bei dem Gedanken an gewaltsame Umwälzungen, an Blutvergießen – und verliere doch täglich mehr den Glauben an eine friedliche Ausgleichung der Zerwürfnisse. Was der König von Preußen mit seiner Antwort, mit seinem Verhalten gegen die Frankfurter Deputation getan hat – das *Unglück* kann nicht ungeschehen gemacht werden; aber die Nemesis wird nicht ausbleiben, und sie trifft oft den Schuldlosen mit dem Schuldigen. Was ich im Moment der Märzrevolution schrieb, das glaube ich noch heute. Die Monarchien in Deutschland wären nur zu erhalten für lange hinaus, und als förderlich für den Fortschritt, wenn die *alten* Fürsten ihre Kronen niederlegten, und junge, der Zeit angehörende Männer wie Sie, wie der Sohn der Prinzess von Preußen[23], losgerissen von dem unglückbringenden Schlingkraut der Kamarilla, mit entschieden liberalen Ministerien das Ruder in die Hände nähmen. Ich schrieb damals: »Es gibt Dinge, die König und Volk einander niemals verzeihen; eine wirkliche Aussöhnung, ein wirkliches Verständnis zwischen unserem mittelalterlich romantischen König und der zum Bewusstsein ihrer Kraft gekommenen Demokratie, ist so unmöglich, wie die Wiederherstellung einer innerlich zerstörten Ehe. Ein Volk soll aber kein Scheindasein führen.«

Ich könnte heute aus festester Überzeugung hinzufügen, und es wird nicht lange ein Scheindasein führen, selbst wenn es gelingen sollte – was ich glaube – die Volksherrschaft noch für

Jahre unmöglich zu machen. Je straffer man den Bogen spannen wird, umso höher wird der Pfeil fliegen, und manchmal fürchte ich den Moment.

Den 16. April. Der Brief ist zwei Tage liegen geblieben, weil ich neulich im Schreiben unterbrochen worden bin. Heute lese ich ihn durch, und frage mich, wozu ich Dinge schreibe, welche Sie längst wissen müssen, wenn Sie sie wissen wollten. Es ist überhaupt mit dem Sprechen über diese Gegenstände schon ein schlimmes Wesen, wie viel mehr noch mit dem Schreiben. Ist man gleicher Meinung – so ist jede Auseinandersetzung übrig – bei verschiedener Ansicht aber, so wie die Zeitfragen jetzt liegen, kaum eine Verständigung möglich. Ich begreife auch nicht, wozu man in den Kammern all die Reden hält, um zu sagen, was jedem klar ist. Man sollte einfach das Thema hinstellen und dann abstimmen, so würde man ganz die Resultate erlangen wie jetzt und in viel kürzerer Zeit. Wie furchtbar die Erbitterung der Parteien bei uns ist, davon bin ich die beiden Male, die ich in der Kammer war, wirklich erschrocken. Wer da an eine Verständigung glaubt, muß sehr sanguinisch sein. Die Rechte wird diesmal siegen, wird ihren Sieg missbrauchen, und dann wird der Rückschlag kommen.

Ich sehe nicht mehr so froh in die Zukunft – in die *nächste* Zukunft – als früher, obschon ich einsehe, dass Frankreich und England lange Zeit, viele Dezennien gebraucht haben, die Macht des Absolutismus zu brechen, aber ich schaudre bei dem Gedanken, dass wir so blutige Wege gehen müssten wie jene Länder. Tun Sie, was Sie können, dies Unglück zu verhindern. Ich möchte Sie sprechen, möchte zu meiner Belehrung wissen, wie Sie die Sachen ansehen, der sie von einem ganz verschiedenen Standpunkt betrachtet. Glauben Sie an die Fortdauer der Monarchien für lange hinaus in Deutschland, wenn nicht große, notwendige Opfer von Seiten der Fürsten gebracht werden? Ich frage Sie das, königliche Hoheit! weil ich mir denke, Sie könnten ein glücklicher Mensch, ein nützlicher Mensch sein, auch wenn Sie kein Fürst, kein regierender Herr wären. Es gab eine Zeit in meinem Leben, in der mir »Herrscher sein« ein so wundervolles Los, so sehr das höchste Glück schien, dass ich wünschte, eine mächtige Krone zu besitzen, um sie dem Mann zu Füßen zu legen, den ich liebte – denn eine Krone schien mir eben das Höchste. Jetzt denke ich anders, weiß es anders.

Die freie Wirksamkeit, das Schaffen allein sind Glück – und jeder, dem ein Erstrebenswertes gelingt, hat das Gefühl des glücklichsten Herrschers, denn er beherrscht die Verhältnisse, in denen er – und wäre es dienend – nützt. Ja! ich habe mir oft das Los der Herzogin von Orleans[24] als ein schönes gedacht, da es ihr vergönnt wird, jetzt den eigentlichen Gehalt ihres Wesens kennen und schätzen zu lernen. – Wenn ich arbeite, wenn die Arbeit meinem Willen entspricht, dann beherrsche ich ein schönes, freies Reich und bin sehr glücklich, aber – solche Stunden sind selten, und es folgen ihnen Tage tiefer Entmutigung, die sehr schwer auf der Seele lasten.

Heute nun vollends, wo der Schnee weiß und fest auf den Dächern liegen geblieben ist, und die Kälte ein Unwohlsein steigert, eine Nervenabspannung, welche mich seit acht Tagen martert, heute fühle ich mich so bedrückt, dass ich nicht begreife, wie ich je wieder einen schöpferischen Gedanken haben, eine Zeile schreiben könne zu plastischer Gestaltung. Das muss man empfunden haben, um zu wissen, wie es tut. Käme nur Sonnenschein, Licht und Wärme wieder, damit man doch fühlt, dass man lebt. Ich gäbe heute etwas darum, eine Freude zu haben, etwas zu hören, zu sehen, was mir das Herz erhebt und mich erwärmt. Mir ist so grau und kalt, als wäre ich sechzig Jahre. In solcher Stimmung soll man aber nicht Briefe schreiben, nicht seinen Freunden und vor allem nicht Ihnen zur Last fallen. Ich werde wohl wieder aufleben, wenn's warm wird. Bis Ende Mai bleibe ich in Berlin, dann muss ich wahrscheinlich nach Pyrmont, eine jüngere Schwester[25] pflegen, welche als Kind von 10 Jahren ein Auge – durch die furchtbarste Operation – verloren hat, und mir von meiner Mutter auf dem Totenbett auf die Seele gebunden ist. Für diese Schwester schrieb ich vor 14 Jahren die ersten Märchen, um ihr die lange Leidenszeit, welche jener Operation vorausging und folgte, zu verkürzen. Die Ärzte schwanken zwischen Ems und Pyrmont – mir wäre das letztere lieber, weil es näher ist und weil ich's nicht kenne, aber Ems als einen tristen Aufenthalt empfunden habe. Am liebsten bliebe ich hier, ließe sie hier den künstlichen Brunnen trinken und machte nachher eine kleine Erholungstour mit ihr.

Sie sehen königliche Hoheit! ein Unwohler kommt auf Krankheitsgeschichten und – wird langweilig. Möchten Sie wohl, frei und frisch sein.

11. Fanny Lewald an Carl Alexander

Berlin, Juni 1849

Heute kommt endlich das oft besprochene, viel gemeldete Buch[26]. Nehmen Sie es freundlich von mir an. Was ich dabei gedacht, sagt es Ihnen selbst. Es wurde im Februar 1848 beendet, an dem Tag der französischen Revolution, und ist darum sicher kein Tendenzbuch, obschon die Zustände in Preußen seitdem eine Wendung genommen haben, dass man glauben wird, es sei eigens für den Zweck geschrieben, eine Darstellung von Zuständen zu bringen, in denen der Volkswille und der Wille des Königs sich schroff gegenüber stehen.

Ihren Gruß hat mir Fräulein Frommann bestellt, und ich habe bis jetzt die verheißene baldige Antwort leider noch nicht erhalten. Ich weiß aber, dass Sie in Holstein, dass Sie in Berlin waren, und denke mir, dass Sie viel gearbeitet, viel erlebt haben müssen. Auch ich habe viel und Schweres durchzumachen gehabt; nicht, wie Sie, königliche Hoheit! im Hinblick auf das Wohl von Millionen, sondern allein in der Sorge für die treuste, zuverlässigste Freundin, die ich habe – Frau von Bacheracht.

Nach einer zwanzigjährigen Scheinehe mit einem an sich braven und höchst ehrenwerten Mann, der ihrer ganzen Natur jedoch immer fremd blieb, nach einem von vielen Leiden, von mancher Leidenschaft bewegten Leben, ist sie zu dem Entschluss gekommen, sich von ihrem Mann zu trennen, und einen Vetter, den Obrist von Lützow zu heiraten. Da Sie beide Personen kennen, interessiert Sie das Faktum gewiss. Die Scheidung ist in erster Instanz geschehen, Thereses Vater und Geschwister sind damit vollkommen einverstanden, und selbst Herr von Bacheracht hat in wahrhaft edler Weise die Zustimmung zu dieser Trennung gegeben, weil er selbst es für die Zukunft Thereses als gut erkennt. Sie lebt nun seit einigen Monaten im Hause ihres Onkels und künftigen Schwiegervaters Kammerherr von Lützow, auf dessen Gütern bei Schwerin, und denkt, sich gegen den Herbst zu verheiraten und dann Europa für mehrere Jahre zu verlassen.

Wie schwer mir dieser Verlust ist, kann ich nicht sagen, und doch segne ich das Ereignis. Frau von Bacheracht ist eine jener Frauennaturen, welche nie selbständig ihr Leben in sich abzuschließen vermögen und daher durchaus auf die leitende Hand eines Mannes angewiesen sind. Liebebedürftig, hat sie in ihrer Ehe die Liebe nicht gefunden, hat sie gesucht in anderen Männern – und nur Schmerzen und furchtbare Enttäuschungen erlitten. Dass jetzt Obrist Lützow, einer der edelsten Charaktere, ein Mann im schönsten und höchsten Sinne des Wortes, Thereses Schicksal zu dem seinen macht, dass er ihr Leben an das seine kettet, ist ein so großes Glück, mir eine solche Beruhigung für Thereses Zukunft, dass ich eigentlich meines Verlustes gar nicht gedenken dürfte. Thereses greiser Vater selbst schreibt mir: »Wollte Gott! unsere Therese hätte in ihrer Jugend eine Wahl wie diese getroffen« – und weiterhin: »Und so will ich trotz meiner 76 Jahre doch noch hoffen, sie wiederzusehen – wie viel mehr Sie, die noch ein langes Leben vor sich haben.«

Das will ich denn auch tun, obschon es mir nicht ganz leicht wird. Es ist so süß zu wissen, dass eine Seele in unsrer Nähe lebt, mit der man alles teilt, Glück und Leid, Freude und Schmerz, und die ebenso unser bedarf, als sie in jedem Augenblick sorglich für uns denkt. Hamburg und Berlin sind so nahe – Batavia so unerreichbar fern. Möge ein guter Stern sie und den trefflichen Lützow geleiten.

Ich gehe in diesen Tagen nach Pyrmont, wo meine Schwester die Kur brauchen soll, und wo ich bleiben werde; bis etwa gegen den ersten August. Was ich nachher beginne, weiß ich nicht. Vermutlich wird Frau von Bacheracht sich in der Zeit wieder verheiraten, und ich möchte sehen, noch vor ihrer Abreise nach Indien mit ihr zusammenzutreffen. Nach Berlin will ich erst im Herbst zurückkehren, da es im Sommer kein angenehmer Aufenthalt ist.

Wollen Sie mir schreiben Königliche Hoheit! so senden Sie den Brief nach Pyrmont. Ich werde spätestens den achtzehnten, neunzehnten Juni dort sein.

Möchte Ihr letzter Aufenthalt in Berlin Ihnen und dem Lande ein segensreicher gewesen sein, und es Ihnen so wohl gehen, wie ich es Ihnen wünsche, gnädigster Herr!

12. Carl Alexander an Fanny Lewald

Ettersburg bei Weimar, den 19. Juni 1849

Ihr Brief, Ihre Zusendung des neu erschienenen Werkes hat mich erfreut, hat mich beschämt. Auf Ihren letzten gütigen Brief antwortete ich nur mit Stillschweigen, in Ihrer Nähe war ich ohne Sie aufzusuchen – und dieses alles großmütigst vergessend, schreiben Sie mir und beschenken mich obendrein. Dies ist in der Tat wahrhaft gütig und liebenswürdig, empfangen Sie meinen innigsten Dank dafür. – Auf das Buch bin ich sehr gespannt und freue mich mit Ungeduld, die Feder wiederzufinden, welche durch das *Bilderbuch aus Italien* mir so lieb geworden ist. Ich werde auf klassischem Boden die Lektüre beginnen, unter demselben Dach, wo Schiller die Maria Stuart[28] und Goethe manches seiner Stücke dichtete.

Dass der Kummer, der Ihnen durch die baldige Trennung von Ihrer Freundin bevorsteht, Sie treffen musste, betrübt mich sehr. Ich fühle tief Ihren Schmerz. Möge die Ursache, die Wiederverheiratung und Abreise der Frau v. B., wirklich zu ihrem Glück führen, dies wünsche ich von Herzen! Welch wunderbares Märchen ist doch das Leben! Oft verläuft es ganz damit, dass man den Schlüssel sucht, der uns das, was uns das wahre Glück scheint, erschließen soll und den eine unsichtbare Macht uns vorzuenthalten scheint. Bisweilen möchte man glauben, das Glück liege eben im Suchen.

Ich sende meine Zeilen nach Pyrmont, von wo Sie mich vielleicht wissen lassen, wie es Ihnen geht. Mir ist es so bunt und wunderbar ergangen wie im Traum. Als ich Ihren letzten Brief erhielt, war ich im Begriff, in den Krieg zu eilen[29], wo ein neues Feld sich meinem Leben eröffnete. Ich war nicht im Stande zur Feder zu greifen, meine Seele war zu unruhig. Mein Körper war es ebenso sehr bei meiner Rückkehr nach Berlin, deshalb blieb ich fern. Ich habe manches erlebt und erlitten und denke, an Erfahrung reicher von den Schlachtfeldern zurückgekehrt zu sein.

Ich schreibe Ihnen im Freien, hinter einem Holunderbusch, wo Käfer und Mücken sich in die Korrespondenz mischen, daher auch dieser Brief etwas abenteuerlich sich ausnehmen mag. Meine besten Wünsche zur Kur und Bitte, dass Sie Ihr Andenken mir erhalten mögen.

II.

26. September 1849 – 22. April 1850

Fanny Lewald auf Helgoland – Liszt – Politische Märtyrer – »Liebesbriefe eines Gefangenen« – Großherzog Carl August – Fanny Lewalds Religion – Amely Bölte – Rückkehr des Prinzen v. Preußen aus Schleswig-Holstein – Johann Jakoby – Therese v. Lützow – »Jenny« – Adolf Stahr – Richard Wagners »Die Kunst und die Revolution« – Macaulays »Geschichte Englands« – Benedikt Waldeck – Griepenkerls »Robespierre« – Schloß Biljoen – Carl Alexanders Petschaft – Thackerays »Vanity Fair« – Eugen Sues »Juif errant« – Dickens »Dombey und Sohn« – Ein Brief Thereses – Färbermeister Beckendorf

13. Fanny Lewald an Carl Alexander

Berlin, den 26. Sept. 1849

Es war ein glückliches Zusammentreffen, dass ich Herrn Liszt in Helgoland[1] begegnete, denn ohne seine Versicherung des Gegenteils hätte ich fest geglaubt, Ihre Teilnahme verloren zu haben, und Ihnen nicht mehr zu schreiben gewagt. Sie waren zweimal in Berlin und hatten keinen Augenblick für mich, obschon Sie wissen mussten, dass Ihnen meine Zeit vom frühen Morgen bis zum späten Abend zu Gebot stand, und Sie hatten kein Wort der Teilnahme, sei es der zustimmenden oder der tadelnden, für das Buch, das ich Ihnen wirklich mit dem redlichen Wunsch, Ihr Urteil zu hören und womöglich Ihren Beifall zu erlangen, geschickt hatte. Sie kennen das schöne Wort: »Wer nicht die Welt in seinen Freunden sieht, verdient nicht, dass die Welt von ihm erfahre!«[2] – Das empfindet der Dichter bei jedem Schaffen. Der Beifall der ganzen Welt bietet keine Entschädigung für das Missfallen derer, an die man während des Schaffens dachte, und die Teilnahme, die Zustimmung unserer Freunde, würde den Tadel aller anderen aufwiegen. Ich habe mich wirklich darüber betrübt, dass Sie mir nicht schrieben, und ernstlich geglaubt, Sie wollten es eben nicht.

Das war auch der Grund, der mich abhielt, zum Goethefest, wie ich es einen Augenblick gern gewollt, nach Weimar zu kommen. Ich dachte, wenn es Ihnen lieb wäre, würden Sie mich rufen, und die Idee des Vergessenseins setzte sich tief in mir fest, bis Liszt mir versicherte, dass ich mich täusche, und dass Sie mir Ihr Wohlwollen freundlich bewahrten. Glauben Sie, dass mich dieses sehr erfreut.

Aber welchen Schatz, königliche Hoheit! besitzen Sie an Liszt, wie schöpferisch, wie selbsttätig ist dieser Mann in jedem Gedankengang. Obwohl ich ihn für ungewöhnlich geistreich halte und immer das Bedeutendste von ihm erwarte, findet er immer wieder das Mittel, mich durch seine Auffassungen, durch seine Urteile zu überraschen und in Staunen zu setzen. Er wäre ein grosser Mensch auch ohne seine musikalische Begabung, einer der größten Menschen, die ich gekannt habe. Das Besondere an ihm ist mir immer, dass er anscheinend nie auf schon vorhandene Ansichten, auf bereits festgestellte Meinungen sein Urteil gründet, sondern dass dieses Urteil immer von den primitivsten, selbstgeprüften Anschauungen auszugehen scheint, und darum immer selbständig, neu und eigentümlich ist. Einen solchen Geist dauernd zu seinem Umgang zu haben, ist wirklich ein Segen, ein immer neues, erfrischendes Seelenbad, und Sie haben wundervoll Recht getan, ihn in Ihrer Nähe zu fixieren.

Wie es in Berlin aussieht, weiß ich noch kaum, da ich erst vor drei Tagen zurückgekehrt bin und nur wenig Personen gesehen habe. Die Kammern sind beisammen, aber fast keiner von meinen Freunden ist darin, und wenn Sie auch die jetzige Zusammensetzung derselben vielleicht eine wirksamere und glücklichere nennen, so werden Sie doch begreifen, wie schmerzlich die Resignation ist, zu der die Niederlage einer Partei den Einzelnen zwingt. Ich habe viel gelitten und leide noch davon. Eine große Zahl der Männer, die mir näher und ferner befreundet, sind in der Fremde, in notwendigem Exil, in materieller Not, blutenden Herzens vom Vaterland, von Familie und Freunden getrennt; und es sind Männer darunter, die man eines politischen Irrtums anklagen, die aber sicher kein Mensch auf Erden einer persönlichen, eigennützigen Schuld beziehen kann, denn es sind Menschen von fleckenlosem Charakter. Ich begreife vollkommen, dass die siegende Majorität sie entfernen muss für den Moment, aber ich leide darum mit dem Herzen nicht minder, wenn ich meinen Cousin Heinrich Simon seinen siebzig Jahre alten Eltern, für die er ausschließlich lebte, entrissen sehe; wenn ich Johann Jacoby unstet umherwandern und den trefflichen Julius Fröbel nach Amerika auswandern sehe, der

Weib und Kind augenblicklich in drückender Not zurücklässt. Warum ich Ihnen das erzähle, mein teurer Prinz? — Damit Sie wissen, dass nicht nur Ehrgeizige und Leichtsinnige an der Spitze der Bewegung standen; damit Sie nicht glauben, es seien nur Leute gewesen, die nichts zu verlieren und alles zu gewinnen hatten. All diese Männer – Fröbel, Simon, Jakoby, Waldeck, Temme, Unruh, und die ganze Zahl derjenigen, die man die Girondisten unserer Revolution nennen und die leicht das Los der Girondisten teilen könnten, wenn die d'Ester, Schlöffel und Zitz[3] den Sieg davontrügen – alle diese Männer hatten Familienbande, Eltern, Weib und Kind, bürgerliche ehrenvolle Stellung und einen Besitz, der ihr Leben leicht machte; und all diese Männer schlugen das alles für eine Überzeugung, für ein sittliches Ideal in die Schanze – und jeder von ihnen trägt die Niederlage so still und gefasst, dass Sie eben so erschüttert und erhoben davon sein würden wie ich. Glauben Sie mir, königliche Hoheit! Sie, gerade Sie, würden jedem dieser Männer die Hand reichen, wenn Sie sie kennten, und in allen das redliche Streben und die Aufopferungsfreudigkeit hochschätzen, wenn schon Sie die Wahrheit und das Recht auf einer anderen Seite suchen als jene.

Ich sage Ihnen das, um ihr Herz mild, Ihren Sinn weich zu erhalten für das Los dieser Männer, das ja zum Teil auch von Ihnen abhängen kann, für das Los derjenigen unter Ihren Landeskindern, die die Ansichten dieser Männer teilen. Es ist ein furchtbares Unglück für unsere Zukunft, dass man politische Verbrecher mit dem Tod bestraft hat; man hat dies in Frankreich vermieden, weil man die Erfahrung gemacht, dass Blutsaat furchtbar wuchert. Ich gebe Ihnen beide Hände, gnädiger Herr! und bitte Sie bei allem, was Ihnen heilig ist, bei dem zukünftigen Wohl Ihrer Kinder, bei dem Glück Deutschlands, ehren Sie den Menschen in seiner Meinungsverschiedenheit und lassen Sie Milde walten, raten Sie zu Milde und Mäßigung im Sieg, wo es in Ihrer Macht steht.

Ich bleibe für's erste wohl in Berlin, ob für die Dauer, kann ich selbst nicht bestimmen. Eine Freundin, welche hier anwesend und in London heimisch ist[4], möchte mich überreden, mit ihr im Dezember nach London zu gehen. Aber ich bin müde in der Seele und ginge eigentlich am liebsten in ein Dorf, um mich auszuruhen und still zu machen. Berlin ist mir nicht sympathisch in dieser Stimmung, ich möchte nichts hören von dem Kampf der Parteien, der leider noch so lange bis zu seiner Beendigung dauern wird.

Sie hätten vielleicht einen heiteren Brief erwartet – ich wollte Ihnen auch nicht klagen –, aber als ich zu schreiben anfing, dachte ich, Sie ständen vor mir, und das Herz ging mir auf, dass ich Ihnen sagen musste, was ich denke, und so nur ist ja ein Brief im Grunde etwas wert.

Glauben Sie, königliche Hoheit, an meine aufrichtige Ergebenheit für Sie.

14. Carl Alexander an Fanny Lewald

Ettersburg bei Weimar, den 4. Oktober 1849

Ihren Brief von dem 26. habe ich mit Freuden empfangen, mit Verwunderung begonnen, mit Rührung beendigt. Wenn man jemandem ergeben, begrüßt man freudig jedes Lebenszeichen von ihm, besonders wenn Sehnsucht nach demselben vorausgegangen. Es war dies der Fall bei mir; seit Monaten hatte ich keinen Brief von Ihnen erhalten, der letzte war aus Berlin vor der Abreise nach Pyrmont. Denken Sie sich mein Erstaunen, als ich in Ihrem Brief Vorwürfe finde, die ich Ihnen in meinem Herzen zu machen begonnen, ja eine Betrübnis aus vermeintlichem Vergessensein entsprungen erkannte, die ich meiner Seele entlehnt wähnte. Sie gaben mir Ihre Adresse nach Pyrmont; dorthin schrieb ich Ihnen, den Empfang Ihres Buches anzeigend, was ich im Begriff stand zu lesen. Seitdem verschwand für mich jede Spur von Ihnen. Vor 3 Wochen ungefähr erfuhr ich von einem dritten, zufällig, Sie seien in Helgoland. Unsere Korrespondenz ist mir aber zu wert, gestehe ich, als dass ich sie auf gut Glück den Schicksalen der Post anvertrauen möchte. Ich unterließ daher um so mehr zu schreiben, da die Nachricht Ihres Aufenthaltes in Helgoland überdies eine ganz unbestimmte war. Sie schrieben mir nicht mehr. Der 28. August war vorüber, ich hatte, gestehe ich, geglaubt, Sie würden an diesem Tag uns hier überraschen, doch Sie kamen nicht. So bildeten sich in mir ähnliche Gedanken wie die, welche ich in Ihrem Brief zu meinem Erstaunen fand. Dies der einfache Hergang der Sache, die einfache Erzählung, nicht die Entschuldigung, denn dieses Wort passt nur für den, der etwas verschuldet, und mit dem besten Willen, schwarz zu werden, bleibe ich weiß. Übrigens freue ich mich fast, dass es so gekommen, denn diesem Missgeschick verdanke ich aufs neue den Beweis, dass diese Korrespondenz Ihnen angenehm, ja dass mein Urteil sogar von Ihnen verlangt werde. Dieses setzt mich in nicht geringe Verlegenheit, denn ein Urteil ist zugleich eine Art Bekenntnis dessen, der urteilt, und über den, zu dem man spricht. Letzteres besonders setzt aber immer eine genauere Bekanntschaft voraus, und ich weiß in der Tat noch nicht, ob ich die hier statuieren soll. Indessen habe ich Vertrauen zu Ihnen und will deshalb wagen. Ihr Werk hat mich interessiert durch die Unabhängigkeit der Auffassung Ihrer Ideen, durch das Merkenswerte des Zusammengetragenen, durch manche Äußerung, manche Gedanken, die meine Seele erklingen machten wie ein Schlag auf eine Glocke. Ich hätte gewünscht, dass Sie Ihr Buch nicht *Roman* betitelt hätten. Sie hätten es einfach *Leben des P. F. L.* nennen sollen. Der Roman bedingt ein Feld zum Dichten und Schaffen. Dies Feld wird aber bis zur Unmöglichkeit beengt, wenn der Roman sich auf Tatsachen bezieht, die eben erst stattfanden, auf Personen, die teils eben gestorben, teils noch leben. Dies scheint mir der Fall mit Ihrem Werk. Sie führen lauter Tatsachen und Personen auf, *qui sont des faits qui hier encore existaient* und über die sich deshalb kaum romanisieren lässt. Eine Lebensbeschreibung bedingt diese, ein Roman bedingt die Freiheit des Feldes, meine ich, wenn auch Faktas als Anhaltspunkte vorkommen können. Übrigens bin ich überzeugt, dass Ihr Werk Glück machen wird, denn es gehört der Zeit, der es entsprungen, und trägt den Stempel des Geistes, der es schuf.

Was Sie über meinen Freund Liszt sagen, erfreut mich wahrhaft, weil es mir aus der Seele gesagt ist. Die Welt beurteilt gewöhnlich schief, was sie nicht begreift. So geht es ihm. Die meisten bleiben vor seinen Eigentümlichkeiten stehen, ohne sich zu sagen, dass der Geist noch weit mehr es sein müsse, der sich so äußert; wie viele haben seinem Spiel, wie wenige seinem Geist gelauscht. Sie nennen ihn groß, wie stimme ich hierin mit ein! Er ist eine der seltensten Erscheinungen, die es gab und gibt. Mit Stolz sage ich, dass ich dies recht im Herzen fühle. Er besitzt eine Gabe zu erleuchten, zu beleben, wie ich es im Umgang mit niemandem gefunden. Ich habe nie in der Persönlichkeit eines Mannes das Wort Geist so ausgesprochen gefunden wie in ihm. Ich liebe ihn mit allen Kräften der Bewunderung und Dankbarkeit.

Sie haben mich gerührt durch Ihre Ansprache an das Gefühl der Humanität, was Sie von mir fordern. Sie haben hierzu ein Recht, denn Sie kennen mich mehr als andere, und nach dem, was Sie mir geschrieben und gesagt, müssen Sie vermuten, dass ich ein Herz für das Gehörte habe. Dem ist so; ich darf wagen dies Bekenntnis abzulegen, weil ich seine Wahrheit fühle. Dass der Ort, dem ich stolz bin anzugehören, die Milde atmet, hat er durch den Weg bewiesen, den man in diesen ernsten Zeiten bei uns gegangen, den man noch geht. Dass ich ihn als einen mir sympathischen bezeichne, beweist Ihnen das Gesagte. Wenn Sie Freunde unter den unglücklichen Verirrten zählen, so bedaure ich Sie von Herzen, denn doppelt mussten Sie leiden, als Sie sahen, wie wenig jenen die Mittel heilig waren! Es werde Licht in den Seelen! Dies sei das Gebet zum Herrn!

Wenn Sie Berlin verlassen, so vergessen Sie doch nicht, dass Weimar auch in der erreichbaren Welt liegt, damit man Ihnen beweisen könne, dass man seine Bekannten nicht vergisst, wenn man auch in Berlin einen Moment sich aufhält und, erdrückt von verwandtschaftlichen Pflichten, nicht mehr sein Herr bleibt. Überdies schrieben Sie mir damals, Sie begriffen dies, und dennoch werfen Sie mir den Handschuh hin.

Ich habe einen Brief von Frau v. Lützow erhalten an Bord des Java vom 29. Sept.[5] Vielleicht fehlen Ihnen Nachrichten, und es wäre Ihnen lieb, sie zu erhalten. Gestatten Sie mir daher, Ihnen diesen Brief mitzuteilen.

Und nun leben Sie wohl und lassen Sie mich hoffen, dass die Schleier des Misstrauens zerrissen und die Sonne Ihrer Freundschaft mir wieder leuchtet.

15. Fanny Lewald an Carl Alexander

Oktober 1849

Es ist Sonntag Abend, und ich habe mir eine recht stille Stunde bereitet, erst Ihnen, dann meinem Freund Stahr recht in Ruhe zu schreiben. Meine Schwester, die ich noch immer – aber nur noch für wenig Tage – bei mir habe, ist bei meinen anderen

Geschwistern, mein Mädchen ist mit ihrem Bräutigam spazieren gegangen, ich sitze an meinem grünen Schreibtisch in einem dunkelbraunen Zimmer und schreibe Ihnen. Da haben Sie ein Bild meiner Existenz, und da wir hoffentlich beide »aus der Wahrheit der fünf Sinne« sind, wie Goethe es in einem Brief an Lavater einst von sich selbst ausspricht, so wird Ihnen alles lieb sein, was Ihnen ein »Bild« von Zuständen gibt, an denen Sie teilnehmen.

Ihr Brief hat mir ungemein wohl getan, und ich danke Ihnen für denselben von Anfang bis zu Ende. Ich misstraue auch nicht mehr in kleinlichem Zweifeln, sondern ich glaube Ihnen und an Sie – und glaube ich erst an einen Menschen, so ist dieser Glaube felsenfest in mir. Sie haben Recht, die Schuld war mein – aber ich möchte nicht gern ganz allein Unrecht haben, und so helfen Sie mir sinnen, ob ich nicht Ihnen ein ganz, ganz kleines Unrechtchen zur Last legen könnte. Fällt Ihnen aber nichts ein, so soll es auch recht sein, und wir wollen frisch fortsteuern auf dem ruhig flutenden Strom unseres Vertrauens, bei lachendem, hellem, zuversichtlichem Himmel.

Ihr Urteil über den Prinzen Louis ist richtig bis in seine kleinsten Nuancen. Es ist kein Roman, sondern ein Lebensbild, und es war ein ganz gewagtes Unternehmen – das ich aber durchzuführen genötigt war, weil ein bestimmtes, inneres Verlangen nach Durchführung dieses Charakters, nach Abspiegelung jener in vieler Hinsicht bedeutenden Zeit, mich immer und immer wieder zu der Arbeit trieb. Herr von Sternberg[6] sagte mir vor Jahren einmal: »Sie schreiben, wie die Damen gewöhnlich reiten; d. h. Sie überwinden Schwierigkeiten, die jedem Mann unüberwindlich wären, der die Gefahr kennt, der er zu begegnen hat.« Darin hat er sich aber geirrt. Ich bin mir immer vollkommen bewusst, was ich unternehme, und ich wusste auch, was ich tat, als ich die plastische Darstellung, die Idealisierung jener Zeit und jener Personen unternahm. Es heißt in der Bibel oft: »Er war ein großer Mann *in seiner Zeit*« und es sind damit fein und weise die Schranken angedeutet, welche jedem Menschen durch die bedingenden Einflüsse seines Zeitalters gesteckt werden. So waren alle Personen meines Romans, der Prinz, Pauline, Henriette, Rahel, Vetter und Wiesel, Gentz und Schlegel tief ergriffen von der Sittenverderbnis jener Zeit, und ich habe alle »recht gründlich mit reinigender, moralischer Seife abwaschen müssen«, damit unter der Unsauberkeit jener Frivolität – die etwas ganz andres ist als die gesunde Sinnlichkeit unserer Zeit – der innre, menschlich schöne Gehalt zum Vorschein kam. Dass Ihnen, teuerster Prinz! vieles sympathisch sein würde, dass Ihr Herz bei vielem erklingen würde, wie die Glocke erklingt unter dem Schlag (so sagten Sie selbst zu meiner Freude), das wusste ich im voraus, und das freut mich sehr.

Jetzt sitze ich nun wieder über ein paar Arbeiten, die auch ihre Schwierigkeiten und Wunderlichkeiten haben, und die ich doch auch zu Ende führen werde; denn im Grunde kommt es dabei immer auf jenes Wort heraus: verbiete du dem Seidenwurm zu spinnen![7] – Man muss machen, was man eben in der Seele trägt. Das eine Buch könnte freilich unterbleiben, wenn ich's wollte; aber meine Freunde wünschen es gedruckt zu sehen und ich selbst auch. Es ist eine Zusammenstellung von Briefen und Skizzen, die ich im Laufe des Jahres 48 geschrieben habe, von denen manches schon gedruckt ist, und die zusammen ein gewisses Bild jenes merkwürdigen Jahres geben dürften. Das andere Buch bekommt entweder den Titel *Mathilde* – oder den ihm ursprünglich zugedachten *Liebesbriefe* und wird möglicherweise sehr gut, möglicherweise ein kleines Monstrum werden. Ich liebe es *de prédilection*, trage es in einzelnen Bruchstücken seit 1844 mit mir herum, habe es zehnmal verwerfen wollen, es zehnmal wieder aufgenommen und – mache es denn nun doch fertig, eben weil ich es nicht lassen kann. So viel von mir und meinen Arbeiten, die künftig immer auch in dem Gedanken an Sie geschrieben werden sollen, weil Sie sie mit menschlichem Herzen lesen und – ich hoffe es – mit Teilnahme empfangen.

Dass Sie so enthusiastisch lieben können, wie Sie Ihr Empfinden für den trefflichen Liszt aussprechen, diese menschliche Schönheit erhalte Ihnen ein guter Stern. Wir Deutschen, die wir uns so gern den Idealismus als Erbeigentum zuerkennen möchten, haben uns viel zu sehr der Nüchternheit anheimgegeben, und unsere großen Männer, unsere Zeit, unser öffentliches Leben, wir selbst, haben davon gelitten. Jener Epoche zu den Zeiten Ihres königlichen Großvaters, der im vollen Drange seiner Jugend es begriff, dass es ein beneidenswertes Vorrecht der Krone sei, menschlich frei mit den Größten seiner Zeit zu leben; jener Zeit des schönen Enthusiasmus ist eine traurige Philisterei gefolgt, die das Ideal außer der Wirklichkeit sucht, und die Theorie ganz und gar von der Praxis sondert. Ich aber meine, was in der Theorie uns als unumstößlich richtig scheint, muss auch in der Praxis ausführbar sein; denn was sich unausführbar beweist, muss auf falschen Prämissen beruhen und also unter den gegebenen Verhältnissen der Wirklichkeit, der Menschlichkeit, eine falsche Theorie sein.

Ihr Freund Liszt hat ein paar Mal über mich gelacht, wenn ich vor den philosophischen Unterhaltungen, in die er und die Frau Fürstin Wittgenstein sich mit Professor Stahr vertieften, nicht nur verstummte, sondern ganz ehrlich *verdummte*. Ich bin eine so an die Sinnenwelt gebundene Natur, dass jede Abstraktion mir Schwindel erregt, und Liszt hatte dies bald gemerkt. Mir wird zumute, als stiege ich im Luftballon in die Höhe, als könnte ich nicht mehr sehen und hören, als verlöre ich das Element, in dem ich allein zu leben vermag, sobald es sich um spekulative Philosophie oder um christliche Dogmatik handelt. Ist mir die erste zu abstrakt, so ist mir die zweite zu materiell, ich kann dort nicht verstehen, hier nicht glauben, und bin doch voll von religiösem Empfinden. Was ich glaube? – Es ist meine eigene Religion, die in mir selbst erwachsen, ein Stück Pantheismus, ein Stück Feuerbachscher Weltanschauung sein mag, wie meine Freunde mir sagen; und da diese Überzeugung mir Kraft in schwerem Leid gegeben hat, so wird es für mich auch wohl die rechte sein, und ich trachte, sie immer lichter und klarer in mir zu entfalten. Für das kirchliche Christentum fehlt mir, die als Jüdin geboren ist, jede Möglichkeit des Glaubens. Das aber kann man in sich nicht ändern und soll's auch nicht, wenn man Frieden hat in sich. Ich habe oft genug von quälerischen Bekehrungsversuchen zu leiden gehabt, und den Umgang mancher Menschen aufgeben müssen, die nicht begreifen wollten, dass alle Wege richtig sind, die uns nach einem Ideal zu ringen und den Nächsten zu lieben gebieten.

Sehen Sie Königliche Hoheit! ich schreibe und spreche schon wieder nur von mir. Wissen Sie, woher diese scheinbare Unschicklichkeit entsteht? – Aus dem Wunsch, Ihnen bekannt zu werden, Ihnen darzulegen, was ich bin, damit Sie wissen, was Sie an mir haben. Ich mag nicht gern jemand täuschen, am wenigsten aber Sie – Sie können denken weshalb.

Dass Sie die Güte hatten, mir Thereses Brief[8] mitzuteilen, danke ich Ihnen von Herzen. Sie sind so freundlich, fühlen so fein, dass man sich immer wieder freuen muss, ein so menschlich warmes Herz einst mit der Macht zu beglücken ausgestattet zu sehen. Ich sende den Brief mit diesem Blatt zurück. Nach dem Empfang Ihres Briefes erhielt ich aber noch einen anderen vom 8. Oktober. Der Obrist und Therese waren bereits an Bord, aber das Wetter war ungünstig, der Wind entgegen, und das Schiff lag noch angesichts des Landes vor Anker. Seitdem werden sie wohl fortgekommen sein. Möchte der Himmel sie geleiten.

Ich habe auch, obschon ich wahre Folterqualen an Seekrankheit leide, doch halbwegs eine Seereise vor. Es geht nämlich eine mir befreundete Dame, die Nichte von Fanny Tarnow[9], im Dezember nach England zurück, wo sie seit Jahren als Erzieherin lebt, und möchte mich überreden, mit ihr zu gehen. Kann ich es möglich machen, auf mindestens sechs Monate nach England zu gehen, so dass ich dort etwas Ordentliches sehen und lernen könnte, so würde ich es tun, obschon ich eigentlich nicht reiselustig bin und Widerwillen fühle gegen die Plage der gepackten Koffer, der ratternden Wagons, der fremden Gasthofszimmer. Das muss aber überwunden werden, wenn sich die Aussicht auf Belehrung eröffnet und die Gelegenheit sich günstig darbietet, wie jetzt. Wenn ich gar nicht Lust habe zu reisen, so sage ich mir, dass ich über Weimar gehen und dort ein paar Tage verweilen könne – und gebe mir so das Zuckerbrot voraus, das man sonst artigen Kindern erst nach der Tat zu reichen pflegte.

Gestern sind die Garden und vorgestern der Prinz von Preußen zurückgekommen. Man hatte beiden einen festlichen Empfang bereitet, und – Ihnen darf ich das ja sagen – es war ganz gegen mein Gefühl, es war vielleicht auch gegen die Regeln der Staatsklugheit. Wo alles darauf ankommt, die Geister zu besänftigen, den Parteihass zu versöhnen, sollte jede Demonstration womöglich vermieden werden, welche die eine Partei verwunden musste. Und ein Bürgerkrieg ist ein so furchtbares Unglück, dass man den Sieg der einen Partei über die andere nicht als ein Fest betrachten sollte. Will man die alten Verhältnisse, die patriarchalischen Bezüge zwischen Fürst und Volk aufrecht erhalten, so ist es gewiss unnatürlich. Welcher Vater begeht ein Fest, wenn er genötigt war, sein verirrtes Kind mit furchtbarer Strafe zu verfolgen? – Weil ich Frieden, weil ich das Ende dieses unglückseligen Bürgerkriegs wünsche – der leider bei uns noch lange fortdauern wird, wenn nicht Wunder der Erleuchtung geschehen in Preußen – darum zerrissen mir gestern die Lorbeerkränze vor dem Hause des künftigen Landesvaters das Herz; und die Kränze auf den Schultern der Soldaten und Offiziere schienen mir furchtbar. Es werden Tausende empfunden haben wie ich – und Sie selbst vor allen hätten gewiss so empfunden, wären Sie an meiner Stelle gewesen.

Wenn ich Ihnen Königliche Hoheit! dergleichen erzähle, geschieht es nicht aus demokratischer Lust, die Regierungsmaßregeln zu tadeln. Ich habe einen anderen Grund dabei – und Sie werden ihn kennen.

Gern ist auch Johann Jacoby hier gewesen für ein paar Stunden, der sich nach Königsberg begibt, sich seinen Richtern zu stellen. Das wird der *Kreuzzeitung* leid sein, die ihn so gern als Feigling darstellt – mir aber ist es lieb, obschon ich fürchte, dass ihm die Haft während der Voruntersuchung nicht erspart werden wird. Ich kenne ihn seit meiner Kindheit und ehre in ihm einen wahrhaft antiken Charakter, der nur in unserer Zeit sein Feld nicht hat.

Aber ich schreibe, als hätten Sie nichts zu tun, als meine Briefe zu lesen, und wenn ich nicht aufhöre, werden Sie mich für maßlos halten und gar nicht mehr wollen, dass ich nach Weimar komme, was ich doch gern möchte. Gehe ich nach England, so geschieht es dann, wenn Sie es dann noch wünschen und erlauben – wo nicht, gönne ich mir im Winter ein paar Tage Urlaub von der Arbeit, um Ihnen mündlich zu sagen, wie innig mich Ihre Teilnahme erfreut und wie aufrichtig ich Ihnen ergeben bin.

Möchten Sie, Königliche Hoheit! davon überzeugt sein, und sich mir einst eine Gelegenheit bieten, es Ihnen beweisen zu können.

16. Fanny Lewald an Carl Alexander

Berlin, den 30. Oktober 1849

Frau von Lützow hat mir aufgetragen, sobald die Herausgabe ihrer gesammelten Novellen beendet sei[10], Ihnen ein Exemplar derselben mit den Versicherungen ihrer aufrichtigsten Ergebenheit zu übersenden.

Ich richte heute den Auftrag aus, und wage dabei aus eigener Machtvollkommenheit eine Frage, die vielleicht gegen die Etikette, aber doch im allerhöchsten Grade natürlich ist, und die mir also auch wieder, Ihnen gegenüber, höchst berechtigt vorkommt. Wissen Sie vielleicht, wie es mit den Zusendungen gehalten wird, die zweifelsohne seiner Hoheit dem Herzog Bernhard[11] nach Java gemacht werden, an Büchern und dergl.? – Ein so gelehrter Herr muss notwendig in beständiger Kommunikation mit Europa sein, und ich möchte wissen, ob es vielleicht möglich wäre, der Frau von Lützow auf diese Weise immer ein paar Bücher beilegen und mitsenden zu lassen, was mit Schiffsgelegenheit vier Monate bis zum Empfang dauert, mit der Landpost aber ungeheure Kosten macht für die Kasse von Privatpersonen. Ich soll ihr zwei Exemplare dieser Novellen und ein paar kleine andere Hefte nachsenden, vermute aber, dass dies einige Millionen kosten wird, und bilde mir ein, Sie haben Güte genug, einmal für Frau von Lützow und mich die Anfrage zu machen. Es kann ja Ihr Sekretär oder irgendwer sonst mir die Antwort geben, da ich Scheu haben würde, Sie, königliche Hoheit! darum anzufragen, wüsste ich, dass es Ihnen die geringste Mühe machte.

Ich gehe nicht nach England, wenigstens nicht vor dem Frühjahr, sondern bleibe zu Hause fürs Erste, und lasse eine Art von Tagebuch aus dem Jahre 1848 drucken, das ich fertig habe und das vielleicht um Neujahr erscheinen kann, wenn der Verleger gleich herangeht. Ob das Ganze Ihnen gefallen wird, weiß ich nicht – Einzelnes gewiss! Soweit kenne ich nun doch schon die Anschauungsweise Ew. königlichen Hoheit!

Der Winter, die Aussicht auf häusliche Ruhe und Arbeit haben diesmal für mich etwas wunderbar Anmutendes, das mir fremd geworden, seit ich nicht mehr im Vaterhaus lebte, nicht mehr ein Vaterhaus hatte. Haben Sie sich wohl jemals die Mühe gemacht, einen meiner ersten Romane, *Jenny*, zu lesen? Er würde Ihnen, obschon er keines Weges die äußere Geschichte meines Lebens enthält, doch in der Tat ein sehr wesentliches Bild meines inneren Entwicklungsgangs und ein treues Porträt meines edlen, verstorbenen Vaters geben. Sie lesen das Buch leicht durch – und lernen mich viel besser kennen, wenn Ihnen daran etwas gelegen ist. Es würde mich freuen, hätten Sie bald einmal Muße dazu.

Die zwei Worte, die ich schreiben wollte, sind etwas lang geraten. Verzeihen Sie es, Königliche Hoheit!

17. *Fanny Lewald an Carl Alexander*

Ohne Datum (Anfang November 1849)

Sie werden allmählich erschrecken, wenn Sie so oft Briefe von mir erhalten, und obendrein, wenn ich wie neulich und auch wie heute, immer etwas zu bitten habe. Aber diesmal können Sie positiv gewähren, wenn Sie wollen, und die Gewährung wird Sie nicht reuen.

Ich erfahre in diesem Augenblick, dass Sie im Laufe der Woche nach Oldenburg gehen. Dort wohnt mein Freund Professor Stahr, sicher einer der bedeutendsten Autoren unserer Zeit. Sie haben gütig eine Stunde daran gewendet, mich aufsuchen und kennen zu lernen, und nicht wahr gnädiger Herr! Sie bedauern das nicht? Wenden Sie eine gleiche Teilnahme meinem Freund zu, der in nicht behaglichen Verhältnissen in dem entfernten Ort lebt, wo ihm seine Welt- und Lebensanschauungen, die ganze Richtung seiner männlich freien Natur, zu eben so viel Fehlern und Extravaganzen ausgelegt werden, und wo er wenig direkte Anerkennung von seinen Mitbürgern erfährt, während die Presse, die Kritik und die Zustimmung Deutschlands ihm außerhalb seiner Vaterstadt volle Anerkennung und Huldigung gewähren.

Seien Sie gut, und lassen Sie ihn rufen: Es wird ihn freuen, wenn Sie ihm Beachtung gewähren, denn er kennt Sie durch mich, durch Ihre Briefe, die ich mir erlaubt habe, ihm bisweilen mitzuteilen, und aus den warmen Schilderungen Ihres Freundes Liszt, mit dem wir in Helgoland zusammen waren. Er sieht liebevoll und vertrauend auf Ihre Zukunft, und Sie werden zuversichtlich eine gute halbe Stunde dem Begegnen mit ihm verdanken, weil Sie Sinn haben für den wahren Gehalt eines Menschen.

Das wollte ich bitten, und das sollen Sie mir gewähren gnädiger Herr!

In aufrichtiger Ergebenheit gegen Ew. königliche Hoheit sage ich Ihnen Lebewohl. Schreiben Sie mir doch bald einmal, Sie sind im Rückstand.

P.S. Noch eins! so unschicklich ein Postskriptum sein mag! Haben Sie wohl eine kleine Broschüre von Richard Wagner gelesen *Die Kunst und die Revolution*? – Darin ist sehr viel Vortreffliches, das ich Ihnen empfehlen möchte. Gehe es Ihnen sehr gut!

18. Carl Alexander an Fanny Lewald

Ohne Datum (Weimar, Anfang November 1849)

Ich wollte eben auf Ihren vor 14 Tagen erhaltenen Brief antworten, als der vom 30 v.M. mich erfreute. Ich fasse nun meinen Dank zusammen und bitte Sie, den aufrichtigen Ausdruck desselben annehmen zu wollen. Mit nicht weniger Freude als Ihre Briefe empfing ich die Novellen Ihrer Freundin. Wüsste ich bestimmt, wo sie anzutreffen, so adressierte ich ihr gleich jetzt eine Dankesepistel, aber das Objekt derselben zwischen Weimar, Peking und Batavia suchen zu müssen, ist denn doch zu gewagt für eine schüchterne Feder wie die meinige einer Schriftstellerin namentlich gegenüber. Was Ihre Anfrage rücksichtlich der Sendungen an Ihre Freundin betrifft, so glaube ich am besten raten zu können, wenn ich Ihnen vorschlage: Briefe und Pakete mir zukommen zu lassen. Ich werde sie dann dem Sekretär der Herzogin Bernhard[12] überliefern; es ist dies wenigstens ein sicherer Mann, in jedem Fall sicherer als die 1000 und aber 1000 Meilen, welche uns leider von dem Traumland des Südens trennen.

Sehr neugierig bin ich auf Ihre zu erwartenden neuen Werke und namentlich, gestehe ich, seitdem Sie meine *critique de laique* des Prinzen L. Ferdinand so gütig aufgenommen haben. Ich werde nun das Neue mit umso mehr Freude lesen, als ich weiß, dass ich es dem Autor gegenüber unbefangen beurteilen kann; denn das Aussprechen über einen gehabten Genuss ist doppelter Genuss. Ihre Jenny werde ich sofort zur Hand nehmen, bezeichnen Sie mir doch dieses Buch als Schlüssel Ihrer eigenen Lebensgeschichte, ein wichtiges Bekenntnis, was ich mir nicht entschlüpfen lassen darf. So selten lernt man jemanden wahrhaft kennen, bietet er aber selbst die Hand dazu, so ist es wenigstens Torheit in vielen Fällen, es nicht zu benutzen, in manchen kann es sogar Unrecht werden. – Hier wäre es in jedem Fall das erstere. Schade dass ich Ihnen als *échange* keinen Schlüssel meines Selbst schicken kann, wenigstens nicht in Romanform. Wozu übrigens wäre dies nötig, da ich überzeugt bin, dass Sie mit Ihren klugen Augen mich längst durchschaut haben. – Indessen will ich Ihnen doch wenigstens sagen, was ich jetzt lese; dergleichen Bekenntnisse sind wie ein Journal der Seele und stellen diese heller dar als manches Bekenntnis in langen Worten. Ich lese die *Geschichte Englands* von Macaulay[13], dieses wundersame Buch, was, jetzt erschienen, vielleicht deshalb so viel Aufsehen macht, weil es uns in vielem beweist, wie wir es hätten machen können und nicht gemacht haben. Mit diesem mysteriösen Urteil empfehle ich Ihnen die Lektüre des Buches im Original oder in der Übersetzung. – Dass Sie Ihre Reise nach England aufgeschoben haben, freut mich; Sie haben Recht gehabt, weil für jemanden, der weder das Land noch die Gesellschaft in England kennt, der *début* im November entsetzlich ist. Sollten Sie noch hingehen wollen, so wählen Sie das Frühjahr, weil Sie in dieser Zeit am leichtesten zu einem Überblick kommen werden. Einstweilen mögen Sie sich Weimars erinnern und sich überzeugen, dass die Distanz von Berlin hierher nicht groß ist.

Auf die beiden neuen Werke, welche Sie der Welt versprechen, bin ich sehr gespannt. Sie kündigen mir dieselben in Ihrem vorigen Brief an, indem Sie mir Urteile über meinen Großvater aussprechen, die mich erfreuen und rühren. Wie sehr mein Herz seinen Namen jubelt, in dieser Zeit, mit dem Goethes wieder belebt, wieder in jedem Munde zu sehen, kann nur der fühlen, der in seinem Leben an einem Namen überhaupt mit Stolz, mit Liebe, mit Begeisterung, mit Bedürfnis, ihm nachzustreben, gehangen hat. Oh, könnte man zu letzterem immer den richtigen Weg erkennen und festhalten!

Ich muss schließen, obgleich ich gerade jetzt gern fortfahren möchte, mit Ihnen zu reden. Allein die Fürsten sind keine untätigen Menschen – und auch keine unnützen, glaube ich – wenigstens habe ich von früh bis spät in die Nacht so viel zu tun, dass ich heute, zum Beispiel, nur noch kaum die Zeit habe, Ihnen die Hand mit der Versicherung sehr aufrichtiger Anhänglichkeit zu küssen.

Ich wollte den Brief absenden, als der Ihrige ankam, in welchem Sie mir die Bekanntschaft Stahrs empfehlen. Ich werde suchen, ihn kennen zu lernen – wann aber? Der Himmel weiß es, denn die Nachricht, dass ich jetzt nach Oldenburg gehe, ist falsch. Vielleicht geschieht es später, so Gott will. Die Broschüre will ich zu lesen suchen. Ist es der Komponist Wagner, der sie schrieb? Ich bin nicht sein Richter und will es nicht sein, allein als Komponist bewundere ich ihn, wie ich selten ein musikalisches Genie bewundert habe. Der *Tannhäuser* ist ein ganzes Leben von Wahrheit, von Schmerz und von Lust. Ich versichere Ihnen, dass mein Dank für Ihren Brief weiter reicht als dies Papier.

19. Fanny Lewald an Carl Alexander

Ohne Datum (Dezember 1849)

Glaubte ich, dass Fürsten »unnütz wären und müßig« wie Sie sagen, ich hätte Ihnen längst geschrieben und Ihnen gesagt, wie aufrichtig ich Ihnen für Ihren guten, liebenswürdigen Brief danke, in dem sich so schön die einfache, reine Menschlichkeit Ihrer Natur ausspricht. Erhalten Sie sich diese Einfachheit, und auch Sie werden die Leute neben Ihrem Schlosse »den guten Nachbar« nennen, wie es bei der Illumination dem Großherzog von Schwerin[14] begegnet ist, den ich kennen möchte, seit ich das von ihm weiß. Sie, die jetzt in das Mannesalter tretende Generation der Fürsten, haben die Aufgabe, die Völker mit den Fürsten auszusöhnen, um die Monarchien aufrecht zu erhalten, die vielleicht für das Glück der Menschheit eine Notwendigkeit sind. Sie sehen, ich bekehre mich, wenn auch noch nicht aus *eigener* Verstandesüberzeugung, die der Monarchie widerspricht, so doch aus Unterordnung in die Einsicht vieler Männer, welche für jetzt und für lange hinaus noch die Republik für unheilbringend halten. Sollen aber Monarchien möglich und beglückend bleiben, so muss eine Regeneration vorgehen, und andere Elemente als bisher in die Nähe der Fürsten gezogen werden, damit niemand mehr glauben kann, seinem Fürsten und seinem Land zu dienen, wenn er Infamien begeht, wie der Prozess Waldeck[15] sie zu Tage gefördert hat. Das Unerklärlichste an der Sache bleibt mir immer, wie der Staatsanwalt auf diese Briefe hin eine Anklage einleiten, wie die Richter, wenn sie die Briefe nur *gesehen* hatten, die Untersuchung fortsetzen mochten. Haben Sie wohl das Faksimile der Briefe in Händen gehabt? Wenn nicht, lassen Sie es sich geben, um sich zu überzeugen, wie wenig verlässlich Menschen sind, die hinter dem jüdischen Jargon und hinter Sprachfehlern und Albernheiten, wie kein Tertianer sie schreibt, die Verschwörungspläne der Volksdeputierten suchten, weil – sie im voraus an diese Torheit glaubten und glauben wollten. Der Prozess wirft ein trauriges Licht auf unsere Zustände, und Sie haben vielleicht, als Sie ihn lasen, einmal gedacht »ganz Unrecht hat Fanny Lewald doch nicht, es ist etwas faul im Lande Dänemark!«

Aber davon – das versichere ich Ihnen – wollte ich eigentlich gar nichts schreiben, sondern Ihnen nur erzählen, dass ich vorgestern in ganz kleinem Kreise Professor Griepenkerl[16] seinen *Robespierre* lesen hörte, und dass es die eigenartigste Dichtung der Neuzeit ist, die mich tief erschüttert hat und die Sie durchaus hören und womöglich bald hören müssen. Kommt Griepenkerl nach Weimar, so denken Sie, dass er es wert ist, von Ihnen gekannt zu werden. Ich denke, einem Fürsten, der eben alles hat, kann ein armer Mensch wie unsereins, der nichts hat als sich selbst, eben auch nichts anderes geben, als einen guten Teil dieses eigenen Selbsts, und die Bekanntschaft der Menschen, die er für die bedeutendsten hält – und das tue ich Ihnen so herzlich gern.

Revolutionär, d.h. zur Revolution reizend, ist das Gedicht nicht im Geringsten. Stahr schrieb mir davon: »Mir war, als sähe ich durch ein Sonnenmikroskop die Ungeheuer im Wasser sich untereinander zerfleischen!« Und was ich davon denke, das werden Sie selbst wissen, wenn Sie es gehört haben werden. Es ist von einem Standpunkt über den Parteien geschrieben, und der Dichter, offenbar ergriffen von der Idee, dass keine schaffende Poesie des Einzelnen heranreicht an die Poesie des von der Gesamtheit geschaffenen Lebens, hat sich begnügt, ein Stück furchtbarer Weltgeschichte vor unserm Auge aufzurollen, mit so liebender und kunstreicher Hand, wie der Altertumsforscher die Mumien und Papyrusrollen aufrollt, dass die unleugbare Wahrheit der Tatsachen, die Vergangenheit, vor uns lebendig wird. Mich hat das Bild dieser Schreckensherrschaft terrorisiert, dass ich tagelang unter dem Eindruck geblieben bin, und ich kann die Dichtung nur mit einer jener Riesenwellen vergleichen, die in großem Sturm mächtig heranbrausen, hoch und höher steigend, bis sie erliegend unter der eigenen Schwere, donnernd zusammenbrechen und alles mit sich fortreißen, was an ihrem Ufer friedlich lebte. Es ist ebensoviel Wahrheit in der Titanenkraft dieser Männer des Konvents wie schöne Wahrheit in den Frauencharakteren, die ebenso weich wie kräftig und gesund sind. Ich habe einen großen Genuss von dem Gedicht gehabt, und Sie müssen mir durchaus schreiben, was Sie davon denken, wenn Sie es kennen werden. Ich wollte nur, Griepenkerl gäbe diese Kunstreiserei, die er macht, um seine Geldverhältnisse zu ordnen, je eher, je lieber auf, und setzte sich bald an die Arbeit, die *Girondisten* zu schreiben, was er vorhat.

Ich habe gerade in der Zeit, in der Sie mir schrieben, auch die *Geschichte* von Macaulay zu lesen begonnen und finde, wie Sie, dass es ein Buch von dem höchsten Gewicht ist. Es wirkt kalmierend gewiss auf uns alle, und wir dürfen weder Mut noch Geduld verlieren bei den Kämpfen der Gegenwart, wenn wir sehen, durch welch furchtbare Epochen England gegangen ist, ehe es sich von der absoluten Monarchie zum gesetzlichen Staat befreite – und unter welchen unabsehbar tiefen Vorurteilen liegt das Land noch heute. Der praktische Sinn der Engländer beweist sich am deutlichsten in ihrer Art des Konservativismus. (Verzeihen Sie das in der Eile erfundene Wort). Scharfsinniger als die meisten Nationen scheinen sie am klarsten einzusehen, wie unhaltbar, wie morsch die meisten unserer jetzigen Institutionen sind, die religiösen sowohl als die staatlichen und sozialen. Weil sie es wissen, dass man an diesem morschen Gebäude nicht den kleinsten Stein rühren darf, ohne dass das Ganze Gefahr läuft, rettungslos zusammenzustürzen, haben sie sich aus dem Respekt vor dem Bestehenden nicht nur ein Gesetz, sondern einen Kultus gemacht, dessen Götze die Konvention ist, und dem sie sich, ihr Leben und ihre Gedanken zum Opfer bringen. Es ist einer der Fälle, wo Feigheit und Energie, Weisheit und Torheit in eins verschmelzen. Ich glaube übrigens, ich passe eigentlich viel besser nach Port Adelaide unter die Wilden, als unter die Engländer, die alles *chocking and horrid* finden werden, was mir ganz natürlich vorkommt. Ich bin noch mitten in Macaulay, da ich viel zu tun gehabt habe.

So sehr ich gehofft hatte, Ihnen wenigstens das Tagebuch noch in diesem Jahr schicken zu können, so wenig glaube ich daran, nach allem, was ich von dem Fortschritt des Druckes sehe. Ich fürchte auch, es wird unbedeutend sein, und Ihnen und dem Publikum nicht gefallen. Man schifft sich mitunter in solch ein Unternehmen ein und muss dann vorwärts; ich hatte Freunden versprochen das Heft drucken zu lassen, und muss nun, um mein Versprechen zu erfüllen, *voque la galère!* sagen!

Dagegen gnädiger Herr! mache ich von Ihrer Güte Gebrauch, und sende ein Päckchen für Therese von Lützow. Das Anerbieten ist so gut von Ihnen, dass man dafür nicht mit Worten, sondern nur mit einem Handschlag antworten kann, wenn man Ihnen gegenüber ist. Bleiben Sie doch nur so menschlich einfach, wenn Sie Herrscher sein werden; es wäre solch ein Unglück, wenn es anders werden könnte – und ich fürchte das nicht.

Ich weiß nicht, ob ich Ihnen, ohne dass es zu viel wird, vor Neujahr nochmals schreiben soll, daher wünsche ich Ihnen ein frohes Fest im Kreise Ihrer Familie. Ich werde einen sehr einsamen und sehr traurigen Weihnachtsabend haben, wie ich fürchte, und kann nicht einmal recht klagen darüber, sondern muss es eben hinnehmen, wie den ganzen Dornenkranz, der scharf stechend unter allen Rosen hervorsieht, die das Leben mir bietet. Ich denke manchmal, ich könnte wohl wie Platen sagen: »Hätt' ich nicht jedes Gift der Welt erprobt, nie hätt' ich ganz dem Himmel mich ergeben, und nie vollendet, was Ihr liebt und lobet!«[17] – Ich habe von Jugend auf viel gelitten, leide noch, und weiß, dass das so fortgehen wird, bis es zu Ende ist. Das ist oft schwer zu tragen. – Möchte Ihr Leben leichter sein und so glücklich und glückspendend, wie ich es Ihnen wünsche, teure königliche Hoheit! Denken Sie freundlich an – F. L.

20. Carl Alexander an Fanny Lewald

Chateau Biljoen, den 19. Dezember 1849

Ihr Brief erreichte mich hier, in diesem einsamen Schlosse[18], versenkt inmitten eines stillen Sees, um dessen Ufer alte Ulmen träumen und bedeutsam und schweigend ihre Häupter über den Wasserspiegel beugen. Ich sitze in einem kleinen, runden Turm; neben mir, in einem Gemach, mit verschossenen Gobelins behangen, wurde der Friede von Utrecht geschlossen. Es ist Nacht und der Wind heult um die alten Mauern. Dies ist der Rahmen meines Selbst.

Gehe ich Ihren Brief durch, so stoße ich zuerst auf Ihre Bemerkungen rücksichtlich des Waldeckschen Prozesses. Ich beklage diese Angelegenheit; es gibt des Schlimmen jetzt schon so viel, dass es wahrlich nicht nötig ist, es zu vermehren und Wunden, die gestern noch bluteten, heute wieder aufzureißen. Mir ist manches in dieser Sache geradezu unerklärlich. Wann hätte man je mehr Mäßigung bedurft und sie weniger geübt als in dieser Zeit!

Ihre Ansicht über Griepenkerls *Robespierre* hat mich sehr interessiert, weil ich viel dieses Werk in der neuesten Zeit nennen hörte. Was Sie mir sagen, macht mich auf dasselbe doppelt neugierig. Der Standpunkt, den Sie mit den Worten »über den Parteien« bezeichnen, als denjenigen, von dem aus der Autor seinen Gegenstand behandelt, spricht für beide und zwar doppelt, da unsere Epoche keine der Unparteilichkeit ist. Ich bilde mir ein, dass der Verfasser die Geschichte sozusagen szenisiert hat, eine Behandlungsart, welche von vielem Effekt ist und in Frankreich mit Geschick und Erfolg behandelt wurde, in Deutschland aber so gut wie unbekannt ist. – Wird das Werk nicht gedruckt? Ich bin sehr gespannt, es zu lesen.

Mit Freuden begrüße ich die Sympathie, welche für mich aus Ihrem Urteil über Macaulay hervorleuchtet. Es ist mit einer Staats-, Welt- und Lebenspraxis geschrieben, dass man, es lesend, aus dem Urquell der Geschichte selbst zu schöpfen glaubt. Es hat den großen Vorteil, nicht mit dem Gegenstand, den es behandelt, abzuschließen, sondern dem Leser tausend Türen zu öffnen, die alle Gelegenheit zu den nützlichsten Reflektionen und Betrachtungen geben. Ich habe selten ein Werk gefunden, welches mehr lehrt als dieses.

Ich beklage von Herzen die Mühe, welche Ihnen die Geschäfte machen, von denen die Publikation Ihrer Werke unzertrennlich scheint. Verlieren Sie indessen nicht den Mut, wer würde wohl auf dem Weg umkehren, weil er sich an einen Stein gestoßen?

Die für Fr. v. Lützow bestimmten Bücher, sowie der sie begleitende Brief, sind zur baldmöglichsten Weiterbeförderung nach Batavia abgegeben.

Über die letzten Worte Ihres Briefes ist viel Schmerz und Kummer hingegossen, den Sie in den herrlichen Worten Platens fassen. Kennte ich Sie nicht, so würde ich um Sie klagen, aber einem starken Geiste klagt man nicht, wenn man ihn in den Kämpfen des Lebens sieht und die Überzeugung hegt, dass er ihnen gewachsen.

Ich habe in Oldenburg Ihren Freund gesehen[19], mit dem ich mit Freuden Ihrer gedacht. Leider war die Zeit so kurz, dass ich nur so viel ihn kennen lernte, um zu wissen, dass es mir leid tut, es nicht weiter haben tun zu können. Ich wünsche Ihnen Gottes Segen an Kraft, Liebe und Einsicht zum neuen Jahr und mir die Erhaltung Ihrer Gesinnungen für mich.

21. Fanny Lewald an Carl Alexander

Berlin, den 26. Januar 1850

Nur um Ihnen zu sagen, dass ich Ihnen von Herzen für den Brief danke, den ich am Neujahrstag von Ihrer Güte erhalten habe, schreibe ich Ihnen heute ein paar Zeilen. Nicht Nachlässigkeit, nicht Versäumnis ist es, dass dieser Dank erst heute ausgesprochen wird. Ihr Brief fand mich als Krankenwärterin an dem Bett meines einzigen Bruders[20], den ein nervöses Fieber niedergeworfen hatte. Er ist nun in der Genesung, aber diese schreitet bei der Kälte und bei dem Temperaturwechsel nur sehr langsam fort. Unfähig zu arbeiten oder sich in der Unterhaltung mit Freunden die Zeit zu verkürzen, nimmt er noch fast meine ganze Zeit in Beschlag, und ich bin so sehr in Rückstand geraten mit all meinen Arbeitspflichten, dass ich – diesen zu genügen – alles liegen lassen muss an Korrespondenz und mir sonst erfreulichen Dingen.

Dass Sie meinen Freund gesehen haben, danke ich Ihnen. Er schrieb mir davon: »So flüchtig leider dies Begegnen nur sein konnte, hatte ich das Gefühl, mit einem *Menschen* zu tun zu haben. Er ist der erste Fürst, der mir einen lebhaften Eindruck gemacht hat. Es ist der Hauch des Geistes seines Ahnherrn, des prachtvollen Carl August, über ihm gebreitet, des Fürsten, den die Geschichte, wenn sie gerecht wäre, Carl August den Menschlichen nennen müsste, was mehr ist, als »der Große«. Nur wahrhafte Fürsten empfinden es, dass einem geistig ebenbürtigen Mann gegenüber, ein menschlich edles, freies Behaben dasjenige ist, was allein eine freie Seele zur bereitwilligen Anerkennung fürstlicher Stellung bewegen kann. Die Fürsten, welche ich bisher sah und die mir mit Formen, von ihren Hofherren ihnen angeschult, zu imponieren strebten, haben mir je nach den Umständen Mitleid oder Widerwillen eingeflößt.« –

So wenig dies Urteil geschrieben war, um von Ihnen gehört zu werden, so glaube ich, Sie, gnädigen Herrn! genug zu kennen, um zu wissen, dass es Sie gerade darum freuen wird. Und weil ich das glaube, schreibe ich es ab. Es ist ein solches Glück, wenn man wie Sie durch sein persönliches Wesen die Herzen fremder Menschen gewinnt, wenn man überall Zutrauen, Glauben einflößt. In dieser Gabe liegt für Sie die Pflicht, so scheint mir, sich viel dem persönlichen Verkehr mit den Menschen hinzugeben, denn wie jeder Ihnen gern sein Bestes darbringen wird, so werden Sie auch von jedem direkt leichter die Wahrheit erfahren, als sie Ihnen auf weiten Umwegen zukommen würde.

Von Holland, von wo aus Ihr letzter Brief mir zukam, habe ich die wunderliche Vorstellung eines durchaus sumpfigen Landes; Ihr Brief mit der anmutigen Schilderung des Schlosses Biljoen, mitten in seinem von Ulmen beschatteten See, trug trotz seiner Poesie nur dazu bei, diese Idee des Sumpfes und der Ungesundheit wieder in mir zu beleben, und mein erster Gedanke war: »Gott! Wenn der Prinz nur da erst wieder fort wäre! Da bekommt man gewiss das Fieber!« – Sie können es sich nicht vorstellen, wie fest solche durch irgendeinen unwillkürlichen Eindruck erzeugte Vorstellungen in mir wurzeln. Sie schildern das Schloss schön; Therese pflegte mir von den Haag, von Amsterdam, von Harlem und Leiden die glänzendsten Darstellungen zu machen; mein Bruder, der diesen Sommer einige Wochen in Holland war, ist entzückt von dem Land, von seinem Reichtum, seiner Kultur – mir hilft das alles nichts. Für mich wird's ein Sumpf bleiben, bis ich es einmal selbst gesehen haben werde; und bis dahin werde ich immer Gott danken, wenn jemand, den ich kenne, aus Holland abgereist ist, ohne das Fieber bekommen zu haben. – Es geht mir aber mit Menschen ebenso, wenn ich mir erst eine Vorstellung von ihnen gemacht habe. Lerne ich sie dann kennen, und sie sehen, was oft geschieht, ganz anders aus, so bin ich erschrocken und bedarf Zeit, mich in die Veränderung zu finden.

Gnädiger Herr! was bedeutet eines Ihrer Petschafte, das aus lauter wunderlichen, verschlungenen Linien besteht? Ist das türkisch? Ein Amulett? Ein Talismann? – Es macht mir, so oft Sie es brauchen, das größte Kopfzerbrechen, und ich wende es von allen Ecken und Kanten um, weil ich meine, in irgendeinem Zug den Sinn des Mysteriums entdecken zu können. So etwas wirkt eigentümlich auf die Phantasie. Ich besitze ein grusisches Armband, das auch allerlei Schriftzeichen eingegraben hat, die mir selbst Linguisten nicht zu deuten vermochten, und ich ward von demselben eine ganze Weile beschäftigt, bis die Gewohnheit mich dagegen gleichgültig gemacht hatte. Aber was auf Ihrem Petschaft steht, möchte ich gern wissen, sagen Sie es mir doch.

Sie kennen sicher den Berliner Witz von dem Mann, der nachts in ein Haus dringt, den Besitzer wecken lässt und ihm dann sagt: »Ich habe in der Zeitung gelesen, dass Sie einen Reisegefährten suchen, ich komme, um Ihnen nur zu sagen, dass ich nicht reisen kann!« — So mache ich es heute! Ich komme, um Ihnen nur zu sagen, lieber, gnädiger Herr! dass ich Ihnen heute nicht schreiben kann, dass es aber in allernächster Zeit geschehen soll, und dass ich Sie bitte, mir Ihr Wohlwollen, Ihre Teilnahme ferner zu erhalten. Ich lege den größten Wert darauf, und es würde mich tief schmerzen, entzögen Sie mir dieselbe oder würden Sie mich vergessen.

Lassen Sie sich denn auch die Eilfertigkeit dieses Briefes gefallen. Korrekturbogen, Beendigung von Arbeiten für das *Morgenblatt*, Briefe an Menschen, die meiner bedürfen, wollen durchaus geschrieben und besorgt sein; und dazu hat mein Bruder mich nötig. Da ich nicht mit ihm wohne, so macht das Hin- und Hergehen diese Pflege doppelt beschwerlich – und doch hat man das Bedürfnis, sie zu leisten. – Nebenher ist es auch eine alte Notwendigkeit, dass man, wenn man wie ich nichts besitzt als sich selbst, sein Pensum arbeiten muss, um sorgenfrei zu leben – kurz, man ist eben auch ein Proletarier, und der Tag hat sein täglich Recht auf Arbeit geltend zu machen an uns. – Wie ich es übrigens anfangen sollte, zu schreiben, zu komponieren, ohne inneren Drang, das ahne ich nicht, und ich würde es nie erlernen können. Ich habe schon oft halbe und ganze Jahre lang nicht einen Strich geschrieben für den Druck; dann aber wieder in einem Jahr so viel, dass ich für mehrere Jahre Manuskripte liegen hatte. Fühlte ich, dass die Produktivität in mir erlischt, so würde ich Unterricht geben, Erzieherin werden, oder irgend etwas tun, um mich zu ernähren – ehe ich mit Zwang, fürs Brot dichtete. Das wäre so schlimm – und schlimmer – als heiratete man einen ungeliebten Mann, um nicht zu hungern.

Adieu gnädiger Herr! verzeihen Sie das Durcheinander dieses Briefes, und vergessen Sie mich nicht. Ich danke Ihnen nochmals von Herzen, dass Sie Professor Stahr aufsuchten. Er ist nicht gut gestellt, ist missliebig in Oldenburg und hat es also doppelt nötig, dass ihm Anerkennung und Aufmunterung zuteil wird – die er sonst überall, nur nicht in seiner Heimat findet.

Gehe es Ihnen wohl Königliche Hoheit! in allem, was Sie wünschen und erstreben.

22. Carl Alexander an Fanny Lewald

Weimar, den 8. Februar 1850

Mein Dank für Ihren letzten Brief ist der Freude gleich, mit welcher ich diesen begrüßt und empfangen habe. Von Herzen bedauere ich, dass eine so trübe Ursache Ihre Feder ruhen ließ; desto mehr aber freue ich mich, dass Ihr Bruder wieder genesen ist, den ich zwar nicht kenne, an dem ich aber dennoch einen besonderen Anteil nehme, da er Ihr Bruder ist.

Durch die Mitteilung des Urteils Ihres Freundes Stahr haben Sie mir eine wahre Freude gemacht; ich danke Ihnen doppelt für dieselbe, weil Sie überdies die Absicht gehabt haben, sie mir zu machen und es auf eine so gütige Weise mir aussprechen. Das Urteil über meinen Großvater rührt mich wahrhaft, denn es kann nur aus einer seine große Humanität tief erkennenden Seele entspringen. Wohl war es in diesem Wort: »Menschlichkeit«, dass sein edler Charakter leuchtete. Fern bin ich noch – dies fühl ich im tiefsten Innern –, einen solchen Vergleich mit meinem Großvater zu verdienen, wie Ihr Freund ihn zieht, allein das ist wahr: dass ich jenem nachzustreben suche, und so nehme ich jene Meinungen, wie man eine freundliche Zusprache auf den Weg gern in Empfang nimmt.

Ihre Bemerkung über Holland oder vielmehr über das Unzulängliche des fremden Urteils, das eigene umzubilden, ist mir aus der Seele gesprochen. Wie oft empfinde ich dasselbe! Schafft sich doch jeder Geist gern seine eigene Welt und mag nicht der Seele anderer zum Wachs dienen.

Sie fragen mich über die Bedeutung meines Petschafts. Sind Ihnen die Mütter erinnerlich, jene mystischen, rätselhaften Wesen, von denen Mephisto dem Faust erzählt? Goethe wurde einst durch meinen Freund Eckermann nach ihrer Bedeutung gefragt. Da sah ihn Goethe mit großen Augen an und sagte geheimnisvoll: »Die Mütter, Mütter es klingt so wunderbar.« So lassen Sie mich Ihnen antworten: Das Petschaft, es ist so rätselhaft. Was mag es bedeuten? Bedeutet es Ihnen etwas? Legen Sie einen Sinn in dasselbe, und es wird Ihnen wert sein. Ist doch das Ich, was man in eine Sache legt, so oft ihr wahrer Wert. Legen Sie etwas von Ihrem Ich in die verschlungenen Züge Persiens, und Sie werden sie lieben, wie ich dieselben liebe, weil ein Etwas von einem Ich in dieselben verwebt ist.

Sie brauchen keine Entschuldigungen wegen Ihres Briefes zu machen und sollen sie nicht machen. Unsere Korrespondenz darf nicht eine *gêne* sein. Dass Sie nicht immer und nicht gleichmäßig arbeiten können als Schriftstellerin, ist mir das wahre Autorzeichen. Vor Schriftstellerei aus Zwang, fürs Brot behüte Sie Gott.

Ich wünsche Ihnen von Herzen, was Sie mir wünschen.

23. Fanny Lewald an Carl Alexander

Berlin, den 1. März 1850

Da sind die Liebesbriefe! Lesen Sie sie mit freundlicher Seele, und es wird Ihnen, so hoffe ich, viel Bekanntes aus Ihrem eigenen Herzen daraus entgegen treten. Auf welcher Seite in dieser Dichtung meine Überzeugung steht, werden Sie herausfühlen, indes auch sehen, dass ich Gerechtigkeit und Anerkennung für jede andere Überzeugung fordere. Dies Buch entstand eigentlich aus Widerwillen gegen die outrierte französische und deutsche Literatur, die nur in den schauerlichsten Gegensätzen, in den traurigsten Verwicklungen und in den entsetzlichsten Zerwürfnissen und Abenteuerlichkeiten Spannung zu finden und zu schaffen weiß. Es war im Jahre 1845, ich war damals in der Schweiz, in Vevey, und weil ich ein großes Ruhebedürfnis hatte, so allein und zurückgezogen, dass ich in drei Wochen keinen Menschen außer meiner Hauswirtin und meiner alten Gesellschafterin, die ich damals noch mit mir nahm, gesprochen hatte. In der Zeit ward der Roman geschrieben. Ich meinte, es müsse möglich sein, ohne alle äußere Handlung, ohne unerquickliche Zerwürfnisse, ohne sittliche Unschönheit, den Leser durch die einfache Darstellung von Seelenzuständen zu fesseln. Um mir für die Handlung die Hände möglichst zu binden, ließ ich den Helden einen Gefangenen sein, und änderte dies im Jahre 49 dahin ab, dass ich ihn, um ihm eine prägnantere Gestalt zu geben, in einen der Polen verwandelte, die damals in Berlin ihre Untersuchung bestanden hatten. Ein Pole war es immer gewesen, indes gab die Umänderung mir eine bessere Lösung, als ich sie früher gehabt hatte – und nun geht denn das Buch zu Ihnen und fragt, ob es verdient habe an das Licht zu kommen, nachdem es seit fünf Jahren im Pulte gelegen? Es sollte mich freuen, fänden Sie, dass es mir gelungen sei, trotz der Einfachheit der Erfindung die Teilnahme des Lesers zu gewinnen.

Ihr Petschaft bleibe mir denn ein Mysterium, ich werde das Beste dahinter vermuten, und weil ich dies werde, wird es für mich auch da sein. Die Erzählung von den *Müttern*[21] ist artig und recht bezeichnend für Goethes Natur.

Ist Ihnen wohl die *Deutsche allgemeine Monatsschrift*[22] zu Händen gekommen, gnädiger Herr! die jetzt in Stuttgart erscheint? Das Blatt ist ein demokratisches Parteiblatt, indes würden, selbst trotz verschiedener Ansichten ihrerseits, zwei Aufsätze darin Sie gewiss interessieren. Der erste ist von Oppenheim[23] und heißt, irre ich nicht, *Zur Kritik der Demokratie*, der zweite heißt *Heinrich von Gagern* und ist ganz vortrefflich, in edler Weise geschrieben. Bedeutend wird das Blatt gewiss werden, da sich die tüchtigsten Männer der Demokratie dazu vereinigt haben.

In etwa vierzehn Tagen sende ich Ihnen das andere Buch, und ob ich nach dessen Beendigung nach England gehe, weiß ich immer selbst noch nicht. Neben dem Genuss ist Reisen auch eine *Arbeit*, eine *Anstrengung*, und diese scheue ich, da ich mich ohnehin angegriffen fühle. Indes kommt mit dem Frühling vielleicht neue Spannkraft und Reiselust wieder – und kommt sie, so werde ich gehen.

Möchte das Frühjahr, das so ungewöhnlich schön und zeitig zu kommen scheint, Ihnen seinen besten Sonnenschein und viel Gutes bringen.

24. Carl Alexander an Fanny Lewald

Weimar, den 4. März 1850

Meinen herzlichen Dank für Ihren Brief von dem 1. d. Mts., nicht weniger für die *Liebesbriefe*, bitte ich Sie anzunehmen, welche letzteren ich sofort zu lesen beginnen werde. Sie haben mich für dieselben durch die Beleuchtung der Ansicht schon eingenommen, von der Sie ausgegangen sind, denn die Bekämpfung des outrierten Geschmacks der modernen französischen wie deutschen Literatur ist ein wahrhaft verdienstliches Werk. Möge Ihnen das Unternehmen gelingen und mögen Sie der jetzigen Literatur die Augen über sich selbst öffnen. Mit einer wahren Eifersucht blicke ich immer auf die englischen Schriftsteller, die im Durchschnitt sich immer an die Natur halten und hierdurch einen weit größeren Effekt erreichen, als wenn in Frankreich oder Deutschland die mysteriösesten aller Mysterien erzählt und ausgemalt werden oder ewige Juden von einem Pol zum andern wandern müssen.[24] Unter den neusten englischen Werken empfehle ich Ihnen *Vanity Fair* von Thackeray. Es ist dies ein wahres Meisterstück von Geist, Witz und Geschick, verbunden mit einer Wahrheit, Auffassung und Beobachtungsgabe, die bewunderungswürdig ist.

Ich werde nicht verfehlen, die Aufsätze zu lesen, welche Sie mir empfehlen und Ihnen dann über dieselben schreiben. Dass Ihr reger Geist nach neuer Luft, neuer Nahrung sich sehnt, begreife ich wohl und daher auch, dass Sie das englische Reiseprojekt wieder aufnehmen. Folgen Sie demselben, so können Sie nicht besser tun, als im Frühjahr hinzugehen, weil Sie dann für Ihre Mühe auch den meisten Genuss ernten. Hüten Sie sich nur, die Reise zu übereilen, denn die Eindrücke jenseits des Kanals sind so bedeutend und viel, dass sie Zeit und Kraft zur Verarbeitung erheischen. Wie schön wäre es, wenn Sie Ihren Weg über Weimar nähmen! Warum dies schön wäre, will ich Ihnen als ein Rätsel überlassen wie die verschlungenen Züge auf meinem Siegel, doch wird es Ihnen wohl weniger schwer werden, jenes zu erraten als dieses.

Von Herzen danke ich Ihnen für den Wunsch, mit dem Sie schließen; ewig unveränderlich bleibt die Natur, reich und schön und doch wie so ganz anders sind die Gefühle, mit denen das menschliche Treiben uns die Wiederkehr der Jahreszeiten begrüßen lässt! Wie ernst erscheint mir dieser Frühling!

25. Fanny Lewald an Carl Alexander

Berlin, den 11. März 1850

Da bin ich schon wieder, und da ist auch das andere Buch.[25] Trotz des verschiedenen Standpunktes, von dem wir ausgehen, wird Ihnen, wenn auch bei weitem nicht alles, so doch vieles sympathisch sein, und Sie werden mich mit meinem ganzen Empfinden in dem Buch wiederfinden. Die innere Wahrheit, die tiefe Überzeugung, selbst wenn wir diese nicht teilen, fordert uns Teilnahme, fordert dem Menschen Achtung vor dem Menschen ab – und weil dem so ist, dürfen wir sicher sein, dass Sie und ich einander verstehen und ehren.

»Dass Sie es müde sind, ewigen Juden von einem Pol zum andern nachzuwandern« das ist mir aus der Seele. Dieser *juif errant* war in Bezug auf Komposition wirklich das abgeschmackteste Buch, das ich kenne, und auch das kompositionsloseste. Der Anfang, wenn der ewige Jude und Herodias sich über die Beringstraße unterreden, wie ein paar Berliner Portierkinder über den Rinnstock, war so abgeschmackt, dass ich es zweimal lesen musste, ehe ich begreifen konnte, dass diese Erfindung möglich sei. Wenn dann vollends in den verwickeltsten Verwicklungen, aus denen kein menschlich vernünftiger Ausweg möglich war, mein würdiger Stammesgenosse aus irgendeinem nussbaumenen Wandgetäfel mit irgendwelchen vergilbten Papieren hervortrat, der Konfusion des Dichters ein Ende zu machen, so war mir in der Tat der Spuk dieser geistigen Verirrung so entsetzlich, dass ich mitten im Buch, als auch einmal Ahasver aus der Wand trat und die Uhr zwölf schlug, das Buch zuklappte und dachte – nun ist's genug.

Zugeklappt habe ich leider auch *Vanity Fair*, in der Episode, in der Rebekka in das Haus des irischen Gutsbesitzers kommt, der mit seiner alten Köchin haushält in der veröddeten Stadtwohnung. Die Engländer, so sehr ich ihr Verdienst anerkenne, streifen doch oft von der Wahrheit zur Karikatur über, und weil mir *Vanity Fair* so karikiert schien im Anfang – oder mindestens doch gewaltig stark aufgetragen –, habe ich es versäumt, das Ende zu lesen, von dem ich von allen Seiten das Beste höre. Für den ausgezeichnetsten engl. Roman, den ich gelesen habe seit Jahren, halte ich *Dombey und Sohn!*[26] – Das ist ein Meisterwerk in jedem Zuge, und überschreitet nie das Maß des Schönen und des Wahrscheinlichen.

Ihre Erinnerung, Weimar zu besuchen, hat mich ungemein gefreut, denn ich habe lebhaft den Wunsch, Sie wieder einmal zu sprechen, was denn doch eben ein anderes Ding als schreiben ist. Trotzdem kann ich nicht kommen, und wenn ich Ihnen meine Gründe gesagt haben werde, geben Sie mir gewiss Recht. Wenn ich in dem Augenblick, in dem ich ein ganz demokratisches Buch publiziere, die Einladung eines Fürsten annähme, würde der große Tross unfreier Menschen, die sich einem Hochgestellten nie ebenbürtig fühlen, voraussetzen, dass ich nicht den Mut hätte, Ihnen mich so offen zu geben im engeren Verkehr. Man würde annehmen, dass ich Ihre Teilnahme durch ein Verleugnen meiner Meinung erkauft hätte, die Presse, in der ich seit Jahren von Dr. Gutzkow[27] und von Herrn von Sternberg[28] die empfindlichsten – und wirklich ganz unverdienten Verdächtigungen – erfahren habe, würde mit einer heftigen Spottlust über mich herfallen, in der Ihr Name verflochten sein würde. Das mag ich nicht, Königliche Hoheit! – Ich habe nie gescheut, meine Meinung zu vertreten, nie eine Handlung gescheut, die mir recht oder für mein Gefühl eine Notwendigkeit schien – ich habe eine unaussprechliche Nichtachtung des *qu'en dira-t-on*, solange ich eine Notwendigkeit vertrete – aber ich mag es nicht heraufbeschwören, wo es Ihnen beschwerlich werden könnte, nur um mir die Freude zu bereiten, Sie in Weimar wiederzusehen. Ich möchte nicht, dass Ihnen durch mich der Schatten einer Widerwärtigkeit bereitet würde. Nicht wahr? Sie geben mir Recht! Und Sie erlauben mir, dass ich selbst Ihnen sagen darf, wann ich kommen kann, und fragen, ob Sie mich dann in Weimar willkommen heißen mögen. Es wird nicht allzu lange dauern, und bis dahin erhalten Sie mir das Wohlwollen und die Teilnahme, die mir viel wert sind – sehr viel wert.

Ich habe es gewagt, ein Päckchen mit den *Liebesbriefen* und den *Erinnerungen* für Frau von Lützow beizulegen – wollen Sie die große Güte haben, es dem Hofstaat des Herzogs Bernhard abermals zur Besorgung zu übergeben? – Ich weiß, Sie sind so gut und tun es, darum bitte ich darum.

Leben Sie wohl gnädiger Herr! – Ob ich nach England gehe, weiß ich nicht. Jedenfalls will ich Mitte April an den Rhein gehen, und erst zusehen, ob ich in Ruhe und frischer Luft meine Nerven so weit in die Höhe bringe, dass ich eine solche Anstrengung, wie eine Reise nach England, ohne Nachteil und mit Genuss machen kann. Ich werde mich für ein paar Wochen in Bonn etablieren und dann weiter zusehen.

Denken Sie meiner teilnehmend und erhalten Sie mir Ihre Güte, Königliche Hoheit.

26. Carl Alexander an Fanny Lewald

Weimar, den 24. März 1850

Für Ihre neue Schöpfung, für den neuen Beweis Ihrer Güte für mich, den Sie mir durch die Zusendung ersterer ablegen, danke ich Ihnen von Herzen. Die übrigen Bücher werde ich Ihrem Wunsch gemäß dem Ozean anvertrauen.

Ich küsse Ihnen die Hand für die Liebenswürdigkeit, mit welcher Sie mir die Gründe Ihres Nichtkommens auseinandersetzen. Die Erklärung ist in der Tat ebenso gütig wie fein, so sehr, dass ich glaube, Sie haben irgendwo einige Studien über Herrn von Talleyrand[29] gemacht, denn deutlich fühlte ich, wie Sie mit mir, oder vielmehr neben mir durch die Verlegenheit des Erscheinens in Weimar schlüpfen. Sie wollen mich vor Unannehmlichkeiten, sich im Speziellen vor Zeitungsartikeln retten – und haben Recht, denn klug leben ist eine Pflicht gegen andere wie gegen sich selbst. Deshalb aber, weil Sie dies verstehen, müssen Sie notwendig *Vanity Fair* weiter und bis zu Ende lesen, denn Rebekka lehrt auf bewundernswürdige Weise den Leser, wie man das Leben objektiv zu behandeln hat. Ich wundere mich übrigens, dass Sie das Buch karikiert, übertrieben fanden; es ist doch ein treues Bild englischer Sitten. Demzufolge wird Ihnen England selbst wie eine Karikatur vorkommen. Deshalb tun Sie auch sehr recht, zuerst Ihre Nerven zu stärken, tun es in jeder Hinsicht, denn das Leben dort ist angreifend und das Klima vielen unerträglich. Da wird dann Bonn eine vortreffliche Zwischenstation geben, obgleich ich unmöglich mir ein Bild der Ruhe machen kann, wenn ich an den Rhein mit seinen ewigen Dampfbooten, seinen Gasthöfen, seinen Engländern in kurzen Reisejacken und seinen zeichnenden Touristinnen denke. Ruhe indes ist eine relative Sache; kannte ich doch einen Freiberger Minendirektor, welcher neben einem gigantischen Hammerwerk schlief und dann aufwachte, wenn es zufällig einmal stehen blieb. Lassen Sie mich für heute die sehr positive Ruhe meines Bettes suchen, da längst sich die Nacht über Vergangenheit und Zukunft gelagert hat.

Ein Brief des Herzogs Bernhard aus Batavia von dem 26. Januar meldet mir die glücklich erfolgte Ankunft des Herrn und der Frau v. Lützow. Letztere entzückt alle Welt. Ersterer wird ein Bataillon in Sourabaya kommandieren, was eine schöne und große Stadt im östlichen Teil von Java ist.

27. Fanny Lewald an Carl Alexander

Berlin, den 4. April 1850

Wissen Sie wohl, dass ich anfangen würde, Sie für den Schutzgeist von Frau von Lützow und mir zu betrachten, wenn ich abergläubisch wäre! Von Ihnen erhielt ich die letzte Nachricht über Frau von Lützow aus Europa, von Ihnen die erste aus Indien, die mich sehr erfreut hat. Später, d.h. am folgenden Tag, habe ich einen teils an Bord, teils in Batavia geschriebenen, fünfundzwanzig Seiten langen Brief von ihr erhalten, in dem mir ihre tiefe, sichere Herzensruhe das Liebste und Tröstlichste war. Sie schreibt mir an einer Stelle: »Welch eine Zeit des Schmerzes und der Freude habe ich erlebt, seit ich mich von Dir losgerissen in der entsetzlichen Scheidestunde. Welche Welt der stillen Einkehr jetzt, die ich hier verlebe! Und wie einem die Erde mit ihren Menschen, mit ihrer Kleinheit, ihren Vorurteilen, ihren elenden Interessen erbärmlich vorkommt vor solchem Sonnenaufgang, vor solchem Sternenhimmel in dem weiten Weltmeer! Ich möchte jedem, der denkt und vergleicht, der geknechtet ist und leidet und frei werden will, ich möchte jedem raten, eine solche Reise zu machen, denn auf diesem Element, abgetrennt von den zweibeinigen Tieren, die sich Menschen nennen, und doch oft von wahrer Menschheit so wenig wissen, wird man erst klar über das, was Sein und was Schein ist im Leben. Dass ich es zu unterscheiden anfing, ist Dein Werk in mir, aber diese Reise wird es vollenden. Auf der Erde, in steter Berührung mit der Welt, erzogen in ihren Vorurteilen, wie ich es war, hin und her geworfen durch das, was die innere Stimme will, und das Vorurteil gebietet, da kann man irren, fehlen – und doch das Rechte lieben. Hier schießt das Gefühl, das Bewusstsein aller Wahrheit hoch und frei empor, hier heilt jede

Wunde, hier blickt man lächelnd auf das, was sonst das halbe Leben uns füllte. Wie ruhig, wie sicher ist mir meine Zukunft an der Seite dieses treuen, durchweg wahren Mannes erschienen, wie fest glaube ich an ihn …« – Und später am letzten Tage des Jahres: »Es ist eben alles überwunden, alles abgeklärt und frei! Das, was ich tat, dies Losreißen von dem Gewohnten, dies sich Hinwegsetzen über das, was das Gesetz das Rechte nennt, diese Scheidung von der Ehe, von der Familie, ist ein Schritt, der zwar Wehmut, aber keinen Schatten von Reue in meine Seele geworfen hat. Ich staune oft selbst noch, dass es geschehen konnte, dass es möglich, so schnell möglich gemacht werden konnte, aber ich staune wie Kolumbus, als er Amerika erblickte, da er ja auch vorher wusste, dass es einen andern Weltteil ausser diesem Europa geben müsse, ohne bestimmt hoffen zu dürfen, dass *seine* Kraft für dessen Entdeckung ausreichen würde«.[30]

Sie lesen ja mit Vorliebe Romane, Sie nehmen Teil an Seelenentwicklungen, so wird dieses Innenleben einer Ihnen bekannten und bedeutenden Frauennatur sicher Ihre Teilnahme erregen, und ich glaube keinen Verrat an diesen für die treueste Freundschaft geschriebenen Worten zu begehen, wenn ich das kleine Bruchstück Ihrer Verschwiegenheit anvertraue. Dass Sie es aber eben für sich behalten, darum brauche ich Sie nicht zu bitten, denn es wäre das Gegenteil ein Unrecht. Frau von Lützow schreibt außerdem mit gerührtem Dank von der Güte, welche Se. Hoheit der Herzog Bernhard ihr bei dem Empfang bewiesen, und vertröstet mich auf ein Tagebuch[31], das sie ihrem Vater geschickt hat, mit allem, was äußere Zustände betrifft.

Ich selbst werde nun Berlin auch in der nächsten Woche, ich denke den 14./15. verlassen, und etwa den 14./15. Mai in London eintreffen. Die Zwischenzeit will ich am Rhein verleben, wohin auch Professor Stahr und ein paar andere alte Bekannte kommen werden. – Dass Sie teurer, gnädiger Herr! mir übrigens Talleyrandsche Gewandtheit zuerkennen, würde mich sehr eitel machen, wenn ich sie mir zuschreiben dürfte. Die Wahrheit ist wirklich jenes Amulett des Märchens, aus dem sich alles machen lässt, und das dadurch den Mangel alles Übrigen ersetzt. Man kommt mit Wahrheit immer am weitesten, und müsste aus Klugheit die Wahrheit lieben, wenn man sie nicht um ihrer Schönheit willen liebte. Glauben Sie mir, ich wäre *sehr* gern nach Weimar gekommen, ich möchte gern die Freude haben, von Ihnen mehr gekannt zu sein, Ihnen und vielleicht Ihrer Hoheit der Frau Erbgroßherzogin menschlich nahe zu treten, von der man immer nur das Beste, das Schönste hört – aber gerade *dieser* Augenblick war nicht geeignet dafür; nicht für Sie, nicht für mich, und Sie geben mir auch, das fühle ich Ihren freundlichen Worten an, Recht. Aber so gewiss ich an Ihr Wohlwollen für mich glaube, so gewiss ich darauf rechne, so gewiss bitte ich Sie einmal um die Erlaubnis, ein paar Wochen in Weimar zubringen zu dürfen – und hoffentlich gestatten Sie sie mir dann gern.

Ich habe aber heute eine Bitte an Sie, die mir eben einfällt, und deren Gewährung mir sehr nützlich sein könnte. Sie müssen ja einen Gesandten oder einen *Chargé d'affaires* oder so etwas in London haben, gnädiger Herr! empfehlen Sie mich dessen Berücksichtigung. Herr von Humboldt und andere Personen haben mir Empfehlungsbriefe an Herrn Bunsen[32] gegeben, es wäre aber doch möglich, dass er auf dem Lande, dass er, gerade wenn ich ankomme, verreist wäre, und – am Ende ist zwei immer noch einmal so viel als eins. Können Sie das und wollen Sie das tun? Königliche Hoheit![33]

Und sagen Sie mir doch, wie Ihnen meine Bücher gefallen? Das heißt, ob sie Ihnen gefallen? Und was Ihnen nicht darin zusagt? – Sie haben keine Silbe davon erwähnt.

Zum Schluss schicke ich Ihnen noch eine Anekdote, die *wahr* ist und über die ich noch heute lache, obschon man sie mir vor acht Tagen erzählt hat. Sie wird auch auf Sie ihre Wirkung nicht verfehlen, denn sie ist zu komisch.

In Hamburg macht das preußische Militär Furore unter dem weiblichen Geschlecht, und herab vom General bis zum Gemeinen findet jeder standesmäßige Bewunderung. Schon lange hatte einer der großen Färbermeister, Beckendorf, bemerkt, dass auch seine Köchin einen einquartierten preußischen Soldaten mehr bewundere, als er mit ihrer Zeit und der Hausordnung verträglich glaubte, und endlich findet er sie mit dem Soldaten in einem ihm missfälligen *tête à tête* gerade in einer Morgenstunde, in der man ihrer Dienste nötig hatte, das Frühstück für das ganze Färberpersonal zu besorgen. Ohne ein Wort zu sagen, schließt er die Tür zu, kommt aber gleich mit drei tüchtigen Färbergesellen wieder, lässt den Soldaten in die Mitte nehmen und ihn trotz seines Schreiens und Protestierens von Kopf bis Fuß, bis in die Haarspitzen in einen Kessel blauer Farbe tauchen. Natürlich kann der blaue Mensch nicht zum Appell, der Unteroffizier kommt nachfragen, die Tatsache wird erzählt und dass das Blau nicht abgeht – der Offizier kommt, es gibt eine Szene, und endlich wird der Vorgang dem Major berichtet, der – ein sehr verständiger Mann – selbst hingeht, um die Sache tot zu machen. Er stellt dem Färber vor, dass das Mädchen ebenso strafbar sei wie der Soldat, dass er diese Liebschaften nicht verteidigen wolle, dass aber in dieser Menschenklasse dergleichen unablässig vorkäme, und dass er ein Einsehen haben und dem Spaß ein Ende machen möge, indem er irgendeine Lauge zum Abwaschen liefere, damit der Soldat wieder unter Menschen gehen könne. – Da sieht ihn der Färber groß an, und sagt: »Von Spaß ist gar nicht die Rede, denn ein bisher braves Mädchen, das verführt wird, ist kein Spaß – und ich habe es auch ernst gemeint. Ich kann ihn über sein Blau rot oder braun oder grün färben, wenn Sie es verlangen, aber weiß machen kann ich ihn nicht, denn mein Indigoblau ist echt und er ist echt gefärbt!« Da ist denn nichts übrig geblieben, als dem Soldaten für ein halbes Jahr Urlaub zu geben, denn so lange soll die Farbe brauchen, bis sie sich nach täglichem Waschen von der Haut abreibt – und es ist denn nach des Färbers Begriffen ein Akt der Justiz gegen das verletzte Hausrecht und gegen das Unrecht gegen das Mädchen geübt.

Königliche Hoheit! ich breche den Brief hier plötzlich ab, denn ich habe heftiges Kopfweh, das sich im Schreiben gesteigert hat. Nehmen Sie den Brief mit seinem kaleidoskopischen Durcheinander freundlich auf, und bewahren Sie mir Ihre Teilnahme und Güte, wie ich Ihnen eine treue, vertrauensvolle Ergebenheit bewahre. Und solche hat – selbst ein Fürst – nicht leicht zu viel.

28. Carl Alexander an Fanny Lewald

Ilmenau, den 22. April 1850

Sie erfreuten mich sehr und schmeichelten mir zu sehr durch das, was Sie in Ihrem letzten Brief über Frau v. Lützow und Sie selbst rücksichtlich meiner sagen. Wenn gute Wünsche ein Verdienst sind, so verdient dieses Lob dasjenige warme Interesse, mit dem ich dem Leben beider Freundinnen folge; allein Verdienst sind Wünsche nicht; Verdienst ist Tat, Wunsch aber nur Aspiration der Seele. Als ein merkwürdiges Seelenbekenntnis ist mir der Auszug des Briefes Ihrer fernen Freundin erschienen, welchen Sie mir mitteilen. Es bleibt immer interessant und ist oft wunderbar, wie der Mensch das Leben auffasst, die Art und Weise wie Fr. von Lützow diese Aufgabe zu lösen versucht, ist beides. Ich glaubte, die Seite eines Romans zu lesen; möge die südliche Sonne die Flügel ihres Geistes nicht versengen. Die großen Momente des Lebens sind leichter zu ertragen als das Alltägliche desselben. Noch ist sie unter dem Eindruck der großen Epoche ihrer Existenz, welche ein Band zerriss, das andere knüpfte und gehegte Wünsche krönte.

Ich sehe, dass Ihre Reise nach England beschlossen ist; es liegt ein Brief an unsern Generalkonsul in London hier bei; möge er Ihnen nützlich sein. Meine besten Wünsche begleiten Sie. Nehmen Sie sich Zeit und gönnen Sie sich Ruhe, indem Sie das Außerordentliche betrachten, was Sie jenseits des Kanals erwartet. Ich rate es Ihnen, weil ich wünsche, dass Sie England, was ich so sehr liebe, recht genießen möchten. Sie können es aber weder genießen noch studieren, wenn Sie sich beeilen. Suchen Sie ja, als Kosmopolitin, alles zu sehen, an alle Seiten dieses Weltwunders heranzutreten; nur dann erst kann es in seiner Größe, seiner Eigentümlichkeit erkannt werden. Ich bitte Sie, mir dann zu erzählen, wie Ihr Geist, Ihre Seele das Bild auffasst.

Die Anekdote aus Hamburg ist herrlich, ich habe herzlich darüber gelacht und andere lachen machen, denen ich sie erzählte. Ich möchte den Färber kennen lernen, er scheint ein origineller Mann zu sein.

Wenn Sie Professor Stahr sehen, so bitte ich Sie, ihn recht sehr von mir zu grüßen und ihm zu sagen, wie sehr ich mich gefreut hätte, seine Bekanntschaft gemacht zu haben, wie sehr aber auch bedauert, ihn nur einen Monat gesehen zu haben.

Ich habe Ihre *Liebesbriefe aus dem Leben eines Gefangenen* beendet und gehe nun an Ihr neuestes Werk. Vergeben Sie mir diese Langsamkeit und lassen Sie Ihre Güte und Nachsicht für mich durch den Umstand beleuchten, dass das Parlament im Besonderen, die Hoffnungen, welche sich an dasselbe knüpfen, im Allgemeinen jetzt fast ausschließlich mich in Anspruch nehmen. Auch ist es erst hier in der stillen Waldeinsamkeit von Ilmenau, am Fuße der höchsten Gipfel des Thüringer Waldgebirges, wo ich mich für ein paar Tage zurückgezogen habe, dass ich Ihren Roman beendet. Sie setzen mich in tödliche Verlegenheit, indem Sie mein Urteil verlangen, denn dabei bloß, dass er mir gefallen, können Sie sich ebenso wenig begnügen, als ich stehen bleiben kann. Einen Schritt zum Speziellen kann ich noch mit Ihnen vereint tun, nämlich zu denjenigen Seiten, welche ein tiefes Gefühl der Natur atmen, dem Sie mit wahrer Meisterhand Worte leihen. Dann aber müssen sich unsere Wege trennen, denn ich kann wohl den Dualismus im Gefühl begreifen, nicht aber in dem Speziellen der Liebe, d.h. derjenigen, welche auf Erden besonders blüht. Deshalb würde ich, wäre ich Mathilde, Edmund dezidiert abandonnieren, und wäre ich Edmund, Mathilde aufgeben. Dass er es nicht tut, scheint mir fast ein Egoismus, denn er kennt ihre Liebe zu einem anderen, lässt sie diesem aber dennoch nicht, sondern hält Mathilde für sich fest und liebt also eigentlich nur sich in ihr. So urteilt ein Laie, der von Ihrer Güte für ihn verblendet, ein Urteil wagt, wo er eigentlich nur die Hand küssen sollte, die ihm dargereicht wurde. Dieses übrigens tue ich auf jeden Fall mit dem Gefühl treuester Ergebenheit.

III

11. Juni 1850 – 19. Dezember 1851

Fanny Lewald in England – Macaulay und Thackeray – Konsul Kahlmann – Madame Brandt – Mr. Robert Chambers – Miß Jewsbury – »Dünen- und Berggeschichten« – Hermann Hettner – Paris und der Louvre – »Auf roter Erde« – Gutzkows »Ritter vom Geiste« – Das Kinderidyll in Nischwitz – Fanny Lewald und Adolf Stahr in Weimar – Die Wartburg – Fanny Lewald in Jena – A. v. Humboldt – Kanzler Müller – Goethestiftung – Fanny Lewald in Weimar – Vorträge Hettners und von Seebecks – Weimarische Öfen – Liszts »Lohengrin und Tannhäuser«

29. *Fanny Lewald an Carl Alexander*

London, den 11. Juni 1850

Aus dem warmen, sonnenglühenden, lärmdurchtönten London[1] kommt dieser Brief Sie wahrscheinlich in der kühlen Einsamkeit von Ilmenau aufsuchen, an dessen Namen sich so dichterische Erinnerungen knüpfen. Nehmen Sie ihn als einen gern gesehenen Gast freundlich auf.

Alles, was Sie mir über England vorausgesagt haben, ist wahr, aber noch kann ich nicht beurteilen, ob ich in Ihre Bewunderung und Liebe für dies Land einstimmen werde, ob nicht. Ich kenne es noch zu wenig. Indes nur zwei Arten der Auffassung scheinen mir dafür möglich zu sein. Entweder man nimmt an, dieser Zustand ist der beste, weil er aus einem ziemlich umfassenden *self government* hervorgegangen ist – und dann hat man nur die Konsequenz zu bewundern, mit der der Grundsatz der Gipfelung und der Prärogative jeder Art durchgeführt ist; oder man legt den Maßstab der absoluten Vernunft daran, die viel idealistischer ist, als man gewöhnlich glaubt, und vor dem Maßstab dieser idealistischen Vernunftkritik fällt alles zusammen – denn England ist voll von den schroffsten, anscheinend unvereinbarsten Widersprüchen. Welches Empfinden in mir die Oberhand behalten wird, das kann ich noch nicht wissen; bis jetzt hat mich abwechselnd bald die eine, bald die andere Meinung beherrscht. Soviel indes scheint mir klar, solange England die chinesische Mauer der Orthodoxie aufrecht erhält, mit der sie sich gegen die neuere Philosophie waffnet oder sichert, so lange kann der jetzige Zustand fortgehen, und durch allmähliche Reformen wesentlich gebessert werden. Bräche aber jemals das Dogmen feindliche Licht der kritischen Philosophie in die englischen Zustände plötzlich hinein – das in den Naturwissenschaften einen unwiderstehlichen Bundesgenossen hat – dann dürfte es einen Erdstoß ohnegleichen geben.

England hat vor uns den Vorzug gehabt, die Macht des Absolutismus zu brechen, als diese Macht noch sehr gering war – wie man das in Macaulays Geschichte klar sieht – aber das hat dafür den Feudalismus auch in allen seinen Fehlern aufrecht erhalten – und –

Indes über Zustände urteilen, von denen man selbst eingesteht, dass man sie unvollkommen kennt, ist Torheit, und daran will ich mich nicht schuldig machen. Viel lieber will ich Ihnen erzählen gnädiger Herr! dass ich Macaulay und Thackeray, die Sie beide mir als Gegenstände Ihres Interesses genannt haben, gesehen habe. – Macaulay sah ich flüchtig. Ich fuhr mit Herrn Bunsen aus, als er mir am Trafalgarsquare sagte: »Das ist Macaulay.« – Es war ein mittelgroßer, untersetzter Mann, mit schwarzem Haar, einer violetten Weste, grünem Oberrock, tief in die Augen gedrücktem Hut, der, den Regenschirm unter dem Arm, sehr langsam und bedächtig – ganz gegen die hiesige Laufweise – einherging. Er sah wie ein ehrlicher Kleinbürger aus, und es wäre mir nie eingefallen, in ihm den Verfasser jenes großartigen Werkes zu suchen.

Herrn Thackeray habe ich länger gesehen und gesprochen bei einem Frühstück. Er ist, was ich nicht wusste, eines der tätigsten Mitglieder des *Punch*, für den er sogar viele der originellen Zeichnungen machen soll. Er ist so groß, dass ich mit meiner Kleinheit wie zu einem Riesen hinaufsehen musste – freilich aber kam Gulliver[2] den Liliputanern auch gigantisch vor – und Sie würden vielleicht Mr. Thackeray[3] nicht so groß finden. Er ist in der Mitte der Vierziger, wie mir scheint; sehr starkknochig und hat ein kugelrundes Gesicht mit ungemein frischen Farben, das man hübsch nennen müsste, wenn die Nase nicht ganz plattgedrückt wäre und dadurch das Gesicht entstellt. Er hat ganz schneeweißes, aber volles und krauses Haar, was ebenso auffallend gegen die frische Gesichtsfarbe absticht, wie die sehr hell leuchtenden dunkeln Augen gegen die Brille, die er trägt. Man sagt, der Schmerz über die lange Geisteskrankheit seiner Frau habe sein Haar gebleicht. – Ich liebe so sehr Porträts berühmter Leute zu sehen, wenn sie verlässlich sind, dass ich denke, auch diese Skizze muß Ihnen irgendwie lieb sein – und ich habe Herrn Thackeray gesagt, dass Sie sein *Vanity Fair* bewundert und mich getadelt haben, weil ich es übertrieben fand.

Für Ihren Brief an Herrn Kahlmann habe ich Ihnen von Herzensgrund zu danken, und er ist mir so freundlich entgegengekommen, dass ich es nur bedauert habe, Sie nicht um mehr Einführungsbriefe gebeten zu haben. Es ist ein guter, freundlicher, Ihrem Hause treu ergebener Mann, dem 30 Jahre Londoner Lebens nicht einmal den thüringischen Akzent genommen haben. Er hat mich zu der Börse, der Bank, den Docks geführt – die, merkwürdig genug, mir keinen so großen Eindruck gemacht haben. Ich bin des Hafenlebens von Jugend an gewohnt gewesen – und die Massen imponieren mir nicht. Mir ist *ein* Schiff geradeso interessant und merkwürdig wie 10 000. Das liegt im Naturell.

Eine andere Person hat mir hier von Ihnen gesprochen, die gern wissen möchte, ob Sie sich ihrer erinnern. Es ist eine Madame Brandt, die Frau eines hiesigen reichen Kaufmannes, dessen Töchter und Sohn ich früher in Italien kennen lernte, und in deren Haus man mich sehr herzlich empfängt. Sie ist eine geborene Mdlle. Sylvestre, und ich glaube, eine Schwester von ihr ist der Prinzessin von Preußen[4] attachiert gewesen. – Mad. Brandt würde sich freuen, wenn Sie sich ihrer erinnerten, und da Sie liebenswürdig genug sind, jedem auf seine Weise Freude zu machen, so sagen Sie mir, dass Sie es tun – damit ich es ihr berichte. – Ich bedanke mich, wie Sie sehen, mit dem Gedächtnis Ihres Herzens für Güte, die mir zuteil wird. Aber ich denke, Sie und ich haben beide die Theorie des Freudemachens – in der die größte Lust liegt, und so bieten Sie mir zu jeder solchen Unternehmung wohl die Hand.

Ihren Rat, England langsam zu besehen, werde ich befolgen, soweit Zeit und andere Rücksichten, auch die auf die großen Kosten des hiesigen Lebens, es zulassen. Ich habe mir den Plan ungefähr bis Ende September zurechtgelegt, und in 4–5 Monaten, die ich dann hier bin, lässt sich viel machen. Nach Irland gehe ich kaum, sondern nur nach Schottland und auch da nicht weiter als nach Edinburgh und den Seen, wozu ich mich an die Familie eines engl. Gelehrten anschließe, die zum Gelehrtenkongress nach Edinburgh gehen. Das wird Anfang August sein. Bis dahin bleibe ich hier – und bin wohl nicht zu dreist, wenn ich hierher eine Antwort von Ihnen erwarte. Meine Villeggiatura am Rhein ist sehr verregnet und verhagelt gewesen, denn es war wohl zu früh und das Wetter obendrein ungewöhnlich schlecht. Indes das Beisammensein mit meinem Freund, das in diesem ganzen Jahr sich auf diese 19 Tage beschränken muss, war mir erquickend, und ließ alles Ungemach des Wetters gleichgültig erscheinen. – Professor Stahr hat mir aufgetragen, Ihnen zu sagen, dass Ihr wohlwollendes Andenken ihn sehr erfreut, und ich, königliche Hoheit! empfehle mich Ihrer Güte mit der alten, Ihnen bekannten Anhänglichkeit und Ergebenheit.

30. Carl Alexander an Fanny Lewald

Ettersburg bei Weimar, den 22. Juni 1850

Ihre gütige Erinnerung mitten aus den Zerstreuungen und Ermüdungen von London hat mich erfreut und gerührt, denn ich weiß aus eigener Erfahrung, dass es etwas heißen will, von dort aus zu schreiben. Empfangen Sie meinen herzlichsten Dank. Mit Interesse besonderer Art las ich die Bemerkungen, die Sie in politischer Hinsicht an die Eindrücke knüpfen, welche England Ihnen macht. Sie erstaunen mich nicht. Erwähnen muss ich übrigens, dass es die absolute Vernunft wohl nicht ist, die allein zu urteilen hat. Es sind Folgen der allmählichen Entwicklung eines scharf ausgesprochenen Nationalcharakters unter scharf begrenzten Verhältnissen, welche das Wunderbare erzeugten, dessen Eindruck Sie empfinden. Die Drohung, welche Sie über England aussprechen, ist wahr, aber ich glaube nicht ganz ihre Voraussetzung, denn nicht alles in England wird durch die Vernunft verworfen. Diese aber ist auf ewiger Wahrheit begründet, und diese wiederum scheint mir das Wahrste in der Naturphilosophie zu sein. Deshalb scheint mir England auch einen mächtigen Bundesgenossen in dem zu haben, was Sie seinen Feind nennen.

Ich danke sehr für die beiden interessanten Porträts, welche Sie mir entwerfen. Suchen Sie doch ja, Macaulay kennen zu lernen; Thackeray ist mir bekannt von Weimar[5], ich erinnere mich seiner gut. Sagen Sie ihm in meinem Namen: ich lüde ihn ein, wieder nach Weimar zu kommen, um dann doch auch das Gute der deutschen Städte und Höfe sich wieder ins Gedächtnis zurückzurufen.

Danken Sie, bitte, Mad. Brandt für ihre mir erhaltene Erinnerung. Sie sagen mit Recht, dass wir, Sie wie ich, die Theorie des Freudemachens haben. Sie aber besitzen dabei den großen Vorteil, dass Sie eine liebenswürdige Frau sind, und was lässt sich dagegen aufwiegen!

Nächst dem Briefschreiben ist das Brieflesen in London eine Pein. Deshalb und schon der guten Meinung wegen, welche Sie von mir haben, schließe ich diese Zeilen. Ach, könnte mein Körper meinem Geist nach England folgen!

Griepenkerl hat mir sein Stück vorgelesen. Nie in meinem Leben habe ich besser vorlesen hören als durch ihn.

31. Fanny Lewald an Carl Alexander

Manchester, den 24. August 1850

Sie sind so nachsichtig Königliche Hoheit! dass man sich Ihnen gegenüber eigentlich viel mehr *à son aise* fühlt, als manchen anderen Personen, die im Briefwechsel allwege das Kerbholz in der Hand halten und Abrechnung machen und immer denken, es sei ein Bruch der Freundschaft und es geschehe ihnen ein himmelschreiendes Unrecht, wenn man nicht gleich Schlag auf Schlag antworten kann. Die Staël hatte ganz Recht: *tout comprendre serait tout pardonner!* – nur hätte sie nach meinem Empfinden noch hinzufügen müssen, dass man im Grunde fast nie etwas zu verzeihen hat, wenn man die wirkliche Sachlage kennt und in ihrem tiefen Zusammenhang versteht.

Sie, der Sie London und die Weise des dortigen Lebens kennen, sind fast der Einzige gewesen, der es natürlich gefunden hat, dass man dort bei aller Treue für seine alten, werten Beziehungen nicht Briefe schreiben kann, und ich danke Ihnen, gnädiger Herr! für dieses Verständnis, wie für jedes andere. – Sie werden es auch ganz natürlich finden, wenn ich Ihnen auf kleinen jämmerlichen Oktavbogen schreibe, da ich – in diesem Augenblick keinen anderen habe.

Meine englische Reise stellt mich sehr zufrieden. Zufälle und Verhältnisse haben mich begünstigt, und ich habe alles gesehen und beobachten können, was mir als erreichbar in dem kurzen Zeitraum von vier Monaten vorgeschwebt hat. Ich traue mir kein Urteil über engl. Staatsverfassung und dergl. zu, aber ich denke, ich habe doch vieles einsehen und verstehen lernen, was aus der Ferne unverständlich erschien. Am klarsten indes ist mir die Unmöglichkeit geworden, englische Zustände und Verhältnisse nach Deutschland verpflanzen zu wollen, und ich begreife nicht, wie der König von Preußen daran jemals denken konnte. Ich begreife es nur dann, wenn ich mir sage, dass er in seinen Verhältnissen, in beiden Ländern nichts kennen lernen konnte als den Hofadel und was sich den Hofkreisen und der Aristokratie anschließt. Der Grundcharakter beider Nationalitäten, die Sachlage, alle Verhältnisse sind so vollkommen verschieden, dass man wirklich eher von England einen Schluss auf dasjenige machen kann, was für Deutschland *unmöglich*, als was für Deutschland angemessen ist – und Friedrich Wilhelm der Vierte wäre der letzte Deutsche, sich mit einer Verfassung zufrieden zu erklären, in der der König so machtlos ist, dass – die Geschäfte ebensogut gehen, wenn er im Wochenbett liegt und Kinder nährt. Tausendmal habe ich mir hier Goethes »Eines schickt sich nicht für alle«[6] vorgesagt, und so fest ich überzeugt bin, England werde *ohne umwälzende* Revolutionen auf dem Wege der Reform fortkommen und vorwärtskommen, weil es seine umwälzenden Revolutionen *schon gehabt hat* – so fest bin ich überzeugt, dass es unmöglich ist, englisches Erbrecht, englische Kirchlichkeit und all seine Institutionen bei uns einzuführen, nachdem wir Strauß und Feuerbach und Fröbel in Deutschland gehabt haben, deren Wirken viel tiefer im Volksbewusstsein wurzelt, als es von ferne scheint. Ich meine nicht, dass irgendwelche Bauern oder Handwerker philosophische Theorien kennen in Deutschland, aber der Geist des Pantheismus mit all seinen Konsequenzen, der seit Goethe in der Literatur sich geregt hat, ist Fleisch geworden unter uns; und Hunderttausende unter uns sind Pantheisten in ihrem Denken und Fühlen, ohne dass sie wissen, was Pantheismus und was seine notwendigen Konsequenzen sind.

Das alles aber könnte ich Ihnen ebensogut von Oberwall Straße No. 5 wie aus England schreiben, und ich will Ihnen von hier aus denn nur noch erzählen, dass ich drei Monate in London gewesen bin; dass ich dann über York nach Edinburgh gegangen, dort 14 Tage gelebt und von dort eine kleine Tour nach dem Hochland und den Hebriden gemacht habe, bei denen die Fingalshöhle der unerreichte und wirklich fast unvergleichliche Glanzpunkt gewesen ist. In Edinburgh traf ich zufällig zur Zeit der britischen Naturforscher-Versammlung ein und lernte im Hause von Mr. Robert Chambers[7], dessen Gast ich in Edinburgh war, eine große Anzahl des gelehrten England kennen. Ich habe die Engländer sehr lieb gewonnen und Freunde unter ihnen gefunden, die mir hoffentlich für das Leben bleiben.

Ich will nun noch eben mit einer Freundin, Miss Jewsbury[8], einer ebenso liebenswürdigen Frau wie geistreichen Schriftstellerin, den August hier verleben; dann über Oxford und Stratford nach London gehen, und denke am elften September in Paris – Ende Oktober in Berlin zu sein. Wollen Sie mir eine Freude machen, so schreiben Sie mir nach Paris – aber wohin? – nun! *poste restante*, das ist bürgerlich und praktisch, Ihnen aber sicher neu. Ich weiß nicht, ob irgend jemand von den wenigen Personen, die ich in Paris kenne, gerade anwesend sein wird, und das Postbüro ist jedenfalls das Sicherste.

Lassen Sie sich das Lebenszeichen gefallen, Königliche Hoheit! und bewahren Sie mir Ihre Teilnahme. Vergessen Sie die armen, braven Schleswig-Holsteiner nicht, denen Sie vor zwei Jahren persönlich Beistand zu leisten gingen. Ist ein Volk wert, *deutsch* genannt zu werden, so ist es dieses, das für seine Nationalität alles in die Schanze schlägt. Ich denke oft, dass von dort aus ein neuer Morgen aufgeht und der Tag der Einheit von dort anbrechen kann.

Sei alles Gute, Wahre, Schöne mit Ihnen, Königliche Hoheit!

32. *Carl Alexander an Fanny Lewald*

Ettersburg, September 1850

Ihre gütigen Zeilen aus Manchester sind in meiner Hand; ich eile, Ihnen meinen Dank auszusprechen und ihn nach Paris, wie Sie es wünschten, zu senden. Ich sehe, dass Ihr scharfes Auge nicht weniger scharf unter den Nebeln Englands sieht; Ihre Bemerkungen über Zustände und Menschen geben mir hiervon den Beweis. Ihre Ansicht über die Unmöglichkeit der Anwendung vieler Eigentümlichkeiten englischer Staatseinrichtungen ist vollständig die meine. Man sieht, wenn man nachzubilden wünscht, gewöhnlich nur auf die Gegenwart nicht auf die Vergangenheit des Nachzubildenden. Wie eine Sache entstanden, fragt man nicht. Das einzige, sich immer gleich bleibende *factum*, der wahre *nervus rerum* alles was wir an englischen Staatseinrichtungen bewundern – das Praktische, bildet man nie nach, weil man es immer übersieht.

Sehr praktisch ist es nicht zu schreiben, wenn man keine Zeit hat. Die aber habe ich heute nicht, deshalb lassen Sie mich schließen.

33. *Fanny Lewald an Carl Alexander*

Ohne Datum (Januar 1851)

Wenn es nicht wahr ist, jenes »es wird im Himmel mehr Freude sein über einen Sünder, der Buße tut, denn über zehn Gerechte!« so habe ich allen Anspruch darauf verloren, dass Sie mir mein langes Nichtschreiben verzeihen. Aber gewiss! ich bin nicht halb so schuldig, wie ich scheine, und Sie hätten ganze Folianten von Briefen bereits erhalten, wenn ich das königliche Vorrecht eines elektro-magnetischen Telegrafen besäße, und Ihnen hätte telegrafieren lassen können, wie oft und wie gern ich Ihnen geschrieben hätte.

Die paar Wochen in Paris sausten vorüber, dass ich selbst nicht wusste, wo die Tage mir geblieben waren, ich kam nicht einmal dazu, meine Tagebücher zu führen, habe aber viel gesehen und an vielem Freude gehabt. Dann kam ich unwohl Anfang November nach Berlin zurück, hatte drei Wochen eine junge Dame als Logierbesuch bei mir, der ich die Honneurs der Residenz zu machen hatte. Sie sah sie zum ersten Mal, und all meine freie Zeit ging in *Zauberflöte* – Ballett – Kunstreiter – Kroll – und dergleichen Dingen hin, während mir im Grunde die Arbeit auf den Nägeln brannte, denn ich hatte gegen Herrn Vieweg eine kontraktliche Verpflichtung zu erfüllen. Solch ein »Muss« ist immer sehr unbehaglich, und es lag nur deshalb auf mir, weil ich etwas zu lange herumgereist bin, und statt 4 Monate, 6 1/2 Monate unterwegs geblieben. Da habe ich denn von Anfang November bis 22. Dezember mich kaum vom Schreibtisch gerührt, und habe Freude an dem stillen, fleißigen Leben gehabt, weil die Arbeit mir leicht und, wie ich denke, auch gut geworden ist. Es sind zwei Bände kleiner Erzählungen *Dünen- und Berggeschichten*, die im Februar erscheinen sollen und die Sie mir erlauben werden, Ihnen wieder zusenden zu dürfen.

Nun hatte ich mir als Weihnachtsfreude ausgedacht, meine Briefe in der Festwoche zu schreiben und dann ins Neujahr mit der neuen Arbeit über England hineinzugehen. Ich habe aber statt dessen die ganzen Weihnachten und auch noch den Neujahrstag zu Bett gelegen, fiebernd, hustend und ganz miserabel an einer Grippe, und fange erst jetzt wieder an, mich menschenwürdig wohl zu fühlen. Dies ist der erste Brief, den ich schreibe, und es wäre sehr liebenswürdig, gnädiger Herr! wenn Sie meiner Genesung damit fördernd zu Hilfe kämen, dass Sie mir bald Ihre Vergebung und Ihre fortdauernde Teilnahme als mir noch gehörend, bestätigten.

Etwas, was mich ungemein gefreut hat, war die Nachricht, welche ich von Herrn von Groß erhielt, dass Professor Hermann Hettner in Weimarische Staatsdienste berufen worden. Es ist dies ein vieljähriger Freund von mir, den ich ungemein schätze und an dem Sie sicher eine vortreffliche Erwerbung gemacht haben. Er ist ein reiner, liebenswürdiger Charakter, sehr gelehrt, dabei anspruchslos und mitteilsam im Verkehr. Ich lernte ihn vor sechs Jahren in Italien kennen, wo er mit Professor Stahr zusammenlebte, zu dem er sich in fast kindlicher Weise verhielt und der einen wesentlichen Einfluss auf Hettners ästhetische Bildung gewann. Beide Männer sind noch im engsten Verkehr und Freunde im wahren Sinne des Wortes. – Ich denke, wenn Prof. Hettner das Glück hat, Ihnen persönlich bekannt zu werden, wird er Ihnen gefallen. Seine Frau ist ein Frl. von Stockmar aus Coburg und auch eine angenehme, gutmütige Natur.

Ferner habe ich von einer Schülerin des Hofmalers Preller, die mir nahe steht, viel von den wundervollen Erwerbungen von Handzeichnungen gehört, die Ew. Königliche Hoheit gemacht haben. Einiges aus dem Nachlass des Königs von Holland, das man Frankreich überlassen hatte, sah ich im Louvre, wo der Graf Vieil-Castel es uns zeigte, ehe es der Öffentlichkeit übergeben wurde. Eine Raffaelsche Grablegung – Handzeichnung, aber vollkommen ausgeführt – scheint mir noch viel schöner als selbst die Grablegung, welche im Palazzo Borghese zu Rom aufbewahrt wird. – Ich habe erst jetzt die Kunstschätze des Louvre kennen lernen, da sie, als ich 1848 dort war, ich weiß nicht aus welchem Grunde, schwer zugänglich waren. Und auch jetzt konnte man vieles nicht sehen, der Neubauten wegen, die man im Louvre macht. Gebaut wird überhaupt in Paris an allen Ecken und Kanten – und nichts ist mir frappanter dort gewesen, als die Unmasse von Polizeibeamten und von Bauwerkstätten. Man kann nicht zehn Schritte gehen, ohne an einen Polizeisoldaten zu stoßen, und nicht eine Straße weit, ohne über Stangen, Gerüste und Bausteine klettern zu müssen. Übrigens, so liebenswürdig Paris auch ist, so behaglich und wohnlich, ist es mir nach London doch ganz zusammengeschrumpft erschienen. Ich habe eine große Vorliebe für England aus dem dortigen Aufenthalt mitgebracht.

Und nun noch eine Frage und eine Bitte gnädiger Herr! die Sie mir nicht übel nehmen müssen. Frau von Lützow hat die Bücher nicht erhalten, die ich so dreist war, Ihnen zur Besorgung zu übergeben, da Sie es mir erlaubt hatten. Sollten diese durch irgendeinen Zufall zurückgeblieben und noch in Weimar sein, so täten Sie mir einen großen Gefallen, wenn Sie sie an mich nach Berlin sendeten, da ich sie jetzt ihr von hier aus sicher zustellen könnte. Verzeihen Sie mir nur, dass ich Sie damit behellige – ich wüsste jedoch gern, was daraus geworden ist. Sie waren im Oktober noch nicht dort.

Kommt Ihnen vielleicht durch Zufall eine Novelle von mir: *Auf roter Erde*[9] in die Hand, ein kleines Bändchen, so werfen Sie es um meinetwillen nicht fort, sondern lesen Sie es. Ich konnte Ihnen keinen Abdruck senden, weil ich keinen hatte und obendrein ein Zerwürfnis mit jenem Verleger, der mich übervorteilt und mir Verdruss gemacht hat. Es war aber nicht Herr Vieweg, der ein sehr braver Mann ist.

Und nun Königliche Hoheit! senden Sie mir bald meine Absolution als Bestes für das Neujahr und glauben Sie, dass ich Ihnen wie immer aufrichtig ergeben bin. Möge das neue Jahr Ihnen Erfüllung aller Ihrer Wünsche bringen – soweit sie nicht mit den meinen im Widerspruch sind. Mehr kann kein Mensch wünschen, wenn er wahrhaft sein will wie ich.

34. Fanny Lewald an Carl Alexander

Berlin, den 16. Februar 1851

Ich wollte mit dem Brief warten, bis ich Ihnen die beiden neuen Bändchen Erzählungen schicken könnte, aber die Buchdrucker sind ein langsames Volk, und es dauert mir so lange – dass ich mir schmeichle, es daure Ihnen vielleicht auch nicht kurz. So komme ich denn ohne meine Bücher, Ihnen zu sagen, dass Ihr Brief [10] mir die lebhafteste Freude gemacht, und dass es mich gerührt hat, wie nachsichtig Sie mein Schweigen aufgenommen haben. Sie müssen sehr gut sein gnädiger Herr! und menschlich einfach, wie ich es herausgefühlt, als ich Sie zuerst gesehen habe. Dennoch tun Sie mir ein Unrecht, wenn Sie mich so ohne weiteres mit den »vergesslichen« Frauen in eine Reihe stellen. Ich bin positiv – es klingt komisch, dies zu sagen, und ist doch wahr – in all meinen Neigungen, in meinem Wollen, meiner Freundschaft, meiner Liebe eine treue und beständige Natur. Das ist so wenig ein Verdienst, als dass man blond oder braun ist – man ist eben so durch die Mischung der Organe, aus denen man geschaffen worden, denn so wenig man sich zur Blondine oder Brünette erziehen und ausbilden kann, so wenig kann man sich zur Beharrlichkeit und Treue erziehen. Und so nehmen Sie nur an gnädiger Herr! wenn Ihnen etwas daran liegt, dass ich meine Anhänglichkeit nie für Sie verliere, solange Sie derselbe bleiben. Man muss mir viel Böses oder überhaupt viel Übles tun, ehe ich die Hand loslasse, welche mir einmal als Freundeshand gereicht worden ist – und es ist das Glück meines Lebens, dass ich noch keinen Freund, keine Freundin im Leben verloren habe, wenn auch die Gestalt des Verhältnisses manchmal unter den Einflüssen der Zeit eine mehr oder weniger feste Form gehabt hat.

Von England werde ich viel zu erzählen haben, denn jetzt, wo ich daran gehe, meine Briefe und Tagebücher zu ordnen, erstaune ich über die Masse des Materials, die ich aufgehäuft und gesammelt finde. Ich werde fast den ganzen Sommer mit dem Umarbeiten zu tun haben, und weiß selbst nicht recht, wie ich es möglich machen werde, dabei ein bisschen Luft im Freien zu schnappen. – Ich habe für den Sommer meine Wohnung in Berlin gekündigt, die ich 2 1/2 Jahre gehabt habe, lasse mein ganzes Mobiliar verpacken und will erst zum Herbst ein neues

Quartier, und zwar eines im Tiergarten mieten. Ich verlasse also am 1. April Berlin und gehe auf den kleinen Landsitz meiner Schwester[11], die ich seit zwei Jahren nicht gesehen habe und deren Kinder mir sehr ans Herz gewachsen sind. Dabei bin ich ganz in Ihrer Nähe – Nischwitz, so heißt das Dorf, liegt eine Viertelstunde von Wurzen – und wäre ich sicher, Sie in Weimar zu treffen, so käme ich für ein paar Tage hin, in der Mitte des April. Ich schrieb schon Frau von Schwendler davon.

Ich bin im Grunde doch nur wie ein Schatten an Ihnen vorübergegangen, und der lebende Mensch in seiner ganzen Wesenheit ist etwas anderes als das geschriebene oder gedruckte Wort, das ihn in *einer* Richtung seines Wesens reflektiert; und es würde mich freuen, Sie wiederzusehen und mein Andenken in Ihnen zu erneuen. Später werde ich wohl gen Westen gehen. Ich hatte vor, den Sommer in Bonn zuzubringen. Mancherlei Rücksichten machen das aber nicht recht tulich, und es sieht mir fast aus, als würde ich mit meinem Bruder als Cicerone bis Paris gehen, der es noch nicht kennt, und mich dann dort in Montmorency oder Jouy[12], das ich sehr liebe, hinsetzen und bis zum Herbst arbeiten.

Ich schreibe nicht mehr, weil ich mir das Recht aufbewahren will, Ihnen bei der Sendung der Bücher abermals ein Blatt beilegen zu dürfen, die wohl in den letzten Tagen des Monats bei Ihnen anlangen dürften.

35. Fanny Lewald an Carl Alexander

Berlin, den 27. Februar 1851

Mit dem besten Dank für Ihren letzten Brief[13], Ew. Königliche Hoheit! dessen liebenswürdige Güte ich lebhaft empfunden habe, sende ich Ihnen anbei die beiden Bändchen Erzählungen[14], gerade geeignet, eine Lücke zwischen ein paar Arbeitsstunden auszufüllen. Wenn Sie sie mit den rechten, das heißt mit Ihren verständnisvollen Augen lesen, wird Ihnen vielleicht die eine oder die andere gefallen, und in allen Ihnen die Richtung entgegentreten, die Sie an mir kennen, das Streben nach Einfachheit und Wahrheit in allen Bereichen des Lebens.

Über Gutzkows Roman[15] teile ich Ihre Ansicht gar nicht; ja, er ist mir so wenig sympathisch gewesen, dass ich ihn nicht zu

Ende zu lesen vermochte. Es ist die Wahrheit darin, die das Auge eines lieb- und glaubenslosen Menschen in der Welt und in den Menschen sieht – und es gehört für mich zu den Verbrechen dieses Buches, fast alle Stände in einer Weise zu schildern, die sie einander abschreckend, als feile Selbstsüchtige, als gewissenlose Egoisten darstellen. Glauben Sie mir, gnädiger Herr! Es sieht jeder die Welt nur mit seinem Auge, und es spricht ein hartes Verdammungsurteil gegen Gutzkow aus, dass er in den Menschen nur Elende sieht – denn auch seine Wildungens und der abenteuernde Prinz Egon, dessen Würde sich durch ein Schnupftuch mit No. 100 (dieser fabelhafte Reichtum von 100 Taschentüchern à 1 Tl. das Stück) verrät – auch diese drei Männer, samt dem Amerikaner, sind hohle, glaubenslose Schemen. Sie sprechen von Freiheit, wie ihr Autor – aber sie sind jeder stolz und eitel, das ist der Freie niemals.

Die Welt ist viel besser, als G. sie sieht. Das nenne ich den wahrhaft »bösen Blick«, und kommt Ihnen einst die prinzliche Grille, in blauer Bluse, als Tischler, auf Beobachtungen auszugehen, so – stecken Sie vor allen Dingen kein Schnupftuch Nr. 100 ein – im übrigen aber sagen Sie es mir. Ich will Ihnen Menschen zeigen, die Sie lieben und achten sollen, ich will sie in bürgerliche Kreise, zu Advokaten, Kaufleuten, Gelehrten führen – und wo meine Macht zu Ende ist, sollten meine Freunde Sie in die Werkstätten der Handwerker führen, in die Stuben der Armut, und Sie sollten doch eine andere, bessere Meinung von den Menschen bekommen, als Gutzkow sie hat. – Freilich auf Fortunabällen bei Krolls und im Treubund – in den Quartieren darf man den Idealismus und die rechte Wahrheit nicht suchen. Es ist, als wollte man Gesundheit an den Beulen eines Pestkranken studieren – oder den Menschen in seiner Schwachheit nach einem krüppelhaft verwachsenen Unglücklichen beurteilen. – Lassen Sie das Gutzkowsche Buch in Gottes Namen ungelesen, wenn Sie darin nichts suchen als Wahrheit, als ein Bild der bürgerlichen Lebenskreise – und glauben Sie mir, dass die darin enthaltene Wahrheit in einem verstellenden, in sich getrübten und vollkommen schiefen Spiegel gesehen ist.

Sie sehen, ich ereifre mich – verzeihen Sie es mir, aber ich halte das Buch schon darum für ein Vergehen, weil es *Ihnen* diese Zerrbilder *unseres* Lebens als Wahrheit aufdrängen will. Glauben Sie nicht daran, es ist Lüge.

Wahrheit aber ist, dass ich Ihnen, Königliche Hoheit! alles Gute und Schöne von Herzen gönne und wünsche.

36. *Fanny Lewald an Carl Alexander*

Nischwitz bei Wurzen, den 17. April 1851

Ich hatte gehofft, schon in diesen Tagen in Weimar sein zu können, indes eine Menge von verschiedenen Hindernissen haben meine Abreise von Berlin verzögert. Erst verlobte sich mein einziger Bruder[16], dann verlobte sich eine meiner Schwestern[17]. Das gab Besuche der neuen, auswärts lebenden Familienmitglieder in Berlin, mit allem, was daran und darum hängt an Gratulationsbesuchen, Familiendiners, Theaterbesuchen mit den Fremden – und mit all den zeitraubenden Ereignissen, welche jede Veränderung in der nächsten Familie erzeugt. Es waren aber gute Tage, an denen man sich in dem Glück geliebter Menschen zu freuen hatte.

Darauf kam ein Wohnungswechsel – davon muss man schweigen – denn solche Zeit und die Existenz zwischen Kisten, Kasten, Moos, Heu und Stroh ist so schaurig, dass man sie auch in der Erinnerung nicht wieder durchleben mag. Ich hasste in den Tagen meinen ganzen Besitz, jedes Stück besonders, wenn ich die sonst sehr geliebten Gegenstände mit dem Gedanken ansah: »Das muss auch eingepackt werden!« und ich glaube, ich gehe aus Angst vor dem Auspacken nie wieder nach Berlin zurück.

Endlich kam ich am sechsten April von Berlin fort und hierher aufs Land, wo mein Schwager, der Landschaftsmaler Gurlitt, eine kleine Besitzung hat, die ich noch nie gesehen, obschon sie seit zwei Jahren sie bewohnen. Da war denn das Allermerkwürdigste, ein noch ungesehener engelschöner Neffe von 15 Monaten, der zu den beiden ältern Jungen dazu gekommen ist, und der mit den Brüdern so lieblich auf dem Rasen umherpurzelt und auf seinen kleinen Beinchen umhersteigt, dass er selbst wie eins der aufgeblühten Tausendschönchen aussieht, die er jubelnd und »Buhm! Buhm!« rufend pflückt. Das Leben unter diesen Kindern ist es, was mich noch hält, so dass ich erst den 24. von hier fortgehe. Ich muss den ältesten Knaben, den meine Geschwister grundsätzlich viel mit den Dorfkindern spielen und selbst drei von ihnen mit ihm unterrichten lassen, ich muss ihn durchaus Ostern mit den anderen vom Kirchenchor singen hören, muss die Freude an den Osterstollen und Ostereiern mitmachen, den Jubel eines Vogelschießens und eines großen Drachen miterleben, die zum Osterfest versprochen sind. – Sie haben Kinder, gnädiger Herr! und begreifen also, welch eine Welt voll Lebenslust in ihnen liegt, und wie sie einem das Herz erfrischen, mit ihrer göttlichen Dummheit, wenn man so Jahr und Tag sich mit dem eigenen Verstand und dem Verstand anderer gelangweilt und geplagt hat. Dazu haben wir hier einen dreijährigen Jungen, der uns alle terrorisiert und mit Drohungen erzieht, wenn wir ihm nicht »folgen!« Das ist mir nun gar ein Hauptspaß, und ich habe wirklich um so größern Genuss von dieser Kinderwelt, als ich zwölf Jahre älter bin als meine Schwester Gurlitt, und mich also ihrer selbst als eines so kleinen Kindes deutlich erinnre. Es ist gewiss ein »Großmuttergefühl«, das ich für diese lieben kleinen Menschen habe. Hindert mich nichts, so reise ich hier den 24. fort, bin abends in Weimar und darf Ihnen dann am andern Tag sagen lassen, dass ich dort bin. Möchte der Frühling Ihnen mit Ihren Kindern so goldige Tage heraufzaubern, wie wir sie hier haben, und möchten Sie mich so geneigt empfangen, wie ich lebhaft wünsche, Sie einmal wiederzusehen.

Alles Gute und Schöne sei mit Ihnen, Königliche Hoheit! und über die Ritter vom Geiste streiten wir noch mündlich.[18]

37. Carl Alexander an Fanny Lewald

Ohne Datum (25.4.1851)

Willkommen von Herzen und die Bitte, mir zu gestatten, um 5 Uhr heute Ihnen aufzuwarten. Könnte ich in diesem Moment gleich abkommen, so wäre ich längst schon bei Ihnen. Dies also das letzte *billet* vor einer näheren persönlichen Bekanntschaft! Es ist dieser Umstand nicht ohne Wichtigkeit, wenn überhaupt der Unterschied zwischen Wort und Tat ein wichtiger ist. Ein solcher aber ist der, welcher die schriftliche Bekanntschaft von der wirklichen trennt. Es ist dieselbe Melodie, doch in anderen Oktaven. Aus den meinigen allen werden Sie meine herzliche Ergebenheit erkennen.

38. Carl Alexander an Fanny Lewald

Ohne Datum[19]

Erlauben Sie mir wohl, gnädigste Gönnerin, Sie heute Nachmittag um 6 Uhr zu besuchen? Außer dass ich Sie gern sehen möchte, wünschte ich sehr, Ihre und Professor Stahrs Meinung über den *Lohengrin* zu hören, diese wunderbare Schöpfung, deren Ursprünglichkeit und Eigentümlichkeit mich stets aufs Neue ergreift.

39. Fanny Lewald an Carl Alexander

Ohne Datum

Da gnädiger Herr! ist der Zettel, von dem ich behauptete, dass Sie seinen Inhalt innerlich denken würden, wenn ich nicht ginge – ich habe unendlich viel gewonnen – möchten Sie die Zeit nicht ganz und für immer verloren halten, in der Sie mir Freude gemacht haben.

Der Zettel lautet: *Lost, somewhere between sunrise and sunset, two golden hours, each set with sixty diamond minutes. – No reward is offered, for they are lost for ever.*[20] (Verloren sind, irgendwo zwischen Sonnenaufgang und Sonnenuntergang zwei goldene Stunden, jede in 60 diamantene Minuten gefasst. – Kein Ersatz wird geboten, denn sie sind für immer verloren.)

40. Fanny Lewald an Carl Alexander

Weimar, Juni 1851

All die letzten Tage, lieber gnädiger Herr! bin ich um die Zeit zu Hause gewesen, in der Sie gestern mir die Freude Ihres Besuches machen wollten – und gerade gestern nicht. Es ist doch ein wahres Wort, der alte Kindervers:

Wer Unglück soll haben, der stolpert im Grase,
Und fällt auf den Rücken, und bricht sich die Nase.

Wir waren hinaufgegangen bis Belvedere und kamen erst um halb neun Uhr zurück, wo ich Ihr Kommen mit umso lebhafterem Bedauern erfuhr, als ich Sie wirklich sehr lange nicht gesehen hatte. Halten Sie mich bald schadlos dafür, wenn Sie eine Stunde übrig haben. Könnten und wollten Sie vielleicht heute um fünf Uhr kommen, ehe Sie in das Theater gehen?

Und noch eins, gnädiger Herr! borgen Sie mir doch die Briefe Carl Augusts an Knebel. Professor Stahr rühmt sie mir sehr, und ich habe sie nie gesehen.

Alles Gute sei mit Ihnen – und mit uns allen: Sonnenschein! Sonnenschein! Sonnenschein! Damit man doch wieder glaubt, dass die Sonne noch da ist. Ich muss jetzt immer an ein wahnsinniges Bild denken, das ich im vorigen Jahr in London in der Ausstellung sah. Es stellte die Welt dar, als schon alles zu Ende war; und nur noch der letzte Mensch lebte – wahrscheinlich um die Sache zu beschreiben und sich dann – Pardon – aus Verzweiflung und Langeweile aufzuhängen. Da sah auch alles so sackgrau und schwarzgrünlich aus wie jetzt. Wir wollen aber doch noch lieber leben bleiben und – abwarten!

Guten Morgen! Ich muss nach *Edinburgh* und an das *Leben Mary Stuarts*, die ich dem Bewusstsein der Leute ein bisschen vernünftig darstellen muss.[21] Das war eine *femme incomprise*! Ganz anders, als sie in den Hahnschen Romanen und in manchen französischen Romanen umherlaufen. Sie war wirklich viel besser als ihr Ruf – das ist freilich im Grunde in unserer Welt fast jeder honette Mensch! – aber sie kam ums Leben wie der Schwan, dem die Krähen die Augen aushackten, weil er so widerwärtig weiß war! –

Also von einem sehr verehrten Prinzen zu einer unglücklichen, von mir sehr geliebten Königin!

Guten Morgen nochmals!

41. Carl Alexander an Fanny Lewald

Ohne Datum

Verzeihen Sie mir, so spät erst auf ihr Billett zu antworten. Da ich es indes erst soeben, um halb 12 Uhr nachts, erhalte, als ich von einer weiten Fahrt zurückkehre, so werden Sie meiner Entschuldigung Gehör schenken. Ich bin mit meinem Architekten für die Wartburg auf verschiedenen Burgen der Umgegend umhergezogen, um praktische Studien für mein Restaurations- und Bauwerk zu machen, das immer mehr und mehr, so Gott will, vor die Augen der Welt treten soll und deshalb immer mehr und mehr gewissenhaft, ernst und streng behandelt sein will. Wäre es auch nur, um nicht, wie Sie von Queen Mary of Scots sagen: *une chose incomprise* zu werden, oder mit anderen Worten der Kritik der Welt zu verfallen, denn was diese nicht begreift, verdammt sie. – Kennen Sie in Bezug auf Maria Stuart ihr Leben von Dargaud, ganz neu erschienen? Es soll vortrefflich sein. Ich kenne es nicht, aber jene Korrespondenz[22] kenne und liebe ich und gern will ich sie Ihnen borgen. – Lassen Sie mich morgen Abend nach fünf Uhr Ihre Tür wiedersehen.

42. Carl Alexander an Fanny Lewald

Ohne Datum

Erst in diesem Moment bin ich wieder Herr meiner Zeit. Es ist 6 Uhr, also eine Stunde später, als Sie mir erlaubt hatten, zu Ihnen zu kommen – deshalb bleibt mir nichts anderes übrig, als Ihnen schriftlich für Ihre Güte zu danken und für ein ander Mal ein günstigeres Geschick mir zu wünschen.

43. Carl Alexander an Fanny Lewald

Ohne Datum

Ich küsse Ihnen für die liebenswürdigen Zeilen die Hand, durch welche Sie mich heute erfreuten. Fast geben Sie mir Lust, solche Stunden, wo Sie nicht zu Hause sind, zu meinen Besuchen im »Erbprinzen« auszuwählen, denn das Nichttreffen verschafft mir dann die reizendsten Billette. Den Brief, der dem heutigen beigefügt war, habe ich meiner Frau sogleich übergeben, die bereits die Lektüre Ihres Werkes[23] vorgenommen hat und mir versichert, viel Genuss dabei zu haben. Sie beauftragt mich, Ihnen vorläufig ihren besten Dank auszusprechen, dem sie sich freut, den mündlichen folgen zu lassen, und zwar womöglich hier, in unserer Waldeinsamkeit, von der ich wünsche, dass sie Ihnen gefallen möge. Manch' große und schöne Erinnerungen knüpfen sich an das bescheidene Dach, um welche das Waldesgrün sich lagert wie der Efeu um die alten Mauern, die ehrwürdigen Zeugen längst verhallter Zeit.

Ich habe sofort die besten Notizen in Bezug auf das schottische Wappen einsammeln können, und zwar bei einem Schotten, der bei mir ist. Er sagte mir, dass wie das englische Wappen das schottische Wappen 2 Devisen habe. Die eine ist die, welche Sie erwähnen[24], die andere umgibt einen roten kleinen Löwen, welcher auf dem Helm über dem Schild sitzend, in der Tatze das Banner hält, in dem wieder das Wappen zu sehen ist. Diese zweite Devise nun heißt allerdings: *in defence* also auf Deutsch zur Verteidigung oder auf Französisch *en defence*. Ich glaube, dass das Missverstehen daher rührt, dass die Silbe *de* von *fence* getrennt worden ist, mit welcher zweiten sie verbunden bleiben muss.

Von Herzen danke ich Ihnen für Ihre Sorgfalt für mich, indem ich mich frage, wodurch ich sie verdiene. Ich pflege mich übrigens mehr, als es den Anschein hat. Jetzt z.B. tue ich es sofort, denn es ist halb zwölf Uhr nachts, und ich gehe zu Bett, indem ich Sie bitte, Herrn Professor Stahr für seinen Gruß bestens zu danken.

Schlafen Sie so gut, wie ich es mir selbst wünsche.

44. Fanny Lewald an Carl Alexander

> Ohne Datum (Pfingstsonnabend 1851)
> Sonnabend Morgen

Es fällt mir eben ein, bester gnädiger Herr! dass es Ihnen vielleicht lieb sein kann, auf Ihrem Zug gen Süden, als Ausruhe in einzelnen Stunden, die Fortsetzung des italienischen Buchs mitzuhaben – deshalb sende ich sie Ihnen heute. Ich wenigstens muss abends vor dem Einschlafen immer – selbst auf Reisen – noch eine Viertelstunde lesen, gerade, weil das Reisen mich aufregt.

Ihre Erlaubnis wegen der Meldenotiz habe ich gestern Abend erst spät benutzen können, doch wird der Portier sie jedenfalls heute *sehr* früh erhalten haben. Der gute Hummel hatte mit seinem sanften Phlegma – bei dem man gewiss sehr gesund ist, gut schläft, immer Appetit hat und recht alt wird – es bis 10 Uhr abends aufgeschoben, uns Antwort zu bringen, ob die Partie heute oder morgen vom Stapel laufen solle. Nun gehen wir um 12 1/2 Uhr fort, und ich freue mich im Grunde wie ein

Schulkind, vom Arbeitstisch wegzukommen. Das steht fest bei mir, zum Arbeiten sind wir nicht geboren – wenigstens nicht *sehr* zu arbeiten – denn wem bekommt es im Grunde gut? Die Lazzaroni wissen mehr von richtiger Lebensauffassung als all die Hegel, Schlegel und wie sie sich weiter fort egeln mögen.

Ruhen Sie sich recht aus auf Ihrer Hochzeitsreise[25], und wenn Sie nach den Bergen hinübergucken, so grüßen Sie von mir – und wenn Sie einen Fluss finden, der gen Süden zieht, so werfen Sie für sich, für die Frau Erbgroßherzogin – aber auch für mich und für Professor Stahr – ein paar Zweige hinein und lassen Sie sie gen Süden schwimmen – als Vorläufer aller derer, die es verdienten, dorthin zu gehen. Es hilft vielleicht wie das »Erglauben«!

Den schönsten Sonnenschein für das Fest, gnädiger Herr! – und meine ergebensten Empfehlungen Ihrer königlichen Hoheit der Frau Erbgroßherzogin!

Bei uns in Ostpreußen steckt man Pfingsten auf alle Schränke und in die Küchen und wo irgend Leisten und Winkel sind, Maien (grüne Birkenzweige) hinein, und streut Treppen und Hausräume mit gehacktem Kalmus und gehacktem Tannengrün, und setzt überall Schlüsselblumen und gelbe Glockenblumen auf Tische und Fensterbrette. Das sieht so festlich aus – und hat mir ein unsäglich liebes Bild in der Seele gelassen, in dem außerdem meine vier jüngsten Schwestern (*viel* jünger als ich) in ihren weißen Kleidchen umherlaufen, mit den Blusenschürzen darüber, die Kleider bis zur Abendpromenade sauber zu halten. Pfingsten ist mir gerade so poetisch als Familienfest wie Weihnachten.

Genießen Sie das Fest heiter! – Herzlich ergeben.

45. Fanny Lewald an Carl Alexander

Ohne Datum (Pfingstmontag 1851)
Montag

Wie soll ich Ihnen danken, Ew. Königliche Hoheit! für den vorsorglich gütigen Empfang, den Sie mir bereitet haben! Ich habe die schönsten Stunden gestern und vorgestern Abend auf der Wartburg zugebracht, und – Sie haben Recht! – es ist ein Juwel, das Sie an diesem Schloss besitzen. Das ganze Land erstens ist schon unaussprechlich schön, und ich habe gestern noch lange mit Herrn von Arnswald[26] oben auf Ihrem Wartturm gesessen, nachdem die anderen schon alle herabgegangen waren, mich umzuschauen, und mir dies Bild stiller Pracht recht tief in die Seele zu drücken. Ich kenne in Deutschland keine schönere, vielleicht keine ähnliche Rundschau, wie die von jener Höhe.

Und was den Bau betrifft, da begreife ich jetzt, dass Sie ihn nicht um der Lust des Bauens willen, langsam beenden mögen, wie ich Ihnen neulich aus epikureischer Lust am Schaffen vorschlug, sondern dass Sie *vollendet* vor sich sehen möchten, was Sie liebend und ehrfurchtsvoll vor früherer Kunstschöpfung in sich erneut und ausgebildet haben. Ich habe förmlich Finanzpläne für Sie durchgedacht. – Sie würden aber wahrscheinlich nicht sehr praktisch sein.

Übrigens haben Sie den rechten Burgwart in Herrn von Arnswald gefunden. Er liebt die Burg an sich selbst, weil er eine feine, sinnige Natur ist – und liebt die Burg um Ihretwillen – und dann wieder Sie um der geliebten Burg willen, die Sie ihm ausbauen. Es war alles schön und gut oben, selbst das Wetter – und es hat nur geregnet, während wir im Wilhelmstal zu Mittag aßen. Schluchten – Markgrafenloch – Annatal – alles ist durchfahren und durchwandert worden – und Eisenach selbst ist sehr lustig. Das ganze Land hatte einen vergnüglichen Anstrich dem Fest zu Ehren – und das bisschen Regen war nur gerade so viel, die Blätter blank zu putzen. Dazu hat jemand, ein dicker, behäbiger Mann im Wagon gesagt: »Die Natur hat sehr viel für dies Land getan«, was sehr drollig klang.

Möchte das Wetter nun recht viel für Sie tun – und für die Freundlichkeit und Güte, die Sie mir getan, nochmals den aufrichtigsten Dank.

Professor Stahr, der ebenso entzückt von der Tour ist wie ich, hat mir aufgetragen, auch seinen Dank Ew. Königlichen Hoheit! recht warm auszusprechen.

46. Fanny Lewald an Carl Alexander

Ohne Datum

Die glücklichste Reise und auf Wiedersehen gnädiger Herr!

Eben jetzt, da Sie fort sind, Königliche Hoheit! finde ich die beiden Briefe von Hauenschild[27] auf meinem Schreibtisch, und eile, sie Ihnen zu senden! Es ist eine gute Lektüre vor dem Schlafengehen. Bitte! senden Sie sie aber übermorgen zurück – die Lektüre kostet ja nur eine Viertelstunde. Sie sind heute so vorübergerauscht – es war, als wenn ein Sternschießen ist, wobei man sich rasch etwas wünschen soll, damit es geschieht, wie der Volksglaube sagt – in der Eile aber kann man sich auf seine eigenen Wünsche dann nicht besinnen und wünscht was Falsches. So geht es bei solch schnellen Besuchen auch. Ich hole ein andermal das Vergessene nach. Guten Abend! gnädiger Herr!

Sonntag

Ich ward abgehalten, Ihnen den Brief zu senden, dafür kommen nun statt zwei Briefen vier. Lesen Sie erst den unkuvertierten deutschen – dann den an Stahr – dann die beiden vom 14., 15.[28] – so wird das Exempel stimmen. Einen fünften, dazwischen liegenden Brief hat Liszt – er war aber auch an Prof. Stahr gerichtet – geschrieben. Nun kommt's also zum Frühstück! – Also guten Morgen!

47. Fanny Lewald an Carl Alexander

Ohne Datum (24. Juni 1851)

Ihnen heute Morgen zu sagen, gnädiger Herr! dass ich an Ihrem Geburtstag an Sie denke, wäre insofern schlimm gewesen, als gewiss eine große Menge von Menschen Sie umgab, die Ihnen näher waren als ich.

Dennoch muss ich Ihnen aussprechen, dass ich für Sie heute wie immer die besten Wünsche hege; dass ich Ihnen Gelingen alles dessen wünsche, was Sie Großes und Gutes wollen, und dass ich hoffe, alles von Ihnen erreicht zu sehen, was Sie ernstlich wollen. Das Wort der Frau Erbgroßherzogin »von der Kraft des Willens« war mir aus der Seele gesprochen, denn es liegt die ganze göttliche Kraft des sicheren Vollbringens in dem festen

»ich will« des Menschen, wenn dies Wollen sich auf das Rechte und Wahre bezieht.

Sie haben mich oft beklagt, dass mir der Glaube in Ihrem Sinne, der Glaube an Gott und seine Leitung fehle – und dennoch habe ich einen frommen Glauben, der allein mir meinen Lebensweg zu gehen – und ich hoffe zu vollenden möglich machte. Sie würden erstaunen, kennten Sie mein Leben und seinen Weg in ihren Einzelheiten, was mein Wille, meine Kraft und Ausdauer erreicht haben. Dass ich diese Erfahrung gemacht, gibt mir eine rastlos tätige Geduld – und diese wünsche ich Ihnen als das größte Heil in Glück und Leid.

Erhalte das Leben Sie, und Ihnen Ihre treffliche Frau und die schönen Kinder. Mir aber bewahren Sie auch ferner, wie ich Ihnen, die Teilnahme, die mich sehr erfreut.

48. Carl Alexander an Fanny Lewald

Ohne Datum

Lassen Sie mich Ihnen herzlichst für Ihr Billett, herzlichst überhaupt für all die Güte danken, welche Sie während Ihres Aufenthalts in Weimar für mich gehabt haben. Die Erinnerung an dieselbe wird mir bleiben, wird mich begleiten in die weite Ferne. Dies werden Sie mir glauben, denn ich glaube, dass Sie es fühlen. So muss ich denn schriftlich von Ihnen Abschied nehmen, denn genötigt, meine Abreise zu beschleunigen, wird es mir geradezu unmöglich, noch einen Aufenthalt in Weimar zu machen, oder dies Tal früher zu verlassen. Es bleibt mir also nichts anderes übrig, als Ihnen aus der Ferne einen Abschied zuzurufen, außerdem ich uns beiden ein baldiges frohes Wiedersehen wünsche.

Grüßen Sie bitte, Herrn Professor Stahr recht sehr von mir. Sollten Sie Sich meiner schriftlich erinnern wollen, so wird mein Sekretär C. Vent in Weimar jeden Brief treu besorgen.

49. Fanny Lewald an Carl Alexander

Jena, den 1. September 1851

Sie sind nun schon so lange von Deutschland entfernt, dass man annehmen darf, Ihre Gedanken wenden sich wieder der Heimat zu, und so mag dieser Brief Ihnen sagen, dass ich Sie teilnehmend begleitet und oftmals der Dinge gedacht habe, die Ihnen nicht Petersburg, zu dessen befohlener, absichtlicher Kommando-Größe es mich nie gezogen hat, sondern Moskau und das südliche Russland bieten würden. Ich bin fast noch vierzehn Tage nach Ihnen in Weimar geblieben, und dann nach Jena gegangen, wo ich die halbe Etage des Schmidtschen Freiguts in Camsdorf gemietet habe, das etwas weiter hinab liegt als die Tanne und das Geleitshaus und eine reizende Aussicht hat.

Hier habe ich auch das ganze Quartier voll Gästen gehabt, leider aber nicht so frohe, wie ich erwartet. Ich glaube, Ihnen erzählt zu haben, dass ich meine Schwestern eingeladen, den Rest des Sommers bei mir zuzubringen. Die sind denn auch in den ersten Tagen des August gekommen. Eine von ihnen war aber so krank nach der Kur in Pyrmont, dass sie mir noch die größte Besorgnis einflößt. Dadurch sind denn die letzten Wochen, die Professor Stahr in Thüringen zugebracht hat, auch getrübt worden – und statt der Lustfahrten, die ich uns versprochen, haben wir nur stundenlange Exkursionen machen können, um meine Kranke, die ich *sehr* liebe, nicht lange allein zu lassen.

Nun ist Professor Stahr schon in seiner Heimat, meine jüngste Schwester[30] geht morgen nach Bonn zu einer Freundin, und die Kranke[31] behalte ich bei mir, bis unser Arzt nach Berlin zurückkehrt, wohin ich sie dann bringe. Ich selbst aber komme zurück und werde mindestens bis Neujahr in Camsdorf bleiben, wenn die Wohnung mir nicht zu kalt ist. Da Sie im Laufe der Zeit sicher einmal nach Jena kommen, habe ich wohl die Freude, Sie, gnädiger Herr! hier einmal wiederzusehen.

Ich habe immer geglaubt, dass es die größte Tugend eines Briefes sei, wenn er dem Leser viel vom Schreiber selbst erzählt – vorausgesetzt, was ich ja bei Ihnen voraussetzen darf, dass dieser an jenem ein Interesse nimmt. »Gott und die Welt« zu besprechen, muss man entweder beieinander oder in so unausgesetztem suivierten Briefwechsel sein, wie wir's nicht sind; und obendrein sind die Zustände im Vaterland der Art, dass man am besten darüber schweigt, wenn und wo man nicht die Macht hat, sie zu ändern. Wie ich Sie kenne, sehen Sie auch nicht leichten Herzens auf das, was in Deutschland geschieht. Möge der Ausgang besser sein, als man ihn vernünftigerweise zu erwarten ein Recht hat.

Fragen Sie mich, was ich hier tue oder warum ich gerade in Jena bleibe? So antworte ich Ihnen: gegenwärtig tue ich nichts, als Marienbader trinken, die Druckbogen vom zweiten Band meiner englischen Reise korrigieren und Humboldts Ansichten der Natur lesen, für die ich den allgemeinen Enthusiasmus nicht zu teilen vermag. Es ist mir – wunderbar genug – mit Humboldts mündlichen Erzählungen, als ich ihn in Berlin häufig in Gesellschaft traf – ganz ebenso gegangen. Die Gewohnheit, die durch manche seiner Verhältnisse erzeugt sein mag, angenehm und leicht unterhalten zu wollen, hat gemacht, dass er in der Gesellschaft alle Gegenstände nur oberflächig berührt, dass er viel und vieles erzählt, eins ans andere knüpft, so dass die Zeit schnell und anscheinend interessant vergeht – und wenn man sich dann fragt, was man denn eigentlich gehört hat, so sind es allerlei kleine, gleichgültige Data, bei denen man und von denen man eben nicht viel hat. Ich glaube, solche Art der Unterhaltung ist *bon genre* – aber ich bin dafür zu bürgerlich und werde von solchem *vol au vent* nicht satt. – So geht es mir auch mit den Ansichten der Natur. Etwas Naturhistorisches, Zusammenhängendes – wie ich's erwartet – lernt man daraus nicht, und als bloße Reiseskizze betrachtet, haben wir jetzt aus jenen Ländern bessere, lebensvollere, plastischere Sachen, wie mir scheint. Ich glaube, was Humboldt einen so ungeheuren Namen gemacht hat und was sein eigentliches Verdienst und ein sehr großes ist, ist daß er zuerst es versucht hat, die Naturwissenschaft zu popularisieren, was nun Karl Vogt, Moleschott, Burmeister und Schleiden[32] – und vor allem die Engländer mit so glücklichem Erfolg tun. – Mir fehlen nun für das Verständnis naturhist. Schriften die Vorkenntnisse, und ich denke hier irgendjemand[33] zu finden, der sich herbeilässt, mich in den Dingen zu unterrichten, die in der gewöhnlichen Frauenerziehung so schmählich vernachlässigt werden. Ich weiß von Geologie, Botanik, Physik aber auch gar nichts – und etwas davon zu lernen soll die Erholung dieses Winters für mich werden, wenn ich nach beendeter Brunnenkur wieder an die Arbeit gehe.

Gefällt mir der Winter in Jena so gut wie der Sommer, so ist es möglich, dass ich bis zum Frühjahr hier bleibe – weil ich keine Vorliebe für irgendeinen Ort habe, Berlin in den jetzigen Verhältnissen gar nicht mag, und hier unendlich billiger lebe als dort, was ja auch immer zu beachten und bei einem provisorischen Aufenthaltsort doppelt gut mitzunehmen ist.

Die eben erschienenen Memoiren von Kanzler Müller sind mir und Professor Stahr, der sich Ihnen sehr empfehlen lässt, ein Anlass gewesen, die ganze Briefliteratur Weimars – Goethes, Schillers, Körners, Knebels, der Wolzogen Briefe durchzustudieren, und das hat uns viel zu denken gegeben. Es spricht alles darin für Carl August, für die Herzoginnen Amalia und Luise und muss Ihnen recht erfreulich und erhebend sein – aber es spricht nicht sehr für Ihren Plan, Weimar zum Zentralpunkt einer Nationalstiftung zu machen. Es scheint nach jenen Korrespondenzen unzweifelhaft, dass »viele Talente nebeneinander nur in einer *sehr* großen Stadt in förderlicher Freiheit bestehen können« und dass sie in engerem Raum sich Abbruch tun, wie zu dicht gepflanzte Bäume. Habe ich die Freude, Sie wiederzusehen, oder sind Sie erst in Weimar und in der Ruhe, Muße für solch lange, schriftliche Auseinandersetzungen zu haben, so sage ich Ihnen, was Prof. Stahr darüber gefunden und gedacht hat. Ich setze Ihnen dann auch auseinander, durch wen er veranlasst worden ist[34], Ihnen in der Weise, wie es geschehen, seine Dienste anzubieten – eine Sache, an die er von selbst nicht im Entferntesten gedacht haben konnte. Dass es geschehen war, musste Ihnen und noch unendlich mehr ihm selbst, peinlich und unangenehm sein – und ich selbst bekenne Ihnen, hätte viel darum gegeben, den Schritt ungeschehen zu machen, den er nur auf dringendes und spezielles Zureden getan hatte – so gern er Ihrem an sich schönen Plan diente und so gern er in Ihrer Nähe wirksam gewesen wäre. – Die nächste Zeit wird solchen Unternehmungen voraussichtlich nicht förderlich sein, und die Pressegesetze, die sich vorbereiten, werden mutmaßlich jede freie, literarische Wirksamkeit schwer machen. Indes, was Kaiser Alexander von Napoleon sagte: »*c'est un torrent qu'il faut laisser passer*!«, das gilt auch von der Reaktion, und es ist nur zu wünschen, dass dieser Strom nicht gefährliche Tiefen aufreißt und Kräfte gegen sich heraufbeschwört, die – aber ich will nicht politisieren, und breche ab, auf die Gefahr hin, dass Sie dies Abbrechen für ein gemachtes Kunststück ansehen, was es in der Tat nicht ist. Ich sehe so trübe in die nächste Zukunft, wie ich es nie getan – denn alle Voraussicht müsste trügen, oder es stehn uns Tage bevor, die für niemand leicht und heiter sind. Es ist das einer der Fälle, in denen ich gern ein falscher Prophet gewesen sein will.

Erinnern Sie sich freundlich meiner, Königliche Hoheit! und lassen Sie mich es wissen, wann Sie zurück und wenn Sie einmal nach Jena kommen. Wollen Sie mich dem Gedächtnis der Frau Erbgroßherzogin zurückrufen, so bin ich Ihnen dankbar dafür verbunden.

Möge Luft und Licht, Zeit und Stunde Ihnen so günstig sein, wie ich es Ihnen wünsche.

50. Carl Alexander an Fanny Lewald

Belvedere, den 9. Oktober 1851

Erst von hier ist es mir möglich, für Ihren letzten Brief aus Jena Ihnen meinen Dank abzustatten. Ihre Zeilen fielen in die ganze Unruhe meiner Abreise, an welche sich die nicht weniger unruhige Zeit meiner Ankunft im Vaterland anreiht, weshalb Sie gütigst mit meinem guten Willen vorlieb nehmen mögen. Von Herzen wünsche ich, dass Sie jetzt der Angst um die Gesundheit Ihrer Schwester überhoben seien und dass ihr wie Ihnen die gute Luft in dem schönen Saaletal gut tue. Ich freue mich, dass Sie es wenigstens zu genießen scheinen. – Eine besondere Aufmerksamkeit habe ich den Bedenken gewidmet, deren Sie rücksichtlich der Goethe-Stiftung auch in Herrn Professor Stahrs Namen Erwähnung tun. Ich habe nie an Schwierigkeiten gezweifelt, welche durch die Aufgabe emporgerufen werden würden – indessen wo sind nicht Schwierigkeiten in der Welt! Sie beurkunden erst oft den Wert der Sache, in dem vorliegenden Fall scheint er mir zu überwiegend, als dass er nicht des Strebens, trotz der Schwierigkeiten, würdig sei.

Lassen Sie mich diese wenigen Zeilen mit dem Wunsch für einen glücklichen Aufenthalt in Jena schließen.

51. Fanny Lewald an Carl Alexander

Jena, den 13. November 1851

Ihre Zeilen, Königliche Hoheit! haben mich recht krank getroffen, und der ganze Oktober, ja noch die erste Woche des Novembers sind für mich insofern eine verlorene Zeit gewesen, als ich nichts tun, namentlich nur mit großer Anstrengung schreiben konnte. Es bewährte sich das alte: *être punie par où l'on a péché* – meine Kopfnerven waren herunter wie abgewirbelte Klaviersaiten, die zu nichts dienen und doch bei der leisesten Berührung beben und vibrieren. Das muss ich entschuldigen, wenn ich auch Ihnen nicht geschrieben, Ihnen nicht gesagt habe, dass und wie sehr ich mich Ihrer endlichen Rückkehr gefreut habe.

Nun aber soll das Blatt nur mein Vorläufer sein, da ich mich für meine Genesung mit einem Besuch in Weimar belohnen, mich an dem Wiedersehen werter Freunde für die unbehagliche Zeit der Krankheit trösten will. Ich komme Sonnabend für ein paar Tage zu der trefflichen Frau von Schwendler, die mich freundlich eingeladen hat, und hoffe, da Sie ja gut sind, Sie dann auch zu sehen und einmal wieder recht nach Neigung mit Ihnen plaudern zu können.[35]

In der Aussicht schreibe ich heute nicht mehr und bitte Sie nur, mir bis ich komme Ihre Teilnahme zu erhalten, die ich so hoch halte. Haben Sie die Geneigtheit, gnädiger Herr! mich dem Gedächtnis der Frau Erbgroßherzogin zurückzurufen.

52. Fanny Lewald an Carl Alexander

Jena, den 29. November 1851

Nur einen freundlichen Gruß, Ew. Königliche Hoheit! und die Nachricht, dass Professor Hettner am nächsten Mittwoch liest, und zwar über die Goetheschen Romane, namentlich über den *Meister*. Die Vorlesungen sind um 7 Uhr. Das zur Notiz, falls Sie noch daran denken sollten, dazu herüberzukommen.

Letzten Mittwoch hatten wir einen Vortrag von Seebeck – ich weiß nicht, was der für einen Titel hat – über die Philosophie des Plutarch, von dem ich gar nichts verstanden hätte, hätte ich nicht diesen Winter zufällig mich selbst damit beschäftigt und also einen Anknüpfungspunkt dafür in mir gehabt. Es ist mit all solchen Vorträgen meist wie mit den wissenschaftlichen Büchern unserer Gelehrten. Sie sind immer sehr interessant für den, der die Sache kennt, und ganz unfruchtbar für den Laien. Herrn Seebeck konnte man es nicht verargen, dass er auf weibliches Verständnis diesmal gar keine Rücksicht nahm, sondern nur auf die Professoren. Er wollte denen offenbar zeigen, wie gelehrt er selbst sei, und ihnen das Faustische: »Ich bin's, bin Faust, *bin Euresgleichen!*« zurufen. Und das ist ihm gewiss gelungen.

Für mich resultierte aus seinem Vortrag statt der beabsichtigten Apologie des Christentums und der christlichen Offenbarung das totale Gegenteil davon. Es stellte sich mir nur noch klarer als in der Lektüre des Plutarch hervor, wie das Christentum ein ganz allmählich im Griechentum erwachsenes Resultat desselben sei, das durch Motive des Judentums und die wiederaufgenommene Mythologie des ägyptischen Osiris- und Isisdienstes sich zu einer Neugestalt gemacht hat – während nur die Mischung neu, die Ingredienzien aber alt, und von Offenbarung also gar keine Rede dabei ist. – Indes andere haben das vielleicht anders verstanden. Jeder hat seinen eignen *Versteh-Verstand* und dass der meinige oppositionell ist, wissen Sie.

Gnädiger Herr! der schwarze Streif links hier unten – das ist Steinkohle und Folge meiner ewig verunglückenden Heizversuche. Sachsen-Weimar in Ehren! aber Ihre Öfen sind schrecklich, und das eine werden Sie Berlin doch lassen müssen, dass unsere Öfen eine Wohltat sind. Sollte ich mich je hierzulande festsetzen, so lasse ich mir Öfen kommen und hoffe, Ihnen dann ihre Vortrefflichkeit beweisen zu können. Morgen über drei Wochen gehe ich nach Berlin – zum Teil aus Familienliebe – zum Teil aus Angst vor Kälte, denn mich friert hier und in Weimar in den bestmontierten Häusern, weil die Temperatur immerfort wechselt. – Ich habe Ihr Weimar so oft gelobt, dass ich ordentlich eine Schadenfreude daran habe, es ein bisschen schlecht machen zu können.

Wenn Sie nach Jena kommen, gnädiger Herr: so lassen Sie es mich vorher wissen, und sagen Sie mir auch, ob ich hoffen darf, Sie bei mir zu sehen?

Sei alles Gute und Erwünschte mit Ihnen und den Ihren! Vor allem Gesundheit und Sonnenschein!

Mit der Bitte um eine Empfehlung an die Frau Erbgroßherzogin.

53. Carl Alexander an Fanny Lewald

Montag früh 1851

Die Öfen scheinen unsere beiderseitigen, entschiedenen Feinde zu sein. Während Sie dieselben verwünschen, weil Sie neben den unerbittlichen eisernen Wänden vor Kälte umkommen, verwünsche ich dieselben, weil sie mir neulich in einer von mir selten betretenen Wohnung, in der ich ein paar Tage bleiben musste, zu viel Wärme und zwar in solchem Grade gaben, dass ich krank wurde. Erst jetzt erhole ich mich wieder. Von einem Ausflug, von einer Fahrt nach Jena konnte für mich vergangene Woche gar nicht die Rede sein; an jenem Mittwoch gerade, auf den ich mich so gefreut hatte, konnte ich mich nur mühsam schleppen, und heute noch muss ich mich lästigen Vorsichtsmaßregeln unterwerfen. Ich habe indes großes Lob über H. Pr. Hettner vernommen, was mich wahrhaft erfreute. Sie sagen mit vollem Recht, dass jeder seinen eigenen »Versteh-Verstand« hat. Der meinige nun lässt mich die Bemerkungen bekämpfen, die Sie an die Philosophie anknüpfen. Hiermit schließe ich für heute, denn nicht dem flüchtigen Augenblick darf und kann es vergönnt sein, solche Widerlegung zu empfangen. Ich wünsche Ihnen einstweilen Sonne und Gesundheit.

54. Fanny Lewald an Carl Alexander

Jena, den 17. Dezember 1851

Ich hatte mir gleich gedacht, Königliche Hoheit! dass Ihnen etwas begegnet, dass Sie krank sein müssten, als ich keine Antwort von Ihnen erhielt, der in allen solchen Dingen geradezu ein Muster von Rücksicht und Güte ist. Gottlob! dass es so vorübergegangen. Hüten Sie sich nur recht, und denken Sie immer, dass es nicht gleichgültig ist, was Sie mit sich beginnen. Sie haben so viel noch vor sich und können einst so viel Gutes tun, dass Sie sich immer mit der Vorsicht behandeln müssten, mit der man ein anvertrautes Gut behütet. Je mehr Sie sich eines hohen Strebens, durchgreifender Absichten bewusst werden, um so mehr müssen Sie keine *par force-Touren* und Experimente mit sich machen, und das Abhärten und Anstrengen nicht übertreiben – und verzeihen Sie – aber dazu haben Sie Neigung.

Ich komme diesen Winter auch gar nicht mit mir zurecht und habe mich seit zehn, zwölf Tagen mit nächtlichem Zahnweh so geplagt, dass ich ganz matt und dumm davon geworden bin. Nun scheint es nachzulassen, und ich komme mir heute wie ein Herr der Welt vor, da ich einmal ordentlich geschlafen und ausgeschlafen habe. Der Luftwechsel, der mir immer heilsam ist, wird wohl auch jetzt wieder das Beste für mich tun, und ich verspreche mir viel Gutes in jedem Betracht von dem Aufenthalt in Berlin, wo ich etwa den 29. eintreffe. Montag gehe ich hier fort. Können Sie mir bis dahin gnädiger Herr! die Lisztsche Broschüre mitteilen, *Le Lohengrien*, die Sie mir zu geben die Güte haben wollten, so tun Sie es – wo nicht, lassen Sie sie mir nach Berlin »Kurstraße 51« senden, wo ich fürs erste bei meinem Bruder wohnen werde. Ich erinnere Sie daran, weil ich weiß, dass Sie mir gern den Gefallen tun, Sie mir zu borgen, und hier müsste ich sie kaufen.

Sobald ich in Berlin mich ein bisschen umgetan habe, schreibe ich Ihnen, wie es mir nach dreivierteljähriger Abwesenheit erscheint. Der Rückschlag der Pariser Ereignisse wird sich auch dort fühlbar machen, fürchte ich – und was auch das Ende dieser Krisis in Frankreich sein wird, die Folgen davon für uns werden nicht gut sein.

Halten Sie sich gesund und frisch und möchte das nahe Fest Ihnen recht froh in Ihrem Familienkreis vergehen. Ich will es mit meiner Schwester Gurlitt in Nischwitz bei Wurzen verleben und freue mich auf die großen, freudestrahlenden Augen der Kinder. Das werden Sie ja auch genießen an dem kleinen Prinzen und dem Prinzesschen – selbst das Jüngste guckt doch auch schon nach dem Licht in seinem jetzigen Alter.

Empfehlen Sie mich Ihrer Königl. Hoheit, der Frau Erbgroßherzogin, und erhalten Sie mir auch im künftigen Jahre Ihre Teilnahme.

55. Carl Alexander an Fanny Lewald

Weimar, den 19. Dezember 1851

Soeben erhalte ich Ihre gütigen teilnehmenden Zeilen. Ich eile, einen freien Moment zu benutzen, Ihnen all meinen Dank auszusprechen und mein Unrecht sofort durch Übersendung der *brochure* wiedergutzumachen. Nehmen Sie dieselbe als eine Erinnerung an Weimar, zugleich als ein zwar sehr unbedeutendes Geschenk an, was aber durch seinen Inhalt Ihnen nicht uninteressant sein wird. Es behandelt mit Geist und Ernst ein gewaltiges Werk voll Poesie und Schönheit, welches seinen Autor gewiss für immer lobt.

Ich freue mich, dass es Ihnen wieder wohl geht und mir nicht minder. Wie anders sieht doch die Welt aus, wenn man gesund ist.

IV

1. März 1852 – 31. März 1853

Fanny Lewald in Berlin – Stahr siedelt nach Jena über – Der russische Kaiser in Berlin – Berliner Denkmäler – Gustav Bläser – Fanny Lewald in Rudolstadt – Carl Alexanders Italienreise – Stahrs Ehescheidung – Das Lutherbett – Hausbrand in Jena – Tod Thereses v. Lützow – Berthold Sigismund – Rietschels Goethe-Schiller-Denkmal – Gassers Wielandstatue – Die Berliner Theater – »Die Wandlungen«

56. Fanny Lewald an Carl Alexander

Berlin, den 1. März 1852
Hotel zum roten Adler

Es ist mir nicht gut gegangen, gnädiger Herr! sonst hätten Sie längst Nachricht von mir gehabt. Ich habe hier das Jenenser Unwohlsein fortgesetzt, mich mit Kopfweh, Blutwallungen und daraus hervorgehender Verstimmung zu plagen gehabt, so dass ich nicht ich selbst war, nichts arbeiten konnte und selbst einen Brief schreiben als eine Last empfand. In solchen Stimmungen aber darf man den Menschen, die man hochhält, nicht schriftlich nahen. Es geht etwas, oder besser viel davon, in den Brief über, ohne dass es wie im Verkehr durch unser Erscheinen und Wesen seine Erklärung erhielte; dann gibt es Missverständnisse, und Frau von Goethes Wort: »Im Sprechen verliert man nie einen Freund, im Schreiben alle!« hat etwas für sich.

So komme ich denn auch erst jetzt mit einem Gruß, da es mir nach einem Aderlass und vielen Arzneien wieder besser geht, und ich mich wieder zu finden anfange. Indes ich komme nicht persönlich wieder, wie ich es erhofft, sondern nur schriftlich, und ich werde wohl auch den größten Teil des Sommers in Berlin, d.h. in irgendeiner Tiergarten-Wohnung verleben. Das ist nun freilich nicht so schön wie der Park von Weimar oder das Saaletal, aber man muss sich resignieren und den Verhältnissen anpassen, und ein Sommer in Berlin ist ohnehin eine neue Erfahrung für mich. Ob es eine angenehme sein wird, zweifle ich.

Was mich tröstet ist, dass Professor Stahr es angenehmer haben wird als ich, da er nun definitiv nach Jena übersiedelt. Er war ein paar Wochen hier und ist nun fortgegangen, für sich und die Seinen in Jena ein Haus zu mieten. Mir ist das eine Freude. Die schönere Natur wird ihm wohltun, und wenn ich künftig mich in Berlin wieder einrichte, so sind wir uns um die volle Hälfte näher als von Oldenburg. Aber das Frühjahr und die schönere Natur werden viel an ihm gutzumachen haben, denn dieser Winter hat ihn sehr angegriffen, und ich habe ihn so leidend und schwach gefunden, dass ich mit banger Sorge in die Zukunft sehe. Möchte sie heiterer werden, als ich hoffe.

Wir haben hier während seiner Anwesenheit viel Ateliers besucht, wenn sein Befinden es zuließ, und ich habe oft gedacht, dass Berlin in dem Zusammenwirken vieler Kräfte doch auch sein Gutes hat, dass Sie selbst Freude daran haben würden, könnten Sie es als Privatmann genießen, unbehindert durch alles das, was Ihnen mit Recht störsam und hinderlich ist. Ich bilde mir ein, dass Sie gewiss hierherkommen werden, wenn im Mai die russischen Herrschaften hier sind, und rechne darauf, Sie dann zu sehen. Bis dahin erhalten Sie mir Ihre Teilnahme und Ihr Wohlwollen, wenn ich Sie wiedersehe, will ich es wieder verdienen.

Da Sie die Güte gehabt haben, Ihrer Königlichen Hoheit der Frau Erbgroßherzogin den ersten Band des englischen Tagebuchs zuzustellen, so darf ich Sie wohl bitten, Ihr auch den zweiten zu übermachen. Ich wünsche, dass er Ihr und Ihnen gefalle.

Gehe es Ihnen wohl, gnädiger Herr! und vergessen Sie mich nicht.

57. Carl Alexander an Fanny Lewald

Weimar, den 22. März 1852

Mehrere Abwesenheiten und andere Abhaltungen lassen mich erst heute auf Ihren Brief von dem 1. d. M. antworten, erst heute für denselben danken, erst heute auch ein Gleiches im Namen meiner Frau tun, welche sich über Ihren Brief und das ihn begleitende Werk sehr gefreut hat. An die Lesung des letzteren wird sie jetzt gehen.

Mein Bedauern, Sie unwohl zu wissen, ist umso aufrichtiger, als ich mich heute selbst leidend fühle. Wie anders färbt sich doch die Welt, wenn das Gleichgewicht im Körper gestört ist! Ich befürchte, Sie werden diese Färbung diesem Brief nur zu sehr anmerken. Gönnen Sie sich jetzt die nötige Ruhe und befolgen Sie hiermit den Rat, den Sie mir selbst gegeben haben. – Von Herzen wünsche ich, dass Professor Stahr in Jena seine Gesundheit wieder stärke, welche im Norden, in Oldenburg, so sehr gelitten zu haben scheint. Was Sie mir über die Berliner artistischen Zustände schreiben, hat in mir ein schon oft empfundenes Gefühl von Bedauern rege gemacht, nämlich: so oft verhindert zu sein, den Dingen so nahe zu treten, wie ich es möchte und wünschte. Bei meinem nächsten Aufenthalt in Berlin setze ich übrigens meinen Wunsch positiv durch. Ich bin jetzt sehr mit der Einrichtung der Monumente für Goethe, Schiller und Wieland beschäftigt. Und nun lassen Sie mich enden, denn wenn ich mit Freuden die Pflicht meines Dankes Ihnen gebracht habe, möchte ich Ihnen nicht zeigen, wie mühsam und wie schmerzhaft ich mich heute schleppe. Welch Kaleidoskop ist doch das Leben!

58. Carl Alexander an Fanny Lewald

Berlin, den 27. Mai 1852

Was werden Sie von mir denken, so lange hier zu sein, ohne Sie aufgesucht zu haben? Zu meinem Glück sind 2 Umstände eingetreten, welche ein Trost für mich geworden sind. 1. habe ich durch Frl. Frommann, der ich bei meiner Schwester soeben begegnete, erfahren, dass Sie Ihre Wohnung geändert haben, eine Wohnung, welche sie selbst mir nicht anzugeben vermochte. 2. gewährte mir eben Frl. Frommann die Möglichkeit, Ihnen einen Zeugen meines Bedauerns zu stellen, Sie nicht zu sehen, Sie nicht sehen zu können. Ich vertraute ihr eine Beschreibung meiner hiesigen Existenz – haben Sie die ersten Gesänge des *Inferno* gelesen? Jene, wo die Geister in ewigen Kreisen ewig herumgetrieben werden. Diese Beschreibung ist das *Daguerreotyp* dieser Tage.

59. Fanny Lewald an Carl Alexander

Berlin, den 29. Mai 1852
Kronenstraße Nr. 70

Habe ich es selbst verschuldet, dass ich Sie während Ihrer Anwesenheit in Berlin nicht gesehen habe, gnädiger Herr! so bin ich auch dafür bestraft, denn es lag mir viel daran, Sie zu sprechen, und als ich Ihre Anwesenheit durch die Zeitungen erfuhr, wollte ich Ihnen schreiben und Sie bitten, zu kommen. Indes ich dachte, bei der Teilnahme, die Sie mir seit Jahren bewiesen, und die durch wahre Anhänglichkeit zu verdienen, ich mir bewusst bin, würden Sie von selbst nach mir fragen und mich aufsuchen, wenn Ihre Zeit es Ihnen zuließ – und lästig fallen wollte ich Ihnen nicht, es sollte Sie kein Opfer, keine Anstrengung kosten, mir die Freude Ihrer Gegenwart zu gönnen. Nun es nicht geschehen ist, danke ich Ihnen für Ihren schriftlichen Gruß und behalte mir vor, Ihnen später einmal die Bitte vorzutragen, die mir am Herzen lag und die ich Ihnen lieber mündlich als schriftlich vorgetragen hätte.[1] Es handelt sich dabei um kein Amt, das Sie verleihen sollen, um nichts, was Sie ein Opfer kostet, aber die Sache ist doch für mich wichtig, und bitte ich Sie einmal darum – früher oder später –, so gewähren Sie, was ich fordere. Das klingt sehr mysteriös – vielleicht ist es Koketterie, dass ich Sie für Ihr Nichtkommen mit Neugier strafen will –, indes vor meiner Koketterie und vor meinen Petitionen haben Sie hoffentlich keine Furcht, da Sie mich kennen, und ich denke, Sie sollen soviel Genugtuung am Gewähren haben, als ich Freude, Ihnen dankbar zu sein. Für jetzt:

»Was suchen wir es zu ergründen?
Wenn der Schnee schmilzt, wird sich's finden.«[2]

Ich habe Ihnen, dünkt mich, lange nicht geschrieben – aber ich war nicht gut gestimmt und ich denke, wie man sich nicht gern, vor Freunden selbst, in vernachlässigter Kleidung sehen lässt, so soll man ihnen auch nicht nahen, wenn man nicht die ganze Klarheit und Frische der geistigen Stimmung hat, die sie an uns gewohnt sind. Es ist mir gerade nichts Übles, kein Unglück irgendeiner Art begegnet, aber es hat mich vielerlei bedrückt, an missmutig machenden Hemmnissen. Ich habe viel Krankenpflege gehabt, ein paar Monate Zeit damit verloren, bin aus der Arbeit herausgekommen, habe für jetzt keine Wohnung gefunden, wie ich sie mir wünschte – kurz, eine ganze Reihe von *petites misères de la vie humaine*, die so missmutig machen wie Mückenstiche, und an denen man auch nicht rühren darf, will man das Übel nicht verschlimmern. – Nun sind meine Kranken, Schwester und Schwägerin leidlich auf den Füßen, die eine geht nach Franzensbad, die andere zieht nach Charlottenburg – ein Sommerpläsier, das auch in den Zyklus der Danteschen Höllenqualen aufgenommen zu werden verdiente – und ich selbst suche in meine Arbeitsstimmung, in den Roman zurück zu kommen und werde wohl bis Juli hier bleiben, dann aber in den Harz oder nach dem Thüringerwald gehen. Ich möchte das letztere – es wird aber wohl beim Harz sein Bewenden haben, gegen den ich ein Vorurteil hege, ohne ihn zu kennen. Indes soll's nur eine eigentliche *Villeggiatura* sein, und ich will früh im Herbst nach Berlin zurück, wo ich am Leipziger Tor, dicht am Tiergarten zum 1. Oktober eine mir zusagende Wohnung für mehrere Jahre genommen habe und mich endlich wieder fest niederlassen will. Da haben Sie ein Bild meiner letzten Vergangenheit, Gegenwart und Zukunft, gnädiger Herr! – Wie oft ich übrigens in diesem schönen Wetter aus den langen Straßen nach Weimar hinüberdenke, brauche ich Ihnen nicht zu sagen, der Sie selbst so viel Empfindung für das Leben in der Natur haben. Sind Sie schon auf der Ettersburg oder noch in der Stadt?

Ihr Treiben und Leben in Berlin habe ich mir auch geradezu aufreibend gedacht. Mir wurde immer schon schwindelnd, wenn ich einmal unter die Linden kam und dies Jagen der Equipagen voll geputzter Hofdamen und uniformierter Hofchargen sah – und obendrein in der Hitze und von früh bis spät! Weimar wird Ihnen wohl tun nach dem Trubel. Haben Sie denn irgendetwas von den neueren Kunstwerken in den Ateliers hier gesehen? Das Beste sind die Gruppen[3], welche Drake und Bläser für die Schlossbrücke fertig haben, namentlich scheint mir die Bläsersche das vollendetste Kunstwerk neurer Zeit. Es ist die Minerva, die den vorschreitenden angreifenden Krieger beschützt, und es liegt in der Gestalt und dem Kopf der Pallas wirklich die Hoheit der Antike. Auch der alte, prächtige Cornelius hat wieder den Umriss zu einem neuen Karton fertig. Haben Sie das gesehen?

Und was sagen Sie zum Friedrichsdenkmal, das mir gar nicht in den Sinn will, mit seinen vier Reitern, die wie Karussellpferde auseinanderlaufen, dass ich immer meine, die ganze Maschine sei zu drehen – und die Gelehrten, Kant, Lessing, Graun[4] unter dem Pferdeschweif sind auch nicht wohl plaziert. Dazu die Höhe, in der der Held verschwindet und das kleine Gitter um das große Monument, in dem der alte Fritz eingesperrt ist, wie die Soldaten in den Wachen seit der Revolution. Mir will das ganze Ding nicht in den Sinn – und das neue Museum, mit den Riesentreppen, die nirgends hinführen, und über denen Ochsen und Rhinozeros auf dem Seil tanzen, vollends nicht. Sie werden es ja gesehen haben und sind Künstler genug, die Abneigung aller Künstler gegen diesen Bau und diese Einrichtung zu teilen, über die sich förmlich ein satirisches Buch schreiben ließe. Ich erhole mich immer am alten Museum, wenn ich aus dem Wirrwarr des neuen komme, bei dem mir jedesmal das Macbethsche Hexengebräu von Türkennasen, Judenlebern usw. einfällt. – Das Hauptunglück am neuen Museum ist, dass der eigentliche Zweck, eine Kunstsammlung für das Studium aufzurichten, dadurch ganz und gar verfehlt wird, dass man die schönsten Sachen dekorativ in enge Nischen stellt und so aus dem Zweck eine Nebensache macht. Als Motto über der Tür gehören zwei Goethesche Verse – die Sie erraten mögen.[5]

Heute ist's also überhaupt aufs Erraten angelegt – und so lassen Sie es sich gefallen. Es wird sicher eine Weile dauern, bis ich die Freude habe, Sie wiederzusehen, und wer weiß, ob es mir jemals so gut wird, Sie zu solch guten Plauderstunden zu besitzen, wie ich sie in Weimar genossen habe. Vergessen Sie mich deshalb nicht und denken Sie, dass – ich darf das wohl behaupten – nicht gar viele Ihnen so ergeben sind wie ich, wenn schon ein großer Menschenkreis Ihnen ergeben ist. Es tut mir – Sie werden das begreifen – ordentlich leid, dass ich Sie vielleicht einmal um etwas bitten werde, ich wollte nichts von Ihnen verlangen mein Leben lang (wie ich denn überhaupt von den Menschen nie etwas begehrt habe), weil ich Ihnen nichts zu bieten habe und man immer am besten mit den Menschen zusammenbleibt, mit denen man *d'égale en égale* ist. Das macht's den Fürsten wohl auch schwer, die Menschen in ihrer eigensten Wesenheit kennen zu lernen, dass fast jeder in der Lage ist, sie für seine Zwecke, nicht zu bedürfen gerade, aber doch fördersam und wohltuend zu finden und zu wissen. Und wenn ich Ihnen einmal im vorigen Jahr mein königliches Freiheits- und Selbstgefühl aussprach, so lag das eben darin, dass ich *nie* von irgendeinem Menschen etwas zu fordern oder zu erbitten brauchte. Bis ich mein Vaterhaus verließ, hatte ich von meines Vaters Güte alles, was ich bedurfte; von da ab trug und hob mich mein Talent, und das einzige, was ich verlangte, war, dass man mich meine Straße gehen ließ. Das haben denn die Leute auch getan – die Wohlwollenden mit Teilnahme, die mich freute, die Übelwollenden mit Tadel oder Abneigung, die ich nicht zu beachten brauchte, weil ich nicht von ihnen abhing, und so bin ich zufrieden gewesen und geworden mit mir und der Welt – und werd's auch bleiben, wenn schon ich jetzt ein wenig müde war und missgestimmt. Aber dafür ist man ein Mensch und hat Nerven! – Ach! Wenn man die nicht hätte! Erhalten Sie sich die Nerven gesund – das ist eigentlich die höchste Philosophie, denn es macht stoisch! Und – bleiben Sie einer von denen, die meinem Leben wohlwollend und teilnehmend folgen.

Mit der Bitte, mich Ihrer Hoheit der Frau Erbgroßherzogin ins Gedächtnis zu rufen, wünsche ich Ihnen das Beste und Schönste.

Noch eins! Bei Bläser ist etwa 4 Fuß hoch ein ganz himmlisches Beethoven-Monument[6], von dem auch Gipsabgüsse existieren. Denken Sie einmal an das Goethe- und Schiller-Monument für Weimar, so lassen Sie sich doch eine Zeichnung von Bläsers Beethoven-Monument vorlegen, oder auch eine Skizze zu dem von Ihnen beabsichtigten machen. Ich halte ihn fraglos für den genialsten Bildhauer Berlins, was monumentale Komposition anbetrifft, und es wäre schade, hätten Sie nichts von seinen Sachen gesehen, die gerade Ihnen sehr zusagen würden. Er ist ein Schüler Rauchs und hat mehr Anteil an dessen Werken gehabt, als die Annalen melden.

60. Carl Alexander an Fanny Lewald

Ettersburg, den 16. Juni 1852

Erinnern Sie sich der flüchtigen, aber eloquenten Skizze meiner Existenz in meinem Berliner Billett? An diese muss ich Sie erinnern, um durch dieselbe mein Stillschweigen zu erklären, zu entschuldigen, denn selbst hier, in meiner sogenannten Einsamkeit, bin ich jenem »Umherkreisen« nicht entgangen, was mir die Ihnen anvertrauten Seufzer entlockte. Einen ruhigen Augenblick des heutigen Vormittags benutze ich, um Ihnen meinen Dank für Ihren Brief abzustatten. Sie sprechen mir in demselben von einer Reise nach Thüringen, nach dem Harz und von einem mysteriösen Wunsch, den Sie nur dem Munde, nicht der Feder anvertrauen wollen. So werde ich also warten, bis uns das Schicksal wieder zusammenführt; möge dies in dem schönen Thüringen der Fall sein. Werden Sie denn dieses nicht dem Harz vorziehen? Sie sprechen mir eigentlich nicht von Ihrer Gesundheit und erwähnen doch der Krankenpflege bei anderen; dies aber lässt mich eine schlimme Rückwirkung auf Sie befürchten. Auch sagen Sie mir nicht, ob und an was Sie arbeiten? Möge es etwas sein, was Sie erfreue, denn die Pflege der Seele ist wichtiger als die des Körpers. Professor Stahr habe ich vor kurzem im Theater, in einem Zwischenakt des *Lohengrin*, gesprochen. Ich habe mich herzlich gefreut, ihn wiederzusehen, aber nicht über sein Aussehen gefreut. Er sah angegriffen aus.

Wissen Sie wohl, dass ich vielleicht nach Italien gehe? Die Ärzte schicken meine Frau, die Sie grüßt, und mich in ein südliches Seebad, und da wäre es möglich, dass ich bis Castellamare zöge. Mir ist es, als sagte mir einer: dies oder dies Märchen wird nächstens Wirklichkeit!

Leben Sie wohl und glücklich in Berlin, im Harz oder in Thüringen.

61. Fanny Lewald an Carl Alexander

Rudolstadt, den 2. Juli 1852

Teurer, gnädiger Herr! Sie selbst klagen oft und gewiss mit vielem Recht über die vielfachen Behinderungen und Zeiträubereien, denen Sie ausgesetzt sind, und so werden Sie mir nicht böse sein, wenn ich Ihren lieben Brief erst heute und von hier aus beantworte, wo ich für den Augenblick raste. Dass Ihre Hoffnung, den Süden wiederzusehen, sich nun verwirklicht, freut mich von Grund des Herzens. Es wird Ihnen und Ihrer Königlichen Hoheit, der Frau Erbgroßherzogin, eine Befreiung und eine Erquickung sein, und Sie werden mehr davon haben als bloßen Genuss. Das ist das Wunderbare an Italien, dass es dem, der etwas mit sich bringt in seinem Innern, solch unendliches Wachstum gibt, dass es das Herz weit und frei macht, dass es Vorurteile abstreift, dass es uns den Menschen menschlich näher bringt – und wir Nordländer alle haben es nötig, von diesem ewig frischen Jugendborn der Schönheit und der Menschlichkeit zu trinken. Trinken Sie in vollen Zügen davon und werde Ihnen so viel Labsal zuteil, wie ich Ihnen erwünsche. Ich werde Sie mit freudig treuer Teilnahme auf dem Weg geleiten, den Sie ziehen in das schöne Land.

Nur wollte ich, dass Sie nicht gerade Castellamare zu Ihrem Aufenthalt wählten, das mir, und Prof. Stahr stimmt mir darin bei, von allen südlichen Seebädern das tristeste scheint. Der Strand ist von unsaglicher Dürre und Öde – der Berg, auf dem das Lustschloss Quisisana liegt, schön, aber oben sind nur wenige große Villen zu vermieten, die meist reizend liegen und die von den Gesandten und der Aristokratie aller Länder eingenommen sind. Als ich dort 1846 den Juli und halben August verlebte, hatte eine Freundin von mir, die Fürstin Sophie Galizin, die schönste, dem Admiral von Neapel gehörige Villa, und der russische Gesandte[7], der donnerstags eine *soirée dansante* hatte, die nächstschöne. Da war ein Gesellschafts- und Visitenleben von früh bis spät – und die Abenderholung: Eis essen an dem Café auf der brennenden, sandigen Marine. Oben in Quisisana ist's schön, aber eben nicht einsam, nicht italienisch, wie man's doch im Süden sucht. Es ist Baden-Baden in einem andern Klima; – unten an der Marine, wo Rothschilds und der preußische Gesandte und schrecklich viel *beau monde* ihre Häuser hatten und wo auch ich wohnte, finde ich es so unangenehm, als es irgend in Italien sein kann. Hätte mich nicht die Freundschaft für ein paar Damen dort gehalten, denen zuliebe ich Sorrent verlassen, ich wäre augenblicklich dahin zurückgekehrt.

Sorrent und Ischia sind unendlich schöner.[8] Denken Sie nur, dass *Castellamare* gar keine Orangen hat, während das ganze *piano di Sorrento* ein Orangenwald ist. Dazu sind die Bäder in Sorrent viel bequemer. Die Gasthöfe La Cucumella und der Tasso, und die Villa Nardi haben am Garten Grotten, in die man gleich aus dem Haus hinabsteigt, während man von Quisisana einen langen, langen Eselritt zu machen hat, ehe man ans Meer hinabkommt. Eine Familie von Schwartz[9] hatte die Villa Nardi in Sorrent gemietet, ich war dort ihr Gast und kann Sie versichern, dass es bezaubernd ist, wenn auch noch lange nicht die himmlische weltabgeschiedene Einsamkeit von Ischia. König Ludwig, der Italien so gut kannte, hat auch immer nur in Ischia gelebt, und die *piccola Sentinella* ist ein so vortrefflicher Aufenthalt als möglich. Ich war sechs Wochen lang dort und zwar auf den engsten Menschenkreis beschränkt – und obschon ich gerade in der Zeit von den schwersten Schicksalsschlägen getroffen war, so ist in meiner Erinnerung doch Ischia ein Paradies, in das alle meine Gedanken sich zurücksehnen. Es waren von Deutschen nur ein Baron von Schwanenfeld und seine Frau[10], mit denen ich hingegangen war, Frau von Goethe und Wolf Goethe dorten; – dann ein alter berühmter Arzt[11] aus Altona mit der Frau und – (ein halber Deutscher) der dänische Gesandte Graf Moltke, den ich in Neapel kennen gelernt hatte. Und selbst diese Personen sah man nur, wenn man sich eigens dazu anschickte, denn jedes Haus ist wie eine Welt für sich abgeschlossen in den Weingärten. Ich kenne nichts Zauberhafteres als dies vulkanische Eiland mitten im blauen Meer, und ich habe, so sehr ich danach gestrebt, doch nicht den Schatten der wirklichen Schönheit in dem *Italienischen Bilderbuch* wiederzugeben vermocht. Ich wollte Sie gingen dorthin, weil ich Ihnen das Beste wünsche. Die Hotels sind *sehr gut* – alles andere überprimitiv. Arzenei, die ich einmal kommen ließ, erhielt ich in einem Bierglas mit einem Weinblatt zugebunden, und später bekam ich einmal Pillen, die groß und locker und in Mehl eingepudert waren, wie kleine Klöße, so dass der Doktor und ich sie erst fest kneten und in der Sonne trocknen mussten, ehe sie zu schlucken waren. – Zum Bad muss man auch hinabreiten, aber auf den schattigsten, himmlischsten Bergwegen, und seit die Prinzessin Albrecht von Preußen einmal dort gewohnt und sich eine Badebude aus Brettern und Reisig hat aufschlagen lassen, heißt jeder, der nicht ohne weiteres im Freien badet *una principessa tedesca*. Die eigentlichen Bäder in Ischia sind siedend heiße Quellen, die *curcitella*; das Seebad Nebensache. Aber ich habe erst in Ischia den Begriff des Südens bekommen und bedaure es noch heute, dass Prof. Stahr nicht Ischia und nicht Procida gesehen, das man von Ischia aus in einem Boot bequem erreicht. Etwas Friedensvolleres, Poetischeres als der Blick aus dem

Flecken Foria hinaus ins Meer, kenne ich nicht. Dazu sind die Partien hinauf nach dem Epomeo so großartig – und der ganze Boden so vulkanisch, dass an manchen Stellen ein Stock, den man in die Erde steckt, verkohlt herausgezogen wird. Lesen Sie doch *Ischia* im *Bilderbuch*, und überlegen Sie recht, ob Sie es nicht dem trockeneren Castellamare vorziehen, das sehr poesielos ist. Unten am Meer in Castellamare ist im August die Hitze zum wahnsinnig werden, denn es ist nicht Baum nicht Strauch, und die Sonne prallt glühend von dem Berg zurück. – Ital. Volksleben ist dort so wenig zu sehen wie Unter den Linden in Berlin. – Sie sehen, wie eifrig ich meine Lieblingsorte vertrete, aber zuletzt heißt es denn doch: *siete padrone!*

Da mir der Süden für den Augenblick unerreichbar ist, so bin ich einstweilen sehr zufrieden mit dem Aufenthalt in dieser Waldeinsamkeit, in der es mir hoffentlich gelingen wird, Stahrs Gesundheit wieder soweit herzustellen, dass sie neue Leiden erträgt. Sie haben nur zu Recht damit gehabt, als Sie mir schrieben, Sie hätten sich über sein Aussehen nicht gefreut; und die menschlich liebende Teilnahme, mit der Sie in Dornburg um sein Schicksal fragten, hat ihm wohl getan, hat in mir das Gefühl der tiefsten Dankbarkeit erweckt. Wie ruhig wäre ich über das Los des teuren Mannes und über mein eigenes, könnten Sie es entscheiden, gnädiger Herr! Es ist ein furchtbar schweres Schicksal – und die Welt und die Menschen haben oft dem Erliegenden, statt ihm die Hand stützend und aufrichtend zu reichen, die Hände wund geschlagen, mit denen er sich anzuklammern und zu stützen suchte. Was es für Stahr heißt, in seiner nächsten Umgebung ganz unverstanden, ganz ohne Teilnahme für das zu leben, was sein eigentliches Leben ist, das werden Sie begreifen, der Sie selbst ein Herz haben und eine expansive Natur sind. Eine gutmütige, aber geistig unbedeutende Frau, die nicht einmal begreift, dass sie dem Mann nicht genügt, hat er frei gewählt und kann sich von ihr nicht ohne ihre Zustimmung trennen. Sie sieht nicht, dass er hinstirbt an ihrer Seite, sie sieht nicht, dass sie ihn unglücklich macht, sie glaubt es nicht, wenn er es ihr sagt und sie beschwört, ihn freizulassen, denn sie hält es für dichterische Überspannung, dass er mehr verlangt, als sie zu bieten hat, und meint, er brauche nur zufrieden sein zu wollen, um zufrieden zu sein. So gequält, in Sehnsucht und Missmut aufgerieben, unangenehm berührt in tausend

Dingen, von denen Sie keine Vorstellung haben können, weil Sie die Beengungen des bürgerlichen Beisammenseins nicht erlebt, bei denen jedes üble Wort, jede üble Gewohnheit durch den ganzen Mikrokosmos nachzittert, reibt er sich auf in dem Bestreben, Bande gelinde zu lösen, die nie gelöst, sondern nur zerrissen werden können.

Was ich dabei leide, ihn, wenn ich ihn mit achtender Liebe behütet und die Leiden eines Winters durch sorgliche Pflege einigermaßen ausgeglichen habe, zurückkehren zu sehen in Verhältnisse, in denen diese Sorgfalt, diese Liebe, dies Verständnis ihm fehlen, das weiß nur ich allein. Und es ist kein Ende dieser Leiden abzusehen, wenn es nicht gelingt, die Einwilligung der Frau zu ihrer Scheidung zu erlangen, da Stahr sich nicht entschließen kann, sie dazu zu zwingen, die keine bürgerliche Schuld begangen gegen ihn. Er ist sehr unglücklich, ich bin es auch – und ich sehe nicht, dass und wie und wenn es anders werden könnte. Nun denken Sie, wie über der Stunde jedes Wiedersehens schon immer das Henkerschwert der Trennung schwebt – und Sie werden fühlen, dass wir nicht auf Rosen wallen. Ihre Teilnahme an unserem Schicksal tut uns beiden wohl, bewahren Sie sie uns, und kommt einst ein Moment, da Sie uns helfen können, so weiß ich's, dass Sie es tun und freudig tun werden. – Möchten Sie glücklich bleiben! – Man freut sich an dem Glück guter Menschen, wenn man selbst ein schweres Schicksal trägt.

Seit Stahr mit mir ist, fühlt er sich wieder wohler. Wir bleiben wohl den Juli und August hier beisammen, dann wird er zurückkehren, und die neue Trennung, das neue, nun doch schon so alte Leid beginnt. Ich finde ihn sehr krank, sehr abgemagert – und sehr müde. Erlösung müsste bald kommen, soll sie nicht zu spät kommen – und es ist so furchtbar, gerade für Naturen wie die meine, die auf Selbsttätigkeit gestellt sind, nicht helfen, nicht retten zu können, wo jede Fiber in uns danach schmachtet, zu helfen und glücklich zu machen.

Lassen Sie mich enden. Ich habe für nichts anderes Sinn, wenn ich an diese Wunden taste. Denken Sie unser, in dem Land, das wir lieben – und möge es Ihnen und der Frau Erbgroßherzogin so glückliche Stunden gewähren, wie wir dort genossen. Sei alles Gute und Schöne mit Ihnen beiden.

62. Fanny Lewald an Carl Alexander

Rudolstadt, den 3. Juli 1852

Ich habe den Brief liegen lassen, gnädiger Herr! weil Stahr hoffte, eine Beilage zu machen, indes er ist so abgespannt, dass selbst ein Brief eine Arbeit für ihn ist, und so sende ich die Blätter ohne denselben ab. Er lässt sich Ihnen herzlich und angelegentlich empfehlen und lässt Ihnen sagen, mit welchen Wünschen er Sie nach Italien begleite, das könnten Sie sich doch nicht denken. Hoffentlich tut ihm die Brunnenkur, die ihm der erste Berliner Arzt für Nervenleiden, Geheimrat Romberg, schon im Februar verordnet, und die er heute zu brauchen begonnen hat, wohl. Romberg hat ihn damals auf das Genaueste zweimal untersucht, und es definitiv ausgesprochen, dass kein Organ krank sei, sondern nur ein großes allgemeines Nervenleiden vorhanden, das durch sorgliche Pflege und geistiges Behagen zu bekämpfen sei. Stahr könne alt werden in großer Tätigkeit, wenn ihm diese beiden Elemente würden, großen Leiden würde er nicht lange widerstehen. – Da Romberg der Arzt meiner ganzen Familie und mein Freund ist, habe ich ihn auch jetzt privatim befragt und dieselbe »tröstende und beruhigende Zusicherung« erhalten, die gerade in diesem Fall so untröstlich ist.

Denken Sie, wie angegriffen er sich fühlen muss, wenn er jetzt in Berlin den Vorschlag eines älteren Freundes, des Justizrat Crelinger[12], ihn kostenfrei auf zwei Monate nach Italien zu begleiten, abgelehnt hat. Gott gebe, dass es ihm besser gehe, wenn ich ihn im Herbst verlassen muss.

Sie haben mich immer mutig gesehen und mich gelobt für diesen Mut. Ich falle den Menschen nicht gern lästig mit meinen Klagen und trage so gut wie möglich, was man mir doch nicht tragen helfen kann. Indes vor den Leiden eines Mannes, den man liebt, da bricht die Kraft zusammen – wenn man eben ein Weib ist. – Ich bin so todtraurig, dass ich nicht weiter und auch nichts anderes schreiben kann. Schelten Sie mich nicht feig, nicht mutlos – und denken Sie mein.

Wollen Sie mir noch schreiben, ehe Sie gen Süden ziehen, so treffen Ihre Briefe mich hier, gnädiger Herr!

63. Carl Alexander an Fanny Lewald

Ettersburg, den 15. Juli 1852

Nein wahrlich, nicht feig nenne ich Sie, denn wie könnte wahrer Mut Mitgefühl ausschließen und wie könnten Sie neben Ihrem Mut anders als leiden! In diesen Worten liegt das Bekenntnis, wie sehr ich fühle, was Sie in Ihrem Brief aus Rudolstadt mir aussprachen.

Wie könnte man anders als teilnehmend wahre Leiden erkennen! Und nun in diesem Fall besonders! Peinlich ist es mir dabei, nur Worte bei den Leiden zu haben, doch begreife ich mit Ihnen, dass eben mir nur Worte hier übrig sind.

Ließe sich denn nicht durch irgendeinen der Gattin wohlbekannten Freund mit dieser reden und ihr die Augen öffnen! Hier, wo vor allen Dingen Erkenntnis der Dringlichkeit des zu Wünschenden nötig scheint?

Ich hoffe, dass sich Professor Stahr indessen recht ernstlich der Kur unterzieht. Sein Aussehen hat mich erschreckt; wohl kann kein Körper bei Seelenleiden gesunden, indessen lässt sich durch Körperpflege doch viel Einfluss auf die zu erstarkende Seele ausüben.

Ich danke Ihnen herzlich für Ihren Rat rücksichtlich des Südens. Ich war von jeher für mein liebes Sorrent, was mir von allen Orten am besten gefallen hat. Ischia ist mir gar zu abgeschieden. In Neapel denke ich, entscheiden wir uns, so Gott will. Nicht sagen kann ich, wie ich mich freue; ich fühle mich bewegt; mir ist, als sehe ich ein heißgeliebtes Wesen nach vielen Jahren wieder. Es ist Sehnsucht, Freude und Scheu, die zusammenwirken. Daneben bin ich so neugierig auf mich selbst, denn an dem einst Gekannten und Geliebten lernt man sich selbst wiedererkennen und bildet sich weiter. Einstweilen bereite ich mich mit einer Art wütenden Eifer vor. Eben beendige ich Stahrs 3ten Band, Ihr *Bilderbuch* habe ich längst gelesen, auf meinem Tisch liegen 5 Bände von Leos *Geschichte Italiens*, in meinem Schrank sitzen Sueton, Tacitus, Livius, ich lese und spreche Italienisch, kurz, wenn ich nicht ganz Italien durch meine Gelehrsamkeit in Erstaunen setze, verzweifle ich an allen Italienern.

Mögen Sie Friede finden in diesem wunderbaren Leben, dies wünsche ich Ihnen von Herzen!

64. Fanny Lewald an Carl Alexander

Rudolstadt, den 28. August 1852

Gnädiger Herr! Heute zu Goethes Geburtstag habe ich etwas für Sie zugesagt bekommen, das Ihnen Freude machen wird, und womit ich also gleich ins Haus hineinfalle, obschon das Meuble schwer ist.

Ich aß heute Mittag bei einem Justizrat Eberwein, dem Sohn des Komponisten[13] – und die Unterhaltung wendete sich auf Rokoko und Meubles. »Ich besitze ein merkwürdiges Stück«, sagt unser Wirt, »das ich einmal aus Grille kaufte, und das so kolossal ist, dass ich es nirgend als auf dem Boden zu lassen weiß was im Grunde schade ist!« – Was ist's? – Eine große Bettstelle, in der Luther geschlafen. – Ich staune und frage: »Woher haben Sie die?« »Das Haus, welches jetzt der Weinwirt Riz bewohnt, war ein uralter Gasthof, von dem später das Privileg auf den ›Ritter‹ überging. Jener Gasthof hieß *Der Stiefel*, und es ist durch Luthers Briefe und andere Dokumente vielfach erwiesen, dass Luther dort zu verschiedenen Zeiten auf seinen Reisen gewohnt hat. Als man nun jenen Gasthof aufhob und das Mobiliar verkaufte, fand sich auf einem der Böden ein uraltes Bett, an dem ein Zettel hing, mit der verblichenen Inschrift: ›In diesem Bett hat Doktor Luther geschlafen!‹ Das bewog mich zu dem Kauf, und nun steht es seit langen Jahren da.«

Ich ließ mich auf den Boden führen – es ist ein steinaltes Möbel mit hohen Pfosten für Gardinen und allerlei – aber nicht feinem – Schnitzwerk daran. – Da fielen Sie mir ein, und da der Wirt offenbar das Bett in seinen Räumen nicht plazieren kann, fasste ich mir ein Herz und sagte: »Schenken Sie es dem Erbgroßherzog von Weimar für die Wartburg, dahin gehört es!« Der Justizrat war überrascht, lachte, besann sich ein Weilchen und sagte: »Ja! Wenn er es brauchen kann!« Ich ließ mir die Hand darauf geben – und nun können Sie es haben, wenn Sie wollen. Aber schreiben Sie mir bald die Antwort, da ich nicht sicher weiß, wie lange ich hier bleibe.

Unser Sommer war so schön, dass wir Sie kaum um Italien zu beneiden hatten. Den ganzen Juli hindurch konnte ich bei offenen Fenstern schlafen, und auch der August ist trotz seiner Regenschauer wundervoll. Mir ist Thüringen geradezu ins Herz gewachsen, und auch der teure Professor Stahr hat sich in etwas erholt. Er würde weiter fortgeschritten sein in der Genesung, hätte er nicht wirklich eine Kette von Kalamitäten zu durchleben gehabt – ein Junge beim Turnen gefallen und schlimm zerschlagen – Kinder und Frau krank – und Sonntag per Express die Nachricht, sein Haus stehe in Flammen. Er fuhr also augenblicks nach Jena, fand die Seinen geflüchtet, die Meubles und Bibliothek auf der Straße – das Haus wenig beschädigt vom Feuer, aber vollkommen unter Wasser – und die Häuser, in denen das Feuer ausgekommen, niedergebrannt. – Das ist denn eben auch nicht zum Gesundwerden. Indes da seine wertvollen, zum Teil trefflichen Ölbilder (Geschenke lebender Künstler) nicht gelitten haben, und sie versichert sind, so ist die Kalamität an und für sich zu ertragen, und nur zu bedauern, dass jemand, der so dringend Ruhe nötig hat, nun wieder 10, 12 Tage wüstesten Unbehagens und alle Plage der Zerstörung und der Abrechnung mit der Assekuranz zu bestehen hat. Er hofft, den 2./3. September damit zu Ende und wieder hier in Ruhe zu sein, wo ihm der Gebrauch der Fichtennadelbäder sehr gut getan hat, den er fortsetzen will. – Bis gegen Ende September bleiben wir wohl mit seinen Knaben, die bei mir sind, hier – und dann muss man weitersehen. – Ich besorge jetzt für ihn die Korrektur der zweiten Auflage seines *Jahr in Italien* – und schreibe fleißig an meinem Roman.

Von Therese habe ich beste Nachrichten, und da Sie stets Teil an ihr genommen, wird Sie das erfreuen. Sie hoffen, Anfang März in Europa zu sein und werden sich in Mecklenburg etablieren, da der Vater des Obrist, der Kammerherr von Lützow, gestorben ist, und der Obrist das Familiengut übernimmt, auf dem die Kapitalien der übrigen Geschwister stehen bleiben. Es ist ein sehr bedeutendes Gut und ein glückliches Arrangement, da Großen Brütz hübsch ist und nur eine Chaussee-Meile von Schwerin, und Hamburg und Berlin in 8 Stunden erreichbar.

Aus Italien muss man Briefe bekommen – nicht dorthin schreiben, denn wer will im Süden an Deutschland denken?

Denken Sie aber meiner, gnädiger Herr! und lassen Sie mich und Professor Stahr Ihrer Teilnahme und der wohlwollenden Erinnerung Ihrer Königlichen Hoheit, der Frau Erbgroßherzogin, auch künftig empfohlen sein.

Wann kommen Sie zurück, Hoheit?

65. *Carl Alexander an Fanny Lewald*

Sorrento, Casa di Tasso, den 13. September 1852

Sehr dankbar für Ihre Zeilen aus Rudolstadt, die ich soeben erhielt, beeile ich mich, Ihnen sowohl dieses als meine große Freude über das interessante Geschenk auszusprechen, das Ihre stets gleichbleibende Güte meiner lieben Wartburg gesichert hat. Ich nehme es mit ebensoviel Vergnügen als Dank an und ersuche Sie, es den Besitzer wissen zu lassen. Dürfte ich Ihre Güte ferner in Anspruch nehmen, so wäre es zu veranstalten, dass das Bett für den Transport auf die Wartburg gepackt werde. Ich schreibe heute meinem Sekretär Vent und gebe ihm den Auftrag, es in Rudolstadt in Empfang nehmen und weiter transportieren zu lassen. Ich erlaube mir dabei, meinen Sekretär Ihnen zu adressieren, damit er seinen Auftrag desto besser erfüllen könne.

Dass Ihnen unser Thüringen so gefällt, ist mir lieb, denn es verdient anerkannt zu werden. Es trägt in meinen Augen ein gewisses Gepräge von Gemütlichkeit, das mir wohl tut. Von Herzen bedauere ich, dass Unannehmlichkeiten überhaupt, und solche im besonderen, Herrn Professor Stahr in seiner Kur und dem Genusse des sympathischen Aufenthaltes stören mussten. Das Leben ist nun einmal ein Kampf, immer beweist sich dies aufs Neue, immer und überall.

Der Ort, von dem ich schreibe, wird Ihnen beweisen, dass ich Ihren Rat befolgt habe. Seit Wochen schon sind wir hier, in diesem Paradies, von dem wir wahrscheinlich nächstens aufbrechen, um nach Rom zurückzukehren. Im Spätherbst sind wir dann wohl wieder zu Haus. Auf Rom freue ich mich wieder am meisten. Von allen Orten Italiens ist es mir der sympathischste, hier, nur da, in Rom, möchte ich leben, weil es mir am meisten sagt. Ich glaube, dass Prof. Stahr mich, meiner Wahl wegen, nicht missbilligen wird. Was mich hier umgibt, ist ein Paradies; auch genießt es mein Naturgefühl in vollen Zügen, das ist aber auch alles, und das bloße Gefühl der Naturbewunderung ist mir ein zu enger Boden für das Leben. Ich denke an Prof. Stahr jeden Tag; er hat sich durch sein Werk über Italien ein wahres Denkmal gesetzt. Sagen Sie ihm dies in meinem Namen und gedenken Sie der fernen Reisenden.

66. *Fanny Lewald an Carl Alexander*

Berlin d. 1. Januar 1853
Leipziger Platz No. 3

Monate sind vergangen, gnädigster Herr! seit ich auf die Nachricht von Ihrer Heimkehr warte, und immer wieder erfahre ich, sie sei hinausgeschoben. Bald heißt es, Sie verweilen in Venedig, bald in Wien, und immer sagte ich mir, dass es töricht sei, einem Reisenden, der mitten im Aufnehmen und Anschauen ist, Briefe nachzusenden – indes nachgerade wird es mir zu lang, und so mag der Brief Sie aufsuchen gehen, wo Sie auch sind, und Ihnen die besten, reichsten Wünsche, für Sie und Ihre Hoheit, die Frau Erbprinzessin, zum neuen Jahr bringen.

Eigentlich denke ich mir, dass Sie zu Hause sein werden, da das Weihnachtsfest Sie sicher zu Ihren Kindern hingelockt hat, und mir wäre das lieb: Es liegt für die Phantasie etwas Unbehagliches darin, sich den Ort und die Zustände nicht vergegenwärtigen zu können, in denen ein Brief den Empfänger trifft. In Weimar weiß ich mich zurechtzufinden, es ist mir lieb und vertraut, ich habe einen Begriff von Ihrer dortigen Existenz und weiß, dass dort ein Brief von mir Ihnen keine Störung ist.

Der diesjährige Winter meint es übrigens recht gut mit Ihnen. Er ist eine Wohltat für Sie, der Sie aus dem Süden kommen, und wir haben hier so milde Tage gehabt, dass man sich eher im April als im Dezember glauben konnte. Auch der Neujahrstag war hell, sonnig und mild. Möchte es eine Vorbedeutung für das Jahr sein – obschon es kaum zu hoffen ist.

Mir hat das letzte Jahr einen unersetzlichen Verlust gebracht, durch Thereses Tod.[14] Es ist eine Lücke in meinem Leben, die nicht auszufüllen ist, und die ich nur darum noch immer nicht in ihrer ganzen Größe empfinde, weil ich mit allen meinen Gedanken so sehr an Therese gewöhnt bin, dass ich meist vergesse, dass sie nicht mehr lebt. Es ist ein sonderbares Empfinden, das mich selbst überrascht. Ich denke ihrer fortdauernd als einer Lebenden. – Sie ist mit vollstem Bewusstsein gestorben und hat noch mehrere Seiten als eine Art von Testament diktiert. Ihr Töchterchen hat sie der Pflege ihrer Schwägerin, Frl. von Lützow, anvertraut, und der Obrist, der ganz herzzerrissen ist, hat geschrieben, dass Sie auch Aufträge für mich hinterlassen, ohne anzugeben, worin sie bestehen. Er kehrt, sobald sein Nachfolger ernannt ist, mit der Landmail nach Europa zurück. Möchte das zarte Kind nur die Reise ertragen und dem Vater erhalten bleiben.

Das alles schreibt man nun so ruhig hin – und doch ist so viel Herzeleid dahinter, und doch ist solch schönes, edles Dasein hingegangen! – Therese war die liebreichste Natur, die ich je gekannt habe. Es war kein Neid, nichts Kleinliches in ihr – und so viel Liebe, Wohlwollen und Güte! Vergessen Sie sie nicht, sie war so unaussprechlich gut – und sie war auch so schön. Vergessen Sie sie nicht! – Mir, gnädiger Herr, geht es noch nicht gut, aber wir sind auf dem Weg, auf dem wir zur Ruhe und zum Abschluss zu kommen hoffen dürfen. Professor Stahr ist nicht mehr nach Jena zurückgekehrt, und seine und seines und meines Bruders Vorstellungen haben es so weit gebracht, dass Frau Stahr sich in diese Trennung gefunden hat, ohne jedoch bis jetzt in die Scheidung zu willigen. Indes ich hoffe, dass wir mit der Zeit auch das erlangen werden, und dann, gnädiger Herr! können – und ich hoffe, werden Sie uns helfen. Bei der Teilnahme, die Sie mir und Stahr gewähren, und die ich dankbar anerkenne, würde es Sie freuen, zu sehen, wie schon diese teilweise Beruhigung ihm wohltuend ist. Er hat sich wesentlich erholt, und ich hoffe, wenn nicht unvoraussehbare Zufälle ihn dahinraffen, soll er noch eine schöne Zukunft und eine erfreuliche Wirksamkeit haben. Er arbeitet an archäologischen Studien[15], für die ihm die Gipsabgüsse – des sonst so konfusen neuen Museums – sehr wichtig und nützlich sind.

Ich bin noch mit meinem Roman beschäftigt[16], hoffe aber in ein paar Monaten damit zu Ende zu kommen, und dann im Sommer doch wenigstens ein paar Wochen im Freien ausruhen zu können.

Neulich hat Ihr Konzertmeister Joachim[17] hier wahren Fanatismus erregt. Ich konnte ihn nicht hören, weil das Konzert auf einen Montag, meinen Empfangsabend, fiel. Professor Stahr aber, der dort war, sagt mir, er habe in Berlin nie einen größeren Beifall erlebt. Ist es denn wahr, gnädiger Herr! dass Liszt nach Paris geht? Es zirkuliert hier als Gerücht – von der *Kreuzzeitung* ausgehend, und darum glaube ich es nicht.

Dass das Bett sich von Rudolstadt mit seinen vier dicken Füßen auf die Wanderung gemacht, hat mir Justizrat Eberwein geschrieben; ob es aber auf der Wartburg angekommen ist und wie Sie damit zufrieden sind, habe ich nicht erfahren. Der Justizrat, der für einfache Lieder nicht ohne Geschick ist, hat dem Bett ein Gedicht in Hans Sachsens Manier mitgegeben. Ist Ihnen das zu Augen gekommen? Es ist nicht das Beste an der Sache.

Wahre Freude, hoffe ich, sollen Sie an den Gedichten des Doktor Sigismund[18] haben, der nebenher eine sehr liebe, feinsinnige Natur ist. Ich sagte ihm einmal auf den Kopf zu: »Sie sind ein Dichter, haben Sie denn nie Verse gemacht?« – »Ach ja!« antwortete er, »vor Jahren hie und da!« – Und so kam endlich das Manuskript – oder vielmehr ein Pack einzelner vergilbter Blättchen zum Vorschein, aus denen Stahr das *Liederbuch* zusammensetzte. Es ist die naturwüchsigste, reinste Lyrik, die seit 20, 30 Jahren in Deutschland erwachsen ist, und ich denke, Sie werden große Freude daran haben. Die »Waldschlucht« – die »Quelle« – »Seitdem« – die »Auswandrer« sind wahre Juwele.[19]

Die Blätter und Briefe kommen nach Neujahr zu Ihnen, gnädiger Herr! – Das ist Koketterie und Berechnung von meiner Seite. Wenn Sie umringt sind von Gratulanten und Sollizitanten, sind Sie notwendig absorbiert, und wenn man schon nicht das Glück gegenwärtiger Unterredung genießen kann, so muss man umso mehr darauf halten, sich eine ruhige Viertelstunde für sich allein zu erobern.

Gönnen Sie mir diese und erhalten Sie mir Ihr Wohlwollen. Empfehlen Sie mich der Geneigtheit Ihrer Hoheit, der Frau Erbgroßherzogin, und wie ich für meine arme Therese bat, »vergessen Sie sie nicht!«, so bitte ich es auch für mich.

67. Carl Alexander an Fanny Lewald

Weimar, den 18. Januar 1853

Meinen verspäteten Dank für Ihre gütigen Zeilen bitte ich einem wenn auch nicht viel bedeutenden, aber sehr schmerzhaften Unwohlsein zuzuschreiben, was mich gleich nach meiner Rückkehr aus Italien überfallen hat und mir das Schreiben unmöglich machte. Empfangen Sie nun endlich meinen herzlichen Dank mit der Bitte, die Anlage Herrn Professor Stahr zu übergeben. – Ich habe Ihrer sehr gedacht, als mich die Nachricht von dem plötzlichen Tode Ihrer Freundin erreichte. Den Beweis, dass ich es tat, möge Ihnen inliegende Abschrift liefern, welche ich, ehe ich noch Ihren Brief erhielt, von einem nehmen ließ, den der Herzog Bernhard aus Batavia von einem dortigen hochgestellten Offizier namens Schierbrand bekommen. Vielleicht teilt er Ihnen einige neue Détails mit, die für Sie dann gewiss den Wert haben werden, den dergleichen auf eine teure Person Bezügliches immer enthält. Wie begreife ich Ihren Kummer, Sie haben viel an ihr verloren.

An dem Werk des Doktor Sigismund habe ich eine wahre Freude gehabt; es atmet Wahrheit, ein feines, sinniges Gemüt und echte Luft von unseren thüringischen Bergen.

Auch des Gedichtes erfreute ich mich, von dem diese historische Bettstelle begleitet wurde; es soll mit ihr nächstens die Wanderung auf die Burg machen, wo indessen etwas entstanden ist, das mich wirklich überrascht hat, und zwar ist es die Eloquenz des Ausdrucks desjenigen Sinnes, was ich meinem Unternehmen zugrunde gelegt habe. Nicht sagen kann ich, wie wohltuend es mir war, gerade diese Bemerkung nach meiner Rückkehr aus dem Land zu machen, wo die Sprache der Kunst und durch die Kunst sich so gründlich lernt. Dass ich dies, dass ich so manches andere in dem gelobten Süden gelernt habe, glaube ich mit gutem Gewissen versichern zu können. Hier habe ich, wenn auch im kalten Norden, das Feld wieder betreten, wo ich so manches anwenden kann, was ich mir dort angeeignet habe. Wünschen Sie mir dazu Glück, Erleuchtung und Kraft. Wahrheit, Ernst und Schönheitssinn bringe ich selbst.

Gott sei mit Ihnen im neuen Jahr.

68. Fanny Lewald an Carl Alexander

Ohne Datum (März 1853)

Ohne in der letzten Zeit direkte Nachrichten von Ihnen gehabt zu haben, habe ich doch viel von Ihnen gehört und viel an Sie im besten Sinne gedacht, da die Journale alle voll sind von den Monumenten Schillers, Goethes und Wielands. Indes ist es ein misslich Ding mit solchen Beschreibungen. Sooft ich schon Auseinandersetzungen gelesen habe, wie Schiller und Goethe stehen sollen, habe ich doch keinen Begriff von dem Rietschelschen Entwurf[20]. Irre ich nicht, so hatten Sie die Güte, mir die Rauchsche oder vielmehr eine Rauchsche Gipsskizze zu zeigen, und es wird wohl die rechte sein. Sie stand in dem Korridor der Handzeichnungen, der sich an Ihre Appartements anschließt. Haben Sie eine Zeichnung des Rietschelschen Denkmals, die nicht schwer zu verpacken wäre, so wäre es sehr gnädig und Ihnen sehr ähnlich, wenn Sie uns einen Blick darauf werfen ließen.

Dass man für die Wieland-Statue Gassers Modell benutzen wird, daran habe ich ein eigenes Interesse, weil ich Josef Gasser[21] kenne. Ich fuhr vor sieben oder vielmehr vor acht Jahren mit ihm in derselben *vettura* von Florenz nach Rom. Es war sein erster Ausflug, und er hatte etwas sehr Ursprüngliches. Ich weiß nicht, ob Sie von seinen Schicksalen etwas kennen?

Er ist ein Bauernbursche aus dem Zillertal. Schnitzte dort Kästchen und Gemsen und Häuserchen, hatte aber solch unwiderstehlichen Trieb für die Kunst, dass er auf eigene Hand anfing, in Öl zu malen und nach Heiligenbildern große Köpfe zu schnitzen. Endlich schaffte ihm ein anderer Holzschnitzer ein paar Taler. Mit diesen ging er zu Fuß nach Wien, wo er niemand kannte, nach dem Direktor der Akademie fragte, und um Aufnahme in dieselbe bat. Man lachte ihn aus. Er aber erbot sich, in Holz den Kopf nachzuahmen, den er im Büro der Akademie stehen sah, wenn man ihm denselben borgen wolle. Man gab ihn ihm – es war eine der Niobiden. Bei kärglichster Nahrung ging er an die Arbeit und führte sie vortrefflich aus. Das entschied für ihn. Er ward in die Akademie aufgenommen und machte die ersten Klassen in seinen Tirolerkleidern durch, was er mir als etwas höchst Quälendes schilderte, weil er dadurch ein Gegenstand unausgesetzter Neugier gewesen sei. Endlich machte er ein Christusbild. Dieses kam irgendwie in die Hände der Fürstin Metternich. Sie kaufte es, Gasser schaffte sich dafür bürgerliche Kleider an, lernte die Fürstin selbst kennen, die sich für ihn interessierte – und das usw. war eben, dass er, ich glaube als Pensionär der Regierung nach Rom ging. Zuletzt sah ich ihn in den Thermen des Caracalla, und nachdem habe ich nichts mehr von ihm gehört. Umso mehr interessierte mich jetzt die Nachricht, und ich bin wirklich neugierig, wie er sich entwickelt haben wird. Er war damals streng katholisch, so sehr, dass sich eine gewisse nazarenische Dürftigkeit in seinen Skizzen kundgab, die ich in Rom gesehen habe. Es freut mich, dass er jetzt den anakreontischen Wieland heiter darzustellen weiß. Es ist ein gutes Zeichen für ihn.

Wo aber kommen die drei Statuen hin? Auf den Fürstenplatz? Professor Stahr und ich haben lange überlegt, wo man sie aufstellen wird, da die Blätter es nicht melden, und die Aufstellung tut so viel. Hier kann man das mit Schmerz im neuen Museum gewahr werden, wo die Kolosse von Monte Cavallo so wunderbar schlecht aufgestellt sind, dass die große Intention und das große Werk total vernichtet werden.

Liszt schreibt, dass Weimar in dieser Woche drei Wagnersche Opern hat. Wissen Sie, gnädiger Herr, was das Programm des hiesigen Theaters ist, d.h. der beiden Königlichen Theater? Jetzt augenblicklich eine spanische Tänzerin, dann französisches Theater, dann eine ungarische Operngesellschaft – und das ist das deutsche Nationaltheater. Ich werde mich nicht wundern, wenn ich hier auch einmal auf der Hofbühne die Negersänger johlen und sich wie toll an Rockschößen zerren sehen werde, wie ich es einmal in Hamburg in einem Vorstadttheater genoss. – Ach! Es ist viel von Gottes Wort zu sagen – und dabei behauptet man, und ich glaube es, dass Herr von Hülsen die besten Absichten habe.

D. 12. März. Endlich, gnädiger Herr! soll Professor Stahrs Arbeit über die Dioskuren[22] zu Ihnen gehen, und dieser Brief sie begleiten. Der Druck hat sechsmal so lange gedauert, als es nötig gewesen wäre, und dann hat der Buchbinder auch noch sein Recht des Zauderns in Anspruch genommen.

Ich selbst bin noch immer mit meinem Roman[23] beschäftigt, der aber doch bald erscheinen wird. Es ist ein Stück Arbeit, an das ich viel Liebe, Kraft und Hingebung gesetzt und das mich geistig seit fünf Jahren beschäftigt hat. Der Erfolg ruht denn freilich immer noch auf den Knien der Götter.

Seit gestern haben wir goldenes Frühlingswetter, und meine Seele schmachtet dann nach dem Süden, den Sie eben erst genossen haben. Möge Ihnen und der Königlichen Hoheit, der Frau Erbgroßherzogin, der Widerschein jener Tage bei diesem Frühlingsleuchten recht lebendig werden.

Erhalten Sie mir Ihre wohlwollende Teilnahme, gnädiger Herr! und möge Ihnen Gesundheit und Freudigkeit nicht fehlen für das Gute und Fördersame, das Sie beabsichtigen.

69. Carl Alexander an Fanny Lewald

Weimar, den 31. März 1853

Lassen Sie mich Ihre Romanarbeit durch die trockene Prosa meines Briefes für einen Augenblick unterbrechen, und lassen Sie mich dieser Prosa meinen Dank für Ihre Zeilen anvertrauen. Leider kann ich keine Zeichnung, noch weniger eine Kopie des Rietschelschen Modells beifügen, denn ich habe nichts dergleichen. Nur versichern kann ich, dass ich die Lösung der schweren Frage eine gelungene, sehr gelungene finde. Rietschel hat die Aufgabe besonderer Art, den Charakter der Persönlichkeiten, der Zeit, in der sie wirkten, des Verhältnisses des einen zum anderen tief und scharf aufgefasst und in schönster Form eloquent ausgedrückt. Nach aller Wahrscheinlichkeit kommt das Monument gegenüber von dem Theater, mit dem Rücken an ein zu verbesserndes Gebäude, jedoch freistehend. Die Statue Wielands soll denjenigen Platz schmücken, der am Beginn der Straße von Belvedere liegt. Gasser ist allerdings das Kind der Berge, allein in Italien war er nie[24]; er sagte mir sogar: er wolle auch sobald nicht hin, denn dann befürchte er, nicht so bald wiederkommen zu können, oder vielleicht nie wiederzukommen.

Die Wagner-Woche war ein großer Genuss – *era un pezzo di cielo*[25], von demselben Cielo, von dem die Dioskuren, welche Stahr so trefflich beschrieben, ein anderes *pezzo* sind. – Ich habe jetzt im Kopf, ein Museum zu bauen, was wir so nötig brauchen, wünschen Sie mir, dass dies ein ferneres *pezzo* werde!

Ich verlasse Sie, um zu einem Konzert in der Kürze zu gehen, wo man bei mir den 3^(ten) Akt des *Lohengrin* singen wird. – Die Erbgroßherzogin lässt Sie grüßen, ich wiederhole für Sie das oft Gesagte.

V

24. Juli 1853 – 12. Februar 1855

Carl Alexanders Regierungsantritt – Seine Bemühungen in Stahrs Eheangelegenheiten – Griepenkerls »Girondisten« – Wilhelmine Klauß – Marmorrelief der Schröder-Devrient – Moritz Hartmann – Stahrs »Torso« – Der 6. Februar 1855 – Hauenschilds Tod

70. *Fanny Lewald an Carl Alexander*

Heringsdorf bei Swinemünde, den 24. Juli 1853

Es wird Sie nicht gewundert haben, dass ich bisher geschwiegen, dass ich Ihnen nicht gesagt, mit welcher Teilnahme ich Ihrer gedacht, Ihres Schmerzes und der Empfindungen, mit denen gerade Sie den Thron besteigen mußten.[1] Pflichten und Ansprüche aller Art werden Sie umdrängt haben, Huldigungen Sie umgeben, und ich dachte, es würde Ihnen lieb sein, wenn ich eine ruhigere Stunde abwartete, mich Ihnen zu nahen. Ich hätte viel, sehr viel darum gegeben, Sie in diesen Tagen sehen und sprechen zu können, die Ihnen Tage der Weihe und Erhebung gewesen sein müssen. Möge der Geist Carl Augusts, zu dem Sie mit solch stolzem Recht zurückzublicken pflegen, mächtig in Ihnen sein, und möge in dem Fürsten der Mensch der alte bleiben – denn das Wahrste ist das Menschliche, und das Beste, was der Fürst zu leisten vermag, das leistet er mit jenem liebevollen Herzen, das in der Liebe die Gerechtigkeit besitzt. Sei alles Gute und Erhabene mit Ihnen! Es werden nicht viele leben, die es Ihnen aufrichtiger wünschen als ich, dass Sie ein Beispiel Ihrer Zeitgenossen, dass Sie ein treuer Nachfolger Carl Augusts werden, dessen Geist einzig dasteht an göttlicher Menschlichkeit auf den deutschen Thronen. Ich denke Ihrer viel und verfolge mit sorgender Treue alle Ihre Handlungen, mein gnädiger Herr! wie die Zeitungen sie künden – aber lieber noch sähe ich Sie. Denn das Sehen ist das eigentliche Voneinander-Wissen. Sei Gott mit Ihnen!

Mir ist es schlecht gegangen. Ich war fast durch das ganze Frühjahr leidend. Ich hatte mich überarbeitet bei der Vollendung meines Romans, dann kam Obrist Lützow und brachte mir Thereses letzte Wünsche. Das alles griff mich an, der Arzt verkannte mein Leiden, verordnete einen Aderlass, und warf mich damit vollends um. Nun bin ich hier am Seestrand, mich zu erholen, und werde hier bleiben, bis Anfang September, bis wir nach Rudolstadt gehen.

In den nächsten Tagen hoffe ich, Ihnen meinen Roman senden zu können. Werden Sie denn Zeit haben, ihn zu lesen? Sie würden so viel Durchsprochenes, so manche Erinnerung an unsere Unterhaltungen darin finden, dass es mich freuen würde, wüsste ich Sie damit bekannt. Es liegen Jahre des Erlebens in weitestem Kreise darin, und ich lege Wert auf diese Arbeit, die mich innerlich seit 7, 8 Jahren beschäftigt hat.

Professor Stahr arbeitet an seiner *Archäologie*. Seine Gesundheit hat sich merkwürdig gekräftigt. Sie würden ihn sehr verändert finden. Auch seine – unsere – Angelegenheiten sind aufgeklärt, und sie befriedigend zu lösen, ruht nun in Ihrer Hand. Ich denke, dieser Akt der Gnade wird Ihrem Herzen wohl tun, weil er uns Frieden bringt, an deren Schicksal Sie so wohlwollend teilgenommen haben.[2] Professor Stahr empfiehlt sich Ihnen und schreibt Ihnen in den nächsten Tagen selbst.

Haben Sie die Güte, gnädiger Herr! mich der Erinnerung der Frau Großherzogin zurückzurufen, und erhalten Sie selbst mir das Wohlwollen, auf das ich so hohen Wert lege. Ich hoffe, mich Ihnen im Herbst persönlich vorstellen zu können, möge mir dann der gute, alte, erquickliche Empfang zuteil werden, den Sie mir seit der ersten Stunde der Begegnung zuteil werden ließen.

71. Carl Alexander an Fanny Lewald

Weimar, den 27. Juli 1853

Empfangen Sie all meinen herzlichen Dank für den Beweis Ihres Anteils an dem, was über mich gekommen. Auch Sie kennen den Schmerz und werden daher um so sicherer ahnen können, was ich durchlebt und durchlitten. – Ich danke Ihnen von Herzen für die gute Meinung, die Sie von mir hegen, indem Sie eines menschlichen Sinnes Erwähnung tun, den ich besitze. Dass ich ihn mir bewahren werde, bürgt Ihnen Ihre

Kenntnis meiner Selbst und mein auf meinen Großvater von jeher gerichteter Blick.

Ich bedaure recht sehr, dass Sie so krank gewesen sind; schonen Sie sich nur, und ruhen Sie sich aus von der Arbeit, die ich mit Freuden empfangen werde; sie wird nicht unbenützt bei mir liegen. Ich werde von Professor Stahrs Brief[3] Kenntnis nehmen und freue mich indes über seine gebesserte Gesundheit wie auf sein Werk. Sein Kunsturteil war mein bewunderter und geliebter Führer im Süden. Ich schließe eilend, entschuldigen Sie die flüchtigen Zeilen mit der vielen Arbeit, die mir jetzt obliegt.

72. Carl Alexander an Fanny Lewald

Weimar, den 14. August 1853

Ihnen beiden zu helfen, war meine Absicht und bleibt es; in dieser Absicht veranlasste ich Herrn von Wydenbrugk[4] Professor Stahr zu schreiben, er möge zunächst an den Großherzog von Oldenburg sich wenden; in gleicher Absicht sprach ich persönlich mit dem Großherzog, in gleicher Absicht endlich greife ich heute wieder zur Feder und schließe die Anlage bei, welche ich an Professor Stahr zu richten die Veranlassung aufs neue gab, schon deshalb weil es von Wichtigkeit sein könnte, diese Meinung schriftlich zu haben. Ich schreibe Ihnen, umso mehr ich Ihren Brief zu beantworten, Ihnen zu erzählen habe, wie der Großherzog mir erklärt hat, er könne in der fraglichen Angelegenheit unter diesen Umständen nichts tun. Ich komme also auf den einzigen möglichen Weg. Es ist der, dass Sie wie Professor Stahr sich um das Staatsbürgerrecht im Großherzogtum Sachsen bewerben, also um Aufnahme in irgendeine Gemeinde des Landes nachsuchen. Gehören Sie dann beide dem Lande an, so wird die Scheidung erfolgen, denn nur auf Staatsangehörige kann sich das Gesetz beziehen. – Deshalb mildern Sie den langgenährten Kummer und halten Sie die von dem Leben unter Menschen untrennbaren menschlichen Schwierigkeiten nicht für unübersteigliche Hindernisse, wenn auch sie oft schwer lasten werden.

Eilend muss ich heut schließen; ich wünsche Ihnen beiden Frieden von ganzem Herzen.

73. Fanny Lewald an Carl Alexander

Heringsdorf, den 30. August 1853

Anbei der Roman[5], dem Sie Ihre Teilnahme so freundlich zugesagt haben. Möge er Ihnen einzelne Stunden der Erholung nach Ihren Berufsgeschäften gewähren, und so Ihre Gedanken mit dem alten Wohlwollen auf mich lenken.

Mitte September komme ich nach Weimar. Lassen Sie dann mich eine freie Stunde bei Ihnen finden, in der ich Ihnen aussprechen kann, dass ich bin und bleibe Ew. Königlichen Hoheit ergebene – F. L.

74. Carl Alexander an Fanny Lewald

Ilmenau, den 16. Oktober 1853

Wenn Sie mich für zum wenigsten nicht eben höflich halten, so kann ich mich darüber ebensowenig beschweren als wundern, denn wahr ist es, der Schein ist gegen mich, allein ebenso natürlich ist es, dass ich Ihnen offen sage, dass ich deshalb bis heute mit meiner Antwort auf Ihren letzten Brief und, was noch mehr sagen will, mit meinem Dank bis heute wartete, weil ich beides mündlich tun wollte. Hierzu aber gaben Sie mir selbst Veranlassung, denn Sie schrieben mir: Mitte September würden Sie in Weimar sein. Doch diese Zeit kam und eine viel spätere, und Sie erschienen nicht. Meinen Dank für Brief und Werk noch länger hinauszuschieben, ist wirklich unmöglich – empfangen Sie ihn daher heute, er kommt von Herzen. Sie sendeten mir – dies sind Ihre Worte – jenes Buch zu meiner Erholung. Ich danke Ihnen im Besonderen für diese Absicht. Für Erholung auch gebrauche ich es, lese ich es jetzt, hier, in stiller Waldeinsamkeit zu Ilmenau, wohin ich mich für ein paar Tage zu meiner leidenden Frau zurückgezogen habe. Ich bewege mich bei der allmählichen Kenntnisnahme Ihrer Schöpfung in einem mir oft durchaus sympathischen Element; in manchen Bemerkungen, manchen Ansichten spiegele ich mich wie in einem klaren Quell. Mehr sage ich nicht, denn noch bin ich am ersten Band. Ich erkenne, dass Sie Ihre Seele zum Teil in dies Buch gelegt haben, denn nur wenn man die Sachen erlebt und erlitten hat, lässt sich bei manchem der Ausdruck finden, den

Sie zu geben wussten. Wie von Herzen wünsche ich Ihnen dafür Friede. Dies Wort enthält, was ich für Sie, also auch für alles, was Sie beschäftigt und so manches Leid Ihnen verursacht, hoffe. Da ich absolut nicht weiß, wo Sie sind, schicke ich diese Zeilen an Hettner; der wird Ihre Adresse kennen.

Grüßen Sie, bitte, Stahr von mir.

75. Fanny Lewald an Carl Alexander

Berlin, den 20. Oktober 1853
Leipziger Platz No. 3

Mein teurer gnädiger Herr! Ihr Brief, der mich am ersten Tag der Genesung nach dreiwöchentlichem Krankenlager trifft, soll mir ein gutes Zeichen sein.

Auch ich habe Ihrer oft, recht oft gedacht, aber ich bin seit unserer Rückkehr von Heringsdorf meist unwohl, sehr deprimiert, und nun schließlich recht ernstlich krank und bettlägerig gewesen. Das ist für den auf seine Tätigkeit angewiesenen Menschen dann doppelt schwer zu tragen, und es war diesmal bös genug für mich.

Ihr Urteil über mein Werk tut mir sehr wohl. Ich denke, Königliche Hoheit! es soll Ihnen lieber und lieber werden, je weiter Sie es kennen lernen. Ich bin mir bewusst, dass es aus reiner Seele, aus liebevollem Herzen geschaffen ist, und ich habe mich bestrebt, allen Individualitäten gegenüber Gerechtigkeit zu üben. Freie Selbstentwicklung für jeden innerhalb seiner Fähigkeiten zu ermöglichen, das ist die höchste Aufgabe des Dichters wie des Fürsten, und liebevolle Gerechtigkeit selbst gegen das ihm persönlich Widerstrebende müssen der Dichter und der Fürst vorurteilslos zu üben wissen, soll es etwas werden mit dem, was sie schaffen. Nach dieser verständnisvollen Gerechtigkeit gestrebt zu haben, bin ich mir bewusst. Das Buch wird auch Kunde davon geben. Wie sollte Ihnen also, der Sie gut und voll Schönheitssinn sind, da nicht vieles lieb werden, und als der Widerhall des eigenen Denkens, Fühlens und Strebens entgegentreten? – Möge das Buch Ihnen gefallen. Ich denke, es soll mich überdauern, als ein Bild der Zeit, die es schildernd umfasst, einer Zeit, von der wir bis jetzt keine umfassende, dichterische Gestaltung besaßen. Haben Sie das Werk beendet, ist es Ihnen lieb geworden, so sagen Sie es mir, mein gnädiger Herr! Der Dichter hat es dringend nötig, dass die Guten und Besten nicht nur innerlich Teil an ihm nehmen. Er bedarf des ermunternden Wortes sehr. Gönnen auch Sie es mir.

Ihre Ruhe in Ilmenau in diesen wundervollen Herbsttagen muß Ihnen süß und auch nötig gewesen sein, nach der Bürde des Amtes, das jetzt auf Ihren Schultern ruht. Aber es ist beklagenswert, dass ein Übelbefinden Ihrer Königlichen Hoheit der Frau Großherzogin die Veranlassung war, welche Sie nach Ilmenau geführt hat. Haben Sie die Gnade, der Frau Großherzogin mein Andenken zurückzurufen, obschon ich nur wenig das Glück habe, ihr persönlich bekannt zu sein.

Ich komme aber mit dem Schreiben nicht recht fort. Erlauben Sie, dass ich den Brief erst morgen beende.

D. 1. *November.* Es sind elf Tage neuer Krankheit dazwischengekommen – heute aber soll nun der Brief in Ihre Hände gehen.

Dass wir nicht nach Weimar kamen, mein gnädiger Herr! wie Professor Stahr und ich es beide sehr gewünscht, das lag teils an meiner Krankheit, teils an unseren traurigen Verhältnissen, an der unseligen Verwirrung von Professor Stahrs Scheidungsangelegenheit.

Ich habe immer die Notwendigkeit gefühlt, Ihnen, Königliche Hoheit! der Sie uns Ihre Hilfe warmherzig zugesagt, von den neuen Hindernissen zu schreiben.

Professor Stahr erkundigte sich nach der Anweisung von Herrn Minister von Wydenbrugk um die Bedingungen des Bürgerwerdens in Ew. Königlichen Hoheit Landen. Ein junger, uns befreundeter Jurist, Dr. Zerbst, der Bürgermeister in der Stadt Bürgel und ein gescheiter Mann ist, gab die nötige Auskunft. Es hieß: Stahr müsse seine Auswanderung aus Oldenburg nehmen, müsse in einer Weimarischen Stadt das Bürgerrecht für sich, seine jetzige Frau und seine fünf Kinder erwerben, was in der kleinen Stadt Bürgel über 70 Taler, in Jena oder Weimar mehr als das doppelte kosten würde. Dann müsse er nach Bürgel hin, um als Stadtbürger vereidigt zu werden, und endlich nach Weimar, dort den Eid als Staatsbürger zu leisten.

Diese Prozedur hatte *große* Schwierigkeiten. Erstens kam es in Frage, ob und unter welchen Bedingungen man in Oldenburg Stahrs Auswanderung genehmigen würde, da er von dort seine Pension, Frau Stahr einst ihr Witwengehalt zu beziehen hat. Zweitens will Frau Stahr nach beendigter Erziehung der Knaben mit ihren Töchtern nach Oldenburg zurückkehren, was untunlich wird, wenn Stahr dort das Heimatrecht für die Seinigen aufgegeben hat.

Es ist bei Frau Stahr wieder ein wahrhafter Paroxysmus der Verblendung und des Eigensinns eingetreten. Wir müssen nun abwarten, ob er vorübergeht, ob sie ihr Verlangen, geschieden zu werden, das sie im Sommer als *Notwendigkeit für sich erkannte*, so sehr, dass sie jeden indirekten Verkehr mit Stahr abzubrechen begehrte, wieder aufnimmt. Und davor reiben Stahr und ich uns auf – daran werde ich zugrunde gehen, denn meine Kraft ist im tiefsten Inneren gebrochen. Es hat ja jeder nur sein bestimmtes Maß – und ich fühle es deutlich, dass mir bald Ruhe kommen müsste, sollte sie für mich nicht so spät kommen, dass ich sie nur mit zerstörten Nerven zu empfinden vermag. Ich bin unaussprechlich müde – und Stahr auch hat Ruhe so nötig. Wie soll man schaffen, wie soll man Schönheit und Idealismus in sich erhalten, wenn man täglich mit neuen Widerwärtigkeiten solcher Art zu kämpfen hat. – Ich erzählte es Ihnen nicht, gnädiger Herr! wären Sie nicht Gesetzgeber. Es gibt eine Gerechtigkeit, die blind ist – und dass diese herrscht ist ein Unglück. Dass das Gesetz sich nur dem toten Buchstaben, nicht der sehenden Vernunft fügt, das liegt in den Gesetzen – aber darin ist keine Gerechtigkeit.

Was jetzt werden wird? Ich weiß es nicht. Vielleicht kommt Frau Stahr ein anderer Einfall. Von diesen Einfällen hängen wir ab. Das ist auch ein Roman, gnädiger Herr! und Gott weiß es, ob Stahr und ich gerungen haben, uns zu fügen, der Frau und ihrer Individualität gerecht zu werden. Es ist alles von unserer Seite geschehen. Schließlich aber hat im Roman der Dichter es in seiner Hand, den Faden zu zerhauen, Lösung zu bringen, wie die poetische Gerechtigkeit, wie Sitte und Wahrheit sie fordern. Im Leben hat der Dichter sie aber nicht, nur der Fürst hat sie. Wissen Sie einen Rat, gnädiger Herr! so wenden Sie ihn an, und ich würde dem Ende, das Sie diesem tragischen Roman geben, sicher den höchsten Beifall zollen. Wären Sie nur eigenmächtig, wie der Dichter es sein darf! Hätten die Staaten nur ethische, nicht ökonomische Grundlagen für ihre bürgerliche Gesetzgebung!

Ich ende hier. Professor Stahr empfiehlt sich Ihrem Andenken und Ihrer Gnade. Ich wünsche Ihnen Gesundheit, freudige, erfolgreiche Tätigkeit, und mir wünsche ich ganz einfach und ehrlich, dass Sie mir den Frieden schaffen könnten, den Sie mir liebevoll wünschen.

Sei alles mit Ihnen, was gut und schön ist.

76. Fanny Lewald an Carl Alexander

Berlin, den 28. Februar 1854

Ich weiß nicht, mein gnädiger Herr! ob Ihre Teilnahme für mich so weit geht, dass mein Schweigen Ihnen auffällig werden konnte, das aber weiß ich, dass ich mich sehne, in doppeltem Sinne sehnte, Ihnen Nachricht von mir geben zu können, weil ich mir vorgenommen hatte, Ihnen nicht eher zu schreiben, bis ich Ihnen sagen könnte, welche Wendung unsere Lebenslage genommen habe, für die Ihre Teilnahme zu besitzen uns so unschätzbar war und ist.

Von Ihrer Gnade behufs der Ehescheidung von Prof. Stahr Gebrauch zu machen, hinderten seine Familienverhältnisse ihn. Er konnte sein Oldenburgisches Heimatrecht nicht aufgeben, konnte nicht Weimarisches Heimatrecht erwerben, weil Frau Stahr die Möglichkeit behalten wollte, mit ihren Töchtern vielleicht einmal nach Oldenburg zurückzukehren. Es blieb also nichts übrig als die gerichtliche Scheidung in Oldenburg, die nur möglich war, wenn Frau Stahr selbst die Scheidungsklage anstellte – d.h. wenn es gelang, sie zu der Überzeugung und Einsicht zu bringen, dass ihre Trennung von Stahr notwendig auch in ihrem und in ihrer Kinder Interesse geschehen müsse.

Dies ist endlich im Laufe des Herbstes gelungen. Um Weihnachten hat sie auf Lösung ihrer Ehe angetragen, und die gerichtlichen Verhandlungen sind so weit gediehen, dass die Entscheidung kaum noch sechs bis acht Wochen fern sein kann, da die juridischen Behörden die Notwendigkeit der Trennung ebensowohl anerkannt haben wie die geistlichen. – Wir können also einen Abschluss dieser Angelegenheit erwarten, können auf Ruhe rechnen, auf Einheit des Daseins – und das ist ein großes Glück, wenn man nach solchem Ziel, wie wir, acht Jahre lang in unausgesetzten schmerzlichen Kämpfen gerungen hat. Ob nach der Scheidung noch viel Formalitäten zu beseitigen sind bis zu unserer Heirat, weiß ich nicht, aber es ist das alles in meinen Augen leichter zu überwinden, sobald ich nur das Ende erblicken kann. Dass Sie zu denen gehören, mein gnädigster Herr! die uns diesen Lebensfrieden gönnen, weiß ich, und ich danke Ihnen im Herzen diese menschlich treue Teilnahme fort und fort.

Inzwischen bin ich den ganzen Sommer, aber auch den ganzen Winter krank gewesen. Habe nichts gearbeitet und viel gelitten. Die Ärzte gaben es als ein tiefes Nervenleiden, das durch lange geistige Anstrengungen, durch starke Gemütsbewegungen, durch übermäßiges Arbeiten erzeugt, nur langsam und durch Ruhe zu beseitigen sei. Sie haben mir zu einer Wasserkur im Hochsommer geraten, und mir dafür Liebenstein oder Elgersburg vorgeschlagen; so dass wir – wenn der drohende Krieg nicht alle Pläne und alles Reisen über den Haufen wirft – im Laufe des Jahres wohl die Aussicht haben, in Ihre Nähe zu kommen und uns Ihnen, Königliche Hoheit! wieder einmal vorzustellen.

Professor Stahr ist wohl, hat sich erholt, hat viel gearbeitet, und lässt den ersten Band seines kunsthistorischen Werkes jetzt – unter dem Titel *Torso* – bei Vieweg drucken. Es sind lauter einzelne Aufsätze, die aber ein Ganzes bilden, und ich denke, dass gerade Sie eine große Freude an dem Werk haben werden.

Aber warum haben Sie, gnädiger Herr! mir nicht gesagt, wie Sie mit dem Abschluss der *Wandlungen* einverstanden waren? Ich wünschte so lebhaft, es zu hören, denn – ehrlich gestanden, ich rechnete darauf, dass Sie mir beistimmen müssten. Es ist dies ein Werk, von dem ich glaube, dass es mich ein tüchtig Stück Zeit überdauern werde, weil es aus einer Lebensansicht entsprungen ist, die den Parteihass überwunden, das Recht der freien Selbstbestimmung begriffen hat, und doch nicht verlangt, dass das Bestehende im allgemeinen unter die Füße getreten werden solle und könne. – Ein Teil der gedruckten Kritik, vielfach in den Händen von Menschen, deren Gesichtskreis nicht über die Studierstube, die Kneipe und das engste Kleinleben hinausgeht, in den Händen von Menschen, die immer nur als »Kuriosum« in der guten Gesellschaft geduldet waren, ohne je in ihr heimisch oder gar ihr angehörig zu sein – hat gerade dies Werk mit wahrem Acharnement angegriffen, es frivol und gesinnungslos genannt, während es im Publikum immer tiefer wurzelt, immer weiter sich Freunde erwirbt unter den Besten und Reifsten. Ich meine auch, so fest die Gesinnung und Überzeugung des Dichters, muss er einen höheren Standpunkt haben als »die Zinne der Partei«; und das Schillersche Wort vom Dichter, der mit dem König gehen solle, hat darin seine Wahrheit, dass beide über dem Treiben des Tages zur Atmosphäre der reinen Menschlichkeit und des Wahren zu gelangen haben, wenn sie, jeder auf seinem Platz, das Rechte zu leisten denken.

Wir haben in diesen Tagen einen Brief von Herrn Griepenkerl gehabt, der Professor Stahr sein neues Schauspiel schickte und uns schrieb, dass ihm die Gunst bevorstehe, es vor Ihnen zu lesen. Dabei ist mir der Gedanke gekommen, Ihnen eine junge Bekannte von mir brieflich vorzustellen, die Klavierspielerin Wilhelmine Klauß[6].

Ich glaube, sie hat schon vor Jahren das Glück gehabt, vor Ihnen zu spielen, und was sie als Musikerin leistet, das weiß Liszt besser als ich, der sie kennt. Wenn sie aber, wie sie vorhat, nach Weimar kommt, dann gnädiger Herr! achten Sie doch darauf, welch ein seltener Verstand, welch poetische Tiefe und welch ein Kindergemüt in diesem neunzehnjährigen Mädchen sich vereinigt finden. Ohne dass man sie schön oder hübsch nennen könnte, ist sie von solch goldener Anmut, von solcher Einfachheit, dass sie mich geradezu im Sturm erobert hat und dass ich nur bedaure, sie so wenig zu sehen und zu sprechen. Ihre Geschäfte und Studien und mein Unwohlsein halten uns in dieser großen Stadt gar zu sehr voneinander. – Ich denke mir, dass Fräulein Klauß Ihnen sympathisch sein muss, und wenn Sie sie sehen werden, so erinnern Sie sich an das, was ich Ihnen über dieselbe sagte. Ich wollte ihr eigentlich diesen Brief mitgeben. Einerseits aber fürchtete ich, das könne gegen die Tabulatur der Etikette sein und ich könne irgendetwas damit schaden oder verbrechen – nicht vor Ihnen! aber im Sinne anderer – und dann wollte ich den Brief auch nicht so lange ungeschrieben lassen.

Erlauben Sie mir, gnädiger Herr! um Ihre Empfehlung für mich bei Ihrer Königlichen Hoheit der Frau Großherzogin zu bitten, und sagen Sie mir bald einmal, dass Ihre Teilnahme und Gnade mir erhalten bleiben.

Noch eins! Lassen Sie sich aus den *Geschichten aus alter und neuer Zeit* von Edmund Höfer[7] zwei Geschichten empfohlen sein. »Der alte Mann« – und »Aus dem Universitätsleben« – das

Letztere ist unnachahmlich schön. Aber Sie müssen es sich nicht vorlesen lassen, dazu ist der Schluss zu innerlich, Sie müssen es selbst lesen.

P. Sk. Gnädiger Herr! werden Sie nicht böse, aber ich bin wahrhaftig dumm geworden durch meine Krankheit, habe also das Beste vergessen, und muss ein echt weibliches Postskript machen.

Vorige Woche war ich drauf und dran, eine Erwerbung für Sie zu machen, die Sie sicherlich nicht zurückgewiesen hätten. Ein junger Bildhauer in Gotha hat ein ganz wundervolles Marmorrelief von der Schröder-Devrient[8] gemacht. Sie hatte es ursprünglich dem Dresdner Theater zugedacht, mag es nun nicht dahingeben, und will es doch nicht nach Russland mitnehmen, wohin zurückzukehren sie Erlaubnis erhalten hat. Da habe ich ihr den Vorschlag gemacht, es der Bibliothek von Weimar zu schenken. Anfangs sagte sie zu – dann aber meinte sie, sie müsse erst ihren Mann fragen, der es bestellt hat. Es ist etwas über Lebensgröße, und die vier Ecken der Einfassung tragen in goldenen Lettern die Namen: Alceste, Fidelio, Romeo, – den vierten weiß ich im Moment nicht – doch! Donna Anna! – Ich habe ihr also gesagt, könne sie das Relief nicht selbst anbieten, so möge sie dies später mit einem der Abgüsse tun, die sie hier machen lässt; und ich denke, das wird Ihnen willkommen sein, da Ihre Bibliothek so leicht in ein Porträt-Museum umzugestalten ist, für das es so unschätzbare Anfänge bietet.

Ich habe Frau von Bock, die ich seit langem kenne, hier leider nicht viel gehört, und nicht bei mir, denn erstens habe ich kein Klavier und zweitens war ich viel zu elend, um ausgehen zu können, aber das habe ich doch in den zwei Malen wieder empfunden, die ich ihren Vortrag genießen konnte, dass sie unvergleichlich ist.

Nun aber genug und Verzeihung für das Inkohärente, mein gnädiger Herr!

77. Carl Alexander an Fanny Lewald

Wien, den 17. März 1854

Mit Freuden habe ich aus Ihrem Brief von dem 28 v. M. ersehen, dass Sie dem ersehnten Frieden näher, dass Sie wieder wohler sind. Dass Ihr Körper unter der Arbeit der Seele leiden musste, ist wohl nicht zu verwundern. Den Rat der Ärzte, der Ihnen den Weg nach dem grünen Thüringen und seinen Bergschluchten zeigte, müssen Sie befolgen. Auch ohne ein Arzt zu sein, predige ich Ihnen ein Gleiches, denn aus Erfahrung weiß auch ich, was unsere balsamische Gebirgsluft für eine Wohltat für kranke Nerven, für zu angespannte Seelenkräfte ist. Dann wird sich auch, weit besser als auf diesem kleinen Stück Papier, die Frage beantworten lassen, welche Sie an mich, bezüglich Ihrer *Wandlungen* richten. So edel das ist, was Sie in Ihrem Brief mir schreiben, so göttlich schön jener Ausspruch Schillers ist, dessen Sie Erwähnung tun, so wundere ich mich dennoch nicht, dass eine heftige Polemik entstanden. Auch der Parteilichkeit werden Sie beschuldigt werden, wo Sie das Gegenteil erzielten – am schärfsten werden Sie von denen angegriffen werden, welche Ihre geistige Superiorität fühlen, diese aber, diese letztere und das aus ihr strömende Talent wird und ist gemeint. – Auf Professor Stahrs Werk freue ich mich ungemein. Sein Werk über Italien, die mir von ihm gesendete Broschüre, lässt mich ahnen welch' Genuss mir bevorsteht. Ich sehne mich danach.

Griepenkerls Stück[9] habe ich mit großem Interesse gehört; ich lasse es in diesen Tagen hier aufführen, er selbst wird kommen, es bei der Aufführung zu beurteilen und zu überwachen. Frl. Klauß ist mir in der Tat, wenn ich nicht sehr irre, bekannt; sie wird es mir nun doppelt durch das Urteil, was Sie über dieselbe fällen und was sie mir, wie einen Gruß von Ihnen, bringen wird.

Mit aufrichtigem Dank erwidere ich den neuen Beweis Ihrer Güte für mich und Ihres Interesses für hier, was Sie mir dadurch geben, dass Sie das Basrelief hierher stiften lassen wollten. Es ist ein vortreffliches Werk, ich sah es einmal in Dresden, wenn ich nicht irre. Die Bibliothek mit ihrem Bildermuseum wäre in der Tat der beste Rahmen. – Der Bau eines wirklichen, ich meine nur eines Raumes, um die verschiedenen Sammlungen würdig aufzustellen, die jetzt zerstreut sind, in den verschiedensten Räumen, ist einer meiner liebsten Träume, an dessen Verwirklichung ich emsig arbeite.

Das Frühjahr also begrüßt Sie wohler, und dieser Brief bringt Ihnen, mit den Grüßen der Großherzogin, die Versicherung, dass sich darüber im Herzen freut Ihr ergebener – C. A.

78. *Fanny Lewald an Carl Alexander*
Berlin, den 13. Oktober 1854
Leipziger Platz No. 3

Es ist heute nicht auf mich, dass ich Ihre Teilnahme lenken möchte, sondern auf das Schicksal von Moritz Hartmann, der, Sie werden es wissen, in Österreichische Gefangenschaft geraten ist.[10]

Er hat das Glück gehabt, mein gnädigster Herr! Ihnen persönlich bekannt zu werden, Sie selber haben mir freundlich von ihm gesprochen, und oftmals, wenn in London und Paris, umgeben von Menschen, deren volle Achtung er erworben hatte, seine Sehnsucht nach dem Vaterland ihn überwältigte, da hat er die Augen vertrauensvoll auf Weimar gerichtet und mich gefragt: Glauben Sie, dass man in Weimar mich ruhig leben lassen würde, wenn ich mich dorthin wagte?

Er hat den Versuch nicht machen dürfen. Sie kennen sein Geschick, mein gnädiger Herr! und haben wohl auch seine anmutigen Berichte aus der Türkei in der Kölner Zeitung Ihrer Beachtung gewürdigt.

Er war krank, als er von Omer Pascha die Weisung erhielt, sich mit den englischen und französischen Berichterstattern zu entfernen, und so ist er den Österreichern in die Hände gefallen und in Gefangenschaft geraten.

Seine Freunde schreiben uns, dass eine Untersuchung gegen ihn eingeleitet sei, dass sie noch im ersten Stadium stehe und dass selbst im Ministerium sich einzelne Stimmen für ihn insofern günstig zeigen, als sie fürchten, durch seine Verurteilung ein Missgefühl zu wecken, da Hartmann so viel Sympathien für sich hat. Diese Sympathien sprechen zu lassen, fordert man uns auf – aber gnädiger Herr! wir besitzen nur die Presse, haben nur einzelne Organe derselben für unseren Freund zur Disposition, und ob diese Organe das Ohr des Kaisers erreichen, ob er sie beachtet, dafür haben wir keine Bürgschaft irgendeiner Art.

Sie, mein gnädiger Herr! sind ein regierender Fürst! Sie sind ein Fürst von Weimar, das erhabene Haus war stets der Beschützer der Literatur und ihrer würdigen Vertreter. Hat Hartmann politische Irrtümer begangen, die Hunderttausende mit ihm geteilt, so hat er bei seiner heißen Liebe zu seinem Vaterland sie mit fünf Jahren des Exils genug gebüßt. Sprechen Sie für ihn! Ein Wort von Ihnen würde seine Freiheit bewirken, und es für den Mann zu sprechen, dem Sie sich einst so huldvoll zugewendet, wäre Ihres Herzens so vollkommen würdig, wäre in diesem Fall sicher nicht verschwendet, denn Moritz Hartmann ist ein edler Mensch und ein Ehrenmann in der vollen Bedeutung dieses Wortes. Lassen Sie mich keine Fehlbitte für ihn tun, es würden Tausende Ihnen im Vaterland danken, was Sie für ihn täten.

Von mir, von uns, mein gnädiger Herr! spreche ich Ihnen bald einmal. Ich habe mein Schweigen vor Ihnen zu rechtfertigen, und ich kann und will dies tun. Heute darf ich an mich selbst nur insofern gedenken, als ich Sie bitte, mir und Professor Stahr, der sich Ihnen auf das ergebenste empfiehlt, die Fortdauer Ihrer Teilnahme zu gewähren.

Lassen Sie mich bald eine Antwort, einen günstigen Bescheid vernehmen, haben Sie die Gnade, uns Ihrer Königlichen Hoheit der Frau Großherzogin zu empfehlen, und erlauben Sie mir, mit den Ihnen bekannten Gesinnungen mich zu nennen Ew. Königliche Hoheit ergebene – F. L.

79. Carl Alexander an Fanny Lewald

Ettersburg, den 19. Oktober 1854

Gern werde ich Schritte tun, dem zu helfen, wegen welchem Sie mir schreiben. Ob sie dann gelingen, liegt zwar nicht in meiner Kraft, aber versuchen kann und werde ich es. Doch vor allem: Ist es wirklich wahr, dass H. in dieses Verhängnis geraten? Denselben Abend wo ich am Morgen Ihren Brief erhalten, sagte mir jemand: Jenes Schicksal sei nur ein Gerücht, ein Brief H.'s von späterem Datum erwähne kein Wort davon, beweise also, dass ein bloßes Gerücht und keine Wahrheit hier vorliege.

Der Name »Berlin« auf der ersten Seite Ihres Briefes hat mich fast verwundert: ich wähnte Sie wenigstens auf dem Weg nach Rom, denn man sagte mir, dass Sie den Winter daselbst zubringen würden. Meine Wünsche und meinen Neid hatte ich in Gedanken schon dorthin Ihnen vorausgesendet. Sie mögen indes dort bleiben und alle die dort erwarten, denen ich Glück wünsche, also auch Sie.

Grüßen Sie Pr. Stahr recht sehr von mir. Im Voraus freue ich mich auf seine literarischen Erzeugnisse.

80. Fanny Lewald an Carl Alexander

Berlin, den 20. Oktober 1854

Mein gnädiger Herr! ich wollte, Sie wären kein Fürst, damit ich Ihnen sagen könnte, wie hoch ich Ihre Pünktlichkeit bewundere, und welch treuer Freund Sie sind. Bei Ihnen hat man auf kein kleines Übelnehmen, auf kein Missverstehen zu rechnen, wenn man einmal länger als gewöhnlich schweigt; aber ich darf mir es auch sagen, und Sie kennen mich darauf, dass ich nur schweige, wenn es mir ein inneres Bedürfnis ist. Sonst hat mein Gefühl noch ein viel besseres Gedächtnis als mein Kopf.

Über das Schicksal des liebenswürdigen und edlen Moritz Hartmann hat man Sie falsch berichtet, mein gnädiger Herr! Es scheint, als gäbe es eine Partei, die sich darin gefällt, ihn frei zu sagen oder tot, je nachdem es passt, und dadurch die tätige Teilnahme an seinem Schicksal zu lähmen. Sein genauester und vertrautester Freund, ein durchaus positiver Mann, Friedrich Szarvady[11], schrieb uns aus Paris, dass Hartmann gefangen sei, und teilte uns auch die Tatsachen mit, die ich Ihnen zu schreiben die Ehre hatte. Ich hoffe, dass man zur Gnade für ihn geneigt ist – aber Ew. Königliche Hoheit! selbst in diesem Fall wurde das teilnehmende Wort des Großherzogs von Weimar ihm vom allerhöchsten Nutzen sein, und nicht wahr, Sie werden es für ihn verwenden? Es rechnen so viele auf diese Ihre Güte.

Wir sind nicht in Italien und sind nicht einmal nach Thüringen gekommen, was wir so gern getan hätten, und wozu unsere Vorkehrungen auch getroffen waren. Indes als wir Ende Juli von einem zweimonatlichen Aufenthalt auf dem Gut eines unserer Freunde, des Herrn von Hennig[12] auf Plonchott – hart an der russisch-polnischen Grenze –, wiederkehrten, verlangte der Arzt für mich den Gebrauch der Nordseebäder, und wir gingen statt nach Thüringen nach Helgoland, wo wir sechs, sieben Wochen lang geblieben sind.

Das hat unsere Geldmittel sehr mitgenommen, und da wir ohnehin viel Zeit verloren hatten, durften wir an keine neue, nicht unerlässliche Ausgabe, und an keinen weiteren Zeitaufwand mehr denken. Dazu hat uns Frau Stahr in Jena freiwillig den einen Knaben hergeschickt, dessen Erziehung wir nun zu überwachen haben, was uns auch am Reisen hindert. – Sie können es eben nicht so wissen, gnädiger Herr, welche Bande den Menschen halten und fesseln, der nicht wie Sie zu den bevorzugten Herrschern gehört. Es drückt bisweilen – und muss doch überwunden werden.

Die größte Wohltat ist es für uns, dass meine Gesundheit sich besser anlässt, und dass ich hoffentlich diesen Winter arbeiten können werde. Ich habe im Sommer ein paar Novellen geschrieben und bin auch jetzt mit einer solchen beschäftigt. Die ersteren sollen in der *Kölner Zeitung*, die letztere in einem zu Neujahr erscheinenden Journal – *Hausblätter* – gedruckt werden, das Edmund Höfer und Hackländer herausgeben werden.[13]

Professor Stahr ist nach wie vor mit dem *Torso* beschäftigt, dessen zweiter Teil im nächsten Jahr beendet werden soll. Sie können nicht wissen, wie sehr Sie, Ew. Königliche Hoheit! zu den Personen gehörten, an deren verständnisvolle Teilnahme er während der Arbeit dachte. Er hat sich immer darauf gefreut, welchen Eindruck einzelne Kapitel Ihnen machen würden, und ist die allgemeine Anerkennung maßgebend, so werden auch Sie Freude an dem Werk haben.

Unsere Verheiratung schiebt sich noch immer hinaus, dank dem Versehen unseres Advokaten, der es nötig fand, ein Gnadengesuch zum Ehekonsens bei dem Großherzog einzureichen, den wir – wie wir später erfuhren – in unsrem Fall gar nicht brauchten. Das Gesuch zurückzuziehen war unmöglich nach den Oldenburgischen Institutionen, und nun schleppt sich das durch den zopfigsten Instanzengang, und wir müssen warten. Ich habe in allem unserem Ärger bei dem Gnadengesuch oft mit Lachen an die Österreichische Passgeschichte gedacht: Hobn's a Pass? – Nein! – Nu! Das ist holt an großes Glück! Denn schaun's! Hätten's a Pass, da hättn's große Difficultäten! – Diese Gnade macht uns nichts als Difficultäten, und wir könnten jetzt sechs Monate verheiratet sein, ohne alle und jede Gnade.

Leben Sie wohl! Teurer, gnädiger Herr! ich wollte Ihnen nicht schreiben, bis wir nicht am Ziel wären. Das hat mich so lange schweigen machen. Ihnen zu schreiben ist aber solch angenehmer Zweck, dass man darüber sein eigenes Ziel vergisst.

Wissen Sie, gnädiger Herr! dass es mich herzlich freut, Ihre schönen Vasen auf der Ausstellung zu denken? – Es ist eine Hand, die Sie aus der Ferne Ihren künstlerischen Freunden und so auch uns hinüberreichen.

Gehe es Ihnen sehr, sehr wohl! Bleiben Sie uns ein gnädiger, teilnehmender Herr! und empfehlen Sie mich dem geneigten Anteil Ihrer Königlichen Hoheit, der Frau Großherzogin.[14]

81. *Fanny Lewald an Carl Alexander*

Berlin, den 24. Oktober 1854

Sie waren im Recht und wir alle im Irrtum! Hartmann ist nicht gefangen, sondern schwer krank gewesen und jetzt mühsam bis Konstantinopel gelangt, von wo aus er selbst an Josef Dumont, den Besitzer der *Kölner Zeitung* den einliegenden Brief geschrieben. Gestern spät erhielt ich von Dümont die Zeitung, heute früh einen Brief gleichen Inhalts von Hartmanns vertrautestem Freunde, Fritz Szarvady aus Paris.

Wie Dümont und Szarvady so lange in solchem Irrtum schweben, wie beide Nachrichten über eine besonnene Untersuchung haben konnten, das ist mir selbst in diesem Augenblick noch ein Rätsel, da Szarvadys Brief von telegrafischer Kürze eilig abgesendet war, um die Schritte derjenigen zu hemmen, deren Teilnahme sich wie Ihre Großmut, mein gnädiger Herr! für Hartmann zu verwenden bereit war.

Haben Sie also aufrichtigen, treuen Dank von uns allen, gnädiger Herr! für das, was Sie sind, und für das, was Sie für Hartmann tun wollten. Vielleicht wird die allgemeine Teilnahme, die sich bei diesem Anlass für ihn kundgab, den jungen Kaiser zur Gnade stimmen, vielleicht wird für Hartmann dadurch die Rückkehr nach Deutschland möglich. Ich habe ihm immer gesagt, dass er in Weimar ruhig leben könne, dass Sie ihn nicht ausweisen lassen würden, und dass niemand seine Auslieferung verlangen würde. Das mag politisch vielleicht nicht richtig sein, aber es stammte aus dem guten, festen Glauben an Sie, mein gnädiger Herr!

Nochmals haben Sie Dank! und erhalten Sie Professor Stahr und mir die gnädige Teilnahme, die wir so hoch halten.

82. *Carl Alexander an Fanny Lewald*

Weimar, den 25. Oktober 1854

Ich spreche Ihnen für Ihre beiden Briefe all meinen Dank aus. Der zweite enthielt die Bestätigung des mir zugekommenen Gerüchtes – ich freue mich, dass es Wahrheit ist und ich Ihnen meine gute Absicht habe zeigen können.

Ihr erster Brief enthält die Schilderung Ihrer augenblicklichen Lage; möge dieses Interim ein baldiges befriedigendes Ende finden – von Herzen wünsche ich dies.

Sie irren sich vollkommen, wenn Sie glauben, dass die materiellen Hindernisse mir fremd seien, die Sie verhinderten, jetzt nach Italien zu reisen. Jeder, glaube ich, kennt dergleichen, jeder hat sich einzurichten und jedem wird dies irgendwo schwer, denn gleiche Menschen sind wir denn doch alle.

Ich darf wohl um die Beförderung der Inlage bitten, leite Sie ein guter Stern!

83. *Fanny Lewald an Carl Alexander*

Berlin, den 25. Januar 1855
Leipziger Platz No. 3

Meinem alten Grundsatz treu, komme ich auch dieses Jahr erst nachträglich Ihnen zum Neujahr Glück und uns die Fortdauer Ihrer Gunst zu erwünschen. Man hat doch eher auf einen freien Augenblick in Ihrer Zeit zu hoffen, wenn die erste Flut der Beschäftigungen und des Andrangs vorüber ist, den eine solche neue Epoche Ihnen, mein gnädiger Herr! gewiss veranlasst. Möge das Jahr Ihnen und Ihrem Wollen und Wirken gesegnet und fördersam sein, wie Ihr idealistisches Herz es wünscht und verdient.

Uns, Königliche Hoheit! bringt es an das langersehnte Ziel. Wir werden am nächsten Sonntag zum letztenmal aufgeboten, und am sechsten Februar ist unsere Hochzeit. Sie haben in den schweren Kämpfen, in den Lebensnöten, die wir überstanden, uns Ihr Mitgefühl, Ihr Mitleid, Ihren Beistand wie ein *Freund* gewährt, Sie werden uns auch Ihre Teilnahme bei dem Ereignis nicht versagen, das uns nach gerade neun Jahren des unausgesetzten inneren und äußeren Kämpfens, Ruhe und Friede verspricht. Denken Sie am sechsten Februar an uns, und lassen Sie Ihre Wünsche uns Glück bringen. Wir haben Freundeswünsche umso nötiger, als wir gerade in diesem Augenblick einen unserer geliebtesten und treuesten Freunde in Hauenschild[15] verloren – ein Verlust, der geradezu unersetzlich für uns ist; denn wir besaßen in ihm den treuesten Gesinnungsgenossen, einen liebevoll Mitstrebenden, einen unermüdlich werktätigen Freund. Es lebt in der deutschen Literatur wohl keiner seinesgleichen in diesem Augenblick, und er war so voll Schöpferkraft und Werdelust!

Nach unserer Hochzeit, mein gnädiger Herr! hören Sie mehr von mir. Ich hoffe, Ihnen dann ein ganz kleines Bändchen, ein Roman-Idyll[16] senden zu können, das ich Ihnen gern zum Christabend beschert hätte, denn es ist eigentlich eine Weihnachtsgeschichte; es wurde aber im Druck nicht fertig. So kommt es nachträglich und wird Ihnen hoffentlich eine angenehme Lektüre für einen Abend sein.

Professor Stahr empfiehlt sich angelegentlichst Ihrem Gedenken und Ihrer Gunst. Denken Sie unserer teilnehmend am sechsten und bleiben Sie uns ein wohlwollender, gnädiger Freund. Wir verdienen es durch die Anhänglichkeit, die wir für Sie haben.

Empfehlen Sie mich der Güte der verehrten Frau Großherzogin.

84. Carl Alexander an Fanny Lewald

Weimar, den 12. Februar 1855

Schon mehr als einmal habe ich Ihnen gesagt, wie sehr ich Ihnen Frieden wünsche. Mehr als je tue ich dieses heute, wo Sie im Begriff stehen, das Ziel Ihrer Wünsche zu erreichen. Möge Gott Ihnen denselben gewähren und erhalten im reichsten Maße. Die Folgen einer heftigen Augenentzündung und eines Rotlaufs nötigen mich, leider mich der Feder meines Sekretärs zu bedienen, um Ihnen Antwort, Dank und Wünsche auszudrücken. Nur Freude sollte dieses Blatt enthalten, allein unmöglich kann ich meine tiefe Bekümmernis unterdrücken, welche ich durch die Nachricht von dem Tod des Herrn von Hauenschild empfunden habe. Ich war eben mit ihm in Verbindung getreten und freute mich, durch dieselbe etwas Gutes entwickeln zu können. Da kam die unselige Botschaft! So ist das Leben ewiger Kampf.

Entschuldigen Sie, dass ich so spät erst antworte. Ich habe das Diktieren unterbrechen müssen, weil des Arztes Wille mich eine Zeit lang in das Bett gebannt hat. Werde Ihnen Gesundheit und Glück zuteil, dies wünsche ich Ihnen von Herzen.

VI

19. Juli 1855 – 5. Februar 1860

»Adele« – Breslau und Freytags »Soll und Haben« – Alwin Stahr – Elise Schmidt – »Deutsche Lebensbilder« – Weimarer Festtage September 1857 – Jenaer Universitätsfeier August 1858 – Stahrs »Lessing« – Major Beitzke – Stahr und Fanny Lewald in Oberitalien – Friedrich Nerly – Prinz Wilhelm von Preußen – Tod der Prinzessin Sophie – Gemeinsamer Aufenthalt auf Helgoland – Die Benachteiligung der schriftstellernden Frau in Deutschland

85. Fanny Lewald an Carl Alexander

Breslau, den 19. Juli 1855[1]

Seit elf Monaten unausgesetzter Arbeit sind es die ersten Tage der Ruhe, welche wir hier im Hause meines Onkels genießen, und die beginnende Erholung soll zunächst darin bestehen, dass ich mich Ihnen, mein gnädiger Herr! in das Gedächtnis rufe und Sie frage, wie es Ihnen geht! Sie waren leidend, Sie mussten diktieren, als wir zuletzt Nachricht von Ihnen erhielten, und Sie haben, wie wir durch die Zeitungen erfuhren, eine böse Zeit voll Leid und Schmerz durchlebt. Wie aber befinden Sie sich jetzt? Hat Ihre Gesundheit sich hergestellt? Fühlen Sie sich wieder jung und frisch und kräftig, wie Ihr hoher Beruf es fordert? Werden Sie den Sommer nicht nutzen, sich zu stärken? – Ich habe so oft in den Zeitungen die Berichte aus Weimar gelesen, und darin nach irgendeiner ausführlichen Kunde über Sie und Ihr Befinden, über »Großherzogliche Reisepläne« usw. gesucht, indes es war vergebens, ich habe nichts gefunden, und Sie müssen schon die Gnade haben, mir selbst Nachricht von sich zu geben, wenn Sie den Anteil befriedigen wollen, den Sie mir so freundlich an Ihrem Ergehen zu nehmen gestatteten.

Uns, mein gnädiger Herr! geht es wohl. Wir haben in unserer Ehe gefunden, was wir von ihr erwartet hatten, den unangefochtenen Frieden des verständnisvollsten Zusammenlebens. Diese Ruhe hat uns beiden gut getan. Professor Stahr ist Gottlob! recht wohl, und auch mir geht es – wenn auch selten ganz gut – doch besser als in den beiden verwichenen Jahren. Die

Entwicklung der beiden ältesten Söhne von Stahr, deren Erziehung uns überlassen wurde, geht gut vonstatten, und um uns vollständig die Herzen frei zu machen, sind wir auch mit Stahrs geschiedener Frau nicht nur völlig ausgesöhnt, sondern in ein so freundliches Verhältnis getreten, dass alle Teile davon die größte Befriedigung empfinden. Dies Letztere zu erreichen war nicht leicht, es ist aber unseren redlichen Bemühungen auch dies gelungen, und es macht uns sehr zufrieden. Frau Stahr lebt mit ihren Töchtern und dem jüngsten Knaben jetzt in Weimar. Sie war tödlich krank an den Folgen der Grippe, schreitet aber anscheinend auf dem Weg der Genesung fort. Möge sie den Ihren erhalten bleiben.

Stahr und ich arbeiten daneben denn emsig fort. Ich habe eben jetzt einen kleinen Roman *Adele* beendet, den ich Ihnen schicken wollte. Ich meinte auch, ihn eingepackt zu haben, um Ihnen denselben von hier aus zu senden, fand aber bei meiner Ankunft zu meiner großen Betrübnis, dass ich ihn vergessen hatte. Lassen Sie mich dies Versehen, das in der Eile und Unruhe der Packtage und Besorgungen nur zu natürlich war, nicht entgelten, mein teurer Herr! sondern lesen Sie das kleine Buch. Es ist ein stilles Lebensbild, in heiterer Stimmung entworfen und mit Liebe ausgeführt, das eben nur lang genug ist, Sie einige müßige Stunden hindurch zu beschäftigen – und einige müßige Stunden muss ja der vielbeschäftigte Fürst sich schaffen können, will er nicht übler daran sein als wir alle.

Stahr ist noch immer mit dem *Torso* beschäftigt, dessen 2. Band gegen Weihnachten, vielleicht auch schon im Herbst, erscheinen soll. Er schreibt nun den dritten Band, die Geschichte der antiken Malerei. In diesem Augenblick aber pausieren wir beide und ruhen im Hause meines Onkels aus, das freilich dazu nicht sehr geeignet ist, denn er ist Direktor der Oberschlesischen Eisenbahn. Wir wohnen auf dem Bahnhof und sind von früh bis in die Nacht und selbst die Nacht hindurch von den Lokomotiven umbraust und umpfiffen und von den Telegrafenglocken umklingelt. In diesen Tagen, wo hier die Versammlung der deutschen Eisenbahndirektoren stattfindet, wollen wir mit den Extrazügen die Oberschlesischen Fabrikdistrikte und danach das Riesengebirge bereisen, das wir beide noch nicht kennen. Wir bleiben also wohl bis zu Mitte des August in Schlesien; was wir nachher beginnen, haben wir selbst noch nicht festgestellt, indes etwas Luft und Freiheit wollen wir uns noch gönnen, ehe wir wieder an die Arbeit in die Winterquartiere gehen.

Haben Sie, mein gnädiger Herr! wohl den sehr unterhaltenden und in seinen Details geradezu meisterhaften Roman *Soll und Haben* von Freytag gelesen? Es sind Figuren darin, die man nicht wieder vergisst, und da der Roman in Breslau spielt, unterhalten wir uns damit, den Szenerien nachzugehen, die Freytag so vortrefflich geschildert hat. Es ist seit langen Jahren der erste Roman, dessen Lektüre mir durchweg Vergnügen bereitete.

Ihrer, mein gnädiger Herr! und Ihrer heiteren Schilderungen von Ihrer Breslauer Leidenszeit[2] habe ich hier vielfältig gedacht. Ich kenne eigentlich wenig Orte, die, als Stadt betrachtet, ich so ungern bewohnen möchte wie Breslau. Ewig die Altertümlichkeit des Rathauses und Ringes bewundern kann man doch nicht; und im Übrigen ist die innere Stadt von einer Zerfallenheit und von einem Schmutz, dass eine Gesundheitskommission sie eigentlich radikal verwerfen müsste. Ich erschrecke oft, wenn ich in die höhlengleichen Hausflure der Häuser, in die entsetzlichen Höfe hineinblicke, und das unschöne, kranke, skrofulöse Volk ist denn auch das unausbleibliche Produkt dieser konservierten Mittelalterlichkeit. Die modernen Gefängnisse sind Paradiese gegen die Wohnungen von zwei Dritteln der hiesigen Bürgerschaft. Ich war seit zehn Jahren nicht hier – aber es ist in der Stadt nichts geändert. Vor den Toren sind neue Straßen entstanden, das ist alles. – Es muss doch schon viel Polnisches in den Schlesiern stecken, sonst müsste es anders geworden sein. – Wie Ihnen, gnädiger Herr! in dieser sumpfigen Atmosphäre, in der öden Umgegend und in der finsteren Stadt zumute gewesen sein muss, das kann ich mir vorstellen, auch ohne dass ich mich des freundlichen Weimar erinnere, dessen Stahr und ich so gern gedenken.

Denken auch Sie unser freundlich, Königliche Hoheit! – Wir bewahren es in treuem, dankbarem Herzen, dass Sie sich uns zugewendet in den Zeiten, welche für uns die schwersten waren und in denen Ihre warmherzige, menschliche Teilnahme uns doppelt ersehnt war.

Gehe es Ihnen wohl! Bleiben Sie uns zugeneigt und haben Sie die Gnade, uns der Erinnerung Ihrer Königlichen Hoheit, der Frau Großherzogin, zurückzurufen.

Ach, gnädiger Herr! ein Postskript muss ja sein! – Es geht mir wie meinem kleinen Neffen, der einmal einen Brief seiner Mutter liegen sah und die Bemerkung machte, dass der Brief nicht fertig sei, weil ja das Postskriptum fehle. Mein P. S. enthält aber nur die Bitte, dass Sie uns hierher schreiben mögen, an den Direktor der Oberschlesischen Eisenbahn Herrn Friedrich Lewald, wenn Sie uns die Freude bereiten wollen, uns Nachricht von sich zu gönnen.

86. *Carl Alexander an Fanny Lewald*

Wilhelmsthal, den 24. Juli 1855

Ich habe mit Freude Ihre Zeilen von dem 19. d. M. begrüßt; ich habe mit Freude und mit Interesse sie gelesen. Sie werden sich erinnern, dass ich Ihnen stets Frieden gewünscht habe, Sie werden also sich selbst sagen, wie gern ich das beweisende Bekenntniss empfangen, dass mein Wunsch in Erfüllung gegangen, nach allen Richtungen hin, nach *allen* sage ich, es besonders heraushebend. – Gott der Allmächtige erhalte Sie dabei.

Ich danke Ihnen für Ihre Teilnahme an meinen, gottlob, überstandenen Leiden. Sie waren nicht so schlimm, wie sie sich ausnahmen, und haben für mich das Gute gehabt, dass, genötigt, die sich kreuzenden Fäden der Geschäfte für eine Zeit lang ruhen zu lassen und von dem Gewirr der Welt mich zurückzuziehen, ich einmal wieder so recht eigentlich in mein Selbst einkehren und wieder Luft schöpfen konnte, das Bedingnis, das unabwendbare, sich über die Sachen zu erheben und sich oben zu erhalten. Ich werde dieses Bestreben in Wildbad hoffentlich fortsetzen können, wohin die Ärzte mich treiben. Leihen Sie mir hierzu die Hand und schicken Sie mir deswegen bald Ihren neuen Roman. Den Freytags habe ich eben beendet und fälle über ihn dasselbe Urteil, das Ihr Brief mir bringt. Er hat den großen Vorzug der Wahrheit und Natürlichkeit und dies besonders für jemanden, der wie ich Schlesien und seine Zustände durch eigene, lange Anschauung kennt. Ich ließ den Autor hierher kommen, um ihm zu danken für das mir gesendete Werk, um den Vater mit dem Kind und durch das Kind an der Hand kennen zu lernen. Einen sehr interessanten Tag verdanke ich seiner geistreichen Unterhaltung. – Dass Sie noch frische Luft und Labung in freier Natur aufsuchen wollen, nachdem Sie die Ruhe auf einem Eisenbahnhof gesucht haben, nimmt mich nicht wunder. Sie werden ein schönes Gebirge sehen und an der Schneekoppe zumal großartige Eindrücke haben und dann auch Schlesien am Ende lieb gewinnen. Ich tue es; selbst Breslau schließe ich nicht aus, denn die Erinnerung an angenehme oder fördernde Tage, an einem Ort verlebt, ist meist das Geheimnis unserer Liebe für denselben.

Sprechen Sie meine herzlichen Grüße Ihrem Gatten aus und empfangen Sie die meiner Frau.

Gedenken Sie meiner in treuer Erinnerung.

87. Fanny Lewald an Carl Alexander

Breslau, den 2. August 1855

Mein gnädiger Herr! den besten Dank für Ihren letzten Brief, der mich doppelt freute, da er so schnell kam und die Kunde von Ihrer Genesung brachte. Es ist solch ein Glück, nicht krank zu sein! – Sie sagen, dass Sie in das Wildbad gehen an der Ens im Schwarzwald? Das Letztere kenne ich. Es ist im hohen Sommer außerordentlich lieblich. Ich war, ehe ich nach Italien ging, zwei, drei Tage dort, und so angetan davon, dass ich – was mir sonst selten passiert – ein paar sehr schlechte Gedichte dort machte. Möge es Ihnen ebenso gefallen wie mir, Ihnen Heil bringen, Ausbeute für Zeichnungen liefern – und Sie doch nicht, wie mich, zu schlechten Gedichten hinreißen, über die man sich nachher ärgert.

Auf Ihren Wunsch, mein gnädiger Herr! sende ich Ihnen *Adele*. Es ist in gewissem Sinne ein Tendenzbuch, aber einmal halte ich dafür, dass kein Buch ohne bestimmten Zweck geschrieben werden kann, wenn der Dichter selbst ein sittliches Ideal im Herzen trägt, und wenn er für sein Volk etwas mehr sein will als ein literarischer Zeitvertreiber, zweitens aber gibt es gewisse Zeitschwächen, für die kein anderes Heilmittel vorhanden ist als durch ihre künstlerische Widerspiegelung; und die ästhetisierende, weltschmerzliche Verbildung der Frauen ist ein solches Übel. Ich denke, das kleine, bescheidene Buch lockt Ihnen wohl freundliche Teilnahme ab und innerliche Zustimmung; und seine Wirkung wird es hie und da auch haben – mehr aber bezweckte es nicht. Lassen Sie mich wissen, wie es Ihnen gefallen hat. Ich hätte es Ihnen gleich gesendet, aber ich hatte kein Exemplar, und der Buchhändler, von dem ich es kaufen wollte, musste es erst verschreiben; dadurch erhalten Sie es gegen meinen Willen später.

Dass Herr Freytag Ihnen gute Stunden bereitet hat, ist natürlich. Ich selbst kenne ihn nicht, aber alles, was ich von ihm gelesen habe, lässt mich wünschen, ihm einmal zu begegnen; und das findet sich denn auch, besonders in Berlin.

Ich muss hier abbrechen, so gern ich Ihnen noch schriebe. Ich habe mir den Zeigefinger leicht verletzt und fühle Schmerz beim Schreiben.

Dieser Tage hat mein Onkel uns sehr heitere, liebenswürdige Züge von Ihrem Ahnherrn Carl August erzählt, dem er im Marienbad vorgestellt worden war. Sie stimmten recht eigentlich zu dem schönen Bild dieses menschlichen Mannes und Fürsten. Aber gerade darum würde der treffliche Herr mir geraten haben, nicht mit einem schlimmen Finger zu schwatzschreiben, und – Sie werden seine Ansicht teilen, da Sie ohnehin von mir zu lesen bekommen.

Erhalte Sie der Himmel wohl, mein gnädiger Herr! und seien Luft und Licht des Jahres und das Wasser des Bades Ihnen günstig, wie ich wünsche, dass Sie es mir bleiben mögen. Professor Stahr empfiehlt sich angelegentlich Ihrem Wohlwollen.

Für die nächste Zeit, mein gnädiger Herr! treffen mich Briefe am sichersten, wenn sie hierher an Direktor Lewald adressiert, der sie mir nachsendet.

88. Fanny Lewald an Carl Alexander

Berlin, den 31. Dezember 1856

Wenn ein Jahr zu Ende geht, soll jeder gute Haushälter wissen, was er besitzt und nicht besitzt, sich des einen zu erfreuen, sich klarzumachen, was ihm das früher Besessene geraubt oder wodurch er es verloren hat. Ich aber, mein gnädiger Herr! wenn ich zurückblicke auf das letztvergangene Jahr, ich weiß in der Tat nicht, ob ich Ihre Teilnahme, und ich darf wohl sagen: Ihre Freundschaft, die mich sehr glücklich machte, noch besitze wie in früherer Zeit, während ich freilich nicht weiß, wodurch ich sie verloren haben sollte. Was mich unsicher darüber gemacht hat, waren Ihre häufigen und langen Anwesenheiten in Berlin, ohne dass Sie meiner gedachten, ohne dass Sie sich unser erinnerten. Dennoch, gnädiger Herr! mag ich das Jahr nicht zu Ende gehen lassen, ohne Ihnen für das neue die besten Wünsche auszusprechen und Ihnen zu sagen, wie sehr es uns freuen würde, Sie einmal wiederzusehen.

Seit Sie in Wildbad waren, habe ich keine Antwort von Ihnen erhalten, aber öfter von Ihnen gehört, und als Sie in Helgoland waren, hatte ich große Lust, Ihnen zu schreiben, weil ich Helgoland sehr liebe und es Ihnen sehr gönnte – nur dass ich eben unsicher geworden war. Hoffentlich haben die köstlichen Nordseebäder, die ich immer als eine wundervolle Erfrischung für mich gefunden habe, auch Ihnen wohlgetan, und Sie erfreuen sich der Kraft, die Ihr Amt von Ihnen fordert, und die Ihre Freunde von Herzen für Sie wünschen.

Uns ist es gut gegangen. Wir sind so wohl, wie jeder von uns es seiner Natur nach sein kann, haben zu arbeiten vermocht und viel gearbeitet und sind in unserem kleinen Heim so glücklich, wie es das tiefste Zueinandergehören zwei Menschen nur machen kann. Im Sommer waren wir zehn Wochen bei meinen Verwandten in Zürich[4], und in diesem Augenblick haben wir den ältesten, prächtigen Sohn[5] meines Mannes als Gast in unserem Haus. Er ist Kaufmann und tritt in einigen Tagen seine Reise nach England an, wo er in Sheffield in einem großen Kaufmannshaus eine Anstellung erhalten hat. Auch die anderen Kinder Stahrs bilden sich gut heran, und es ist allmählich ein großes Familienleben mit seinen Freuden und Mühen und mit seiner lohnenden Arbeit um uns her erwachsen. Rechnen Sie nun dazu einen Kreis naher und wackerer Freunde, eine vorsorglich beschränkte, aber ausreichende Lebensweise, so haben Sie ein Bild der Zustände und der Häuslichkeit, die begründen zu helfen Sie seinerzeit so gütig Ihren Beistand geboten haben.

Eine Dame meines Umgangskreises, das Ihnen als dramatische Dichterin wohl bekannte Fräulein Elise Schmidt, hat mich neulich dringend gebeten, ihre Vertreterin bei Ihnen zu werden, als ich davon sprach, dass ich Ihnen schreiben wollte. Sie sagte mir, dass sie sich an Sie gewendet, mein gnädiger Herr! und Sie angefragt habe, ob Sie ihr gestatten wollten, an Ihrem Hof einige Vorlesungen antiker Dramen zu halten. Ist das geschehen, gnädiger Herr! so bewilligen Sie das Gesuch, denn Sie werden einen großen Genuss davon haben. Es ist eine der eigenartigsten und merkwürdigsten Kunstleistungen, die ich erlebt habe.

Ich ging ohne alle Lust in die erste Vorlesung, denn ich liebe Vorlesungen nicht, und noch hat mir eigentlich keiner der Lektoren von Profession das geringste Vergnügen gemacht. Indes die Leistung des Frl. Schmidt ist so bedeutend, ihr Verständnis der antiken Dramen so tiefsinnig, ihr mimisch plastischer Vortrag, den ihre Schönheit begünstigt, so originell, und das Zusammenwirken ihrer Deklamation mit der musikalischen Begleitung ihrer Freundin, des Frl. von Schlichtekrull in den Chören so ausgezeichnet, dass es mich oft geradezu überwältigt hat. Auch Stahr, der ja eine ganz andere Kenntnis der Antike hat als ich, bewundert Frl. Schmidt als Vermittlerin derselben, und ich denke, auch Sie werden Freude daran haben. Hier die Presse ist ihr lange nicht gerecht genug gewesen, aber es ist etwas spezifisch Berlinisches, dass die Kritik im Tadeln ihre Bedeutung sucht, wenn sie nicht – für auswärtige Künstler in blinden Enthusiasmus verfällt.

Wenn ich bedenke, dass dieser Brief in einer Zeit des Jahres zu Ihnen kommt, in der von allen Seiten Briefe Sie bedrängen, so finde ich ihn lang und müsste schließen oder ihn entschuldigen, rechnete ich nicht auf das Wohlwollen, das Sie mir immer gewährt und an das ich »trotz alledem und alledem« glaube.

Lassen Sie diesen Glauben eine Wahrheit sein, geruhen Sie, mich der Frau Großherzogin Königlicher Hoheit zu empfehlen, und erinnern Sie sich freundlich Ihrer aufrichtig ergebenen –
F. L.-St.

89. Carl Alexander an Fanny Lewald

Weimar, den 2. Januar 1857

Mit Freuden habe ich Ihren Brief von dem letzten Tag des vorigen Jahrs empfangen und gelesen. Aus diesem Bekenntnis werden Sie ebenso leicht meinen Dank wie die klare Einsicht unserer gegenseitigen Beziehungen entnehmen. Noch deutlicher wird Ihnen Letzteres, wenn ich Ihnen sage, dass es mir nicht erinnerlich ist, in Wildbad von Ihnen einen Brief erhalten zu haben und dass, wäre es dennoch geschehen, ich mich wundern müsste, nicht geantwortet zu haben, weil ich mich als einen gewissenhaften Korrespondenten kenne, wenn auch als einen solchen, welchen die wachsenden Pflichten oft zu sehr kurzen Briefen nötigen. Mein »Nicht-bei-Ihnen-Erscheinen« in Berlin darf Sie nicht wundern und würde Sie auch nicht, kennten Sie die Existenz, welche ich dort führen muss oder die, besser gesagt, mir zu führen allein übrig bleibt. Die Zeit, welche ich – einmal dort – meinen weit auseinander wohnenden Schwestern zu widmen habe, dann die Stunden, welche durch den Hof, den oft auch weit entfernt wohnenden, weggenommen werden, lassen mir dann kaum die Augenblicke frei, die ich zu meiner Ruhe nötig habe, so dass ich selbst meine hauptsächlichste Erholung, die Besuche bei Humboldt, in frühester Morgenstunde nur gewinnen kann.

Sie entfalten vor meiner Seele ein Bild befriedigenden Eindrucks, denn Sie zeigen mir Gesundheit, Tätigkeit, Familienglück. Gott erhalte Ihnen dies alles; nicht besser könnte ich Ihnen heute wünschend nahen. Mit umso größerem Interesse werde ich dem Talent des Frl. Elise Schmidt einen Zuhörer abgeben, da Sie dieselbe mir empfehlen. Ich werde gerne sie in Weimar sehen.

Grüßen Sie Ihren Mann recht sehr von mir, in dessen *Torso* ich studiere. Den Empfehlungen für die Großherzogin antworten die Grüße derselben für Sie, denen ich, was mich betrifft, den Ausdruck meiner von lange her wohl bekannten Gesinnungen beifüge.

90. Fanny Lewald an Carl Alexander

Berlin, den 30. Januar 1857

Irgendein Maximen-Erdenker, wie La Rochefoucauld[6] oder seinesgleichen, hat es gesagt, man dürfe einem Fürsten gegenüber nie Recht haben, und ich finde das für die gekrönten Häupter sehr beleidigend.

Ihnen gegenüber, mein gnädiger Herr! habe ich aber wirklich Unrecht gehabt mit der Behauptung, dass Sie mir den Brief nach Wildbad nicht beantwortet hätten, denn ich weiß jetzt, dass Moritz Hartmann Ihnen denselben nicht abgegeben hat. Er sollte Ihnen den Kranken zu geneigtem Schutz empfehlen, der unter fremdem Namen Hilfe für sein schweres Leiden im Wildbad suchte; und da man Hartmann dort entweder nicht erkannte oder menschlich genug war, ihn nicht hindern zu wollen, so hat er jenen Brief Ihnen aus Diskretion nicht ausgehändigt. Vergeben Sie also, Königliche Hoheit! dass ich Ihre Güte und Ihre Pünktlichkeit in Zweifel zu ziehen wagte.

Professor Stahr ist sehr erfreut darüber, dass seine archäologischen Studien im *Torso* Sie beschäftigen. Er würde mir schon heute den Auftrag gegeben haben, Ihnen seine neueste Arbeit *Nach fünf Jahren* – seine Studien über die moderne Kunst, die er im vorigen Jahr in Paris in der Weltausstellung gemacht hat – zu übersenden, hätten wir ein Exemplar im Hause. Er hat aber deshalb an seinen Verleger geschrieben und wird die Ehre haben, es Ihnen zu überreichen, sobald es in seinen Händen ist.

Damit aber der Brief nicht ohne eine Mitgabe fortgeht, lege ich ihm vier Hefte bei, die letzten Arbeiten, welche ich habe drucken lassen. Es sind *Deutsche Lebensbilder*[7], und als solche, glaube ich, sind sie mindestens wahr, jedes in seiner Art. Lassen Sie sich dieselben wohlgefallen und mögen sie Ihnen eine der Mußestunden hie und da freundlich ausfüllen, welche Ihnen freilich selten genug zuteil werden mögen.

Professor Stahr empfiehlt sich Ihnen durch mich angelegentlich, bis er die Ehre haben wird, es selbst zu tun. Wir waren in diesem letzten Sommer sechs Stunden in Weimar, in Stahrs dortiger Familie, aber die Zeit war zu kurz, um uns die Erlaubnis suchen zu lassen, uns Ihnen vorzustellen.

Dass Fräulein Schmidt in Weimar lesen wird, freut mich in jedem Betracht. Sie ist eine brillante Erscheinung und überhaupt eigenartig, so dass sie mich vielfach interessiert und ich ihr das Beste wünsche. Ihre Freundin, Fräulein von Schlichtekrull, welche sie immer begleitet und bei den Vorlesungen das musikalische Akkompagnement übernimmt, ist weniger glänzend, aber sehr weiblich und tief, und ich glaube, dass auch diese Ihnen anziehend sein wird wie mir. Die Damen besuchten uns in diesen Tagen und freuten sich des Auftretens in Weimar.

Leben Sie wohl, gnädiger Herr! und wenn ich Sie fälschlich anklagte, so vergeben Sie es mir, weil Sie dadurch das allen Männern so süße Gefühl des Rechthabens genießen.

Mich Ihrem Wohlwollen angelegentlich empfehlend, bin ich Ew. Königlichen Hoheit ergebene – F. L.-St.

D. 15. Februar. Mein gnädiger Herr! Der Brief und die ganze Sendung sind zurückgehalten worden. Unwohlsein meines Mannes – das Ausbleiben des Buches, welches er Ihnen zu überreichen wünschte, haben dies Blatt hier zurückgehalten. Nun sende ich es, des Wartens müde, allein zu Ihnen, und mein Mann wird die Ehre haben, sobald er sich frischer fühlt, Ihnen selbst zu schreiben.

Erhalten Sie uns bis dahin Ihre Geneigtheit; haben Sie die Gnade, mich der Frau Großherzogin zu empfehlen, und vergessen Sie mich nicht.

91. Carl Alexander an Fanny Lewald

Weimar, den 27. Februar 1857

Nehmen Sie all meinen Dank für den erhaltenen Beweis meiner Schuldlosigkeit wie die neuen Ihres Talentes. Ich freue mich, Letztere kennen zu lernen, welchen Genuss ich mir wohl für das Land aufsparen möchte, wo es sich im kühlen Schatten unserer Thüringer Felsen gut ausruht von der Winterarbeit. So knüpft sich zukünftiger Dank an den alten, wie ich den neuen Ausdruck meiner besonderen Hochachtung gern dem alten anreihe.

92. Carl Alexander an Fanny Lewald

Weimar, den 4. September 1857

Lassen Sie mich Ihnen recht von Herzen für den Brief[8] danken, der mir soeben Ihren wie Ihres Gatten Anteil an dem herrlichen Fest bringt, dessen mich tief bewegende Feier meine Seele erfüllt. Sie beide fühlen zu innig selbst die reiche Bedeutung dieser Tage, als dass ich über dieselbe noch Worte verlieren sollte. Ja »verlieren«, denn verloren ist eigentlich jedes überflüssige Wort, und überflüssig wäre es, wollte ich Ihnen beiden sagen, was mich bewegt, da Sie beide mich kennen. Aber trotzdem wissen Sie doch vielleicht nicht, wie sehr Ihr Brief mich erfreut hat, und deshalb lassen Sie dieses mich aussprechen und Ihnen mit warmem Herzen danken, Ihnen wie Ihrem Gatten.

Ich wünsche Ihnen so viel Gutes wie Sie mir – das ist doch einmal praktisch gewünscht, umso mehr ich dann sicher weiß, dass es Ihnen wie mir recht gut gehen wird.[9]

93. Fanny Lewald an Carl Alexander

Stuttgart, den 22. August 1858

Eigentlich müsste ich Ihnen heute wenigstens drei Briefe schreiben, wenn ich die sehr heterogenen Dinge, die ich Ihnen, mein gnädigster Herr! vorzutragen habe, gehörig klassifizieren wollte. Da ich aber Ihre Zeit so sehr nicht zu beanspruchen wagen darf, so wird mir nichts übrig bleiben, als mein Schreiben wie eine wohlstilisierte Predigt in drei Teile zu teilen, und es in einen Gratulations- einen Mahn- und einen Bittbrief zerfallen zu lassen.

Die Gratulation, gnädigster Herr! gilt dem schönen Fest, das unter Ihren Auspizien wieder in Jena gefeiert worden, und dem vortrefflichen Denkmal[10], das Sie dort dem Gründer der Universität und sich in ihm errichtet haben. Ich habe es oftmals im Modell bewundert und besitze von Drakes Hand eine vortreffliche Fotografie nach demselben. Sie, der Sie selbst Künstler sind, werden Ihre Freude daran gehabt haben, wie geistreich Drake die natürliche Kolossalität seines Helden dazu verwendet hat, die geistige Stattlichkeit und die Erhabenheit des Werks zu erhöhen. Nun steht es in dem kleinen Ort, von dem so Großes ausgegangen ist, und man wird Ihnen mit Recht den Namen des Statuengründers beilegen dürfen, der Ihnen umso schöner zukommt, als Sie die Bildsäulen nur dem eigentlich Großen, dem geistigen Verdienst errichtet haben. Möge Ihnen das dritte Standbild, das Standbild Ihres großen Ahnherrn ebenso schön gelingen und ein Schlussstein werden für das Standbild Schillers und Goethes, das zu sehen wir großes Verlangen tragen.

Wir waren Ende Juli drei Tage in Gotha[11] und trugen ein Verlangen, einmal nach Weimar zu kommen und Sie sehen zu dürfen. Indes die Familienverhältnisse meines Mannes machen, so gut sie sich gestaltet haben und so gut unser Einverständnis mit seiner geschiedenen Frau auch ist, einen Aufenthalt in Weimar für uns doch peinlich, und so mussten wir auch diesmal wieder darauf Verzicht leisten – uns auf eine andere Gelegenheit vertröstend, die sich ja hoffentlich finden lassen wird.

Mein Mahnbrief, gnädigster Herr! betrifft den Brief des Major Beitzke[12], welchen mein Mann die Ehre hatte, Ihnen zu senden, und um dessen geneigte Rückgabe er Sie bittet, falls Ew. Königliche Hoheit desselben nicht mehr bedürfen sollten.

Meine Bitte, gnädigster Herr! betrifft einen Reiseplan, für den vielleicht eine Empfehlung von Ihnen uns zuteil werden könnte. Wir haben jetzt beide endlich uns einmal ein paar freie Monate zu gönnen, und hoffen, am 2. September, wenn nichts uns hindernd in den Weg kommt, wieder zum ersten Mal nach 12 Jahren den Fuß auf den geliebten italienischen Boden setzen zu können. An Rom und Neapel werden wir für diesmal nicht denken dürfen, aber wir haben vor, Turin, Genua, Mailand und Venedig wiederzusehen, und wenn Sie, gnädigster Herr! uns nach Ihrem Ermessen für einen oder den anderen dieser Orte, namentlich aber für Genua oder Venedig, eine Empfehlung geben könnten, würden Sie uns zu großem Dank verpflichten. Wir haben in allen den vier Orten keine bekannte Seele, und ich habe in London seinerzeit es wohltuend zu erfahren gehabt, was ein Wort von Ihnen wirkt. – Können Sie uns helfen, so weiß ich, dass Sie es gern tun. Kommt die Bitte Ihnen nicht gelegen, mein gnädigster Herr! so sehen Sie sie als nicht geschehen an.

Wir haben etwa zwei Monate für uns, und haben oft daran gedacht, wie schön es gewesen wäre, hätten Sie gerade jetzt Ihren Aufenthalt in dem gelobten Land Italien gemacht, hätten wir das Glück haben können, Ihnen dort zu begegnen. – Ich freue mich ungemein auf die Reise. Ich habe sehr, sehr viel gearbeitet, mein Mann ebenfalls. Nun hat er seinen *Lessing* im Druck, und die Korrekturbogen werden uns als *drawbacks*[13] nachfolgen. Ich möchte alles vorbereiten, und dies *rivedere* Italiens recht erfolgreich und genussreich zu machen, und selbst, als könnte das etwas helfen, die Hände segnend darüber breiten. Heute freilich ist es hier so kalt, dass man – wir haben 10° – eher an den Berliner Kachelofen als an den Süden denkt.

Wollen Sie die Gnade haben, mir zu antworten, so bitte ich Sie, den Brief unter der Adresse der »Hoffmannschen Verlagsbuchhandlung« nach Stuttgart abzusenden. Er wird uns auf diese Weise immer erreichen.

Professor Stahr empfiehlt sich Ihnen auf das Angelegentlichste, wie ich selbst es tue, und auf Ihr Wohlwollen bauend, mein gnädiger Herr! ersuchen wir Sie, uns auch in der Erinnerung Ihrer Königlichen Hoheit, der Frau Großherzogin, nicht fremd werden zu lassen.

Möge Ew. Königlichen Hoheit Gesundheit und Gelingen immer zur Seite stehen, und es mir bald einmal vergönnt sein, Ihnen mündlich auszusprechen, wie sehr ich bin Ew. Königlichen Hoheit ergebene – F. L.=St.

94. *Carl Alexander an Fanny Lewald*

Belvedere, den 31. August 1858

Ich bin Ihnen mehrfachen Dank für Ihren Brief von dem 22. d. M. schuldig. Ich fasse ihn, diesen Dank, indessen kurz zusammen, da ich, im Begriff zu der großen Ausstellung nach München[14] zu reisen, in den antiepistolarischsten Umständen mich befinde.

Ihr Anteil an dem Gelingen der Jenaer bedeutenden wie bedeutsamen Feste, Ihr Anteil an der Errichtung des Monuments hat mich wirklich erfreut, weil ich weiß, dass er ein wahrer ist. Wie sehr mich diese Zeit ergriffen, gehoben hat – auch das werden Sie, aus gleichem Grunde, fühlen. Ich bin durch Ihr Verlangen nach dem Brief des Majors Beitzke – der indessen in Jena Doktor geworden – in Verlegenheit gesetzt, denn umsonst habe ich bisher das Papier gesucht wie suchen lassen. Ich sage: »bis jetzt« und beweise also, dass ich weiter mich bemühe und andere sich bemühen.

Ich habe sofort nach Mailand dem Bankierhaus Mylius – eine halb deutsche, halb italienische Familie, schreiben lassen, dass sie für Sie wie für Ihren Gatten Sorge tragen sollten. Ich habe dasselbe tun lassen, indem eine zweite *recommandation* nach Venedig ergangen ist an den Maler Nerly (Palazzo Pisani, Calle St. Stefano), einen Deutschen. Ich kenne in Genua und in Turin niemanden, an den ich Sie rekommandieren könnte. Der Gedanke, dass Sie und Stahr den Boden der ewigen Schönheit wieder betreten, ist mir eine Freude – ach ich messe sie an meiner ganzen, immer neuen Sehnsucht nach dem Jenseits der Alpen! –

Auf den *Lessing* bin ich sehr gespannt, denn er kann nur dem Autor und dem Gegenstand würdig sein.

Doch nun lassen Sie mich schließen und die besten Wünsche diesen Zeilen beifügen.

Meine Frau grüßt Sie herzlich.

95. *Fanny Lewald an Carl Alexander*

Berlin, den 30. November 1858
Leipziger Platz No. 3

Seit acht Tagen etwa sind wir von unserem Ausflug nach Oberitalien zurückgekehrt, und nun ich den ersten Andrang der Geschäfte überwunden habe, drängt es mich, mein gnädigster Herr! Ihnen meinen herzlichsten Dank zu sagen für die große Bereitwilligkeit und Güte, mit der Sie meiner Bitte begegnet sind, und für die Annehmlichkeiten, welche wir Ihnen verdanken.

Freilich haben wir die Familie Mylius nicht in Mailand getroffen, und als wir am Comersee waren, befand sie sich noch in der Stadt, dafür aber haben wir Herrn Nerly[15] zu Hause gefunden und dank Ihrer Vermittlung vortreffliche Stunden mit ihm verlebt. Er ist ein geschickter Künstler, ein sehr gebildeter Mann, und was mich an ihm freute, war die Treue, mit welcher er mitten in einem italienischen Land, unter den Augen und dem Einfluss einer italienischen Mutter, seinen Knaben ganz als Deutschen und in der begeisterten Liebe für das Vaterland erzieht.

Wir haben eine schöne Reise gemacht, den Comersee, Mailand, Genua, Bergamo, Verona und Venedig gesehen, und sind von Bergamo, das wir noch nicht kannten, ungemein überrascht worden. Der Blick, den man von der Höhe der oberen Stadt in die Ebene hat, ist schön wie der Blick auf die römische Campagna. Fehlt bei Bergamo der Abschluss durch das Meer, so ist dafür die Ebene, in ihrer ganzen ungeheuren Weite, blühend und wie ein Garten angebaut, und wenn Sie, gnädigster Herr! den Punkt nicht kennen sollten, so lassen Sie sich denselben nicht entgehen, wenn Ihr Weg Sie wieder einmal gen Süden führt.

Mit Venedig ist es mir eigen gegangen. Es überraschte mich wieder mit seinem märchenhaften Dasein, es entzückte mich durch die unbegreifliche Fülle seiner Kunstschätze, aber ich werde das Missbehagen nicht los, mich im Wasser zu befinden, und der furchtbare Verfall der Stadt, die hilferufende Verkommenheit und Verschmutztheit der arbeitenden resp. bettelnden Bevölkerung, namentlich der Frauen, macht mir jede rechte Freude unmöglich, und ich möchte um keinen Preis einen Winter in Venedig verleben. Der Sommer, in dem ich es nicht sah, mag freilich schöner sein.

Vielleicht fiel uns die Verkommenheit Venedigs auch umso schärfer auf, weil wir sie mit dem großen Aufschwung zu vergleichen hatten, den Genua seit den 12 Jahren genommen, in welchen wir es nicht gesehen haben. Alles ist dort Leben, Bewegung, Wohlstand; das Volk stark, kräftig, wohlgekleidet, die Bauten fortschreitend, es ist eine Lust, es zu sehen, und man hält dafür sogar sehr gern den betäubenden Lärm am Hafen aus, an welchem die Hotels ja alle gelegen sind. Die Luft, die dort weht, geistig und physisch, ist eine andere als in Venedig, und sooft ich daran – an Venedig – denke, fällt mir der Platensche Vers ein:

> es scheint ein langes, ew'ges Ach zu wohnen
> in diesen Lüften, die sich leise regen! – [16]

Auch hier in Berlin weht jetzt eine befreiendere Luft, und es würde Ew. Königlichen Hoheit edler Königlichen Schwester wohl tun zu wissen – es voll und ganz zu wissen –, wie erlösend das Wort des Prinzen von Preußen[17] gewesen ist, dass er keine Heuchler haben wolle. Es kommt dem Regenten dafür ein warmer Dank entgegen, und ich glaube, schon die Wahlen werden es ihm bewiesen haben, dass er das Volk um sich und mit sich hat. – Auch der treffliche Major Beitzke, den Professor Stahr einmal Ew. Königlichen Hoheit! Gnade zu empfehlen sich erlaubte, ist in das Haus der Abgeordneten gewählt, wie ihn denn inzwischen die Universität Jena auch zu ihrem Doktor ernannt hat. Und huldreich, wie Ew. Königliche Hoheit jene Empfehlung von Professor Stahr aufgenommen haben, zürnen Sie mir vielleicht nicht, wenn ich Ihnen dieselbe in das Gedächtnis zurückrufe.

Wir sitzen nun beide wieder fest in der Arbeit und bleiben im Winter und Frühjahr natürlich zu Hause. Werde ich denn niemals das Glück haben, Sie in unseren kleinen Räumen zu begrüßen? Ich wünsche mir das sehr. Sie haben mich immer nur in der Wüstnis des Hotels gesehen, in einer Umgebung, die mir fremd und die nichts weniger als behaglich war. Nun ambitioniere ich es ordentlich, Ihnen einmal die überaus kleine Häuslichkeit zu zeigen, in die ich hineingehöre und in der wir uns bewegen, und ich wüsste mir überhaupt nichts Besseres zu wünschen, als Ihnen bald selbst wieder einmal ausdrücken zu dürfen, wie glücklich es mich macht, dass Sie, mein gnädigster Herr! mir Ihr Wohlwollen und Ihre Teilnahme so gütig erhalten.

Professor Stahr empfiehlt sich Ihnen ehrfurchtsvoll, und indem ich Ew. Königlichen Hoheit nochmals für Ihre Güte danke und Sie ersuche, mich der Frau Großherzogin gnädigst empfehlen zu wollen, bin ich wie immer Ew. Königlichen Hoheit ergebene F. L.-St.

96. Carl Alexander an Fanny Lewald

Weimar, den 1. Dezember 1858

Aus Ihrem Brief habe ich mit Freuden den Beweis entnommen, dass meine Empfehlungen teilweise wenigstens bei Ihrer italienischen Reise von Nutzen, dass meine guten Wünsche für Letztere Ihnen glückbringend gewesen sind. So möge die Reise in das Land der Sehnsucht auch in den Folgen glücklich sein – ich wünsche mutig, denn Verwirklichung gehegter Wünsche gibt gewöhnlich Mut.

Ich freue mich Ihres Urteils über meinen Schwager, der das Vertrauen verdient, das man in ihn setzt und das er einflößt.

Ihr Urteil über Venedig und Genua wundert mich nicht, wenngleich meine Vorliebe für ersteren Ort mir ihn in nicht so trübem Lichte erscheinen lässt. Ist er ein trauriges Märchen, ist er ein schönes doch und ein einziges in jedem Fall.

Mit Freuden werde ich Sie endlich in Ihrer Häuslichkeit aufsuchen, einstweilen sende ich meine Grüße für Ihren Gatten dorthin voraus wie für Sie den Ausdruck alter Ergebenheit.

97. Carl Alexander an Fanny Lewald

Ettersburg, den 5. Juni 1859

Es ist nächst dem Trost, welchen uns Gott gewährt, die Teilnahme mitfühlender Herzen dasjenige, welches dem wunden Gemüt am wohlsten tut. Mit dieser Überzeugung lassen Sie mich für Ihren gestern empfangenen Brief [18] danken. Das Leben ist ein Kampf, eine Arbeit von jedem Tag; so muss auch diese Prüfung genommen werden, welche uns Gott sendet und der uns auch gewiss beisteht, sie zu bestehen, also richtig zu durchkämpfen. Der Gedanke, dass das geliebte Kind bei ihm geborgen und beschützt ist, bleibt ein Trost mitten im Schmerz der Trennung. – Ich kenne jene Broschüre[19] nicht, will sie aber lesen. Die Beurteilung der Schwere dieser Zeit hängt großenteils von der urteilenden Individualität ab. Der Gedanke, dass das Vaterland entschieden gefördert durch sie wird, ist dennoch tröstlich und aufrichtend mitten in dem Gewirr.

Danken Sie, bitte, Ihrem Gatten herzlich von mir. Dass ich Sie beide immer nicht sehe, ist ein wahres Verhängnis, namentlich in Berlin, wo ich selten auch nur einen Augenblick für mich habe. Lassen Sie mich hoffen, dass die schönen Thüringer Berge Sie diesen Sommer zu mir locken.

98. Fanny Lewald an Carl Alexander[20]

Helgoland, den 27. August 1859

Wenn das etwas helfen könnte, so wollte ich es sehr beklagen, dass Sie heute vermutlich auch noch das Zimmer hüten werden müssen, wo Wasser, Licht und Luft das ihre tun, ein köstliches Bad zu bereiten. Indes werden Sie doch wenigstens einen weiten, freien Blick haben, und dessen Großartigkeit wird Sie erfrischen.

Ich habe aber zwei Bitten an Sie. Wollen Sie die Gnade haben, uns sagen zu lassen, wie Sie geschlafen und wie Sie sich befinden? Und wollen Sie mich wissen lassen, ob ich nicht irgendetwas tun oder leisten kann, was Ihnen erwünscht wäre? – Ich sinne immer darüber nach, selbst etwas Derartiges zu finden, weil es mir so unnatürlich für eine Frau vorkommt, einem so verehrten Kranken zu gar nichts nütze zu sein; aber in der halb zigeunerhaften Existenz, in welcher man sich in solchem Aufenthalt in *chambres garnies* befindet, wird man aller seiner Mittel beraubt, und behält kaum etwas andres übrig als seinen guten Willen – mit dem allein am Ende gar nichts getan ist.

Glauben Sie aber wenigstens an diesen, gnädigster Herr! und an meine herzliche Teilnahme und Ergebenheit.

Mein Mann empfiehlt sich Ihnen auf das Angelegentlichste und vereinigt seine Wünsche für Ihre schnelle Wiederherstellung mit denen Ihrer

ganz ergebenen   F. L.-St.

99. *Carl Alexander an Fanny Lewald*

Helgoland, den 27. August 1859

Ich denke, es ist das Richtigste, wenn ich Ihnen persönlich meinen Dank für Ihre und Ihres Gatten Teilnahme ausspreche und persönlich Ihnen anzeige, dass es mir, gottlob, heute nach einer sehr guten Nacht besser geht. Aber der Doktor will von einem Bad noch nichts hören, und so bleibt mir nur, angesichts des Meeres, die Hoffnung und der Neid übrig. Beide stärken nicht sonderlich. Sie sind zu gütig, sich zu fragen, womit Sie mir helfen könnten. Ich danke Ihnen herzlich dafür und knüpfe daran die Frage, ob Sie mir wohl Ihre Bemerkungen über die »Meereseindrücke« senden können, die Sie niedergeschrieben und von denen Sie mit mir gesprochen haben. Ihrem Gatten danken Sie indessen, bitte, für den mir gestern gesendeten Aufsatz[21], den ich ernsthaft zu studieren mich anschicke. Ich werde den Autor zu mir bitten, sobald ich nur ein wenig aus dem verdammten Zirkel von Reiswasser und Sago, Sago und Reiswasser herausgetreten sein werde. Übrigens habe ich so viel Bücher als möglich in diesen Zirkel hineingenommen, so dass meine dünnwandigen Zimmer aussehen wie die Wohnung eines Philosophen. Dass ich letzterer aber nicht bin, erinnert mich meine Ungeduld fortwährend.

100. Fanny Lewald an Carl Alexander

Helgoland, den 27. August 1859

Ich bin wirklich in Verlegenheit, ob ich Ihnen die verlangten Blätter senden soll, da dieselben tatsächlich unter Ihrer Erwartung bleiben müssen. Es sind nicht *Eindrücke*, welche das Meer erzeugt hat, die ich in den beiden Blättern fixiert, sondern ganz einfach *Luft- und Wasserstudien*, wie der Maler sie realistisch hinwirft, um sie im betreffenden Augenblick zur Hand zu haben. Indes sie Ihnen, wenn Sie dieselben wünschen, und obendrein wenn Sie krank sind, nicht zu schicken, würde ich mir ein Gewissen machen. Sehen Sie also zu, gnädigster Herr! ob Sie etwas daran finden, und lesen Sie freundlich darüber hinweg, wo Sie Ihren Namen finden.

Im übrigen »Komme, was kommen mag, Zeit und Stunde rennt auch durch den rauh'sten Tag!«[22] »Neid und Hoffnung« werden glücklicherweise nicht von langer Dauer bei Ihnen zu sein brauchen, Sago und Reiswasser nicht ewig währen, und bedenken Sie nur, Hoheit! dass Sie mit dem Mittwochsdiner am allerwenigsten verlieren, da Mittwoch Mittag die vom Sonnabenddampfer gefüllten Fleischtöpfe Ägyptens in der Regel ziemlich leer sind. Dafür bringt aber der heutige Dampfer Ersatz, und ich wünsche von Herzen, dass Ihnen morgen zu unseren neuen Errungenschaften der rechte Appetit nicht fehlen möge.

Gestern Abend habe ich den Gouverneur der Insel gesehen. Ist das ein wundersamer Repräsentant Ihrer Majestät, der Königin von England![23] Ein Titelblatt für jede neue Auflage des Struwwelpeter! Und dazu eine Haltung wie Levassor[24] wenn er den *beau de village* spielt. Solange er vor mir saß, probierte er alle ersinnlichen Beinstellungen, bald mit dem rechten, bald mit dem linken überschlagend und auf den Boden tretend, um einen *point d'appui* und mit ihm die ihm und uns gebührende *konvenable Haltung* zu finden. Aber er gelangte nicht dazu, und »rückwärtste« sich dann hinaus, nicht wie ein *beau de village*, sondern wie ein Südseeinsulaner, der zum ersten Mal Stiefel und Kleider anhat. Solch eine Figur habe ich im Leben nicht gesehen, und dazu war er offenbar halb trunken!

Schelten Sie aber dies Medisieren nicht; das müßige Badeleben macht bald so unmoralisch wie ein Damenkaffee in einer Universitätsstadt.

Die besten Wünsche nochmals, gnädigster Herr! und nehmen Sie dies Blatt als die »Knochenbeilage zum Braten«, welche die französischen Schlächter boshaft witzig *rejouissance* nennen.

101. Fanny Lewald an Carl Alexander

Den 28. August 1859

Guten Morgen, Königliche Hoheit! Ich gratuliere Ihnen zu Goethes Geburtstag, zu welchem beglückwünscht zu werden, Sie und Ihr Haus das erste und höchste Anrecht haben, und ich wünsche Ihnen, dass das Geschick Ihnen in Ihrer Regierung Menschen, Taten und Ereignisse gewähren möge, deren man sich mit ähnlicher Erhebung in spätester Zeit erinnere.

Daneben freut es mich, dass das Wetter so schlecht ist, und dass Herr v. Ascher Sie also *unmöglich* herauslassen kann, was Ihnen, lebhaft wie Sie, gnädigster Herr! es sind, ohne alle Frage das heilsamste ist. Dafür werden Sie aber nachher auch eine köstlich erfrischte Luft finden.

Was uns anbetrifft, so denke ich ernstlich daran, wie die echten Helgoländer uns hier für den Winter mit Mehl, Torf und Pökelfleisch zu verproviantieren, denn mein Mann mag sich von Helgoland gar nicht trennen. Unsere auf den 1. angesetzte Heimreise ist wieder hinausgeschoben, und geht das so fort, von Woche zu Woche, so frieren wir hier ein. Ich lasse mir aber fürs erste das Hierbleiben umso lieber gefallen, als nach meiner Erfahrung der September hier von leuchtender Frische zu sein pflegte und man für die langen Abende dann eben zusammenrückt.

Gestern Abend soll unten am Strand prachtvolles Meerleuchten gewesen sein. Ein uns befreundeter, sehr angenehmer Arzt, Professor Henoch aus Berlin, der gestern Abend ankam, sagte heute, die Tropfen hätten ihm noch in den Händen geglänzt! Wir habens aber alle hier oben versäumt!

Mein Mann sendet die ergebensten Empfehlungen, und ich wünsche Ihnen, dass Sie nicht mehr viel Geduld brauchen und bald wieder hinauskönnen, mein gnädigster Herr!

Professor Henoch kommt von Thüringen, von der Wartburg, und ist entzückt von dem, was Sie, gnädigster Herr! dort haben entstehen machen.

102. Carl Alexander an Fanny Lewald

28. August 1859

Auf Ihren guten Morgen antworte ich durch einen guten Abend. Ich wollte, ich könnte mich durch das heutige Datum begeistert fühlen, um Ihnen passend für die Inlage zu danken; allein mir geht es mit den an dies Datum sich knüpfenden Erinnerungen wie dem müden Reisenden am Fuß eines herrlichen Berges: er sieht ihn an, die Schwungkraft fehlt jedoch, ihn zu ersteigen. – Indessen wird die Dankbarkeit nie die entbehren, durch die sie Ausdruck gewinnt. So lassen Sie sich danken für Ihre Blätter, die vielen Reiz mit einer wunderlichen Aufgabe verbinden, der Sie sich unterzogen. – Ihrem Gatten danke ich im Voraus schriftlich für seinen Aufsatz, den ich mit großem Interesse gelesen habe. Es ist eine bedeutungsreiche Arbeit.

Sei Ihnen der Abend glücklich wie er mir, dem Gefangenen, schön zu sein scheint.

103. Fanny Lewald an Carl Alexander

Helgoland, den 1. September 1859

Neben dem großen Brief von Professor Stahr läuft mein kleines Billett bescheiden einher und bittet Sie, uns die Ungeschicktheit der Badegäste nicht entgelten zu lassen, die heute von uns Abschied nehmen wollten, als wir die Ehre hatten, Sie zu sehen.

Zweitens macht aber Ihre große Güte mir zu der Frage Mut, ob Sie nicht morgen Abend wieder einmal Ihren Tee bei uns trinken wollen? Die Tage sausen so schnell dahin, und ich habe gelernt, dass man die Gunst des Augenblicks nicht verscherzen darf. Hoffentlich begegnen wir Ihnen noch, und Sie sagen mir dann, gnädigster Herr! ob Sie etwas dagegen haben würden, einen oder zwei preußische Professoren bei uns zu finden, oder ob Sie lieber es wie bisher gehalten wünschen?

Gehen Königliche Hoheit heute doch nur nicht zu viel und zu schnell im Winde. Man erhitzt sich dann und erkältet sich eben dadurch leicht, weil der Wind nicht mehr so warm ist wie in der vorigen Woche.

104. Carl Alexander an Fanny Lewald

1. September 1859

Ich danke Ihnen, ich danke Prof. Stahr für die mir übersendeten Blätter. Ich nehme dankbar Ihren Vorschlag für morgen an und gestehe Ihnen offen, dass ich eigentlich die Absicht hatte, auch heute an Ihre Tür abends zu klopfen. Darf ich dies tun? oder belästige ich Sie? Sagen Sie es mir offen, eben wie ich Ihnen die Frage getan.

105. Fanny Lewald an Carl Alexander

Den 1. September 1859, abends 8 Uhr

Teurer, gnädigster Herr! Ich komme eben nach Hause und finde Ihre freundlichen Zeilen und bin untröstlich, auf die Ehre verzichten zu müssen, die Sie uns zugedacht haben. Wir haben schon zufällig ein paar Mal die Campesche[25] Einladung ausgeschlagen, und unserer harrt heute im Unterland – und der Regen rauscht wie der Acheron – eine Teegesellschaft bei Campes.

Aber ich bitte wie die ital. Bettelkinder – *ma domani, Signor Eccellenza?* – Und geben Sie mir auch Antwort wegen der Professoren, gnädigster Herr!

106. Fanny Lewald an Carl Alexander

Helgoland, den 3. September 1859

Den schönsten Dank für das beikommende Buch[26], das wirklich des Interessanten und Vortrefflichen sehr viel enthält, und Hunderten von modernen Touristen in seiner ruhigen Einfachheit zum Muster dienen könnte. Die Briefe sind zu gleicher Zeit ein Zeitbild und ein Charakterbild von Sophie La Roche, und beide erscheinen weit weniger sentimental, als man sie zu denken gewohnt ist. Daneben ist es interessant zu sehen, wie viele gesellschaftliche Vergnügungen, welche jetzt ganz bei uns eingebürgert sind, uns aus der Schweiz, aus Frankreich zugeführt worden und einer der gebildetsten deutschen Frauen jener Tage noch neu gewesen sind.

Haben Sie auch schönen Dank für den gestrigen Abend, der die beiden Professoren[27] zu Ihren großen Verehrern gemacht hat. Sie waren entzückt von Ihrer Güte und Freundlichkeit, von der Leichtigkeit, mit welcher Sie Ihre geistigen Erwerbnisse beherrschten und mitteilten, und wir, Professor Stahr und ich, genossen dabei die große Freude, von anderen mit Wärme aussprechen zu hören, was wir seit so langen Jahren denken und empfinden.

Möge Ihnen, gnädigster Herr! der Abend gut bekommen sein, der Sturm der Nacht Sie nicht im Schlaf gestört haben und der Himmel sich heute uns allen zum Bade aufhellen.

Mit der treusten Ergebenheit und mit dem Gedanken, dass wir Sie nun nur noch zwei Tage auf Helgoland behalten.

107. *Fanny Lewald an Carl Alexander*

Berlin, den 4. Februar 1860

Das neue Jahr, mein gnädigster Herr! ist schon ein gut Stück auf seiner Bahn vorwärtsgegangen, und die Helgoländer Tage liegen bereits weit zurück, ohne dass ich mir die Freude gemacht hätte, mich Ew. Königlichen Hoheit in das Gedächtnis zu rufen. Das rührte zum größten Teil aus einer vielleicht nicht richtigen Analogie her, die ich Ihnen nicht erst weitläufig auseinandersetzen würde, wenn Sie mir nicht zugleich als Rechtfertigung für mein Schweigen gelten müsste; wobei ich allerdings die kühne Voraussetzung mache, dass mein Schweigen bei Ihnen einer Rechtfertigung bedarf.

Ich dachte mir nämlich, da die fürstlichen und königlichen Frauen sich auf den Bällen ihre Tänzer wählen, so dachte ich, wenn Sie von mir hören wollten, so würden Sie, gnädigster Herr! mir mit ein paar Zeilen den Wink dazu geben. Nun das nicht geschehen ist, schreibe ich dennoch, denn ich denke, es wird Ihnen ja jetzt wie früher nicht unwillkommen sein, und ich verlange sehr danach zu hören, wie Ihnen das Bad und die Erholungszeit in Helgoland bekommen ist.

Schon zu Neujahr wollte ich Ihnen meine besten Wünsche senden, aber die Berge guter Wünsche, die in Briefform in jenen Tagen vor Ihnen aufgestapelt liegen mussten, schwebten mir so deutlich vor Augen, dass ich dieselben auch nicht um ein dünnes Blättchen erhöhen und anderseits nicht mit meinem Brief unter ihnen begraben sein wollte. »Ich pass auf meine Zeit«, sagte ich mir, und wünsche Ihnen nun heute, da das Jahr wieder seinen ebenen Weg geht, alles ersinnliche Gute, das beste Gelingen für Ihre Unternehmungen und Gesundheit für Sie und Ihr Haus. Erhalte Ihnen ein gut Geschick, was Sie lieben! Das ist auf dem Thron wie in der Hütte das Fundament für alles andere, und Sie haben so schwere Verluste erlitten, dass man Ihnen den Wunsch doppelt auszusprechen hat. Also Glück auf, gnädigster Herr! und sei des Guten Fülle mit Ihnen, wie wir beide es Ihnen wünschen.

Vor wenigen Wochen ist der treffliche Major Beitzke[28] hier zur Legislatur eingetroffen. Er hatte eben den Orden erhalten, den Ihre Gnade ihm zu verleihen geruht hat, und es machte uns große Freude, ihn seine Genugtuung und Dankbarkeit so warm ausgesprochen zu hören. Der Orden Ihres Fürstlichen Hauses ruht da auf einem recht ehrlichen, festen deutschen Herzen, das obendrein von einer in unseren Tagen sehr seltenen, fast kindlichen Bescheidenheit ist. Es ist schön, dass Sie der erste unter den deutschen Fürsten waren, der dieses Mannes Verdienste in solcher Weise anerkannt hat.

Dabei fällt mir meine alte Klage ein, wie wir Frauen in Kunst und Literatur doch so ganz und gar in Deutschland vernachlässigt werden, und wie es mit der Verehrung, welche die Deutschen den Frauen zollen, gar nicht so weit her ist. Sie kennen mich genugsam, um zu wissen, wie sehr fern mir die sogenannten Emanzipationsgedanken, durch kurzgeschorenes Haar und Zigarrenrauchen, liegen, und wissen es, dass ich in der Unterordnung unter einen verehrten Mann und in meinem häuslichen und mütterlichen Beruf mein größtes Glück finde. Das aber hält mich gar nicht ab, dagegen zu protestieren, dass man den Frauen, die sich auszeichnen, nicht ganz dasselbe angedeihen lässt wie den Männern. Emil Devrient ist mit Orden belohnt, die Schröder-Devrient, die nun hingegangen ist und so unendlich bedeutender war als Emil, hätte das Gleiche und mehr verdient. Für die Männer gibt es Ehrenämter, Pensionen, Orden, Jahresgehalt, Aufmunterungen, Anerkennungen, Bevorzugungen aller Art, für uns gibt es nichts dergleichen; und so schlau weiß die Männerwelt es einzurichten, dass wir in gewissem Sinne immer erst die Erlaubnis dafür erbitten, ja um Entschuldigung dafür bitten müssen, wenn wir uns durch irgendwelche Bedeutung über und aus der Masse der gewöhnlichen Frauen erheben. Seit meiner Kindheit habe ich dies als eine Ungerechtigkeit erkannt, und solange ich lebe, werde ich nicht aufhören, dagegen zu protestieren. Es gibt eine Gleichberechtigung mit den Männern, welche die Nachwelt den Frauen einst gewiss als selbstverständlich zugestehen wird, wenn auch wir, die wir jetzt leben, noch davon ausgeschlossen werden. Und merkwürdig genug, ist das bei allen romanischen Völkern anders! – Hätte ich die Zeit dazu, ich würde es mir zur Lebensaufgabe machen, für *diese* Emanzipation der Frauen, der Künstlerinnen zu wirken. Aber wie weit sind wir davon entfernt!

Wie ich eigentlich darauf komme, dies hier zu erwähnen, das muss ich Ihnen sagen. Es kommt nicht durch die Erinnerung an Beitzke, sondern eben durch den Tod der Frau von Bock, mit deren Leben ich mich gestern und heute insofern beschäftigt habe, als ich versucht, mir schriftlich ein Bild der Rollen, d.h. der Charaktere festzuhalten, in denen ich sie auf der Bühne habe auftreten sehen. Ob mir das gelingen wird, weiss ich noch nicht, und ob ich es drucken und wann ich es drucken lassen werde, weiss ich auch nicht.[29] Die große, wahrhaft dämonische Kraft dieser Frau hat sich mir aber bei dieser Erinnerung wieder so lebendig aufgetan, dass ich dachte, wie wenig ihr – außer der Anerkennung, die sie selbst an jedem Spielabend sich errang – von ihrem Volk Huldigung dargeboten worden ist. Wie anders huldigt man Emil Devrient und Dawison! – Und in der Literatur ist es geradeso! Hier darf ich schriftlich nicht sagen, was ich Ihnen mündlich wohl auszusprechen wagen würde. Denn auf dem Papier würde sich dasjenige anmaßend ausnehmen, was Ihnen anders erscheinen würde, könnte ich es Ihnen Auge in Auge sagen. Es ist wahrhaftig in Deutschland noch kein Glück, eine Schriftstellerin zu sein – und der weit geringere Mann hat es besser als wir.

In der letzten Zeit und in diesem Augenblick bin ich aber eigentlich mehr Tapezier als Schriftsteller. Wir ziehen Mitte März aus unserer kleinen Wohnung aus, deren Mietsbetrag im Laufe von 8 Jahren so sehr gesteigert war, dass er den Wert des Quartiers überstieg, und haben eine Wohnung in der Matthäikirchstraße genommen – außerhalb des Tores, zwischen dem Tiergarten und dem Kanal, dicht an der garstigen kleinen Kirche[30], mit dem spargeldünnen Turm, den Sie sicher von Tiergarten aus gesehen haben. Meine ganze Seele ist jetzt mit zu ändernden Gardinen, und mit Kombinationen über die Aufstellung unserer Möbel beschäftigt, und wenn Sie dann nach Berlin kommen und sehen nicht, wie wir wohnen, dann, gnädiger Herr! dann weiß ich nicht mehr, was ich denken soll. Sie haben wirklich gar kein Mitgefühl mit der Kränkung einer Hausfrau, die den hochverehrtesten Gast nur immer in ihr völlig unangemessenen, zigeunerhaften Zuständen, in der Komfortlosigkeit von Gasthöfen und möblierten Wohnungen bewirten darf. Glauben Sie denn, dass ich nicht auch gefallsüchtig bin, und dass ich nicht auch einmal in der Umgebung vor Ihnen erscheinen möchte, in der alle meine anderen Bekannten mich kennen? – Ich freue mich aber sehr auf die neue Wohnung, denn wir bekommen mehr Licht, mehr Raum, mehr Luft, und wir hatten das recht nötig.

An Helgoland, an die guten Stunden, die wir dort in Ihrer Gesellschaft zubringen durften, denken wir beide gar gern zurück, und das Bad ist uns so gut bekommen, dass wir, wenn es sich irgend tun lässt, in diesem Jahr, wenn auch nur auf 14 Tage oder drei Wochen, hingehen möchten. Es war übrigens recht gut, dass Sie nicht länger blieben. Es kamen gleich nach Ihrer Abreise doch einige Todesfälle durch die Cholera vor, und das machte, bei der Panik, welche die Einwohner ergriff, den Aufenthalt dort so unbehaglich, dass auch wir mit dem nächsten Schiff die Insel verließen.

Mein Mann, der tief in seiner Arbeit steckt, empfiehlt sich Ihnen auf das Ergebenste. Er schreibt seine Aufzeichnungen von unserem letzten Aufenthalt in Oberitalien, welche ein Supplement zu seinem *Ein Jahr in Italien* machen sollen.[31] Ich habe einen Roman begonnen – aber ich tapeziere eben, und komme langsam vorwärts.

Das war geplaudert mit der Voraussetzung, dass Sie, Königliche Hoheit! mir ein geneigter Hörer sind. Erhalten Sie mir Ihre Teilnahme und lassen Sie mich wissen, wie es Ihnen ergeht. Wie gern hörte ich Sie wieder einmal erzählen, was Sie so unübertrefflich verstehen. Glücklicherweise bewahrt mir mein gutes Gedächtnis das Gehörte als einen unverlierbaren Besitz.

Haben Sie die Gnade, Königliche Hoheit, die Frau Großherzogin meiner tiefen Verehrung zu versichern, und genehmigen Sie den Ausdruck meiner aufrichtigsten Ergebenheit.

108. Carl Alexander an Fanny Lewald

Weimar, den 5. Februar 1860

Für herzliche gute Wünsche dankt man immer gern – sollte es wenigstens – sie kommen nun, wann sie wollen. Weshalb diese an einen besonderen Tag zu binden seien, habe ich nie begriffen, ebensowenig wie man das Recht hat, von jemandem das Tun oder Unterlassen mancher Dinge zu verlangen, weil er soundso viele Jahre zählt. Alter und Jugend sind relative Wahrheiten und konventionelle Herzlichkeitszeiten haben für mich nur einen Wert der Konvention. So danke ich Ihnen herzlich für Ihre immer willkommenen Wünsche, Ihnen wie Ihrem Mann.

Ihre Bemerkung über die Ungerechtigkeit rücksichtlich der Schriftstellerinnen ist eine merkwürdige Sache; sie verdient also be= und gemerkt zu werden; man muss sich dieselbe überlegen, um etwas Gutes und Schönes mit Gottes Hilfe hieraus zu entwickeln, wenngleich dieses langsamer gehen dürfte als es hoffentlich mit Ihrer neuen Einrichtung in der Matthäikirchstraße der Fall sein wird. Ich beklage, Sie in dem Greuel dieser Übergangsperiode zu wissen – die Absicht, das zu Schaffende möglichst harmonisch zu bewerkstelligen, wird Ihnen dabei helfen.

Ich freue mich der guten Folgen des Bades; ich kann ein Gleiches bei mir rühmen, indem jene Zeit auf der Insel meiner Seele in jedem Fall wieder Ruhe und Sammlung gab. Meinem Körper habe ich nach der Rückkehr viel Arbeit zumuten müssen, meinem Geist nicht weniger und nicht immer in richtigem Verhältnis, sodass ich oft nervenerregt war; aber allmählich gleicht sich, Gott sei Dank, das wieder aus, und an Vollendetes reihe ich gern neu zu Vollendendes an.

Die Großherzogin beauftragt mich, Ihnen zu danken.

VII

7. September 1860 – 13. Dezember 1864

Die neue Wartburg – Verdienst des Großherzogs um die Thüringer Industrie – Fanny Lewalds schwere Erkrankung – Ihre Bitte für ihren Stiefsohn Alwin – »Lebensgeschichte« – Briefwechsel Carl Augusts mit Goethe – Der dänische Krieg 1863/64 – »Von Geschlecht zu Geschlecht« – Der Roman »Le maudit« – Die Shakespeareaufführungen in Weimar – »Osterbriefe« – Die mindere Bewertung der Künstlerinnen – Carl Alexanders Einspruch dagegen – Gemeinsamer Aufenthalt in Ostende – Alwin Stahrs Verlobung – »Poesie und Prosa« – Rückkehr der preußischen Truppen aus Holstein

109. Fanny Lewald an Carl Alexander

Sonneberg bei Coburg, den 7. September 1860

Wenn es eine Wirkung in die Ferne gibt, gnädigster Herr! so müssen Sie am Nachmittag des vierten September es empfunden haben, wie warm Professor Stahr und ich Ihrer gedachten, Königliche Hoheit! als wir nach einem Zwischenraum von neun Jahren zum ersten Mal die Wartburg wieder betraten, die alles bei weitem übertrifft, was wir uns davon vorgestellt hatten, und die nach Stahrs und nach meiner Meinung wirklich ein Einziges geworden ist.

Deutschland kann Ihnen nicht genug danken für das Geschenk, das Sie ihm mit diesem Stückchen deutschen Pompeji gemacht haben. Es knüpfen sich von jeher so große Erinnerungen eben an diesen Punkt, der auch in landschaftlichem Betracht so typisch deutsch und so schön ist.

Ich hatte durch Ihre Veranlassung, gnädigster Herr! im vorigen Jahr den Plan und die vortrefflichen Zeichnungen des Herrn Professor von Ritgen in Helgoland gesehen, indes das Detail derselben hat für den Laien, so sehr es ihn in seiner Sinnigkeit auch ansprechen mag, doch etwas Verwirrendes, und die kleine Ausführung der Säle notwendig etwas Buntes, so dass ich den Eindruck, den ich jetzt empfangen habe, weit, weit über meine Erwartungen fand. Es ist eine Harmonie, eine edle Einfachheit in dem ganzen Bau und in der ganzen Dekoration der einzelnen Räume, die wohltuend und einheitlich wirken, wie das Beste, was uns aus der künstlerischen Epoche der Vergangenheit geblieben ist. Keine Kunstleistung drängt sich vor, Malerei, Architektur, Skulptur dienen und tragen einander, und es entsteht daraus ein Ganzes, das, während es eine ferne Vergangenheit repräsentiert, ganz dazu gemacht ist, in eine ferne Zukunft hinein erfreulich und erhebend zu wirken.

Abgesehen aber davon haben Sie für die Industrie etwas sehr Förderliches geleistet durch den Aufschwung, den die Holzschneiderei in Eisenach gewonnen haben muss. Wir konnten uns nicht satt sehen an dem Ameublement, an den Tischen, Sesseln, Bänken, und auch die Teppiche, die Sie nach bestimmten Zeichnungen wirken lassen, erschienen mir ungewöhnlich schön. Hoffentlich gelingt Ihnen das, was zur letzten Vollendung noch fehlt, ebenso wie das bereits Geschaffene, und Sie werden sich dann nach wenigen Jahren das Wort sagen dürfen: und er sah an, alles, was er geschaffen hatte, und siehe da, es war sehr gut! – Ich denke, so heißt ja wohl die Bibelstelle.

Ihre Wohnung, Königliche Hoheit! haben wir nicht gesehen. Das bleibt uns für eine spätere Zeit. Herr von Arnswald kämpfte mit seiner Unterordnung unter Ihre Befehle und mit dem Glauben, dass Sie uns die Zimmer gern sehen lassen würden, indes seine Pflicht trug den Sieg davon, und wir selbst sagten uns, dass wir vielleicht in einem anderen Jahr Sie selber einmal auf der Wartburg träfen und dann die Zimmer sehen würden.

Heute ist ein Sonnenschein, der uns oben auf der Wartburg fehlte, und von dem ich wünsche, dass er uns begleiten möge, wenn wir nächste Woche nach München fahren, das ich noch nicht kenne und das Stahr, der schon öfter dort war, mir zeigen will. Bis zum Montag oder Dienstag bleiben wir hier in einer befreundeten Fabrikantenfamilie, und auch hier habe ich unter den Arbeitern, welche das Spielzeug für Kinder aus Holz, Papiermaché und Wachs modellieren, wahrhafte Künstler gefunden.[1]

Professor Stahr empfiehlt sich Ihnen angelegentlich. Wollen Sie, gnädigster Herr! mir die Freude machen, mir bald zu schreiben, so senden Sie mir Ihren Brief unter der Adresse des Herrn Christian Bischoff nach Sonneberg bei Coburg, wo nicht, so sind wir in der 2. Hälfte des Oktober spätestens in Berlin.

Möge Ihnen alles gelingen, was Sie so liebevoll beginnen und pflegen, wie die Herstellung der Wartburg und Ihre Malerschule in Weimar, und Sie dürfen sich dann mit voller Überzeugung sagen, dass Sie ohne jeden Egoismus das Große und Gute gewollt und Selbstbefriedigung gefunden haben, indem Sie Schönes und Bleibendes für die Gesamtheit schufen.

110. Carl Alexander an Fanny Lewald

Eisenach, Herbst 1860

Glauben Sie, bitte, der Herzlichkeit meines leider verspäteten Dankes für Ihren gütigen Brief von dem 7. Sept. Diesen Dank wünsche ich Ihnen besonders durch die Versicherung der Freude auszudrücken, welche Sie mir durch Ihr Urteil über die Wartburg, über Weimar machten. Was man liebend pflegt und pflegend liebt, von anderen verstanden und geliebt zu sehen, ist immer ein Glück.

111. Fanny Lewald an Carl Alexander

Bonn, den 23. September 1863

Es ist so lange her, dass ich Ihre Zeit für mich nicht mehr in Anspruch zu nehmen wagte, dass ich eigentlich weit ausholen müsste, um Ihnen zu erklären, weshalb es nicht geschehen ist. Ich habe aber immer gedacht, seit Sie zur Regierung gekommen, müsste die Menge Ihrer Obliegenheiten und Arbeiten derart gewachsen sein, dass niemand Sie mit Briefen angehen dürfe, der Ihnen nicht etwas Besonderes zu bieten oder etwas von Ihnen zu begehren habe, und – damit ich so aufrichtig gegen Sie bin, wie Sie mir immer erlaubt haben, es zu sein – ich glaubte mich von Ihnen vergessen, wenn und weil Sie so oft in Berlin gewesen sind, ohne nur eine Viertelstunde für eine alte Bekannte aufzuwenden und einmal zu sehen, wo und wie sie lebt.

Wären Sie im Laufe des letzten Jahres gekommen, so hätten Sie es allerdings nicht zum Besten gefunden. Ich weiß nicht, ob Sie davon gehört haben, gnädiger Herr! Ich bin schwer krank gewesen, nahe am Sterben und habe mich sehr langsam von einem nervösen gastrischen Fieber erholt. Indes nun sind diese langen Leidensmonate wieder überstanden, und wir sind, Professor Stahr und ich, Anfang August, auf der Reise nach Schlangenbad, einige Tage in Weimar[2] gewesen – mit dem Wunsch,

Sie wiedersehen zu dürfen. Sie waren aber abwesend – ich glaube in Süddeutschland³ –, und wir entbehrten also den Vorzug, uns Ihnen persönlich in das Gedächtnis rufen zu können.

Dass ich dies heute tue, und nicht – wie ich mir immer gewünscht hatte – eine persönliche Begegnung dazu abwartete, denn der Mensch ist doch dem Menschen gegenüber immer am wirksamsten und mächtigsten – kommt daher, dass ich ein Gesuch an Sie habe, mein gnädiger Herr! Und ich möchte, da ich nicht oft Suppliken gemacht habe, ja da es meine erste und zwar eine solche ist, die Sie, wie ich glaube, bewilligen können, ohne ein Opfer zu bringen, dass Sie meinen Wunsch erfüllen.

Meines Mannes ältester Sohn ist seit 2 1/2 Jahren in Lille als Kaufmann etabliert und in guten, prosperierenden Verhältnissen. Er ist ein durchgebildeter Mann von 27 Jahren, der seine Schule in der Welt gemacht hat, Petersburg, London, Paris, Hamburg, Stettin, Berlin und die engl. Fabrikdistrikte gut kennt; er ist ein Mann von guten, eleganten Formen, ein tüchtiger Geschäftsmann – und dass er ein Ehrenmann ist, dafür bürgen Ihnen Professor Stahr und ich nach allen Seiten und in jeder Beziehung.

Was ich für diesen Sohn, Herrn Alwin Stahr, von Ihnen erbitten möchte, ist, dass Sie ihn für Lille zu Ihrem Konsul ernennen. Lille ist die Haupthandelsstadt von Nordfrankreich, hat aber gar keine Konsulate, und doch geht jetzt die Hauptstraße zwischen England und Deutschland über Lille und Calais. Es begegnet also sehr häufig, dass Herr Stahr, als ein *Deutscher*, von deutschen Durchreisenden um Rat, um Auskunft, um irgend geschäftlichen oder rechtlichen Beistand gebeten wird, den er jetzt, wo er *kein offizielles Recht* dazu hat, weniger vollständig leisten kann. Er muss die betreffenden Personen nach Dünkirch oder Calais weisen, wo Konsulate sind; und diese Erfahrung hat ihn auf den Gedanken gebracht, dass es zweckmäßig sein könnte, in Lille wenigstens ein deutsches Konsulat zu haben.

Dass er nicht erwartet, von diesem Konsulat ein Gehalt von Eurer Hoheit zu beziehen, versteht sich von selbst. Dennoch würde ihm ein *großer indirekter* Vorteil daraus erwachsen, wenn Sie, Königliche Hoheit! ihn mit einem solchen *verantwortlichen Ehrenamt* betrauten. Er kennt die Obliegenheiten und Befugnisse eines solchen Postens, da er dreiundeinhalb Jahre im Hause des belgischen Konsuls Gustav Müller in Stettin gearbeitet und in dessen Abwesenheit für ihn fungiert hat.

Herr Stahr ist der Meinung, dass bei den bedeutenden Fabriken, welche Sie in Ihrem Lande, namentlich in Apolda besitzen, und bei dem großen Konsum an Ölsaaten und Flachs, der in Lille und der Umgegend vorhanden ist und dessen Bezug aus Deutschland zu einem sehr großen Teil durch seine Hände geht, ein Konsulat in Lille nicht außer dem Interesse Ihres Landes läge – und was Ihre Konsuln den reisenden Deutschen leisten können, das, mein gnädiger Herr! habe ich seinerzeit durch Ihre Güte von Herrn Kahlmann in London, an den Sie mich empfohlen hatten, vielfach zu erfahren Gelegenheit gehabt.

Ich meine, gnädiger Herr! es könne Ihnen nicht ungelegen sein, in Frankreich einen absolut zuverlässigen und sehr intelligenten Geschäftsmann zu Ihrer Disposition zu haben, dem Ihre Anerkennung zu einer durchweg gültigen Empfehlung gereichen, und der sicher verstehen würde, dieser Empfehlung auch *repräsentierend* Ehre zu machen, wo Sie dies wünschenswert finden.

Wollen Sie irgendwelche Auskunft über die Handels-Verhältnisse in Lille haben, so wird Herr Alwin Stahr sich glücklich schätzen, sie Ihnen geben zu dürfen; wollen Sie – was ich nicht glaube – andere *références* über seine Würdigkeit als meine Aussage und mein Zeugnis, so würden diese zu schaffen sein; ich meine aber, Sie nähmen, wie Sie mich kennen, meine Bürgschaft an.

Ich weiß, gnädiger Herr! dass Sie die Gewohnheit haben, Briefe schnell zu beantworten. Bleiben Sie dieser Gewohnheit auch in diesem Fall treu, so findet Ihre Antwort mich bis zum 1. Oktober unter der Adresse: Herrn Gustav Hansemann[4] in Eupen. Nach dem ersten Oktober in Berlin, in unserer Wohnung, Matthäikirchstraße Nr. 18.

Sie würden mir eine große Freude und eine Gunst gewähren, gnädiger Herr! mit der Erfüllung meiner Bitte, und ich würde mich doppelt glücklich schätzen, wenn ich Ihnen einmal persönlich dafür meinen Dank aussprechen könnte; oder wenn Herr Alwin Stahr auf diese Weise zu der Ehre käme, sich Ihnen selbst später vorstellen zu dürfen.

Professor Stahr empfiehlt sich Ihnen auf das Angelegentlichste und Ergebenste.

112. Carl Alexander an Fanny Lewald

Abtei Heinrichau[5], den 10. Oktober 1863

Ihr Brief aus Bonn von dem 23. Sept. suchte mich in Weimar und erreichte mich erst vor wenigen Tagen hier, tief in Schlesien, hinter diesen alten Zisterziensermauern. Eine Freude wird es mir sein, Ihren wie Ihres Gatten Wunsch zu erfüllen, wenn dies mir möglich sein wird; diese Möglichkeit zu erreichen, habe ich bereits die nötigen Schritte getan, der Erfolg hängt indes nicht bloß von mir ab, da z.B. bei jeder Besetzung diplomatischer, also auch Konsularstellen die Verständigung mit der Regierung, bei welcher die betreffende Persönlichkeit zu akkreditieren ist, vorauszugehen hat. Mir persönlich, als für die Interessen des Landes verantwortlich, ist übrigens ein Konsulat in Lille erwünscht, und die Persönlichkeit Ihres Stiefsohnes nach allem, was Sie sagen, willkommen.

Gegen die Meinung, dass ich Sie vergessen, protestiere ich ebenso entschieden wie gegen die Logik des Satzes, dass ich Sie vergessen, weil ich in Berlin Sie nicht besucht habe. Ich sagte Ihnen schon einmal, dass ich nirgend weniger unabhängig bin als in Berlin, ich wiederhole es jetzt; es war jeder Aufenthalt in jener Stadt für mich seit 10 Jahren ein immer anstrengenderer als der vorhergegangene. So blieb mir nur übrig, mich auf meine nächsten Pflichten zu beschränken.

Sobald ich kann, werde ich in der Angelegenheit Ihres Stiefsohnes Ihnen Nachricht geben oder geben lassen. Einstweilen bitte ich, Ihren Mann von mir zu grüßen und sich so zu pflegen, dass keine Besorgnis für Ihre Gesundheit sich wiederhole.

113. Fanny Lewald an Carl Alexander

Berlin, den 20. Oktober 1863
Matthäikirchstraße 18

Ihr gütiger Brief hat mir in seiner – verzeihen Sie den Ausdruck – schlichten Einfachheit so ganz den Eindruck Ihrer Person und mit ihm das alte Zutrauen wachgerufen, dass ich den Mut habe, Sie länger als es bisher geschehen, mit mir zu unterhalten.

Ich weiß nicht, ob man Ihnen gesagt hat, dass ich im Lauf der letzten Jahre einen Teil meiner Lebensgeschichte[6] veröffentlicht habe. Ich hatte dabei den bestimmten Zweck, an meinem eigenen Erleben und an meinen Erfahrungen ein Bild von der Stellung zu geben, welche die Frauen oder eigentlich das Mädchen in unserer Staatsgesellschaft und in der sogenannten »Gesellschaft« einnehmen, und nebenher lag mir daran, eine Erinnerung an Zeiten und Menschen festzuhalten, die nicht mehr sind oder doch zum Teil nicht mehr sind, und zum andern mannigfache Wandlungen erlitten haben.

Die Arbeit hat in Deutschland zu meiner großen Freude eine ungewöhnliche Teilnahme erregt und mir in Nähe und Ferne manches Herz gewonnen. Da regte sich oft der Gedanke in mir, Ihnen, der Sie mir immer so viel Anteil bewiesen, diese sechs Bändchen zu schicken – aber ich dachte, Sie hätten vielleicht nicht Muße, die Arbeit gründlich zu lesen, und flüchtig angeblickt wollte ich sie nicht von Ihnen denken – denn es liegt so sehr mein ganzes Jugendleben darin, so viel von mir selbst.

Die Zustände, die Familienverhältnisse, die ich schildere, sind Ihnen notwendig fremd – vielleicht erhöht das den Reiz, den das Lesen des Buches für Sie haben kann, wenn ich Ihnen noch im Besonderen die Versicherung gebe, dass diese Bände die entschiedene, reinste, vollkommenste Wahrheit enthalten, und dass sie Ihnen also einen ganz genauen Blick in das Leben bürgerlicher gebildeter Frauen geben. – Und zuletzt, gnädiger Herr! meine ich, werden Sie auch mich in dem Buch wiederfinden und mir nach dem Lesen desselben hoffentlich nicht weniger geneigt sein als eben jetzt. Ich kann eben auch nur wie Tasso sagen:

> Und wie der Mensch nur sagen kann: Hie bin ich!
> Dass Freunde seiner schonend sich erfreun;
> So kann ich auch nur sagen: Nimm es hin![7]

Inzwischen, gnädigster Herr! habe ich auch den Briefwechsel Goethes und Carl Augusts in Händen gehabt. Ich konnte ihn nicht völlig lesen, da ich die Briefsammlung nicht besitze, aber so viel habe ich gesehen, dass die menschliche Liebenswürdigkeit, die Treue gegen sich selbst und gegen den Freund, die Einfachheit und der Ernst Carl Augusts ihn wirklich zu einer jener seltenen Erscheinungen machen, auf die hinzublicken das Herz erfreut. Freilich hatten Sie Recht, wenn Sie vor Jahren behaupteten, dass man wenig neue Aufschlüsse in diesen Briefen finden würde, dass man sich mehr davon erwarte, als sie enthielten – aber schon das bloße Bild dieser männlichen Freundschaft ist erquicklich, und es sind doch von beiden Männern einzelne ganz vortreffliche Sachen darin. Ist denn so viel zurückbehalten und unterdrückt worden, wie man behauptet?

Ihnen sechs Bände Fanny Lewald schicken und Sie daneben noch mit Fanny Lewald unterhalten, ist eine Ungebühr. Ich will also nichts weiter hinzufügen, als dass ich Ihnen, Königliche Hoheit! von Herzen für die Bereitwilligkeit danke, die Sie mir in der Angelegenheit unseres Sohnes bewiesen haben, und dass ich sehr glücklich sein würde, ihm melden zu können, dass meine Bitte von Erfolg gekrönt war.

Genehmigen Sie die Versicherung meiner aufrichtigsten Ergebenheit, Königliche Hoheit! und erhalten Sie Ihr Wohlwollen einer Frau, die sich von Herzen freut, es immer noch zu besitzen, und sehr entschlossen ist, es nachhaltig zu verdienen. Sei alles Gute mit Ihnen in diesen schweren Zeiten, gnädiger Herr!

114. *Carl Alexander an Fanny Lewald*

Wartburg, den 26. Oktober 1863

Herzlich hat mich Ihr eben erhaltener Brief, hat mich Ihre Zusendung erfreut, und mit dem diesem Gefühl entsprechenden Ausdruck lassen Sie denn mich Ihnen danken. Gerade dies Werk zu lesen habe ich oft vorgehabt, es von Ihnen zu erhalten oft gewünscht, urteilen Sie nun, ob die Sendung willkommen.

Ich freue mich Ihres Urteils über meinen Großvater; es ist dies ein richtiges Urteil. Manches, von beiden Seiten, musste allerdings zurückbehalten werden, doch dies schwächt nicht den die Hauptpersonen charakterisierenden Eindruck.

Noch weiß ich nichts Neues in der Angelegenheit des Konsulats, denn dass ich in ihr tätig bin, ist nichts Neues.

Ich danke Ihnen für Ihre guten Wünsche. Es gibt Zeiten, wo man deren mehr braucht als in anderen, und dies ist eine solche.

115. Fanny Lewald an Carl Alexander

Berlin, den 12. Februar 1864
Matthäikirchstraße 18

Um Neujahr hinderte eine Augenentzündung mich, Ihnen, wie ich es gewollt, meine Wünsche beim Jahreswechsel darzubringen, und später – hatte ich nicht das Herz dazu. Wie darf und kann man einander Glück und Heil im Vaterland wünschen, dessen Zustände in diesem Augenblick so trostlos, so unabsehbar zerrissen sind! Man wacht mit dem Gedanken daran auf, man geht mit dem Gedanken schlafen. Und dazu diese sibirische Kälte und das Leiden der verblutenden Menschen auf der starr gefrorenen Erde! – Krieg ist mir immer als die fürchterlichste aller Plagen erschienen, und nun, da wir ihn so nahe haben, erfüllt er mich erst recht mit Grausen.

Ich kann Ihnen nicht sagen, gnädiger Herr! wie oft ich in dem Laufe dieses Winters an Sie gedacht; und *einen* Wunsch kann ich Ihnen doch aus vollem Herzen aussprechen, es ist der, dass der schöne Friede, die schöne herzensvolle Eintracht zwischen Fürst und Volk, wie sie in Ihrem Lande herrscht, fortdauern möge für und für, und dass der Sinn rechtschaffener Wahrhaftigkeit, der von Carl August sie alle kennzeichnet, Ihrem Geschlecht und Hause nicht verloren gehen und zum Heil des Volkes wie Ihres Hauses in Ihnen fortbestehen möge. Es ist ein Unglück, in einem Land zu leben, wo die Bande zwischen Fürst und Volk gelöst sind – es gedeiht dort nichts.

Dass Sie in dem wüsten unheilvollen Kriegstoben[8], das freilich auch vorübergehen wird, an die künstlerische Fortbildung Ihrer Handwerker denken, hat mich so gefreut. Ich verstehe jetzt Goethe mit jedem Jahr mehr, und auch Sie – das sieht man – verstehen ihn. Er wusste das Vorübergehende, das Vergängliche, von dem Unvergänglichen, Ewigen zu sondern, und während Europa in Flammen stand, arbeitete er still an dem Fortschritt des Geistes, der sich wie ein Phönix über der Asche erhebt. Mit solchem Trost muss man sich in Tagen, wie die unseren, in seiner stillen Klause helfen, wenn man sich sagen muss, dass man voraussichtlich nur an dem *Anfang* unheilvoller Ereignisse steht; denn niemals mehr als jetzt hat mir das Dichterwort: »Was er webt, das weiß kein Weber!«[9] prophetisch und tief geschienen.

Wir haben hier in gewohnter Weise gelebt, viele Leute bei uns gesehen, viel gearbeitet. Ich habe einen großen Roman vor, den ich wie Bulwer seinerzeit den Maltravers[10] in zwei gesonderte Romane teile. Den ersten *Der Freiherr* druckt man jetzt in der *Kölnischen Zeitung*. Der Gesamttitel der beiden Romane ist *Von Geschlecht zu Geschlecht*. Den zweiten Roman dieses Zyklus schreibe ich jetzt und wünsche, ihn gut beendigen zu können. Meine Gesundheit ist doch nicht mehr, was sie war, und die Schwere dieses Winters fühlen wir beide. Arbeitspläne aber sind wie die Kugeln, die Lessing mit den großen Gedanken der Menschheit zum Spielzeug voraus in ihren Weg geworfen haben wollte, damit sie ihnen nacheilt. Man meint bei jedem neuen Arbeitsanfang: Nun musst du leben bleiben, bis das fertig ist! – und leben wollen ist sicher eine Kraft – und leben so genussreich, wenn man so glücklich ist wie wir.

Gnädiger Herr! haben Sie wohl auch an Ihren und meinen Konsul gedacht! – Neulich, als ich in den Zeitungen die Referate über die Unwürdigkeit der preußischen Konsuln las, die sich den deutschen und selbst den preußischen Interessen so feindselig bewiesen, war ich überzeugt, dass wir in unserem Sohn wohl einen anderen Vertreter deutschen Sinnes in der Fremde haben würden – und weil ich dies weiß, mahne ich Sie an ihn. Er war neulich aus Lille hierher gekommen, um nach Königsberg und Hamburg zu gehen, wo er Geschäfte hatte, und brachte uns einen Roman mit, auf den ich Sie aufmerksam machen möchte, wenn Sie ihn noch nicht gelesen haben. Er heißt: *Le maudit* – ist von einem ungenannten Verfasser, einem Geistlichen, und mit großer Energie gegen die weltliche Herrschaft des Papstes, gegen die Jesuiten vor allem anderen, gerichtet. Als Kunstwerk ist viel dagegen auszusetzen, als Zeitbild des Jesuitismus in Frankreich ist es höchst bedeutend, und ich ziehe es bei weitem den Victor Hugoschen *Misérables* vor.

Möge es Ihnen so wohl gehen, wie ein Deutscher sich in diesem Augenblick fühlen kann – mögen Sie Ihrem Lande lange in segensreicher treuer Wirksamkeit erhalten bleiben, und mir Ihr Wohlwollen erhalten, an das ich die Bitte richte, der Frau Großherzogin Königlicher Hoheit meine Verehrung auszusprechen.

Denken Sie meiner gütig, gnädiger Herr! In der Anhänglichkeit und Ergebenheit, die Sie kennen

F. L.-St.

Ein unschickliches P. S. Gnädiger Herr! haben Sie meine Memoiren schon gelesen, die ich so frei war, Ihnen zu senden?

116. Carl Alexander an Fanny Lewald

Weimar, den 13. Februar 1864

Im Augenblick, wo ich Ihnen schreiben wollte, die Übersendung der Inlage durch einige Worte zu begleiten, erhalte ich Ihre Zeilen von dem 12. d. M. So vereinige sich denn mein Dank für dieselben mit der Erfüllung Ihres Wunsches, über dessen Verwirklichung ich mich ebenso freue, als ich bedauerte, sie nicht früher zu sehen. Die von dem Staat abhängigen gesetzlichen Formalitäten, in welchem mein nunmehriger Konsul zu Lille residiert, sind indes erst vor wenigen Tagen beendigt worden und mussten abgewartet werden. Da ich mir denke, dass es Ihnen Freude machen wird, die Ernennung selbst zu übersenden, lege ich das Dekret zu diesem Behuf in Ihre Hände.

An Ihrer *Lebensgeschichte* lese ich mit immer neuer, ja zunehmender Freude und möchte durch diese Versicherung meinen aufrichtigen Dank für jenes Geschenk wiederholen.

Sehr seltsam ist es, dass Sie gerade in dem Augenblick mir den Beweis Ihrer Vorliebe für Goethe und seines wohltuenden Einflusses auf Ihre Seele entgegenbringen, wo ich – fast möchte ich sagen: mehr als je – ganz gleichem Eindruck mich hingegeben fühle. Dieselbe Ursache: der furchtbare Ernst dieser Zeit ist das Geheimnis dieser Gleichheit der Ansicht wohl zunächst; doch es kann nur Wurzel auf dem Bewusstsein fassen, dass Goethe durch das große Beispiel seiner Selbsterziehung einen magischen Einfluss auf all die Seelen äußern muss, die streben, den Zweck des Lebens siegreich aus dem Leben davonzutragen. Von dem Leben der Jetztzeit scheint jener Roman, dessen Sie Erwähnung tun, ein merkwürdiges Kennzeichen zu sein. Ihn kennen zu lernen war meine Absicht.

Recht herzlich wünsche ich, dass Ihre Gesundheit sich vollkommen herstelle; grüßen Sie, bitte, Ihren Gatten von mir und empfangen Sie den wiederholten Ausdruck meiner besonderen Hochachtung.

117. Fanny Lewald an Carl Alexander

Berlin, den 20. Februar 1864
Matthäikirchstraße 18

Sie haben mir wirklich eine unbeschreiblich große Freude gemacht, und ich danke sie Ihnen von Herzensgrund!

Seit ich unter so eigentümlichen Verhältnissen in meines Mannes Familie eingetreten bin, ist es mir Lebensaufgabe gewesen, sein und seiner ganzen Familie Wohl – das ja auch das meine ist – nach besten Kräften fördern zu helfen, und es ist mir bei meinem ernstesten und beharrlichsten Streben und der edelsten Unterstützung von Stahr, auch wirklich gelungen, die Liebe und das volle Vertrauen aller seiner Kinder zu gewinnen, als wären sie mein eigen – ohne dass das Verhältnis zu ihrer noch lebenden Mutter dadurch angetastet worden wäre. Ein sittliches Problem ist auf diese Weise schön gelöst worden. Stahrs geschiedene Frau lebt in ruhiger Freundschaft, in beständigem Verkehr mit uns, und unsere Söhne und Töchter bewegen sich in völliger Freiheit, in ungetrübtem Frieden zwischen ihren beiden Vaterhäusern. – Dazu, gnädiger Herr! haben Sie mitgeholfen, durch die menschliche Teilnahme, die Ihr *gutes, edles* Herz uns unaufgefordert im Anfang der fünfziger Jahre bewiesen hat. Glauben Sie mir, wir vergessen das *nie*! Und Fürst oder nicht Fürst, ist es immer die gleiche Ehre, wie Sie ein treuer Freund zu sein, und ein wohltuendes Gefühl, unter guten Menschen dankbar ergebene Freunde zu haben. – Die Nachricht von der Gunst, die Sie unserem Sohn erwiesen haben, geht mit diesem Brief zu seiner in Weimar lebenden Mutter und zu seinen Schwestern, die – treu meiner Ansicht, dass man den Frauen Selbständigkeit bereiten müsse – jetzt dahin gelangt sind, sich als Musiklehrerinnen eine sie befriedigende und ausfüllende Tätigkeit zu schaffen. – Wir haben viel Freude an unseren Kindern, und es kommt für jeden ein Alter, in welchem man in dem Hinblick auf die Kinder, den Anfang seiner irdischen Fortdauer vor Augen hat und seine Hoffnung auf sie setzt. Möge Ihnen dann auch recht viel Freude an Ihren Kindern in Aussicht stehen, und Sie sicher sein, durch Ihren Sohn fortgeführt zu sehen, was Sie im Sinne Ihres großen Ahnherrn geschaffen und gepflegt. – Dass Sie nun im Großherzogtum auch wieder die Ehe zwischen Juden und Christen rechtlich gesichert, ist auch so gut und weise. Mögen Sie lange erhalten bleiben, gnädiger Herr!

Ich lege Ihnen – da man ja die Fotografie erfunden hat und Sie solchem Scherz zugänglich sind – ein Bild Ihres neuen Konsuls aus meines Mannes Album ein, damit Sie ihn erkennen, wenn er einmal die Ehre haben wird, sich Ihnen persönlich vorzustellen. Er ist so gut, wie seine Physiognomie es ausspricht. Gewähren Sie ihm Ihre Teilnahme, die er sicher zu verdienen wissen wird. Es geht ihm recht sehr wohl.

Und auch uns, gnädigster Herr! erhalten Sie Ihre Teilnahme. Professor Stahr dankt Ihnen mit mir für die seinem Sohn bewiesene Gnade und schreibt Ihnen dies nächstens selbst.[11]

118. Carl Alexander an Fanny Lewad

Ohne Datum
(Weimar, 2. Mai 1864)

In diesem Augenblick erhalte ich Ihre Zeilen[12], deren Inhalt mich in doppelter Hinsicht bekümmert. Denn an die Nachricht von der Erkrankung Ihres Gatten reiht sich die Kunde Ihrer morgigen Abreise. Ob sich Abreise und Erkrankung indessen vertragen, bitte ich (wenn auch nicht ohne Egoismus von meiner Seite) recht ernstlich zu überlegen. Desgleichen bitte ich, mir zu sagen, was Sie unter früher Abreise verstehen? Meinten Sie die Mittagzeit, so hätte ich noch Hoffnung, Sie zu sehen.

119. Fanny Lewald an Carl Alexander

Berlin, den 13. Mai 1864
Matthäikirchstraße 18

Durch Schneegestöber, das auf blühende Bäume fiel, durch Regen und schließlich mit 1 Grad Kälte bei Sternengefunkel, sind wir am dritten des Wonnemonats bei uns zu Hause angekommen, und da Sie so viel Freude an den Szenen des Stillebens in meinen Memoiren gehabt haben, wollte ich Ihnen damals gleich schildern, wie glücklich mein müder Mann war, als er die bekannte Lampe leuchten, das Feuer in unserem kleinen

Kamin brennen sah, und wie es ihn erheiterte, dass ich den Dankbrief für eine kleine Weinsendung, die eine Freundin vom Rhein mir inzwischen hatte zukommen lassen, schreiben müsse, während er den Rheinwein trinken würde, den ich nicht mag.

Indes der heiteren Stimmung jenes ersten Ankommens folgte doch noch eine recht üble Woche für ihn, und er ist erst seit einigen Tagen so weit, dass er an die versprochene Arbeit[13] gehen konnte. Sobald davon etwas im Druck erscheint, und ich denke, das wird Sonntag geschehen, sende ich es Ihnen und fahre regelmäßig damit fort. Ich denke, es soll Ihnen vieles daran Freude machen.

Heute, gnädiger Herr! lege ich Ihnen eine Arbeit ein, die im vorigen Jahr erschienen ist, eine Arbeit von mir, und die Sie, wie ich glaube, noch nicht kennen werden. Es sind die *Osterbriefe* gleichsam ein Supplement zu den Forderungen, die ich in meinen Memoiren für die Frauen aufgestellt habe. Meine Memoiren begehren für die Frauen der halb-begüterten Stände »Emanzipation zu Arbeit und Erwerb, um sie vor der Erniedrigung zu bewahren, die in einer aus bloßen Versorgungsrücksichten eingegangenen Ehe mit einem oft nicht geliebten Mann besteht« – die *Osterbriefe* fordern einen besseren Unterricht und bessere Erziehung für die Frauen der armen Volksklassen, einmal um sie der fortschreitenden Bildung der männlichen Arbeiter anzunähern, und vor allem, um sie vor der Prostitution zu bewahren, die jetzt auf die eine oder die andere Weise ihr Los ist. – Ich habe mit der Eisenbahn heute eine Kiste nach Weimar an die meinen gesendet, und in dieser die Memoiren und die *Osterbriefe* für Ihre Königl. Hoheit, die Großherzogin, beigefügt. Es würde mich freuen, wenn auch diese an den Bestrebungen teilnähme, denen diese Arbeiten sich widmen, und wenn sie durch dieselben ein völlig wahres Bild der geschilderten Zustände erhielte – während ich selbst ihr dadurch menschlich näher zu treten hoffe, als es bisher der Fall gewesen ist.

Und da ich nun mich der Frauen einmal aus tiefer Überzeugung ihrer Berechtigung annehme, so möchte ich vor Ihnen, Königliche Hoheit! der Sie mir ein hochverehrter Freund sind und mich schätzen – nicht mehr schätzen, als ich es verdiene –, auch einmal zwischen uns beiden eine Frage erörtern, die ich nicht zur Sprache bringen würde, wenn ich es nicht gerade für den Hof von Weimar und speziell für Sie als eine Aufgabe ansähe, auch in diesem Fall mit einem Beispiel der Gerechtigkeit voranzugehen.

Wie ist es zu erklären, Königliche Hoheit! dass Sie am Hofe zu Weimar noch heute der Künstlerin den freien Zutritt versagen, den Sie dem Mann gewähren – dass Sie ihn ihr versagen ohne allen Grund, weil sie eine Frau ist? – Sie empfangen den bürgerlichen Schriftsteller und halten es nicht für angemessen, der bürgerlichen Schriftstellerin den gleichen Vorzug einzuräumen? –

Es ist das eine Frage, die hundert andere an meinem Platz nicht tun würden, nicht tun dürften – die ich Ihnen gegenüber aber mit der vollen Zuversicht des Verstandenwerdens erörtern kann – und zu erörtern mir selber schuldig bin. Sie kennen mich genugsam, um zu wissen, *que les honneurs de la cour* mich nicht blenden und nicht reizen. Ich habe auch kein großes Verlangen danach, alle paar Jahre einmal mehr ein Samtkleid anzuziehen und Federn ins Haar zu stecken; aber ich habe Ehrgefühl genug, in mir die Frau nicht kränken zu lassen und mich nicht in eine schiefe Lage bringen zu lassen, die anzunehmen ich nicht den leisesten Grund habe.

Unter all den Männern, die zur Shakespeare-Feier geladen und zusammengekommen, von Ihnen die Gunst erfuhren, als Gäste in Ihr Haus geladen zu werden, war keiner – ich darf dies voll sicherem Bewusstsein sagen – mir geistig oder an Tüchtigkeit des Charakters überlegen, keiner, dessen Namen eine mondänere Anerkennung genießt als der meine – sehr viele, die sich mir nicht an die Seite stellen dürfen; und es ist mein Stolz, dass ich, wohin ich komme – ich habe es durch Europa ziemlich ausprobiert und über das Meer hinaus die Wirkung meines Namens mit Genugtuung zu versuchen Gelegenheit gehabt – auch ohne meines Mannes Schutz und Namen sicher sein darf, einen achtungsvollen Empfang für mich zu finden.

Dass ich Ihnen, der Sie für mich die menschliche Güte selbst sind, dies erst sagen soll, kommt mir komisch vor – und doch muss ich es tun, denn was ich für mich fordere, fordere ich für den weiblichen Schriftsteller und Künstler überhaupt. Es kommt uns – da wir ja Fürstinnen auf den Thronen haben, denen wir so nahe stehen wie der männliche Künstler dem Fürsten – von Rechts wegen zu, an den Höfen gerade so empfangen zu werden wie der Künstler. – Denn mit welchem Recht darf eine

Königin die Ehren eines Königs für sich in Anspruch nehmen, wenn sie der Künstlerin – nur weil sie eine Frau ist – die Ehre des Künstlers vorzuenthalten meinen darf.

Es mutete mich sonderbar an, gnädigster Herr! als ich in Weimar gleichsam *à la dérobée*[14] empfangen ward, und – ich bekenne Ihnen dies ganz offen – ich würde diese Art des Empfangs nicht anzunehmen für meine sittliche Pflicht und Aufgabe gehalten haben, hätte ich nicht gewünscht, der Frau Großherzogin, die ich verehre und von der gekannt und geschätzt zu werden, mich freuen und mir wohltun würde, die Sache der Frauen, die ich vertrete, an das Herz zu legen. Ich habe das auch Ihnen und der Frau Großherzogin andeutend selbst gesagt, als Sie – um mich empfangen zu können – das Betrachten von Kunstwerken zum Vorwand zu nehmen für nötig hielten. Ich machte einen Akt der Selbstverleugnung um der Sache willen, der ich diene, aber ich konnte in mir die Frage nicht unterdrücken: Wie ist es möglich, dass die edlen, hochherzigen Fürsten von Weimar, die es wissen, welch ein Vorzug es ist, der edle Träger eines großen überkommenen Namens zu sein, nicht fühlen, welch einen Anspruch und welche Pflichten gegen sich selbst derjenige trägt, der sich selbst einen Namen geschaffen hat – und wie können die fürstlichen Frauen in unserer Zeit sich es verhehlen, dass sie sich selber ehren, wenn sie den Frauen, die sich aus eigener Kraft neben die besten Männer ihrer Zeit gestellt haben, alle Ehre erweisen, welche dem Mann in gleichem Fall zuerkannt wird?

Die Akademien nehmen uns zu Mitgliedern auf, die Medaillen für Kunst und Wissenschaft sind uns wie den Männern zuerteilt; und nur von der Gesellschaft des Hofes schließt man uns an vielen Orten aus! – Sie laden ja nicht jeden Krämer und jeden Registrator und jeden Geheimrat zu sich ein, weil sie einzelne Personen des männlichen Bürgerstandes Ihre Gäste nennen – was könnte also Nachteiliges, Unbequemes, Lästiges daraus erfolgen, wenn man der bisher sehr geringen Anzahl bedeutender Frauen das ihnen zukommende Recht gewährt!

Ich habe es gesagt – ein für allemal – und in der Tat am wenigsten für mich selbst. Als mein Mann erklärte, nicht ohne mich nach Weimar gehen zu wollen, und Dr. Zabel mich überredete mitzugehen, erwartete ich absolut nichts anderes, als was geschehen ist; und sagte den beiden Männern: ich gehe mit Ausnahme von Gotha nicht gern nach einem der Orte, an denen wir in irgendeiner Beziehung zum Hofe stehen, denn ich bin da immer unnötig in einer falschen Stellung und setze mich dem eben unnötig nicht gern aus. – Um der Sache willen kam ich; und ich war recht von Herzen froh, Sie, Königliche Hoheit! wiederzusehen, und recht von Herzen glücklich, in den Stunden, die Sie mir Ihre Gegenwart geschenkt. Ich wüsste mir nicht leicht etwas Lieberes, als solche Stunden oft haben und genießen zu können – aber ich musste Ihnen einmal sagen, Ihnen privatim, was ich unendlich lieber drucken ließe, wenn ich in der Masse auf das Verständnis rechnen könnte, das ich bei Ihnen zu finden mich sicher weiß. Die Masse, selbst eine große Zahl meiner nächsten Umgangsgenossen, würden mich verketzern, mir Gott weiß welche Motive unterlegen – – und doch lasse ich vielleicht nicht nach, und erörtere es einmal gelegentlich im Druck, um auch nach dieser Seite hin den Frauen Bahn zu brechen. – Nur mit Ihnen, mein gnädigster Herr! und Fürst und Freund! musste ich erst *privatim durchgesprochen* haben, was mir auf dem Herzen lag.

Erhalten Sie mir Ihre Teilnahme, und möge die Gunst des Schicksals uns bald einmal auf einem *terrain neutre* der menschlichen Freiheit, wie auf der einsamen Felseninsel zusammenführen.

Professor Stahr empfiehlt sich Ihnen angelegentlichst, und ich bin mit der vollen zutrauenden Verehrung, die Sie kennen, Ihre treu ergebene

F. L.-St.

Gnädigster Herr! Ich sollte Ihr Bild haben! Aber ein recht gutes – bitte ich!

120. Carl Alexander an Fanny Lewald

Weimar, den 15. Mai 1864

Eben, von der Wartburg zurückkehrend, fand ich Ihren Brief von dem 13. d. M., fand ich das denselben begleitende Paket vor. Für beides spreche ich Ihnen all meinen Dank aus. Auf meinen jetzt bereits sonndurchglühten Felsen habe ich mit steigender Befriedigung in Ihren *mémoires* gelesen, und passend fügen sich dieselben zwischen unsere mündlichen Unterhaltungen und den Brief, der vor mir liegt. Passend wird sich auch – dessen bin ich gewiss – für die Großherzogin die Sendung dem bedeutsamen

Thema anfügen, das sie beide zusammen verhandelt. Ich setze dieses, wenigstens den Teil, der sich auf die Berechtigung der Frauen bezieht, nun fort, indem ich nunmehr auf das Kapitel übergehe, von welchem Sie sagen: »Sie wünschten, diese Frage zwischen uns beiden zu erörtern«. Von vornherein muss ich nun sofort erklären, dass das Nichteinladen mit Ihrem Wert als Schriftstellerin durchaus gar nichts zu tun hat, zu tun haben kann. Ihr Talent ist so unbestreitbar als unbestritten – ich brauche dieses weder zu erörtern, noch zu beweisen, ich brauche auch nicht zu versichern, dass Weimar nicht der letzte Ort ist, wo man dies fühlte und fühlt –, dies versteht sich alles von selbst, am sichersten zwischen Ihnen und mir. – Die Ursache der Nichteinladung war vielmehr die hauptsächliche Folge, dass wir nur die Koryphäen Shakespeares ins Auge zu fassen hatten, auf diese Grenze uns also zu beschränken genötigt waren. Dass aber Sie von meiner Frau den Kunstschätzen zugeführt wurden, die in ihrem Besitz sind, war doch ebenso natürlich wie richtig, denn man zeigt doch gern das Beste, was man zu besitzen meint, dem, den man ehren will.

Mit großer Spannung sehe ich den Blättern entgegen, die Ihr Gatte dem Publikum, Ihre Güte mir verspricht. Ich kenne fast keine männliche Feder, die jetzt nach meinem Gefühl von Schönheit entsprechender schriebe als er. Nie werde ich vergessen, was z.B. sein *Jahr in Italien* mir war und ist. Ich sah ihn daher neulich mit doppelt großer Sorge so leidend reisen. Meine besten Wünsche sende ich ihm für sein Wohlbefinden und Ihnen für das alles, was Sie im Bereich des Edlen und Schönen so innig erstreben.

Hier ist denn auch mein Bild. Ich finde es schlecht, habe aber kein besseres; werde ich indessen eines erhalten, stelle ich es Ihnen zu Gebot.

121. Fanny Lewald an Carl Alexander

Berlin, den 18. Mai 1864
Matthäikirchstraße 18

Tausend Dank für Ihren gestrigen Brief, der unendlich treuer Ihr Wesen wiedergibt als das Bild – für das ich gleichfalls danke – Ihre äußere Erscheinung. Sie sind wahrhaftig nicht eitel, gnädigster Herr! sonst verschenkten Sie diese Karte nicht – oder Sie verschenkten sie nur an Personen, die wie ich ein ganz anderes Bild von Ihnen in der Erinnerung tragen. Diese Karte sah ich öfter auch hier an Schaufenstern, aber ich mochte sie nie kaufen, weil ich immer darauf ausging, einmal von Ihnen eine Karte in Zivilkleidung irgendwo zu finden, in der jeder Mann viel degagierter und freier aussieht; und das hat man nötig, da das »Posieren« die meisten Menschen ohnehin verändert.

Mir war sonst, wenn ich einem Fotografen stand, immer ungefähr so zumute, als sollte mir ein Zahn gezogen werden. Nun habe ich aber so oft gestanden, dass ich eine Art Virtuosität erlangt habe und dass meine Bilder meist besser geraten als die von Stahr. Er bezeichnet das für sich mit dem Ausdruck: »Ich werde nicht!« aber der Fotograf Günther hat es denn doch zum »Werden« gebracht, und wenn Sie, Königliche Hoheit, einmal nach Berlin kommen, müssen Sie von sich eine Karte bei ihm nehmen lassen. Er ist des Königs Fotograf und hat auch das Treppenhaus des Königlichen Palais usw. fotografiert, was Sie ja wohl gesehen haben werden.

Professor Stahr ist Ihnen äußerst dankbar für den Anteil, den Sie ihm beweisen und bewiesen haben – und wie es mich gerührt und erfreut hat, brauche ich Ihnen nicht erst zu sagen, der Sie es mit dem Herzen sehen, dass mein eigentliches Leben nur in ihm ist. Es geht ihm besser, und Sie werden das auch wohl an den *Briefen aus Weimar* merken, deren 1. und 2. Sie, wie ich sicher annehmen darf, durch Hr. Dr. Zabel erhalten haben. Ich habe diesen ersucht, Ihnen die betreffenden Blätter direkt von der Redaktion zu senden, da Sie sie auf solche Weise immer 24 Stunden eher als durch mich erhalten können. Es sind sieben[15] Briefe über die Shakespeare-Woche; ein paar andere über die Kunstschule sollen folgen, sobald Stahr das Material dazu erhalten haben wird. Er ist noch nicht so frisch wie vor 4, 5 Wochen, doch hoffe ich, das gute Wetter soll ihm helfen. Leider werden wir vor Ende Juli Berlin kaum verlassen können, und wir müssen froh sein, eine so bequeme und luftige Wohnung zu haben, dass es nicht allzu schwer hier auszuhalten ist, sofern man nicht in die Straßen kommt; denn in denen ist es unerträglich.

Herzlichen Dank für jedes gute Wort, das Sie mir gesagt – und nur das eine wiederhole ich – mein ganzer Brief war eine *reine Prinzipienfrage*! Dass Sie mir das glauben, darauf rechne ich zuversichtlich – darauf musste ich rechnen, um ihn schreiben zu können, ohne zu besorgen, dass Sie mich für kleinlich und unter meiner Position hielten.

Viel Freude überall, wo Sie sind! – Ich wollte, ich hätte das Häuschen bei Eisenach gewonnen, das Sie der Schiller-Lotterie geschenkt. Es wäre doch ein Stückchen eigener Erde und ein Absteigequartier gewesen. Lassen Sie sich die Sonne recht bekömmlich sein und empfehlen Sie mich immer Ihrem Andenken.

Welch ein gutes, sympathisches Gesicht hat die junge Prinzessin! Ich freute mich immer, wenn ich sie in der Loge neben Ihnen sah, und gönnte Ihnen diese Tochter. Das Verhältnis einer Tochter zum Vater kann so schön sein.

Lassen Sie mich auch Ihrer Königlichen Hoheit, der Frau Großherzogin, empfohlen sein.

122. Fanny Lewald an Carl Alexander[16]

Ostende, Hôtel Royal de Prusse
Goethes Geburtstag 1864

Mit Ihnen unter demselben Dach zu wohnen, ohne Ihnen – und uns allen mit Ihnen – zum 28. August Glück zu wünschen und Ihnen ein »Er ist erstanden!« zuzurufen, wäre doch ganz gegen den heiligen Geist des Mannes, den uns eben dieser Tag gegeben hat und von dessen Geiste und Nachfolge etwas in uns zu tragen, eben unser Vorzug und Glaubensbekenntnis ist.

Und da der Zufall es so gut mit mir gemeint hat, mir eben gestern das erste Exemplar meines neuen Romans[17] in die Hand zu spielen, von dem ich Ihnen schon gesprochen habe, so erlauben Sie mir, gnädigster Herr! dass ich es Ihnen als Andenken an unsere Begegnung in Ostende auf Goethes Geburtstags- und Ihren Frühstückstisch lege.

Sie haben mir in Weimar eingestanden, dass Sie es sich versagen, Romane zu lesen, weil Sie zu sehr davon festgehalten werden. Hier dürfen Sie *en toute conscience*, meine ich, ein bisschen »schmökern« – und ist es auch kein Goethescher Roman, den ich Ihnen bieten kann, so ist er doch aus einem Sinne hervorgegangen, der sich Goethe beständig als sein Ideal vorhält und ihm nachzustreben trachtet.

Nehmen Sie das Buch freundlich auf; und möge es Ihnen besser als uns gehen, denen die Stürme der vorigen Woche Husten, Schnupfen und eine ganze Reihe von Winterleiden wachgerufen haben. Doch geht's wieder über, denke ich, wenn das Wetter sich stellt.

123. *Fanny Lewald an Carl Alexander*

Ostende, den 3. September 1864

Irgendwo habe ich es einmal gelesen: »Das Schicksal macht den Mann zum Unterschicksal des Weibes!« – Das passiert mir denn auch heute wieder einmal, denn es ist im Rat der Männer beschlossen worden, dass wir morgen früh abreisen, und es entgeht mir dadurch die Freude, mich Ihnen, mein gnädigster Herr! persönlich empfehlen zu können und Ihnen für die Güte zu danken, die Sie uns auch hier wieder bewiesen haben und die wir von ganzem Herzen anerkannten.

Vielleicht bin ich bald einmal so glücklich, Sie, gnädigster Herr! in Berlin wiederzusehen, denn das ist wirklich für mich eine Sache des Ehrgeizes geworden. Die Wohnung ist so sehr ein Teil des Menschen, und Sie kennen mich nur aus meinen Büchern und in der halb zigeunerhaften Umgebung unwirtlicher Gasthofszimmer.

Ich habe aber doch noch eine dritte und mir sehr wesentliche Existenz, die *hausfrauliche* in unseren vier Wänden, und – so eitel bin ich – dass ich mir einbilde, zu Hause würde ich Ihnen am besten gefallen, obschon es bei uns gar einfach ist.

Auf Wiedersehen also in Berlin, Königliche Hoheit! und tun Sie mir die Liebe – ich brauche das Wort absichtlich –, mir zu sagen, wie mein Roman Sie angesprochen hat, wenn Sie ihn gelesen haben werden. Der Beifall der kleinen Anzahl von Menschen, für die man eigentlich schreibt, ist doch des Schriftstellers eigentlicher Lohn.

Professor Stahr empfiehlt sich Ihrer Gnade, und ich bin recht betrübt darüber, dass ich Sie nun nicht mehr alle Tage sehen werde.

124. Fanny Lewald an Carl Alexander

Berlin, den 7. Dezember 1864
Matthäikirchstraße 18

Königliche Hoheit! und teuerster, gnädiger Herr! einen Dankbrief, wie meinen heutigen zu erhalten, begegnet Ihnen, wie Sie eben sind, gewiss sehr oft – aber einen Mahnbrief, was dies Blatt nebenher auch sein soll, bekommen Sie bei Ihrem Gedächtnis und Ihrer Pünktlichkeit gewiss sehr selten. Und doch soll gemahnt werden!

Lassen Sie sich aber zuerst, Königliche Hoheit! recht von Herzen von Professor Stahr und mir den Dank für die schöne Güte aussprechen, mit der Sie unseren Sohn zu empfangen die Gnade hatten. Sie haben ihm sehr wohl dadurch getan, und ich meine, da Sie die Menschen kennen, werden Sie es ihm angesehen haben, dass er bemüht sein wird, das Zutrauen zu verdienen, welches Sie ihm zu gewähren die Gnade gehabt haben.

Er hat Ihnen, wie er uns schreibt, selbst sagen dürfen, dass er sich verlobt hat, und ich füge hinzu, dass, so weit menschliche Voraussicht reicht, wir alle Ursache haben, uns seiner Wahl zu freuen und uns einer schönen Zukunft für das junge Paar versichert zu halten. Das Mädchen[18] ist von einer vortrefflichen Mutter, bei großem Vermögen, äußerst häuslich, ja recht eigentlich wirtlich und anspruchslos erzogen, und da sie gutmütig und sehr verständig ist, da Alwins Sinn treu und verlässlich ist, so denke ich, soll ein Segen auf ihrem künftigen Haus ruhen. Es machte mir einen eigenen Eindruck, ihn, der ohnehin sich reichlichen Erwerb zu schaffen weiß, nun durch das künftige Vermögen seiner Frau mit einem Mal weit über alle Lebensnotdurft hinweggehoben und an ein Ziel getragen zu sehen, das unsereiner nie erreichen kann; und es war mir dabei erfreulich, dass er, als er sich einmal seine Lage klar vor Augen hielt, zum Schluss den Ausruf tat: was wird man nun zum Lernen und Studieren Zeit gewinnen können! – Sie werden, gnädiger Herr! gewiss auch nicht in allzu ferner Zeit sich in der Lage befinden, Ihre Kinder zum Teil an einen anderen abtreten zu müssen, und ich bin überzeugt, es wird Sie dann erschüttern, wie es uns erschüttert hat. Es hängt gar zuviel von unserem eigenen Glück, von dem Zutritt eines solchen neuen Familienmitglieds ab. Möchten auch Sie dann zuversichtlich vorwärtsblicken können!

Ich habe leider die ganze Zeit, die unser Sohn bei uns verweilte, leidend zugebracht und bin auch noch nicht recht ich selbst – doch hoffe ich, es wieder werden zu können. Eben dies Unwohlsein hielt mich auch ab, Herrn von Dingelstedt zu sehen, der nun doch daran denkt, ein Schauspiel[19], das ich vor Jahren nach dem Italienischen bearbeitet habe, auf Ihre Bühne zu bringen. Stahr und ich hatten es 1861 zweimal in Mailand im Theater Radegonda meisterhaft spielen sehen, und ich hatte mir, weil eine der Rollen mir für Theodor Döring, den ältesten Freund meines Mannes, durchaus geeignet schien, von dem Verfasser, Paolo Ferrari, das Recht der Übersetzung und Bearbeitung erwirkt. Ich konnte dem Stück aber den Weg auf die Bühne, obschon wir beide es für im höchsten Grade wirksam hielten, bisher nicht bahnen; und freue mich jetzt darüber, dass Herr von Dingelstedt seine geschickte Hand anlegen will, um – wie er meinem Mann gesagt hat – es mit einem gebirchpfefferten Schluss bühnengerecht zu machen. Es wäre mir eine Genugtuung, auch Ihnen, mein gnädigster Herr! auf diese Weise eine Abendunterhaltung bieten zu können, denn die Kräfte für dies Schauspiel besitzen Sie in Weimar – wie wir hier leider nicht.

Und nun die Mahnung? werden Sie mich fragen. Sie hatten uns in Ostende versprochen, uns den Briefwechsel Goethes mit Carl August zu schenken. Darf ich Sie daran erinnern? – Und ferner, gnädigster Herr! hatten Sie mir zugesagt, meinen Roman zu lesen. Haben Sie Zeit dazu gefunden und hat er Sie angesprochen? Im allgemeinen gewinnt er sich den Anteil seiner Leser – und ich möchte, dass er Ihnen wohl gefiele, denn die Dichtung hat mich Jahre hindurch innerlich beschäftigt, und ich bin eben jetzt daran, die zweite Hälfte desselben ihrem Ende entgegenzuführen.

Heute schwimmt Berlin in Licht und flattert es überall von Fahnen: Die Truppen kehrten von Holstein zurück. Häuslich, wie wir sind, habe ich davon nichts gesehen, als was ich bei einer notwendigen Fahrt in die Stadt, nachdem alles vorüber war, zufällig gewahrte. Was ich dabei dachte und denke, würde ich Ihnen wohl sagen, aber nicht schreiben können. Die Zustände bei uns sind nicht gut. Nicht dass man etwa eine nahe Revolution oder derlei zu befürchten hätte – aber sie sind schlimmer, als wenn sie so Gefahr drohend wären, sie entsittlichen das Mannesbewusstsein – sie erniedrigen gar viele Menschen – und das ist ein Unglück.

Wir leben still in unserer alten Weise fort, und noch weiß ich nicht einmal, ob meine Gesundheit es uns erlauben wird, unsere gewohnte Geselligkeit[20] wieder aufzunehmen. Jedenfalls kann man sich aber die geistige Welt in seine vier Mauern ziehen; und wenn in derselben soviel Zufriedenheit und Liebe wohnen wie bei uns, so kann man immer glücklich sein.

Und nun, teuerster, gnädiger Herr! lassen Sie es sich recht wohl gehen. Wir denken oft und immer mit großer Freude an die guten Stunden zurück, die Sie uns in diesem Sommer gönnten, und ich bilde mir ein, dass auch Sie unser mit der treuen Freundlichkeit gedenken, die ein Zug Ihres Charakters ist.

Erhalten Sie uns Ihr Wohlwollen, und erlauben Sie mir, dass ich Ihnen Stahrs ergebenste Empfehlungen ausrichte.

125. Carl Alexander an Fanny Lewald

Weimar, den 13. Dezember 1864

Zunächst und vor allem empfangen Sie die Korrespondenz meines Großvaters mit Goethe[21] – ich sage »zunächst«, denn die Erfüllung eines gegebenen Wortes muss »vor allem« stattfinden. Dann lassen Sie mich Ihnen gestehen, dass ich Ihren Roman noch nicht gelesen habe, weil hierzu Ruhe gehört. Wenn ich aber dieselbe seit Ostende hatte, so musste sie der Arbeit gehören. Ich hoffe und glaube aber, dass ich nun – um mit Goethe zu reden – »dieses Gute mir gönnen kann«.

Nunmehr danke ich Ihnen herzlich für Ihren Brief von dem 7. d. M., in dem ich die Verlobungsnachricht finde, die mir mein Konsul in Lille gebracht hat, eine Nachricht, zu der ich umso mehr von Herzen Glück wünschen kann, als mir der junge Mann gefällt, je mehr ich ihn sehe und kennen lerne. Ihre und Ihres Gatten Empfindung begreife ich vollkommen. – Das Beginnen eines neuen Lebens hat immer etwas tief Bewegendes für die Seele, welche weiß, was Leben heißt, und nun besonders wo es sich um den Gegenstand besonderer Liebe handelt.

Dingelstedt hat mir noch nichts von Ihrem Stück gesagt; sehr aber billige ich seinen deshalb bei Ihnen getanen Schritt, und mit gespanntem Interesse erwarte ich den Zeitpunkt, es kennen zu lernen.

Sie noch leidend zu wissen beunruhigt mich, denn es widerspricht, möchte ich sagen, Ihrer ganzen Natur. Möge es Ihnen baldigst wieder so gehen, dass Sie sich Ihrer selbst wieder erfreuen können. Dies wünsche ich Ihnen ebenso aufrichtig, als ich Ihnen in dem Urteil Recht gebe, das Sie am Schluss Ihres Briefes fällen.

VIII

18. Mai 1865 – 16. April 1867

Gutzkows tragisches Geschick – Der Tod des russischen Thronfolgers – Liszt als Abbé – Die Stahrsche Familie – Graf Kalckreuth – Stahrs »Römische Kaiserfrauen« – Georg Ebers – Ernst Häckel – »Von Geschlecht zu Geschlecht« 2. Abt. – Stahrs »Goethes Frauengestalten« – Der Bruderkrieg 1866 – Stahrs schwere Erkrankung – Zweiter römischer Aufenthalt – Römische Zustände – Liszt – Stahrs neue Erkrankung – Der Herzog von Sermoneta und seine Familie – Storys Atelier – August Goethes Grab in Rom

126. Fanny Lewald an Carl Alexander

Berlin, den 18. Mai 1865
Matthäikirchstraße Nr. 18

Bei einem Fürsten von Ihrer Pflichttreue finde ich sicher Entschuldigung, wenn ich – falls ich mir überhaupt sagen darf, dass Sie ab und zu gern von mir hören – mein langes Schweigen damit entschuldige, dass ich viel gearbeitet, sehr ernst gearbeitet habe, um meinen Roman zum Abschluss zu bringen, der, wenn die Teilnahme, welche er findet, mir als Maßstab für das Gelingen dienen darf, ein gut Stück, und wie ich selbst glaube, ein einheitliches Ganzes geworden ist, in welchem ein Zeitbild, dichterisch dargestellt, sich vor uns entrollt.

Seit 1859 bin ich innerlich immer mit dieser Arbeit beschäftigt gewesen, und je näher ich ihrem Abschluss kam, umso öfter regte sich in mir, wenn ich unwohl war, jenes ängstliche Gefühl, das der Dichter in die Worte gefasst hat: »Oh, brich nicht Steg!«[1] – Nun bin ich fertig und habe Ruhe, und kann den Bann von mir nehmen, den ich mir aufgelegt hatte, keinen Brief zu schreiben und nichts vorzunehmen, ehe ich nicht das letzte Wort an der Dichtung vollendet hatte.

Gedacht aber, gnädigster Herr! habe ich oft an Sie, denn Sie haben auch wieder viel erlebt, und es ist an Personen der verschiedensten Lebenskreise, an denen Sie teilnahmen und nehmen, viel geschehen, von Gutzkows traurigem Ende[2] – denn das eigentliche Ende seiner Existenz ist mit jenem Selbstmordversuch doch hereingebrochen – bis zu dem Unglücksfall, der die kaiserliche Familie von Russland betroffen hat[3] – und bis zu der Wandlung in Liszts Leben[4], von der die Zeitungen berichten.

Mit dieser letzteren geht's mir eigen. Sie wissen, gnädiger Herr! dass ich persönlich an dem Romantizismus, der in die Klöster flüchtet, kein großes Wohlgefallen habe – aber wenn es wahr wäre, dass Liszt die Weihen empfangen hat, so würde mich das als Dichter freuen; weil ich, hätte ich eine solche Ausnahmsnatur wie Liszt in einem so ungewöhnlichen meteorgleichen Lebensgang darzustellen gehabt, wie der seine es gewesen ist, wahrscheinlich kein anderes Ende dafür erfunden und gefunden haben würde. Rom ist der Ort, der alles in sich aufnehmen kann, weil seine Traditionen größer sind als alles, was der Einzelne erleben kann, Rom ist auch der Ort, an den Liszt jetzt hingehört, und eigentlich müsste Rom für uns alle, die wir viel erlebt haben und Sehnsucht fühlen, die Welt im großen Ganzen zu betrachten, die Zufluchtstätte für unsere letzten Jahre sein. Läßt meine nicht sichere Gesundheit es zu, so denken wir, den nächsten Winter dort zuzubringen, und dort möchte ich dann das Stück meiner Lebensgeschichte schreiben, das dort gelebt ward – wenn schon ich es vielleicht nicht gleich dem Druck übergebe, sondern es noch liegen lasse.[5] Man muss sehen, wie es sich gestalten lässt. Wir haben Rom seit 20 Jahren nicht gesehen und sind am Ende nicht so jung, andere zwanzig Jahre darauf warten zu können – und doch möchte man sie noch vor sich haben, um zu sehen, wie die Welt sich gestalten wird, in der die Sklaverei aufgehoben worden ist.

Ich zweifle keinen Augenblick, dass uns in naher Zeit große soziale Umgestaltungen bevorstehen. Man möchte mit Volker dem Fiedler sagen: ich fühl' es an den Lüften, es ist nicht weit vom Tag![6] – Und die Arbeiterbewegung in Deutschland ist ein Symptom dieses Tages. Nach meiner Überzeugung werden die sozialen Verhältnisse die politischen bestimmen – ich habe das immer geglaubt – und nicht umgekehrt. Die Bewegung ist meist, wie auch beim Anbruch des Christentums, aus den großen Massen hervorgegangen, und es ist etwas so Maßvolles in dieser Arbeiterbewegung, dass man eben daran das Organische, das Notwendige in ihr erkennen kann.

Uns und den Unsern geht es glücklicherweise wohl, und Sie haben vielleicht davon gehört, gnädigster Herr! dass auch unsere Töchter, die sich eine recht hübsche musikalische Bildung angeeignet haben, eine Art Musikschule in Weimar halten, deren Examen im Frühjahr zufriedenstellend ausgefallen ist. Die Mädchen haben – wie sich denn die Gaben der Eltern eigenartig auf die Kinder verteilen – des Vaters Lehrtalent geerbt und unterrichten mit großem Erfolg und innerer Befriedigung. Auch unserem jungen Ehepaar geht es gut, und die kleine Frau findet sich in dem fremden Land gut zurecht. Möge denn alles weiter so gedeihen. Es ist liebevoll gehegt worden – das Übrige ruht in des Schicksals Hand – zum Teil wenigstens!

Wohin, Königliche Hoheit! werden denn Sie sich in diesem Jahr wenden? Und wenn ich noch eine Frage an Sie richten darf, wie geht es dem Grafen Kalckreuth?[7] Wir hatten neulich Nachrichten über sein Befinden durch Dritte erhalten, die übel lauteten und uns sehr betrübten. Möchten sie übertrieben gewesen sein und der treffliche Mann uns allen noch erhalten bleiben. Professor Stahr wünscht Ihnen, gnädigster Herr! angelegentlich empfohlen zu sein. Er hat wieder einen seiner Feldzüge gegen Tacitus[8] beendigt – d.h. er hat die Geschichte der Frauen aus dem Julischen Kaisergeschlecht im Druck. An Widersachern fehlt es ihm bei diesen Arbeiten nie – sie fechten denjenigen innerlich aber nicht an, der sich bewusst ist, gegen ein als Autorität betrachtetes Bestehendes oder gegen ein Vorurteil anzukämpfen, und so geht Stahr denn auch ruhig seinen Forscherweg, denn furchtsam sind wir beide nicht.

Nach Jena bekommen Sie im Laufe des Jahres einen recht liebenswürdigen Zuwachs für die philosophische Universität in einem jungen Ägyptologen Dr. Georg Ebers, der zu unserem Umgangskreis gehört.[9] Er hat sich in Jena habilitiert und ist jetzt auf einer Reise in Russland – auf einer Hochzeitsreise – er ist mit einer jungen Witwe aus Riga verlobt. Ich denke, wenn Sie Dr. Ebers kennen lernen, wird er Ihnen zusagen. Er ist gebildet und hat eine hübsche Haltung. Soviel ich weiß, wird er aber erst zum Herbst zu lesen anfangen – doch irre ich darin vielleicht.

Dafür haben wir denn neuerdings Prof. Ernst Häckel[10] aus Jena bei uns gesehen und uns an der Frische dieses geistreichen jungen Mannes sehr erfreut. Es müssen wieder einmal ein Teil jugendlicher Kräfte dort beisammen sein – und wir finden mehr und mehr Freude an dem Verkehr mit der Jugend. Man möchte ihr nebenher so gern vermachen und überlangen, was man selbst mühsam genug sich angeeignet hat.

Nehmen Sie die Blätter auf als das, was sie sein sollten, ein Versuch, Sie, Königliche Hoheit! an mich zu erinnern, und lassen Sie mich Ihnen einmal wieder schriftlich aussprechen, was ich Ihnen mündlich so oft mit Vergnügen gesagt habe, dass ich Ihnen von Herzen ergeben bin.

127. Carl Alexander an Fanny Lewald

Wartburg, den 22. Mai 1865

Zeilen Ihrer Hand bedurfte und bedarf es nicht erst, in mir Ihr Andenken frisch zu erhalten. Den Beweis kann ich durch die Tat führen: ich legte soeben den zweiten Band Ihres Romans[11] beiseite, um Ihren Brief von dem 18. zu erbrechen. – Dass ich jetzt erst in dem zweiten Band bin, werden Sie mir nicht übelnehmen, denn ich will Ihr Werk durchlesen, nicht überlesen. Dieses selbst aber, Ihr Werk, fesselt und beschäftigt mich so sehr, dass ich nur Schritt für Schritt gehen kann, gehen will. Bis jetzt sagt es mir nur Wahres und zwar auf eine Art, dass es mir vorkommen könnte, als hörte ich wechselweise bald einen Arzt, bald einen Beichtvater sprechen.

An diese Eindrücke reihen sich seltsam passend die, von welchen Ihr Brief mir der Überbringer ist. Ihres Anteils an so manchem Kummer, den die letztverflossene Zeit für mich gehabt, denke ich noch aufrichtig; sehr richtig fassen Sie ihn, diesen Kummer, in den drei Ereignissen zusammen, die von Ihnen berührt werden. Vor wenig Stunden erst trennte ich mich von dem schwergeprüften Elternpaar[12] und schreibe diese Zeilen noch tief bewegt von dem Empfundenen, hoch oben auf meiner Terrasse, während fernhin Gewitter über das weite Land hinziehen und Blitze zucken über Gipfel und Tiefen – ein Bild des Lebens! – Das Geschick Gutzkows hat etwas furchtbar Tragisches. Sie werden sich meine Empfindung denken können! Vielleicht werden Sie dies nicht richtig vermögen bezüglich des Abbés. Als Dichterin haben Sie vollkommen Recht – vielleicht wenigstens –, den Lebensabschluss in Rom passend, daher schön zu finden; ich sage es selbst, weil ich wenigstens den dichterischen Sinn tief empfinde und weiß, was Rom empfinden lässt, aber dieses alles übertönt weit die Klage um einen Abschluss eines solchen Wirkens, was an so bedeutend Geleistetes so viel Versprechendes zu binden versprach und auch binden konnte! Dass Sie und Prof. Stahr, den ich herzlich grüße, dorthin, nach Rom, sich begeben wollen, freut mich sehr, denn es ist ein Glück für Sie beide; ich freue mich dessen wie an der Schilderung des Familienglücks, das Sie mir entwerfen. Gott erhalte es Ihnen beiden. – Von Gf. Kalckreuth habe ich, gottlob, befriedigende Nachrichten, doch wird er noch langer Schonung bedürfen. Der Ägyptologe soll mir bestens empfohlen sein.

Ein Gewitterhauch zieht über das Blatt und droht, es mir zu entführen. Lassen Sie mich eilends es Ihnen senden in alter Erinnerung.

128. Fanny Lewald an Carl Alexander

Haus Caldenhoff bei Hamm in Westfalen,
den 28. September 1865

Sie haben mir einen so freundlichen und mich ehrenden Anteil an der ersten Abteilung meines Romans gezeigt, dass mir dies den Mut gibt, Ihnen die Fortsetzung desselben mit der Hoffnung anzubieten, dass die Art seiner Entwicklung Ihren Empfindungen und Ihrer Anschauungsweise entsprechen werde. Ich habe wie immer aus tiefster einheitlicher Überzeugung geschrieben und mich wie immer von jener *Romanhaftigkeit* fern gehalten, mit der selbst unsere besseren Schriftsteller – nach meiner Meinung sehr mit Unrecht – ihren Dichtungen einen sogenannten Effekt und eine sogenannte Spannung zu geben versuchen. Ich meine, wenn man das Leben in seinen verschiedenen Kreisen zu beobachten Gelegenheit und Gabe gehabt hat, so findet man, dass gerade in seinem anscheinend so ruhigen Gang das Allerüberraschendste liegt und dass man gar nicht nötig hat, Dinge zu erfinden und hinzuzusetzen, die ebenso, in den Sphären, in die man sie hineinbringt, nie und nimmermehr geschehen könnten. – Dem großen Publikum der *Kölnischen Zeitung*, in welcher dieser ganze Roman zuerst veröffentlicht worden ist, hat er eine fortdauernde Teilnahme eingeflößt, und ich selbst habe Glauben an das Bestehen dieser Arbeit. Lassen Sie mich hoffen, dass Sie derselben auch ein paar gute Eindrücke verdanken mögen.

Unseren schönen Reiseplan für Italien haben wir der Cholera wegen für den Moment aufgeben müssen, obschon aus Italien selbst die Nachrichten günstiger lauten. Es sind die »Vorsichtsmaßregeln«, die man in Rom, in Nizza u.s.w. nimmt, welche uns abhalten, uns auf die Gefahr, aller Ecken und Enden in Italien eine Quarantäne und eine Räucherung zu bestehen, auf den Weg zu machen. Und ich gestehe Ihnen, dass ich mit meinem weißen Haar noch jung genug bin, das Aufgeben eben dieser Hoffnung eigentlich recht schwer zu empfinden. Man sagt sich freilich, was heute nicht möglich ist, kann in zwei, in sechs, in zwölf Monaten geschehen, aber eine Winterreise und ein Alpenübergang sind im Winter für uns doch bedenklich – und wer sichert einem den nächsten Tag?

Wir haben den Sommer bei befreundeten Familien, zuerst bei einem Fabrikanten dicht bei Eupen[13], und dann hier in Schloss Caldenhoff auch bei einer befreundeten bürgerlichen Familie[14] sehr angenehm zugebracht und wollen nur noch auf 8 bis 14 Tage nach Dresden gehen, ehe wir uns in der Heimat einherbsten. Eines Tages, als ich in Herbestal[15] war, sagte man mir, dass Sie eben vorbeigefahren wären, und ich sandte Ihnen die besten Wünsche nach Ostende nach. Da das Wetter so unvergleichlich schön war und Sie dort Ihre vorjährige Gesellschaft, wie ich aus den Zeitungen ersehen, großenteils wiedergefunden, so hoffe ich, dass Sie eine gute Zeit verlebt und sich recht erfrischt haben. Der vorige Herbst war gar zu kalt in Ostende.

In diesem Augenblick, gnädigster Herr! erhalte ich das erste Exemplar von *Goethe's Frauengestalten* von Stahr – deren Text nun als Buch zusammen gedruckt wird. Obschon das ganze Werk Ihnen gewidmet ist und Sie also die Prachtausgabe besitzen, wollte ich doch, Sie läsen den Text einmal als Buch. Ich habe nämlich an mir, eben bei der Prachtausgabe, die Bemerkung gemacht, dass die Unhandlichkeit des Formats und das weite Auseinanderzerren der Buchstaben, Worte, Linien, dem Genuss des Gedankens schweren Abbruch taten. Ich kannte in diesem Format das Manuskript gar nicht wieder und finde erst jetzt in dem kleinen, zusammenhängenden Druck wieder die Freude an den Erklärungen der uns allen so lieben und vertrauten Gestalten. In dem Prachtexemplar war es mir immer, als hörte ich einen Stotternden oder Gelähmten die Worte auseinanderzerren.

Ich denke, gerade Ihnen müssten diese Erklärungen von Stahr viel Genugtuung gewähren.

Leben Sie wohl, teurer, gnädigster Herr! und möge Ihrem Leben recht viel Freude beschieden sein.

Ihrer Königlichen Hoheit, der Frau Großherzogin, meine ergebensten Empfehlungen.

129. Carl Alexander an Fanny Lewald

Belvedere, den 2. Oktober 1865

Abermals habe ich Ihnen für eine Freude zu danken, denn vorgestern erhielt ich die Fortsetzung Ihres Romans. Ich gestehe Ihnen, dass ich diese gewünscht habe, und gestehe es umso freimütiger, weil ich weiß, dass ich mit dieser Freimütigkeit auch Freude mache. Gewünscht aber habe ich die Fortsetzung, weil das Interesse, welches uns an ein Werk fesselt, es immer als von besonderem Wert erkennen lässt, wenn der Schöpfer jenes Werkes persönliche Sorge nimmt, das Interesse zu erneuern, zu verstärken. Dass aber mein Interesse ein bereits lebhaftes war, sagte Ihnen mein letzter Brief; dass es ein und dasselbe blieb, sage Ihnen dieser, und in der Tat, wenn etwas dieses Interesse auf das Kommende spannen kann, ist es diese richtige Bemerkung, die Sie machen, wenn Sie sagen, »dass in dem Leben, in seinem anscheinend so ruhigen Ganzen das Allerüberraschendste liegt und dass man gar nicht nötig hat, Dinge zu erfinden und hinzuzusetzen, die eben so in den Sphären, in die man sie hineinbringt, nie und nimmermehr geschehen könnten«. Es ist diese Wahrheit eines der Geheimnisse der Wirkung der Werke Shakespeares, wie der Mangel dieser Wahrheit die Erklärung dafür abgeben dürfte, dass die meisten Romane dieser Zeit nicht länger dauern als ihr Einband und selten so lang – Romane wie Stücke! Das Werk Professor Stahrs will ich zur Hand nehmen. Ich kann mir vollkommen denken, dass das selbst Bekannte in der neuen Gestaltung als eine neue Persönlichkeit Ihnen erscheint.

Ich glaubte Sie in Rom, mit Erstaunen las ich »Westfalen« auf der Adresse. Lebhaft bedaure ich für Sie wie Prof. Stahr diese Störung eines gehofften Glücks, denn Glück ist jeder wahrhaft fördernde Zustand, Italien aber ist und wird ein solcher, so Gott will, für Sie beide.

Mein Aufenthalt in Ostende war diesmal ein sehr kurzer, in mancher Hinsicht ein angenehmer, in jedem Fall ein vom Wetter begünstigter.

Nach Dresden also sende ich diesen Dank.

Die Großherzogin ist im Seebad im südl. Frankreich.

130. Fanny Lewald an Carl Alexander

Rom, den 23. November 1866
Via Sistina 101 – 2. piano

In Rom zu sein, ohne an Sie zu denken und ohne Ihnen einen Gruß zu senden, ist für mich gar nicht möglich, und ich habe ohnehin ein rechtes Verlangen, Ihnen wieder einmal im Geiste zu nahen. Zwei Briefe, die ich Ihnen am 26. Februar und am 8. August, den einen aus Berlin, den anderen aus Thale im Harz geschrieben, sind in meiner Mappe liegen geblieben. Es gingen so große, gewaltige Ereignisse an Ihrem und unserem Horizont vorüber, dass ich es für ungerechtfertigt hielt, Ihre Zeit für mich in Anspruch zu nehmen, und manches, was ich damals in Besorgnis über die Entwicklung der deutschen Verhältnisse gedacht und Ihnen geschrieben hatte, hat durch die Zeit bereits seine Erledigung und, wie wir hoffen wollen, seine förderliche Wendung erhalten, und es ist also besser, dass jene Briefe voll Sorgen und Bedenken hier in meiner Mappe als in Ihren Händen sind.

Ein schweres Jahr, das seine Spuren in jedem von uns zurückgelassen, haben wir alle – jeder auf seine Weise – erlebt, und auch Sie werden schwer daran zu tragen gehabt haben. Mir ist es im Besonderen noch durch die tödliche Krankheit meines Mannes schwer zu tragen geworden. Ich weiß nicht, ob Sie es irgendwie erfahren haben, dass Stahr in den ersten Tagen des verwichenen Mai von einer Lungenentzündung befallen worden war, die uns einige Tage für sein Leben fürchten machte. Welche Tage, welch ein Erdbeben dies für mich gewesen ist, brauche ich Ihnen, mein gnädiger Herr! nicht erst zu sagen. – Seine Erholung war sehr langsam, und wenn auch nach Traubes[16] Ausspruch, den wir beraten hatten, seine Lungen nicht angegriffen sind, so ist ihm doch eine große Schwäche des Herzens zurückgeblieben, die nicht unbedenklich ist und der nur durch sorglichste und reichste Ernährung und Aufenthalt im Freien begegnet werden kann. Wir sind also während der ganzen Sommermonate, von Anfang Juli bis Mitte September in Thale im Harz gewesen, und dann nur auf ein paar Wochen nach Hause zurückgekehrt, um uns für die Reise nach Italien vorzubereiten, die wir Anfang Oktober in kleinsten Tagereisen angetreten haben.

Nun sind wir seit 14 Tagen hier, aber der Herbst lässt sich, trotz heller Tage, rauh an, und es ist mit dem »milden Klima« von Italien, wenn man es mit den Augen eines Krankenwärters oder mit den Nerven eines Kranken auffasst, ein eigen Ding. Wir haben jetzt morgens und abends um 9 Uhr oft nur 6–7° Wärme gehabt, während das Thermometer mittags in der Sonne auf 36° stand – und der Unterschied zwischen Schatten und Sonne betrug mittags oft mehr als 2o° – dennoch hoffe ich, dass Rom meinem Mann gut tun soll, da er gerade einer frischen, belebten Luft bedarf – und Rom ist uns beiden wie eine Heimat. Übermorgen werden es 21 Jahre, dass wir uns hier zum ersten Mal gesprochen haben, und ich bin Fatalistin genug, mir einzubilden, dass der Ort, der uns das Glück unseres Lebens gebracht hat, uns jetzt auch Genesung für den geliebten Mann bringen werden.

Im übrigen finden wir Rom und Italien sehr verändert. Florenz ist nicht mehr die feine, höfliche Stadt, sondern durch das Zuströmen der verschiedensten Elemente aus ganz Italien in einen gewissen Zustand lärmender spektakuloser Flegeljahre geraten, und wie sich »die moderne Zeit mit ihren sozialen Gedanken« in und zwischen den festungsartigen Palästen einrichten wird, ist auch noch nicht abzusehen. Jene breite Bürgerlichkeit, auf der bei uns in Norddeutschland das Gemeinwohl beruht und der Staat basiert, ist in Italien offenbar noch nicht vorhanden, und wenn man mir in Florenz sagte: »Italien hat noch viel zu tun!« – so konnte ich immer nichts anderes sagen, als »vor allen Dingen lesen und schreiben zu lernen!«, denn von all den Leuten, die uns im Hotel bedienten – Wäscherin, Diener, Mägde – konnte das niemand. In Genua war es seinerzeit weit besser.

Hier in Rom ist die Verkommenheit noch viel größer. Die Finanzzerrüttung unglaublich. Die päpstlichen Kassen nehmen ihr eigenes Papiergeld nicht an, wenn sie dabei auch nur einige

Bajock[17] Silber herausgeben sollen, und die Armut ist geradezu erschreckend geworden. Fremde sind fast gar nicht hier – das steigert natürlich die Not der auf den Erwerb durch die Fremden angewiesenen Stadt. Teils ist es die Scheu vor der Cholera, welche die Fremden fern hält, obschon sie hier nur in vereinzelten Fällen vorgekommen ist und vorkommt – teils ist's die Besorgnis vor den Ereignissen, welche eintreten können, wenn die Franzosen am 15. fortgehen – und in der Tat weiß niemand, was dann geschehen wird. – Die Legion von Antibes[18] desertiert kompagnieweise – es waren, wie uns in Perugia ein Freund von uns sagte, der dort das 37. Infanterieregiment kommandiert – eben wieder 47 Mann mit Unteroffizieren und Offizier angekommen – und hier in Rom trifft man jetzt die Maßregel, hier die eigentlichen römischen Truppen herzuziehen und die Truppen aus Viterbo u.s.w. in ihre Heimat zurückzuverlegen. – Der Papst soll vollkommen überzeugt sein, dass alles ruhig bleiben werde – in der Stadt und im Volk aber nimmt man, so weit ich es gewahr werden konnte, an, dass die Provinzen abfallen, sich nach einer allgemeinen Abstimmung zu Italien schlagen werden und dass vorläufig Rom allein vielleicht noch unter päpstlicher Herrschaft bleiben werde. Erst wenn das Papsttum gestürzt wird, werden wir aber das Mittelalter als abgeschlossen und den Beginn der neuen Zeit als herangekommen betrachten dürfen.

Dabei jedoch ist es etwas ganz Besonderes um Rom. Von jener Aufregung, welche man sonst an jedem anderen Ort an dem Vorabend solcher Möglichkeiten empfinden würde, fühlt man sich hier nicht erfasst. Es kommt mit dem Hinblick auf die Jahrtausende, deren Spuren man von der Höhe des Monte Pincio mit einem Blick überschaut, eine Art von Gelassenheit in das Gemüt; man sieht das Werden und Vergehen und Wiederwerden mit anderen Sinnen an, und an der unvergleichlichen Schönheit dieses Himmels, dieses Lichtes und dieser Vegetation, kann man sich umso weniger satt sehen, wenn man bedenkt, in welcher Jahreszeit man sie genießt.

Neulich waren wir nach Monte Mario hinaufgefahren, um Liszt zu besuchen, der noch in seiner Villeggiatura in dem Dominikanerkloster von Santa Maria del Rosario[19] war, von wo er jedoch in diesen Tagen hinunter und in die Stadt kommen wird. Er sieht sehr wohl aus, ist auf seine Weise stark geworden, und wenn mir bis jetzt – da ich ihn darüber nicht gesprochen habe – der Schritt, den er getan, völlig unverständlich bleibt, sofern ich ihn mit dem Gewissen des Verstandes betrachte, so kann ich mir als Dichter doch vorstellen, wie ein Mensch, der seit seinem sechzehnten Jahr in ungebundenster Freiheit alle Genüsse des Lebens erschöpft und die verschiedensten Wege in wechselnder Willkür eingeschlagen hat, endlich auf den Gedanken verfällt, sich eine äußere Schranke aufzubauen, die am Ende auch nicht so hoch und so stark ist, dass man im Fall des innersten Verlangens nach Freiheit sie nicht wieder durchbrechen könnte. – Ich will dies nicht im entferntesten auf Liszt angewendet haben; es ist eine rein dichterische Hypothese. – Dass wir von Ihnen gesprochen und mit welchem Sinn wir von Ihnen gesprochen haben, brauche ich Ihnen nicht zu versichern.

Soviel für heute, mein gnädigster Herr! das Leben hat uns oft die Gunst gewährt, Sie zufällig hinzuführen, wo wir uns eben befanden. Wenn ich diesmal wünsche, dass eine gleiche Gunst uns hier in Italien zuteil werden möge, bin ich mir bewusst, nicht ausschließlich selbstsüchtig zu sein, sondern auch für Sie ein immer Ersehntes zu wünschen.

Wünschen Sie mir, dass ich des geliebten Mannes Gesundheit hier wiederfinde, und sagen Sie mir bald einmal, dass Sie mir auch die Teilnahme bewahren, die mich immer so glücklich gemacht hat.

Ich lese den Brief eben durch und finde, dass ich die herzlich ergebenen Empfehlungen Stahrs nicht ausgerichtet habe, die er mir ausdrücklich aufgetragen hat. Erlauben Sie, dass ich sie hiermit nachhole.

131. Carl Alexander an Fanny Lewald

Weimar, den 23. Dezember 1866

Sehr aufrichtig danke ich Ihnen für Ihren Brief aus Rom, datiert vom 23. v. M. Ihr Aufenthalt daselbst war mir ebenso unbekannt wie die Krankheit Ihres Gatten, sodass ich jetzt, wo ich beides zugleich erfahre, dreifach Ihnen beiden Glück wünschen kann: einmal dass Ihr Gatte genesen, sodann dass Sie die Angst um ihn durchkämpft haben, endlich dass Sie beide in Rom sich befinden. Immer betrachte ich es für ein besonderes Glück, wenn eine strebsame Seele sich in der Umgebung entfalten kann, welche auf sie von förderndem und zugleich von wohltuendem Einfluss ist. Sie nun genießen jetzt beide dies Glück, möge denn es Ihnen reich und ungetrübt blühen. Sie wünschen, mir dort zu begegnen, und verpflichten mich durch diese Liebenswürdigkeit zu derjenigen besonderen Erkenntlichkeit, die man da zollt, und zwar so gern, wo und weil man sich verstanden fühlt. Wie so gern folgte ich Ihrem Wunsch, jedoch wer regiert, dient. In dieser gewaltigen Zeit fühlt sich die Wahrheit dieses Axioms aber mehr denn je, und so kann mein Geist allein Ihren Tritten folgen. Auch Sie indes sehen ein Blatt – und nicht das unbedeutendste – der Weltgeschichte vor Ihren Augen dort, in der ewigen Stadt, sich wenden. Diese aber, die ewige Roma und vielleicht noch mehr ihre passendste aller Umgebungen, die mit Gräbern durchzogene schweigsame *campagna*, hat so Ungeheures erlebt, dass sie, an das Außerordentlichste gewöhnt, vom Leben ermüdet, wie das höchste Greisenalter von nichts mehr erschüttert werden kann. So geben Sie denn nur meinen eigenen Gefühlen Worte, wenn Sie den Blick hinab vom Pincio schildern, wie Ihre Feder es nur kann und hiermit das lebhafte Bild beenden, was Sie von den jetzigen römischen Zuständen entwerfen. Ich bin sehr gespannt, welches die Folgen derselben sein werden, und begrüße ahnend in diesen eine neue und bessere Zeit.

Mit großem Interesse auch las ich, was Sie über Liszt mir schreiben, dessen Abwesenheit von hier mir ein fortwährender und immer neuer Kummer ist. Sagen Sie es ihm nur, mir aber sagen Sie, ob er in dem Hafen vor Anker liegt, wo man sein Schiff verlässt, oder in dem, wo man zu neuer Fahrt es ausbessert. Bringe Ihre geübte Feder mir bald Worte der Erinnerung und Schilderung aus Rom – mit Sehen, Hören, Lernen wird man dort nie fertig.

132. Fanny Lewald an Carl Alexander

Rom, den 6. Februar 1867
Via Sistina 101 – 2. piano

Ich hätte mir längst die Freude gemacht, Ihrer Erlaubnis nachzukommen und Ihnen von hier aus bald wieder zu schreiben, aber das Jahr 1866 hat seinem Charakter treu bleiben und für uns auch als ein sorgenvolles sein Ende erreichen wollen. Statt sich hier zu erholen, wurde Stahr Anfang Dezember von einer akuten Bronchitis befallen, lag zwischen dem 10. und dem 14. Dezember auf den Tod darnieder, und es war erst gegen den sechsten Januar, dass er das Zimmer wieder verlassen konnte. Das sind denn freilich in jedem Betracht schlimme Zeiten, schlimme Tage und Wochen gewesen. Eine solche Krankheit, mitten in einer noch nicht vollendeten Rekonvaleszenz, war für einen Mann von einundsechzig Jahren eine schwere Niederlage, und ich kann unserem Schicksal nicht genug dafür danken, dass der geliebte Mann sie überstanden hat. In den langen, langen Nächten, die ich hier einsam, in einer fremden Wohnung, ohne eigene Bedienung, an meines Mannes Bett durchwachte, hat mich manchmal der Gedanke, dass ich ihn hier, wo ich ihn gefunden, auch verlieren sollte, halb zur Verzweiflung gebracht – und ich habe mir dann oft unseres Altmeisters Goethe Wort vorgehalten: »Wer nicht verzweifeln kann, der muss nicht leben!« – Nun ist's besser, und wir *leben* wieder in Rom, obschon das Wetter uns, gerade seit Stahr wieder ausgehen kann, nicht günstig gewesen ist. Kommt das Frühjahr ihm zu Hilfe und nicht irgendein unzuberechnendes neues Störnis dazwischen, so hoffe ich zuversichtlich, dass er mir und den Seinen und seinen Freunden noch in Rüstigkeit erhalten bleiben wird.

Alles, was Sie, mein gnädiger Herr! über Rom und die Campagna in Ihrem Brief sagen, fühle ich vollkommen als ein Richtiges nach; aber im Ganzen bleibt man hier in Rom in dem wunderlichen Zustand, mit allem, was man von dem Wesen des Staates, von den Zuständen der Menschen vor Augen hat, sich im schroffsten Widerspruch zu befinden – und doch von dem Aufenthalt hier entzückt zu sein. Die Missregierung, die Not der Armen, der Bettel, das religiöse Heidentum unter dem Deckmantel des Christentums, der Schmutz, der Mangel an jedem industriellen Fortschritt sind geradezu entsetzlich; die leeren, verfallenen Paläste, die Klöster, welche ganze Stadtviertel einnehmen und oft nur von wenigen Personen bewohnt sind, während hier völlig obdachloses Volk herumläuft und Tausende in wahren Höhlen wohnen, in die man Vieh nicht sperren würde – – das Ghetto – das alles ist empörend, und doch ist man glücklich, hier zu sein, doch fühlt man sich über sich selbst und seine persönliche Schranke hinausgehoben, weil man unter einem schönen Himmelsstrich zu einem so großen Überblick – d.h. zu einem so plastischen Anschauen der Weltgeschichte gelangt wie sonst nirgend. Ich kann wirklich sagen, dass wir Rom jetzt noch weit tiefer genießen als vor jenen einundzwanzig Jahren. Damals brachten wir die enthusiastische Freude an den Dingen mit und eine große Fähigkeit zu reinem Aufnehmen. Jetzt, nachdem Stahr seinen *Torso*, seine Bilder aus dem Altertum geschrieben, sich jahrelang mit der römischen Kaisergeschichte und mit der Erklärung der Arbeiten Raffaels[20] beschäftigt – und ich von seinen Arbeiten gelernt habe –, jetzt ist uns Rom noch weit lebendiger als früher, und ich möchte, um ein Bild zu wählen, das Stahr einmal in einem Gedicht gebraucht hat, sagen: unsere Hände zum Aufnehmen sind gewachsen. Wir sind sehr glücklich hier und haben vor, da wir nun hier sind, auch noch eine Weile hier zu bleiben.

Was aus dem päpstlichen weltlichen Regiment werden, wie die Wandlung sich vollziehen wird, weiß ich nicht, aber ich denke mir, sie wird sich vollständig machen. Wenn es dazu käme, dass Rom die Hauptstadt des Königreichs Italien würde, dass der König auf dem Quirinal, der Papst im Vatikan residierte, so würden diese Zustände so unaushaltbare Intrigen mit sich führen, dass sie nicht lange dauern könnten. Wie sollten z.B. die Mönchsorden bestehen bleiben können, da sie in Italien seit dem ersten Januar die Klöster geschlossen haben? Nur wenn Rom – was Stahr immer als die natürlichste Entwicklung ansieht – eine Republik würde, welche alle wesentlichen Gesetze mit Italien gemeinsam hätte, ist an ein relatives Fortbestehen des Papsttums zu denken – und auch dieser Staatsgestaltung würden Schwierigkeiten im Wege stehen, die fast unüberwindlich scheinen, weil das Papsttum sich eben neben keiner Art von geistiger Freiheit erhalten kann. Diese Dinge beschäftigen mich innerlich sehr lebhaft, und ich liebe es, mir bisweilen vorzustellen, wie die Campagna von Rom aussehen wird, wenn ein zivilisierter Landbau sie bewohnbar gemacht haben wird. Ich glaube nicht, dass der Blick auf das Gebirge dadurch weniger schön sein oder die Sonne weniger golden leuchten wird, wenn sie Häuser und Gärten und meinetwegen auch Fabriken zu beleuchten haben wird.

Die römische Bevölkerung hasst zum großen Teil das jetzige Governo bitter – und die fremden Soldaten sind vollends gehasst. Wie der römische Adel sich dazu verhält, weiß ich nicht. Gesehen habe ich die Adelsfamilien wohl in unserer Gesandtschaft, aber dabei erfährt man eben nicht viel, und man sagt mir, dass der große Adel sich jetzt zurückgezogener als früher halte. Man hat mir sehr viel von einem Herzog von Sermoneta[21] gesprochen und ihn uns als den geistreichsten Mann von Rom genannt, ich bin ihm aber nicht begegnet, was mir leid tut. Seinen Sohn habe ich aber gesehen, und er ist mir durch ein merkwürdiges Naturspiel, durch eine schneeweiße Locke in brennend schwarzem Haar, die sich wie ein Federbusch auf der Stirn erhebt, sehr anziehend aufgefallen. Man sagte mir, dass Sie, gnädigster Herr! beide Männer kennten und mit Ihrer Teilnahme beehrten; und wenn ich es wüsste, dass es Ihnen nicht ungelegen wäre, möchte ich Ihnen lieber als jedem anderen die Bekanntschaft des Herzogs für Stahr und mich zu verdanken haben; denn Ihnen dankt es sich so gut.

Liszt[22] habe ich ziemlich oft und erst gestern früh in einem Konzert und abends zu Tisch bei einer gemeinsamen Bekannten gesehen. Er sagte, dass er im August nach Deutschland gehen und Ihrer Einladung zu einem Wartburg-Fest folgen werde. Eine klare Vorstellung über die Motive seines Eintritts in den geistlichen Stand kann ich mir nicht machen; ich denke aber, dass eine Menge von Beweggründen zusammengewirkt haben. Einen gewissen religiös phantastischen Zug muss er wohl in sich tragen, da er ja seinerzeit sich für das Wesen und die Doktrin der S. Simonisten erwärmt hat – eine Neigung zu auffallendem Tun wohnt am Ende jedem Menschen inne, der wie Liszt sein Leben lang die Augen der Menschen mit anteilvoller Neugier auf sich gerichtet gesehen hat und gewohnt gewesen ist, sie durch Unerwartetes und Ungewöhnliches zu überraschen – und schließlich – ich weiß, gnädiger Herr! dass ich keine Indiskretion begehe, wenn ich das vor Ihnen ausspreche – glaube ich, dass gewisse Verhältnisse und Ansprüche und ein gewisses Hin- und Her, nach jahrelangem Ertragen, wohl so unerträglich werden können, dass man, um herauszukommen, nicht nur ein geistliches Gewand über seine Schultern nähme – sondern noch viel anderes täte. – Soviel steht fest, dass Liszt wohler aussieht, heiterer ist, als ich ihn seit Jahren und Jahren gekannt habe, und dass seine Warmherzigkeit, seine unwiderstehliche Liebenswürdigkeit in dem neuen wie in dem alten Gewand sich gleich geblieben sind. Es ist in diesem geistreichsten Menschen ein Zug der Ursprünglichkeit, man möchte fast sagen der Naivität, die ihn noch viel anziehender machen; und Ihnen, Königliche Hoheit! ist er von Grund der Seele ergeben.

Ehe ich schließe, gnädigster Herr! erlauben Sie mir noch eine Frage: Haben Sie wohl die zweite Hälfte meines Romans *Von Geschlecht zu Geschlecht* gelesen? Und sind Sie mit dem Abschluss zufrieden gewesen? – Ihr Anteil an der ersten Hälfte hat mich so gefreut, dass ich ihn für die Fortsetzung nicht gern entbehren möchte.

Neulich haben wir auch die Kleopatra-Statue im Atelier von Story[23] gesehen, von der Sie die Gnade gehabt haben, uns in Ostende eine so vortreffliche Schilderung zu machen, dass wir beide lebhaft daran erinnert wurden, als wir vor dem Kunstwerk standen. Jetzt hat Story eine sehr schöne sitzende »Libysche Sibylle« vollendet und arbeitet an einer Delilah – einer stehenden Gestalt, die auch sehr schön – vielleicht die vollendetste seiner Arbeiten ist. Er hat für die Plastik das getan, was seinerzeit Horace Vernet[24] für die biblische und historische Malerei getan hat – er hat die *Nationalität* – den National-Typus – im Ideal zu seinem Recht gebracht, und sich damit von der Abstraktion, der Konvention, frei gemacht. Das tadeln viele, Stahr und ich halten es aber für ein Richtiges und für eine Erweiterung des künstlerischen Horizonts nach dieser bestimmten Seite hin.

Leben Sie wohl, gnädiger Herr! Lassen Sie uns hoffen, dass Ihre Teilnahme und Ihr Wohlwollen uns auch hierher folgen, wie wir die herzliche und tiefe Ergebenheit für Sie überall und immer in uns tragen.

Gnädigster Herr! Haben Sie Stahrs *Agrippina* schon gelesen?

133. Carl Alexander an Fanny Lewald

Weimar, den 15. Februar 1867

Die Nachricht der Herstellung Ihres Gatten, die Sie mir selbst durch Ihre Zeilen vom 6. d. M. bringen, ist mir deshalb eine doppelt willkommene, welches Ihnen dankend auszusprechen ich mich beeile. Sagen Sie Prof. Stahr, wie ich mich freute, dass Gott Ihnen beiden hinweggeholfen hätte über die schwere

Krankheit und das Glück Ihnen beiden genießen ließe, unter den sympathischen und wundersam wirkenden Eindrücken Roms die Wiederkehr der Lebenskraft zu empfinden.

Dass neben diesem ewigen Zauber dortiger Eindrücke die ewige Krankheit dortiger Missstände Ihren Geist umschleicht, wundert uns beide nicht, da wir eben Rom kennen. Dass dort viel Boden ist, der in moralischer wie physischer Hinsicht zu bessern sei, ist auch mir Gewissheit, für die Menschheit müssen wir diese Besserung auch wünschen, für die Kunst schwerlich, weil ein zerfallenes Haus malerischer ist als meist ein wohl und fest gebautes. So ist die Campagna in ihrer Einsamkeit, die so stolz die Ewige umgibt, als sagte sie, die Campagna: »so Großes und Vieles habe ich erlebt, dass ich nichts mehr würdig finde, von mir erlebt zu werden –« die schönste, weil passendste Umgebung für Rom, die ich auf dem Erdenrund für eine Stadt kenne. Wie nun die Zukunft dieser letzteren, die Zukunft Roms, sich gestalten werde, wer kann es voraussagen?! Die Frage ist ja doch eine doppelte: eine moralische und eine politische für die katholische Welt. Vor allem sollte man sie sich selbst überlassen, denn sie scheint mir eine von denen, die durch sich selbst am besten Lösung finden dürften.

Ganz richtig hat man Ihnen den Herzog von Sermoneta als den geistreichsten Mann der röm. Gesellschaft genannt. Man hätte Ihnen auch ihn als den bedeutendsten – neben dem Kardinal Antonelli[25] bezeichnen sollen. Eng befreundet mit ihm seit Jahren und in fortwährendem Verkehr, kenne ich den Herzog sehr genau und liebe und schätze ihn innig. Umsonst aber würde ich für irgend jemanden bei ihm um den Schlüssel seiner Wohnung bitten, denn seitdem Blindheit das vielgeprüfte Leben des Herzogs fast zum Märtyrertum steigerte, ist er vollkommen unzugänglich für die Außenwelt geworden. Der Prinz v. Teano, sein Sohn, dessen geheimnisvolle Locke ich seit seiner frühen Kindheit kenne, ist für Musik begeistert, seine Schwester, Donna Ersilia Lovatelli[26], sehr begabt und sorgfältig gebildet. Sollten Sie diesen beiden begegnen, so geben Sie ihnen meinen Freundesgruß.

Ihre Äußerungen über Liszt sind mir sehr merkwürdig, und verbunden mit anderen, die mir erst kürzlich ein langjähriger Bewohner Roms brachte, lüften sie mir den Schleier etwas. Sie schrieben mir einmal: »Das Leben sei so wunderbar, dass man gar nichts zu erfinden, sondern nur zu zeigen habe, wie es sei«, und Sie haben Recht – dies Leben, Liszts Leben, ist ein Beweis hiervon.

Ihr *Von Geschlecht zu Geschlecht* ist denn jenem Grundsatz gemäß, von Anfang bis zu Ende, eine schöne Form für diese Wahrheit. Sie sind in diesem Werk sich gleich geblieben von dem ersten bis zum letzten Federzug, vollkommene Natürlichkeit ist die glückliche Färbung in Darstellung wie in Entwicklung, und der beste Stil ehrt Ihre Feder. Dies mein Urteil.

Sehr interessiert haben mich Ihre Nachrichten über Storys Tätigkeit. Würde er sich wohl verstehen, mir Fotografien seiner Werke zu senden? Es ist seine Tendenz eine kühne, sie ist eine berechtigte in jedem Fall; sie wird eine siegreiche, wenn er nicht über das Realistische das Ideal vergisst.

Agrippina las ich noch nicht, weil ich überhaupt mich fürchte vielerlei zu lesen, eben weil ich gern viel lese. Doch werde ich trachten, Stahrs Werk einzuschalten in den sorgfältig gehegten Kreis meiner geistigen Nahrungsquellen.

Doch eine entschwindet mir für diesen Brief – die Zeit. Lassen Sie mich noch den Rest derselben benutzen, Ihnen Glück und freudige Tätigkeit wünschend.

134. Fanny Lewald an Carl Alexander

Rom, den 5. April 1867
Via Sistina 101 – 2. piano

Ich hätte Ihnen schon in der vorigen Woche geschrieben, um Ihnen für Ihren letzten gütigen Brief zu danken, aber ich ersah aus den Zeitungen, dass Sie von Hause abwesend wären, und wollte dies Blatt auch nicht fortgehen lassen, ehe ich Ihnen nicht sagen konnte, dass ich die Storyschen Fotografien für Sie besorgt hätte. Nun habe ich drei derselben von Herrn Story für Sie erhalten:

1. die umgearbeitete Kleopatra
2. die Sappho
3. die Delilah, die noch nicht in Marmor ausgeführt ist und eben erst in Gips gegossen wird.

Von Medea und von der wundervollen Libyschen Sibylle sind noch keine Fotografien gemacht; ich will zusehen, dass ich, wenn dies geschehen sein wird, Kopien für Sie bekomme. Diese drei Blätter habe ich dem Fräulein von Gerstenberg, die mit Frau von Eichel[27] hier war, zum Mitnehmen gegeben, und sie wird also die Ehre haben, sie Ihnen bei der Heimkehr zu übersenden. Ich dachte, dass Sie, gnädigster Herr! auf diese Weise keine Kosten und keine Mühen von der Sache hätten, und es war auch für mich das Beste, da wir keine eigene Bedienung haben und hier jede Besorgung von unvernünftigen Weitläufigkeiten begleitet ist, während ich auf diese Weise es leicht und mit größtem Vergnügen schaffen konnte. Ich will, wenn Ihnen das recht ist, auch mit den anderen Blättern auf eine schickliche Gelegenheit zum Übersenden warten. Wollen Sie aber so gut sein, wenn Sie die Blätter empfangen und gesehen haben werden, ein Wort des Dankes für Herrn Story auf ein Blatt, das er als Albumblatt bewahren kann, zu schreiben, so werden Sie dem höchst geistreichen Künstler eine Freude machen.

Bei der Delilah müssen Sie denken, dass sie in der linken herabhängenden Hand einen Geldbeutel fest zusammengedrückt hält – und das lose Wesen, das zu ihren Füßen liegt und das die vortreffliche Fotografie doch nicht gut wiedergibt, ist loses, schön gearbeitetes Haar, neben dem Story wahrscheinlich noch eine bronzene Schere wird auf die Plinte legen lassen.

Die Kleopatra, Delilah und die sitzende Libysche Sibylle sind außerordentlich schön – die Sappho hat für mich etwas Nichtssagendes, und die Medea ist mir in der Haltung der Rachel zu ähnlich, wenn man sie als Idealschöpfung und nicht als Porträt ansehen will – aber die Libysche Sibylle muss ich durchaus Ihnen noch senden. Vielleicht sind Fotografien gemacht, wenn die Familie Eichel von Neapel zurückkommt, und ich kann sie Ihnen dann noch mitsenden.

Im Übrigen ist die ganze Existenz von Story eine ideale. Sie wissen vielleicht, dass er 1850, wo ich ihn und seine Frau bei Thomas Carlyle kennen lernte, noch Jurist war, und dass er es nun mit großer Energie durchsetzte, sich ganz der Kunst zu widmen. Sein Vater und Großvater waren *first judge* in Boston gewesen, und man sah ihn als ihren Nachfolger an. Nun lebt er hier – er und die schöne Frau sind von Hause aus reich – in der oberen Etage des Palazzo Barberini in einer wahrhaft schönen und glänzenden Häuslichkeit, in der neben amerikanischem Komfort der höchste Kunstsinn herrscht. Man hat seine Freude daran, dass so etwas vorhanden ist, und dass einmal ein begabter Mensch es so wundervoll gut hat. Herr Story ist dabei äußerst gebildet und voller Leben und Frische. Und Frau und Kinder und er selbst sind so hübsche Menschen und verstehen Rom so völlig, dass sie »nirgend anders mehr leben können!« – Ich weiß auch nicht, wie wir es wieder entbehren lernen werden, und für das erste werden wir auch wohl noch in Italien bleiben, da Stahr kaum daran denken darf, den nächsten Winter in den Norden zurückzukehren. Was dann später werden wird, wenn der Himmel mir den teuren Mann erhält, werden wir sehen müssen. Zunächst müssen wir versuchen, inwieweit es möglich ist, ihn herzustellen. Zu einem sorgenfreien Aufatmen, fürchte ich, komme ich nicht mehr. Aber man muss das Leben nehmen, wie es kommt, und wenn meine Kräfte nur nicht einmal versagen, werde ich mit allem fertig werden und leisten können, was dem teuren Mann nötig ist. Er ist bisweilen frisch und munter – aber es ist ein Knick in seine Kräfte gekommen –, und er ist 62 Jahre alt – da stellt sich so etwas nicht so leicht wieder her.

Dafür, teurer, gnädiger Herr! dass ich Ihnen so mein sorgenvolles Herz ausgeschüttet habe, kann ich Ihnen, wenn Sie nicht selbst davon Kunde haben, die erfreuliche Nachricht geben, dass es dem Herzog von Sermoneta besser gehen muss. Wir besuchten neulich im Palazzo Lovatelli eine Gräfin Ugarte, welche dort bei ihrer Tochter, auch einer Gräfin Lovatelli, lebt und wohnt, und fanden bei der Gräfin Ugarte[28] den Herzog von Sermoneta und die Herzogin. Er und Stahr kamen schnell in eine lebhafte politische und archäologische Unterhaltung, und der Herzog war so gut, uns zu Besuchen bei sich aufzufordern. Aber – obschon das fast 14 Tage her ist und obschon Stahr ganz entzückt von dem lebhaften Geist des Herzogs war – haben wir bis jetzt von seiner Güte noch keinen Gebrauch machen können; denn die Abende waren kühl, Stahrs Hals nicht gut, und wir haben denn still für uns zu Hause gesessen, gelesen und uns beschäftigt, wie wir konnten. Vielleicht wird es bald besser, und wir können dann das Versäumte nachholen. Die Grüße an den Sohn und die Tochter des Herzogs, welche Sie die Gnade gehabt haben, mir aufzutragen, habe ich auch nicht ausgerichtet, weil wir gar nicht aus gewesen sind.

Dann, mein gnädigster Herr! wollte ich Ihnen noch etwas bemerken. Wir waren neulich auf dem protestantischen Kirchhof und besuchten das Goethesche Grab. Dabei fanden wir, dass die Inschrift fast ganz unleserlich geworden ist. Wir erkundigten uns, wie sie herzustellen sein würde, und man sagte uns, dass sie mit Blei ausgegossen werden müsse, was etwa 7, 8 Scudi kosten und wonach sie für immer deutlich – schwarz auf weiß – zu sehen bleiben würde. Sie wissen, weshalb ich dies der Familie Goethe nicht gut selber schreiben kann; aber es ist doch schade, dass diesem Grab nicht der deutliche Name erhalten werden soll – und ich dachte, es sei das Beste, wenn ich es Ihnen sagte und dann Ihrem Ermessen überließe, was Sie zu tun für nötig finden. Vielleicht sagen Sie es Herrn von Goethe.[29]

Die Zustände hier sind weit schlimmer, als man es irgend denkt. Bis dicht vor die Tore Roms werden Wagen angefallen und geplündert, und wie man sagt, soll es der Papst selbst gewesen sein, der gegen den Willen seines Kardinalskollegiums das italienische Governo zum Mitwirken gegen die Briganten-Wirtschaft, welche freilich von der päpstlichen Regierung mit großgezogen worden ist, hat auffordern lassen. Ob das etwas helfen, ob es bald helfen wird, muss man abwarten; aber ich kann mir nicht helfen, in meinen Augen hat eine Regierung, welche das Volk in wahrhaft entsetzlicher Unwissenheit aufwachsen lässt, welche dem Bettel und dem Verkommen des Volkes keine Schranke setzt, welche heute noch die Pockenepidemien so um sich greifen lässt, dass man hier mehr pockennarbige Menschen sieht als sonst irgendwo in Europa – eine Regierung, die fremde Söldner mit dem Geld des Volkes bezahlen muss, um sich gegen dieses Volk zu behaupten, und die endlich mit all ihren Soldaten die Bürger nicht einmal gegen Räuberbanden dicht vor den Toren der Stadt zu schützen vermag – solch eine Regierung hat das Recht ihres Bestehens verwirkt. Goethe, der mildeste der Menschen, hat schon vor beinahe hundert Jahren es ausgesprochen: »Dieser Kirchenstaat scheint nur noch zu bestehen, weil die Erde ihn nicht verschlingen will.«[30] Und auch Friedrich der Große war der Ansicht, »dass man dem Papste das temporel[31] nehmen und ihn pensionieren müsse!« – Ich habe mich hier, wo ich der unleugbar großen Bedeutung gegenüberstehe, die der Katholizismus noch für viele hat und vielleicht immer behalten wird, da er gewissen Seiten mancher Naturen wundervoll begegnet, oft gefragt, wie die Gewalt eines obersten Kirchenhauptes sich neben politischer Unabhängigkeit von demselben, wie sich der Katholizismus neben staatlicher Freiheit würde behaupten können, und habe es mir nicht recht vorstellen können. Neulich aber habe ich in der *Augsburger Allgemeinen Zeitung* einen Artikel von »einem Katholiken« gelesen, der ganz entschieden für die Aufhebung der weltlichen Macht des Papstes sprach, und dabei darauf hinwies, wie unangefochten der Papst als oberstes Haupt der katholischen Kirche in den Vereinigten Staaten von Nordamerika verehrt werde und wie man sich ihm dort verbunden fühle, ohne dass dadurch in dem staatlichen Verhältnis der nordamerik. Katholiken etwas geändert würde! – Das hat mir völlig die Sache zurechtgelegt; und nun ersehne ich erst recht den Tag, in welchem ein Governo, das unserem Jahrhundert der Menschlichkeit und Aufklärung angehört, über diesem Land walten wird; denn es ist ein Paradies und ein hochbegabtes und liebenswürdiges Volk, das hier zu selbstsüchtigen Zwecken des Klerus – mittelalterlich – zugrunde gerichtet wird. – Man hatte mir angeboten, mich dem Papst vorzustellen, ich habe es aber nicht angenommen. Erstens habe ich die Touristenader und die Neugier nicht, die in solchen Präsentationen eine Befriedigung finden, und dann widerstrebte es meinem Gefühl, die Bekanntschaft eines Menschen zu suchen, gegen dessen Wirksamkeit und Existenz in dieser Wirksamkeit ich so viel auf dem Herzen habe. – Und doch hat das Gesicht des Papstes, der zu verschiedenen Malen auf dem Pincio dicht an mir vorbeigegangen ist, etwas sehr Liebenswürdiges. Man müsste ihm wahrscheinlich gut sein, wenn man ihn kennte.

Später. Ich bin unterbrochen worden, und Sie finden das vielleicht recht gut. Schelten Sie mich, wenn der Brief Ihnen zu lang geworden ist, und entschuldigen Sie mich mit der Erinnerung an die mir so werten Stunden, die wir hie und da miteinander verplaudert haben.

Stahr will Ihnen, Königliche Hoheit! angelegentlich und ergeben empfohlen sein, und ich bitte Sie, uns Ihr Wohlwollen zu erhalten und an meine unveränderte Ergebenheit zu glauben, die Sie nun auch bald an die zwanzig Jahre kennen. Haben Sie die Gnade, mich und Stahr auch der Frau Großherzogin in das Gedächtnis zurückzurufen.

135. Carl Alexander an Fanny Lewald

Weimar, den 16. April 1867

Sie sind in vollkommenem Irrtum begriffen, meine gütige Korrespondentin, wenn Sie meinen –, wie dies in Ihrem Brief vom 5. d. M. zu lesen ist – dass ich »Sie schelten solle, wenn mir der Brief zu lange vorkäme«. Ich möchte Sie ob dieses Wortes schelten, weil mir – das wissen Sie längst – Ihr Geist wie seine Ausdrucksweise ein sehr willkommener ist. Entnehmen Sie also mein Urteil über jenen Brief, entnehmen Sie meinen Dank für denselben. Er ist ein herzlicher nicht nur für jenen Brief überhaupt, er ist es im Besonderen für ihre große Güte, meine vielleicht Sie sehr belästigenden Bitten wegen der Storyschen Fotografien so sehr, so bald, in so ausgedehntem Maß besorgt zu haben. Ich erwarte nunmehr die fliegenden Beweise dieses großen, transatlantischen Talentes mit Ungeduld und werde Ihnen, wenn Sie mir gestatten, jenes Albumblatt für den Bildhauer zustellen, sobald ich seine Fotografien erhalten. Jene Cleopatra, das einzige, was ich von ihm kenne, ist mir immer im Geist geblieben als etwas eigentümlich Geistvolles und unabhängig Bedeutendes. Diese Schöpferkraft aber weiter kennen zu lernen, muss mir also wertvoll sein. Ihre eingehenden Bemerkungen erhöhen diesen Wert, denn sie verbinden Ihr Urteil mit den Werken. An jenes fügt sich nun wohltuend Ihre Schilderung des glücklich behaglichen und tätigen Zustands der Familie des Künstlers wie seiner selbst, und sehr Recht haben Sie, dass Sie sich freuen, »dass so etwas möglich sei«. Der ewig wiederkehrende Eindruck des Gegenteils – in Deutschland besonders –, und wie kenne ich das Gegenteil durch eigene Wahrnehmung, ist der dunkle Hintergrund, auf dem Ihr Urteil sich abhebt.

Ich bedaure aufrichtig, dass Unwohlsein Sie beide in Italien fesseln wird, Ihren Gatten durch eigenes Leiden, Sie durch seine Pflege, aber auch nur deshalb, außerdem preise ich Sie beide glücklich. Mögen Sie beide dies Glück genießen in vollen Zügen und in Tätigkeit, ohne diese kann ich mir kein Glück überhaupt denken. Dass diese Tätigkeit eine möglichst harmonische werde, dafür wird der Sinn beider Gatten sorgen, und so sehe ich nur Vorteil für beide, wo die Ursache bedauerlich bleibt.

Ich wiederhole es: die Gesellschaft des Herzogs von Sermoneta wird Ihnen beiden einen doppelten Genuss gerade hierbei geben – ich meine bei einem längeren Aufenthalt, weil man durch öfteren, längeren Verkehr mit diesem außerordentlichen Mann erst die Tiefe seines Geistes erkennt und die eigentümliche Schwungkraft desselben genießt. Grüßen Sie ihn, bitte, von mir und fragen ihn, weshalb meine letzten Briefe an ihn und Donna Ersilia Lovatelli, seine Tochter, bisher unbeantwortet geblieben sind.

Ich möchte das Ausgießen der Inschrift auf Goethes Grab selbst besorgen lassen. Vielleicht sind Sie so gütig, Fräulein von Eichel[32] in meinem Namen zu bitten, dieses für meine Rechnung zu besorgen. Ich bin öfters in Verkehr mit ihr, und so fügt sich das neue Geschäft an manche frühere.

Ihre Meinung über das Papsttum teile ich vollkommen, ich würde es auch, wäre ich ein Katholik. Mir scheint die Frage der nötigen Unabhängigkeit des kirchl. Oberhauptes nämlich nicht von einer staatlichen Unabhängigkeit zu dependieren, denn vor dieser war er Jahrhunderte lang dennoch Oberhaupt. Dass aber in seinen Staaten solche Zustände möglich sind, noch sind, wie Sie sie schildern, ist der Hauptkrebsschaden der ganzen Frage selbst, deren Existenz nicht durch sich selbst, sondern vielmehr durch die Negationen der andern Kabinette erhalten wird.

Ich werde abgerufen und schließe eilig mit den herzlichsten Grüßen meiner Frau und dem Ausdruck meiner Ergebenheit.

IX

23. September 1867 – 22. Februar 1869

Aufenthalt in Glion und Montreux – Wartburgfeier – Ein Lessingbild – Garibaldi und der Genfer Friedenskongress – »Zehn Artikel wider den Krieg« – Kurd v. Schlözer – Carl Alexanders silberne Hochzeit – Alwin Stahr als Lebensretter – Stahrs Töchter – »Jasch« – »Revue des deux mondes« – Prof. Karl Vogt – Oberst Frigyesi – Der drohende Krieg mit Frankreich – Der alte Fritz – Russischer Aberglaube – Die Deutschen in den Ostseeprovinzen – Stahrs »Der Kommunismus und die deutschen Klassiker« – Weimars Museumsbau – Dr. Anton Dohrn – Fanny Lewald und Stahr in Lille – »Villa Riunione« – Fannys »Tagebuch vom Genfersee« – Stahrs »Ein Winter in Rom« – »Lanfreys L'histoire de Napoléon I.«

136. Fanny Lewald an Carl Alexander

Glion près Montreux, 23. September 1867
Pension Rigi Vaudois

Nun sind die Feste und die Feierlichkeiten[1] alle vorüber und der Sommer so ziemlich auch. Man sitzt abends schon wieder in den Stuben und bei der Lampe, und wie der Landmann seine Ernte überschlägt, wendet der nachdenkende Mensch seinen Sinn auch auf seinen ideellen Besitzstand zurück und freut sich dessen, was ihm bleibt, wenn die Jahreszeit ihre Freuden sparsamer spendet, und mit den wachsenden Jahren das immer neue Erleben bald mühsam zu werden droht.

So weit sind Sie nun freilich noch sehr lange nicht, und auch wir können das Erleben noch recht wohl ertragen, seit meines Mannes Gesundheit sich wieder zu festigen beginnt, wenn schon wir es Ihnen aus gar vielen selbstverständlichen Gründen nicht gleichtun dürften. Paris mit seiner Ausstellung, der jetzige französische Hof, die erfreuliche Konsolidierung unseres Vaterlandes, die Ereignisse in Mexiko[2] und dann Ihre friedlichen Feste im Waldesgrün des schönen Thüringerlandes werden Ihnen der Eindrücke und Aufregungen die Hülle und Fülle gegeben haben. Wir dagegen haben still gelebt, nachdem wir Italien verlassen hatten.

Mit unserem Plan, den nächsten Winter auch noch in Rom zuzubringen, ist es nichts geworden. Wir sind am 24. Mai von

Rom mit dem Vorsatz fortgegangen, den Sommer auf den Inseln zuzubringen und dann im Winter nach Rom zurückzukehren. Indes die Hitze, welche in diesem Jahr ungewöhnlich früh eingetreten war, griff Stahrs Nerven so sehr an, dass wir uns schon in Neapel entschließen mussten, den Sommeraufenthalt auf den Inseln aufzugeben, und auf dem kürzesten Wege, über Genua und den Mont Cenis, nach der französischen Schweiz zu gehen. Den ganzen regnerischen und scirokkosen Juni, in dem man um des schlechten Wetters willen an einen Aufenthalt in den Bergen nicht denken konnte, haben wir in Genf verlebt; den Juli und August hier oben in Glion über Montreux, wo wir auch noch 8–14 Tage bleiben werden; und nun für den Norden die rauhere Jahreszeit bald anfangen wird, sind wir auf das Anraten befreundeter Ärzte zu dem Entschluss gelangt, nicht nach Berlin zurückzugehen, sondern – da wir einmal hier sind – auch diesen Winter noch in einem milderen Klima zu bleiben. Wir werden uns also, wenn es kühler wird, d.h. etwa um den 6./7. Oktober in Montreux in der Pension Mooser niederlassen, und ich denke, es soll ein stiller, ruhiger Winter für uns werden, wenn wir beide gesund genug bleiben, einander die nötige Gesellschaft zu leisten. Einsamer, als wir sonst zu leben gewohnt sind, wird es wohl für uns werden, und – ich sage dies nicht ohne Absicht, gnädiger Herr! – ein Gruß unserer uns Wohlwollenden wird uns hier sicherlich noch mehr Freude machen als sonst, wo am Ende der Tag den Tag so hastig verschlingt, dass man sich immer fragen muss, wo die 24 Stunden denn geblieben sind.

Die Sendung der Storyschen Fotografien, die ich Ihnen im Frühjahr durch Frl. v. Gerstenberg gesendet, werden Sie wohl erhalten haben. Denken Sie doch daran, Story ein Wort der Anerkennung für sein Album dafür zu senden. Seine Adresse ist W. W. Story Palazzo Barberini – ist's Ihnen bequemer, so legen Sie es mir in einem Brief ein, und ich besorge es Ihnen dann. – Was mich anlangt, so bin ich überzeugt, dass Sie, Königliche Hoheit! gewiss neue und bessere fotografische Karten von sich haben müssen als die eine stehende in Uniform, die Sie mir vor Jahren einmal gesendet haben und die wirklich so unvorteilhaft wie möglich ist. Erzeigen Sie mir die Güte, mir eine andere Porträtkarte von sich zu schicken, denn es tut mir leid, kein besseres Bild von Ihnen zu besitzen. – Habe ich Ihnen denn wohl erzählt, dass wir im Frühjahr, als wir einmal vom Kapitol heimkehrend an einem regnerischen Tag langsam durch die Straßen schlenderten, vor der Tür eines der elendesten Trödelläden ein wunderschönes Ölportrait, dreiviertel Lebensgröße, von Lessing[3] gefunden haben? – Ich ging voran, sah das Bild und dachte: das ist ja Lessing! – Weil ich aber sehr müde, Stahr nicht neben mir war, und weil es mir ganz unglaublich deuchte, dass sich hier in Rom ein solches Bild von Lessing finden könne, war ich still und ging vorüber. Kaum aber sah Stahr ebenfalls im Vorübergehen nach der Stelle hin, als er ausrief: Mein Gott! Fanny! Das ist ja Lessing! – Wir haben denn das Bild gekauft, das von deutscher Malerei recht sehr erhalten und wirklich das schönste Bild ist, das von Lessing existiert. Da wir Fotografien und Kopien aller vorhandenen Bilder Lessings in Händen gehabt haben und zum Teil besitzen, ist der Kopf uns so vertraut, dass ein Irrtum kaum möglich war. Später haben wir es Gervinus[14], Story u.a. gezeigt, die auch keinen Zweifel daran hatten. Es stellt Lessing etwa in den ersten Dreißigern dar. Vermutlich hat irgendein Maler in Deutschland das Bild gemalt, es über die Alpen mitgenommen, und es ist dann, Gott weiß wie, in Rom zurückgeblieben. Ein Name des Malers ist nicht darauf, aber das Bild muss kopiert worden sein, denn auf dem Blendrahmen finden sich die Zeichen des Quadrierens.

Wäre es nicht spät und sollte der Brief nicht morgen fort, so erzählte ich Ihnen noch, dass wir neulich im Hotel Byron in Chillon Garibaldi kennen gelernt und einen großen Eindruck von seinem Wesen bekommen haben – obschon sein Auftreten bei dem Genfer Friedenskongress, dem wir nicht beigewohnt haben, kein glückliches oder vielmehr kein zweckmäßiges gewesen ist. Dennoch halte ich diesen Friedenskongress an und für sich so wichtig wie die ersten unscheinbaren und wie manche verunglückten Vorläufer der großen kirchlichen Reformation; und diese Bestrebungen werden auch Folge haben. Ich hatte vorgeschlagen, durch Traktätlein wider die falschen Ruhmbegriffe zu wirken, und zu diesem Zweck eine Probe – Zehn Artikel wider den Krieg[5] – eingesendet, die Stahrs und meine tiefste Überzeugung aussprechen, die ich dann formuliert habe und die einen alle meine Erwartungen übertreffenden Erfolg auf dem Kongress und in der ausländischen und auch in der heimischen Presse gehabt haben. Vielleicht sind sie auch Ihnen zu Gesicht gekommen. Die franz. Journale haben sie nach den Stenografien des Kongresses gebracht, und in Deutschland wollte man sie in Extrablättern bringen. Das schien mir aber eben jetzt nicht angemessen, und ich habe es durch den Telegrafen hindern können.

Da haben Sie einen langen Lesebrief, mein gnädiger Herr! – Aus Rom habe ich Nachrichten gehabt, die in jedem Betracht traurig lauteten; und von Legationsrat von Schlözer[6], der mit dem Fürsten Lichnowsky in Arriccia wohnte, Schilderungen der Zustände in Albano erhalten, die wirklich an das Mittelalter und an die Pest in Mailand mahnten. Hätte der Wirt in Albano mir im Mai die Wohnung geteilt vermietet, die wir zu haben wünschten, so wären wir, statt nach Neapel zu gehen, nach Albano gezogen und mitten in das Entsetzen geraten. – Herr von Schlözer hatte den Herzog von Sermoneta in Frascati besucht und ihn durch die Ereignisse wie durch sein Leiden sehr gedrückt gefunden. Der Prinz von Teano soll mit seiner jungen Frau in Beaurivage (Ouchy)[7] sein, wie überhaupt viel geflüchtete Italiener am See sind. Ich habe aber außer einer Palermitanischen Familie, die hier oben war – die Frau war eine Nichte der Herzogin Serra di Falco und sehr unterrichtet und von einer Deutschen erzogen – niemand gesehen.

Stahr will Ihnen sehr angelegentlich empfohlen sein, und ich bitte Sie, Königliche Hoheit! uns Ihr Wohlwollen zu erhalten.

Unsere Adresse ist bis zum 7. Okt. die obige – nachher Pension Mooser, Montreux.

137. Carl Alexander an Fanny Lewald

Belvedere, Oktober 1867

Ihnen meinen besten Dank für Ihre Zeilen von dem 23. v. M. zuzusenden ist eine meiner ersten Beschäftigungen, seitdem wir aus den thüringischen Bergen hierher zurückgekehrt sind. Mit meinem Dank sende ich auch den Ausdruck meiner Freude, dass die Gesundheit Ihres Gatten sich befestigt, gestärkt hat, nachdem dieselbe mir manche Sorge bereitete. Der Plan, den Winter am Genfer See zuzubringen, verscheucht dieselbe nicht ganz, denn ein Aufenthalt in solch einer Jahreszeit zu Rom wäre entschieden wohltuender für den Geist in jedem Fall und für den Körper wahrscheinlich, da dieser nicht den schädlichen

Einflüssen der feuchten Nebel, die am See herrschen, ausgesetzt wäre.

den 21.

Der Brief ist durch die tausend Pflichten und Notwendigkeiten unterbrochen worden, welche, bei Gelegenheit des Festes unserer silbernen Hochzeit[8], gebieterisch an mich herantraten. Nun ist es die Dankbarkeit, welche mich die Feder zunächst wieder ergreifen lässt, denn ich habe indes Ihren Brief von dem 5ten erhalten.[9] Dies erklärt meine, unsere Erkenntlichkeit, denn meine Frau verbindet sich mit mir, Ihnen beiden unseren aufrichtigen Dank für Ihre Glückwünsche auszusprechen. Nächst dem tiefinneren zu Gott, ist es der Dank für so viele Beweise der Liebe und Anhänglichkeit nah wie fern stehender Personen, welcher uns bewegt und der dieses Fest für uns, und ich denke alle, die daran teilnahmen, so schön und bedeutungsvoll gemacht hat. Endlich erziehen uns alle diese erfreulichen Eindrücke zur frohen Zuversicht, tätig fortzufahren auf dem einmal betretenen Weg öffentlicher Wirksamkeit.

Ihren früheren Brief noch einmal öffnend, begegne ich zunächst dem Eindruck, den Garibaldi Ihnen gemacht hat. Er entspricht dem Bild, das ich mir aus allen Urteilen gebildet habe und das in der Hauptsache immer da hinausläuft, dass er ein durchaus integrer Charakter ist. Sodann bemerke ich das besondere Interesse, mit welchem Sie der Entwicklung der Dinge in Italien folgen und gewiss mit Recht, denn – nunmehr auch in religiöser Beziehung – gehört sie mit zu den merkwürdigsten Ereignissen der Geschichte. Die Tragweite dieser Ereignisse aber ist unberechenbar. Ferner begegne ich dem Namen Storys, dem ich glaubte, schon gedankt zu haben. Indessen, um nicht irre zu gehen, bitte ich Sie um die Güte, mich bei ihm zu vertreten, wenngleich ich sofort an ihn mich richten will und ihm bei dieser Gelegenheit meine Handschrift sende. – Endlich treffe ich auf Ihren Wunsch, meine Fotografie zu besitzen, worauf die Antwort beiliegt; sie ist, – sagt man – die beste, in jedem Fall ist sie die neueste.

Zu dem Fund des Lessingschen Bildes gratuliere ich sehr; für die so herzlichen und erfrischenden Worte, die ich für mich und mein Wirken in Ihrem neuesten Brief finde, noch meinen besonderen aufrichtigen und freudigen Dank.

138. Fanny Lewald an Carl Alexander
Montreux (Suisse), den 9. November 1867
Pension Mooser

Wenn ich es nicht ohnehin gewusst hätte, wie anhänglich ich Ihnen bin, so hätte ich es an der Freude merken können, welche der Anblick Ihrer ganz vortrefflichen Porträtkarte mir verursacht hat. Mit Ausnahme einer Bleifederskizze, die Sie, soviel ich mich entsinne, in bürgerlicher Kleidung und in ganzer Figur darstellte, ist dies das beste und geistig treueste Bild, das ich von Ihnen noch gesehen habe. Ich ziehe es auch der Bleifederskizze von Rudolf Lehmann vor, von welcher ich eine fotografische Kopie besitze, die Herr Lehmann mir in Rom geschenkt hat. Haben Sie besten Dank für diese Karte, an der ich nur das eine auszusetzen habe, dass Sie Ihren Namen nicht darunter geschrieben haben. Ich bitte mir den aus, wenn ich einmal wieder das Glück habe, Sie wiederzusehen.

Mit den Nebeln des Genfersees haben Sie nur zu Recht, gnädiger Herr! Der Oktober war vom 3.–19. so widerwärtig wie bei uns der hässlichste Dezember, und wenn ich aus dem Fenster blickte und nichts, aber gar nichts erblicken konnte als Wasser und Wolken, so glaubte ich, auf dem Falm in Helgoland und nicht am Genfersee zu sein. Es war genau wie auf einer Insel, wie auf dem Falm, und die gelben, regentropfenden Blätter der Bäume erhöhten noch die Ähnlichkeit. Seit vierzehn Tagen haben wir aber meist schöne, warme Mittagsstunden bei frischer Luft gehabt, aber die Morgen und Abende sind sehr kalt. Es ist jetzt ein Klima wie in der ersten Januarhälfte in Rom, das für mich immer etwas von Alpenluft gehabt hat: die Wärme bei der Frische und Helligkeit der Luft. Freilich würden wir für den eigentlichen Winter viel lieber nach dem südlichen Frankreich oder nach Nizza oder Mentone gegangen sein. Das würde uns aber zwei bis drittehalb tausend Franks mehr gekostet haben, und so mussten wir darauf verzichten und uns mit dem Erreichbaren und Möglichen begnügen. Der Dezember und Januar sollen hier allerdings recht kalt sein, doch besser als bei uns werden wir es hoffentlich hier finden und dabei die Erfahrung machen können, was mein Mann sich in klimatischer Beziehung zutrauen darf und was nicht. – Dass wir übrigens unsere Absicht, diesen Winter noch in Rom zu bleiben, nicht haben ausführen können, ist jetzt ein wahres Glück. Ich darf an Rom und an die zahlreichen uns dort werten Menschen gar nicht denken! Dazu haben wir auch sehr genaue Freunde in der Italienischen Armee und in den Freiwilligen Garibaldis. Einer der Männer, die wir hier in seiner Begleitung im Hotel Byron gesprochen haben, der Obrist Benedetto Cairoli, liegt jetzt schon in Rom begraben. Er ist der vierte der fünf Brüder Cairoli, der für die Einheit Italiens sein Leben hingegeben hat. Ehe Garibaldi jetzt von Caprera fortging, schrieb er einem seiner Freunde, den er nach Italien und zu sich rief: *Debbo partire; la Patria mi chiama, debbo espormi, ma non bado ai pericoli, vado volontieri. La santità della causa, mi dà coraggio, e spero riuscire. Se no, non è la mia colpa!* – und der Freund, der mir diese Abschrift machte, fügte hinzu: *La seconda faccenda è purtroppo vera; ma inutili gli sforzi degli uomini ingiusti!*[10] – und dieser jugendliche Held[11] ist derselbe, der auf dem Friedenskongress in Genf seine sechs militärischen Ehrenzeichen in die Hände des Präsidenten legte, damit man für ihren Ertrag einem Arbeiter ein ihm fehlendes Handwerkszeug oder einem armen Kind ein Lehrbuch kaufen könne. – Und dem gegenüber habe ich den Brief eines in den Zuaven des Papstes dienenden legitimistischen französischen Grafen in Händen gehabt, der seinem Bruder schreibt: »Ich bin durch meine Ehre gebunden und werde auf meinem Posten bleiben. Aber wenn man diese Kardinäle, diese ganze Wirtschaft sieht – verzeihen Sie den Ausdruck, gnädiger Herr! – sie sind alle Kanaillen, und man muss wünschen, dass sie zugrunde gehen!« Ich schrieb Ihnen schon im vorigen Jahr von den heillosen Zuständen und von der beispiellosen Verkommenheit des römischen Volkes; und jetzt muss es dort völlig eine Hölle sein. Schreiben, was ich auf dem Herzen habe, kann ich Ihnen nicht alles; sagen würde ich es Ihnen. Denken Sie noch daran, gnädigster Herr! wie ich Ihnen in Helgoland von dem Hass der Lombarden gegen Österreich erzählte und Sie mir sagten: aber Österreich kann sich doch die Provinzen nicht so fortreißen lassen! – Und zuletzt hat es Venezien fortgeschleudert, um sich zu erretten – und in welcher Weise! – Geradeso wird es mit der weltlichen Macht des Papstes gehen – und wir erleben vielleicht noch eine mondäne Umwälzung, gegen welche die deutsche Reformation als ein Provinzial-Ereignis erscheinen kann – wenngleich ich vor ihr, wie vor dem deutschen Geist, immer mehr Verehrung gewinne. Wir sind unserer ganzen geistig freien Entwicklung nach ohne alle Frage jetzt das vorgeschrittenste Volk – und wir sind es auch unserer Gesittung nach, weil wir so menschlich sind, dass wir den Frieden lieben, um uns in uns selbst zu vollenden. Förmlich ein Widerwille kann einen überkommen, wenn man von jenseits des Rheins das ewige barbarisch beschränkte Gekrähe von dem *prestige de la France* und der noch abgeschmackteren *prépondérance légitime* anzuhören bekommt. Als ob damit die Menschlichkeit und Brüderlichkeit des Jahrhunderts gekennzeichnet würde. – Aber haben Sie sich wohl den sanft lächelnden Heiligen Vater vorgestellt, wie er in seiner weißen Tunika segnend über die Piazza del Popolo geht – die Barrikaden zu inspizieren! – Das ist auch ein Stoff für einen Maler! – Sie sehen, Königliche Hoheit! es ist stärker als mein Vorsatz – aber ich will davon abbrechen und Ihnen lieber erzählen, dass Ihr Konsul in Lille zu Beginn des letzten Frühjahrs eine recht menschliche Tat getan hat. Ich schreibe es Ihnen, wie die Zeitung in Lille es rapportierte: *Nous avions été témoin, hier dimanche, d'un trait de dévouement que nous nous empressons de publier. Vers quatre heures, pendant que la musique militaire donnait sous le kiosque son concert ordinaire, des cris d'effroi retentirent du côté de la rivière, un enfant de six ans, Pierre Rontey, qui jouait sur la berge, venait de tomber dans le canal, et de disparaître sous l'eau. Attiré par les cris des assistans et n'écoutant que son courage, un honorable citoyen, M. Alwin Stahr, consul de Saxe, se précipita au secours du pauvre petit, et fut assez heureux de le trouver et de le ramener encore vivant à la rive!* Dabei passierte das Komische, dass, während Ihr Konsul, wie er war, ohne auch nur den Hut abzunehmen, über das eiserne Geländer des tiefen gemauerten Kanals ins Wasser sprang, sich auf der anderen Seite des Kanals ein Soldat der Garnison entkleidete, um das gleiche gute Werk zu tun, der aber natürlich dadurch viel zu spät kam, und wie es in dem Bericht heißt *ne put que sauver le chapeau de M. Stahr.* – Nun hatte der Sohn, da der Kanal nur wenig Landungstreppen hat, weit mit dem leblosen Kind zu schwimmen, während die schweren Winterkleider und Stiefel »fürchterlich hinunterzogen«. Als er dann, Frau und Kind auf der Esplanade zurücklassend, *pleine carrière* nach Hause lief, weil es in den nassen Kleidern gar so kalt war, lief der Soldat immer hinter ihm her und rief: *est ce que je puis dire que c'est moi qui l'ai sauvé?* Er wollte nämlich gern die 100 fcs verdienen, welche in solchen Fällen dem Retter von den Behörden ausgezahlt werden. Der Sohn aber hat eine Belobung von der Regierung bekommen und hat die Freude gehabt, am anderen Tag den kleinen Menschen mit seinen Eltern gesund in seinem Komtoir bei sich zu sehen.

Es geht ihm gut. Er hat seinen jüngsten Bruder, der sein Kompagnon ist, vor drei Wochen in Geschäften nach New York geschickt.

Auch unsere Töchter arbeiten in Weimar brav, wie Sie vielleicht aus eigener Erfahrung wissen, und wenn Sie, gnädigster Herr! oder ein Mitglied Ihres Hauses diesen Mädchen einmal eine Ermunterung angedeihen lassen wollten, so würde ihnen das ein großer Sporn sein. Die Älteste hat ein so außerordentliches Talent zum Lehren, dass sie die Kinder förmlich für das Studium der Musik begeistert und alle an ihr mit der größten Liebe hängen. Wie ich höre, wollen sie diesen Winter wieder eine öffentliche Prüfung veranstalten. Sie sind wirklich sehr wacker, und vielleicht müßigt Ihre Königliche Hoheit die Prinzessin sich einmal eine halbe Stunde ab, sich von der Methode der Mädchen zu überzeugen. Sie wissen, gnädiger Herr! welchen Wert jedes Zeichen von Teilnahme von Ihrer Seite für sie haben muss. Die Mädchen ahnen nicht, dass ich diese Bitte gegen Sie auszusprechen wage – und kommt sie Ihnen nicht gelegen, so habe ich sie nicht getan.

Zum Schluss, gnädigster Herr! erlauben Sie mir, dass ich diesem langen Brief noch ein Büchelchen beifüge – eine illustrierte westpreußische Dorfgeschichte von mir[12], deren sehr verzeichnetes Titelkupfer Sie nicht gegen die Erzählung und nicht gegen die Erzählerin einnehmen darf. Möchte das Bändchen Ihnen ein paar Stunden unterhaltend ausfüllen!

Vergessen Sie uns nicht in unserer Einsamkeit, die – wie ich glaube – für uns, wenn der geliebte Mann mir erhalten bleibt, eine Vorstudie für die Zukunft sein wird. Ich vermute, dass wir des Klimas wegen genötigt sein werden, unsere Berliner Heimat aufzugeben und uns irgendwo im südlichsten Süden von Deutschland, neu festzusetzen. Schwer wird uns das werden, da wir sehr stabil sind und werte Freunde in Berlin besitzen; es ist auch noch nichts darüber festgestellt – aber es wird kaum anders möglich sein, da die Kälte Stahr sehr empfindlich ist. Und es lebt schließlich doch jeder gebildete Mensch gern innerhalb des Besitzes an Büchern, Kunstsachen usw., die sein Leben ihm angesammelt hat. Wir vermissen gerade unsere Bücher und unsere Bilder in unserem Reiseleben sehr, und können doch auch nicht immer unterwegs bleiben.

Hoffentlich aber wird Ihre Teilnahme uns begleiten, wo wir auch sein werden, wie unsere Gedanken immer in verehrender Treue zu Ihnen gehen werden.

139. Carl Alexander an Fanny Lewald

Koblenz, den 17. November 1867

Empfangen Sie meinen aufrichtigen Dank für Ihren Brief wie für das Werk, das beides mich vor meiner Abreise hierher erreichte. Längst wissen Sie, dass Sie mich zu den wahren Verehrern Ihres großen Talentes rechnen müssen; somit besitzen Sie das richtige Maß meiner Erkenntlichkeit, umso mehr Sie außerdem mich kennen. Aus gleichem Grund werden Sie gern an den Anteil glauben, den ich an Ihres Stiefsohns Heldentat nehme. Sprechen Sie, bitte, diesen Anteil ihm wie Ihrem Gatten in meinem Namen aus und wünschen Sie beiden Glück, ersterem, dass er ein Menschenleben gerettet, letzterem, dass er einen Sohn den seinigen nennt, der dies geleistet. Der Ruf des Talentes und der fördernden Tätigkeit der Töchter ist mir eine bereits bekannte sehr erfreuliche Tatsache; Ihre Empfehlung erhöht also den Wert derselben, welches zu beweisen mir eine Gelegenheit erwünscht sein wird.

Ergriffen haben mich Ihre Mitteilungen rücksichtlich des neuen Abschnittes, des italienischen, der welthistorischen Epoche, die wir durchleben. Einen Abschnitt nenne ich jene Episode, die jetzt eben bei Tivoli geendet, nicht aber einen Abschluss, denn unaufhaltsam weiter zieht der mächtige Strom der Zeit, und neu sieht man bereits den Phönix der römischen Frage aus dem Pulverdampf erstehen. Hätten Sie die *Revue des deux mondes* vom 1. Nov. d. J. noch nicht gesehen, so empfehle ich aus derselben die *Revue de la quinzaine* zunächst, den ersten Artikel betitelt: »L'Allemagne depuis la guerre de 1866« sodann als die wichtigsten, gelungensten, daher bedeutendsten Beleuchtungen der Vergangenheit wie Gegenwart. Diese Größe in dieser Zeit hilft gewaltig über vieles Kleinliche und Mühsame derselben hinweg und lässt an eine Glück bringende wie Glück erhaltende Zukunft glauben. Gott möge sie geben!

Von Herzen wünsche ich Ihnen beiden warmes Wetter und die Möglichkeit sympathischen geistigen Lebens, ohne welches Ersteres nur schwerlich helfen kann.

140. Fanny Lewald an Carl Alexander

Montreux, den 3. Dezember 1867
Pension Mooser

Nehmen Sie meinen allerbesten Dank für Ihren Brief von Koblenz und für alles Gute, das er enthält. Ich habe mir gleich die *Revue des deux mondes* kommen lassen und eine große Genugtuung über den Artikel gehabt, den Sie mir empfohlen hatten. Es ist eine Genugtuung für jeden Deutschen, die Erfahrung zu machen, dass man endlich im Ausland die Deutschen und die deutschen Zustände richtig zu beurteilen anfängt. Ich bekenne Ihnen, dass ich im höheren Sinne das Hängen an der Nationalität – sofern es zu einer Scheidung von anderen Nationen führt – als eine Beschränktheit ansehe. Wäre ich des fremden Idioms so mächtig wie meiner Muttersprache, so würde ich mich unter gleichdenkenden Menschen glücklich fühlen können, von welcher Nation sie auch sein möchten: und dennoch gibt es ein Nationales, das uns bindet – und das ist die Art der geistigen Bildung, die wir innerhalb unseres Volkes genossen haben. Nun hat Deutschland in seiner Reformation ein Element, das uns allen anderen Nationen um ein paar hundert Jahre voraus gefördert hat – und wie weit oder wie nahe wir dem eigentlichen Boden der Reformation, der Denkfreiheit, auch individuell stehen – darin dass der Deutsche von dem Bann des Dogmas seit mehr als dreihundert Jahren frei ist, liegt für ihn die Unmöglichkeit, sich unter noch nicht freien Nationen, und zu diesen gehören die Engländer so gut wie die katholischen Völker, willig wohl und heimisch und frei zu fühlen. Andererseits aber kann Deutschland mit ungleich größerer Sicherheit seinen politischen Umgestaltungen entgegengehen, da es seine religiöse Umgestaltung seit lange so vollständig vollzogen hat, dass seiner Geistesarbeit auf diesen Gebieten keine Schranke mehr gesteckt ist. – Wenn ich vor Ihnen, gnädiger Herr! *meine* Überzeugung über oder von unseren jetzigen Zuständen offen aussprechen soll, so glaube ich, dass wir auf dem Wege heilsamer Reformen weit schneller vorwärts kommen werden, als wir alle es erwarten. In Preußen war vieles gut – vieles einer Abhilfe dringend bedürftig. Das spezifische Preußentum und die unbedingte Anhänglichkeit an das Fürstenhaus leisteten diesem in der Tat oft üble Dienste. Nun ist aus den neuen Provinzen, mit den Bürgern, die nicht das »patriarchalische Verhältnis zu dem angestammten Fürstenhaus« mitgebracht haben, ein sehr nützlicher Gärungsstoff in die Kammern des Reichstags wie des preußischen Parlaments gekommen – und diese beiden Kammern werden füreinander zu einem Anreiz, der beide vorwärts treibt. Dazu wird das Verweilen nicht-preußischer Truppen in Preußen – und preußischer Truppen außer Preußen auch für beide Teile vorteilhaft sein – und Süddeutschland, das sich – Sie haben das gewiss auch erlebt – mit einer gewissen dummen Hartnäckigkeit gegen Norddeutschland stemmte, nicht dahin reisen, sich nicht dort umsehen mochte, wird doch nun auch gezwungen, sich zu überzeugen, dass es in Berlin noch andere Straßen gibt als die vom Brandenburger Tor nach dem Schloss, noch andere Menschen als Gardeoffiziere und Tänzerinnen, dass man dort arbeitet wie kaum in einer anderen Stadt, und dass dort nicht bloß, wie auch in Dresden und in Weimar, Tee getrunken und Ästhetik getrieben wird. Die Bayern und die Schwaben – namentlich diese letzteren – konnten einen wirklich ungeduldig machen mit ihrer Verstumpftheit. Nun wird das hoffentlich sich alles allmählich verschmelzen. Dass das *ganze* Deutschland sich zur Einheit konsolidieren muss, ist durch das Gesetz der Anziehungskraft und der Schwere bedingt – und es ist für mich gar keinem Zweifel unterworfen, dass wir mit der Zeit nur *ein* deutsches Parlament haben werden, den Reichstag, in dem Volk und Fürsten sich vertreten, und dass die jetzigen Parlamente der einzelnen Staaten zu dem Beruf und der Arbeit verwiesen sein werden, welche jetzt bei uns in Preußen in jeder Provinz die Provinzial-Landstände übernehmen. So wie es jetzt ist, sind wir immer noch in der Lage eines Wagens, an den man hinten und vorn Pferde anspannt, um ihn vorwärtszubringen. Da wir aber einmal endlich auf den rechten Weg gekommen sind, kann und wird es nicht fehlen, dass man auch einsehen lernt, wie das jetzige System auf die Länge nicht aufrechterhalten werden kann. Indes die Hauptsache ist: wir sind auf gutem Weg, und jeder muss an seinem Platz dazu tun, dass wir auf demselben bleiben und vorwärts gehen. Sie, gnädigster Herr! so hoffnungsreich dabei zu sehen, ist mir in der Tat eine Herzensfreude – und das wissen Sie auch.

Was übrigens der Katholizismus in Deutschland noch kann, davon hat man neulich in Aachen ein abschreckendes Beispiel erlebt, als unser Freund, Professor Karl Vogt, dort seine Vorlesungen über die *Urgeschichte des Menschen* gehalten hat, die in Köln gar kein Hindernis gefunden haben. Schon Wochen lang vorher hatte die Geistlichkeit von der Kanzel, in den Beichtstühlen, in den Familien gegen diese Vorlesungen gearbeitet. Man hatte Vogt als einen »Affenmenschen« mit allen obligaten Kennzeichen eines Affen dargestellt – ihn als einen Abgesandten der Hölle geschildert –, die Zeitungen – ich habe sie hier zur Hand – ergehen sich in den raffiniertesten Entstellungen der Theorie, welche Vogt, mit der neueren Naturforschung im Einklang, in seinen Schriften aufgestellt hat –, die Marktfrauen, die Droschkenkutscher, die Straßenjungen wüten gegen seine Ankunft, in den Schulen nehmen die Knaben für und wider ihn mit Faustschlägen Partei, und das nächste Resultat dieses von den Pfaffen erzeugten Fanatismus ist, dass die Straßenjungen, einige Tage ehe Prof. Vogt nach Aachen kommt, einen unschuldig seines Weges gehenden, reisenden Japanesen anfallen und ihm – in dem Glauben, das sei Professor Vogt – den Arm brechen. Während der ersten Vorlesung hatte die Geistlichkeit denn einen solchen Aufstand angezettelt, dass die Polizei desselben nicht Meister werden konnte, und auf einen von Berlin pr. Telegrafen eingeholten Befehl, das Militär einschreiten musste. Ich habe diese Details nicht von Prof. Vogt – beiläufig einem der geistreichsten und liebenswürdigsten Männer –, sondern von der sehr gebildeten Frau Gustav Hansemann, und der Brief war so vortrefflich, dass ich mir erlaubt haben würde, Ihnen denselben zu senden, hätte er nicht nebenher Details enthalten, die Sie nicht interessieren konnten, weil sie sich auf unser – Hansemanns und unser Familienleben bezogen. Aber Sie würden erstaunen, gnädiger Herr! wenn Sie in den Aachener Sonntagsblättern die Worte läsen, mit denen die äußerst bedeutenden Sammlungen für den Peterspfennig und die anderen Sammlungen zur Unterhaltung päpstlicher Zuaven, begleitet werden. Eine z.B. lautet: »Ich bin kein Affe, sondern ich liebe den Heiligen Vater!

Fünf Taler!« – In Aachen steuern die weiblichen Dienstboten regelmäßig allwöchentlich zur Unterhaltung der Zuaven bei – und in Frankreich ist's natürlich noch schlimmer. Ich glaube, meine Schwiegertochter hat uns gesagt, dass Lille, wenn ich mich recht entsinne, mehr als 30 Zuaven für den Papst unterhält! Ach! Der arme Garibaldi hat wohl gewusst, wogegen er zu Felde zog!

Wir erwarten in dieser Woche für ein paar Tage den Obristen Frigyesi, von dem ich Ihnen, gnädiger Herr! wie ich meine, schon einmal geschrieben habe. Er ist seit 1859 in allen Feldzügen Garibaldis bei ihm gewesen, und Kameraden von ihm sagten 1866 in Como zu uns: »Er geht in die Schlacht wie wir andern ins Café, so gelassen!« Dabei ist er der menschlichste der Menschen – derselbe, der auf dem Friedenskongress in Genf seine Orden und militärischen Ehrenzeichen ablegte, damit man für ihren Ertrag ein Arbeitsgerät für einen Armen oder ein Buch für ein armes Kind kaufen möge; weil es gegen den Geist der Humanität sei, sich mit Zeichen für die Erfüllung einer traurigen Notwendigkeit zu schmücken.

Dieser Mann schreibt uns, nachdem wir in der *Aachener Zeitung* den Bericht eines Zuaven gelesen hatten, der sich rühmte, den Obristen Frigyesi getötet zu haben, welcher mit einem Mut, der einer besseren Sache wert gewesen wäre, stets den Seinen vorangestürmt: »Das Glück, das ich bei Mentana hatte, war außerordentlich. Der Baum, unter dem ich stand, wurde vollständig von den Kugeln des ›Heiligen Chassepot‹ entblättert, mein Pferd bekam 21 Flintenschüsse. Als es schon am Boden lag, zerriss eine Kanonenkugel das arme Tier. Gegen drei Uhr wurde ich an der rechten Hüfte verwundet; um die Meinen nicht zu entmutigen und um bei dem armen General zu bleiben, der sich übermäßig aussetzte, bin ich, auf einen Stock gestützt, noch bis 6 Uhr auf dem Schlachtfeld geblieben. Mentana war keine Schlacht, es war ein Gemetzel gegen Unbewaffnete. Ich bin jetzt an das Ungemach des Krieges gewöhnt, aber ähnliches Elend habe ich noch nicht durchgemacht. Sehr schlechte Gewehre, die 200–300 Schritt trugen, zwei bis elf Kartuschen für den Freiwilligen. Die Leute halb nackt ohne Sold, viele Tage gänzlich ohne Brot, ein wenig Fleisch ohne Salz und des Trinkwassers beraubt! Die Blüte der Jugend ist hingeschlachtet! Mütter, Schwestern und Freunde beklagen ihre Teuersten; und ich – armer Verbannter, bin hier, um dies traurige Schauspiel zu betrachten, um Zeuge zu sein von so großer Schmach. Oh, wie gern hätte ich mein Leben hingegeben für jene hochherzigen Märtyrer! Aber ich bin übrig geblieben und weiß nicht warum. Soll es eine Strafe oder Belohnung des Schicksals sein? Gott weiß es! Darum werde ich leben, wenn ich schon leben muss! Ich befehligte die 2. Kolonne. Ich war Sieger in Monte-Rotondo, wo ich nach 24-stündigem unaufhörlichem Feuer die Mauer erstürmt habe und siegte!«

Den Schluss des Briefes bildet dann eine Schilderung des polit. Zustandes in Italien, wie er ihn auf seiner Reise gefunden, ein Wort über die Not der Armen unter den Verwundeten der Garibaldischen Freischar und der Wunsch, dass man sich ihrer in Deutschland wie in Ungarn und England annehmen möge. Ich habe aber die Besorgnis, dass ich nach dieser Seite nicht viel werde ausrichten können.

Dies Bruchstück habe ich Ihnen abgeschrieben, weil ich dachte, dass dies ganz ursprüngliche Dokument Ihnen von Bedeutung sein würde. – Ein Zufall, die Bekanntschaft mit der Familie des russischen Generals Filosofoff, die unsere Zimmernachbarn sind, hat mir die Mitteilung von Artikeln aus den russischen Journalen über diesen Feldzug Garibaldis und den Übergriff der Franzosen verschafft. Sie standen im Goloß[13] – ich glaube, so schreibt man das Wort – und waren in jedem Betracht äußerst merkwürdig – sowohl in bezug auf das Zeugnis, das der Berichterstatter den Garibaldinern ausstellt, als auf die Äußerungen über Frankreich und Italien. Aber das werden Sie alles besser wissen, als ich hier – und ich darf Sie, mein gnädiger Herr! nicht darunter leiden lassen, dass es mir eine Freude macht, Ihnen zu schreiben.

Professor Stahr und unser Sohn danken Ihnen beide für das anteilvolle Wort, das Sie über Alwins Entschlossenheit und über den Fleiß unserer Töchter uns gegönnt haben. Erhalten Sie uns Ihr Wohlwollen, Königliche Hoheit! in dem Grad, in welchem wir Ihnen ergeben sind.

Von Stahrs *Lessing* macht man nun die fünfte Auflage. Damit ist denn doch ein Stück Kultur unter unser Volk gebracht. Der teure Mann lässt nun den zweiten Band seiner *Goetheschen Frauengestalten* – die Frauen des *Wilhelm Meister* und der *Wahlverwandtschaften* – drucken. Ich glaube, dass vieles darin Sie sehr befriedigen wird, denn Scharfsinn und Liebe und Gerechtigkeit haben zusammengearbeitet bei dieser Analyse.

Professor Stahr empfiehlt sich Ihnen angelegentlich, und ich bitte Sie, mich der Frau Großherzogin geneigtest in das Gedächtnis rufen zu wollen.

141. Carl Alexander an Fanny Lewald

Weimar, Januar 1868

Sie schrieben mir unter dem 3. Dez. einen sehr inhaltreichen, sehr interessanten Brief, für den ich Ihnen – wenn auch spät – meinen herzlichen Dank ausspreche. Das Bewusstsein, dass die geistige, religiöse Freiheit errungen und nicht mehr zu verlieren ist, gehört mit zu den wohltuendsten Überzeugungen, die man, gottlob, in dieser ernsten Zeit von einer Epoche in die andere hinübernehmen kann. An dieses alles möge sich das schließen, was Sie richtig über die Folgen der Vermischung mit nichtpreuß. Elementen sagen. Die Konsolidierung ganz Deutschlands ist entschieden die Zukunft des Vaterlandes, ebensosehr wie der Ausdruck der Gesamtbedürfnisse desselben in einem Parlament die *arena* finden würde. Dabei freut es mich, dass Ihnen meine Zuversicht willkommen ist.

An die Betrachtungen des Ganzen reihen Sie diejenigen einzelnen Vorfälle und Zustände, die höchst merkwürdig sind. So jene unerhörten Vorgänge zu Aachen, von denen ich bedaure, dass kein Zeitungsblatt sie in ihrem Umfang darlegte, so jener ital. Brief, von dem Sie mir einen Auszug geben, der, tief ergreifend, die neuesten Ereignisse in Italien schildert, von welchen noch so viele Toren glauben: es wäre nun wieder alles herrlich beim Alten! – Nicht genug kann ich Ihnen für all diese Mitteilungen danken, von denen ich nur bedaure, dass nicht auch Sie den Genuss haben können – so wie ich ihn habe –, dieselben durch Ihre Feder geschildert zu bekommen.

Die Töchter Ihres Gatten, den ich herzlich grüße, werden indes von den Konzerten berichtet haben, in denen wir sie zu hören die Freude hatten, und mein Konsul in Lille wird berichtet haben, dass die Rettungsmedaille meine ihm wohlberechtigte wie wohlerworbene Anerkennung brachte.

Ihnen und Ihrem Gatten aber bringe dies Blatt noch schließlich meine herzlichen und besten Wünsche bei Gelegenheit des Jahreswechsels. Sie wissen, wie gut dies meint Ihr

C. A.

142. Fanny Lewald an Carl Alexander

Montreux, den 15. Januar 1868
Pension Mooser

Teurer, gnädigster Herr! Sie sind recht gut! – Es ist wirklich beinahe, als führten wir eine Szene aus der sogenannten »verkehrten Welt« auf, deren Darstellungen mich in meiner Kindheit so außerordentlich belustigten. Denn dass Ihr heutiger Brief mich erreicht, ehe der Brief, der Ihnen unseren herzlichsten Dank für alle Ihre Güte sagen und Ihnen unsere Wünsche zum neuen Jahr aussprechen sollte, in Ihre Hände kommt, das ist sicherlich nicht in der Ordnung – und es ist eben sehr gut von Ihnen, dass Sie dieses nicht beachten.

Ich bin aber nicht mit einem Mal saumselig oder gar auf meine alten Tage undankbar geworden, sondern die Sache hängt so zusammen. Um Neujahr, als ich Ihnen schreiben wollte, schob ich es ein wenig auf, damit die »Flut der Zuschriften und der Gratulanten sich erst ein bisschen verlaufen sollte«. Das war selbstsüchtig, aber es ist doch einem klein gewachsenen Menschen wie ich, wenn er sich in die Menge begeben soll, nicht zu verdenken, wenn er sich so hinstellen will, dass man ihn gewahr wird und dass er auch etwas sehen kann. Darauf schrieb ich Ihnen am 10. Januar, dankte Ihnen herzlich für die Anerkennung, die Sie so gnädig gewesen sind, unserem Sohn angedeihen zu lassen, und für die Auszeichnung, welche Sie und Ihre Königliche Hoheit, die Frau Großherzogin, unseren Töchtern gewährt haben – und weil ich gerade sehr heiter war, so ließ ich meine Feder danach etwas in ihrer guten Laune laufen, erzählte Ihnen vom Hundertsten ins Tausendste – – und zerriss danach den Brief, weil ich törichterweise dachte, manches davon dürfe ich Ihnen nicht schreiben, weil es sich in der Ferne und auf dem Papier anders machen könne, als es gedacht und gemeint war und als es geklungen haben würde, hätte ich es Ihnen sagen können. Frau von Goethe hat einmal in meiner Gegenwart die Äußerung getan, sie habe fast alle Menschen verloren, mit denen sie brieflich habe verkehren müssen[14], und das sei ganz natürlich; das Gedachte und das Geschriebene sähen sich gar nicht mehr ähnlich. Nun kann ich zwar glücklicherweise in der Regel eine ganz passable Ähnlichkeit zwischen meinen Gedanken und meinem Wort erzielen, aber da ich gern aus den Erfahrungen anderer lerne, hat jene Äußerung mich vorsichtig gemacht – und wenn in einem Brief beim Durchlesen mir irgendetwas nicht recht scheint, zerreiße ich ihn lieber – mit einer Variation des französischen Sprichworts: *vaut mieux perdre une lettre qu'un bon ami!*

Es war übrigens nichts Schlimmes in dem Brief. Ich hatte Ihnen nur erzählt, wie ich dank Ihrer Güte – da mein Mann und Sohn nicht wussten, dass ich Ihnen von der Rettungsangelegenheit gesprochen – es so leicht hatte, die gute Fee zu spielen, weil ich Sie als allmächtigen Zauberer über mir schweben hatte – und wie der Konsul in dieser ganz geschäftslosen Zeit durch einen Zufall die Entdeckung gemacht habe, dass es ihm – ohne dass er Unterricht gehabt – ganz leidlich gelinge, in Öl nach der Natur zu malen. Er hatte eine Schwägerin als Gast im Hause, die ein hübsches dilettantisches Geschick hat, und da er mit der Feder immer sehr sicher skizzierte, hat er eines Tages zu malen angefangen, und es soll, wie man uns schreibt, ihm über Erwarten gut gelingen. Er hat als Knabe Maler werden wollen, wir hatten es jedoch gehindert, weil das Talent uns nicht zwingend genug schien – und taucht nur in seinen Mußestunden in Ölfarbe unter, wie im Frühjahr in den Kanal. – Er war sehr geehrt durch Ihre Anerkennung, und Sie haben uns eine große Freude bereitet, Königliche Hoheit! die wir Ihnen, wie manche andere in diesen zwanzig Jahren, herzlich ergeben und gern verdanken.

Besonders glücklich aber haben Sie und die Königliche Hoheit unsere älteste Tochter[15] gemacht. Das Mädchen hat bei einer für ihren Beruf männlichen Energie ein sehr weiches und höchst großmütiges Herz, mit dem sie leidenschaftlich an Ihrem Vater hängt. Dass Sie sie nach dem Vater gefragt, dass sie mit den »Königlichen Herrschaften von dem Vater sprechen konnte«, hat sie ungemein erfreut, und was Sie mit dieser Huld den Mädchen in den Kreisen geleistet haben, in welchen dieselben sich bewegen, das, mein gnädiger Herr! brauche ich Ihnen nicht zu sagen.

Möchte Ihnen und Ihrer Königlichen Hoheit, der Frau Großherzogin, noch lange das Glück gegönnt sein, die Menschen, die Sie umgeben und so viele andere nahe und fern wohltuend, erfreuend und erhebend zu beglücken, und in Ihrem Haus und in Ihrem Land gedeihen zu sehen, was Sie an Werken der Liebe, an Gutem und Schönem mit so treuer Sorge pflegen und fördern. Das ist der treue Wunsch, den wir, mein Mann und ich, mit dem neuen Jahr zu Ihnen, mein gnädiger Herr! aus unserer hiesigen stillen Klause nach Norden senden. Möchte er in Erfüllung gehen!

Aber dürfen wir denn irgendwie getrost in die Zukunft sehen, solange der unheilvolle Mann, der auf dem Thron von Frankreich sitzt, die Welt in Brand und Aufruhr erhalten muss, um sich auf der Stelle zu behaupten, die er – das Wort ist nicht zurückzuhalten – durch ein Verbrechen eingenommen hat? Ich versichere Sie, nicht Tag, nicht Nacht lassen die Zustände, in denen wir leben, mir Ruhe, und ich erstaune oft über mich selbst, wenn ich mich doch manchmal in meiner natürlichen Heiterkeit betreffe. – In Finnland eine grauenvolle Hungersnot, in Ostpreußen ein Elend, dessen Schilderung in allen Briefen, die ich von dort erhalte, das Haar sträuben macht, alle Länder mit Schulden, die Völker mit Steuern überbürdet und dazu die Aussicht, dass von dem Thron dieser oder jener Großmacht im Frühjahr wieder die Kriegsfackel geschwungen werden kann und dass man diese verhungerten Männer und Jünglinge wieder zu Hunderttausenden in die Schlachten treibt, um auf ihre Brust die *Chassepots* und die Hinterladungsgewehre zu probieren, und die neu erfundene Kugelspritze ihre *merveilles* tun zu lassen. Ich frage mich zuweilen, wie *Ihnen* zumute sein muss, wenn Sie genötigt sind, Ihre friedlichen Bürger – und vielleicht jetzt auch schon den einzigen Sohn – zu dem Verbrechen dieses gegen alle Humanität und gegen alles Christentum verstoßenden Mordens ausziehen zu lassen? Eine Weltordnung, welche der *Chassepots* und der Kugelspritzen bedarf, um sich zu behaupten, auf der ruht ein Fluch, und die muss zugrunde gehen, so gewiss die Religionen untergegangen sind, die ihren Göttern die Blüte der Jugend zum Schlachtopfer gebracht haben.

Es fällt mir dann immer das Wort unseres herrlichen, weil sehr menschlichen Friedrichs des Großen ein, der, als er einmal auch seine Reihen musterte, um sie in die Schlacht zu führen, den neben ihm haltenden General fragte, ob ihm bei dieser Musterung nichts auffalle, und hinzufügte: er begreife es nicht, weshalb die »Kerls ihn nicht totschlügen!«

Dass vor dem letzten Krieg all die Friedenspetitionen aus den preußischen Städten sich zu König Wilhelm begaben, dass sich jetzt die Friedensligen bilden, sind unverkennbare Zeichen davon, dass die Völker den Wahnsinn und Graus des Krieges begriffen haben und verabscheuen – sehr mit Grund, denn sie tragen die Lasten davon –, und ich sehe es recht eigentlich als eine Aufgabe der Frauen an, allen ihren Einfluss in der Erziehung darauf zu richten, die falschen Ehr- und Ruhm- und Nationalitätsprinzipien in dem heranwachsenden Geschlecht zu zerstören. Aber das steckt alles noch so tief in den armen verfinsterten Köpfen; und leider sind Mächte genug vorhanden, die es in ihrem Interesse finden, das Lichtwerden zu verhindern.

Hier leben wir zufällig viel mit Russen, die den höchsten Militär-, den Verwaltungskreisen und dem Hof angehören; aber an die Bigotterie und den Aberglauben dieser – zum Teil sehr guten Menschen – reicht wirklich eine in Deutschland erwachsene Fantasie nicht mehr hinan. Gestern hatte uns z.B. die sehr tüchtige und mir sehr sympathische Frau des russischen Kultusministers, die Gräfin Tolstoi, eingeladen, mit ihr das russische Neujahr zu feiern und den Baum sehen zu kommen, den sie ihren Kindern aufputzte. Wir gingen unsere Stubennachbarn, den General Filosofoff, der die Ehre gehabt hat, einmal an Ihrem Hof vorgestellt zu werden, mit den Seinen abholen, um mit ihnen zusammen in die Pension Vautier zu gehen. Kaum aber trete ich in das Zimmer der guten Generalin, als sie mit einem ängstlichen Ruf auf mich zutritt: *Ah! ma chère Mad. Stahr – ayez la bonté, changez de toilette – n'allez pas dans une robe noire chez la Comtesse, elle en aurait une impression funeste!* – und da ich nichts als schwarze Kleider besitze, musste ich rote und blaue Chiffons über mich hängen, die ich in meinem Kasten hatte, um keine Spielverderberin zu sein. Ahnungen, Medien, Klopfgeister gehören unter diesen Leuten zu den guten Bekannten des täglichen Lebens – Paracelsus, Jakob Böhme u.s.w. spuken auch noch in den Köpfen herum , und ich habe hier Russen gefunden, die ganz und gar nicht daran zweifeln, dass die Zukunft der griechischen Kirche gehört und wir alle einst unter ihren Fittichen unsere Zuflucht finden werden.

Die Verzweiflung der Deutschen in den Ostsee-Provinzen ist denn auch sehr groß. Es sind ganze Kolonien von Livländern, Kurländern u.s.w. hier am See – und für mich hat Russland, wie es sich in der Ferne darstellt, mit diesen unvermittelten Gegensätzen – mit der wirklichen deutschen Bildung der baltischen Provinzen, mit der französischen Hyperblasiertheit des russischen luxuriösen Adels, mit dem Moskowitentum, dem

Panslavismus und den dahinter liegenden Millionen von schmutzigen Kalmücken, Tungusen, Kirgisen, Lappen und Finnen, geradezu etwas Fürchterliches. Man denkt immer, es müsse in dem Land noch einmal zu einer inländischen Völkerwanderung auf Hunnen-Manier kommen – und dann wieder kommt mir der ganze ungefüge Länder- und Völkerkomplex wie eine jener Hausfrauen vor, die bei einer wüsten Unordnung in ihrem Hause immer an der Tür eine »propere Schürze und ein properes Umschlagtuch« hängen haben, um sie »vorzubinden«, wenn »Besuch kommt«.

Da ich Sie, gnädigster Herr! sehr hoch verehre, ist es in meinem Sinne, wenn es sich von den Thronen vielleicht auch anders ansehen mag, eine Freude, dass Sie nicht Kaiser von Russland, sondern Großherzog von Weimar und ein Deutscher unter Deutschen sind; und es erhebt mir jetzt oft das Herz – nicht aus Nationaleitelkeit –, wenn ich es mehr und mehr erfahre, wie man dem stetigen, stillen Arbeiten und den Erfolgen des deutschen Geistes jetzt namentlich in England mehr und mehr gerecht wird und wie man sie in Frankreich, auf gut französisch, gerade durch die leidenschaftliche Opposition ebenfalls anerkennt. Sie haben auch samt und sonders keinen Schiller und keinen Goethe aus sich erzeugt!

Da ich Goethe schreibe, fällt mir ein – ob Sie, gnädiger Herr! vielleicht den Artikel zu sehen bekommen haben, den Professor Stahr neulich unter der Überschrift: »Der Kommunismus und die deutschen Klassiker« in der *National-Zeitung* veröffentlicht hat? – Wenn es nicht geschehen ist, bedarf es sicherlich nur eines Wortes von Ihrem Sekretär an Herrn Dr. Zabel, damit Ihnen der Aufsatz zugänglich gemacht wird. Ich glaube, da er den gerechten Anspruch der Schiller- und Goetheschen Erben an eine Entschädigung für das Übergehen der Werke ihrer Ahnen an die Nation vertritt, muss er in Ihrem Sinne geschrieben sein. Ich habe kein anderes Exemplar hier als eines, das *sous bande* und nicht präsentabel hier angelangt ist, sonst würde ich so frei sein, es Ihnen beizulegen. Lassen Sie es sich doch kommen – zunebst einer buchhändlerischen Entgegnung in demselben Blatt, die Stahr des Mangels an Liberalismus und Gemeinsinn zeiht, weil er verlangt, dass jeder Buchhändler, der die Werke unserer Klassiker druckt, gehalten sein soll – und wenn auch den kleinsten Prozentsatz von dem Gewinn an jedem Exemplar –, den direkten Erben der

Verfasser abzutragen. Die Forderung ist so berechtigt und so klar durch Beispiele erläutert, dass die Gewinnsucht von Spekulanten allein sich dagegen verblenden kann.

Nun aber muss ich ein Ende machen, denn mein Anspruch an Ihre Zeit ist überschritten – und Sie könnten mir am Ende das berühmte *basta cara! basta!* zurufen, mit dem der verstorbene Fürst Torlonia seine Frau abzurufen pflegte, wenn sie sich mit den Fremden lange unterhielt, deren Wechsel auf das Haus nicht eben die grössten waren. Ich bilde mir aber ein, durch Verjährung eine Art von Anrecht auf Ihrer Königlichen Hoheit Nachsicht gewonnen zu haben – und ich wünsche, dass ich Ihnen nach über zwanzig Jahren noch ebenso herzlich und verehrungsvoll unsere Wünsche zum Neuen Jahr senden könnte.

Möge alles Glück und alles Gute mit Ihnen sein und über Ihnen walten.

143. Carl Alexander an Fanny Lewald

Ohne Datum (März 1868)

Mit dem besonderen Interesse, welches sowohl der Autor als der Gegenstand verdient, habe ich den Artikel gelesen, den Ihr Gatte dem Interesse der Goetheschen Familie gewidmet hat. Er ist hierbei von einem Gefühl der Gerechtigkeit geleitet worden, von dem ich aufrichtig wünsche, dass es den oft schwer geprüften Nachkommen des größten Dichters deutscher Nation zu Nutzen gereiche. Zur Ehre gereicht es Ihrem Gatten, jenen Artikel geschrieben zu haben. Sagen Sie es ihm, bitte, und lassen Sie mich Ihnen durch diese Anerkennung für Ihren letzten, so sehr interessanten Brief aus Montreux vom Januar aufrichtig danken. Hoffentlich stärkt das rückkehrende Frühjahr die Gesundheit Ihres Gatten und wird neue Früchte seines Geistes den früheren anreihen.

Die Schilderung des Aberglaubens, dem Sie begegnen mussten, hat mich sehr unterhalten ebensosehr durch den Eindruck, den Ihr Geist notwendig erhalten musste, wie durch die Sache selbst. Diese nun, richtiger gesagt der Aberglaube, scheint fast eine Art Notwendigkeit der menschlichen Natur zu sein, denn die seltensten erscheinen ganz frei von dem Nebel, und kein Klima, keine geografische Lage scheint hiervon zu retten.

Daneben schreitet das große Schauspiel dieser Zeit mächtig weiter, und immer gespannter werde ich auf des Rätsels Lösungen. Ihre Mitteilungen waren mir daher aufs neue ebenso wichtig als willkommen. Entnehmen und ermessen Sie aus dem Gesagten meine Dankbarkeit.

144. Fanny Lewald an Carl Alexander

Montreux, den 12. April 1868
Pension Mooser

Es hat mich sehr gefreut und ist Professor Stahr eine große Genugtuung gewesen, dass Sie seinen Artikel wegen der Entschädigung für die Goetheschen Erben zugestimmt haben. Die Sache scheint mir so zweifellos gerecht, die Entschädigung so unbedenklich gefordert zu sein, dass es kein gutes Zeichen für unsere Zeit ist, dass man nicht im Entferntesten daran denkt, diese Mahnung zu beherzigen. Nur ein Buchhändler hat sich mit der Frage beschäftigt – als Entgegnung auf Stahrs Artikel – und nach der Theorie von Napoleon I. bei Votierung der Negeremanzipations-Frage, sich mit einem *parce que je suis blanc*! den Vorschlägen entschieden widersetzt. – Vielleicht kommt man später einmal darauf zurück, wenn nicht *alle* Interessen von der Frage, ob es Krieg oder Frieden geben werde, hingenommen sein werden. – Schade nur, dass es dann vielleicht für diejenigen zu spät sein wird, denen die Entschädigung rechtmäßig zugute kommen musste.

Neulich, gnädigster Herr! habe ich recht lebhaft an Sie gedacht, als ich in der Zeitung las, dass das Museum in Weimar bald eröffnet werden würde. Sie können wirklich mit recht erhebender Freude auf das viele Gute zurückblicken – auf das Gute und Bleibende –, das Sie in Ihrer Regierung in verhältnismäßig sehr kurzer Zeit, für Weimar und damit für das ganze Vaterland und die allgemeine Kultur überhaupt, geschaffen haben. Die Erneuerung und der Ausbau der Wartburg, die Gründung der Malerakademie und der Bau des Museums sind schöne Denkmäler, die Sie sich gesetzt haben; und die Freude an solchen Arbeiten hält noch in der Erinnerung vor, wenn die Lust an vielem, was uns in der Jugend freute, nachzulassen beginnt. Habe ich die Fürsten je um etwas beneidet, so war es um die Möglichkeit, Großes und Bedeutendes schaffen zu können; und ich wünsche Ihnen von Herzen, dass Ihnen noch viel der Art gelingen möge.

Wir haben gestern Abend lange von diesen Dingen und von Ihnen und von den verschiedenen Epochen, in denen wir das Glück gehabt haben, länger in Ihrer Nähe zu leben und Sie öfter zu sehen, mit einem jungen Freund gesprochen, von dem ich wohl wünschte, dass Sie ihn kennen lernten, weil ich weiß, dass es Sie nicht gereuen würde und weil ich glaube, dass ihm eine bedeutende Zukunft bevorsteht.

Es ist ein junger Mann von 27 Jahren, Doktor Anton Dohrn[16], der seit Jahr und Tag in Jena lebt und auf dem Punkt steht, sich dort zu habilitieren. Er ist Zoologe, hat dabei sehr weitgehende philosophische Studien getrieben und kann glücklicherweise recht nach Neigung seinen Studien leben, da er der Sohn reicher und sehr gebildeter Eltern ist, die ihm volle Freiheit für seine Studien und seine Entwicklung gewähren konnten. Der Vater ist ein Mann von der höchsten musikalischen Bildung, glücklicher Übersetzer spanischer Poesie, passionierter Entomologe – eben ein gebildeter Privatmann, der die größten transatlantischen Reisen gemacht hat, und die Söhne sind also schon in ihrem Stettiner Vaterhaus in guten Traditionen aufgewachsen. Der jüngste von ihnen – eben der, der in Jena, und nun seit drei Wochen bei uns ist – ist nebenher so eine Art Wahl-Sohn von uns und hängt an Stahr und mir auch wie ein Sohn. Er ist jahrelang in Berlin in unserem Haus unser täglicher Gast gewesen, und ein gut Teil von Stahrs Idealismus und von unserem Goethe-Kultus hat sich auf ihn vererbt. Den ganzen vorigen Sommer hat er an der schottischen Küste seinen zoologischen Untersuchungen gelebt, und ich habe Briefe von Huxley[17] und Darwin an ihn in Händen gehabt, die seinen Beobachtungen volle Anerkennung zollen und ihm einen schönen Erfolg voraussagen. Er ist nebenher ein junger Mann von Geist und Herz, von großer Fröhlichkeit – und wenn Sie einmal nach Jena kommen und ihn rufen lassen, wird er Ihnen gewiss nicht missfallen. Ich hänge sehr an ihm und habe eine große Freude gehabt, als er uns hier besuchen gekommen ist. Er war nach dem einsamen Winter wirklich für Stahr eine Erquickung, denn wir haben hier wie die Einsiedler gelebt; und Sie haben ganz Recht gehabt, gnädiger Herr! als Sie uns im Herbst darauf aufmerksam machten, dass es mit dem südlichen Winter von Montreux nicht weit her sei. Ich weiß eigentlich nicht, weshalb die Granatbäume und Myrten hier im Freien überwintern – nötig hätten sie es gar nicht!

Der Oktober und März waren sehr schlecht! November und Februar so schön wie in Italien – Dezember und Januar hatten fast durchweg schöne Mittage –, Anfang April war wie ein deutscher Juni, selbst die Abende warm; nun aber haben wir seit fünf Tagen Schnee und Kälte gehabt, und es hat über all die blühenden Wiesen hinweg gefroren in den Nächten. Wird der Schock vorüber sein, so werden wir wieder in Sommerhitze geraten; und soviel steht für mich fest, dass hier niemand hergehen darf, der auf eine gleichmäßige Temperatur angewiesen ist, denn die Wechsel der Witterung sind hier schnell und sehr frappant. Indes trotzdem habe ich meinen geliebten Rekonvaleszenten ziemlich gut durchgewintert, und ich denke, dass wir Ende Mai sachte nach Deutschland gehen werden, um im Herbst ein paar Monate in Berlin in der alten Heimat zuzubringen und nach unseren Angelegenheiten zu sehen. Ob wir es danach mit einem nordischen Winter werden wagen dürfen, ob wir uns – was in unserem Alter und bei einer behaglich unter Freunden begründeten Häuslichkeit nicht leicht wäre – zu einem neuen südlicheren Domizil werden entschließen müssen, kann ich noch nicht übersehen, und es wird immer schlimm sein, das rechte Wohin zu treffen, denn das Vaterland dauernd zu meiden ist doch hart, und im Vaterland ist's nirgends recht warm im Winter. Indes was sein muss, wird gehen müssen, und ich will mich mit der Hoffnung trösten, dass, wohin wir uns auch wenden werden, Ihr Wohlwollen und Ihre Freundschaft, mein gnädiger Herr! uns auch für die Zukunft begleiten werden, wie sie mir nun seit bald zwanzig Jahren ein großes Glück gewesen sind.

Professor Stahr wünscht, Ihnen angelegentlich empfohlen zu sein, und indem ich Sie bitte, Ihre Königliche Hoheit, die Frau Großherzogin, meiner aufrichtigen Ergebenheit zu versichern, bin ich mit der alten Anhänglichkeit, welche Sie kennen, Ihre

F. L.-St.

145. Fanny Lewald an Carl Alexander

Lille, den 9. September 1868
Rue de la Barre 31

Seit mehr als drei Wochen leben wir hier in des Sohnes Haus unter dem Schutz Ihrer Fahne, und ich will von der gesegneten, durch Liebe, Bildung, Kunstsinn und tüchtigen Bürgersinn belebten Stätte doch nicht fortgehen, ohne Ihnen von hier aus gesagt zu haben, dass ich Ihrer eben hier mit dankbarer Ergebenheit gedacht habe, und ohne Sie zu fragen, wie es Ihnen ergangen ist, seit ich keine direkte Kunde von Ihnen, mein gnädiger Herr! erhalten habe. – In den Zeitungen habe ich viel gelesen von Ihren Reisen nach Russland und in Deutschland, und eben diese Reisen, bei deren schnellem Treiben ich Sie mehr noch als in der Heimat in Anspruch genommen wusste, haben mich abgehalten, Ihnen zu schreiben. Wir sind inzwischen auch viel herumgewesen. Bis Anfang Juni waren wir in Montreux, das alles in allem genommen, doch eines der wünschenswertesten Klima hat. Dann brachten wir noch einen Monat in Genf, vierzehn Tage in Wiesbaden zu, das wir kennen zu lernen wünschten; waren danach fünf Wochen bei Freunden in einem Bergtal an der belgischen Grenze (dicht bei Eupen), und nachdem wir nun die Kinder und Enkel[18] hier wiedergesehen, werden wir am 15. nach Hause gehen und gegen das Ende des Monats – nach einer Abwesenheit von mehr als zwei Jahren – wieder in unsere vier Wände nach Berlin zurückkehren.

Hier haben wir in der vorigen Woche Stahrs 40jähriges Doktor- und Schriftstellerjubiläum gefeiert, da er im Drange seiner damaligen Lebensverhältnisse sein 25-jähriges Jubiläum zu feiern nicht dachte; und er darf in der Tat mit Zufriedenheit und mit gutem Gewissen auf sein Streben und auf seine Wirksamkeit zurücksehen. Eben jetzt druckt man die 2. Auflage seiner *Goethes Frauengestalten* und eine neue Oktavauflage – es ist die 6. – des *Lessing*, und er ist frisch und ungebrochenen Geistes, so dass, wenn seine Gesundheit sich erhält wie jetzt, er wohl darauf hoffen darf, im Kreise seiner braven Söhne und Töchter auch das fünfzigjährige Jubiläum zu erreichen. *Be it so.*

Aber es ist in gewissem Sinne eine widerwärtige Zeit, in der wir leben; denn das ewige Kriegsgeschrei nimmt dem Menschen die Ruhe und den Frieden zu jeder nachhaltigen Arbeit – und das wird nicht besser werden, solange hier in Frankreich ein Regime herrscht, das mit Verbrechen errichtet, mit Blut befestigt, nur durch einen Zustand aufrechterhalten werden kann, der der Nation das ruhige Nachdenken unmöglich macht und sie hindert, sich ihrer wahren Kraft, ihrer Vergangenheit und ihres eigenen Vorteils klar bewusst zu werden. Und doch lebt hier in Frankreich die Einsicht in diese verderblichen Zustände und die Verachtung und der Zorn gegen denjenigen, der sie erschaffen hat. Wäre es anders, so könnte der Erfolg von Henri Rocheforts[19] geistreichen Pamphlets kein so durchschlagender sein. – Aber der Glaube an den bevorstehenden Krieg ist allgemein verbreitet. Gut unterrichtete Journalisten behaupten, der Marschall Niel[20] dränge zu einem Winterfeldzug, weil man annehme, dass die deutsche Landwehr einem solchen nicht gewachsen sei. Das, d.h. diesen Zweifel verstehe ich so wenig, wie ich es verstehe, weshalb die hiesige Handel treibende Welt in der heute durch die Zeitungen gehenden Nachricht von der Entwaffnung im Norddeutschen Bund, gerade ein Zeichen des nahe bevorstehenden Kriegsausbruchs sehen will. Indes dieser gewaltsam angefachte Krieg zwischen zwei Kulturnationen würde ohnehin etwas so Unvernünftiges sein – und etwas so Barbarisches –, dass ein vernünftiger Sinn gar nicht den Anspruch machen darf, es verstehen zu wollen. Aber ich will wie Silvio Pellico sagen: *lascio la politica e parlo d'altro!*

Mir sagte einmal ein holländischer Schriftsteller, dass alle Bittgesuche an den König von Holland mit den Worten geschlossen würden: Wenn Sie dies tun werden, so werden Sie wohltun! – Und ich, Königliche Hoheit! möchte Ihnen dankend sagen: Als Sie ein Konsulat in Lille errichtet haben, haben Sie als deutscher Fürst für die Deutschen etwas sehr Gutes getan. Sie können sich es im Detail kaum denken, wie vielen Deutschen, Männern und Frauen, hier oft Hilfe nötig ist; wie viele aus eigener Unkenntnis der Verhältnisse oder auch durch fremde Eigensucht verleitet, hierherkommen, in Not und Elend geraten, und die aus dieser Lage herauszuarbeiten und vorwärtszubringen, Ihrem Konsul doch sehr oft gelingt, der hir – da er der einzige deutsche Konsul hier ist – das ganze Vaterland vertritt.

Nun neigt das schöne heiße Sommer-Halbjahr sich schon seinem Ende zu, und die Abende werden lang. Mich bewegt der Niedergang des Jahres mehr und mehr, je älter ich werde; und ich stehe mitunter ganz überrascht vor der Tatsache, dass ich im 58. Jahre bin. Die Zeit schießt wirklich mit den Jahren mit wachsender Schnelle an dem Menschen vorüber, und er hat Not, sich die Spannkraft zu bewahren, mit der er die ihm günstigen Stunden erhaschen kann.

Sie mein gnädiger Herr! stehen noch auf jener Lebenshöhe, auf welcher man solche Erfahrungen noch nicht macht, und ich hoffe und wünsche für Sie, dass Ihre Energie und Frische Ihnen weit hinaus erhalten bleiben. Wenn Sie mir – wie ich hoffe – schreiben, so würden Sie mich recht zu Dank verpflichten, Königliche Hoheit! wenn Sie mir sagen wollten, wie es dem Grafen Kalckreuth geht. Wir haben so lange nichts von ihm gehört.

Ihnen aber, gnädiger Herr! sage ich ein herzlich ergebenes Lebewohl, und bitte Sie, Professor Stahr und Ihren Konsul und mich der Königlichen Hoheit, der Frau Großherzogin, gütig in das Gedächtnis zu rufen, und Ihr Wohlwollen zu erhalten Ihrer Ihnen treu anhänglichen –

F. L.-St.

146. *Carl Alexander an Fanny Lewald*

Friedrichshafen am Bodensee, den 23. September 1868

Für den aus der Ferne, unter dem Dach des Sohnes, geschriebenen Brief lassen Sie mich ebenfalls aus der Ferne unter dem Dach meiner Verwandten[21] aufrichtig danken. Erfreut bin ich, dass Sie mir gute Kunde von sich selbst, von Ihrem Gatten bringen, und meine besten Wünsche eilen Ihnen beiden voraus in das lang verlassene heimatliche Haus, in welches Sie beide – wie Sie mir schreiben – zurückzukehren beabsichtigen. Möge der Winter in dem rauhen Klima nicht den Süden Gewohnten schaden; nicht leicht entwöhnt sich der Körper der milden, schmeichelnden Lüfte ewig heiteren Himmels.

Mit besonderer Befriedigung und Freude vernehme ich, dass Ihr Sohn, mein Konsul, das Glück genießt, unseren Landsleuten wahrhaft nützen zu können. Dass er es immer gewollt – darüber war ich nie im Zweifel – allein wie oft findet selbst der redlichste Wille nicht die richtige *arena*! Diese aber zu besitzen, ist für jeden strebenden Geist ein wahres Glück. Dass Sie selbst mir bestätigen können, dass Ihr Sohn dieses genießt, ist mir eine wahre Freude.

Ich dagegen möge Ihnen eine durch die Versicherung bereiten, dass es Graf Kalckreuth, Gott sei Dank, gut geht, nachdem er Anfang des Sommers recht leidend war. Er ist wieder in voller Tätigkeit und pflegt treu fortwährend die Interessen der ihm anvertrauten Kunstschule, an welcher die Kräfte sich mehren und aus welcher die Beweise der Tüchtigkeit sich vervielfältigen. Er selbst hat einige vorzügliche Gemälde geschaffen[22], davon Sie sich selbst einmal überzeugen mögen.

Mit diesem Wunsch für Sie und Ihren Gatten schließe ich, herzlich grüßend.

147. Fanny Lewald an Carl Alexander

Berlin, den 11. Oktober 1868
Matthäikirchstraße Nr. 21

Es kommen mir bei der Rückkehr in die Heimat ein paar Bände neuer Erzählungen[23] von mir entgegen. Wollen Sie mir erlauben, dass ich sie Ihnen, dessen Teilnahme mich nun schon so lange begleitet hat, auf Ihren Lesetisch sende?

Ich denke das Rokoko=Bildchen *Prinzess Aurora* und vor allem der recht eigentlich römische *Domeniko* muten Sie an. Ob Sie aus den beiden anderen Erzählungen, die Ihren eigentlichen Lebenskreisen fern liegen, die Wahrheit herausfühlen können, bin ich nicht so sicher, aber ich sollte meinen, Sie nehmen sie dann auf Treu und Glauben, da Sie mich ja in Schrift und Wort sonst leidlich wahrhaftig erfunden.

Wir bleiben mit Zustimmung unseres Arztes vorläufig in Berlin und wollen zusehen, wie mein Mann und das Klima sich zueinander verhalten werden. Möchte es ihm – und somit uns – gut ergehen!

Ich gebe die Bücher und dies Blatt meinen Töchtern mit, die gekommen waren, uns nach der langen Trennung zu besuchen. Beides wird also übermorgen in Ihren Händen sein. Ich wollte, ich könnte es Ihnen selber übergeben, und Ihnen sagen, wie sehr und unwandelbar ich Ihnen ergeben bin.

Professor Stahr und ich wünschen lebhaft, Ihnen, mein gnädigster Herr! und Ihrem Hause in wohlwollender Erinnerung zu bleiben.

148. Carl Alexander an Fanny Lewald

Ohne Datum (Oktober 1868)

Herzlichst danke ich Ihnen für Ihren Brief wie die ihn begleitenden neuesten Erzeugnisse Ihres Talentes. Ihrem Wunsch gemäß liegen sie bereits auf meinem Lesetisch; das Urteil, das ich, wie Sie wissen, bisher an manches Ihrer Werke, besonders an Ihre Biografie und an *Von Geschlecht zu Geschlecht* heftete, wird

Ihnen ein Maß des besonderen Interesses sein, mit welchem ich auf Ihre neueste Gabe blicke.

Von Herzen wünsche ich, dass Ihnen, dass Ihrem Gatten, den ich sehr grüße, die Rückkehr in die Heimat und namentlich ihr Klima, erstere wohltue, letzteres nicht schade, denn man kann kaum glauben, dass einen den Süden Gewohnten der Norden erquicke, insofern es von dem Klima sich handelt.

Ich wünsche und hoffe, dass meine letzte Antwort, die ich auf der Insel Mainau schrieb und nach Lille an meinen Konsul adressierte, glücklich in Ihre Hände gelangt ist. Zu dem noch Wünschenswerten in den Verhältnissen unseres Vaterlandes gehören leider auch noch die Postverbindungen.

Aufrichtig wünsche ich, Sie bald einmal wiederzusehen, Sie wie Ihren Gatten. Wenn irgendein Ort lehrt, Vergangenheit mit Gegenwart und, so Gott will, Zukunft zu verbinden, lehrt es dieser.[24]

149. Fanny Lewald an Carl Alexander

Berlin, den 19. Februar 1869
Matthäikirchstraße 21

Ich habe trotz der freundlichen Teilnahme, welche Sie meinen Arbeiten zugewendet, bisher angestanden, Ihnen ein so einfaches Buch wie mein Tagebuch vom Genfersee zuzuschicken. Ich dachte, Sie kennen alle diese Gegenden und haben vielleicht keine Lust, eine Beschreibung dessen zu lesen, was eine künstlerisch angelegte Natur wie die Ihre dort selbst empfunden und gedacht haben wird.

Es kommt meinem kleinen Buch aber aus dem ganzen Vaterland eine so warmherzige Anerkennung entgegen, dass mir eben diese – ein paar Monate nach dem Erscheinen desselben – den Mut und den Wunsch gibt, Ihnen auch diese neue Arbeit zu überreichen; und vielleicht finden Sie gerade in den einfachsten Schilderungen, wie etwa in der Fahrt ins Rhonetal – und in andern auch – landschaftliche Stimmungen, die Sie ansprechen. Es steckt übrigens ein gut Teil historischen Studiums in dem Buch. Ich hatte Zeit und Ruhe – und half mir mit der Arbeit über manche sorgenvolle Stunde fort. Nehmen Sie, wie immer, freundlich auf, mein gnädiger Herr! was in Anhänglichkeit geboten wird.

Uns ist's im Ganzen leidlich gegangen. Der Winter war ja mild, und so hat nur die Zeit von Weihnachten bis in den Anfang des Februar meinem Mann zu schaffen gemacht. Völlig herstellen werden seine lieben Kräfte sich wohl schwerlich mehr. Er steht im 64. Jahr, hat sich in früheren Jahren übermäßige Anstrengungen zumuten müssen und damit seine Kraft verbraucht. Indes wenn es nur so bleibt wie jetzt, wenn es mir nur gegönnt ist, ihn mir so zu erhalten, so soll das Leben mir lieb und wert sein – obschon die späteren Jahre doch nicht mehr so schön sind wie die Jugend und die Zeit des hoffnungsvollen Strebens, in dem man sich noch die Kraft zutraut, Berge zu versetzen. Ich denke tausendmal an Goethes Wort[25]: In der Jugend möchte man der Menschheit Paläste bauen, und später ist man zufrieden, wenn man ihr nur eine elende Hütte gezimmert hat. Das Zitat ist nicht wörtlich, aber es ist der Sinn davon.

Glücklicherweise behagt sich Stahr wieder sehr in unserer Häuslichkeit und in dem Freundeskreis, der unsere Heimkehr mit einer nicht genug zu dankenden Wärme und Herzlichkeit begrüßt hat. Er hat auch viel geschafft und gearbeitet. Zunächst lässt er als Supplement zu seinem Jahr in Italien *Ein Winter in Rom* drucken, der seine diesmaligen Beobachtungen und auch einige Briefe von mir enthält, die Stahr mit aufzunehmen wünschte, so dass das Buch unter unseren gemeinsamen Namen erscheinen wird. Dann wird er zum erstenmal einen Band Gedichte drucken lassen. Es war schon lange im Werk, aber es unterblieb weil diese Gedichte wirklich ein Stück Lebensgeschichte enthalten und sozusagen die Fortsetzung meiner Memoiren sind – der eine Teil wenigstens, der sich aus lauter Gedichten an mich zusammensetzt. Nun kommen sie denn endlich doch ans Licht, und obschon ich mich eben in diesem Fall nicht als endgültigen Richter aufwerfen möchte, glaube ich doch, dass sehr viel Schönes in dem Band ist.

Heute hat Stahr die Fortsetzung einer Rezension über *L'histoire de Napoléon I* von P. Lanfrey[26] in der *National-Zeitung*. Wenn Sie das Werk nicht kennen, Königliche Hoheit! so mache ich Sie darauf aufmerksam. Es deckt mit einer wundervollen Energie alle die Fälschungen auf, welche die bisherige französische Geschichtsschreibung – Thiers an der Spitze – zugunsten des National-Heros gemacht hat; und dass dies Buch – und die *Geschichte des Staatsstreichs in Paris und in der Provinz* in Frankreich unter den Augen dessen erscheinen, der das Erbe Napoleons I. angetreten und den Staatsstreich gemacht hat, das ist ein starkes Zeichen für die Zustände in Frankreich. – Und für die Entwicklung des deutschen Geistes habe ich neulich an einem unserer Montag-Abende ein anderes und zwar ein erfreuliches Zeichen gehabt. Wir hatten drei junge italienische Gelehrte, einen Engländer und einen Schotten unter unseren Gästen, und die Sprache, in welcher sie miteinander verkehrten, war nicht, wie früher in allen ähnlichen Fällen, die französische, sondern die deutsche. Das hat mir geradezu wohl getan.

Aber ich will Ihre Zeit nicht länger beanspruchen. Ich vergesse immer, dass Sie tausendfach beschäftigt sind und dass außer mir auch andere Ihre Teilnahme begehren. Leider kommt dieselbe mir nur geistig zu, denn wir haben uns lange nicht gesehen – aber Sie haben uns hoffentlich deshalb nicht vergessen.

Erhalten Sie mir und Stahr Ihr Wohlwollen auch ferner, Königliche Hoheit! und haben Sie die Geneigtheit, mich der Frau Großherzogin und den Ihren zu empfehlen, da ich mir dieselben, namentlich Ihre Königliche Hoheit die Prinzessin, immer als eine meiner Leserinnen denke.

150. Carl Alexander an Fanny Lewald

Weimar, den 22. Februar 1869

Seien Sie herzlichst gedankt für das Werk, welches mir zu senden Sie so gütig sind, wie für die liebenswürdigen Zeilen, durch die Sie jenes begleiteten. Willkommen nenne ich mir den ferneren Beweis Ihres Schaffens nicht minder als den Ihrer und Ihres Gatten Tätigkeit, den Ihr Brief enthält; denn Schaffen ist Beweis und Grundbedingung geistigen wie leiblichen Wohlbefindens. Das Werk Lanfreys ist mir noch unbekannt; es kennen zu lernen wird mir nach Ihrer Bemerkung nunmehr von umso größerem Interesse sein. In jedem Fall ist es von wohltuendstem Gefühl, die Wahrnehmung des wachsenden deutschen Nationalsinnes zu machen, von dem Sie mir Beweise erzählen, an denen ich mich mit Ihnen freue.

Auf den *Winter in Rom* bin ich ebenso gespannt, wie ich immer mit treuer Vorliebe an *Ein Jahr in Italien* gedenke. Nicht minder freue ich mich auf die Gedichte. Grüßen Sie indessen, bitte, den Autor, und empfangen Sie die Grüße, mit denen ich für Sie beauftragt bin.

X

28. Januar 1870 – 29. Oktober 1873

»Für und wider die Frauen« – Stahrs »Vierzehn Tage im Elsass« – Goethes Unterhaltungen mit dem Kanzler v. Müller – Sulpiz Boisserée – »Nella« – Wagners »Meistersinger« – Das Weimarer Museum – Verlobung des Erbgroßherzogs – Alwin Stahr muss Lille verlassen – Der Siemeringsche Fries – Ottilie v. Goethe – Ludmilla Assings »Briefwechsel und Tagebücher des Fürsten Pückler-Muskau« – »Die Erlöserin« – Der zunehmende Luxus – Katharine Baum – Die Hochzeit des Erbgroßherzogs – Siegessäule in Berlin – Konsul Marchand – Briefe der Prinzessin Caroline an Schillers Frau

151. Fanny Lewald an Carl Alexander

Berlin, den 28. Januar 1870
Matthäikirchstraße 21

Es ist lange, lange her, dass ich nicht an Sie geschrieben, nicht versucht habe, mich Ihnen in das Gedächtnis zu rufen. Glauben Sie nicht, dass dies ein Zeichen der Undankbarkeit für das Wohlwollen sei, das Sie mir stets bewiesen haben. Ich bin unverändert dieselbe, Ihnen unverändert von Herzen ergeben, schätze Sie wie je – und habe das Zutrauen zu Ihnen, dass auch Sie meiner mit der gleichen Güte gedenken, wenn ich auch selten einmal schreibe.

Ich bilde mir ein, obschon Sie ein gut Stück jünger sind als ich, müssen auch Sie bereits die Erfahrung machen, wie die Ansprüche, welche das Leben und die Menschen an uns erheben, mit jedem Jahr wachsen, und wie man, wenn man seine unerlässlichen Pflichten erfüllen will, eigentlich mit jedem Jahr mehr arbeiten muss und immer weniger von der Muße für sich übrig hat, die man als den Lohn seiner Arbeit zu erreichen wünscht.

Ich habe oft, sehr oft, eine lebhafte Neigung gehabt, von Ihnen zu hören, noch mehr den Wunsch, Sie einmal wiederzusehen – aber statt Ihnen zu schreiben, musste ich Briefe auf Briefe von all den Frauen und Mädchen beantworten, die von mir in ihrer unbehilflichen Hilflosigkeit Rat für ihre Lebensführung und Erwerbtätigkeit haben wollten, und wenn ich auch alles, was ich darüber denke und weiß in den Briefen *Für und wider die Frauen*[1] niedergelegt habe, so meinen sie immer, ein geheimes Arkanum behielte ich wohl zurück, und mit dem gerade könnte ihnen geholfen werden. Hundertmal habe ich den Ausruf des Prinzen in *Emilia Galotti* wiederholt, der auch Ihnen geläufig genug sein wird: Ja! wenn wir allen helfen könnten, dann wären wir zu beneiden![2] – Aber ich will mich nicht beklagen. Ich habe den Glauben, dass ich hie und da doch manchen Frauen auf den rechten Weg geholfen habe – und das Weitere für die Heranbildung der Frauen zur Selbständigkeit wird die Notwendigkeit tun.

Im Übrigen ist es uns gut, weit besser als in den letzten Jahren ergangen, und wir sind recht von Herzen zufrieden. Wir haben im verwichenen Jahr sieben Wochen in Gesellschaft eines angenehmen Kreises in dem lieblichen Karlsbad zugebracht – ohne dort eigentlich eine Kur zu brauchen –, sind dann über München nach Ragaz gegangen, wo mein Mann eine siebenwöchige Kur mit allerbestem Erfolg gebraucht hat, haben dann noch 10, 12 Tage in einem Pfarrhaus im Elsass bei Freunden verlebt[3], und sitzen nun seit Ende Oktober in dem alten lieben Heim – in dem ich Sie gern einmal willkommen hieße, weil ich weiß, so bescheiden es ist, würde es Ihnen darin gefallen.

Als wir aus dem Elsass kamen, war es eigentlich darauf abgesehen, unsere Töchter in Weimar zu besuchen, und wir hatten dabei auf die Freude gehofft, uns Ihnen wieder einmal nahen zu können; aber die Kälte war so plötzlich hereingebrochen, und ich war so erfreut über Stahrs Erholung und gutes Befinden, dass ich ihn, wie ein gerettetes Gut, so rasch wie möglich in den Hafen unserer vier Wände zu bergen suchte. Das ist denn auch glücklich gelungen, und er hat – ich will zur Vorsicht doch »unberufen« sagen – einen so guten Winter, wie er ihm seit seiner Krankheit noch nicht zuteil geworden ist. Er arbeitet denn auch fleißig – er und ich haben ein ganz Teil neuer Auflagen zu machen –, und manches Neue kommt denn daneben auch zustande. Wüsste ich nicht an mir selber, wie wenig man am Ende auch zum vergnüglichen Lesen kommt, so hätte ich Ihnen eine Novelle geschickt, die ich zu Weihnachten[4] habe erscheinen lassen und die in aller ihrer Einfachheit die Menschen fesselt und ergreift.

Vorige Woche habe ich einmal direkt von Ihnen und von Weimar gehört; zuerst durch Professor Plockhorst[5], dann durch

Herrn Hamilton – und nebenher leben wir sehr in Weimar durch die Aufzeichnungen des Kanzlers von Müller und durch den Briefwechsel von Sulpiz Boisserée. Aber bei allem, was man von Goethe auch erfährt – immer steigt sein Bild nur reiner und schöner aus der Vergangenheit hervor. Dabei haben die Müllerschen Tagebücher[6] und die Boisseréeschen Briefe[7] doch für mich eine schmerzliche Seite, die Eckermanns idealisierende Hand zu verhüllen gewusst hat – sie zeigen beide den sinkenden Lebensabend, und wie schwer der Ermüdete doch auch bisweilen mit den Verlangnissen und harten Ansprüchen des Lebens gerungen hat. Das macht mich gleich geduldig und ergeben dem oft Mühsamen gegenüber, das ja niemandem erspart wird – und in seiner Apotheose wie in seiner Lebenslast wird und bleibt er für mich immerdar derselbe – der Erzieher und der Auferbauer.

Bleiben auch Sie, Königliche Hoheit! mir – uns beiden – der, der Sie uns waren, der fürstliche Freund, dessen Anteil uns immer das Herz erquickte und den zu verehren uns eine Freude ist. Haben Sie die Gnade, mich Ihrer Königlichen Hoheit zu empfehlen.

152. Carl Alexander an Fanny Lewald

Weimar, den 3. Februar 1870

Ihr Brief vom 28. v. M. hat mir eine besondere Freude gemacht, weil er mir beweist, dass es Ihnen beiden – Ihnen wie Ihrem Gatten, den ich herzlich grüße – gut geht. Ist dies an und für sich erfreulich, so wird es zum wohltuenden Gefühl, wo solche Kunde auf Persönlichkeiten sich bezieht, die vorzüglich geschätzt werden. Mit dieser Empfindung lassen Sie mich Ihnen für Ihre Zeilen herzlich danken.

Ich sehe Sie in der eigentümlichen Lage, wie ein Arzt in Anspruch genommen zu werden, nachdem Sie sich bemühten, Ihren Nebenmenschen zu nützen, und wohl begreife ich, wie sehr diese Folge Ihres Bestrebens Sie ermüden muss. Noch mehr aber erkenne ich in derselben für Sie die Möglichkeit, sich durch das im Leben nicht oft zu begegnende Glück der Überzeugung über die Behelligungen zu erheben: wirklich nützen zu können, ja genützt zu haben. Dabei blüht Ihnen, der scharf beobachtenden Schriftstellerin, noch ein unschätzbarer Vorteil: die wichtigsten psychologischen Studien machen zu können – wenngleich diese nicht ohne Monotonie bleiben dürften. Schreiben Sie mir doch bereits von dem immer wiederkehrenden Glauben der Rat bedürftigen Frauenseelen, dass ein besonderes *Arcanum* irgendwo – bei Ihnen am meisten – verborgen liegen müsse. – So ganz Unrecht haben jene Seelen übrigens nicht, denn »arbeiten und nicht müde werden«[8] ist in der Tat ein Wundermittel. Wir praktizieren denn dies beide, und ich freue mich, wenn Bekannte Ihnen dies von mir beweisen. Dass, bei solchen Ansichten, Grundsätzen, solcher Tätigkeit Ihnen die eben erschienenen Unterhaltungen Goethes und Müllers willkommen sein würden, war ich im Voraus dermaßen überzeugt, dass – ich gestehe es – ich von Ihnen eine Äußerung in der Kürze erwartete, wie die ist, die mir Ihr Brief bringt. Jawohl: ein Erzieher und Auferbauer, dies ist Goethe und wird es bleiben für jeden Menschen, der wahrhaft leben will, also arbeiten, kämpfen und sich vervollkommnen. Wenn ich Ihnen sage, dass ich das Buch immer wieder zur Hand nehme, so werden Sie es mir glauben. Dabei finde ich gar nicht, dass die Beweise, dass auch er, dass Goethe, litt und schwer zu kämpfen hatte, das Wohltuende seines Beispiels stören; nur umso menschlicher fühlt man sich geleitet.

Sie sprachen mir von einer Novelle, die Sie zu Weihnachten schrieben. Wenn ich Sie bitte, mir dieselbe zu senden, so vergibt dies Ihre Güte gewiss den Ihnen wohlbekannten Gesinnungen meiner Ergebenheit.

153. Fanny Lewald an Carl Alexander

Berlin, den 11. Februar 1870
Matthäikirchstraße 21

Ich hätte mir gleich die Freude gemacht, Ihnen Ihrem Wunsch gemäß den Roman *Nella* zu senden, aber ich hatte ihn nicht, und mein Verleger ließ mich darauf warten. Nun aber bekommen Sie die *Nella* nicht so leichten Kaufes – Sie müssen auch die Briefe *Für und wider die Frauen* lesen – und recht ernstlich erwägen.

Die Briefe haben ein – ich darf den Ausdruck brauchen, obschon ich, wie Sie, gnädiger Herr! es wissen, nicht eben ruhmredig bin – ein *mondänes* Aufsehen gemacht, und ich habe eben in diesen Tagen infolge dieser Schrift, für eines der großen deutsch=amerikanischen Journale[9], ein Gutachten über die politische Emanzipation der Frauen ausgearbeitet und abgeschickt, da in Amerika mehr noch als in England die Frage erwogen wird. Vielleicht haben Sie die Geneigtheit, die kleine Schrift auch der Frau Großherzogin Königliche Hoheit, und Ihrer Königlichen Hoheit der Prinzessin[10] mitzuteilen. Es ist in der Tat Zeit und Not, dass die Frauen sich zusammenfassen, um der erniedrigenden Verwilderung entgegenzuarbeiten, die von den höchsten Schichten der Pariser Gesellschaft bis in alle Volksklassen von ganz Europa durchgedrungen ist und der nur gesteuert werden kann, indem die Frauen sich selber von ihren Torheiten emanzipieren – und indem sie zu freier Betätigung ihrer Kräfte emanzipiert werden, durch einen Unterricht, der ihnen die Möglichkeit der Selbständigkeit verschafft. Das Herumgepusele mit Nähschulen und Erwerbschulen und Bazars sind leere – aber unschädliche – nur im kleinsten wirkende Palliative. Solange der Staat und die Kommune die Sache nicht so im Großen anfangen, dass die Schulen – Bürgerschulen – Realschulen – Gymnasien – *geradeso* für die Frauen wie für die Männer errichtet werden, eher kommen wir nicht vorwärts. Ich bin heute so eilig, dass ich Sie aber bitten muss, sich an das Buch zu halten.

Ich versuche, die Leute hier dazu zu bringen, dass sie in den Wintermonaten die Sodawasserbuden in Teebuden für jedermann[11] verwandeln – habe es in der Zeitung angeregt, an den Polizei-Präsidenten geschrieben –, und es wäre hier das leichteste Ding der Welt, aber die Menschen sind so schwerfällig – und in der Kurfürstenstraße ist ein Mensch erfroren.

Leben Sie wohl, gnädiger Herr! Sie sehen, ich bin noch nicht müde, und es ist schön, dass Sie auch an meinem alten Motto festhalten, das Caroline Ungher Sabatier[12] sich auf ihre Petschaft hat gravieren lassen. Gehe es Ihnen wohl und möchte ich Sie bald wiedersehen.

Ist Ihnen denn die Kälte auch so widerwärtig? Stahr kann natürlich gar nicht heraus und ich auch nicht – und man lebt doch eigentlich nur in der Luft!

154. Carl Alexander an Fanny Lewald

Berlin, den 31. März 1870

Kann ich Ihnen meine Aufwartung heute zwischen elf und zwölf Uhr machen? Die Stunde – ich gestehe es – ist zwar für einen Damenbesuch etwas früh, wäre sie es aber auch für alte, gute Bekannte? Ich denke dies nicht, grüße Ihren Gatten und freue mich, Sie beide wiederzusehen.

155. Fanny Lewald an Carl Alexander

Berlin, den 30. April 1870
Matthäikirchstraße 21

Ich kann die beikommende Büchersendung nicht abgehen lassen, ohne dass ich es mir gönne, Ihnen zu sagen, wie sehr Sie mich mit Ihrem Besuch erfreut haben. Ich bin so sehr mit unserem Haus verwachsen, bin so gern Hausfrau in demselben, und von so früher Jugend an sorgende Hausfrau gewesen, dass ich immer das Gefühl hatte, Sie kennten mich nicht recht, kennten mich nur halb, da Sie mich nur als Schriftstellerin und Touristin, in meinen Büchern und zwischen den mir widrigen Wänden der seelenlosen Gasthofsräume kannten. Lebten wir an demselben Ort, so ließe ich nicht nach, bis Sie auch einmal – à la guerre comme à la guerre[13] – an unserem Tisch gesessen und erfahren hätten, wie man lebt, wo eine Hausfrau mit einem Mädchen sich darin zurechtfindet, Koch und Bedienten u.s.w. entbehrlich zu machen – und ich versichere Sie, es lebt sich dabei ganz gut, wenn schon es für die Hausfrau Ordnungssinn und Organisationstalent erfordert. Haben Sie tausend Dank für Ihren Besuch, und mögen Ihnen immer nur so hochwerte Gäste in Ihr Schloss kommen, wie Sie gnädiger Herr! es uns gewesen sind.

Die *Meistersinger* habe ich erlebt. Was ich dabei gedacht habe, das – verschweigt des Sängers Höflichkeit.[14] Wir kamen erst zu der zweiten Aufführung, und das Publikum war ziemlich ebenso verdutzt wie ich.

Da wir Ihnen so viel zu lesen senden, so darf ich nicht noch mehr von Ihrer Zeit für mein Schreiben in Anspruch nehmen. Lassen Sie sich die beiden Bände[15] gefallen, und sagen Sie uns einmal, wenn Sie sie gelesen haben, ob Sie damit zufrieden gewesen sind.

Ich schließe mit der alten, stets wiederholten Bitte: erhalten Sie uns Ihre Güte, Ihre Geneigtheit, und mit der Zuversicht, Sie würden also tun. Haben Sie die Gnade, Königliche Hoheit! auch mich Ihrer Königlichen Hoheit, der Frau Großherzogin, empfehlen zu wollen.

156. Carl Alexander an Fanny Lewald

Weimar, den 1. Mai 1870

Soeben erhielt ich die doppelte Sendung, welche Sie wie Ihr Gatte mir zugedacht haben, und die beiden Autorenbriefe, von welchen jene begleitet sind. So möge denn schon die Beflügelung meines Dankes Ihnen beiden ein Beweis sein, wie sehr mir dieser am Herzen liegt. Sie aber werden beide die Aufrichtigkeit meiner Erkenntlichkeit der Freude glauben, die Sie an mir bemerken konnten, als ich in der Matthäikirchstraße meinen Besuch abstattete. Wenn ich Sie einmal beim Wort fasse und an Ihrem Tisch erscheine, wie ich es an Ihrem Schreibtisch tat, so haben Sie es selbst zu verantworten und können dabei nicht wissen, ob mein Magen Ihre Werke nicht so günstig rezensiert, wie dies von meinem Geist bisher geschehen. Bis dahin wird indessen letzterer sich mit der geistigen Speise begnügen, welche Sie beide mir reichen, und wird in jedem Fall mehr Genuss von derselben haben, als Sie von den *Meistersingern* erlebten. Was letztere betrifft, so wünsche ich Ihnen wie dem Werk, dass Sie es, wie ich es tat, etwa 7–9 Mal hören möchten, dann würden Sie gewiss einen Genuss erreichen, den die erste Aufführung bei dieser Art Komposition eigentlich nie geben kann.

Ich bitte Sie, Ihrem Gatten für seinen Brief noch besonders von mir zu danken, Ihre Schwester von mir zu grüßen. Die Großherzogin grüßt Sie und Ihren Gatten, ich wünsche Ihnen beiden Freude, also Glück an Ihrem Schaffen.

157. Carl Alexander an Fanny Lewald

den 17. Juni 1871

Mit Freude und nicht ohne Rührung habe ich Ihre Zeilen von gestern gelesen; umso herzlicher danke ich Ihnen für dieselben. Dass Sie meiner gedenken würden in dieser gewaltigen Zeit, wusste ich, weil ich's fühlte; dass Sie mir den Beweis davon geben, tut meinem Herzen wohl. Gottes Allmacht und Barmherzigkeit hat sich so wunderbar an dem Vaterland bewiesen, dass man fast zu schwach sich fühlt, genug zu danken!

Ja »vorwärts« das ruf ich auch! Gebe uns Gott die richtige Einsicht und Kraft, die große Aufgabe vor der Geschichte zu erfüllen: das Reich auszubauen und ihm richtig zu dienen. Ich habe dazu sehr guten Mut, bitte Sie, Prof. Stahr von mir zu grüßen.

158. Fanny Lewald an Carl Alexander

Berlin, den 1. Januar 1872
Matthäikirchstrasse 21

Königliche Hoheit! Seit vielen vielen Monaten mein gnädigster Herr! habe ich Ihnen schreiben wollen, und es immer unterlassen, weil Umstände kleinlichster Art immer hindernd zwischen mich und meinen Vorsatz traten, bis die Scham über diese mir sonst nicht eigene Nachgiebigkeit sich meiner bemächtigte und ich mir sagte, so lange hätte ich Ihnen gegenüber nicht schweigen dürfen; und wenn Sie meiner etwa dächten, würden Sie mich um dieses Schweigens willen für undankbar halten und nicht so freundlich sich meiner erinnern, als es geschehen ist, seit mir das Glück Ihrer Bekanntschaft zuteil geworden ist. Tun Sie das nicht, gnädiger Herr! Sie haben sicherlich viel treu ergebene Herzen um sich her, aber glauben Sie, dass Stahr und ich es in der verehrenden Anhänglichkeit für Sie mit jedem aufnehmen dürfen, und dass Sie ein schönes glückliches Jahr vor sich haben, wenn unsere Wünsche für Sie und für Ihr Haus sich erfüllen.

Ich war in diesem Herbst drei Wochen hindurch sehr in Ihrer Nähe und sehr versucht, Ihnen dies zu schreiben, von Ihnen die Erlaubnis eines Besuches zu erbitten. Wir kamen von einer sechswöchigen sehr langweiligen Badekur von Teplitz nach Weimar.[16] Stahr hatte Podagra gehabt und war sehr angegriffen von der Kur. – Sie, gnädigster Herr! waren auf der Wartburg. Von Weimar gingen wir auf vier Wochen zur Nachkur nach Friedrichsroda; und von dort aus wäre ich gern nach der Wartburg gekommen. Das Wetter war aber vom 18. September bis 12. Oktober so kalt und nass, dass an solche Partie für Stahr nicht zu denken war, und ihn allein in dem bereits völlig öden, menschenleeren Gasthaus sitzen zu lassen, hatte ich nicht das Herz.

Aber wir waren beide so innig erfreut von dem schönen Museum, das Sie der Stadt Weimar und damit Ihrem ganzen Land erbaut, wir empfanden es so tief, wie erhebend es Ihnen sein muss, die Wartburg, das Museum, die Kunstakademie geschaffen zu haben, dass es uns wirklich drängte, es Ihnen auszusprechen – – und doch tat ich es nicht einmal schriftlich – weil ich immer dachte, das Wetter müsse gut werden, und ich müsste kommen können, es Ihnen zu sagen.

Hundertmal habe ich an den Ausspruch von Buckle oder Carey gedacht, dass jeder gute Gedanke und jedes gute Tun eine Vermehrung des Besitzkapitals der Menschheit sind – und mich dabei gefreut, dass es Ihrer Selbstverleugnung und Kraft und Ihrem Idealismus gelungen ist, ein solcher Mehrer im Reich des Schönen, zum Besten des Gesamt-Vaterlandes zu werden. Möge Ihnen recht langes, freudiges Wirken beschieden sein, mein gnädiger Herr!

Wir haben alle im Vaterland seit den letzten achtzehn Monaten so unvorauszusehend Erhabenes erlebt, dass man sich zu jeglichem Hoffen ermutigt, zu allem Planen von Gutem und Großem geneigt fühlt. Auch in Ihr Haus ist neues Hoffen mit der Verlobung Sr. Königl. Hoheit des Erbgroßherzogs[17] eingezogen, und ich weiß Ihnen dafür nichts Besseres zu wünschen, als dass Ihnen in der jungen Fürstin eine Schwiegertochter beschieden sei, wie wir sie in der Frau unseres Sohnes besitzen: ihrem Gatten ergeben in Freud' und Leid, und in Leid und Unglück von einer ruhigen und unverzagten Festigkeit, die das Tragen leicht und das gemeinsame Tragen noch zu einem Glück macht. Dass Sr. Königliche Hoheit nach den Gefahren des Krieges nun noch nahezu der Grässlichkeit eines Eisenbahn-Unglücks ausgesetzt war, hat uns sehr ergriffen. Gottlob, dass auch dieses Unheil glücklich an Ihrem Herzen vorübergegangen ist!

Unsere Söhne hat die französische Fassungslosigkeit gezwungen, Frankreich zu verlassen. Der Konsul hat sein schönes, blühendes und geehrtes Geschäft auflösen, sein selbstgebautes, eben bezogenes Haus verkaufen müssen und hat sich nun hier angesiedelt.

Es geht uns gut, wir haben uns eine bescheidene aber sichere Unabhängigkeit erarbeitet, und wenn wir gesund bleiben, so gesund wie die zunehmenden Jahre es gestatten, wenn wir noch mit Kraft schaffen können und der Himmel uns die braven Söhne, die braven Töchter und die Enkelchen erhält, haben wir unser Geschick dankbar zu segnen, denn auch die Liebe im Vaterland fehlt uns nicht. So geben Sie zu all dem Guten in Ihrer Teilnahme das Beste Ihrer treu ergebenen

F. L.-St.[18]

159. *Fanny Lewald an Carl Alexander*

Berlin, den 19. Januar 1872

Es wäre recht traurig, wenn ich es Ihnen erst versichern müsste, wie sehr leid es mir getan hat, auf die Ehre und die Freude Ihres Besuches verzichten zu müssen. Glücklicherweise aber wissen Sie das, ohne dass ich es ausspreche, und ich muss hoffen, dass mir vielleicht in nicht zu ferner Zeit in dieser Beziehung freundlichere Sterne leuchten. Es war ein ungeschickter Zufall, dass ich eben an dem Tage, seit acht, neun Monaten zum erstenmal im Bett bleiben musste – und hätte ich es gekonnt, ich wäre gerne aufgestanden.

Man sagt, der Mensch werde geizig und habsüchtig mit den Jahren. Soweit es Geld und anderen Besitz betrifft, spüre ich das nicht an mir. Ich habe vielmehr, seit ich mich durch meine Arbeit und durch redliches Entbehren und Verzichten auch für die Lebensjahre vor Mangel bewahrt glauben darf, in denen ich voraussichtlich nicht mehr werde schaffen und erwerben können, bei allem, was ich etwa anschaffen oder ansammeln soll, die sich mir aufdringende Empfindung: wozu denn? und: wie lange hat man's denn noch etwa nötig? – – Aber geradezu habsüchtig bin ich darauf aus, an geistigem Erwerb, an Freundschaft, an Gemeinsamkeit mit Guten und mit Edeln noch zu erreichen, was irgend mir erreichbar ist; und wenn mir da – wie an jenem Sonntag – eine ersehnte Freude so entzogen wird, so empfinde ich das sehr tief.

Ich hätte Ihnen so gern erzählt, mit wieviel Wärme man mir im Herbst in Gotha und in Friedrichsroda von der menschlichen Teilnahme gesprochen hat, die Sie den thüringischen Regimentern zugewendet – wie meine Neffen Gurlitt, die sich beide das eiserne Kreuz und der älteste noch verschiedene andre Orden verdient haben – mir erzählt, wie sie den Erbgroßherzog mitunter gesehen hätten, wo er gar nicht nötig gehabt hätte, sich hinzuwagen, und wie sie manchmal gedacht: ist der auch wieder mit uns mitten drin? – Ich habe eine rechte Genugtuung gehabt, zu finden, dass von Ihnen, Königliche Hoheit! und von Sr. Königl. Hoheit, dem Erbgroßherzog, in solcher Weise die schöne Gemeinschaft aufrecht erhalten worden ist, die die Fürsten Ihres Hauses so vielfach und so eng mit der Fortentwicklung des deutschen Volkes verbunden hat – und wenn ich zurückblicke auf die Zeit der inneren Kämpfe, in denen mir zum ersten Mal die Gunst zuteil ward, Sie, mein gnädigster Herr! zu sehen und zu sprechen, so finde ich darin einen wundervollen Zuwachs an Zukunftshoffnung für unser Vaterland, so die grellen Missklänge, welche damals die Völker in sich und von den Fürsten trennten, jetzt verklungen sind, dass Volk und Fürsten einander wieder angehören.

Je weiter und länger und freier man um sich blicken lernt, je mehr kommt man dahin, die Berechtigung des Goetheschen Ausspruchs zu verstehen, dass er »lieber eine Ungerechtigkeit als eine Unordnung ertragen wolle«[19] – und wenn man in der Jugend, die bei mir lang genug gedauert hat – das Heil der Völker auch von gelegentlichen Umwälzungen zu erwarten unerfahren genug war, so hat die letzte Pariser Revolution und Evolution auch dem Blindesten es einleuchtend klar machen müssen, dass für die Entwicklung der Völker kein anderes Gesetz herrschen kann, als für alles, was organisch wird; und dass wir auch den ethischen Fortschritt nur »Zelle um Zelle« erreichen können. Das aber macht geduldig, macht im Stillen bescheiden arbeitsam und gönnt doch jedem Einzelnen die Freude an dem Allgemeinen. Ich habe oft daran gedacht, wie jedes Individuum – der Mensch wie die Völker-Individuen – ihre Sturm- und Drang-Periode durchmachen, und wie die Tüchtigen und Gutgearteten sich aus dieser herausarbeiten. Jeder soweit seine Begabung es ihm möglich macht, zu der betrachtenden Ruhe, zu der Selbstbeschränkung aus sittlicher Erkenntnis und aus Empfindung für das Schöne, wie Goethe sie uns in seiner Heroengestalt mustergültig vor das Auge gestellt hat.

Stahr hat mir gesagt, dass er mit Ihnen – oder vielmehr Sie, gnädigster Herr! mit ihm – wegen des Denkmals mit dem Siemeringschen Fries[20] gesprochen haben, und das hat mich sehr interessiert, weil mir die Idee, oben auf das Denkmal eine Allegorie, die Germania, zu stellen, gar nicht in den Sinn will. Eine Kriegergruppe, den eigentlichen Kutschke, ich meine, den eigentlichen Soldaten, den wehrhaften deutschen Mann, mit dem Reichspanier als Hauptfigur darunter, wäre sehr viel schöner. Ich hatte das im November in einem Artikel in der *Köln. Zeitung* ausgesprochen und eigentlich die Absicht gehabt, diesen Artikel Sr. Majestät dem Kaiser vorzulegen. Weil ich aber in demselben die beabsichtigte große Säule, auf der die schöne Drakesche Viktoria zu einer kleinen Figur zusammenschrumpfen wird, als etwas Barbarisches bezeichnet hatte und weil man mir gesagt, dass eben diese Säule des Kaisers eigene Wahl sei, so habe ich die Sendung unterlassen. Ihnen aber, gnädiger Herr! empfehle ich vertrauensvoll den Volksliebling Kutschke, denn ich habe eben infolge jenes Artikels die Erfahrung machen können, wie genehm der Kutschke der Volksempfindung in den verschiedensten Teilen Deutschlands sein würde.

Die Zeitungen haben davon gesprochen, gnädigster Herr! dass Sie während des Karnevals noch einmal Berlin besuchen würden. Darauf vertröste ich mich. Von dem Karneval und seinen Genüssen, wie überhaupt von den Freuden und Herrlichkeiten der immer weitläufiger werdenden Kaiserstadt sehen und hören wir persönlich so gut wie nichts. Die großen Theater und Konzerte sind uns unerreichbar, die vornehme Welt und der Hof haben mit der Literatur keinen Zusammenhang – aber man hat in einem Umgangskreis wie der unsere doch immer das Gefühl, sich in dem frischen Strom eines mächtig hinflutenden Lebens zu bewegen, und damit erhält man sich denn tätig, frisch und auch noch immer jung. Ihre Güte hat mich aber so dreist gemacht, auf Ihre Anwesenheit im hiesigen Karneval auch für mich Hoffnungen zu bauen – und sollten sich diese nicht verwirklichen, so führt uns der Sommer vielleicht in die schönen thüringischen Wälder, und ich bitte Sie dann um die Erlaubnis, mich Ihnen vorzustellen.

Mein Mann und mein Sohn[21] waren sehr dankbar für den Empfang, den Sie, Königliche Hoheit! ihnen zu bereiten geruhten. Sie haben damit eine Art von schlechter Leidenschaft, so etwas von Neid in mir rege gemacht, von dem aber Ihre Güte mich wohl einmal erlösen wird.

Bis dahin bitte ich Sie, mich Ihrer Königlichen Hoheit, der Frau Großherzogin, geneigtest empfehlen, und mir und »allem was mein« ist, Ihr Wohlwollen erhalten zu wollen.[22]

160. Fanny Lewald an Carl Alexander

Berlin, den 9. Februar 1873
Matthäikirchstraße 21

Königliche Hoheit! und lieber, gnädigster Herr! Es ist so gar lange her, dass ich Sie nicht gesehen und nicht gesprochen und auch nicht direkt von Ihnen gehört habe, dass es mich dazu drängt, Sie an mich zu erinnern und Sie zu fragen, wie es Ihnen ergeht? Ich möchte von Ihnen nicht gern vergessen werden, weil ich Ihnen so viel Güte und Wohlwollen danke und Ihnen, wie Sie es ja wissen, sehr ergeben bin. Im Herbst, in den ersten Oktobertagen, waren wir in Weimar für zwei Tage.[23] Sie weilten aber noch auf der Wartburg, und als wir unter derselben vorüberfuhren, befanden wir uns in einem sehr unbehaglichen Zustand, in einem Wagon mit erhitzter Achse – von Bebra ab –, was aus Mangel an Wagen erst in Erfurt abgestellt wurde. Wir konnten von Glück sagen, so davongekommen zu sein.

In Weimar sind wir still im Park umhergegangen, der neben den neuen stattlichen Gebäuden an seinem Eingang sich noch schöner ausnimmt, und die feierliche Stimmung, die Stahr und mich dort jedesmal umfängt, hat uns vor der Rückkehr in das menschenvolle, von dem Getreibe eines rasch pulsierenden Lebens unruhig durchwogte Berlin, wieder sehr erquickt. Dass wir Sie nicht trafen, hatten wir lebhaft zu bedauern, aber wir haben uns die Plätze angesehen, und recht viel daran gedacht, wo Sie das beabsichtigte Kriegs- und Siegerdenkmal wohl errichten würden.[24]

Damals lebte Frau von Goethe noch. Ich habe sie aber, wie Sie denken können, schon seit Jahren nicht mehr gesehen, und habe dies, wie ihren Tod, aufrichtig beklagt. Sie gehört zu den

Personen, denen eigentlich nur eine Art von freigestaltender Dichtung biografisch gerecht werden könnte. Bei gar vielem, was man an ihr nicht billigen, was man aus ihren, wie aus seinen eigenen Erinnerungen an sie, fortwünschen möchte, war und blieb doch des Anziehenden und Idealen in ihr so viel übrig, dass man sie immerhin zu den anziehendsten und liebenswürdigsten Frauen zählen durfte. Ja, ich möchte sagen, dass sie eigentlich eine für die Dichtung mehr als für das Leben geeignete Gestalt war, der man nur gerecht werden könnte, wenn man sie – wie Goethe es mit seiner eigenen Jugend getan hat – als Dichtung und Wahrheit so behandelte, dass man mit der Hand der Wahrheit den Schleier der Dichtung über sie würfe. Ein paar kleine Nekrologe über sie – von Kühne[25] und anderen ihr befreundeten Personen – kamen mir wie rohe, harte und ungeschickte Holzschnitte vor, und ich bedauerte es recht, dass ich mir nie, um wenigstens ihr äußeres Bild mir festzuhalten, eine Fotografie von ihr verschafft habe. Wüssten Sie, mein gnädigster Herr! mir einmal eine solche zuzuwenden, so würde ich es Ihnen recht sehr danken.

Was haben Königliche Hoheit! aber zu dem Unfug gesagt, den Frl. Assing[26] wieder mit den Briefen des Fürsten Pückler angerichtet hat? Mir hat es geradezu weh getan, das Bild des mir werten Mannes in solcher Weise entstellt zu sehen. Ich habe den Fürsten erst kennen gelernt, als er schon ein Greis war; habe ihn geistreich, mannigfach unterrichtet, allseitig anteilvoll, wohlwollend und oft sehr scharfsichtig gefunden, wenn er in die Zukunft blickte. Dabei war er witzig, hatte jene leichte Medisance, die nie boshaft oder verleumderisch war; und selbst den Anflug von sittlichem Zynismus, welcher seiner Jugendzeit und deren Genossen eigen war, wusste er mit Maß und Schicklichkeit kundzugeben oder ganz zu verbergen. Nun hat er es zugelassen, dass man seine unschönen, ja seine schlechten und niedrigen Seiten, den ganzen bisweilen so überaus hässlichen Prozess seines Werdens nicht nur scham- und erbarmungslos preisgibt, sondern dass dies von einer Person geschieht, die geradezu das Unverantwortliche bewundert, und den Leser eben dadurch vollends krank vor Widerwillen macht. Der Fürst hätte wahrhaftig allen Grund gehabt, ein *di che mi fido, mi guarda Iddio!* (Gott behüte mich vor meinen Freunden!) Ich besitze gegen 40 gute, zum Teil sehr merkwürdige, und ich brauche dies nicht erst zu sagen, sich auf verständige Dinge beziehende Briefe von ihm.[27] Sie stammen aus den Jahren von 1855–65, und es war meine Schuld, dass der Briefwechsel unterbrochen wurde. Stahrs lange Krankheit, unsere zweijährige Abwesenheit von Deutschland, hatten mich das Schreiben und Antworten versäumen machen – und dann schämte ich mich dieser Versäumnis – wollte mich entschuldigen, schob es auf – und es tat mir dann doppelt leid, als der Fürst gestorben war. Möglicherweise hat er auch von diesen Briefen Abschriften behalten, und Frl. Assing verwertet diese zu ihrem Nutzen. Mir scheint dies den lebenden Besitzern gegenüber fast eben ein solcher Eingriff in das eigentliche Recht eines Menschen, wie die bisher unerhörte Weise, in welcher jetzt von Gregor Samarow[28] in den Illustrierten Zeitungen die regierenden Fürsten, die ersten Staatsmänner, Fürst Bismarck, Herr von Keudell, die Fürstin Bismarck, in Romanen als Marionetten behandelt werden – und ich kann mich der schlimmen Ahnung nicht enthalten, dass diese Zuchtlosigkeit in der Literatur uns früher oder später schlimme Früchte tragen wird.

Aber ich schreibe Ihnen ein Buch statt eines Briefes – und ich will schließen.

Bei uns ist es dank dem milden Winter gut gegangen, und die jetzige Kälte ist ja nicht hart und wird nicht lange währen, hoffe ich. Stahr arbeitet viel an neuen Auflagen seines *Jahres in Italien*, der *Goetheschen Frauengestalten*, des *Lessing*, und hat eine gänzliche Umarbeitung seines *Tiberius* gemacht – d.h. eine, welche seine frühere Ansicht noch mehr und klarer feststellt.

Ich korrigiere die letzten Druckbogen eines Romans für den Buchdruck, der in der *Deutschen Zeitung* in Wien zuerst gedruckt wurde, und der gegen das Frühjahr hin als Buch ausgegeben wird. Er heißt *Die Erlöserin* und ist eine ganz tendenzlose Herzensgeschichte.

Und nun, gnädigster Herr! da ich mich heute schon auf das Bitten verlege, möchte ich auch noch etwas haben. Ich besitze von Ihnen nur eine fotografische kleine Karte ohne Namensunterschrift. Schenken Sie mir doch, wenn Sie es haben, eine gute, größere Fotografie mit Unterschrift. Sie würden mir wirklich eine große Freude damit machen.

Stahr wünscht, Ihnen in alter treuer Verehrung empfohlen zu sein. Ich bitte Sie, mich Ihrer Königlichen Hoheit, der Frau Großherzogin, in das Gedächtnis rufen zu wollen.

161. Carl Alexander an Fanny Lewald

Weimar, den 19. Februar 1873

Mein herzlicher und lebhafter Dank antworte Ihnen auf die Zeilen vom 9 d. M. und beweise Ihnen die Freude, welche Sie mir durch dieselben gemacht haben. Sie ist eine doppelte, denn ich sehe Sie wie Ihren Gatten in Gesundheit und Tätigkeit; so erfreue ich mich also dieser Gewissheit wie des neuen Beweises Ihrer Gesinnungen für mich, die ich von Herzen erwidere. Bringen Sie, ich bitte darum, Prof. Stahr den Ausdruck des Anteils derselben, der ihm gehört.

Dass Sie wie er Weimar besuchten, als ich abwesend von da war, beklage ich in mehr als einer Hinsicht. Ich hätte nächst der Freude Ihrer Gesellschaft diejenige genossen, manches Projekt Ihnen beiden mitzuteilen; jenes z.B., das Kriegsdenkmal zwischen dem Monument Carl Augusts, das den Platz vor der Bibliothek und dem Ständehaus zieren soll, und dem Schloss zu errichten, indem die sehr hässlichen, in einer Art Karikatur griechischen Stils aufgeführten Bogenhallen etwas Besserem Raum zu geben haben. Lassen Sie das nächste Mal mir den Zeitpunkt Ihres Kommens wissen, dass ich nachhole, was Sie versäumt haben.

Sie geben in Ihrem Urteil über die Veröffentlichung Ludmilla Assings meinen eigensten Gefühlen Ausdruck. Diese Muse der Indiskretion lässt dem Vermuten Raum, dass es ihr nicht um Verherrlichung derjenigen Persönlichkeiten zu tun ist, deren Nachlass sie veröffentlicht, sondern um das Gegenteil. Wenigstens wird man kaum behaupten können, dass Humboldt, dass Varnhagen, dass in jedem Fall Pückler höher in der öffentlichen Meinung gestiegen wären, seitdem die zarte Hand jener Publizistin die zurückgelassenen Papiere jener Männer veröffentlichte. Dass letzterer – Pückler – überhaupt auf den Gedanken kommen konnte, nach seinem Tod noch die sonderbare Visitenkarte abzugeben, die er im Auftrag Frl. Assing überließ – wenn dies wahr ist –, ist ihm allerdings nicht unähnlich, doch gehört der Auftrag entschieden zu denen, welche man besser nicht erfüllt. Nun es geschehen, bleibt Ihnen wie mir nur übrig zu beklagen, einen Geist in schlechtem und falschem Licht sich zeigen zu sehen, den wir in gutem kannten und wahrem genossen haben.

Sehr richtig beurteilen Sie die Frage, ob eine Biografie jener von uns beiden so gekannten wie erkannten liebenswürdigen Fr. v. Goethe versucht werden sollte. Ihr weiblicher wie Schriftstellertakt lässt es Ihnen mit Recht richtig erscheinen, davon abzusehen. – Die Indiskretion und der Realismus sind zwei wunderliche und charakteristische Zeichen der Gegenwart, und diese, verbunden mit dem Schmutz der Spekulation[29], verdienten, auf Bühne wie im Roman einen Geist zu finden, der sie geißelt, wie ich mich freue, dass der letztere Schaden in Ihrem Landtag aufgedeckt wird.

Ich sende Ihnen nächstens eine Fotografie, die man für gut findet und die nicht im Handel ist.

162. Fanny Lewald an Carl Alexander

Berlin, den 24. Februar 1873
Matthäikirchstraße 21

Königliche Hoheit! und lieber gnädiger Herr! Sie haben mir eine große Freude mit dem Brief gemacht, den ich gestern erhalten habe, und mit dem ganz vortrefflichen Bild, das Sie mir heute haben zugehen lassen. Haben Sie von Herzen Dank dafür und erhalte Sie der Himmel allen denen, die verehrend und in Liebe an Ihnen hängen, und dem Land, für das Ihr redlicher und pflichttreuer Sinn so treue Sorge trägt. Der Anblick Ihrer Züge hat mich sehr gerührt. Es ist etwas Großes und Erhebendes, wenn man 25 Jahre hindurch auf das Leben eines Mannes zurückblicken kann, wie ich auf das Ihre, und sich dabei sagen darf, die warme Begeisterung des Jünglings-Mannes ist zu voller, sich in allem Edeln stets gleichbleibender Tat geworden – wenn man einem Fürsten nachrühmen kann, dass er das Wohl der anderen, des Allgemeinen, stets über seine persönlichen Interessen gestellt hat! – Ich schätze und verehre Sie von Herzen, gnädiger Herr, und Stahr schließt sich diesen Empfindungen auf das Wärmste an. Und da Sie von uns wissen, dass wir keine Schmeichler sind, so lassen Sie sich dies Aussprechen herzlicher Ergebenheit auch gewiss gern gefallen.

Da ich Ihnen schreibe, komme ich noch auf Ihren Brief zurück, zunächst in Bezug auf Frl. Assings Publikation. Dass Fürst Pückler sie zur Herausgabe der schriftlichen Hinterlassenschaft ermächtigt hat, daran zweifle ich keinen Augenblick – er hatte die beste Meinung von ihr und hat diese in einem seiner Briefe an mich, mit großer Wärme gegen meine Meinung von ihr, ausgesprochen. Dass sie besser getan hätte, diese Ermächtigung nicht oder in anderer Weise zu benutzen, das weiß Gott! Ich hatte, wie ich vermute, da ich natürlich keine Abschriften meiner Briefe habe, mich gegen den Fürsten wahrscheinlich dahin geäußert, dass ich – im Gegensatz zu Stahr – nie ein rechtes Vertrauen zu Varnhagen und auch nicht zu Frl. Assing hätte fassen können: und darauf rühmt er mir beide als höchst verlässliche Menschen. – Andererseits aber findet sich in einem der Pücklerschen Briefe an mich ausdrücklich der Satz: »Ich rechne mit fester Zuversicht darauf, dass das, was ich Ihnen schreibe, streng unter uns bleibt« – das ist nun freilich schwer zusammenzureimen mit dem nachträglich beliebten Verfahren und könnte wie ein absichtlich gelegter Fallstrick aussehen, wenn man sich nicht sagte, dass Pückler ein »Genusssüchtiger« war, der immer im Augenblick lebte und diesem alles nachgab, was ihn befriedigte. Natürlich würde mir die Herausgabe meines Briefwechsels mit ihm sehr widerwärtig sein, obschon er auf völlig anderen Bahnen rollt als die bisherigen. Es sind von dem Fürsten sehr interessante Briefe darunter, über Deutschlands Lage, Preußens Politik, über Louis Napoleon, über verschiedene meiner Arbeiten, aber das ändert in der Sache nichts.

Für mich liegt die Frage darin, ob jemand das Recht hat, bei meiner Lebzeit Briefe, die er mir geschrieben, und die anderen, die er von mir empfangen hat, durch den Druck zu veröffentlichen. Wir sprachen neulich davon bei uns mit den Abgeordneten Lasker und Ludwig Bamberger, die beide Juristen sind. Herr Lasker meinte, damit dass Fürst Pückler von seinen Briefen habe Abschrift nehmen lassen, habe er stillschweigend (nach juristischer Ansicht) sich sein Autorrecht an den von ihm geschriebenen Briefen gewahrt und sich die Publikation dadurch vorbehalten. Ein Gesetz gegen die Publikation fremder Briefe existiere seines Wissens noch nicht in Preußen. Herr Bamberger[30] sagte, dass in Frankreich, wo er von 1852–62 als Chef des großen Bankhauses Goldschmidt Bischoffsheim et Comp. gelebt und sich mit allen Institutionen des Landes auf das Genaueste bekannt gemacht hat, ein solches das Briefgeheimnis schützendes Gesetz vorhanden sei – und ich folgere daraus nur, dass in Deutschland ein solches Gesetz gegeben werden müsse. Denn mit der Straflosigkeit solcher Indiskretion wird für jeden Menschen der Briefwechsel zu einer Gefahr, der man sich nicht aussetzen darf, wenn man in der Welt und unter seinen Zeitgenossen irgendwie bekannt gewesen ist.

Abgesehen aber davon, habe ich eine Angst – eine patriotische Angst vor der Bekanntwerdung dieser in tausend Beziehungen skandalösen Pücklerschen Korrespondenz im Ausland. Ein deutscher Fürst, der als Abenteurer nach England geht, um dort *coute que coute* eine reiche Heirat zu machen, der seiner geschiedenen Frau schreibt: »Ich hoffte, Dir zu meinem Geburtstag eine rechte Freude mit der Nachricht zu machen, dass die reiche Heirat, die uns aus aller Verlegenheit ziehen sollte, zustande gekommen sei« (so ungefähr lautet der Passus), ist wirklich etwas, was einen vor Widerwillen krank machen kann. Und dazu Bettine, in ihrer albernen Respektlosigkeit gegen sich selbst – und so viel gute Namen, wie Schleiermacher u.a. – in dieses widrige Gebaren mit hineingezogen – ich versichere Sie, es hat mich förmlich unwohl gemacht, daran zu denken, wie sich das alles in der Kritik der englischen und französischen Journale ausnehmen wird. Ich habe mich dabei geschämt, als hätte ich es mit verschuldet, und an das Sprichwort von der Wäsche gedacht, die man *en famille* waschen soll.

Schlimmer aber noch sind – ich weiß nicht, ob ich Ihnen in meinem Brief davon geschrieben habe – die Romane des Regierungsrats Meding (er nennt sich Gregor Samarow) in *Über Land und Meer*, in denen jetzt lebende Personen die Helden sind: Kaiser Wilhelm, Fürst und Fürstin Bismarck, Herr von Keudell, König Georg von Hannover, Herr von Manteuffel u.s.w. – Wo diese literarische Zuchtlosigkeit und wie sie ein Ende nehmen wird, ist mir nicht klar, und ich begreife nicht, dass man ihr den Zügel schießen lässt. Es könnte dies gleiche Verfahren, einmal von einer Seite beliebt, und Namen, die wir zu verehren haben, in einer Weise missbraucht werden, die man zu beklagen hätte. Hier glaube ich, tut uns auch ein Gesetz not, denn mit willkürlichen Verboten in einem betreffenden Fall ist der Moral des Volkes nicht gedient und nicht geholfen – im Gegenteil!

Dass man das Auge der Nation auf den gefährlichen Weg gelenkt hat, auf den ungezügelte Habgier und Genusssucht sie führen, ist eine edle Tat gewesen, und man kann Lasker dafür nicht genug danken. Sie würden erstaunen, Königliche Hoheit! wenn Sie einen Blick würfen in den Luxus der Kreise, in denen wir leben. Ich begegne in den Gesellschaften Toiletten, die – ohne ihren Brillantschmuck – tausend Taler und darüber an Spitzen und selbst an geringeren Kinkerlitzchen wert sind, und der Luxus der Wohnungseinrichtungen, der Tafelluxus sind unglaublich in der Kaufmannswelt, die mehr oder weniger auf die anderen Stände zurückwirkt.

Die Zahl der gebildeten Familien, die wie wir von der alten bürgerlichen Lebensweise nicht abgegangen sind, ist nicht groß; und die jener anderen, welche wie wir ihre Freunde bei und mit einer Tasse Tee empfangen, könnte ich Ihnen an meinen Fingern abzählen – und würde einige übrig behalten. Ich weiß, dass es Jahre gab, in denen man über diese unsere Beschränkung witzelte. Es hat uns aber nicht irre gemacht, und jetzt, wo den Besonneneren in der Gesellschaft bange wird vor ihrem eigenen Treiben, kommen sie dahin, uns um unserer »edeln Einfachheit« willen hochzuschätzen, ohne sie jedoch nachzuahmen. – Und doch sind wir Deutschen groß geworden in den Zeiten, in denen Goethe die Herrschaften auf eine kalte Schale zu sich lud – und wir haben es vor Augen an Frankreich, wohin das Wort des Kaisers: »Der Tag wird den Tag versorgen!« und das Leben in materiellem Genuss das hochbegabte Volk geführt hat.

Aber ich spreche Ihnen von Dingen, die Sie besser wissen als ich – und ich benutze Ihre Zeit über die Gebühr. – Verzeihen Sie mir's, gnädiger Herr!

In 6, 7 Wochen hoffe ich, Ihnen meinen neuen Roman schicken zu können – eine Herzensgeschichte, die weit abliegt von allen Tagesfragen und doch vielleicht in ihrer Ruhe Ihren Anteil erregt und auch Ihnen ein paar ruhige Stunden bereitet.

Bis dahin haben Sie die Gnade, mich Ihrer Königlichen Hoheit, der Frau Großherzogin, zu empfehlen, und erhalten Sie mir auch fernerhin das Wohlwollen, mir und Stahr, das wir seit so langen Jahren zu unseren besten Besitztümern zählen.

163. Fanny Lewald an Carl Alexander

Berlin, den 21. April 1873
Matthäikirchstraße 21

Königliche Hoheit! und lieber, sehr verehrter gnädiger Herr! – Nach längerer Pause komme ich wieder einmal mit einem Buch[31] in der Hand zu Ihnen, und ich bilde mir ein, dass Sie um meinetwillen es lesen, und dass es ihm gelingen werde, Ihnen Anteil einzuflößen.

Es ist kein Tendenzbuch in irgendeinem Sinne, sondern einfach ein Stück Menschenleben, frei erfundenes Menschenleben, in vergangene Tage zurückversetzt. Der Roman spielt in jenen Tagen, in denen die Menschen noch Zeit hatten, sich selbst zu leben, an ihrer eigentlichen geistigen Menschwerdung zu arbeiten – in den Tagen, in denen Eisenbahngerassel und Telegrafengeklingel noch die Ruhe des Daseins nicht in jedem Augenblick unterbrachen. Sie wissen es besser als viele andere, gnädiger Herr! wie sehr ich das Große in unserer Zeit zu würdigen weiß, und dass ich, soviel es an mir war, auch getan habe, den Fortschritt für die große Masse befördern zu helfen; aber das hält mich nicht ab zu erkennen, wie die Verbesserung der Lage der großen Masse doch das Aufgeben manches Behagens für die gebildeten Einzelnen notwendig gemacht hat – und zu begreifen, dass ein Strom, der an Breite in das Unabsehbare sich ausdehnt, notwendig an Tiefe verlieren muss.

Dies zu beklagen, würde fruchtlos sein. Gegen Naturnotwendigkeiten, gegen die Umgestaltung von Kulturverhältnissen wehrt man sich vergebens – sie sind stärker als wir, und wir haben uns unterzuordnen. Aber es ist uns vergönnt, für uns und für andere die Bilder ruhigerer und vertiefterer Tage in der Dichtkunst festzuhalten und nebenbei, so weit wir es vermögen, hie und da dem Idealismus und – ich möchte fast sagen – der Schönseligkeit – einen kleinen Altar aufzurichten, an welchem Gleichgesinnte einen Augenblick in Erinnerung verweilen mögen.

Bietet Ihnen, gnädiger Herr! die beikommende einfache Liebesgeschichte dazu einen Anlass, so hätte ich eine Freude mehr.

Wie sehr Sie Stahr und mich durch Ihren lieben, letzten Besuch[32] erfreut haben, das werden Sie uns angefühlt haben, Königliche Hoheit! Es ist so schön und so ermutigend, sich mit den Besten und Verehrtesten, die man kennt, im Einklang zu finden; und ich wünschte lebhaft, dass des Schicksals Gunst uns wieder einmal zusammenführte wie in jenen Tagen in Helgoland und in Ostende.

Wir haben Einladungen zu Freunden nach Wien und nach Baden bei Wien — aber die Ausstellung, mit der man uns lockt, hält uns davon zurück. Wir denken, bis Ende Juni hier zu bleiben, dann uns irgendwo in Deutschland oder in der Schweiz hinzusetzen und schließlich uns in dem nicht angenehmen, aber als Bad unvergleichlichen Ragaz für den Winter so gut wie möglich gegen Rheumatismen und Gicht zu verwahren.

Möchten Sie, dessen prächtige Frische uns so erfreut hat, vor all diesen Unbilden möglichst lange bewahrt und freien, kräftigen Sinnes und wachsender Tatkraft bleiben wie bisher. Sie waren mir neulich wirklich eine Herzstärkung, Königliche Hoheit!

Vielleicht findet Ihre Königliche Hoheit, die Frau Großherzogin, und die Prinzessinnen, denen ich mich zu empfehlen bitte, auch Freude an der Dichtung, die heute zu Ihnen wandern soll.

Nächstens sende ich Ihnen einige Goethesche Lieder, die eine Freundin von mir komponiert hat. Stahr und ich finden, dass sie den Goetheschen Geist und den Ton jener Zeit ungemein getroffen hat, und wir dachten, dass sie auch Ihnen wohlgefallen könnten. Sie haben obendrein die beste Liedersängerin zur Hand. Fräulein Katharine Baum[33] — die Komponistin — ist hier Gesanglehrerin, von Wartel[34] gebildet, und singt selbst vortrefflich, obschon die Stimme nicht mehr die ganze frühere Frische hat. Aber Seele und Temperament ersetzen das bei ihr.

Leben Sie wohl, Königliche Hoheit! und sei alles Glückes Gunst mit Ihnen.

Stahr wünscht, Ihnen angelegentlich empfohlen zu sein.

164. Carl Alexander an Fanny Lewald

Weimar, den 29. April 1873

Sie haben sehr recht Ihren Dichter-Zauberstab zu gebrauchen, uns Kinder und Diener der gehetzten und hetzenden Gegenwart in eine Vergangenheit zu versetzen, wo man mehr sich selbst leben konnte; rechter noch würden Sie haben, uns zu lehren, wie wir unter obigen Umständen Letzteres uns bewahren. Denn auf dieses Letztere kommt es schließlich doch am meisten und allein an: um das Leben zu beherrschen, um das Leben zu gewinnen. Sie fühlen, wie sehr ich Ihnen für Ihr Werk danke, ehe ich es noch las, und wie gerade Lieder Goethes mir willkommen sein werden; seine Lebensweisheit ist das Rudersteuer in solch zerrissener Zeit.

Dass Sie und Professor Stahr, den ich herzlich grüße, einen ruhigen, stärkenden Aufenthalt dem Gegenteil, der Weltausstellung, vorziehen, begreife ich vollkommen. Meine besten Wünsche begleiten Sie beide wie mich gewiss die Ihrigen, wenn ich die schwere Arbeit mitten in dem zentrifugalen Herrschen der Zeitgewalten fortsetze. Lassen Sie mich hoffen, dass wir im Schatten thüringischer Wälder hierüber weiter sprechen werden, und gedenken Sie meiner in Freundschaft.

165. Fanny Lewald an Carl Alexander

Baden-Baden, den 29. August 1873
Hotel Bellevue

Königliche Hoheit und lieber, gnädiger Herr! als ich heute in der Zeitung die Nachricht von der zu Friedrichshafen vollzogenen Hochzeitsfeier Sr. Königlichen Hoheit des Erbgroßherzogs[35] las, rief ich unwillkürlich: »Wie die Zeit vergeht!« Und Stahr und ich gedachten dabei Ihrer!

Erinnern Sie sich, dass wir an dem Tag, an welchem Herzog Herrmann mit seiner jungen Frau in Weimar einzog[36], zufällig bei Frau von Schwendler in dem Wielandhaus mit Ihnen zusammengetroffen und samt und sonders so ins Plaudern gekommen waren, dass die Glocken läuteten und der Einzug begonnen hatte, und Sie in aller Eile sich zu Fuß nach dem Schloss verfügen mussten, um bei den Feierlichkeiten nicht zu fehlen? – »Lang, lang ist's her!« – aber es kommt mir in der Erinnerung vor, als wäre es gestern gewesen, und jetzt hat sich schon die Tochter jenes fürstlichen Paares Ihrem Sohn vermählt!

Lassen Sie mich Ihnen für das Glück des jungen Paares meine und Stahrs treueste und wärmste Wünsche aussprechen. Wer so wie ich davon überzeugt ist, dass eine glückliche Ehe, auf dem Thron wie in der Hütte, das höchste sittliche Kunstwerk ist, zu dem die Menschennatur es bringen kann, der mag es nicht unterlassen, bei dem Beginn einer neuen Ehe, wenigstens im Geiste, seine Hände Segen erwünschend über dieselbe auszubreiten, und in diesem Fall kommt mir der Aberglaube – oder nennen wir es lieber der Glaube – dabei zustatten, dass man mit seinem Segen fort vererben könne, was man selbst besitzt. Und so sei denn alles Gute mit dem neuen Haushalt Ihres alten Hauses! – Eine glückliche Ehe auf dem Thron, in der regierenden Familie ist ein so unschätzbarer Vorteil für des Landes Zustände, dass ich wollte, ich könnte diese Überzeugung in die Herzen aller jungen fürstlichen Frauen einprägen, denn in den meisten Fällen hängt in allen den Bereichen, in denen die Menschen auf festen Bildungselementen stehen, das Glück der Ehe von den Frauen ab; und es ist meistens die falsch verstandene Selbstsucht der Frauen, die das Glück der Ehen hindert. Wenn ich das aber vor den Frauen aussprache, würden eben deshalb die meisten es mir nicht glauben – und so behalte ich das Beste, was ich weiß, wider meinen Willen, als ein erprobtes Geheimmittel für mich selbst.

d. 30. Ich wurde gestern abgerufen und komme erst heute dazu, den Brief zu schließen, den ich auch nicht zu lang machen will, weil Königliche Hoheit gerade in diesen Tagen wahrscheinlich mannigfach in Anspruch genommen sein werden, und die Aufrichtung oder vielmehr die Einweihung der Siegessäule Sie doch wohl nach Berlin rufen wird. Ich hoffe, Sie haben die schöne Viktoria noch in der Werkstatt gesehen, ehe sie vor aller Welt Augen hoch aufgerichtet ward, um dem Blick des Betrachtens für immer entzogen zu werden. Einem Künstler muss dabei zumute sein, als zöge sein Kind in eine Ferne, aus welcher es nie zurückkehren und in welcher sein Auge es nicht erreichen kann. Das Werk existiert und ist doch als Kunstwerk eigentlich nicht mehr vorhanden.

Uns ist es gut gegangen, nachdem wir uns über den Verlust unseres unvergesslichen Freundes, des Konsul Marchand, gefasst hatten. Er war, ein Bild schöner, kräftiger Männlichkeit, nach Wien gegangen, zu sehen, wie sein Prellersches Bild sich in der Ausstellung ausnehme, und starb dort in 10 Stunden als eines der ersten Opfer der Cholera. Es war für uns ein unersetzlicher Verlust, da wir gewohnt waren, ihn täglich zu sehen und durch seine schöne, heitere Seelenfreiheit und Güte selbst in trüben Tagen Sonnenschein zu haben. – Es ist eben hin und man muss lernen, es zu entbehren, sich mit dem Goetheschen: »Ich besaß es doch einmal!«[37] zu trösten.

Wir sind seit Mitte Juli hier und denken, bis gegen das Ende des September ruhig hier zu bleiben, um dann in unsere Heimat zurückzukehren, in der Sie, mein gnädigster Herr! wieder einmal begrüßen zu können, mich sehr glücklich machen würde.

Inzwischen haben Sie, wie ich hoffe, meinen letzten Roman gelesen, und ich will wünschen, dass er Ihre Zustimmung gefunden hat, dass er Ihnen durch einige Stunden eine sympathische Unterhaltung gewesen ist.

Kommen Sie vielleicht im September zu dem Geburtstag Ihrer Majestät der Kaiserin[38] hierher, sich von der Reihe der Festlichkeiten zu erholen, die Ihnen in Weimar und in Eisenach bevorstehen, ist dieses lieblichste Stückchen deutscher Erde wie gemacht – und es ist so viel reinlicher geworden, seit die Bande der französischen Spielhalter und Spieler mit ihrem widerwärtigen Gefolge nicht mehr hier ihr Wesen treiben. Aber die Verderbnis fühlt sich nachwirkend doch noch in den Einwohnern heraus, und es wird Zeit brauchen, bis die Unsolidität sich wieder verloren haben wird.

Leben Sie wohl, Königliche Hoheit! – ich wollte ja keinen langen Brief schreiben! Stahr wünscht, Ihnen warm empfohlen zu sein, und wir bitten beide um die gleiche Gunst gegenüber Ihrer Königlichen Hoheit, der Frau Großherzogin.

166. Carl Alexander an Fanny Lewald

Weimar, den 3. September 1873

Um nicht meinen Dank für Ihre Glückwunsch bringenden, willkommenen Zeilen zu lange, um ihn nicht überhaupt schuldig zu bleiben, greife ich heute schon zur Feder. Wenn die Herzlichkeit der Wünsche die Vorbedingung ihrer Erfüllung ist, so kann ich überzeugt sein, dass die Ihrigen wie die Ihres Gatten, dem ich meine besten Grüße sende, dem jungen Paar wie uns Glück bringen werden. Mit diesem Ausdruck des Vertrauens lassen Sie mich Ihnen beiden danken. Ich bin ferner überzeugt, dass Gott uns einen Segen in der jungen Gattin unseres Sohnes gegeben, denn ihre Eigenschaften wie ihre Bildung flößen vernünftigermaßen die Zuversicht ein, dass sie ihre Zeit verstehen und die ihr obliegenden Pflichten erfüllen wird!

Wenn ich nur mit wenigen Worten Ihnen heute antworte, so werden Sie es mir, der Umstände wegen, gewiss gern verzeihen. Einmal in Ruhe lassen Sie uns dann auch – am liebsten mündlich – über Ihren Roman reden. Denn nicht flüchtig soll man mit einem Autor und kann und will ich mit Ihnen über ein Werk reden, das die Frucht des Denkens, Fühlens, Wollens ist. Sie werden gewiss dies recht finden.

Auf Wiedersehen also, so Gott will und auf, selbstverständlich, Fortdauer wohl-, also festbegründeter gegenseitiger Gesinnungen.

167. Fanny Lewald an Carl Alexander

Berlin, den 26. Oktober 1873
Matthäikirchstraße 21

Das alte Sprichwort: »Der Mensch denkt und Gott lenkt« hat sich mir in diesem Herbst wieder einmal recht, wenn auch nicht nach meinen Wünschen bewährt, denn ich hatte mir zuversichtlich Rechnung darauf gemacht, Sie, mein gnädigster Herr! irgendwo und wie wiederzusehen. Erst hatte ich gehofft, noch in Baden-Baden zu sein, wenn Sie zum Geburtsfest Ihrer Majestät der Kaiserin vielleicht dorthin kämen – aber das sehr schlechte Wetter in der ersten Septemberhälfte trieb uns früher fort. Dann hatte ich geplant, über Weimar nach Hause zu gehen, um Ihnen an dem Tag die Hand zu drücken, an welchem mir vor 25 Jahren die Gunst zuteil ward, Sie kennen zu lernen. Indes Rücksicht auf die Interessen anderer nötigten uns, über Kassel heimzukehren, und so habe ich denn auf einem Bauerngut bei Berlin[39], das Freunde von uns seit zehn Jahren bewohnen, an jenem Erinnerungstag warm an Sie gedacht, Ihnen im Herzen dankend für Ihr treues Festhalten und Ihnen für alle Ihre Zukunft das Beste erwünschend und erhoffend. Erhalte Sie der Himmel zu der Ihren und Ihres Landes Heil, und erhalten Sie mir und Stahr Ihre Gunst und Ihre Freundschaft, die wir als ein großes Gut zu schätzen wissen.

In der Einsamkeit jenes Landhauses bin ich eigentlich fort und fort in Weimar und in Jena gewesen, weil mir gerade in jenen Tagen ein Zufall die Briefe von und an Charlotte von Schiller in die Hände gespielt hat, und ich habe dabei mit wirklicher Rührung und Erhebung die Briefe der trefflichen Prinzessin Caroline von Weimar[40] und die Briefe Ihrer Kaiserlichen Hoheit, der verstorbenen Frau Großherzogin[41], gelesen. In beiden Frauen ist eine Schlichtheit des Empfindens, des Ausdrucks und des Handelns, die mich entzückt haben. Es ist alles phrasenlos, alles einfach auf das Ziel gerichtet, und die bevorzugte Lebensstellung beider zeigt sich vor allem nur darin, dass sie – auf ihrer Höhe durch keinen verwirrenden Nebel behindert und verwirrt, richtiger sehen und darum klarer, gerechter und milder urteilen als ihre übrige Umgebung. In der Prinzessin Caroline ist nebenher ein Zug von der treuherzigen Derbheit Carl Augusts, der die liebenswürdige Frauennatur sehr wohl kleidet.

Auch Frau von Schillers Briefe sind zum Teil recht tief und recht bedeutend, und es liegt in dem ganzen Lebensbild, welches jene drei riesigen, recht schlecht redigierten Bände vor unserem Auge entrollen, eine Lehre, welche keine Zeit mehr als die unsrige zu beherzigen hätte. Wir können es uns nicht genug wiederholen – ich meine unsere ganzen Zeitgenossen –, wie wenig Raum, wie geringe Mittel, wie wenig Apparat dazu gehören, das Größte zu denken, das Erhabenste zu empfinden und zu leisten, wenn man ein eigenes, innerliches Leben führt und sich an dem vorhandenen Großen aufzurichten und zu erheben trachtet. Unsere Zeitgenossen treiben es wie die Kinder, die zu einer Sonntagsgesellschaft geladen alle ihre Zeit in derselben mit den großartigsten Vorbereitungen für die Spiele hinbringen, die sie zu unternehmen denken. Sie planen, ordnen, wollen, möchten – bis die Kinderfrau sie nach Hause holt und sie trübselig von dem Platz fortgehen, auf dem sie vor lauter Vorbereitungen nichts geschafft und nichts geleistet und im Grunde auch nichts Rechtes genossen haben.

Das gilt aber – damit Sie mich nicht etwa missverstehen, Königliche Hoheit! – nicht von den großen Handlungen und Umgestaltungen in der politischen Welt – in der ja so Bedeutendes geschehen ist und sich vollzieht, sondern von dem durch den Luxus so schwerfällig und unersprießlich gewordenen Leben fast aller Gesellschaftsklassen. Wenn ich in den Briefen von Schiller und seiner Frau es lese, wie es fast gar keiner Vorbereitungen zu ihrer Verheiratung bedurfte, wie sie nach ihrer Hochzeit ganz ohne weiteres in den drei *Chambres garnies* lebten, die der unbemittelte Privatdozent Schiller als solcher bewohnt hat, so erschrecke ich vor dem Aufwand und den Umständen, die jetzt als notwendig erscheinen, wenn ein junges Paar aus unseren Kreisen seinen Haushalt beginnen soll. Und ich fürchte, wenn wir uns nicht in allen Ständen, mit Bewußtsein und aus Überzeugung wieder von dem Unnötigen losmachen, um uns dem Wesentlichen zuzuwenden, wenn wir uns fortdauernd zerstreuen, wo uns Sammlung nötig wäre, wenn wir den äußeren Schein so hoch anschlagen, dass das eigentliche Sein darüber gar nicht mehr in Betracht kommen kann, so werden wir schweren Abbruch leiden an den guten Eigenschaften, durch die wir Deutschen emporgekommen sind.

Es liegt etwas erschütternd Wahres in dem Wort: »Preußen hat sich zur Großmacht *emporgehungert*!«, und glücklicherweise ist noch etwas von dem Geist in unserem Volk, der aus Pflichttreue und Ehrenhaftigkeit zu entbehren vermag – aber das Börsenspiel und die Verschwendungssucht der Frauen umwogen uns mit Gefahr bringenden Wellen, und es ist, was auch dem Einzelnen Nachteiliges daraus erwachsen mag, ein großes Glück, dass ein Zusammensturz begonnen hat und die Warnungsworte in Flammenschrift an die Wand geschrieben worden sind.

Kennen Sie diese Briefe von und an Schillers Frau?[42] Goethe erscheint auch in ihnen wieder als die belebende Sonne – und daneben ersieht man es so klar, was auch er körperlich und geistig zu leiden, zu ertragen und hinzunehmen gehabt hat, dass man recht demütig und bescheiden für sich selbst wird.

Wir sind seit dem 20. wieder in unserem kleinen Heim und sitzen denn auch nun im Winterquartier fest, denn in der rauhen Jahreszeit hat Stahrs Gesundheit doch mehr und mehr große Vorsicht nötig; aber wenn es nur noch eine Weile so vorhalten will, so haben wir unser Geschick als ein bevorzugtes zu preisen; wir haben Frieden in uns, eine relative Sorgenfreiheit, ein gut Gewissen, treue Freunde und – ich darf das sagen – eine Heimat in der Teilnahme unserer Zeitgenossen.

Erhalten Sie uns die Ihre, lieber gnädiger Herr! empfehlen Sie uns dem Gedächtnis Ihrer Königlichen Hoheit, der Frau

Großherzogin, und lassen Sie mich hoffen, dass ich bald einmal die Freude habe, Sie zu sehen und zu sprechen.

Ach, gnädigster Herr! wie finden Sie denn das Siegesdenkmal, das nun ja fertig ist? Mir erscheint es als Tiergarten-Dekoration recht frisch und munter; im Einzelnen ist auch sehr viel Schönes daran – aber als Monument so großer Ereignisse kommt es mir zu bunt, zu sehr wie Theaterprunk oder Konditorarbeit vor. Stahr ist nicht meiner Meinung. Er sagt, das Denkmal sei fürs Volk bestimmt. Dem Verständnis des Volkes sei es angemessen, der Totaleindruck sei an dem Platze gut, also habe man es gelten zu lassen.

Er wünscht, Ihnen angelegentlich empfohlen zu sein.

168. Carl Alexander an Fanny Lewald

Schloss Heinrichau bei Münsterberg,
den 29. Oktober 1873

Ihr Brief von dem 21. hat mich in Weimar gesucht und heute Morgen hier, hinter diesen alten Zisterziensermauern tief in Schlesien angetroffen. Es ging Ihrem Brief, wie es uns beiden – Ihnen wie mir – diesen Sommer erging: wir verfehlten uns. Ich suchte nach Ihnen und Ihrem Gatten in Baden, als ich zum 30. Sept. hinkam, und erfuhr Ihre Abreise, und Sie hätten mich wahrscheinlich in Weimar zu sehen beabsichtigt, während ich in Eisenach weilte. Zum Glück die Gedanken und Gesinnungen – und beides bleibt doch die Hauptsache – verfehlen sich nicht. Ihr eben erhaltener Brief beweist es. Meine Antwort wird diesem Beweis nicht widersprechen.

Bedürfen tun wir eben alle drei, denke ich, keines Beweises nach 25-jähr. Bekanntschaft, wie Sie es so gütig, gestatten Sie mir zu sagen: so freundschaftlich, hervorheben und wie ich es, Sie beide glauben es mir, herzlich erwidere. Umso mehr habe ich denn auch den Eindruck begrüßt, den die Briefe von und an Charlotte von Schiller Ihnen in der Charakteristik meiner Mutter wie meiner Tante, der Prinzessin Caroline, geben. Sie ist eine ganz richtige, wenn Sie die Einfachheit derselben hervorheben, schon weil das Erhabene immer einfach ist. Diesem Eindruck würden Sie auch immer, bei allen Handlungen beider eng befreundeter Frauen, bei jeder der zahlreichen Spuren ihres wohltuenden Lebens begegnen. Was das Werk selbst betrifft, so ist es mir lange nicht mehr zu Gesicht gekommen, allein gern will ich es wieder hineinziehen in den Kreis meiner Lektüre, in der fortwährend, weil grundsätzlich, dies Beispiel fördernder und bildender Art der klassischen weim. Epoche durch etwas vertreten ist – und vor allem durch Goethe. Sollten Sie sich übrigens für die so anziehende Persönlichkeit meiner Tante besonders interessieren, so wird sie sich Ihnen noch vorzüglich aus dem Briefwechsel ihrer Erzieherin mit deren Bruder (Briefwechsel Knebels mit seiner Schwester[43]) entwickeln, der trotz des Unbedeutenden, was er enthält, doch zu lesen der Mühe wert ist, wäre es auch nur, weil er jenes Bild entsteigen lässt. Damals allerdings war man einfacher als jetzt – die erhaltenen *sanctuarien* Goethes, Schillers wie der Herzogin Amalia beweisen dies genügend. Dürfte man diesen Beweis auch dafür gelten lassen, dass man damals Größeres auf dem Gebiet des Geistes wirkte, weil man auf dem des Körpers sich nicht, wie jetzt, mit so viel Nebensachen schleppte, so würden Sie noch mehr Recht haben, als Sie in diesem Kapitel »Luxus« beanspruchen können. – Doch in der Tat Sie bedürfen dieses »Mehr« kaum, denn die *facta's* sprechen für Ihre Ansicht. Wie Sie habe ich denn auch die »Krache« in Wien und Berlin keineswegs als ein Unglück betrachtet; wir wollen nur wünschen und sorgen, dass die Lehre, die eine gütige Gottheit uns gibt, richtig benutzt werde, und Berlin hat hierin vor allem das Beispiel zu geben.

Noch sah ich nicht vollendet das Siegesdenkmal – im vor. März war es weit zurück. Ein Volksdenkmal dem Volk deutlich zu machen, ist allerdings für ein *gouvernement* Pflicht, für die Kunst eine würdige Sorge. Die Fotografien und Abbildungen, an die allein bisher mein Urteil sich halten konnte, ließen mich die Säulenbasis zu durchlüftet, zu leicht für das Ganze, die Viktoria sehr groß erscheinen. Doch wie ganz anders vielleicht erscheint es mir in Wirklichkeit. Letztere aber wird mir die angenehmste sein, wenn sie mich wieder in Ihre Gesellschaft zurückbringt und in die Professor Stahrs.[44]

XI

13. Juli 1874 – 19. November 1876

Bad Liebenstein – »Benedikt« – Stahrs »Frau von Stein« – Frau von Heldburg – »Zur Volkserziehung« – Großherzog Karl Friedrich – Stahrs 70. Geburtstag – »Benvenuto« – »Goethes Tagebücher« – Denkmal des Freiherrn vom Stein in Berlin – Carl August-Denkmal – Faust-Vorstellungen in Weimar – Briefe der Brüder Humboldt an Goethe – Geburt des Prinzen Wilhelm Ernst – Stahrs Tod in Wiesbaden

169. Fanny Lewald an Carl Alexander

Bad Liebenstein, den 13. Juli 1874
Müllers Hotel

Königliche Hoheit!

Ich habe so gar lange nichts von Ihnen gehört, dass ich mir es nicht versagen mag, mich Ihnen in das Gedächtnis zu rufen, umso mehr, da wir hier in Ihrer Nähe sind – falls Sie im Eisenachschen weilen – und die schöne Luft des herrlichen deutschen Landesteils atmen, das ja auch Ihres Geschlechtes eigentliches Heimatland ist.

Ich wollte Ihnen schon zum 24. Juni schreiben, aber Sie kennen mich genug, mein gnädiger Herr! um es mir nicht für Anmaßung auszulegen, wenn ich glaube, mir den offiziellen einmaligen Glückwunsch ersparen zu dürfen, da ich Ihnen, so oft ich Ihrer denke – und das ist sehr oft – alles mögliche Gute vom Geschick erflehe! Und daneben kenne ich wieder Ihre Pünktlichkeit und Freundlichkeit genugsam, um mir zu sagen, dass ich etwas Verständiges tue, wenn ich Sie an so brieflichen Courtagen nicht nötige, auch aus Güte meinem Brief neben der Schar der anderen noch ein freundlich Gesicht und einen Dank zuzumuten.

Jetzt aber, wo ich Sie mir in der Ruhe eines Ihrer Schlösser oder auf einer mit Muße gesegneten Badereise denke, komme ich nicht nur mit einem Brief, sondern mit einer neuen Dichtung[1] zu Ihnen, lieber, gnädiger Herr! und Sie brauchen und sollen mir für die Sendung auch gar nicht danken, bis Sie die kleine Arbeit in aller Behaglichkeit gelesen haben werden, so dass Ihr Brief mir Ihr Urteil über dieselbe bringt. Sie sehen, Ihre Güte für mich macht mich anmaßend bis zum Gesetzgeberischen – aber gegen wen soll man denn fordernd mit Zuversicht auftreten, als gegen diejenigen Guten, deren Güte man sich sicher fühlt? Das kleine Buch findet zu meiner großen Freude viel Anerkennung, und ich bin sehr glücklich darüber, dass mein Schaffen mich noch nicht im Stich lässt. Es ist ein Gefühl der geistigen Jugend, das uns dadurch erhalten bleibt und das ich schwer entbehren würde.

Ich weiß nicht, gnädiger Herr! ob Sie Stahrs größere Arbeit *Frau von Stein* in der *National-Zeitung* gesehen haben; aber ich vermute dies fast, da man Ihnen die Weimariana ja meist mitzuteilen pflegte, und es würde mich und Stahr sehr interessieren, inwieweit Sie, Königliche Hoheit! Stahrs – und in aller Bescheidenheit auch meine – Meinung über Frau von Stein als die Ihre gelten lassen.

Uns geht es besser als in den peinlichen Tagen, in welchen wir in Berlin so wenig geeignet waren, Ihren lieben ersehnten Besuch zu empfangen; und ich hoffe, Thüringens Waldluft soll uns für den Winter erfrischen. Liebenstein ist so anmutig, entspricht unseren Bedürfnissen und beschränkten Spaziermöglichkeiten in seinen frischen Buchenwäldern so durchaus, dass ich nur das eine daran auszusetzen habe, dass es nicht in Ihrem Land liegt und dass Sie nicht in Villa Feodora[2] residieren. – Wir sind übrigens hier recht gut in dem Hotel aufgehoben, wenigstens so gut, wie man es in Mitteldeutschland irgend fordern kann, leben ganz frei für uns allein und werden schwerlich nach der Schweiz gehen, wovon die Rede war, ehe wir Liebenstein kennen lernten.

Ich finde, dass die Eisenbahnen etwas haben, was die Menschen dem Vaterland entfremdet und ihrer Liebe für dasselbe Abbruch tut. Jung und Alt jagt auf den Schienen durch die Welt, starrt heut dies, morgen jenes an – hat es gesehen, und nun ist's damit aus und bleibt ohne alle seelische Wirkung. Aber in den schönen Gauen des eigenen Landes umherzugehen, zu rasten in seiner Bäume Schatten, seine Täler, seine Berge, seine Quellen kennen zu lernen und sie rieseln zu hören, das bringt Liebe, Teilnahme, Freude und zuletzt ein stolzes Genügen in das Herz! Und es wird die Frage sein, ob die auf Eisenbahnen groß gewordene Jugend so gute, begeisterte Bürger sein werden, wie jene Tausende und Tausende, die, ihr Vaterland zu Fuß durchwandernd, es als ihre Jugendliebe in der Seele tragen.

Leben Sie wohl, gnädiger Herr! Stahr und ich empfehlen uns Ihrer uns so werten Teilnahme und bitten Sie, uns dieselbe zu erhalten.[3]

170. Carl Alexander an Fanny Lewald

Wilhelmsthal, den 21. August 1874

Ich habe Ihren Roman *Benedikt* gelesen, meine gütige Korrespondentin, mithin bin ich Ihnen Dank schuldig und diesen schuldet man da, von wo man Freude empfängt. Sie aber haben diese mir gegeben und das in reichem Maße. Die Wahrheit und Schärfe, mit der Sie die Charaktere zeichnen und naturgemäß entwickeln, macht den Eindruck, als ob Arzt und Beichtvater zusammen die Feder geführt hätten. Ich sage dies hauptsächlich in Bezug auf die beiden Hauptpersonen: Jakobäa und deren Sohn. Dabei ist der Roman abgerundet, die Entwicklung wie eine Schraube – vergeben Sie mir den Vergleich – von zwingender Gewalt, so dass das eine und nichts anderes aus dem Vorhergehenden sich entwickeln kann wie muss. Vortrefflich ist der Stil. Ich wünsche Ihnen Glück zu diesem Werk.

Und nun sagen Sie mir, bitte, wie es Ihrem Gatten geht? Das Interesse, das herzliche, das ich an ihm nehme, ist der beste Gruß, den ich ihm senden kann. Auf hoffentlich baldiges Wiedersehen.

171. Fanny Lewald an Carl Alexander

Liebenstein, den 24. August 1874
Müllers Hotel

Ihr Brief, lieber gnädigster Herr! hat mir sehr große Freude gemacht, und ich danke Ihnen denselben von Herzen. Es arbeitet jeder geistig Schaffende zunächst für sich und für jenen kleinen Freundeskreis, dem zu entsprechen und zu genügen sein wahrer Lohn ist – und dass ich Sie, Königliche Hoheit! zu diesem meinem eigentlichen Leserkreis zählen darf, dazu berechtigt mich ja der gütige Anteil, den Sie mir nun seit einem Menschenalter zuzuwenden die Gnade gehabt haben.

Sie sagen, ich möge Ihren Ausdruck: »Die Entwicklung sei von der zwingenden Gewalt einer Schraube« nicht missdeuten; aber gerade diese Bezeichnung rechne ich mir zur Ehre an, und Stahr und ich haben das Wort beneidenswert glücklich gewählt gefunden. *Jedes* Dichtwerk müsste diese unabweisliche Geradheit des Ans-Ziel-Gehens haben, und wo sie fehlt, tritt meist die gefährliche Willkür ein, in welcher unsere modernen Dichter so leicht Dummheiten als Lückenbüßer einschieben, »um jedem etwas recht zu machen«. Man kann nicht fest und nicht unwandelbar genug seinen Weg im Leben und in der Dichtung gehen. Also schönen Dank für das Wort, das ich mir zu einem meiner belehrenden Sinnbilder nehmen werde.

Sie fragen nach Stahr! Ich hätte Ihnen längst geschrieben, gnädiger Herr! Ihnen längst für den letzten uns so erfreuenden Besuch gedankt – hätte ich außer diesem Dank irgend Erfreuliches zu berichten gehabt. Sie wissen, gnädiger Herr! ich klage nicht gern, am wenigsten einem regierenden Herrn wie Sie, der ohnehin genug Klagen hören muss, welchen abzuhelfen oft nicht in seiner Macht ist – und so ist es auch mit uns. Aber es ist uns wirklich recht miserabel gegangen.

Stahr hatte nach dem 24. Juli[4], an welchem wir das Glück hatten, Sie zu sehen, eben nur angefangen, wieder ein wenig sich zu erholen, da warf ihn einer seiner peinlichen Bronchialkatarrhe, dem sich zum Überfluss noch ein leichter Podagra-Anfall zugesellte, auf das Krankenbett; und seit vollen drei Wochen hat er, bald zu Bett, bald auf dem Sofa liegend, das Zimmer nicht verlassen und ist durch den nächtlichen Krampfhusten so heruntergekommen, dass von irgendeiner Erholung, die er so nötig hatte, gar keine Rede ist.

Glücklicherweise sind unsere Wirte über alles Lob erhaben; Dr. Siebert behandelt ihn mit großer Sorgfalt – es ist aber bei diesen Bronchialkatarrhen nicht viel zu machen, und Das Geduld-Haben und Die-Kräfte-Erhalten, was beides bei einer so nervösen Natur nicht leicht ist, ist das Einzige, was uns bleibt.

Da haben Sie den geforderten Bericht – verzeihen Sie, dass ich ihn so ausführlich gebe, aber Sie werden zugestehen, dass es kein »Sommervergnügen« ist, das uns hier geworden.

Seine Hoheit der Herzog und die mir seit ihrer frühsten Jugend bekannte und werte Frau von Heldburg sind sehr gut gegen uns – indes uns könnte nur andauernd mildes Wetter helfen, und ich sehe dem Winter besorgt entgegen.

Und ich hatte mir so viel von der Nähe versprochen, in der wir uns von Ihnen befanden! Eben in diesen Wochen habe ich die Musikerin Frl. Katharine Baum bei uns, der ich den *Benedikt* zugeeignet und von deren Komposition älterer Goethescher Gedichte ich Ew. Königlichen Hoheit zu verschiedenen Malen gesprochen. Ich hatte gehofft, meine Freundin solle Gelegenheit finden, Ihnen dieselben vorzutragen, und war gewiss, dass Ihnen die dem Goetheschen Text so vollkommen anpassende Musik wie uns Freude machen würde. Nun verlässt sie uns Ende dieser oder Anfang der nächsten Woche, und mit uns ist noch gar nichts aufzustellen, da Stahr gerade heute wieder sehr leidend ist.

Ich will aber schließen! Wünschen Sie uns Gutes, Königliche Hoheit! wir getrösten uns ja, dass die Wünsche der Guten Erhörung finden, und erhalten Sie Ihr Wohlwollen Stahr und Ihrer Ihnen treu ergebenen –

F. L.-St.

172. Fanny Lewald an Carl Alexander

Liebenstein, den 27. August 1874

Lieber, gnädigster Herr!

Seit gestern geht es plötzlich wesentlich besser bei uns, und da Königliche Hoheit nicht – wie Sie uns hoffen lassen – gekommen sind, die Stein-Artikel einmal zu holen, sende ich Ihnen dieselben mit den ergebensten Empfehlungen von Stahr heute zu, damit sie morgen zum 28. August in Ew. Königlichen Hoheit Händen sind.

Heute hieß es hier, Sie würden herüberkommen, den *Eingebildeten Kranken* zu sehen. Vielleicht sind Sie uns in diesem Augenblick näher als ich's weiß; aber wo immer Sie sind, seien Sie gesund und glücklich![5]

173. Carl Alexander an Fanny Lewald

Wilhelmsthal, den 15. September 1874

Endlich ist es mir möglich, Ihnen die Inlage zurückzusenden. Eine durch Pflichten mir aufgenötigte, in der letzten Zeit ununterbrochene Zentrifugalität zwang mich, so lange mit diesen Blättern zu warten. Ich bitte, dieselben Ihrem Gatten mit meinem herzlichen Dank zurückzustellen. Dass ich das mir Anvertraute mit Interesse gelesen, bedarf keiner Versicherung, das Urteil über Fr. von Stein wohl aber einer Berichtigung. Aus Gründen, die ich besser mündlich als schriftlich angeben kann, bleibt mir nämlich kein Zweifel darüber übrig, dass Fr. von Stein Goethen sich *nie* als Geliebte vollständig hingegeben hat. Weil eben sie dies nicht getan, glaubte sie ein Recht zu haben, den Rückkehrenden so hart zu beurteilen, dem man es endlich doch nicht übel nehmen konnte, dass er des platonischen Verhältnisses müde war. Wenn man aus Briefen einen Menschen beurteilen kann, so habe ich nie Fr. von Stein aus den zahlreichen ungedruckten Briefen, die ich von ihr gelesen, als eine bedeutende Persönlichkeit zu erkennen vermocht, nie aber habe ich von den vielen Menschen, welche mir von Fr. von Stein erzählten, je eine Bestätigung jenes Gerüchtes gehört, demzufolge sie sich gänzlich ihrem berühmten Freund hingegeben hätte; im Gegenteil ist dies immer bestimmt geleugnet worden.

Von Herzen wünsche ich, dass die Besserung in dem Zustand Ihres Gatten angehalten, dass er jetzt vollständig hergestellt ist.

174. Carl Alexander an Fanny Lewald

Weimar, den 30. November 1874

Ihr Brief vom 19. d. M.[6] hat mich ebenso erfreut wie – ich gestehe es – gerührt. Da ich Sie als wahr kenne, so werden Sie aus meinem Bekenntnis entnehmen, wie Recht ich habe, so zu empfinden, wie ich es tue, und mit dieser Empfindung Ihnen zu danken, wie ich es fühle. Gottlob, dass Sie wieder wohl sind und in diesem Gefühl jenen Brief schreiben konnten. So willensstarke Naturen von einem Leiden beherrscht zu wissen, hat immer etwas sehr Beängstigendes für den, welcher einen Charakter, eine Natur wie bei Ihnen kennt. Pflegen Sie sich ja gewissenhaft, also ponderierend, damit Sie sich gesund erhalten und jung an Geist. Kein Mensch meines Wissens hat beides besser bestanden und mehr bewiesen als Goethe. Sie erwähnen ihn mit Recht als Ihr Vorbild in der Kunst, sich zu erziehen wie sich zu bilden. Da ich in ihm ebenfalls mein immer neues Vorbild suche und meine Hilfe finde, lassen Sie mich Sie in seinem Andenken beschwören. Deshalb ist mir auch das Bild als höchst willkommen erschienen, das Sie von Ihrer Tätigkeit wie den Früchten derselben mir entwerfen. Möge der Himmel Ihnen beides bis zum letzten Augenblick vollauf genießen lassen. Mich durch eigenen Anblick an beiden zu erfreuen, soll mir eine rechte Freude sein, und ich hoffe, dass noch dieser Winter[7] mir diese vergönnen wird. Dann werde ich auch mündlich über die immer größere Kreise ziehende hiesige Tätigkeit berichten können, von der unser Museum nur einen Teil bildet und bald die beiden Monumente Teile bilden dürften, von denen das Carl Augusts für den Guss eben fertig geworden, das andere, »für den Krieg« noch im Entwerfen ist. Ihre Aussagen führen auf eine Gruppe, welche neben einem sterbenden Krieger einen mit der Fahne Fortschreitenden darstellt. Auch Prof. Stahrs Meinung hob diese Gruppe hervor. Lassen Sie zu größerer Verständigung mich Ihnen die Fotografien beider Modelle senden und bitten, sie mir, wenn Sie dieselben beurteilt, mit Ihrem Urteil zurückzusenden.

Indessen sage ich Ihnen Lebewohl, um nicht zwischen Wollen und Können die schlimmste der Unordnungen, die der Zeit, eintreten zu lassen. Ich wiederhole Ihnen in Herzlichkeit Dank wie Ergebenheit.

175. Carl Alexander an Fanny Lewald

Weimar, den 6. Januar 1875

Um Sie nicht länger auf meinen Dank[8] warten zu lassen, meine wie immer gütige Korrespondentin, ergreife ich heute die Feder, wenn auch nur zu flüchtigen Zeilen, denn nur an solche darf ich denken, gedrängt wie ich eben bin von Pflichten, von Rücksichten in diesen Tagen. Mein Dank aber verlangt das Gegenteil von jeder Flüchtigkeit, denn er ist ein herzlicher; er ist aber auch zugleich ein solcher, welcher den weit umfassenden Gegenstand eingehend behandeln möchte, den Sie erklären. Ich muss dieses »Behandeln« indes auf später verschieben, besonders weil ich zunächst zu sehen habe, inwieweit sich das Projekt, was ich nunmehr »unser« nennen darf, bewerkstelligen lässt. Der Anfang ist gemacht, denn eine Lehrerin ist bereits an der Bürgerschule in Apolda neben Lehrern tätig; andere werden gesucht. Die Wichtigkeit der Sache aber bedingt Umsicht und Vorsicht, umso mehr die Eigentümlichkeiten der thüringischen Volksstämme immer zunächst bei Einführung von Neuerungen zu berücksichtigen sind, dies aber verlangt immer Vorsicht und Zeit. Ihr Brief soll mir indes als neues Samenkorn dienen auf hoffentlich fruchtbarem Boden.

Die Saat, die Ihr Gatte indessen auf einem anderen Feld geerntet, ist zu schöner Frucht gereift.[9] Der Beweis davon, in der Form auch jener Rede, war mir sehr willkommen, und herzlich danke ich Ihnen für die Übersendung.

An Ernte Hoffnungen und Wünsche zu knüpfen, ist immer natürlich und dem Herzen immer erfreulich. Entnehmen Sie denn aus dem Gesagten den reichen Anteil herzlicher Wünsche, der Ihnen, der Ihrem Gatten gebührt, danken Sie seinem Sohn nicht minder herzlich in meinem Namen und lassen Sie uns alle ein baldiges, so Gott will, frohes Wiedersehen erhoffen.

176. Fanny Lewald an Carl Alexander

Berlin, den 16. Juni 1875
Matthäikirchstraße 21

Ehe ich Ihnen wieder einmal von uns selber schreibe, müssen Sie mir erlauben, Ihnen eine Erinnerung aus dem Leben Sr. Königl. Hoheit, des verstorbenen Großherzogs, mitzuteilen.

Als Stahr im Jahre 1851 die Ehre hatte, Sr. Königl. Hoheit, Ihrem Vater[10], vorgestellt zu werden, befand sich Deutschland in traurigen Zuständen. Se. Königl. Hoheit brachte das Gespräch auf Berlin, auf Deutschland, fragte Stahr um dies und jenes, er gab nach Gewissen Antwort darauf, der Großherzog stimmte zu und sagte dann plötzlich: »Es ist nicht viel Gutes davon zu sagen, und ich spreche auch nicht gern davon; denn wenn man nichts Gutes zu sagen hat, soll man lieber still sein!«

An dies Wort, gnädigster Herr! haben Stahr und ich seitdem bei gar vielen Anlässen gedacht, und es wird Ihnen erklären, warum ich so lange geschwiegen und mich damit der Freude beraubt habe, von Ihnen zu hören. Es war nicht Vergessenheit, sondern Zurückhaltung. Ich habe viel Sorgen gehabt, bei denen Sie mir nicht helfen konnten, und so nutzte das Schreiben davon nicht.

Stahr war tödlich krank an einer Lungenentzündung und ist noch sehr angegriffen. Ich hatte mir wohl in Pflege und Sorge auch zu viel getan, wurde selbst krank, ein paar Wochen lagen wir beide – und im Frühjahr glitschte ich in der Straße aus und beschädigte mir den Arm derart, dass ich ihn wochenlang, obschon er nicht gebrochen war, geschient tragen musste. So ist unsere Zeit übel hingegangen. Mir geht es wieder so gut, wie man es in meinen Jahren verlangen kann, und ich hoffe, den geliebten Mann doch im Sommer wieder vorwärts und zu relativen Kräften zu bringen, wenn der Himmel mir hilft.

Wir denken, den 22. Juni von hier aufzubrechen, ein paar Tage in Jena, ein paar Tage in Weimar zu bleiben und dann nach Liebenstein zu gehen, wo das Quartier, das wir wünschen, erst gegen Ende des Monats frei wird. Die Gegend von Liebenstein ist lieblich, Waldluft überall, wir erreichen es, ohne Stahr große Ermüdung zuzumuten, Se. Hoheit, der Herzog, ist uns wohlwollend, der dortige Arzt Dr. Siebert verlässlich, und ich persönlich lege großen Wert auf das Zusammensein mit Frau von Heldburg, deren treffliche Mutter ich seit langen Jahren kenne, und an welcher ich seit ihrer ersten Jugend, lange ehe sie Schauspielerin wurde, teilgenommen habe. Ihr frankes, selbstgewisses Wesen hat etwas so Frisches, dass es mich immer freut, wie es sich auch in ihren so sehr gewandelten Lebensverhältnissen bewährt und gleich bleibt; und in solchem kleinen Badeort einen Menschen zu haben, mit dem man gern beisammen ist, ist ein doppelter Gewinn. Sie gehört zu der sehr kleinen Zahl von bedeutenden Frauen, die ich überhaupt habe kennen lernen – denn wenn schon ich großen Glauben an die Naturanlage der Frau habe, finde ich die große Masse der sogenannten gebildeten Frauen so gering, dass ich – verraten Sie mich aber nicht, gnädigster Herr! – eigentlich gar nichts mit ihnen anzufangen weiß. Ich glaube, wenn ich es recht überlege, bringe ich wohl ein Dutzend sehr tüchtiger, ungefähr ebensoviel sehr liebenswürdiger, aber in dem ganzen großen Kreise meiner

Bekannten nicht sechs wirklich bedeutende Frauen zusammen, und das beweist eben, dass man sie so erziehen muss, dass Chignons und Schleppkleider nicht mehr ihrer Seele Seligkeit ausmachen.

Gearbeitet habe ich so gut wie nichts. Von ein paar einzelnen Briefen[11], die ich für den Druck geschrieben habe, darf ich Ew. Königlichen Hoheit! wenn sie im Druck erschienen sein werden, vielleicht Kenntnis geben.

Jena wiederzusehen, das wir seit mehr als 23 Jahren nicht betreten haben, wird uns einen besonderen Eindruck machen. Man sagt, es habe sich sehr verändert. Ich denke, dass wir 2, 3 Tage dort bleiben, um – sofern es zu Wagen geschehen kann – all die alten Wege wiederzusehen, die wir sonst zu Fuß gewandelt. Wir kennen die Saalbahn noch nicht.

Hoffentlich bringt der Sommer uns irgendwo die Freude, Sie, mein gnädigster Herr! zu sehen und zu sprechen. Bis dahin erhalten Sie Stahr und mir die Gunst, die Sie uns stets erwiesen haben, und mögen alle guten Sterne über Ihnen so freundlich walten, wie es von Herzen für Sie wünscht, Ew. Königlichen Hoheit treu ergebene –

F. L.-St.[12]

177. Carl Alexander an Fanny Lewald

Wilhelmsthal, den 22. Juli 1875

Endlich sende ich Ihnen die mir geliehenen Blätter, endlich Ihrem Gatten die ihm gehörende kleine Schrift zurück und beides mit herzlichem Dank. Dasjenige, das man zu sagen hat, in so gefälliger Form ausdrücken, wie es der Verfasser des *Europäischen Fünfstromlandes*[13] zu tun weiß, ist eine anerkennungswerte Tatsache; dasjenige, das irgendein Mensch oder irgendeine Genossenschaft zu lernen hat, ihr oder ihm so nah und auf so originellem Wege zu bringen, wie es der lustige militärische Autor[14] getan, verdient nicht minder lobend hervorgehoben zu werden. Und so ziehe ich eine Verbindung zwischen den beiden Erzeugnissen, die doch sonst entschieden nichts miteinander zu tun haben und deren Autoren wahrscheinlich über meine Verbindung sehr erstaunt sein würden, erführen Sie dieselbe. In *einer* Sache müssten sie mir aber beistimmen: dass ich doppelt zu danken habe, das ich hiermit tue, indem ich meinen Wunsch für das Gelingen der Kur wiederhole.

178. Carl Alexander an Fanny Lewald

Schloss Heinrichau in Schlesien, den 17. Oktober 1875

Nicht richtiger meine ich Ihnen für Ihren soeben hier empfangenen Brief vom 14. d. M.[15] danken zu können als durch die Versicherung, dass mich Ihre und Ihres Gatten Glückwünsche[16] mitten heraus aus Ihren Prüfungen und Kümmernissen tief rühren. Sie nennen »das Menschliche« die Kette, die uns verbindet, so werden Sie umso mehr, umso besser deswegen gerade empfinden, wie herzlich meine Erwiderung ist. Was Sie mir über die notwendige Trennung sagen, ich sage, ich wiederhole es mir täglich, damit ich mich rüste, die Kampagne – gestatten Sie dem Soldaten den militärischen Ausdruck – siegreich in mir zu durchkämpfen, die mir bevorsteht und die bereits begonnen. Dabei hilft mir die Überzeugung, die selbst wachsende, dass die Wahl meiner Tochter auf einen der ausgezeichnetsten Fürsten wie Staatsmänner Deutschlands gefallen ist.

Doch von Ihnen allein möchte ich reden. Zunächst lassen Sie mich Ihnen Glück wünschen, Ihren Gatten nicht schlimmeren Zustandes nach Haus zurückgebracht zu haben, als er zuletzt war. Das ist ein bedeutender Schritt vorwärts. Sodann lassen Sie mich an die Elektrizität erinnern, welche so wunderbar stärkenden Einfluss auf Nervenschwache geäußert, dass ich selbst vollständig Deprimierte nach wenig Wochen zu voller Gesundheit zurückkommen sah. Endlich lassen Sie mich fragen, womit ich Ihren Gatten zu jenem 22. d. M. erfreuen könnte, dessen Bedeutung Sie mir mitteilen, eine Frage, die umso natürlicher ist, als die meisten Freuden relativer Natur sind. Und hieran reihe sich endlich noch die Frage, ob er bereits die eben erschienenen *Tagebücher Goethes* gelesen[17], die bei Gelegenheit der Enthüllung des Monuments meines Großvaters veröffentlicht wurden. Ihre Bedeutung ließ mich das Original, ich glaube schon zweimal lesen. Hierüber antworten Sie mir, bitte, eilig, hierher.

Indessen möge Gott Sie und Ihren Gatten stärken mit dem Trost und der Kraft, die nur bei Ihm ist und sich an dem beweist – am meisten – der in der Not Ihn anruft.

179. Fanny Lewald an Carl Alexander

Berlin, den 21. Oktober 1875

Haben Sie den ehrlichsten Dank, Königliche Hoheit! für die Herzensfreundlichkeit, mit welcher Sie meinen huronenhaft fantastischen Einfall aufgenommen haben, und tun Sie mir die Liebe und Ehre an, den Brief zu vernichten, in dem ich ihm Wort gegeben. Ich bin sonst so wenig fantastisch im praktischen Leben, dass ich mich der Sache schäme, die Ihnen obendrein ungelegen gewesen sein wird. Seien Sie mir nicht böse deshalb. Dass Stahr dieser Angelegenheit völlig fremd ist, der seinen Stolz darin gesehen hat, in all den lieben langen Jahren von Ihrer Wohlgeneigtheit für sich nie zu seinen realen Gunsten Gebrauch gemacht zu haben, das brauche ich Ihnen nicht erst zu sagen. Es ist also gewiss das Beste, es bleibt alles, wie es war und ist – vorausgesetzt, dass mein Einfall Sie nicht böse auf mich macht. Aber noch einmal, gnädigster Herr! wenn Sie nicht ohnehin die Gewohnheit haben, meine Briefe zu vernichten, so tun Sie es mit dem vorhin erwähnten. Man wird wirklich bei den indiskreten ausgrabenden postumen Veröffentlichungen, von denen man sich bis zum Abscheu umgeben sieht, ängstlich über jedes ungehörige Wort, das man schreibt, und ich möchte nicht, dass auf das schöne, ganz ideale Verhältnis, das Sie und uns zu unserem Stolz und unserer Freude verbunden hat, durch meinen törichten Einfall ein Schatten fiele.

Als ich Ihnen schrieb, hatte ich wirklich nur im Sinne, Stahr an seinem 70. Jahrestag einen Brief als ein Zeichen Ihrer Huld und Gunst überbringen zu können, da es ja immer ein Verlangen war, dass Sie ihm zu seinem Geburtstag gratulieren sollten. Erst Ihr guter Brief regte meine Fantasie auf, und nun schäme ich mich, dass ich mich in diesem Fall um die realen Möglichkeiten so wenig bekümmert hatte – aber weil an sie zu denken und auf sie zu spekulieren mir so fern lag. Bleiben Sie mir deshalb nicht weniger gewogen. Stahr wird glücklich sein, morgen Ihre liebe Handschrift zu sehen. Es geht langsam, aber stetlich vorwärts.

In einigen Tagen sende ich Ihnen ein Buch von mir *Benvenuto*.[18] Es ist eine fingierte Künstlerbiografie, und da italienische Luft in ihr weht, mutete Sie dieselbe vielleicht an.

Auch heute komme ich noch nicht auf die *Goethe Tagebücher*, da der Brief fort soll.

Sei aller Himmelssegen mit Ihnen, Königliche Hoheit, und mit Ihrem Hause.

180. Fanny Lewald an Carl Alexander

Berlin, den 31. Oktober 1875
Matthäikirchstraße 21

Königliche Hoheit! und lieber gnädiger Herr! Sie haben es in Ihrer gütevollen Rücksicht Stahr allerdings verboten, Ihnen seinen tief empfundenen Dank für den lieben Brief zu sagen, mit dem Sie ihm zum 22. Oktober eine so große Freude gemacht haben, aber Sie haben nicht hinzugesetzt, dass ich Ihnen seinen Dank nicht aussprechen dürfe, und »was nicht verboten ist, das ist erlaubt!« – und so lassen Sie mich Ihnen denn statt seiner sagen, dass Ihre Teilnahme gewonnen zu haben, zu den liebsten und wertvollsten Errungenschaften unseres Lebens gehört und dass es immer eine neue Genugtuung für uns ist, wenn sich dieselbe uns kund gibt. Also besten Dank von Stahr und mir.

Zugleich, gnädigster Herr! sende ich Ihnen anbei die kleine Dichtung, die Erzählung aus der Künstlerwelt, von der ich Ihnen neulich geschrieben. Lassen Sie sich durch die zwei Bände nicht abhalten, sie in einer müßigen Stunde in die Hand zu nehmen. Der Inhalt ist nicht umfangreich, der Druck ist nur aus Buchhändlergründen so entsetzlich splendid gemacht worden; aber ich denke, auch in der kleinen Erzählung ein Stück Leben klar herausgearbeitet zu haben, an dessen Gestalten und Farben Sie teilnehmen werden, weil es römisches Leben ist, von dem sie handeln. Natürlich ist diese ganze Künstlerbiografie erfunden, und es sollten ihr 4, 5 andere folgen, aber meines armen Mannes Krankheit hat mich in diesem Jahr nicht zur rechten Arbeit kommen lassen, und ob ich später den gehegten Plan zur Ausführung bringe, ist mir nicht gewiss. Herr von Loën schrieb uns neulich sehr befriedigt von dieser neuen Arbeit – und ich erkenne es immer als ein Glück an, wenn mir das Schaffen noch zu eigener Lust und anderer Freude gelingen will. Wenn Sie den *Benvenuto* einmal gelesen haben werden, höre ich von Ihrer Güte wohl, ob Sie die Luft von Rom darin wehend empfunden haben.

Und nun will ich denn auch die Frage wegen der *Goetheschen Tagebücher* beantworten, die Sie, gnädigster Herr! vor einiger Zeit an mich gerichtet haben. Der Herausgeber hatte sie uns zugeschickt, und sie waren fast das erste, was ich Stahr gegeben habe, als er wieder ein Buch in die Hand zu nehmen vermochte. Wie sehr sie uns beschäftigt haben, brauche ich Ihnen nicht erst zu sagen. Sie haben dabei Stahrs Meinung über Goethes Verhältnis zu Corona Schröter und Frau von Stein nur noch mehr befestigt; und nebenher liegt über diesen Aufzeichnungen der ganze Sonnenschein jener Tage, in welchen der Mensch und die Menschen im allgemeinen der Menschheit mit Recht etwas Wesentliches geleistet zu haben glaubten, wenn sie, d.h. der Einzelne, sich zu der Vollkommenheit herauszuarbeiten strebte, die seiner Naturanlage als Höchstes für dieselbe erreichbar war. So bildete sich aus einer Masse von einzelnen Ausgebildeten ein gebildetes Volk; während wir jetzt mit der in gewissem Sinne völlig missverstandenen allgemeinen Verbreitung eines unfruchtbaren Halbwissens dahin gekommen sind, dass selbst in den bevorzugten Klassen der Einzelne sich mit einer unvertieften Halbbildung genügt, so dass von einer erhöhten Bildung des Volkes im allgemeinen nicht viel zu merken ist – während der sittliche Ernst und die Entsagung für den Zweck der sittlichen Selbsterhebung fraglos in der Mehrzahl der Menschen abgenommen hat.

Aber abgesehen davon, dass uns allen die Veröffentlichung dieser Tagebücher erwünscht ist, scheint sie sowohl Stahr als mir ein vollkommener Eingriff in das Recht der Goetheschen Erben. Eine Herausgabe eines Werkes nach Abschriften, die der Autor für sich und seine Zwecke hat machen lassen, ist, ohne die Zustimmung dieses oder seiner rechtmäßigen Erben etwas – um es gelind auszudrücken – höchst Auffallendes. Mit demselben Recht, scheint mir, hätte der Abschreiber des Herrn von Pirch[19], dem ich im verwichnen Jahr den Roman *Benvenuto* zur Abschrift gab, seine Abschrift meines Manuskriptes verwerten können; denn dass die Goethes diese Publikation gebilligt haben, hätte notwendig dabei bekannt gemacht werden müssen, wenn es geschehen wäre. – Ich werde manchmal völlig irre an unserem, ja wie soll ich es nennen? »gesellschaftlichen Rechtsbewusstsein«. Denken Sie nur, welch ein Akt der Anmaßung und welch ein Eingriff in das gesellschaftliche Leben es ist, dass

Fürst Pückler Abschrift von allen Briefen nahm, die er an seine Freunde schrieb, um die Abschriften eines fremden Eigentums – denn der Brief, den mir jemand schreibt, gehört mir – mit Preisgebung aller meiner Verhältnisse ohne meine Zustimmung drucken zu lassen. Ich komme darüber nicht fort, ebensowenig wie über die Samarowschen Romane, in welchen der lebende Kaiser Wilhelm, Bismarck, Keudell usw. als handelnde und sprechende Personen eingeführt werden, ohne dass die Betroffenen dagegen eine Einwendung erheben – weil man sie nicht eben kompromittierende Dinge sagen und tun lässt. Was aber will man nach solchem Präzedenzfall tun, wenn einmal ein sozialistischer Romandichter diese noch lebenden Gestalten benutzt, sie das Übelste sagen lässt und sich auf den unangefochtenen Präzedenzfall beruft, um seine Straflosigkeit zu behaupten? – Wir haben vor diesen Dingen seit Jahren nach rechts und links hin gewarnt – und man sieht den gefährlichen Weg nicht, auf den das führen wird – oder will sie, ich weiß nicht weshalb, nicht sehen.

Das Stein-Denkmal[20] ist im Ganzen schön – sowohl der Aufbau als solcher, als Steins Kopf. Der Aufbau ist recht *carré par la base*, was zu dem Mann passt; der Kopf von großer Wirkung. Es steht auch gut an dem Platz. In der Gewandbehandlung finde ich jedoch etwas Kleinliches, als ob der Stoff nicht schwer genug gewesen wäre; aber es ist immer ein schönes Werk aus guter Rauchschen Schule.

Soviel von der Außenwelt – und nicht viel von uns, da davon leider noch nicht viel Gutes zu sagen ist. Stahrs Gesundheit lässt noch gar zu viel zu wünschen – und ob der Mensch sich selbst und seinem freien Tun durch ein greifbares Übel oder durch fortdauernde Schwäche entzogen wird, bleibt im Grunde gleich. Ich fürchte, er wird das Zimmer im Winter nicht verlassen dürfen, und wie das den an täglichen Luftgenuss, an tägliche Bewegung und an Geselligkeit gewöhnten Mann herunterbringt und niederbeugt, besonders da er noch gar nicht arbeiten kann, mögen Sie denken. Indes wir sind doch noch beisammen, und so vertröste ich ihn, als echtes Hoffegut auf das Frühjahr und bessere Tage. Was kann man auch tun, als an jedem Tag das Nötige, Mögliche und daneben hoffen, wenn man es doch nicht nötig findet, zu verzagen.

Die Sängerin und Komponistin, Frl. Baum, von der ich, Königliche Hoheit! Ihnen schon oft gesprochen, komponiert jetzt das Goethesche Liederspiel *Erwin und Elmire* so anmutig, dass ich gar zu gern wollte, Sie hörten, was davon fertig ist.

Aber ich muß schließen! – Gehe es gut bei Ihnen, Königliche Hoheit! und möge alles gelingen, was Sie wünschen, planen, unternehmen.

181. Carl Alexander an Fanny Lewald

Schloss Allstedt[21], den 14. November 1875

Um Sie, meine liebenswürdige und gütige Geberin wie Gönnerin, nicht noch länger auf den Ausdruck meines Dankes warten zu lassen, schreibe ich heute, also ehe ich noch Ihr Werk lesen konnte, die erste freie Morgenstunde benutzend, die mir in dieser geschichten- und sagenumkreisten Kaiserpfalz wird. Sobald ich mehr in Ruhe, d.h. in einem geregelten Leben, bin, werde ich Ihre Bände lesen, die ich indessen willkommen heiße.

Willkommener noch war mir die durch Sie gebrachte Kunde von dem anhaltenden Besserbefinden Ihres armen Gatten. Möge Gott ihn recht bald die Gesundheit vollständig wiederfinden lassen!

Ihrer Ansicht betreffs der Ungerechtigkeit und daher Unrechtmäßigkeit der Veröffentlichung jener Tagebücher Goethes seinen Erben gegenüber pflichte ich vollkommen bei. Es ist in der Tat arg, dass in Deutschland, mitten in dieser nach Bildung und Gesetzmäßigkeit ringenden Zeit, solche Handlungen vorkommen können!

Doch nichts weiter für heute als der erneute Ausdruck alter, Ihnen wohlbekannter Gesinnungen.

182. Fanny Lewald an Carl Alexander

Berlin, den 5. Dezember 1875
Matthäikirchstraße 21

Erst heute und auch nur mit ein paar Zeilen kann ich Ihnen sagen, wie sehr wir es bedauert haben, auf die Ehre und auf die Freude des uns von Ihnen mit alter Treue zugedachten Besuchs[22] verzichten zu müssen. Aber dies Jahr scheint von seinem Anfang bis zu seinem Ende seine harte Hand auf uns legen zu wollen;

denn während Stahrs sogenannte Genesung nur sehr langsam fortschreitet, erkrankte ich in der Nacht vom 15. zum 16. November an einer Gallenaffektion und Leberentzündung und habe unter peinlichen Schmerzen bis vor drei Tagen das Bett gehütet. Und ich hatte noch ein paar Tage vorher zu Herrn von Gleichen[23] gesagt, wie sehr ich Sie wieder zu sehen wünschte! – Nun war's recht sogenanntes »deutsches Glück«. Sie dachten unser und wir konnten uns des nicht erfreuen.

Erhalten Sie uns Ihre Teilnahme und Gunst! Gehe es Ihnen und den Ihren allen so wohl, wie wir es für Sie erwünschen, und erlauben Sie, dass ich Ihnen wieder und mehr schreibe, wenn ich wieder ganz ich selber bin; was ich denn doch zu werden hoffe.

Stahr trägt mir auf, ihn Ew. Königlichen Hoheit angelegentlichst zu empfehlen.

183. Carl Alexander an Fanny Lewald

Weimar, den 11. Februar 1876

Vor allem lassen Sie mich Ihnen Glück wünschen, dass Gott die Gesundheit Ihres Gatten soweit wiederhergestellt hat, dass Sie wieder aufatmen können nach langer Sorge und wieder hoffen dürfen. Sagen Sie es Ihrem Gatten, dass ich mich mit ihm, mit Ihnen freue und dies herzlich und dass ich überzeugt bin, Gott werde auch ferner helfen.

Und nun will ich Ihnen für Ihren Brief und den teilnehmenden Glückwunsch[24] danken, den er mir brachte. Man muss die Kinder für diese, nicht für sich lieben. Diese Pflicht praktisch in das Leben nunmehr mehr denn je einzufügen, ist unsere tägliche Aufgabe. Die Überzeugung des Glücks unseres Kindes wird uns hierbei behilflich sein.

Ihr Urteil über das N.-Museum[25] ist nur die Wiederholung desjenigen, das mir immer gefällt, namentlich nachdem ich es auch im Innern gesehen. Man sucht vergebens nach einem Zusammenhang mit den übrigen Gebäuden, vergebens nach einer Verbindung mit dem eigentlichen Zweck. Dieses Gebäude und das Siegesdenkmal sind wunderliche Schöpfungen; wie man es nicht machen soll, ist auch lehrreich zu sehen.

Ich endige noch sehr ermüdet von den eben verrauschenden bewegten und bewegenden Tagen mit den besten Wünschen für Ihren Gatten und für Sie.

184. Fanny Lewald an Carl Alexander

Berlin, den 18. März 1876
Matthäikirchstraße 21

Königliche Hoheit! und verehrtester gnädiger Herr! alle die Tage habe ich nach Weimar mit dem Gedanken hinübergedacht, wie gut es sich dort leben lässt, und wie vieles Gute man erreichbar hätte, wenn man in seiner friedlichen Begrenzung und in Ihrer Nähe lebte, statt in dem sich immer mehr ausdehnenden und atomistisch in das Unfassbare ausbreitenden Berlin. Indes es sind meist unzeitige Zufälle, die den sonst unabhängigen Menschen hindern, die erkannte, richtige Wahl für sich zu treffen, und so sind denn auch wir – wie die Völkerstämme bei der großen Wanderung – mitten in dem Zug unserer Freiheit in Berlin sässig geworden und hängengeblieben, bis die Jahre des Alters, die unentschlossen machen, uns ihren Hemmschuh angelegt haben und wir nun hier bleiben werden, solange uns vergönnt ist, »zu atmen in dem rosigen Licht«.

Das hindert aber gar nicht, dass wir, auch ohne dass Sie *Die natürliche Tochter* und den ganzen *Faust*[26] in Szene setzen lassen, oftmals herzlich gern in Weimar wären, und dass wir den Blick immer darauf, wie der Gläubige nach Mekka, richten, wenn wieder ein neuer Band des Goetheschen Nachlasses, wie jetzt die Humboldt-Briefe veröffentlicht wird. Welch ein erhabener Seelenfriede hat auf den großen Menschen jener Zeit geruht! – Man könnte mitunter alle Erfindungen der Neuzeit, die Eisenbahnen wie die Telegrafen, fortwünschen, wenn man dafür dies Beharren in sich, dies liebevolle Hingeben an die Interessen der anderen wieder in die Welt zurückzuzaubern vermöchte.

Trotzdem wollte ich die Eisenbahn sehr gern benutzen, um in Weimar in der Osterwoche die *Faust*-Darstellung mit zu genießen, die, wie ich Königl. Hoheit nicht erst zu sagen brauche, Stahrs ganze Teilnahme diese Zeit hindurch gefesselt hat. Indes für ihn, der das Zimmer noch immer nicht verlassen darf – er hütet es seit den ersten Oktobertagen –, ist daran und vielleicht überhaupt an den Theaterbesuch nicht mehr zu denken, und dass ich mich jetzt weniger als je von ihm entfernen mag, ist so natürlich.

Trotzdem geht es »unberufen!!« doch wieder vorwärts, und ich denke, endlich muss doch der Sonnenschein sich wieder zu uns wenden, der uns Licht und Wärme und meinen armen Genesenden zu Luft und Freiheit bringt. Merkwürdigerweise haben sie in dem sonst so rauhen Nordamerika einen durchaus südlichen Winter, fast ohne Frost und Schnee gehabt, und in Straßburg i. El. ist die Vegetation fortgeschritten wie bei uns im Mai. Aus Rom erhielten wir Anfang Februar ein Pack Anemonen aus Villa Pamfili, die 8 Tage bei uns farbenprächtig blühten, und ich freute mich des schönen dortigen Frühjahrs für Ihre Königl. Hoheit, die jünge Fürstin! – Rom in jungem Eheglück im Beginn des Frühjahrs zu genießen, ist ein Sonnenschein für ein ganzes Leben! Möge er Ihrer Tochter immer und immer leuchten!

Von uns, gnädigster Herr! ist im Grunde alles gesagt, wenn ich gemeldet habe, dass es mit Stahr entschieden seit 4 Wochen vorwärtsgeht, dass ich ihn, obschon er noch kraftlos ist, doch zu erhalten und zu relativer Gesundheit zurückkehren zu sehen hoffen darf. Denn an Arbeit ist für ihn noch weit aus nicht zu denken, und ich habe begreiflicherweise den Winter hindurch auch nichts schaffen können, was des Nennens wert gewesen wäre. So bleibt mir denn auch nichts übrig, als uns von Zeit zu Zeit in Ihr Gedächtnis zu rufen, Sie zu bitten, dass Sie uns Ihre Güte erhalten, und Ihnen immer mit neuer Freude zu wiederholen, wie hoch wir dieselbe halten und wie von Herzen wir Ihnen ergeben, wir Ihrem Schaffen und erfolgreichen Leisten auf dem Gebiet des Idealen folgen.

Stahr wünscht, Ihnen angelegentlich empfohlen zu sein, und ich bitte Sie, mein gnädigster Herr! mir die gleiche Gunst neben Ihrer Königlichen Hoheit, der Frau Großherzogin, gewähren zu wollen.

In der Hoffnung, Ihnen selbst einmal wieder auszusprechen, wie sehr ich Ihnen ergeben, Ew. Königlichen Hoheit treu eigene
F. L.-St.[27]

185. Carl Alexander an Fanny Lewald

Berlin, den 23. März 1876

Umsonst habe ich gestrebt, Ihnen, wie es mir so sehr am Herzen lag, meinen Besuch zu machen. Ich bin von Geschäften und Pflichten während diesem kurzen Aufenthalt dermaßen überhäuft gewesen, dass ich zuletzt fast zusammenbrach. Vergeben Sie mir, bitte, dass ich dieses Mal nur schriftlich in der Matthäikirchstraße erscheine und anfrage: ob die nächstens bevorstehenden *Faust*-Vorstellungen Sie nicht wieder nach Weimar führen werden? Wie sehr mein Egoismus in dieser Frage steckt, werden Sie wissen, weil Sie ihn herausfinden werden.

186. Fanny Lewald an Carl Alexander

Berlin, den 2. Mai 1876
Matthäikirchstraße 21

Gleich an dem Tag, an welchem Sie die Gnade hatten, Stahr die Fotografie des Carl-August-Denkmals[28] zu senden, wollte auch ich Ihnen schreiben, um Ihnen meine Freude darüber auszudrücken, dass auch dieses Unternehmen Ihnen so schön und so vollständig gelungen sei. Indes ich dachte neben Stahrs Urteil in künstlerischen Dingen käme das meine nicht in Betracht, und Sie selber würden mit Ihrem feinen Kunstgefühl auch ohne mich am Besten wissen, was Sie der Stadt, und damit dem Vaterland, in diesem Denkmal aufgerichtet haben; – und so hat das Schreiben sich bis zu dem heutigen Tag verzögert.

Mitunter stelle ich mir auch vor, dass meine Briefe Ihre Zeit beanspruchen; dass der Brief doch nicht den lebendigen Verkehr ersetzen kann; und die unglückliche Verzagtheit oder das Misstrauen, das die späteren Jahre in uns gegen uns selbst erzeugen, werden dann zu einem neuen Rückhalt, bis ich mir sage, dass ich mir selber den Vorzug nicht rauben will und darf, Ihnen gelegentlich nahen zu dürfen. Und dann denke ich an die Güte, die Sie uns immer erwiesen; an all das gute Sprechen, und an so manches fröhliche Lachen, das wir mitsammen gehabt haben, und möchte, dass ein günstiger Zufall uns wieder einmal für eine Weile zusammenführte, wie in Helgoland oder in Ostende. Indes der Meeresstrand ist für uns wohl verpönter

Boden; und ob wir in diesem Jahr Berlin werden verlassen, ob wir werden in das Freie kommen, und wie weit wir uns werden fortwagen können, das liegt noch alles auf den Knien der Götter, da Stahrs Zustand, wenn er sich auch nicht verschlimmert hat, doch wenig oder gar nicht gebessert ist, und dies Unding von einem Frühjahr sowohl die Genesung als die Entschließung lähmt.

Eigentlich wäre ich gar zu gern zu den *Faust*-Aufführungen nach Weimar gekommen; aber abgesehen davon, dass ich keine ruhige Stunde fern von dem geliebten Kranken hätte, würde ich auch ohne ihn, dessen ganze Seele an allem hängt und teilnimmt, was irgend auf Goethe Bezug hat, keinen Genuss gehabt haben; und so bleibe ich an meinem lieben Platz »an dem Herd der Sorge« und danke dem Himmel von Grund der Seele dafür, dass er mir die geliebten Pflichten und Sorgen noch erhält. Möchte das auf lang hinaus der Fall sein!

Es ist übrigens ein eigentümliches Zeichen der Zeit, dass die Bühnenlenker sich gedrungen fühlen, jetzt mit einem Mal überall in die Vergangenheit, und zwar zu solchen Schöpfungen zurückzugreifen, welche zur Zeit, in der sie geschaffen wurden, für nicht annehmbar und nicht ausführbar gehalten worden sind. Fragen Sie mich, ob ich darin ein Zeichen der Pietät erblicke, so möchte ich es bejahen können; es will mir aber nicht so scheinen. Ich sehe – Ausnahmen immer zugegeben – darin zunächst den Mangel an Produktivität in der Gegenwart und die Folge einer gesteigerten Technik, deren sich auch die Bühnen auf ihre Weise zu bemächtigen verstanden haben. Im Ganzen ist unsere Zeit vielmehr geneigt, unsere großen Dichter zu negieren als sie anzuerkennen; und uns wird immer schlecht zumute, wenn die liebe ungeschlachte Jugend, die uns nachfolgt, so obenhin von Goethes Geheimratsstil, von seiner vornehmen Kälte spricht; während sie nicht *einen* vernünftigen Satz zu schreiben und mit all ihrer forcierten, farbenreich aufgeschminkten Geistreichigkeit nicht den Schatten des Zaubers hervorzubringen verstehen, den Goethe mit den einfachsten Worten erreichte, weil das, was in ihm lebte, und die Weise, in welcher die Außenwelt sich in ihm spiegelte, so mächtig war, dass er eben nur das Gedachte, Empfundene, Erschaute in seiner inneren Naturwahrheit wiederzugeben brauchte, um mehr zu erreichen als die Modernen mit ihren »Worten, die so prächtig« und doch »so unerquicklich wie der Wirbelwind«[29] sind. Aber wem sage ich das? – Man kann sich freilich nur mit denjenigen verständigen, mit denen man ohnehin der gleichen Meinung ist – darüber hinaus geht es nur selten einmal.

Haben Sie, gnädigster Herr! den dritten Band der Briefe von den beiden Humboldts an Goethe schon gelesen? Es ist so viel schöne Menschlichkeit, so viel Liebevolles, Edles, so Erhebendes darin, wie man es in dieser Zeit der Selbstsucht und Genusssucht mehr denn jemals nötig hat. – Ich sehe die vier Seiten des Briefbogens immer als die Sanduhr an, die mich daran mahnt, wie ich Ihre Zeit zu respektieren habe. Aber erlauben Sie mir, dass ich, gegen die Etikette, noch hierher schreibe, wie dringend Stahr Ihnen empfohlen zu sein wünscht.

187. Carl Alexander an Fanny Lewald

Schloss Wartburg, den 5. Mai 1876

Aus der Seele – recht aus der Seele haben Sie mir in dem Brief gesprochen, der vor ein paar Stunden, heute Morgen, mich hier oben erreichte. Eine freie Stunde benutze ich, sofort Ihnen durch jene Worte zu danken. Dankt es sich doch am besten durch Übereinstimmung. Überein stimmen wir aber über Goethe und dass wir es tun, beweist aufs Neue die vortreffliche Kritik, welche die letzte Seite Ihres Briefes über unseren größten Dichter und Lebensphilosophen enthält. Dass er auch Letzteres ist, lehrt das Leben jeden Menschen, der dem Wert des Lebens gemäß zu leben strebt. Ich begreife, dass man für Schiller schwärmt, zu leben begreife ich nur mit Goethe. In dieser Epoche gerade, selbst noch in dieser Nacht auf einsamem Pirschhaus im Wald bin ich von dieser Wahrheit mehr denn je durchdrungen, indem ich den *Faust* einmal wieder ganz durchlese, um mich auf die Vorstellungen vorzubereiten. Zu der Generalprobe des zweiten Teils eile ich in einer Stunde nach Weimar zurück, nach der Generalprobe des ersten Teils kam ich hierher und fühle mich ergriffen von den Eindrücken wie noch nie von einem theatralischen Ereignis. Ob viele andere Zuhörer es sein werden, ob der gewagte Versuch, sich wiederholend, über andere Bühnen schreiten und zu dem höchsten Zweck, zu der Bildung der Menschheit beitragen wird, es ist möglich, doch ich will nicht prophezeien, da ich es nicht kann. Mächtig und aus dem Gewohnten heraus wirkend wird dies Unternehmen aber sein. Die Musik ist dabei sehr harmonisch und passend. Sie ist – gestatten Sie mir den Ausdruck – sehr *adjectif* gehalten, und dies ist richtig. Das Zurückgreifen zu der Vergangenheit für die Bühne ist zum Teil ein Armutszeugnis der Gegenwart. In Weimar geschieht es, weil wir in dieser ganzen Theatersaison das Ankunftsjubiläum Goethes[30] noch feiern. Deshalb werden alle Stücke Goethes – auch die *Faust*-Vorstellungen, mehrmals wiederholt. Könnten Sie mit Ihrem Gatten zu Pfingsten kommen, so würden Sie die ganze Reihenfolge sehen, die sehr merkwürdig ist. Die Humboldtsche Korrespondenz[31] habe ich nur zu lesen begonnen. Ich kann diese nur sehr langsam lesen und bin plötzlich durch unabweisliche Obliegenheiten in andere Kreise gezogen worden. Ich habe aber eine immer wachsende Furcht, zu viel vielerlei auf einmal vorzunehmen. – Mein Gruß an Prof. Stahr besteht in den herzlichsten Wünschen zu seiner baldigsten Wiederherstellung. Dazu sollten Sie sich nach dem Süden zu gehen entscheiden. Gott sei mit Ihnen!

188. Carl Alexander an Fanny Lewald

Weimar, den 14. Juni 1876

Dass Sie und Ihr Gatte wie Ihre Familie an dem großen Glück, das Gott uns geschenkt, herzlichen Anteil nehmen würden, war ich im Voraus überzeugt. Umso mehr erfreuten mich die Beweise, dass ich richtig empfunden, zuerst durch das Telegramm des Sohnes, nunmehr durch den Brief der beiden Eltern[32]. Entnehmen Sie aus diesem Blatt den Ausdruck meines herzlichen Dankes, dem ich den meiner Familie anreihe. Sie beide kennzeichnen so richtig meine Empfindungen und Gedanken, dass ich nichts hinzuzufügen habe als eben die Versicherung, dass Sie ganz Recht haben in dem, was Sie mir schreiben. Und so bleibt mir auch nur mit Ihnen zu wünschen übrig, dass der Allmächtige, der so viel Gnade uns erwiesen, das geliebte Kind erhalten möge zu Seinem Preis und zu des Landes, des Hauses, des Vaterlandes Besten. Gottlob geht alles bis jetzt gut.

Dass Sie beide mir in Bezug auf die Gesundheit Ihres Gatten sorgenfreier schreiben, ist mir eine besondere Freude; eine recht willkommene aber nenne ich die Hoffnung, Sie, so Gott will, beide bald wiederzusehen, denn aller Wahrscheinlichkeit nach nimmt uns Wilhelmsthal bald auf unter seine grünen Schatten.

Ihnen und Ihrem Gatten, dessen kleiner Uhlandscher Vers[33] mich anheimelte wie fröhlicher Lerchenschlag, alles Gute.

189. Fanny Lewald an Carl Alexander

Liebenstein, den 13. Juli 1876
Müllers Hotel

Stahr war sehr erfreut, mein gnädigster Herr! dass Sie seinen Zuruf am Tauftag des Prinzen Wilhelm so gütig aufgenommen haben, und dankt Ihnen ehrerbietig und herzlich für die freundliche Entgegnung.

Sie ermutigt uns, Ihnen ein paar amerikanische Feuilletons über die Philadelphia-Ausstellung und die deutsche Ausstellung in derselben zur Ansicht vorzulegen, weil es uns scheint, als seien dieselben in ihrer Kürze bezeichnender als manche lange Reihe von Berichten; und weil wir der Meinung sind, dass einem Herrn wie Ihnen, dessen Zeit so sehr beansprucht ist, alles womöglich im Auszug richtig geboten werden müsse. Die beiden Artikel sind von demselben Verfasser – Udo Brachvogel –, dessen Skizzen aus Ungarn Sie im vergangenen Jahr angesehen haben.[34]

Verzeihen Sie nur die Anstreicherei in den beiden Blättern. Ich wusste nicht, dass dieselben in Ihre Hände kommen würden, mein gnädigster Herr! sondern las sie zum Gebrauch für Stahr, und wir haben die Gewohnheit, uns gegenseitig in solcher Weise das Lesen in gewissem Sinne zu erleichtern. Mögen Sie sie nicht lesen, so werfen Sie sie eben fort, es bedarf der Rücksendung nicht.

Bei uns geht es nicht so gut, wie ich wünschen muss und wie ich es erhoffte. Das Jahr ist uns nicht günstig. Erst der grausame Winter und nun der Sommer, der einem harten Spätherbst ähnelt. Stahr ist sehr schwach und macht mir große Sorge, die ich herzlich gern trüge, wenn ich sie nur hilfreicher und fördersamer für ihn zu machen wüsste. Man tut eben, was man mit Aufbietung seines besten Wissens tun kann – und hofft und hofft, was man so sehnlich wünscht.

Gebe der Himmel Ihnen mit Kind und Kindeskind alles ersinnliche Gedeihen und Glück.[35]

190. Carl Alexander an Fanny Lewald

Biarritz, den 6. Oktober 1876

Vor einer Stunde erhielt ich hier, zu Biarritz, in einem Brief das Telegramm, welches Sie am 3. d. M. mir nach Weimar aus Wiesbaden[36] sendeten. So kann nur verspätet mein herzlicher Dank Sie erreichen, dass Sie sogleich in Ihrem Schmerz meiner gedachten und nur verspätet Ihnen von meiner Seite die Überzeugung, die Sie hegten, bestätigt werden: dass ich den wärmsten Anteil nehme. So vorbereitet Sie auf das Schlimmste waren, so kommt dieses nichtsdestoweniger überraschend und nicht geringer darum sind die Schmerzen der Seele. Dass der Allmächtige diese Ihnen erleichtern und Sie mit seinem Trost stärken möge, ist nun mein herzlicher Wunsch. Und unter dieser Stärkung meine ich im Besondern die Fähigkeit, bald durch die Arbeit das innere Gleichgewicht wiederherzustellen. Sie werden dabei nur im Sinne Ihres Gatten handeln. Im Sinne einer von uns geliebten Persönlichkeit, die wir verloren, weiterzustreben, ist eine große Freude mitten im Kummer. Ich sage Ihnen heute nichts mehr, denn Sie kennen mich zu gut, um nicht ohne meine Worte zu fühlen, wie sehr ich den Verlust des ausgezeichneten und edlen Mannes, der mir stets so zugetan war, empfinde! Sprechen Sie den Kindern meinen Anteil aus.

191. Fanny Lewald an Carl Alexander

Berlin, den 19. November 1876
Matthäikirchstraße 21

Königliche Hoheit! und mein gnädigster Herr! verzeihen Sie es mir, wenn ich erst heute Ihnen meinen Dank abstatte für die Trostesworte und für den Ausdruck Ihrer Teilnahme, die Sie mir gespendet haben. Ich konnte nicht schreiben! – und ich kann es noch nicht, ohne befürchten zu müssen, dass mein Schmerz mich fortreißt, dass ich Ihnen mit dem Ausdruck eines Leides zur Last falle, gegen das Sie mir keine Hilfe spenden können.

Dreißig Jahre einer geistigen Gemeinschaft ohnegleichen, einundzwanzig Jahre einer unsäglich glücklichen Ehe lassen sich aus dem Leben eines Menschen nicht mit dem Vorsatz »sich zu fassen«[37] ungelebt machen.

Ich besitze sie in mir als ein unschätzbares Glück, als ein Heiligtum – aber die Welt, die vor mir liegt, und das Stück Leben, das ich vielleicht noch einsam zu bewältigen habe, starren mich wie die Wüste an – und das ist auch mit meinem besten Willen nicht zu ändern.

Sie kennen mich lange genug, mein gnädiger Herr! um zu wissen, dass ich die Hände nicht in den Schoß lege. Ich habe mancherlei zu tun, um den Absichten und Vorhaben meines Mannes zu entsprechen, und ich gehe an jedem Tag an die Arbeit, als säße er bei der seinen in der Nebenstube. Mehr kann ich nicht tun – und das Übrige ruht auf den Knien der Götter!

Sie aber, mein gnädiger Herr! verzeihen mir diese Zeilen – ich kann noch nicht anders! Und ich höre deshalb lieber auf. Erhalten Sie mir in meiner Einsamkeit Ihr Wohlwollen, Königliche Hoheit, und führt Ihr Weg Sie einmal wieder nach Berlin, so verschmähen Sie es nicht, mir die Freude Ihrer Gegenwart zu gönnen. Stahr war Ihnen von Herzensgrund ergeben, und Ihre Zuneigung zu ihm war ihm ein großes Glück.

Ich bleibe in den Räumen, in denen wir sechzehn Jahre Glück und Leid geteilt haben – aber mir ist, als wäre ich ein spukender Geist, der nicht lassen kann von der Stätte, auf der er sein Leben gelebt hat – und doch ist mir hier weitaus noch am besten!

Leben Sie wohl gnädigster Herr! und bewahre ein gütiges Geschick Sie so lang wie immer möglich vor den Erfahrungen, die keinem erspart werden und die eine der harten Bedingungen unseres Menschenloses sind.

XII

29. Dezember 1876 – 12. November 1878

Herman Grimms »Neue Novellen« – Goethes »Dichtung und Wahrheit« – Rietscheldenkmal und Fürstenfries in Dresden – F. Lewald in Rom – »Briefe in die Heimat« – Maler v. Otterstedt – Tod Viktor Emanuels – Italienische Sittenlosigkeit – Boitos Oper »Mefistofele« – Tod von Papst Pius IX. – Donizettis »Belisario« – Carl Alexanders 25-jähriges Regierungsjubiläum – Untergang des »Großen Kurfürsten« – Attentate auf Kaiser Wilhelm I. – Auflösung des Reichstags – Die Zeit Goethes und die unruhige Gegenwart – Carl Alexander und Dr. Ried – Die Verdienste des Großherzogs um Weimar

192. Fanny Lewald an Carl Alexander

Berlin, den 29. Dezember 1876
Matthäikirchstraße 21

Verzeihen Sie es der berechtigten Selbstsucht, wenn ich das Jahr nicht zu Ende gehen lasse, das mir so Unersetzliches genommen hat, ohne Sie zu bitten, dass Sie mir die altgewohnte Gunst Ihrer Teilnahme und Ihres Wohlwollens erhalten, deren ich für meine Empfindung jetzt mehr denn je bedarf.

Stahr und ich haben nie aufgehört, es Ihnen von Herzensgrund zu danken, wie Sie uns Ihren Beistand unaufgefordert, mit verständnisvoller Großmut in den Zeiten angeboten haben, in denen er sein Leben zum Zweck seiner Verbindung mit mir umzugestalten hatte; und glücklicherweise haben Sie jenen warmherzigen Anteil an uns nicht zu bereuen gehabt. Einundzwanzig Jahre einer idealischen Ehe sind uns zuteil geworden – und meines Mannes Kinder und seine noch lebende erste Frau sind mir nahe, als wäre es anders nie gewesen. Haben Sie Dank dafür, dass Sie damals an uns geglaubt haben, mein gnädiger Herr! und lassen Sie mir die Zuversicht – jetzt, wo ich am Ende des letzten Jahres, das ich mit Stahr verlebt – in mir überschaue, was mir noch bleibt, dass ich auch Ihre Gunst in die Zukunft mit hinübernehme, die noch vor mir liegen mag.

Ich habe in diesen Tagen unablässig an Sie, Königliche Hoheit! und an Stahr gedacht, als ich Grimms Vorlesungen über Goethe[1] gelesen habe. Ich hätte so gern wissen mögen, wie Sie darüber denken, und hätte Stahrs Urteil darüber hören mögen. Denn während ich mir sage, dass das Werk bedeutend, sehr anziehend ist, dass ein tüchtiges Wissen, eine große Verehrung vor Goethe sich darin kundgeben, dass es viel klarer und einfacher, also edler in Darstellung ist, als ich sonst von Grimm etwas gelesen habe, kommt mir doch ein fremdes, kältendes Element daraus entgegen – so etwa als hätte man den Schöpfer über das Geschaffene vergessen.

Ich kann mich nicht darin finden, dass Goethe eigentlich weder Friederike von Sesenheim noch Lotte recht geliebt haben soll – und es will mir nicht eingehen, dass die kritisierende Nachwelt einem Menschen, einem Dichter beweisen möchte, was die Dinge für ihn gewesen sind in dem Moment, in dem er sie erlebte – und dass sie ihm nicht das gewesen sein sollen, was er von sich und ihnen aussagt. Leider bin ich im Zitieren nicht fest, aber mir schwebt immer ein Vers vor im Sinne etwa des Inhalts:

»Die Gegenwart von einem braven Jungen«[2]

ist doch auch etwas. – Es ist mir so, als hebe Grimm den Baum Goethe aus dem Boden seines Daseins heraus, als entstehe eine Lücke, wo ein Leben war – kurz! ich betrachte das Buch mit großer Anerkennung, finde sehr viel Schönes darin, glaube ihm manches nicht und habe eine Art von mir unerklärbaren, aber gewiss berechtigten – für mich berechtigten – Missempfinden dabei, das ich mir von einem anderen erklären lassen möchte. – Ich denke mir, dass Sie das Buch bereits gelesen haben – wo nicht, tun Sie es immer! Es liest sich gut und wird Sie fesseln.

Heute las ich in den Zeitungen, dass man den Gemahl Ihrer Hoheit der Fürstin von Reuß als den künftigen Präsidenten unseres Herrscherhauses bezeichnet[3] – und ich freue mich dessen für mich, weil ich hoffte, dass Ihre Hoheit, die ich seit ihrer ersten Kindheit nie wiedergesehen habe, dann hier viel verweilen und Sie des öfteren hierher verlocken wird. – Sie werden finden, mein gnädigster Herr! dass die Jahre mich egoistisch machen! Aber von nah und fern ruft man mir zu: ich solle anfangen *für mich* zu leben! Da ich das gar nicht, aber auch gar nicht gewohnt bin, fang' ich's auch ungeschickt an und denke bei allem und jedem an mich – an das, worauf ich mich freuen könnte –, und Sie wissen, mein gnädiger Herr! dass Sie wiederzusehen uns immer ein freudiges Ereignis war und mir ein solches bleiben wird.

Sei das neue Jahr Ihnen ein Erfüllen aller Ihrer Wünsche. Ihr Enkelsohn wird Sie jetzt schon kennen – und das ist eine große Freude.

Sei Ihre Gesundheit, Ihre Frische dauernd – und haben Sie die Gnade, mich Ihrer Königlichen Hoheit, der Frau Großherzogin, in das Gedächtnis rufen zu wollen.

193. Carl Alexander an Fanny Lewald

Weimar, den 5. Januar 1877

Ganz Recht haben Sie, sich auf Ihre eigene Überzeugung in Bezug auf mich zu stützen. Mit dieser, durch diese Versicherung danke ich Ihnen für Ihre glückwünschenden, vertrauensvollen Zeilen von dem 29. Dez. v. J. Ich glaube, dass diese mir Glück bringen werden, denn ich glaube an die Kraft herzlicher Gesinnungen. Glauben Sie auch den meinen, wenn ich Ihnen wünsche, dass Gott in Seiner Gnade Sie erleuchten möge, Seine Prüfung einzuflechten in die fernere Lebensaufgabe.

Grimms Werk kenne ich noch nicht. Goethe braucht ein jeder, der wahrhaft sich zu bilden strebt. Kein Wunder also, dass man über den ersteren so verschiedene Urteile hört, denn jeder legt ihn sich aus, wie er kann – und wie er selbst ist. Das subjektive Urteil ist meist das Spiegelbild des Urteilenden. Dass Goethe wahrhaft geliebt hat, beweisen die Früchte seiner Leiden; doch wusste er schließlich immer Maß zu halten. Und da das die wenigsten in unserer Zeit verstehen noch wollen, glauben sie nicht dem Quell, aus dem Goethe schöpfte.

Ich werde eine schmerzliche Freude empfinden, Sie wiederzusehen. Doch nicht im Vorübereilen kann ich dies. Deshalb mein Vermeiden jedes Besuches bei meinen neuesten so kurzen Aufenthalten im Kreis meiner Familie zu Berlin.

Die Großherzogin dankt herzlich für Ihren Gruß, dem ich den meinigen wiederholend anschließe.

194. Carl Alexander an Fanny Lewald

Weimar, den 2. Februar 1877

Empfangen Sie meinen herzlichen Dank für den so aufrichtigen und treuen Anteil[4], den Sie an meinem doppelten Kummer nehmen. Gottlob sind wir in Bezug auf unsere Tochter beruhigt, denn sie schreitet in ihrer Genesung vorwärts. Gott wird ihr beistehen, die Prüfung zu ihrem Besten zu verwenden, die Sein heiliger Wille ihr auferlegt. Und auch mir wird Gott beistehen, den schweren Verlust zu ertragen, den ich erlitten. Wohl haben Sie zu sagen Recht, dass es hierzu Zeit braucht; aber ein Irrtum ist es zu glauben, man könne nicht leben, wenn man des Todes gedenke. Im Gegenteil lehrt das Leben erst recht, dass der Tod kein Aufhören, sondern ein Eintreten in eine andere, also fortgesetzte Lebenstätigkeit ist. Diese Überzeugung ist aber uns eingepflanzt wie eine Notwendigkeit. Nun aber ist Gott die Wahrheit und nicht der Trug. Was uns eingepflanzt in unsere eigne Natur ist also Wahrheit. Dieses Faktum hilft denn auch, großen Kummer einzuweben in die Lebensaufgabe, und das empfinde ich fortwährend.

Gott sei mit Ihnen, von Herzen wünsche ich es Ihnen.

195. Fanny Lewald an Carl Alexander

Berlin, den 23. April 1877

Die ganze Zeit her habe ich Ihnen schreiben wollen, um Ihnen zu sagen, wie wohl mir Ihr lieber Besuch[5] getan hat; aber nach den Zeitungen wusste ich Sie so mannigfach beschäftigt und sogar von transatlantischen Besuchen hingenommen, dass ich es von Tag zu Tag verschoben, weil ich mir sagte, Sie selber würden es wissen, welche Freude Sie mir gemacht haben.

Nun aber ist der Band *Novellen*[6] fertig, von dem wir gesprochen haben, und ich darf Ihnen denselben hierbei übersenden. Sie finden wohl Zeit, sie zu lesen, und ich denke sie sollen Ihnen alle – mehr oder weniger – zusagen; denn von dem rohen Realismus, der uns in hässlicher Daguerrotyp-Treue oft das Widerwärtige ausmalt, dem wir im Leben aus dem Weg zu gehen trachten – davon wenigstens weiß ich sie frei, und das Credo, zu dem Sie und wir uns bekannt haben und bekennen, bürgt mir dafür, dass Ihnen ein sympathischer Ton und Hauch aus meinen kleinen Schöpfungen entgegenkommen wird. Lassen Sie sich dieselben freundlich empfohlen sein. Es findet sich wohl in Ihren Sommer-Ruhetagen hie und da eine halbe Stunde, die Sie den kleinen Arbeiten, und damit mir, zuwenden können.

Ich selbst habe viel Goethe gelesen, und namentlich *Dichtung und Wahrheit* – und dabei – Sie wissen, gnädigster Herr! was mir Goethe ist – doch wieder die Empfindung gehabt, dass die eigentliche Kindheits- und erste Jugendgeschichte, dasjenige oder diejenige von Goethes sämtlichen Arbeiten ist, der die Ursprünglichkeit, die Frische der Jugend, die Naivität fehlt, welche z.B. in seinen Jugendgedichten so entzückend ist. Ich habe immer die Empfindung beim Lesen gehabt, als sähe ich die pompejanischen Wandgemälde, in denen Genien und Amoretten sich alle Masken vorhalten – und ist das sündhafte Wort *zopfig* Goethe gegenüber uns irgendwo erlaubt, so ist es hier. – All sein Tun und Treiben ist so fürchterlich objektiv und reflektiert, so summarisch darin dargestellt, dass die in der Kindheit so große Subjektivität damit vollkommen zerstört ist. Goethe hat offenbar durch das große Erleben und das umfassende Denken seiner 62 Jahre das eigentliche Kindesleben vergessen gehabt. Aber die tiefsinnigste Reflexion ersetzt die harmlos fröhliche Tatsächlichkeit der Kindheit nicht – und bis zu der Zeit, in welcher Goethe zur Universität geht, bleibt diese die Wahrheit nicht wahr wiedergebende Darstellungsweise sich gleich. Dass dazwischen das *Märchen* und die Darstellung des Lebenswegs der Erzväter entzückend sind, das steht unwandelbar fest – aber weder dies *Märchen* kann von einem 10-jährigen Knaben erdacht sein, noch kann ein 12-jähriger solche Anschauungen von dem Leben der semitischen Nomadenstämme gehabt haben. Das sind absolute Unmöglichkeiten – und frisch und naturwahr wird das Werk eigentlich erst mitten in der Leipziger Zeit, hinreißend und wundervoll charakterisierend erst in Straßburg. Aber da auch so fesselnd und so liebenswert zugleich, dass man sich nicht davon losreißen kann.

Ich will mich aber vom Schreiben losreißen – sonst beanspruche ich zu viel von Ihrer Zeit; und wer den Menschen verloren hat, mit dem er gewöhnt war, jeglichen Gedanken zu teilen, wer so auf einsames Erleben und Denken angewiesen ist wie ich seit meines Mannes Tod, der läuft Gefahr, sich gehen zu lassen, wo er eines geneigten Hörers sich sicher weiß, wie ich Ihnen gegenüber.

Meine Gesundheit ist noch nicht gut, ich komme zu keiner rechten Erholung, bin noch sehr schlecht zu Fuß, aber doch besser als im März. Ich sehe mir zu, wie es werden will, versuche auch zu arbeiten – aber auch das geht noch nicht, und das Wort aus Makariens Tagebuch »Mit den Jahren mehren sich die Prüfungen«[7] ist nur zu wahr. Man muss sehen, die guten Stunden, die sich dazwischen finden, recht auszunutzen, und darauf vertrauen, dass die Neigung und Teilnahme unserer jüngeren Zeitgenossen uns bis zuletzt erhalten bleibt.

Auf die Ihrige, Königliche Hoheit, vertraue ich felsenfest – und dass ich dies kann, gehört zu dem Glück, das ich noch besitze.

Lesen Sie die *Martina* zuerst, weil sie, wie man mir sagt, der Frau Fürstin Reuß sehr wohl gefallen hat.

Ich bleibe bis Mitte oder gegen Ende Mai in Berlin, gehe dann in die Nähe von Dresden und werde sehen, was ich nachher mit mir mache.

Möchte Ihr Sommer gesund und von allem Erfreulichen gesegnet sein.

196. Carl Alexander an Fanny Lewald

Weimar, den 27. April 1877

Ich werde mit Ihrem mir eben übersendeten Novellenband nach der Wartburg reisen – dem besten Ort, um jenen zu genießen, Ihnen also allmählich zu danken. Indessen tue ich es bereits für Ihren Brief, wenn auch nur mit wenigen Worten, denn es mangelt mir die Zeit, anders zu handeln. Ich kann Ihnen in Bezug auf unser großes Vorbild, auf Goethe, nur Recht geben, denn die Kinderjahre könnten kindlicher wohl behandelt sein; in den späteren Lebensabschnitten konnten Epoche und Objektivität sich passend begegnen. Immer bleibt Letztere uns der Schlüssel der Macht des Goetheschen Geistes. Und da Letzterer den zu behandelnden Gegenstand immer vollständig beherrscht und zur richtigen Geltung bringt, ist das Mittel zu preisen, durch das dieser Geist so ewig Bedeutungsvolles hervorbrachte und so ewig bedeutend das Leben in sich wie außer sich verwertete. – Möge Gott Ihnen bald zu der Kraft wieder verhelfen, die Prüfung mit dem Leben auszugleichen, sodann zu neuer Tätigkeit vorwärtszuschreiten. Dann werden Sie auch wieder gesunden. Dazu wird auch gewiss die Luft und die Ortsveränderung beitragen, der ich mich deshalb im Voraus freue. Am meisten aber tue ich es der so herzlichen Erinnerung, die Sie mir bewahren und die ich so aufrichtig erwidere.

197. Fanny Lewald an Carl Alexander

Auf dem weißen Hirsch bei Dresden, den 26. Juni 1877

Weil Stahrs Töchter sehr genau wissen, wie sehr Ihre Teilnahme mir Bedürfnis und wert ist, haben sie mir mitgeteilt, dass Ew. Königliche Hoheit sich bei ihnen nach mir erkundigt hat und haben mir Ihren Gruß bestellt. Haben Sie Dank dafür.

Sonderbar ist es, dass ich die ganzen letzten Tage sehr viel an Sie gedacht habe und ohne den entferntesten Anhalt dazu zu haben, immer mit dem Glauben, ich würde Sie in Ragaz sehen, wohin ich morgen reise. Sie wissen, dass ich von Ahnungen nicht eben Profession mache und sehr gewärtig bin, dass diese gerade sich nicht erfüllt; aber macht es vielleicht, dass wir das Glück hatten, Sie in Helgoland und Ostende zu treffen oder hat mich der Aufenthalt des Königs von Sachsen auf die Vorstellung gebracht, dass auch andere regierende Herren das Bad besuchen könnten, genug – soft ich an Ragaz denke, denke ich, dass ich Sie dort treffen werde, und so töricht das klingt, es wird mir eine Enttäuschung sein, wenn es, wie ich voraussehe, nicht geschieht, da Sie ja gewöhnlich ein Seebad zu besuchen pflegen. Möchte Ihnen heilsam und gesegnet sein, was immer Sie unternehmen.

Mir, mein gnädigster Herr! geht es besser. Ich erkenne, dass mein Organismus doch noch eine Art herstellender Kraft hat, wenn ich ihm sicherlich auch nicht mehr werde bieten dürfen, was ich ihm früher zugemutet habe. Indes da es mir noch beschieden ist zu leben, habe ich es als ein Glück zu erkennen, wenn es unter verhältnismäßig günstigen Bedingungen geschieht – und das will ich denn auch tun.

Ich bin die letzten Wochen immer in der Nähe von Dresden und ein paarmal auch in Dresden gewesen, und habe von dem

Rietschel-Denkmal und an dem Sgraffitto-Bild am Fürstenhaus große Freude gehabt, weil sie dem Volk verständlich und dem Gebildeten doch zugleich erfreulich sind. Wenn ich dies Stück gemalter Geschichte mit dem »allegorischen Menschensalat« vergleiche, wie Stahr die Schinkelschen Fresken am Berliner Museum zu nennen pflegte, die kein Mensch verstehen kann, der nicht mythologische Gelehrsamkeit besitzt, und daneben an das Anton Wernersche Relief denke, das unter dem Kiosk an der Siegessäule im Verborgenen blüht, so komme ich immer wieder auf die alte Klage zurück, dass Berlin hinter fast allen Städten mit seinen Monumenten und monumentalen Kunstwerken zurücksteht. Denn die National-Galerie, die ich erst in diesem Frühling habe kennen lernen, und die wie das Cyrus-Grabmal im Layard[8], aber genauso, aussieht, ist erst recht ein Unheil! Und nun die innere Einteilung oben in der Bildergalerie – Winkel an Winkel, und alles so eng, dass ich z.B., die fernsichtig ist, absolut nichts sehe. Aber davon ein andermal hoffentlich mündlich.

Allein in die Welt zu reisen, nur mit meinem Mädchen – und für mich allein etwas zu unternehmen, wird mir bitter schwer; aber nach Ragaz in das Hotel Hof Ragaz gehe ich insofern gern, als ich die außerordentliche Wirksamkeit dieser unvergleichlichen Quelle gegen Rheumatismen und Nervenleiden an Stahr und mir verschiedentlich erprobt habe. Es hat kein anderes mir bekanntes Bad den Reiz, dass man in beständig fließendem warmen Wasser sitzt, und mit Teplitz ist es gar nicht zu vergleichen, weil in Ragaz die Temperatur des Bades sich immer gleich bleibt.

Mein Arzt verlangt, dass ich den Sommer in der Schweiz zubringe – auf mittlerer Höhe. Ich weiß selbst nicht, wohin ich mich wenden werde, und will es vom Zufall abhängen lassen. Das beraubt mich der Aussicht, Sie wie in den letzten Sommern bei Ihren Besuchen in Liebenstein zu sehen – aber da Sie mir diese Gunst nun nicht zuwenden können, mein gnädiger Herr, so erhalten Sie Ihre Gnade auch in der Ferne Ihrer getreuen

F. L.-St.

198. Fanny Lewald an Carl Alexander

Rom, den 26. Oktober 1877
Hotel Molaro, Via Gregoriana

Verkennen Sie mich nicht, wenn ich Ihnen erst heute, nach Monaten sage, wie Ihr gütiger Brief, der mich in Ragaz[9] empfangen, mir wohlgetan hat, und wie er das Dankgefühl, das ich für Sie im Herzen trage, nur noch gesteigert hat.

Wenn ich Ihnen schreibe, gnädigster Herr! so fällt mir immer Lessings: »Klagen, nichts als Klagen! Bittschriften, nichts als Bittschriften!«[10] ein; und ich möchte dann, weil ich Sie so sehr verehre und den Zusammenhang mit Ihnen so wert halte, nicht zu denen gehören, die Ihnen in irgendeiner Weise beschwerlich fallen – wäre es auch nur durch ihre eigene innere Fassungslosigkeit. Denn wie man sich denen, die man sich geneigt wünscht, nicht gern in ungehöriger äußerer Erscheinung naht, so möchte ich und mochte ich Ihnen nicht schreiben, ehe ich zu einem gefesteteren Geist gekommen war – und es gehört Zeit dazu, sich mit sich selbst in das Gleiche zu setzen und in so vorgerücktem Alter ein neues und einsames Dasein leben zu lernen.

Wie schwer mir das geworden ist, wie ich mit den immer neuen Rückfällen zu kämpfen habe, die jeder so liebe Rückblick in eine glücklichere und so glückliche Vergangenheit in mir hervorruft, davon will ich schweigen. Genug – ich habe versucht, mich mit einem etwas gewaltsamen Mittel herzustellen, und bin, da der Arzt mir geraten hatte, einmal dem nordischen Winter auszuweichen, resolut nach Rom gegangen, wo ich mich mit dem Herzen heimisch fühlte.

Die ersten Tage war es mir hier recht schwer. Nun sie zurückgelegt sind, glaube ich, dass ich gut getan habe, hierher zu gehen; denn, wie Stahr in einem seiner Epigramme sagte,[11] Rom »gibt jedem so viel, als er nehmend zu fassen vermag!«, und es ist eben doch ein Einziges, ein mit nichts anderem zu Vergleichendes. Ich bin jetzt sechs Tage hier, habe nichts gesehen, nichts getan als mich wie sonst beschäftigt und bin auf dem Pincio spazierengegangen. Aber man fühlt, wenn man von dieser Höhe herabsieht auf die Stadt und das Land, als beherrsche man die Welt, als schwebe man wie ein Adler, hoch über allem Niederen und Geringen – und dabei wird einem in dem

Hinblick auf das große, historische Allgemeine das Herz so weit und frei, dass man sich weit mehr als sonst befähigt fühlt, auch das Kleinste tiefer denn je zuvor zu genießen. – Ob der Papst der Stellvertreter Gottes ist, darüber mögen andere ihr Urteil sagen; ich finde nur, dass es etwas Wundervolles, Hochbeglückendes sein muss, auf diesem Boden zu schaffen und zu wirken. Sonderbar genug! Die Stadt ist voll modernen Lebens, ist merkwürdig viel reinlicher, ist eleganter geworden, ist voll Militär, und ich weiß, auf dem Quirinale, das ich aus meinem Seitenfenster sehe, thront der König von Italien. Aber – es ist so, als wäre das alles nur auf der Oberfläche! Und wie in den Häfen und in den kleinen Straßen heute noch aus allen Fenstern die gewaschenen Betttücher und die gewaschenen Lumpen heraushängen, obschon die Häuser vorn frisch getüncht sind und alle möglichen Dinge in ihren Läden feilgeboten werden – so steckt in der Residenzstadt des *Regno d'Italia* doch noch das ganze alte katholische päpstliche Rom. Und wie ich mich von Herzen des geeinigten Italiens freue, habe ich – wenn ich mich ehrlich frage – hier noch nicht einmal an Viktor Emanuel, aber immer an den Papst, nicht an das Quirinal, sondern immer nur an die Peterskirche und an den Vatikan gedacht. Eine solche Vergangenheit lässt sich nicht abtun durch den äußeren Wechsel der Ereignisse. Auch als ich heute einen Senator des Reiches, der mich besuchte, fragte: »Was wird denn werden, wenn Pius IX. einmal stirbt?«, antwortete er mir: »Davon hat kein Mensch, wie ich glaube, eine bestimmte Vorstellung!« – Eine Französin, die uns neulich bei einer Damenaudienz gesehen hatte, versicherte mich, er sei sehr rüstig, sehr heiter gewesen, aber man nenne ihn verstimmt durch die Ereignisse in Frankreich.

Als wir vor 32 Jahren hier waren, starb, als wir nach Ischia gegangen waren, Gregor XVI., und wir erlebten den Enthusiasmus des Landes für Pius IX. Vor zehn Jahren erlebten wir hier den Abmarsch der Franzosen. Es wäre eigen, wenn ich auch jetzt hier einem großen historischen Moment beizuwohnen hätte.

Aber Sie würden staunen, gnädigster Herr! wie Rom sich verschönt hat, ohne an seiner Wesenheit zu verlieren! Und ich wollte, ich hätte das Glück, Sie einmal hier, wie an manch anderem Ort, plötzlich und unerwartet vor mir zu sehen.

In Florenz hat man mir mit großer Anerkennung von einem Weimarischen Maler von Otterstedt[12] gesprochen, der hier sein soll und den ich aufzusuchen denke. Sie erleben doch rechte Freude an Ihrer Kunstschule, gnädigster Herr! Und so möge Ihnen denn alles gelingen und gedeihen, was Sie wünschen und angreifen, und mir Ihre Güte erhalten bleiben, die der Vereinsamten doppelt wertvoll ist.

Haben Sie die Geneigtheit, mich Ihrer Königlichen Hoheit, der Frau Großherzogin, zu empfehlen, und glauben Sie – was Sie glücklicherweise wissen, dass ich von ganzem Herzen Ihnen ergeben bin.

199. Carl Alexander an Fanny Lewald

Wartburg, den 1. November 1877

Mit wahrer Befriedigung erkannte ich schon auf dem Umschlag Ihres Briefes vom 26. v. M. den römischen Stempel, mit noch größerer sehe ich aus dem Inhalt Ihrer Zeilen, dass Sie den Entschluss gefasst haben, diesen Winter in Rom zu bleiben. In jedem großen Kummer liegt immer ein Stück Krankheit. Um Ersteren in das Leben einflechten zu können, muss man Letztere zu behandeln wissen. Dies tun Sie durch den gewählten Winteraufenthalt. Er wird Ihre physischen Kräfte mit Gottes Hilfe wiederherstellen, und Sie werden sodann mit erneuter Geistesfrische tätig sein können. In diesem inneren Ausgleichen und Bauen liegt die ganze Kunst des Lebens. Keinen Ort aber kenne ich, der dies mehr begünstigt, als gerade Rom. Ach wie so gern folgte ich meiner Sehnsucht dorthin! Wenn gute Wünsche, also wahre, weil herzlich gemeinte, helfen können, so wird es sich an Ihnen beweisen. Sie erhöhen meine Sehnsucht, indem Sie mir die Versicherung geben, dass Rom nicht durch die Neuzeit so verändert sei, um die alte Zeit zurückstehen zu machen. Ich hatte das Gegenteil gehört. Nun aber sprechen Sie von gewaschenen Betttüchern und Lumpen, die noch wie sonst aus den Fenstern hängen, und beruhigt sehe ich mich in Gedanken schon in Rom. Einstweilen bin ich hier, an diesem mir so sympathischen Ort, wo ich zwar nicht die Vorteile Roms genieße, aber eine vortreffliche Luft, eine harmonische Umgebung und die nötige Ruhe zur Sammlung und Arbeit.

Herrn von Otterstedts Talent ist ungewöhnlich. Ich wünsche ihm gleichen ernsten Fleiß, denn gern wünscht man jedem Künstler die Bedingung der Bedeutendheit.

Und nun leben Sie wohl und Gott sei mit Ihnen.

200. *Fanny Lewald an Carl Alexander*

Rom, den 15. Januar 1878
Hotel Molato, Via Gregoriana

Die ersten Tage des Jahres wage ich es mir nicht, mich in die Reihen derjenigen zu stellen, welche Ihnen Glück zum neuen Jahr wünschen. Nun aber, da die ersten Wochen desselben verstrichen sind, möchte ich Ihnen gern deutlich machen können, wieviel Gutes ich Ihnen wünsche, und wie zuversichtlich ich hoffe, dass Ihre Gesundheit, Ihre so edel benutzte Kraft Ihnen noch lange, lange in aller Frische − dass Sie Ihrem Land und dem ganzen Vaterland − und mir auch − Ihre Gnade und Teilnahme erhalten bleiben, die zu dem Besten gehören, was ich besitze. Bleiben Sie leben und gesund! Bleibe Ihnen erhalten, was Ihr Glück erfordert, bleibe Ihnen fern, was dasselbe trüben könnte, und möchten uns allen eine lange Reihe von Friedensjahren beschieden sein.

Sie können gar nicht denken, gnädiger Herr! wie oft ich hier mit meinen Gedanken bei Ihnen bin, weil ich weiß, dass Sie Rom lieben und gern hier sein würden. Wüsste ich, dass es Sie irgend interessiert und Sie eine Stunde fänden, sie zu lesen, so schickte ich Ihnen in ein paar Wochen einige Artikel, die ich von hier aus für die *Kölnische Zeitung* geschrieben habe. Zwei sind gedruckt, zwei andere werden bis Anfang Februar gedruckt sein. Es sind eben einfache Briefe, die nichts sein sollen als Farbenskizzen, wie man sie für sich selber macht; und Ihnen, gnädigster Herr! würde ich sie nur schicken, weil sie Ihnen beweisen werden, wie sehr Rom noch Rom, das alte, überraschende, eigentlich ganz unmögliche und doch ewige Rom ist und bleibt.

Augenblicklich ist die Stadt, die überhaupt laut und unruhig geworden ist, selbst bis hier oben hinauf, ein Bienenstock voll Bewegung. Der Tod des Königs[13], der sehr überraschend kam und erschütternd wirkte, die Aussicht auf Sehenswertes hat natürlich alle Fremden aus ganz Italien, und aus allen Städten Italiens Deputationen u.s.w. hergelockt – und wer über die Eigenart der Menschennatur noch Aufklärung bedarf, wer es noch nicht weiß, wie in den Massen das Empfinden des Einzelnen rasch in das Gegenteil verkehrt werden kann, der kann diese Studien hier vielseitig und bequem durchmachen.

Der erste Eindruck von dem Tod des Königs war ein tiefer – und – lassen Sie mich Ihnen das im Vertrauen hinzusetzen, ein dem Volke sehr nötiger und heilsamer. Die Italiener wurden daran erinnert, dass sie nicht immer ein geeinigtes, ein sich selbst bestimmendes Volk gewesen sind. – Sie wurden daran erinnert, dass Viktor Emanuel[14], wie man allgemein behauptet, mit vielfacher Hintansetzung seiner persönlichen Ansicht, das für das Allgemeine, für das Vaterland Notwendige zur Ausführung hat bringen helfen – und ich glaube, sie haben es dringend nötig, daran erinnert zu werden. Jetzt – und das ist das cambiamento[15], das sich, wie ich vorhin bemerkte, aus der Empfindung des Einzelnen, in den Massen im Handumdrehen vollzieht – interessiert sie nichts als das Schaugepränge des Leichenzugs, die Prachtzeremonie bei des Königs Schwur auf die Verfassung – und das alte »Brot und Spiele« kommt nur in erneuter Gestalt wieder auch hier zur Geltung.

Mich hat des Königs Tod sehr ergriffen, denn er war für mein Erinnern der Abschluss eines großen, edlen Ringens um die Selbständigkeit einer Nation. Ich habe Silvio Pellico hier noch 1846 einmal gesprochen, war hier, als die Söhne des General Bandiera in der Romagna füsiliert wurden – habe Manin, Garibaldi, Cernuschi[16], beiläufig einer der schönsten Menschen, die ich gesehen, Santini, Mazzini persönlich gekannt – und dachte daran, wie Sie, gnädigster Herr! einmal aus Ihren Mailändischen Erfahrungen uns den Eindruck bestätigt, den wir von dem Verhältnis der Italiener dort zu der Fremdherrschaft empfangen hatten. Auch die Zeiten des französischen Schutzes über Rom, und des endlichen Abmarsches der Franzosen, die unglaublich demoralisierend gewirkt, von Rom, in einer kalten Nacht von 1866 hatte ich im Gedächtnis. Und nun lag das alles als Überwundenes hinter unserer Zeit, und nur der Greis im Vatikan ragte in stiller Aktivität und Wirksamkeit noch über das alles hervor, während der König, den ich den Tag vor seinem Erkranken in anscheinender Riesenkraft über den Pincio hatte fahren sehen, nicht mehr war.

Im Ganzen finde ich nicht, dass, soweit ich es beurteilen kann, die selbstherrlich gewordenen Italiener besser sind als die unterdrückten. Sie kommen mir dem idealen Streben sehr entfremdet vor, obschon vielerlei sehr Gutes und Nützliches für die Volkserziehung, für die Fortbildung der Frauen u.s.w. geschieht. Aber neben diesem geht ein Zug des persönlichen materiellen Egoismus, wie ich Ihn, wenn ich die hiesige Volksvertretung mit der unseren vergleiche, bei uns nicht finde. Bei uns ist in vielen Fällen persönliche Eitelkeit, die aber doch ein Ideales will, das freilich eben durch das Individuum ausgerichtet werden soll – hier ist Habsucht und Herrschsucht vorherrschend. Und was mir am Bedenklichsten für die Zukunft des Volkes erscheint, ist die geradezu schreckenerregende Schamlosigkeit der Sittenlosigkeit. Sie verschmähen selbst die Huldigung, welche das Laster mit der Heuchelei der Tugend darbringt. Ich habe schon auf der Reise in den Coupés erster Klasse Dinge als ganz natürlich erzählen hören, die sich bei uns vielleicht junge Leute in Wachstuben oder in der Intimität erzählen mögen, und neulich in bester ital. Gesellschaft bei Anlass von Viktor Emanuels getadeltem Privatleben sagten junge unverheiratete Männer zu drei jungen unverheirateten Damen, einer Deutschen, einer Engländerin und einer Italienerin: »Wer kann ihn denn tadeln? Machen wir es denn anders?« Das ist wörtlich! Und was ebenso schlimm ist, die Zeitungen behandelten das Thema in gleicher Weise. Ich glaube, dass die Sitten in Frankreich ebenso schlimm sein mögen, aber die hiesige Schamlosigkeit des Lasters – und ich bin doch kein Kind und keine Prüde – hat wirklich für mich etwas Empörendes. Ich kann mir nicht vorstellen, dass auf solchem Boden, wenn nicht eine Umarbeitung desselben auf ungeahnte Weise geschieht, sich für eine Nation eine große Zukunft aufbauen kann. Unwillkürlich fällt mir das Biblische: »Wenn aber das Salz dumb wird, womit sollen wir salzen?« ein.

Dazu hat – wie seinerzeit in der Franz. Revolution – das Zurückgreifen auf alte Vorbilder etwas, das mir wenig eigene Lebensfähigkeit verrät. »Man füllt den neuen Wein nicht in alte Schläuche!« sagt ebenfalls die Bibel – und es wirkte auf mich komisch, als man jetzt gleich mit der dem Volk hier eigenen Lust an spontaner Demonstration damit bei der Hand war, Viktor Emanuel zum »Vater des Vaterlandes« zu ernennen – während Rom, die Stadt von 280 000 Einwohnern noch keinen Wohnungsanzeiger hat. Wenn man wieder eine Weile unter den Italienern lebt, sieht man bei jedem Anlass, wie die alte, auf den schönen Schein gestellte Gesinnung noch unter ihnen lebendig ist. Es sind auch im Geistigen immer Fassaden, die sie vor alte elende Baracken bauen, wie die Päpste es an vielen der hiesigen Straßenecken getan *per far figura*! Ich werde immer deutscher, je mehr und je öfter ich unter den Romanen lebe.

Aber der Brief wird endlos! Des Kronprinzen von Deutschland[17] Anwesenheit wird sehr gut aufgenommen – und jeder will ihn sehen!

Ich werde, wie ich glaube, von allem, was in diesen Tagen an Pomp, an Trauer- und Huldigungspomp geleistet werden wird, nichts sehen – man wird klausnerisch mit den Jahren.

Aber Rom ist mir trotz alledem ein Genuss – selbst trotz der ungewöhnlich kalten und rauhen Tage.

Denken Sie, gnädigster Herr! – ehe ich schließe –, dass ein Italiener, Boito[18], sich aus den beiden Teilen des *Faust* ein Libretto gemacht und dies komponiert hat. Ich habe es neulich mitangesehen, d.h. die Oper. Sie heißt *Mefistofele* und ist ein sonderbares Gemisch von Gelungenem und Absurdem. Wie die Italiener es machen, den Text zu verstehen, ist mir ein Rätsel; aber darauf kommt es ihnen ja umso weniger an, als zwischen der Helena und der Sterbeszene des *Faust*, wie immer ein ganzes Ballett getanzt wird. Gegenwärtig die Loreley! Passagen im Text wie: *T'è noto Faust? Mef.: Il più bizzarro pazzo ch'io conosco* –[19] machen auf unsereinen einen sonderbaren Eindruck.

Aber nun muss ich schließen – sonst wird es Ihnen doch zu viel.

Bleiben Sie, Königliche Hoheit! mir wohlwollend und teilnehmend gesinnt, haben Sie die Gnade, mich Ihrer Königl. Hoheit, der Frau Großherzogin, zu empfehlen.

201. Carl Alexander an Fanny Lewald

Weimar, den 20. Januar 1878

Wenn ich Ihnen sage, dass der Brief, welchen ich gestern von Ihnen erhielt – er ist vom 15. d. M. – und der mir zunächst Ihre Glückwünsche zum neuen Jahr übermittelt, mich ebensosehr rührt wie erfreut und interessiert, so werden Sie leicht die

Herzlichkeit meines Dankes erkennen, den ich heute Ihnen ausspreche. Ich kann Ihnen aber nicht danken, ohne nicht auch Ihnen Gutes zu wünschen, also ein solches, das Ihnen wahrhaft wohltut – also zunächst die vollständige Herstellung Ihrer Gesundheit, sodann Freude am Schaffen und den Beweis, dass Ihr Schaffen gelinge. Gott möge diese Wünsche segnen, wie ich hoffe, dass Er diejenigen segnen möge, welche Sie so freundschaftlich mir entgegenbringen.

> Vedrò Napoli sì con piacere
> Ma con pensiero in Roma etc.[20]

singt ein italienisches Lied. Das ist die richtigste Antwort, die ich Ihnen auf Ihre Erinnerung sagen kann, welche Sie daran denken lässt, mir von Rom zu erzählen, weil Sie wissen, dass ich so gern dort bin. Etwas von mir ist denn auch immer daselbst. Sie werden es daher natürlich finden, dass ich Sie um die Zusendung Ihrer Briefe an die *Kölnische Zeitung* bitte. – Indessen schreiben Sie mir einen solchen, der sehr merkwürdig ist. An Ihrem Leben betätigt sich aufs Neue die Erfahrung, die ich schon so oft gemacht habe: dass ausgezeichnete Persönlichkeiten oft in solche Verhältnisse und Beziehungen kommen, die ihrer bevorzugten Individualität entsprechen. Die Aufzeichnung der hervorragenden Gestalten der jetzigen italienischen Geschichte schon, sodann die Erwähnung der außerordentlichen Ereignisse, deren Sie Zeuge in der »Ewigen« waren, beweisen meine Ansicht, und so erscheint es mir fast selbstverständlich, dass Sie auch bei diesem Ereignis zugegen sein mussten. Ihr voriger Brief sprach mir bereits von Ihrer Erwartung, aufs Neue etwas Großes in Rom zu erleben. Nun tritt es ein, wenn es auch nicht das erwartete Konklave ist. Der Eindruck dieses Ereignisses im Quirinal ist, aus der Ferne beobachtet, ein sehr mächtiger, und zwar, wie mir scheint, einer von denen, wo die Sache selbst zum Teil nur einen Vorwand, eine Gelegenheit abgibt, die Meinung zu äußern. Bis jetzt sehe ich Einigkeit in der nationalen Äußerung; da ich Italien sehr liebe, wünsche ich umso mehr, dass diese Einigkeit des Ausdrucks auf Einheit der Nation schließen lasse. Umso peinlicher ist mir daher die Wahrnehmung, welche Sie gemacht und welche Ihnen mit Recht in der Schamlosigkeit der Sittenlosigkeit eine emporsteigende Gefahr erkennen lässt. Ich will gern dem Klima etwas hierbei zugute halten, allein Ihre Bibelzitationen sind ebenso richtig wie Ihre Ansicht berechtigt: In solchem Gebaren liegt die größte Gefahr für die Nation. Eine Nation ist immer in Gefahr, welche nicht ihre Ehre in der Sittlichkeit sucht, sondern nach äußerem Schein strebt. Wohin dies führt, sehen wir in Frankreich genügend. Allein mir scheint die zunehmende Bildung in Italien nicht umsonst zu wirken, und so glaube ich, an was ich hoffe: an eine Kräftigung und Erstarkung der Nation. Würden Sie nicht daran denken, eine Reihe von historischen Beobachtungen über die verschiedenen von Ihnen in Italien erlebten Zeiten und von Ihnen gekannten dortigen Persönlichkeiten zu schildern? Ihr Geist und Ihre Feder würden dies vortrefflich können! Mir ist der Gedanke heute gekommen, als ich Ihren Brief ein zweites Mal las. Ich teilte Letzteren meiner Frau mit, die mich mit ihren herzlichen Grüßen für Sie beauftragt. Sie ist im Begriff – wenn die noch zwischen Frieden und Fortsetzung des Krieges[21] schwebenden Verhältnisse es erlauben –, zu unserer ältesten Tochter, nach Konstantinopel zu reisen, welche im nächsten Monat, so Gott will, ihr Wochenbett dort halten wird.

Und nun leben Sie wohl und lassen Sie mich Ihnen noch einmal herzlich danken. Ach, wie viel lieber sagte ich dies Ihnen mündlich.

202. Fanny Lewald an Carl Alexander

Rom, den 13. Februar 1878
Hotel Molaro, Via Gregoriana

Sie haben mich die Zeit her, sicherlich für weniger geschmeichelt gehalten, als ich es durch Ihre Erlaubnis gewesen bin, Ihnen die paar flüchtigen »Bleifederskizzen«[22] senden zu dürfen – denn mehr ist es nicht – die ich hier in Rom auf das Papier gebracht hatte. Aber ich wollte Ihnen gern alle 4 zusammen senden, und die 4. ist erst gestern zu mir gelangt, da die gewaltigen Ereignisse, welche die Welt zu erleben gehabt hat, der Tod des Papstes und die Einnahme Konstantinopels durch die Russen, die Zeitungen in Beschlag genommen und für solche Schattenrisse wie die meinen natürlich keinen Raum gelassen haben. Ich sende die vier Feuilletons gleichzeitig mit diesem Brief ab. Sehen Sie in denselben nichts, mein gnädigster Herr!

als die Wiederspieglung dessen, was Sie selber kennen gelernt und gesehen haben, so dürfen sie allenfalls bestehen – es ist das Werk des Augenblicks und bietet Ihnen als solches vielleicht eine freundliche Erinnerung an Ihre Fahrten durch Rom.

Dass ich die beiden großen Ereignisse, den Tod des ersten Königs von Italien und den Tod des letzten Papst-Königs[23], hier erlebte, ist mir vielfach interessant gewesen. Hat die Kurie Augen zum Sehen, und will sie sie zu vernünftigem Sehen benutzen, so muss sie erkennen, wie spurlos der Tod des Papstes in Rom – und in Italien – hingegangen ist, im Vergleich zu dem alles erschütternden Tod des Königs. Die Presse aller Parteien hat sich sehr gemessen, auch bei dem Tod des Papstes, betragen. Auch ich erinnere mich genau der Zeiten im Sommer von 1846, wo man in Neapel mit einer Art von enthusiastischem Hoffen an die Möglichkeit dachte, durch Pius IX. die Fremdherrschaft der Österreicher und Bourbonen in Italien gebrochen und Italien unter einem freisinnigen Papst als Königreich geeinigt zu sehen. Wäre ein solcher Papst möglich gewesen, so wäre auch die Erfüllung jener Hoffnung nicht unmöglich gewesen. Gehegt hat man sie! – Es kam aber anders.

Welche Gerüchte hier täglich im Schwange sind, können Sie sich denken. Den Ungrund und die Unmöglichkeit der Mehrzahl kann man mit geringster Überlegung immer leicht ermessen. Es war komisch, wie man sich mit der Frage aufregte, ob das Konklave auswärts gehalten, der Papst auswärts gewählt werden – d. h. also Rom aufgegeben werden würde. Dass sie fortgehen konnten, war das leichteste Ding von der Welt. Aber so klug waren die Herren schon, dass sie sich die Frage vorlegten, die mir zunächst einfiel: »Wie wollen sie mit dem neuen Papst wiederkommen?« Im großen Triumphzug wie in seine Hauptstadt? Das konnte nicht zugelassen werden. Zu Esel wie der Heiland nach Jerusalem? Das wäre rührend gewesen, aber doch antiquiert neben der Eisenbahn. Oder wie General Canrobert[24] im Paletot und Abenddunkel? Das hatte keinen Stil. Es war ein unnützes Gerede und Kopfzerbrechen!

Dagegen frage ich mich oft, welchen Eindruck es in Rom hervorbringen würde, wenn man heute oder wann immer eine Papstwahl proklamierte, und morgen führe der neue Papst in der alten roten Karosse mit den traditionellen Rappen und die Kardinäle wieder mit ihren drei Lakaien durch die Straßen.

Klug wäre das! Und obschon eine Anerkenntnis des Königreichs doch das größte *imbroglio*[25] für dasselbe. Das Königreich kann es gar nicht besser verlangen, nicht bequemer wenigstens, dünkt mich, als dass der Papst seine Rente oder Zivilliste nicht annimmt, und sich selbst in das Gefängnis bannt. Denn man mag die Sache stipuliert und geordnet haben, wie man will, zwei gleichberechtigte und so heterogene Gewalten in einer Stadt, von denen die eine, die geistliche, das Recht hat, mit allen Staaten der Welt selbständig Verhandlungen zu pflegen, und die weltliche Macht in dem Lande selbst vor ihr geistliches Gericht zu ziehen, d. h. zu exkommunizieren, sind ein solcher Widerspruch in sich selbst, dass keine Garantien oder Verträge ihn auflösen, oder auch nur ausgleichen können. Nun! Wir werden ja in einigen Wochen erleben, was geschehen wird! Jetzt ist das große »Man sagt«, dass die Königl. Familie der Totenfeier für den Papst beiwohnen zu wollen wünsche. Ich halte auch das wieder – wenn man nicht mit Gewissheit der beabsichtigten Aussöhnung sicher ist – für ein Gerücht; erfunden, um in den päpstl. Blättern sagen zu können, dass man den Wunsch der Königl. Familie zurückgewiesen habe, da die Exkommunikation gegen dieselbe nicht aufgehoben sei.

Man sieht diesen Dingen wie einer Schachpartie zu – und denkt sich sein Teil dabei! Besonders ich, die mit Macaulay glaubt, »dass man in Rom in der Peterskirche noch Messe lesen werde, wenn ein Neuseeländer auf den Trümmern von London Bridge stehend die Stelle suchen wird, wo sich einst die Paulskirche erhob«.[26] Ich glaube, so ungefähr lauten die Worte – ich bin hier ohne jede Bibliothek auf mein armes Gedächtnis angewiesen.

Dies, ohne Hilfsmittel sein, macht es mir auch unmöglich – selbst wenn ich es mir sonst zuzutrauen den Mut hätte –, an den Vorschlag zu denken, den Ihre Güte, mein gnädiger Herr! mir macht: die Charakteristik der mir bekannten, bedeutenden Charaktere Italiens zu unternehmen. Man lebt – ich wenigstens mit meinem bescheidenen Wissen – unterwegs sozusagen aus der Hand in den Mund; und zu solchen Arbeiten brauchen auch Geschultere als ich, die Vorarbeiten anderer. Doch hat Ihr Zutrauen mich ebenso gefreut wie geehrt, Königliche Hoheit! und ich versuche wohl einmal in Ruhe, inwieweit ich ihm entsprechen kann.

Auch nach Konstantinopel denkt man oft hinüber. Mir tut es dabei innerlich wohl, wie die engl., die franz., die ital. Zeitungen es wohl oder übel doch anerkennen müssen, dass Deutschland sein Gewicht in die Waagschale der Entscheidung jetzt in ganz anderer Weise als vordem zu legen vermag. Es war anders, als ich vor 32 Jahren hier war. Wer hätte denken sollen, dass jene Verse aus der Oper *Belisario*[27], die Mario[28] unvergleichlich zu singen pflegte, in diesem Jahr zur Wahrheit werden würden? das

    »trema Byzanzio sterminatrice!
    su te la guerra discenderà!«

und welche Erlebnisse und Erfahrungen wird Ihre Königliche Hoheit, die Frau Fürstin Reuß, wird die Königl. Hoheit, die Frau Großherzogin, für alle Zukunft von dort zurückbringen, wenn der Friede, den der Himmel uns gönnen möge, ihre Abreise dorthin möglich macht.

Während ich das schreibe, fällt mir ein, dass Sie, Königliche Hoheit! in diesen Tagen zu den Vermählungsfeierlichkeiten[29] nach Berlin gehen, und für diesen langen Brief und für meine schlichten Feuilletons keine Muße haben werden. Ich mag aber doch nicht anstehen, sie Ihnen zu senden – Sie müssen sie ja nicht lesen, lassen Sie sie liegen und warten Sie.

Dass Sie, gnädigster Herr! meinen letzten Brief der Frau Großherzogin, Königl. Hoheit, mitgeteilt, war mir eine Ehre und eine Freude. Haben Sie die Gnade, mich ihr zu empfehlen. Ich habe es immer lebhaft bedauert, dass die letzten Jahre mir nicht das Glück gegönnt, mich ihr einmal vorstellen und persönlich in das Gedächtnis rufen zu können, und dass ich auch der Frau Fürstin Reuß nicht begegnet bin, von der die Frauen der Olfersschen Familie[30] mir mit so großer Verehrung und Liebe gesprochen haben. Möchte die Katastrophe an der Frau Fürstin glücklich und leicht vorübergehen und ihr Freude bringen. Uns steht im Hause meines ältesten Stiefsohns, Konsul Stahrs, das gleiche Ereignis bevor, und ich denke diesmal mit Sorge daran, da es nach einer sehr langen Pause eintritt und mancherlei Zwischenfälle in der Familie die arme Frau gerade in diesen Monaten in Sorge und Mühe gestürzt haben. Möchte ein guter Stern über uns allen leuchten!

Mir geht es gut, so gut, wie es mir fortan gehen kann – und mehr kann ich nicht begehren. Jeder von uns muß es lernen, das Los der endlichen Menschheit zu erleiden. Ich denke, bis über Ostern hier zu bleiben, und dann über Nizza, das ich nicht kenne und das mir doch eine neue Lokalfarbe auf die Palette gibt, nach Norden zu gehen – wenn alles geht, wie ich es wünsche und hoffe.

Erhalten Sie mir, mein gnädiger Herr! Ihre Teilnahme. Jetzt, da ich einsam bin, ist sie mir womöglich noch unschätzbarer, und ich bin Ihnen noch dankbarer – das ist eigentlich wirklich nicht möglich – für dieselbe als vordem.

203. Carl Alexander an Fanny Lewald

Weimar, den 22. Februar 1878

Dass wahre Dichter auch wahre Propheten sind, kommt vor. Dass sie es in dem Maße wie Sie sind, selten. Als Sie nach Rom reisten, erwähnten Sie mir gegenüber der Erwartung – richtiger gesagt: der Möglichkeit – eines Thronwechsels im Vatikan. Und was haben Sie nun erlebt! Ihr Brief vom 13. d. M. fand mich im Begriff, Sie zu bitten, mir den Eindruck zu schildern, den die rasch aufeinander in Rom folgenden Ereignisse auf Sie gemacht haben mussten – ich sehnte mich, in Ihrem unabhängigen Geist die Tatsachen sich spiegeln zu sehen, von denen die Welt erfüllt ist. Da kam Ihre Güte mir zuvor. Ermessen Sie meinen Dank. Sie zuerst waren es, die mich bestimmt benachrichtigten, dass dem Tod des Papstes mit ebensoviel Gleichgültigkeit begegnet wurde, wie innige Trauer der Widerhall des Todes des Königs war. Ob diese letztere ihm allein nur galt, ob sie nicht der möglichen Zukunft auch geweiht, Sie müssen mir das sagen. Nun hat diese Zukunft in überraschender Schnelligkeit einen neuen Statthalter Christi auf Petri Stuhl erhoben; noch ist er nicht so klug gewesen – wie Sie richtig den zu wagenden Schritt bezeichnen –, hinauszufahren in der alten Karosse in die Ewige Stadt; wird er die Lüge des Gefängnisses fortsetzen? Wird er den Widerspruch mit dem Vorgänger durch das Aufgeben der künstlichen Fesseln wagen? Und dann wird er neben dem mit dem Fluch der Kirche beladenen Landesherrn leben in ein und derselben Residenz? Oder wird er zur Aussöhnung mit den mit Fluch beladenen Autoritäten des Staates schreiten, vor deren Forum er und die Seinigen als Bürger dieses Staates gehören, Autoritäten die sich wenigstens ebensosehr vor ihm zu beugen haben? Welch eine Verstrickung! Und die Nation, was sagt diese dazu? So könnte ich Seiten mit Fragen beschreiben, die aneinander sich reihen in ununterbrochener konsequenter Folge. Doch deren bedarf es nicht, denn Sie ahnen, Sie kennen sie alle.

Indessen schreitet die große Wandlung im Osten weiter fort und bringt – wie das Auge des Bergsteigers beim Erklimmen immer neue Gipfel emporsteigen sieht im Hochgebirge – immer neue Probleme hervor. Sie nehmen so herzlichen Anteil an meiner Familie, dass ich nicht erst Ihnen zu erklären brauche, wie bange es mir oft war und ist, mein Kind und meine Frau inmitten des sich verengenden Zentrums zu wissen, das schon so oft die Arena der Weltlose war. Meine Hoffnung ist in Gott. Er wird es gnädig fügen!

Noch habe ich die Artikel nicht gelesen, die Sie so gütig waren, mir zu senden. Ich bin nicht gewohnt, Ihre Werke flüchtig anzusehen. Ich brauche also Zeit, und diese gebricht mir jetzt vollständig. Empfangen Sie indessen meinen herzlichen Dank! Empfangen Sie aber noch mehr meine besten Wünsche für den glücklichen Ausgang der Erwartung, in welche Sie der Zustand der Gattin meines Konsuls setzt. Gott möge Ihnen allen beistehen.

204. Fanny Lewald an Carl Alexander

Rom, den 11. März 1878
Hotel Molaro

Erlauben Sie mir immer, dass ich Ihnen zu der glücklichen Lösung Ihrer Orientfrage, zu der Geburt Ihres neuen Enkelsohns aufrichtig Glück wünsche. Gottlob, dass der jungen fürstlichen Mutter Freude aus den Leidensstunden erwachsen wird! Möchten alle Hoffnungen sich erfüllen, welche Sie, Ihre Königliche Hoheit, die Frau Großherzogin und die fürstlichen Eltern an das Leben dieses neuen Menschenwesens knüpfen, das denn doch immer noch ein neues Wunder und ein Rätsel ist.

Auch in dem Haus meines ältesten Stiefsohns ist die Katastrophe glücklich vorübergegangen und ihm der dritte Sohn geboren worden, der seines Großvaters Namen tragen wird. Wird er eine so edle, rechtschaffene Natur wie der, so wird er ein nützlicher Mensch und seinen Eltern eine Freude werden, wenn auch seine Begabung einmal nicht der seines Großvaters entspricht, was man ja im voraus nie bestimmen kann.

Ich weiß nicht, ob Sie, gnädigster Herr! Sinn und Freude zur Beobachtung von Kindern haben. Es liegt eine große Anregung darin. Die eigentliche Lust des Spielens mit Kindern, des langen Spielens, habe ich nie gehabt, wie ich denn auch im banalen Sinne kein Lehrtalent habe, weil ich selbst zu rasch gelernt; aber ich verkehre gern mit Kindern, sie hängen meist an mir, und ich weiß sie recht zu fördern, so ganz gesprächsweise, und bin, glaube ich, ein guter Erzieher. Den ältesten Enkelsohn meines Mannes, der nun 10 Jahre alt wird, wollten Vater und Mutter nie recht gelten lassen, während Stahr und ich große Hoffnungen auf sein sanftes, nachdenkliches Wesen setzten. Und nun kommt seine glückliche Begabung nach allen Seiten so schön zum Vorschein, dass ich immer wollte, Stahr sähe es. Gebe Ihnen der Himmel rechte Freude an Ihren Enkeln! Es ist solch ein Hinüberreichen in die Zukunft.

Hier ist das Leben im Augenblick ebenso interessant, wie mir die Zustände in gewissem Sinne chaotisch erscheinen. Die Gestalt, welche im Vatikan herrscht,[31] ist meines Erachtens nach weit gewaltiger und bedeutender, als jene andere im Quirinal; und sie stützt sich auf Männer, die bestimmt wissen, was sie wollen, auch wo sie das eigene Interesse im Gemeinsamen vertreten – während die italienischen Politiker, seit sie nicht mehr von dem sie hebenden und tragenden Gedanken des zu schaffenden Nationalstaates beseelt sind, wirklich sich in der Masse kaum über das Niveau erheben, das wir (Stahr und ich) summarisch als »die gut frisierten Kaffeehaus-Italiener« zu bezeichnen, und von denen Stahr zu behaupten pflegte, dass er solche nie von etwas anderem habe sprechen hören als von Geld und Frauen – nicht einmal von Pferden, denn zum Reiten sind sie zu bequem.

Die widerwärtige Crispi-Affäre ist an sich, nach hiesigen Begriffen, nur darum so schlimm, weil Crispi[32] Ehrenmänner zu falscher Aussage verleitet hat. Um das Übrige würde man keinen großen Lärm schlagen. – Als ich jetzt, von Genf kommend, in einem Wagen erster Klasse nach Turin und von dort weiter fuhr, hatte ich zwei Italiener von 30, 35 Jahren und ein junges

Frauenzimmer in meinem Coupé, in welchem außer mir noch mein Mädchen und ein alter Russe saßen, der sich ebenso schweigsam verhielt wie ich, während die Italiener sich so unanständig betrugen, dass es alles Glauben überschritt. Endlich auf der Station nach Genua stieg einer der Italiener mit der Dame aus, und der Zurückgebliebene fing völlig unaufgefordert an, dem alten Russen über diese Dame – die er als Sellos Geliebte bezeichnete, und über sich und seines Freundes Verhältnis zu derselben, der ein neu verheirateter Mann war, Mitteilungen zu machen, die den Russen veranlassten, ihm zu bemerken, »er habe nicht die Ehre, ihn zu kennen und kein Interesse an der Erzählung; es wäre ja auch möglich, dass die Damen Französisch verständen«. Ich hatte meinen Mund nicht aufgemacht, als nur Deutsch mit dem Mädchen gesprochen, aber ich habe Einblicke in die Gesittung dieses Landes bekommen, die mich sehr bedenklich gemacht haben. Ich glaube nicht, dass auf solchem Boden, besonders gegenüber einer sich möglicherweise geistig erhebenden Kirchenmacht, sich zunächst eine kräftige und sich regenerirende Nation heranbilden kann. Indes ich bin kein Politiker – und kann mich irren.

Gott! mir fällt ein, daß ich Ihnen, gnädigster Herr! von diesen Dingen schon gesprochen habe. Verzeihen Sie die Wiederholung; sie beweist Ihnen die Nachhaltigkeit des Eindrucks, den die 5 Monate in Italien nicht widerlegt haben. Es ist auch bei uns nicht alles, wie man's wünschen möchte, aber man schämt sich des Schlechten doch wenigstens und prahlt nicht damit.

Ich will schließen, Königliche Hoheit! die Sprechlust des Alters einzudämmen. Nun, am 24. März ist es ein Jahr, dass ich zuletzt das Glück hatte, Sie in Berlin zu sehen. Würde mir im Laufe dieses Jahres die gleiche Gunst zuteil! Bis Ende April bleibe ich noch hier.

Sei alles Glück mit Ihnen und erhalten Sie mir Ihre Gnade und Ihr Wohlwollen.

205. Carl Alexander an Fanny Lewald

Weimar, den 16. März 1878

Lassen Sie mich Ihnen herzlich für die Glückwünsche danken, welche mir Ihr Brief von dem 11. d. M. überbrachte. Sie scheinen bereits sich zu verwirklichen, denn gute Nachrichten, gottlob, fahren fort, aus Konstantinopel die erste Freude über die Nachricht zu erneuern und fortzusetzen. Auch Ihnen darf ich nunmehr zu der Vermehrung der Familie Ihres Stiefsohns Glück wünschen und für dieselbe wie für Sie selbst erhoffe ich von Gott nicht minder Erhörung dessen, was ich für den neuen Erdenbürger Glück wünsche.

Die Macht der Kinder wächst, indem man den Wert des Lebens mehr erkennt; die »Macht« nenne ich den Einfluss, den das sich entwickelnde Kind auf den dasselbe beobachtenden Menschen ausübt, und erzogen durch das Kind wird dieser, indem er jenes zu entwickeln sucht. Dies ist meine Antwort auf Ihre Frage.

Sie beantworten diejenige, welche ich in dem vorigen Brief über die Zustände in Rom an Sie richtete, obgleich ich glaube, dass Sie diesen noch nicht erhalten haben. Was Sie sagen, entwirft ein für die Zukunft beunruhigendes Bild der Gegenwart. Denn in der Tat ist die Unsittlichkeit der Rost jedes Staates, eines so jungen wie Italien besonders. Der allgemeine Drang nach Bildung, wenn er dauert, wird allmählich indes ein Gegenmittel abgeben; wäre es auch nur aus Eitelkeit, hinter den anderen Nationen nicht zurückzubleiben, so wäre doch ein Fortschreiten gesichert. Aber der Enthusiasmus, der schöpferische, der bei dem Bilden des Staates auflöderte, erlischt, und die Gefahr scheint denkbar, dass der neue Papst nicht wie der vorige gegen jedes Entstandene und jeden Fortschritt eifert, sondern mit dem Vorhandenen gegen das Entstandene kämpft. Dann wäre er gefährlicher als der Vorgänger.

Ich bin im Begriff, nach Berlin zu reisen, wo ich Ihrer gedenken werde. Mithin umgeben dort wie hier meine besten Wünsche Ihre Wege.

206. Fanny Lewald an Carl Alexander

Bern, den 9. Juni 1878

Was haben Sie, was haben wir alle erlebt, seit ich zuletzt das Glück hatte, Nachricht von Ihnen selber zu erhalten!

Ich dachte in den letzten Monaten so gern zu Ihnen hinüber, wollte Ihnen immer schreiben, um Ihnen zu den neuen

Enkelkindern[33] , zu der Erhaltung der beiden jungen fürstlichen Frauen Glück zu wünschen. Ich dachte mit so großer Genugtuung daran, wie ruhig, wie freudig Sie Ihr bevorstehendes Jubiläum herankommen sehen müssten, da Sie auf 25 Jahre treuen idealistischen Wollens und Arbeitens und auf so mannigfaches Gelingen zurückblicken dürfen – und nun stehen wir samt und sonders, Fürsten und Volk, vor einem Ereignis, das uns plötzlich einen Abgrund vor unseren Füßen enthüllt.

Es folgte sich ebenso erschütternd Schlag auf Schlag! Erst das Unglück, das unsere Marine betroffen hat,[34] dann die fürchterlichen Mordversuche[35] gegen das Oberhaupt des Reichs, gegen einen Mann, der sich und seine angeborenen Überzeugungen dem Verlangen des Volkes mit hoher Selbstverleugnung und nicht wankender Treue unterzuordnen vermochte gegen einen Greis, dessen Güte und persönliche Freundlichkeit von der Nation und von jedem Einzelnen anerkannt wurden, der das Glück gehabt hatte, ihm nahen zu dürfen.

Tag und Nacht habe ich daran denken müssen, was Ihre Majestät die Kaiserin, was die Kinder des Kaisers, die Frau Kronprinzessin und Sie alle an Schmerz und Empörung, an bitterem Herzeleid durchlebt haben müssen, wenn Sie den Gatten, den Vater, den Schwager, den alten Mann, blutend und leidend vor sich liegen sahen, und wie das Herz des Kaisers getroffen sein muss von dem Gefühl des Undanks, von dem Schrecken über den Einblick in die Zustände unseres Volkes, der so jäh sich vor uns eröffnete. Es wird einen Schatten werfen über die Tage, die dem Kaiser noch zu leben vergönnt sind, über die Kaiserin und über uns alle. Die Sicherheit des Daseins ist uns genommen, das Gefühl, in dem geeinten Deutschen Reich könne der Kaiser sein Haupt in jedes Untertanen Schoß legen, das uns alle beglückte, ist zerstört. Ich brauche Ihnen nicht zu sagen, der Sie mich seit 30 Jahren kennen, wie traurig ich bin. Sie wissen, was mir das Vaterland ist – und zum erstenmal hatte ich die Empfindung: gottlob, dass Stahr das nicht erlebt!

Ich wollte Ihrer Majestät der Kaiserin, der Frau Kronprinzessin, der Frau Großherzogin von Baden schreiben, aber ich unterließ das alles, so voll das Herz mir war, so unaussprechliches Mitleid ich mit ihnen – rein menschlich mit den Frauen – hatte. Ich kenne sie alle nicht persönlich, und in dem Ansturm, dem sie ausgesetzt sein mussten, fürchtete ich, ihnen lästig zu fallen. Aber ich habe ihrer immerfort gedacht! Haben Sie die Gnade, sagen Sie es ihnen, wenn Sie irgend glauben, dass es ihnen eine Spur von Wert hat! Man breitete ja so gern die Hände über sie.

Heute nun langt hier die Nachricht von der Auflösung des Reichstags an; und, dass ich es Ihnen ehrlich gestehe, Königliche Hoheit! sie erfüllt mich mit ebenso großem Schreck wie mit großer Sorge. Ich glaube, das ist ein sehr gefährliches, ein höchst unheilvolles Unternehmen.

Die Regierung hat dem Treiben der Sozialdemokratie viel zu lange zugesehen. Wenn man gegen hochstehende Beamte die Frage aufwarf: Kann das gehen? So erhielt man die Antwort: Das sind Kinderkrankheiten der Freiheit, die muss man austoben lassen! Einmal wendete Stahr dagegen ein: Wenn ein Kind aber im Scharlachfieber rast, muss man es festbinden, damit es nicht Schaden anrichtet oder zum Fenster springt. Nun in der letzten Stunde des Reichstags brachte man ein Reprehensiv-Gesetz ein, ehe man versucht hat, die Maßregeln, die man gesetzlich zu Gebot hatte und die man seit den letzten acht Tagen anwendet, wie es sich gebührte zu benutzen. Man stieß auf Widerstand – das war natürlich.

Aber hätte man jetzt, unter dem frischen Eindruck der grauenhaften Mordversuche, den Reichstag rasch zusammengerufen, so würde man erreicht oder doch annähernd erreicht haben, was man bedurfte – denn Völker wie Individuen handeln nach Impulsen, und man kann mit einiger psychologischer Erfahrung ziemlich sicher voraussehen, was sie tun werden. Statt in diesem Augenblick sich auf das Allgemeingefühl zu stützen, das wirklich alle Parteien – die Sozialdemokratie ausgenommen – durchbebte, statt den feindlichen Elementen gegenüber die Gutgesinnten möglichst zusammenzuhalten und Ruhe im Land um jeden Preis zu schaffen, schleudert man mit den Neuwahlen in die ohnehin aufgeregten Gemüter eine neue gewaltige Aufregung, veranlasst man, dass die Parteien sich ihrer Sonderung klar bewusst werden – und ich glaube, der Erfolg des Experimentes ist keineswegs sicher.

Zunächst wird die Sozialdemokratie alles aufbieten, sich in den Wahlen durchzusetzen. Will man ihre Wahlversammlungen, ihr freies Wahlrecht hindern, tritt man ihnen darin entgegen, so kann man blutige Szenen erzeugen und gewärtig sein, dass die Parteien, die das Gesetz in Ehren gehalten wissen wollen, sich auf ihre, der Sozialisten Seite stellen.

Andererseits, da die Auflösung gegen die National-Liberalen gerichtet ist, werden diese, auf die die Regierung doch zu fußen hat, es als eine Pflicht und Ehrensache ansehen, in ihrer Opposition womöglich noch fester zu beharren, und man wird den früher bestandenen, und seit dem Krieg so glücklich beseitigten Zwiespalt zwischen dem Militär und den Zivilisten, gerade in Preußen, wo er so verderblich war, wieder grell hervortreten machen.

Ich kann Ihnen nicht sagen, wie sorgenvoll ich vorwärtsblicke. Das Eisen muß man schmieden, wenn es heiß ist. Nach 6 Wochen, wenn man der Genesung des Kaisers sicher ist, den der Himmel uns erhalten möge, wenn sein Leben ihn auch fortan weniger freuen wird als bisher, nach 6 Wochen sind die Gemüter kühl, die großen Mengen vergessen rasch. Was man in diesem Augenblick von dem alten Reichstag erlangt hätte, kann man möglicherweise von dem künftigen, für dessen günstige Zusammensetzung man gar keine sichere Bürgschaft hat, nicht erlangen – und was dann? Soll man ihn abermals auflösen? Soll dem Ausland, dessen Sympathien, bis in die Journale Gambettas hinein, in diesem Augenblick in merkwürdiger Einstimmigkeit (mit Ausnahme der *Wiener Fr. Presse*) für Deutschland sind, das Schauspiel unserer inneren Zwistigkeit und Haltlosigkeit gegeben werden? Sie würden bald geneigt sein, wie das Wiener Blatt zu sagen: dass es nichts ist um die deutsche Einheit, da dieser Einheit die Freiheit fehlt – so unbegründet dieser Vorwurf für uns auch sein muss.

Und auch für seine Königl. Hoheit den Kronprinzen beklage ich die Auflösung des Reichstags, denn Sie werden sehen, gnädigster Herr! Die Maßregel wird böses Blut machen in Deutschland und unter seinen Gegnern. Wie gesagt, meine Seele ist voll Sorge, und was uns not tut vor allem, ist, kaltes Blut zu behalten und uns von unserem Schmerz nicht die Besonnenheit, die kühlste Besonnenheit rauben zu lassen. Predigen doch schon heute deutsche Zeitungen die Lehre, die Sozialdemokratie mit Waffengewalt niederzuschmettern wie die Revolution im vorigen Jahrhundert, wie die Erhebung des Jahres 1848, wie die Junischlacht und die Kommune in Paris – und es sind sonst sehr gute besonnene Journale, die zum Bürgerkrieg raten.

Zu tun ist viel! Aber innerhalb der Familien, innerhalb des Wirkungskreises eines jeden. Wir sind auch zucht- und sittenlos geworden in gewissem Sinne, und Stahr und ich haben es seit Jahren und Jahren in unseren Kreisen gepredigt, dass man die Menschen zwar über ihre Rechte, aber nicht über ihre Pflichten unterrichtet. Die Literatur, die Familie, die Volksvorträge bei Bier und Zigarren, das Schöntun mit halbwissender Belehrung haben viel verschuldet. Nicht das rohe Volk, die Gebildeten tragen die Schuld des Unheils, das wir jetzt zutage treten sehen.

Aber ich will schließen. Seien Sie mir nicht böse, gnädigster Herr! dass ich soviel von Ihrer Zeit beanspruche. Als Sie mir vor 30 Jahren, da ich mit Fr. v. Bacheracht zuerst von Frankfurt nach Weimar kam, die Gunst gewährten, Sie zu sprechen, schüttete ich Ihnen in meiner ehrlichen Unreife auch mein Herz aus. Nun tue ich es wieder – und ich glaube die 30 Jahre sind an Ihnen und an mir nicht ohne Belehrung hingegangen. Möge sich alles zum Guten wenden.

Mein Aufenthalt in Rom war schön und begünstigt bis zum Ende, und ich segne es, dorthin gegangen zu sein. Ich blieb bis zum 1. Mai dort, war dann noch 3 Wochen in Nizza, das ich nicht kannte, ein paar Tage in dem sehr interessanten Marseille, und nun bin ich hier in Bern bei Angehörigen[36] im stillen, grünen Heim. Am 13. gehe ich nach Ragaz, wo ich bis Mitte Juli werde bleiben müssen. Wollen Sie die Gnade haben, mir zu schreiben, so senden Sie den Brief dorthin – Ragaz, Hof-Ragaz. Sie wissen, wie großen Wert ich darauf lege.

Und nun leben Sie wohl, mein gnädiger Herr! Möchte mit dem heutigen Pfingsttag ein guter Geist niedersteigen auf unser Volk und auf uns alle – und möge in uns, in unseren Familien und in der Welt Ruhe und Friede wiederkehren.

207. Carl Alexander an Fanny Lewald

Belvedere, den 27. Juni 1878

Ich habe Ihren so bedeutungsreichen Brief, meine verehrte Frau, aus Bern von dem 9. d. M. wiederholt gelesen und immer mit erneutem Interesse; nun empfangen Sie meinen Dank, der ein sehr herzlicher ist, wenn auch nur durch wenige Worte ausgedrückt. Gesinnungen wie diejenigen, welche ich Ihnen bewahre, bedürfen dieser nicht; Beurteilungen aber, wie diejenigen welche Sie von mir wünschen, verlangen deren zu viel, als dass ich sie einem Brief anvertrauen möchte. Sie kennen mich aber glücklicherweise zu lang und zu gut, um nicht überzeugt zu sein, dass ich wohl fühle, was Sie bewegt; und dass meine durch die neuesten Ereignisse tief erschütterte Seele, eben deshalb dies zu sagen berechtigt ist. Gott hat uns durch das doppelte Attentat auf den Kaiser eine schwere Prüfung erfahren lassen, aber auch ebensosehr Seinen Beistand. Er wird auch ferner beweisen, dass Seine Hilfe nicht fehlt, wo der Glaube an Ihn und die dementsprechende gewissenhafte Tätigkeit besteht. Möge hiedurch bei der Erziehung – wie Sie es so richtig bemerken – das Gefühl der zu erfüllenden Pflichten, nicht bloß der zu genießenden Rechte, entwickelt werden. Ich werde der Kaiserin Ihre Teilnahme nicht vorenthalten. Gebe Gott, dass ihre Gesundheit nicht unter so viel Schreck und Sorge noch mehr leide!

Ihre treue Erinnerung an mein Regierungsjubiläum rührt mich, wie Ihre gütige Beurteilung mir von hohem Wert ist. Das Leben lehrt, dass es doch am meisten auf den redlichen Willen ankommt, das Gelingen aber Gott anheimsteht. So will ich nur von redlichem Willen reden.

Von Herzen wünsche ich Ihnen das beste Gelingen Ihrer Kur, in dem mir so lieben und für mich an Erinnerungen reichen Ragaz wohin ich, Ihrem Wunsch gemäß, diese Zeilen richte.

208. Carl Alexander an Fanny Lewald

Belvedere, den 19. Juli 1878

Vergeben Sie mir, meine Verehrte, wenn ich nur mit wenig Worten für Ihren Brief aus Ragaz[37], für die wohlerhaltenen Alpengrüße, für die Glückwünsche danke, durch welche Zeichen Ihrer Güte Sie mein Jubiläum umgeben. Fast überwältigt von den Beweisen der Erinnerung wie von den denselben entsprechenden Pflichten der Dankbarkeit muss ich mich mit aller Gewalt konzentrieren, um jedem Erfordernis zu genügen, und so weiß ich kaum, Zeit und Pflicht in Gleichgewicht zu erhalten. Indes hat zum Glück die Herzlichkeit ein Recht, von jedem Menschen erkannt zu werden, welcher die Sprache des Herzens in Wahrheit redet. So werden Sie denn auch meiner Erkenntlichkeit gern glauben für die Worte, durch welche Sie die Ernte derjenigen Saat begrüßen, welche meine Vorfahren ausstreuten und die Gott aufgehen ließ. Möge Er auch ferner Seinen Segen geben!

Kehren Sie gestärkt zurück und für fernere Tätigkeit gekräftigt.

209. Fanny Lewald an Carl Alexander

Berlin, den 29. Oktober 1878
Matthäikirchstraße 21

Muss ich es Ihnen erst sagen, wie sehr ich es bedauert habe, dass Sie nicht in Weimar waren, als ich den 23./24. September dort war, um nach meines Mannes dortigen Angehörigen zu sehen? Es sind bald zwei Jahre, seit ich das Glück hatte, Sie bei mir zu sprechen, und was hat die Welt, was haben wir alle seitdem erlebt?

Die schwere Krise, in welcher wir uns noch befanden, als ich vor drei Wochen heimkehrte, ist glücklicher bestanden, als ich es zu hoffen gewagt hatte. Indes jenes Gefühl der sicheren Ruhe, des Friedens, dessen die Menschen sich, als ich jung war, durch eine Reihe von Jahren erfreute, ist ihnen, wie es scheint, abhanden gekommen, und doch sehnt man sich nach einem Bestehenden, Schönen. Es ist manchmal, als stünde man vor einem der Guckkasten, wie man sie früher hatte. Kaum hat man das Auge auf ein Bild gerichtet, so heißt es: »Ruck! Ein anderes Stück!« Und so geht es fort mit »Grazie in Infinitum«[38]. Ist eine drohende Verwicklung abgewickelt, so wird ein neuer drohender Konflikt irgendwoanders zusammengebruddelt, der auch wieder Unruhe in die Gemüter wirft. Ja! manchmal wenn ich des Morgens und des Abends die schwere Aufgabe erfülle, die Zeitungen durchzusehen, und den *Orient* und *Afghanistan* und Trans- und Zisleithanien und den Grafen Beust[39] und Harry von Arnim[40] zu überwinden habe, so sehe ich mir die Kopie von Schwerdgeburths Goethebild an, das Sie, Königliche Hoheit, einst Stahr geschenkt haben und das jetzt über meinem Schreibtisch hängt, und denke: »Ach! Hast du's gut gehabt, dass du damals lebtest; und warst du weise, dass du dir die Tagesfragen schon damals fern zu halten trachtetest!« Was hätten wir davon, wenn er es sich so unbehaglich gemacht hätte, wie wir es oft sind, und wir hätten dadurch viele von seinen uns erquickenden Arbeiten und Gedanken nicht? Sich mit Dingen zu beschäftigen, in denen man nichts ändern kann, ist eigentlich das Unfruchtbarste von der Welt. Das sage ich mir oftmals vor. Da aber all die Menschen um mich her diese unfruchtbare Beschäftigung üben, so finde ich mich hineingezogen – und werde geschoben und mitgezogen, ich mag wollen oder nicht.

Ich fand Weimar wieder so sanft und ruhig, dass mich's lebhaft anmutete. Ihr Carl-August-Denkmal, gnädigster Herr! und Ihr Kriegerdenkmal sind sehr schön. Ich gebe bei öffentlichen Denkmälern sehr viel auf den Eindruck, welchen sie auf den Nichtgebildeten machen. Als ich mit meiner Jungfer vor dem Carl-August-Denkmal stand, sagte sie: »Das ist doch gerade wie oben auf Palazzo Caffarelli! Und diese Figur und das Kriegerdenkmal kann man doch ordentlich sehen. Bei uns oben die Figur auf der Siegessäule und den alten Fritz sieht man eigentlich nicht recht!« Das war richtiger als sie wusste. Ich aber dachte, als ich durch Ihr Weimar ging und als ich bei der Abreise, am Museum vorüberfahrend, die Parthenon-Skulpturen durch die hohen Bogenfenster scheinen sah: Wenn sie wiederkommen könnten Carl August und Goethe, wie würden sie weit mehr erfüllt finden, als sie auch nur zu planen und zu erwarten gewagt hatten. Und dabei drängte sich mir wieder das Staunen auf, das mich vor den großen Kunstleistungen im Mittelalter sowohl in Deutschland als in Italien stets erfasst hat: das Staunen darüber, dass in den Zeiten des Kampfes und des Krieges die sogenannten Künste des Friedens am herrlichsten geblüht haben. Woher das kommt oder vielmehr, woher das kam, habe ich mir zu beantworten nie vermocht.

Gestern Abend, gnädigster Herr! haben wir bei mir, mit großer Ergebenheit von Ihnen gesprochen, der junge Dr. Ried[41], dem Sie in Versailles ein so barmherziger Samariter und großmütiger Pfleger gewesen sind, und ich. Er wiederholte: »Ohne Ihr Dazwischenkommen lebte er gewiss nicht mehr«, und es scheint ein tüchtiger, wackerer junger Mann zu sein. Es muss Ihnen doch wohl tun, dass so viele Ihnen anhängen in treuer Verehrung. Bleiben Sie lange, lange leben, gnädiger Herr! Es ist ein Segen für gar viele – und auch weil Ihre Teilnahme mir wohl tut und von Glück ist.

Ich war siebzehn Monate von Berlin entfernt, und obschon alte und neue Freunde mir wohltuend entgegenkommen, vermisse ich die wärmere Sonne, die leichteren Verkehrsformen Italiens und – ich weiß es nicht anders zu nennen – die geistige Freizügigkeit, deren man nie in der Heimat teilhaftig ist. So wie man in den Lebensbereich zurückkehrt, in den man hineingehört, will, soll, muss man so viel. Man hört auf, für sich selbst zu leben. Und wenn man nicht das durch nichts zu ersetzende Glück hat, für einen geliebten Menschen ausschließlich zu leben, so ist dafür die einzig mögliche einigermaßen tröstliche Entschädigung, die volle Freiheit für sich selbst zu leben. In Rom hatte ich diese, und sie tat mir gut. Ich bin doch frischer und gekräftigter heimgekommen und sehe nun, wie ich das Stück von Leben, das noch etwa vor mir liegen mag, am meisten in Stahrs Sinn verwerte, der es so oft ein Glück nannte: »Das Atmen im rosigen Licht!«

Möge Ihnen, Königliche Hoheit, dies Glück lange, in Fülle der Gesundheit und der frischen Kraft erhalten bleiben – und mögen Sie meiner freundlich gedenken.

Manchmal vertröste ich mich darauf, dass die endliche Heimkehr Sr. Majestät des Kaisers[42] Sie auch wieder einmal hierher führen werde – aber dann denke ich an meine drei Treppen und werde zaghaft, selbst gegenüber der Rüstigkeit Ihrer elastischen Kraft.

210. Carl Alexander an Fanny Lewald

Eu[43], den 12. November 1878

Für Ihren nach Ihrer Rückkehr geschriebenen Brief spreche ich Ihnen meinen herzlichen Dank aus. Ich tue dies im besonderen für dasjenige, welches Sie über die Monumente in Weimar, über Weimar selbst äußern. Was Letzteres zu erstreben hat und erstrebt, wissen Sie; dies Bemühen von Ihnen anerkannt zu sehen, ist mir als dem Verwalter des Anvertrauten eine wahre Freude.

Sie werden mir ebenfalls glauben, wenn ich von gleicher Empfindung bei der Nachricht, dass Sie glücklich heimgekehrt sind, spreche. Indessen kann ich eine Klage nicht unterdrücken, dass Sie sich dem Ihnen so sympathischen, Ihnen also so wohltuenden Süden entrissen, um im Norden wieder die Orte kaum erst durchlittenen Kummers aufzusuchen. Sie können überzeugt sein, dass ich, so Gott will, mir die Freude, Sie zu besuchen, nicht entgehen lassen werde. In jedem Fall genießen Sie jetzt wieder die – allerdings etwas zweifelhafte – Freude, den Ereignissen, den täglichen, näher zu sein, von denen man in der ganzen Zauberei des Südens sich doch meist recht entfernt fühlt. Möge Ihre große Begabung in dem Vaterland auch wieder Großes wirken.

XIII

11. Januar 1879 – 5. März 1881

Sehnsucht nach Italien – Deutschlands politische Verhältnisse im Vergleich mit den englischen – Kingsley »Hypatia« und Hausraths »Anfänge des Christentums« – Kopenhagen und Lübeck – Sammlung der Kunstschätze in Deutschland – »Reisebriefe« – »Vater und Sohn« – »Helmar« – Goethes Standbild und Königin Luise-Denkmal in Berlin – Gerbermühle bei Offenbach – Goethe-Jahrbuch – Goethes Brustbild von Kolbe – Dr. Ludwig Geiger – Fanny Lewalds letzter Aufenthalt in Rom – Aufdeckung neuer Katakomben und des Isistempels – Bildhauer Hermann Wittig

211. Fanny Lewald an Carl Alexander

Berlin, den 11. Januar 1879
Matthäikirchstraße 21

Königliche Hoheit! und mein teurer, gnädiger Herr! zu weit soll doch dies Jahr nicht in seinem Lauf fortschreiten, ohne dass ich es mir gönne, Ihnen auszusprechen, dass ich Ihrer bei seinem Beginnen in Treue gedacht, dass ich Ihnen von Herzen alles Heil für dasselbe gewünscht und mir erhofft habe, der gütige Anteil, den Sie Stahr und mir durch mehr als ein Menschenalter gewährt, solle mir auch noch für die Jahre gegönnt bleiben, die mir beschieden sind. Gedeihe Ihnen alles, was Sie wünschen, hegen, pflegen; dann gedeiht sicherlich viel Gutes; und bleibe Ihnen Ihre Kraft und Gesundheit erhalten.

Ich sitze nun wieder in meinen behaglichen, mir durch die Erinnerung geheiligten Räumen; dankbar dafür, dass unsere verständige Lebensführung, dass treue Arbeit und Selbstbeschränkung uns ein sorgenfreies Alter und mir die Möglichkeit bereitet haben, in der gewohnten Weise ruhig fortzuleben; und wenn ich es still und oft beängstigend schweigsam finde um mich her, wenn die einsamen Mahlzeiten und Ausruhstunden mir schwer auf das Herz fallen, so habe ich nachgerade gelernt, mir mit dem Gedanken darüber fortzuhelfen: besser dass ich dies empfinde, die verhältnismäßig Gesunde, als dass der Kranke es erleiden müsste. Man nennt das Philosophie – es ist aber der

Selbsterhaltungstrieb und daneben die Macht der Gewohnheit. Zuletzt ist alles gut, wie es ist – weil's eben so ist.

Nur die Kälte will mir nicht schmecken. Ich denke oft an den Ausspruch einer deutschen, in Italien lebenden Frau. Sie sagte einmal: Wer sich von uns erst an den Süden gewöhnt hat und doch im Norden zu Hause ist, der bleibt immer in dem Zustand eines Kindes, dessen Eltern sich haben scheiden lassen. Ist man bei dem Vater, so sehnt man sich nach der Mutter; ist man bei dieser, fehlt einem der Vater! Es wird eben eine zweiteilige Existenz.

Ich habe mich in Rom oftmals gefragt, ob ich mich dort ganz niederlassen möchte, da ich ja dort billiger leben würde als hier in Berlin. Billiger und sehr viel leichter, was das gesellige Leben anbelangt. Und, obschon ich völlig frei wäre, es zu tun, habe ich davon abgestanden. Die Italiener sind, bei all ihrer Grazie, doch ein uns fremdgenaturtes Volk. Lesen Sie ihre Dichter, so fühlt sich das gerade so wie im Leben. Die Gemütsbildung der verschiedenen Nationen ist überhaupt weit trennender, als wir es gewöhnlich glauben; und dazu kommt noch, dass die beständig wechselnde Fremdengesellschaft in Rom, die ganze Gesellschaft oberflächig und banal macht als großes Ganzes. Stahr pflegte von den Fremden, die in Rom ansässig, viel mit der fluktuierenden Fremdengesellschaft verkehren, immer zu behaupten, auch die Geistreichsten und Besten bekämen einen leisen Anstrich von einem *domestico di piazza* – und es ist leider etwas Wahres daran, wenn auch natürlich mit Ausnahmen.

Dazu kommt für den deutschen Schriftsteller, dass ihm in Italien doch die ihm unerlässliche Resonanz fehlt. Ich sagte den Leuten, wenn sie mir ihren Anteil oder gar ihre Anerkennung aussprachen, immer: sie bewunderten und nähmen mich auf Treu und Glauben höchstens auf das Angeld einer leidlichen, wenn auch geradebrechten Konversation. In der Heimat aber wissen wir voneinander; hier kann ich ermessen, was ich geleistet und gefehlt, was ich den Menschen etwa wert geworden bin – und wenn uns in der Heimat die Eitelkeit nicht verblendet oder anspruchsvoll macht, können wir dahin kommen, in der Wahrheit zu leben, was viel aufwiegt, während wir in der Fremde zu einer Art von Scheindasein genötigt werden. Trotzdem sehe ich mit Sehnsucht die reizende Aquarellskizze an, die man mir zum Neujahr aus Rom geschickt hat, und wünschte

Ihnen, gnädigster Herr, und mir, wir wären »wo der Pfeffer wächst« auf dem Pincio, und sähen, wie in der Skizze, zwischen den immergrünen Eichen vor Villa Medici, den Springbrunnen in sein weites Becken fallen und die Sonne goldig hinter Sankt Peter und über Rom zur Rüste gehen – während hier bei 11° Kälte und Schneegestöber Nordostwind uns umwirbelt.

Möchte er Ihnen nichts anhaben – und mir auch nichts. Und dazu nehmen viele meiner Freunde es einem übel, wenn man lieber Sonnenschein und Wärme als Frost und Kälte hat. Ja, wenn man die Jagd liebt! Oder noch Schneemänner baut! – aber jetzt! und ich!

Ich bin unterbrochen worden, und Königl. Hoheit werden damit vielleicht sehr zufrieden sein. Ihre Nachsicht hat mich verwöhnt, dass ich vor Ihnen mit der Feder wie im Leben plaudere. Haben Sie die Gnade, mich Ihrer Königl. Hoheit, der Frau Großherzogin, zu empfehlen.

212. Carl Alexander an Fanny Lewald

Weimar, den 17. Januar 1879

Gutes zu wollen und das Bewusstsein zu genießen, Gutes zu wirken, während die Gesundheit sich erhält, erscheint mir unter den Wünschen als einer der besten. Möge Gott ihn denn zu Ihrem Besten segnen – nicht besser wüsste ich zunächst Ihren Brief von dem 11. d. M. zu erwidern, während das Jahr an Alter und Ernst zunimmt.

Das geistreiche Wort über die eigentümliche Lage, in der wir Deutschen uns befinden, wenn wir Italien gekostet haben und im Vaterland weiterleben, ist eine reizende Umhüllung jener Benennung, die mir gegenüber Radowitz[1] einst gab, als ich nach Italien abzureisen im Begriff war. Er nannte es »das ewige Sehnsuchtsland der Deutschen«. Die Empfindungen, welche mir durch Ihre Zeilen verraten werden, scheinen mir beiden Auffassungen Recht zu geben, denn die Erklärungen betreffs Ihrer Rückkehr verdecken nur sehr dünn Ihr Bedauern, dass Sie letztere ausgeführt haben. Würden Sie mir nur gesagt haben, die gänzliche Niederlassung in Italien würde Sie zu sehr der Fühlung mit der geistigen Bewegung diesseits der Alpen entrücken, so glaubte ich Ihnen mehr – so weiß ich nur, dass ein Stück

Ihrer Seele drüben blieb, und werde mich gar nicht wundern, ginge das andere wieder zurück, sich bleibend mit dem ersten zu vereinigen. Indessen lassen Sie uns bei nächster Gelegenheit die Aquarelle zusammen betrachten, wo wir ersehen, »wo der Pfeffer wächst« und wir uns gegenseitig so von Herzen hinwünschen. Zunächst aber lassen Sie mich die immer neue Wiederholung immer älterer Gesinnungen aussprechen.

213. Fanny Lewald an Carl Alexander

Berlin, den 3. Juni 1879
Matthäikirchstraße 21

Warum ich Ihnen heute schreibe? Sie haben ja in früheren Jahren, wie Sie mir einmal erzählten, eine Weile in Breslau gelebt. Haben Sie trotz der Ferne, in der Sie sich von dem Volk bewegten, vielleicht einmal die Redensart gehört: »su gärne« (so gerne). Das Volk braucht sie, wenn es sich für etwas Unmotiviertes zu entschuldigen denkt; und ich schreibe Ihnen heute, weil ich es »su gärne« will. Ich denke oft an Sie, und möchte nicht von Ihnen vergessen werden – das ist im Grunde alles!

Von unseren politischen Zuständen, die hier alles in lebhafter Bewegung und Aufregung halten, wissen Sie, mein gnädigster Herr! mehr und Tieferes als ich. Mir kommen indes die Wandlungen, welche sich vollziehen, weniger bedrohlich vor, als sie der jetzt zurückgewiesenen Partei erscheinen, die sich nicht daran zu erinnern scheint, wie in dem solidesten Parlamentarismus – in England – die Torys und die Whigs einander in fast regelmäßigem Wechsel ablösen, wie England (nach der Lebensgeschichte des Prinzen Albert[2], die ich neulich nur zu flüchtig in Händen gehabt) in den Jahren von 56–59 zur Zeit des indischen Aufstands, zwei Parlamentsauflösungen und zwei völlige Ministerwechsel gehabt hat, und wie vielleicht das gleichmäßige Fortschreiten der Staatsentwicklung eben nur durch den Wechsel der an das Ruder tretenden Parteien zu erlangen ist. Stahr pflegte zu sagen: »Die Geschichte steigt nicht wie ein Springbrunnen senkrecht in die Höhe, sondern kommt oft auf ihren früheren Stand zurück und baut sich in Spiralen auf!« Und am Ende, was ist denn das ganze Dasein, als ein Versuchen, ein Experimentieren, ein sich in das Gleiche setzen durch Kompromisse, die immer wieder auf neuen Gebieten neu geschlossen werden müssen.

Ich war unwohl, bin es eigentlich noch, und habe also viel gelesen. *Hypatia* von Kingsley[3], die mich auf Hausraths[4] Anfänge des Christentums geführt und mich auf den oft und seit langen Jahren gehegten Gedanken gewiesen hat, wie wir wieder in einer Zeit uns befinden, in welcher ein großer alle verbindender Gedanke wie eine Offenbarung die zerfallende Menschheit zusammenführen müsste. Ein tieferer, schönerer als der Gedanke der Liebesreligion wird nicht zu finden sein, aber wer den Weg und das Mittel fände, ihn in einer neuen Tätigkeit, in einer neuen, entsprechenden Form der Menschheit neu entgegenzubringen, der würde auch ein Befreier und Erlöser sein – und es schauen gewiss Millionen nach ihm aus. In den Naturwissenschaften ist kein ethisches Gesetz, kein Gesetz der sich freiwillig unterordnenden Entsagung zu finden – und ohne diese ist keine Staatsgemeinschaft denkbar. Diese Erkenntnis habe ich erst spät genommen. Stahr hatte sie immer und tadelte es höchlich, wenn man meinte, die Erziehung auf die Naturwissenschaft statt auf die klassische Bildung gründen zu können, denn das Grundgesetz der ersteren ist die rücksichtslose Selbsterhaltung, das *ôte-toi pour que je m'y mette!*[5] und wohin kommen wir damit? Ich bin oft selbst betroffen, wenn ich sehe, wie viel ich in früheren Zeiten in meinen Arbeiten darin gesündigt – und in so gutem Glauben!!

Sie dürfen aber durch mein einsames Grübeln nicht leiden, und mein »su gärne« darf Ihnen nicht beschwerlich fallen. Ich wollte Ihnen »gute Ostern«, dann »gute Pfingsten« wünschen, und unterließ beides, weil mit jedem Jahr die Ansprüche an mich wachsen und ich dadurch ermesse, wie es Ihnen damit erst gehen mag. Ich schließe also, mein gnädiger Herr! wie ich angefangen habe: erhalten Sie mir Ihre Teilnahme, Königliche Hoheit! und denken Sie, dass man solchen Besitz dreifach hoch hält, wenn man schon viel verloren hat. Indes ich bin sorgenfrei und habe vielerlei Gutes, was andere entbehren.

214. Carl Alexander an Fanny Lewald

Weimar, den 10. Juni 1879

Für Ihren liebenswürdigen und bedeutungsreichen Brief danke ich Ihnen, meine Verehrte, auf das herzlichste. »Su gärne« möchte ich, dass Sie dies in seiner vollsten Bedeutung auffassten.

Je unbehaglicher augenblickliche Eindrücke sind, je weniger ist man meist geneigt, dieselben anders als im Einzelnen zu beurteilen, während die Erfahrung lehrt, dass sie dann am meisten nur im Zusammenhang mit dem ganzen Großen und von dem Standpunkt des Letzteren betrachtet werden müssen und können. Dies bewahrheitet sich bei den Zuständen, die Sie erwähnen. Deshalb hatte Ihr Gatte so recht, auch in seinem auf die Entwicklung der Zustände sich beziehenden Urteil die Ansicht Goethes festzuhalten, der das Spiralbildende des menschlichen Entwicklungsgangs hervorhebt. Und beide hatten abermals Recht, gegen die Meinung zu protestieren, dass Erziehung sich auf Naturwissenschaften gründen ließe. Sehr richtig und natürlich führt Sie diese Überzeugung zu einer Religion der Liebe, also dem Christentum. Denn nur auf diese, auf die Liebe, gründet sich dieses. Das Leben aber lehrt, dass diese Lehre Wahrheit ist, denn sie entspricht dem innersten Bedürfnis der Seele.

Das Werk Kingsleys, *Hypatia*, höre ich sehr loben. Noch aber konnte ich es nicht einflechten zwischen »Sollen« und »Wünschen«. Ebensowenig glaube ich, wird es mir gelingen, Ihnen bei meinem jetzt bevorstehenden Besuch in Berlin einen Besuch zu machen. Lassen Sie mich daher durch diese Zeilen vertreten sein, die ich mit dem alten Ausdruck noch älterer, Ihnen wohlbekannter Gesinnungen schließe.

215. Fanny Lewald an Carl Alexander

Berlin, den 19. Oktober 1879
Matthäikirchstraße 21

Es ist so sehr lange her, dass ich keine persönliche Kunde von Ihnen gehabt habe, dass ich Sie wohl einmal nach Ihrem Ergehen fragen darf, obschon ich Ihren Sommerreisen und Ausflügen in großen Umrissen in der Zeitung wohl zu folgen vermochte. Weil ich es sehr wünsche und weil Sie sich ja gottlob auch einer guten Gesundheit erfreuen, hoffe ich, dass Sie den Herbst gut antreten und die Jagd Ihnen neue Frische für den Winter bringt. Ich stelle mir vor, dass Sie auf der Wartburg sein werden, richte den Brief aber wie immer in Ihre Residenz.

Ich bin gegen meine Gewohnheit diesmal noch etwas weiter gen Norden gegangen, und obschon mich das erst recht den Reiz des Südens hat fühlen machen, bereue ich den Weg nicht, denn ich habe recht viel Erfreuliches gesehen. Ich war acht Wochen auf dem Heiligen Damm bei Dobberan, um Seeluft zu genießen, danach 12 Tage in Kopenhagen, 5 Tage in Lübeck und drei Wochen bei einer Freundin in Kiel.[6] Nun bin ich schon 14 Tage zu Hause und bleibe auch in Berlin, obgleich ich oftmals nicht unterlassen kann zu fragen: weshalb eigentlich?

Es ist damit aber ein eigen Ding. Shakespeare sagt: Gewissen macht Feige aus uns Alten! Der angeborenen Farbe der Entschließung wird des Gedankens Blässe angekränkelt[7] – und wenn mein Gewissen mir auch die vollste Freizügigkeit gestattet, da mich kein Mensch hier nötig hat, so übt der Gedanke an das Alter seinen Einfluss aus auf die Macht des Gewissens. Es macht mich feige und unentschlossen; und ich wollte, es wäre jemand da, der für mich wollte, mir befehle und dem ich gehorchen müsste. Schließlich tröstet man sich mit dem herrlichen Bewusstsein: hab' doch auch im sonnenhellen Land gelebt! geliebt![8] Und dies Jahr, wo – wie Freunde mir schreiben – das Malaria-Fieber sehr arg in Rom herrscht, bleibt man denn auch leichter im Norden. Ich hatte diese Schädigung der Luft, die überall entsteht, wo große Erdarbeiten gemacht werden, schon vor zwei Jahren gefürchtet, als ich die großen Ausgrabungen auf dem Esquilin und Viminal und Forum sah, und mit dem Physiker Professor Blaserna darüber gesprochen. Es lachte aber jeder, dem man's sagte, und nun scheint es, als behalte ich ein trauriges Recht.

Ich weiß nicht, gnädigster Herr! kennen Sie Kopenhagen und Lübeck? Ich finde, dass man, alles in allem genommen, Kopenhagen überlobt und Lübeck lange nicht genug anerkennt. Es ist ja sehr Großes in Kopenhagen vorhanden, d. h. das Thorwaldsen Museum und das Museum für die Nordische Vorzeit. Es sind auch Schlösser die Hülle und Fülle da – hässliche und schöne –, die man in dem kleinen Land mittels des Sundzolls[9] bauen konnte, zu dem die ganze handeltreibende Welt beisteuerte, wie die ganze katholische Christenheit die römischen Kirchenbauten möglich machte. Aber als Ganzes, als Stadt, finde ich Kopenhagen weder großartig noch interessant, und wenn Sie mich fragen, was mir den bedeutendsten Eindruck gemacht hat, so ist's die Feste Kronborg bei Helsingör, um der Shakespeare- und der Struensee-Erinnerung willen. Dabei fällt mir ein, dass eben jetzt eine höchst geistreiche Biografie von Struensee von Karl Wittich[10] erschienen sein soll. Ich kenne sie noch nicht, doch ist sie mir von kundiger Seite gerühmt, und vielleicht haben Sie ein Interesse daran. Sollten Sie, Königliche Hoheit, aber Lübeck nicht kennen, so verlohnt das wirklich einmal einen Ausflug für Sie – ebenso wie das Thaulow-Museum in Kiel[11] mit seiner Sammlung von dort zusammengetragenen Holzschnitzereien. Es ist ein gutes Zeichen für die Zukunft unseres Kunstgewerbes, dass Deutschland sich allenthalben auf sich selbst besinnt, und zusammenbringt, was es aus seiner fleißigen Vergangenheit noch als Vorbild aufzufinden vermag.

Ich tröste mich mit der Hoffnung, Königliche Hoheit! dass die Rückkehr unserer Majestäten, deren entschlossene Leistungsfähigkeit ich als wahre Vorbilder anstaune, auch Sie wieder einmal hierherführt, und Ihre Gunst es mir dann gönnen wird, Sie wieder einmal zu sehen und zu sprechen.

Wie es aber auch kommen mag, vergessen Sie meiner nicht, Königliche Hoheit!

216. Carl Alexander an Fanny Lewald

Biarritz, den 25. Oktober 1879

Aus Ihrem Brief aus Berlin, von dem 19., für den ich Ihnen meinen herzlichsten Dank ausspreche, ersehe ich mit Freude, dass es Ihnen, gottlob, gut geht und mit einigem Erstaunen, dass Sie unschlüssig sind, ob Sie einen Winter in Berlin einem in Rom vorziehen sollen. Hieraus werden Sie ohne Mühe entnehmen, welchen Rat ich geben würde, stünde mir ein solcher zu. Dementsprechend freue ich mich, dass Sie diesen Sommer benutzten, sich neue Horizonte und mithin neue Interessen zu sichern. Von den mir genannten Städten kenne ich Kopenhagen nicht, Kiel so gut wie nicht, Lübeck genug, um zu bedauern, es nicht besser zu kennen, denn dort knüpft sich an vielbedeutende Repräsentanten merkwürdiger Vergangenheit eine bemerkenswerte Gegenwart, die eine glückliche Zukunft möglich macht. Der Gemeinsinn der Stadt, welcher das Schöne, das ihr überkommen, achtet und bewahrt und dadurch sich selber ehrt, ist ein lehrreiches Beispiel für unser Reich. Wenn jeder Staat und jeder bedeutende Ort und jede Familie, welche Kunst mit Industrie verbindende Schätze besitzt, das Bedeutende des Überkommenen durch Veröffentlichung von Verzeichnissen bekannt machen wollte und wenn fotografische Nachbildungen hiermit sich verbinden ließen, so würde man – ich sage es voraus – erstaunen über das Bedeutende, was von dem Vaterland verborgen wird, ohne es weder zu kennen noch immer kennen zu wollen. In meinem Land habe ich mit einem dahin zielenden Versuch begonnen. Bemerken muss ich übrigens, dass das Aufstapeln einer Menge Gegenstände an einem Ort nicht meiner Ansicht entspricht, weil eine Menge Objekte ihren größten Wert verlieren, wenn sie dem historischen Rahmen entrückt sind, dem sie angehören. Die so leichten Verbindungsmittel in Deutschland würden es möglich machen, dass der Lernende und Kunstliebhaber mit dem Katalog in der Hand leicht die bezeichneten Örtlichkeiten besuchen könnte. Welche Folgen aber für die Industrie, für die Kunst, für den Gemeinsinn, ja die Liebe zum Vaterland eine solche Pflege haben würde, ist unberechenbar. Ihre Feder sollte mir dabei helfen!

Diese Gedanken sende ich Ihnen freundschaftlich von dem Ufer der Meerenge von Biscaya, umrauscht von den Fluten des Atlantischen Ozeans.

217. Fanny Lewald an Carl Alexander

Berlin, den 23. November 1879
Matthäikirchstraße 21

Haben Sie den besten Dank für Ihren lieben letzten Brief. Ich vermutete Sie schon zu Hause, als ich Ihnen schrieb, weil man es bei uns im Norden – soll ich sagen leider oder glücklicherweise? – bald vergisst, dass über glücklicheren Gegenden noch die Sonne ihr erquickliches Licht ergießt, während wir im grauen Nebel zufrieden zu sein haben, wenn ein rechtschaffener

Kachelofen uns die notwendige Wärme bereitet. Man tröstet sich dann mit dem freilich eine ewige Sehnsucht erweckenden:

>»Hab im sonnenhellen Lande
>Doch gelebt, geliebt!«[12]

Ihre Reise über Paris[13], das mich gar nicht mehr verlockt trotz der Kunstschätze, die es besitzt, Ihren Aufenthalt in Karlsruhe, das ich so gut wie gar nicht kenne, da ich nur einen Tag vor 34 Jahren dort war, konnte ich in den Zeitungen verfolgen. Nun habe ich Ihren Namen in denselben nicht gesehen, Sie sind also vermutlich in Ihrem Land, hoffentlich in so vorzüglicher Gesundheit, wie ich sie Ihnen wünsche, und dann sicher in Ihrer gewohnten ernsten Tätigkeit und Wirksamkeit.

Und eben deshalb wollte ich Sie, Königliche Hoheit! bitten, mir zu erklären, was es mit den Fotografie-Katalogen, deren Sie flüchtig in Ihrem letzten Brief Erwähnung taten, auf sich hat. Dass Sammlungen (Gewerbemuseen) ihre besten Arbeiten fotografieren lassen, kann ich mir denken. Ebenso, dass es möglich ist, durch Austausch Exemplare aller dieser Sammlungen in der Art zu verteilen, dass in jedem Gewerbemuseum die Kataloge aller übrigen Museen anzutreffen sind. Wie aber – sofern es sich nicht um kunstliebende fürstliche Mäzene handelt, wie Sie, mein gnädigster Herr! – die Fotografien des im Privatbesitz befindlich gewerblich Schönen fotografiert und obendrein katalogisiert werden könnten, das konnte ich aus Ihrem Brief ebensowenig ersehen, wie ich zu ermessen vermag, was Sie, wie Sie mir schreiben, der Art in Ihrem Land bereits begonnen haben, um einen Anfang zu machen.

Da mich, wie Königliche Hoheit wissen, alles in den Bereich der Kunst Gehörende, lebhaft interessiert, würde es mir, nach Ihrer Andeutung eine doppelte Freude sein, wenn ich irgend etwas zur Verwirklichung Ihres Planes tun könnte – in der Presse tun könnte. Aber da ich immer nur da schaffen kann, wo ich ganz festen Boden unter den Füßen und wirkliche Einsicht habe, so sind Sie, gnädigster Herr! vielleicht so gut, mich näher aufzuklären und womöglich durch Anschauung erkennen zu lassen, um was es sich handelt. Ich brauche Ihnen nicht zu sagen, welch eine Genugtuung es mir sein würde, Ihre Mitarbeiterin zu sein.

Wir haben ein paar Tage 1–2 Grad Kälte gehabt am Morgen. Nun haben wir 4–5 Grad Wärme, aber sie hilft uns nicht viel, da die Nässe empfindlich ist. Doch ist's immer noch besser als die Kälte. Ich sitze und lebe in meinen alten Räumen, habe, wenn Sie wollen, ein sehr gesegnetes Alter, denn ich leide nicht, kann noch schaffen, was andere wirklich freut und fördert, wie ich es oft durch Zuschriften Fremder erfahre. Ich bin Dank unserer überdachten Lebensführung völlig sorgenfrei, habe Geschwister und Freunde, die zu mir halten – und doch ist das Alter, wie selbst ein Goethe es eingestand, nicht leicht »zu ertragen«.[14] Man ist unter den Menschen einsam, sobald diejenigen fort sind, für die wir ausschließlich lebten, die – um wieder Goethes Wort zu brauchen – dasjenige waren, »was mit uns lebte, liebte, litt«. Sie, wenn Sie älter werden, können, auch wenn Ihnen manche Ihrer Zeitgenossen fehlen sollten, wie Calvin sagen: »Hab' ich nicht viel tausend Kinder!« – und dass Sie diesen Segen spenden können, dass Sie Freude an Ihrem Land und Ihrer Regierung haben, das wird Ihnen die innere Jugend geben, die das Alter unfühlbar macht. Ich? Ich habe diese innere Jugend, wenn ich arbeite, und zurückdenke an die Zeiten, in denen Stahr und ich gemeinsam mitten im Leben standen und arbeiteten für das, was uns das Höchste war. Aber das Alter macht schwatzhaft! Gott erhalte Sie, Königliche Hoheit – und Sie mir Ihre anteilvolle Güte!

218. Fanny Lewald an Carl Alexander

Ohne Datum (Anfang Februar 1880)

Ich habe so lange Zeit das Jahr hinaufkommen lassen, ohne mich Ihnen mit meinen Wünschen für Ihr und der Ihren Wohl in das Gedächtnis zu rufen, weil ich weiß, wie auch Ihnen jedes Jahr neue Arbeit und neue Anforderungen auferlegt; und weil ich also zaghafter mit meinen Ansprüchen an Ihre Teilnahme für mich werde, obschon sie nun schon lange das Recht des durch die Jahre erworbenen Besitztitels für sich geltend machen könnte.

Indes heute bringt eine neue lobende Beurteilung des beiliegenden Buches[15] mich dazu, Ihnen zu nahen und es Ihnen anzubieten. Da es vielen zusagt, gewinnt es vielleicht auch Ihre Gunst, Königliche Hoheit! und Sie nehmen es als ein Zeichen meiner alten dankbaren Ergebenheit mit freundlichem Sinne auf. Ich meine die römischen und vielleicht alle italienischen Artikel, ziehen Sie, Königliche Hoheit! an, und Ihre Vorliebe für Rom kommt meinen Briefen zustatten; während vielleicht die Briefe über das *German Home Life*[16] und die anderen an die deutschen Frauen[17], die Teilnahme Ihrer Königl. Hoheit, der Frau Großherzogin, und der Prinzessin erregen könnten. Ich selbst blicke in das Buch und in alle unsere italienischen Reisebücher hinüber, wie man in trüben Tagen zu dem Stückchen blauen Himmel in die Höhe schaut, das durch die Wolken schimmert; aber ich hoffe, Sie haben sich über den diesjährigen harten Winter persönlich so wenig zu beklagen wie ich.

Mir sind Herbst und Winter sehr gut vergangen. Ich bin wohl gewesen, habe arbeiten können, viel Menschenverkehr gehabt, und es sind doch hier in unseren Lebenskreisen in der großen bürgerlichen Gesellschaft immer eine solche Menge von sehr bedeutenden Menschen zusammen, dass man immer eine sehr erfreuliche Anregung und vielfache Belehrung mit nach Hause bringt oder sie auch in meinen kleinen Räumen gelegentlich erhält. Ich habe das doppelt anzuerkennen, da ich ja auf mich selbst angewiesen, der Förderung und Freude entbehre, die sonst mein glücklicher Besitz war.

Bis gegen Pfingsten denke ich, in meinen vier Wänden zu bleiben, dann möchte ich zu Freunden nach Leipzig, das ich seit nahezu 20 Jahren nicht gesehen habe, und nachher irgendwo ins Grüne, wenn es hier zu heiß wird.

Ob ich Rom im nächsten Winter noch einmal wiedersehe, das ruht auf den Knien der Götter, denn ich trete im Frühjahr in mein 70. Jahr ein.

Lassen Sie mich wünschen, gnädigster Herr!, dass Ihnen noch mancher Römerzug gegönnt sei, da Sie Rom so sehr verstehen und lieben – und lassen Sie mich hoffen, dass Ihre Teilnahme mir erhalten bleibt in dem Grad, wie meine Ergebenheit für Sie groß und treu ist.

219. Carl Alexander an Fanny Lewald

Weimar, den 17. Februar 1880

Von Herzen lassen Sie mich Ihnen für Ihre so freundschaftliche Absicht danken, mir Freude zu machen, für den Beweis ersterer:

der Sendung Ihrer *Reisebriefe*, endlich für die Zeilen, durch welche Sie dieselben begleiten. Ist Freude bereiten zu wollen ein schöner Herzenszug, so ist das Geschick, sie zu bereiten wissen, eine der glücklichsten Gaben. Mit diesem Gefühl begrüße ich die Ihrige und freue ich mich, durch Sie zurückgeleitet zu werden in »das ewige Sehnsuchtsland von uns Deutschen«, im Besondern nach Rom, wo ich immer mit etwas wohnen geblieben bin. Dass mir schon Bekanntes in Ihren Briefen wieder begegnen wird, ist mir sehr willkommen, wie man liebe Bekannte gern wiedersieht.

Ich freue mich, so gute Nachrichten von Ihnen zu erhalten, ich freue mich, Gott sei Dank, Ihnen gute von mir geben zu können. Mir ist dieser strenge, aber schöne Winter sehr gut bekommen und hat mich derselbe in steter und wachsender Tätigkeit gehalten. Ich hoffe, Ihnen bald mündlich, so Gott will, davon zu erzählen. Einstweilen küsse ich Ihnen die Hand.

220. Fanny Lewald an Carl Alexander

Berlin, den 3. März 1780[18]

Sie sind die Güte und die Herzenstreue selbst, Königliche Hoheit! und ich danke Ihnen von Herzen. Aber selbst wenn Sie Zeit gehabt hätten, hätte ich diesmal nicht davon profitieren können, denn ich liege seit fünf Tagen mit Grippe zu Bett fieberfrei, doch genötigt den Katarrh auszupflegen. Und so trete ich denn morgen in mein 70. Jahr ein, in dem Ihre Freundschaft und Gnade mir erhalten bleiben möge, wie Ihnen meine unwandelbare herzliche Ergebenheit.

An den *Faust* habe ich gerade in diesen Tagen sehr gedacht – und könnte ich es machen, so käme ich sehr gern, auf Ihre Güte für mich und zwei Personen, die mit mir gehen würden, vertrauend. Aber wer darf Pläne machen? Ich war den Winter so gesund und rüstig wie seit Jahren nicht, da springt einen so ein Nordwind wie ein Tiger an, und man liegt fest.

Erhalte Sie der Himmel gesund, rüstig und freudig! Sie und die Ihren alle.

221. Fanny Lewald an Carl Alexander

Berlin, den 18. Mai 1880
Matthäikirchstraße 21

Es ist mir all die Zeit her eine Beruhigung gewesen, dass Sie mich so lange kennen und wissen, wie ich nicht undankbar bin, auch wenn ich einmal so erscheinen muss.

Ich wollte Ihnen gleich danken für die große Güte, mit der Sie daran dachten, mir die Freude an den *Faust*=Darstellungen zu gönnen. Dass ich sie mir versagte, weil ich es scheute, mich zu einem Vergnügen nach Weimar direkt hinzubegeben, während Stahrs Töchter noch in tiefster und sehr gefühlter Trauer um ihre Mutter[19] sind, das hat Herr v. Loën die Güte gehabt, Ihnen, Königliche Hoheit! zu sagen. Ich will wenigstens nichts tun, was das Verhältnis zu Stahrs Kindern trüben könnte – und die Mädchen sind so brav und gut.

Dass ich Ihnen, mein gnädiger Herr! nicht eher dankte, lag an einem Bann, den ich selbst über mich geworfen. Ich hatte seit Jahr und Tag einen kleinen Roman *Vater und Sohn*[20] unter Händen, der durch ein Zusammentreffen von Umständen, durch andere inzwischen vorgenommene Arbeiten, immer liegen geblieben und dadurch in Gefahr gekommen war, nie fertig zu werden. Da nahm ich mir einen Tag vor, alles zu unterlassen, Briefe schreiben u.s.w., was mich stören könnte; und so bin ich denn gestern glücklich fertig geworden und habe ihn fortschicken können.

Heute, Königl. Hoheit! schicke ich neben diesem Brief eine Künstler-Novelle *Helmar*[21] für Sie ab. Ich denke, auf der Wartburg oder in Wilhelmsthal haben Sie einige Stunden dafür übrig, und ich hoffe, weil ich es sehr wünsche, dass Sie dann nicht bereuen, sie mir gegönnt zu haben.

Dass ich Sie so sehr lange nicht gesehen und gesprochen habe, bedaure ich sehr. Manchmal habe ich mich auf die Fischerei-Ausstellung vertröstet – aber bis jetzt noch nirgend in den Zeitungen die Nachricht gefunden, dass Königl. Hoheit sie besuchen werden. Ich bleibe bis Ende Juni hier, da ich vielerlei zu ordnen habe, und habe mich in den letzten Zeiten mehrfach mit Schillers prosaischen Aufsätzen beschäftigt. Wir haben darin, in den Werken unserer Klassiker, wirklich Fundgruben an reinem Gold, die uns erst recht fühlbar machen, wieviel Talmi und Blech uns jetzt statt des Goldes geboten wird.

Da ich Ihnen aber ein Buch zu lesen schicke, muss ich den Brief nicht auch noch zum Buch werden lassen – ich bescheide mich also und schließe.

Erhalten Sie mir Ihre Teilnahme, Königliche Hoheit!

222. Fanny Lewald an Carl Alexander

Frankfurt a. M., den 5. Juli 1780

Vorgestern war ich Ihnen, mein gnädigster Herr! so nahe, dass ich Ihnen, wenn es keine Etikette in der Welt gäbe, gern guten Abend gesagt und die Hand gereicht hätte. Ich war auf dem Eisenacher Bahnhof, als Sie, gnädigster Herr! jemand dorthin geleiteten, saß in dem Coupé neben den fremden Herrschaften, hörte Sie sprechen und freute mich aufrichtig Ihres wirklich jugendlichen Aussehens und Ihres freundlich heiteren Ausdrucks. Gehe es Ihnen immer so wohl, dass Sie immer so bleiben und aussehen mögen.

Ich wollte Ihnen übrigens schon lange einmal schreiben – in den Tagen, in welchen man in Berlin die Goethe-Statue enthüllte –, aber Sie waren nach Düsseldorf gegangen, wie ich aus den Zeitungen ersah, und dann kam mir allerlei dazwischen, wie es sich vor jeder Abreise von zu Hause findet.

Ich wollte Ihnen gern sagen, dass die Goethe-Statue so schön ist, wie das in dieser Beziehung nicht eben gesegnete Berlin es recht nötig hat. Und ich lege Ihnen einen kleinen Artikel bei,[22] den ich in jenen Tagen für die *Kölnische Zeitung* schrieb, weil – nach meinem Empfinden – die Berliner Zeitungen mir mit ihren Schilderungen der Statue und ihrer Wiedergabe der Festreden gar zu prosaisch und recht strohtrocken vorgekommen sind. Sie werden, wie ich glaube, rechte Freude an dem Denkmal haben, mehr sicherlich als ich an dem Denkmal der Königin Louise[23], das mir, um den Volksausdruck zu brauchen, sehr »klobig« wie eine ungegliederte, kompakte Masse vorkommt; ganz abgesehen davon, dass mir die entblößten, langen Arme auf offener Straße und die höchst genrehafte Bewegung, mit welcher die Königin den Schleier, wie ein Fachon-Tuch, zusammenhält, weder statuarisch noch königlich erscheinen. Indes ist es gut und schön, dass wir das Standbild der Königin haben, wenn es auch nicht schön ist.

Schlangenbad den 8. Juli

Die veränderte Tinte, für die ich um Entschuldigung bitte, ist Folge des Ortswechsels. Ich unterbrach neulich in Frankfurt das Schreiben, weil ich zur Gerbermühle – zu dem Willemerschen kleinen Landhaus – fuhr, in dem ich nie gewesen war und das mich in seiner bescheidensten Enge an das Weimarische Gartenhaus Goethes gemahnt und unbeschreiblich gerührt hat. Wenn unsere jetzigen Dichter sich in dem Luxus, den sie oft sehr über ihre Mittel und mit Aufopferung ihrer Kraft, betreiben, nur auf diese großen Vorbilder zurückwenden sollten, so würden sie sehen, dass die Poesie nicht durch persische Teppiche und Champagner in die Seele gebracht, sondern aus der Seele auf das Geringste verklärend übertragen wird. Und – verzeihen Sie mir auch dieses Selbstlob – dass Stahr und ich dies immer gewusst, dass die große Liebe uns über alles gegangen ist, das hat uns wert gemacht, uns so von Herzen zu Goethes Schülern und Jüngern zu bekennen. Wir haben der Mode und der wüsten Sensation nie Zugeständnisse gemacht – und haben das nicht bereut. Ich blicke sehr ruhig auf unser Leben und unsere Vergangenheit zurück – in der Ihre huldvolle Freundschaft uns ein großer Segen war.

Haben Sie, gnädigster Herr! wohl das Goethe-Jahrbuch gesehen?[24] Der Herausgeber, Professor Dr. Geiger, ist ein gebildeter und wackerer junger Mann, ein begeisterter Goethe-Verehrer und, wie man mir sagt, ein tüchtiger Gelehrter. Er vertröstet sich darauf, dass ihm durch die Herren von Goethe und überhaupt von Weimar her, vielleicht auch durch Ihre Gunst, noch manche Goetheana zukommen werden und dass die Goethe-Forschung, wie sie jetzt betrieben wird, dadurch wesentlich gefördert werden könne. Ich glaube das und wünsche dem Unternehmer den besten Erfolg und jede Förderung. Mir aber geht es eigen damit. Mich stört dies zergliedernde Forschen, dies Anatomieren eines mir als Ganzes Schönen, und ich hege die vielleicht sehr törichte Besorgnis, dass dem Goethe-Kultus und der Goethe-Liebe, wie ich sie verstehe, damit eine Opposition, durch Übertreibung, hervorgerufen werden könne. Ich gebe zu, dass der Naturforscher, der mit der Lupe arbeitet, Genüsse kennt und Betrachtungen erreicht, die uns unzulänglich sind, aber ich habe den Sinn nicht dafür und halte mich an das, was ich mit meinen Sinnen erreichen kann – ohne diejenigen beeinträchtigen zu wollen, die mehr und Höheres durch die bohrende Forschung zu gewinnen fähig sind.

Mich hat man zu meinem letzten Geburtstag mit einer Kopie des von Kolbe[25] gemachten lebensgroßen Brustbildes von Goethe, die sehr gelungen ist, erfreut. Das Bild soll früher Schöll[26] gehört haben und befindet sich jetzt im Besitz eines Kölner Bankier Dagobert Oppenheim, der es einer Freundin von mir zu kopieren erlaubt hat. Es stammt aus 1821/22 und ist voll Leben und Geist und Kraft – und mir ein großer Besitz.

Ich schreibe aber, als hätten Königliche Hoheit nichts zu tun, als meine Briefe zu lesen. Ich habe Sie aber so lange nicht gesehen und gesprochen – da lässt man der Feder den Lauf.

Vier, fünf Wochen werde ich hier zu verweilen haben. Das Tal ist frisch, aber völlig aussichtslos, und das habe ich nicht gern. Was nachher wird, liegt ganz im Ungewissen, aber versichert möchte ich sein, dass Ihr Anteil, Königliche Hoheit, mir erhalten bleibt, wie ich meiner verehrenden Ergebenheit für Sie gewiss bin.

223. Carl Alexander an Fanny Lewald

Belvedere, den 13. Juli 1880

Für dieses Mal werden Sie mir gestatten müssen, mit einem Vorwurf diesen Brief zu beginnen. Weshalb traten Sie nicht zu mir heran, als Sie mich auf dem Eisenacher Bahnhof erkannten? Ich versichere, dass weder die Prinzessin von Asturien, die mir Lebewohl sagte, noch die ganze Grandezza ihres Vaterlandes mich nicht hätte verhindern sollen, Sie zu begrüßen. Ich indes erfuhr erst durch meine Umgebungen, dass man Sie im Zug erkannt zu haben glaubte, als dieser schon fortgebraust war. Und nun lassen Sie mich herzlich für Ihren Brief und den Zeitungsartikel danken, den Sie eingelegt haben. Ich habe beide mit dem besonderen Interesse gelesen, welches ich jedem Ihrer Briefe, jedem Erzeugnis Ihrer Feder so gern zolle. Mit welcher Spannung ich im Voraus auf das Goethe-Standbild blicke, werden Sie um so mehr mir glauben. Ich höre allgemein es bewundern; Ihre Feder aber hat beide geehrt: den Künstler wie sein Werk. Ich teile Ihre Ansicht über die anatomisierende Tendenz unserer Zeit betreffs der Schöpfungen wie der Urheber derselben: unserer großen Dichter. Allein natürlich scheint es mir, dass die deutsche Nation sich immer wieder und immer mehr mit Goethe beschäftigt, denn je mehr unsere Nation vorwärtsschreitet, desto mehr wird sie auf Goethe zurückkommen, denn sie wird ihn, gerade ihn, immer mehr und mehr brauchen. Die Erscheinung des *Goethe-Jahrbuchs* ist ein Beweis hiervon. Seinen Autor, Dr. Ludwig Geiger, wünsche ich umso mehr nunmehr kennen zu lernen, da Sie ihn mir empfehlen. Ich habe ihm deshalb den Wunsch aussprechen lassen, ihn kennen zu lernen und deshalb hierher zu kommen gebeten.

Möge indessen die gelungenste Kur beweisen, dass ich Ihnen nicht umsonst immer das Beste wünsche.

224. *Carl Alexander an Fanny Lewald*

Belvedere bei Weimar, den 25. Juli 1880

Verzeihen Sie mir, verehrte Gönnerin, wenn ich Sie, einen Kurgast, in Ihrer Kur zu stören wage. Indessen wird Ihr Gerechtigkeitssinn vielleicht erkennen, dass Sie selbst mir Veranlassung hierzu gegeben hatten, indem Sie mir – erst in Ihrem letzten Brief – Dr. Ludwig Geiger empfehlen. Sie werden es daher gewiss natürlich und daher verzeihlich finden, dass ich Sie um nähere Auskunft über den Genannten bitte, jetzt, wo die persönliche Bekanntschaft, welche ich zu machen die Gelegenheit hatte, das Interesse erhöht, das ich an ihm, an seinen Leistungen nehme.

Dies der Zweck dieser Zeilen, welche ich so kurz wie möglich fasse, um meine begangene Indiskretion möglichst zu verringern als die Ihres ergebensten

C. A.

225. *Fanny Lewald an Carl Alexander*

Rom, den 28. Dezember 1780
Hotel Molaro, Via Gregoriana

Ich habe Ihnen lange, lange nicht geschrieben, weil ich meine, wenn ich Ihnen nichts Besonderes mitzuteilen habe, dürfe ich

Ihre Zeit nicht für mich in Anspruch nehmen. Es wird Ihnen ja gehen, wie jedem anderen, dass Ihr Leistenwollen und Leistenmüssen mit jedem Jahr in unverhältnismäßig wachsenden Steigerungen fortgeht, und dass man bei aller Kraft doch mitunter empfindet, wie die Anforderungen, die wir und andere an uns stellen – und oft stellen müssen –, über die Möglichkeit des Leistens gehen. Hat man das an sich erfahren, so wird man den anderen gegenüber, je höher man sie zu verehren hat, zaghaft auf die Gefahr hin, sich selbst damit einer großen Freude zu berauben.

Nach dem Geständnis, mein gnädigster Herr! lassen Sie mich Ihnen Glück zum neuen Jahr wünschen; d. h. zunächst Gesundheit und dann jenes recht ausbändige und ausgiebige Glück, an dem man selber seine rechte Freude hat; und soll ich es nach einer Seite hin in eine bestimmte Form bringen, so wünsche ich, dass Sie bald wieder einmal nach Rom kämen und sich die Seele erfrischen und beruhigen könnten in der Stadt der Städte.

Ich bin nun wieder seit Anfang November hier, und der Winter ist milder, als er selbst hier zu sein pflegt. Es war ein rascher Entschluss, der mich zu dieser Reise brachte, während der Hinblick auf mein fortgeschrittenes Alter – ich werde im März mein 70. Jahr vollendet haben – bedenklich gemacht hatte. Ich hielt mir das nur zu wahre Wort vor: »Was man von der Minute ausgeschlagen, bringt keine Ewigkeit zurück!«[28], und ich bin sehr zufrieden, mir das Glück eines römischen Aufenthalts noch einmal bereitet zu haben, da mich keine Pflicht irgendeiner Art an die Heimat bindet.

Rom ist in gewissem Sinne immer das alte – und doch ist es nicht nur seit den 35 Jahren, seitdem ich es kenne, sondern auch seit den drei Jahren, da ich zuletzt hier war, ungemein verändert. Von der Volkstracht, von dem, was man sonst römisches Wesen nannte, ist nichts mehr zu finden – wenn Sie die im Fremdenviertel herumziehenden Modelle und die *à la Romaine* aufgeputzten Ammen der vornehmen Welt abrechnen. Auch die Traumseligkeit, die sonst Rom umschwebte, ist nicht mehr vorhanden. Rom ist geräuschvoll geworden, schmutzige Baumwollkleider ersetzen die frühere schöne Tracht – aber die ganze gewaltige Vergangenheit herrscht noch in Rom, die »Steine reden noch zu uns«[29] wie in Goethes Zeiten, und wo man den Blick hinaus ins Freie wendet, tut sich in aller ihrer großartigen und doch so lieblichen Herrlichkeit das Wunder dieser Gegend und dieser Natur vor uns auf.

Ich sehe mich nicht satt an Rom – und es hat etwas Unfassbares, was es alles in sich schließt und noch verborgen in sich schließt. So hat man neuerdings wieder christliche Katakomben – und vor Jahr und Tag bei der Tiber-Regulierung einen Isis-Tempel entdeckt, dessen Fresken man herausgeschnitten und in dem alten botanischen Garten aufgestellt hat, wo ich sie nächstens zu sehen gehen denke

Originell bleibt das Volk hier aber immer, und spräche ich Sie, so hätte ich Ihnen, mein gnädigster Herr, vielerlei zu erzählen, was schreibend wie ein Artikel werden würde.

Geht alles wie ich denke, und entschließt sich meine Schwester, die diesmal auch in Italien ist, bei mir zu bleiben, so möchte ich diesmal den Sommer am Meer oder in den Bergen diesseits der Alpen bleiben – aber das sind bis jetzt nur Wünsche, die leicht eine Änderung erfahren können.

Ein Wunsch jedoch, der sicher nicht in mir wanken wird, ist der, dass Sie, Königliche Hoheit, mir Ihre Gunst und Ihren Anteil bewahren, der mit zu den Gütern gehört, welche das Leben mir noch gelassen hat. Und somit, mein gnädiger Herr, alles Heil und Glück mit Ihnen und mit Ihrem Hause.

226. Carl Alexander an Fanny Lewald

Weimar den 13. Januar 1881

Wenige Ihrer Briefe, verehrte Gönnerin, haben mir so viel Freude gemacht wie der aus Rom vom 28. v. M., auf welchen meine Dankbarkeit Ihnen heute antwortet. Denn zunächst kommt er eben aus der Ewigen Stadt, wohin, wie Sie sich erinnern werden, mein auf Überzeugung gegründeter Rat Sie wünschte; sodann beweist mir die Frische Ihrer Wahrnehmungen und Ihrer Ausdrucksweise, dass Sie fühlen, es gehe Ihnen gut. Mit solch doppelt günstigem Eindruck danke ich Ihnen um so herzlicher. Auch deshalb, weil Sie so von Herzen mir Glück wünschen. Solche Art Wünsche haben dann immer aber auch die meiste Aussicht auf Erfüllung. Dieses Letztere möge sich besonders denn auch darin bewähren, dass ich Rom endlich wieder genießen könne. Ich sage nicht bloß »sehen«; denn ich sehne mich wieder zu erfrischen in dem »Sein-in-Rom«, in dem nur dort zu empfindenden Bewusstsein, dass man, auch ohne es bestimmt zu wollen, lernt, indem und wie man atmet. Ihre umfassende Betrachtung, deren Schilderung ich Ihrem beredten Geist verdanke, beweist mir, dass die Gegenwart doch nur neben der Vergangenheit lebt, und wie die Lagunenbrücke die insulare Eigentümlichkeit der Lagunenstadt Venedig nur erhöht, auch in Rom die Gegenwart nicht die Macht der Spuren größter Vergangenheit vermindert. Dessen freue ich mich in Gedanken, freue ich mich für Sie in der Gegenwart und für mich, so Gott will und ich lebe, in der Zukunft. Ich hoffe von dieser, dass auch der Sommer Sie, wie Sie es wünschen, in Italien halte; denn ich kann nur Gutes wünschen.

227. Fanny Lewald an Carl Alexander

Rom, den 21. Januar 1781
Hotel Molaro

Wundern Sie sich nicht, mein gnädigster Herr! dass ich schon wieder mit einem neuen Brief komme und demselben noch eine Sendung beifüge – ganz abgesehen von dem Dank für Ihren letzten lieben Brief, den ich Ihnen dabei von Herzen abstatten möchte.

Es sind 2 Medaillen und ein Relief, die ich Ihnen sende. Die beiden Medaillen wünscht der Künstler, Herr H. Wittig[30], Ihnen vor- und zu Füßen zu legen, und das Reliefbild von mir möchte ich in Ihre gütigen Hände legen und Sie bitten, es zum Andenken an eine Ihnen von Herzen ergebene Frau zu bewahren.

Wie ich zu Herrn Wittig gekommen, den ich erst jetzt kennen gelernt habe, erlauben Sie mir zu sagen. Bald nach meiner Ankunft machte Liszt mir die Freude, mich zu besuchen. Er sprach viel von dem Bildhauer Wittig, der früher Stipendiat der Österreichischen Regierung gewesen war, der die große Medaille auf die Thronbesteigung Leos XIII. gemacht – obschon Wittig Protestant ist –, weil er als einer der trefflichsten Medailleure unserer Zeit gelte und der auch aus Anhänglichkeit für Liszt eine schöne große Medaille zu dessen 70. Geburtstag gemacht habe. Im Fortgehen sagte er: Wittig möchte ein Bild von Ihnen machen, sitzen Sie ihm. Ich erwiderte, dass ich dafür in keiner Weise und für keinen Zweck eine Notwendigkeit sähe, dass ich nicht wisse, was es solle, aber Liszt blieb bei seinem *Vous me faites plaisir*, und so kam das kleine, und wie mir scheint, sehr gute Relief zustande.

Da Herrn Wittig nun daran gelegen sein muss, auch im Vaterland bekannt zu werden – er ist kein Österreicher, sondern ein Deutscher, hat nur durch sein Verdienst das Öst. Stipendium erhalten –, hat er mich gebeten, ich möchte es ihm möglich machen, Ihnen, mein gnädigster Herr! diese Proben seines Könnens vorzulegen, und ich habe geglaubt, es tun zu dürfen, da ich weiß, welche Teilnahme Sie der Kunst im allgemeinen zuwenden und wie großen Wert Goethe auf die Medaille legte.

Die Frage, ob Herr Wittig einen bestimmten Zweck mit dieser Vorlegung seiner Arbeiten Ihnen gegenüber verbinde, Königliche Hoheit! glaube ich verneinen zu dürfen. Er ist ein frischer, etwas naturwüchsiger Mann von 34/35 Jahren wie mir scheint, dem als Ideal Benvenuto Cellini vorschwebt, der sich also in Skulptur, Medaillieren, Ziselieren gut ausgebildet hat und der vielleicht bei dem Münzamt oder sonst einen Posten gut ausfüllen, vielleicht sich auch zum Lehrer eignen würde. Er hat nie in den Sitzungen einen bestimmten Plan für seine Zukunft gegen mich ausgesprochen; aber ich habe, als ich ihn einmal 154 Stufen hoch in seinem Atelier im Palazzo Venezia besuchte, sehr schöne Arbeiten auf Gemmen und Kameen von ihm gesehen – und so habe ich gemeint, diese drei Proben seines Könnens dürften Ihnen interessant sein.

Dazu finde ich gerade jetzt die Gelegenheit, sie Ihnen durch den deutschen Kurier zu senden – und so lassen Sie sich dieselben gefallen. Mit Ihnen, gnädigster Herr! hier einmal in Rom zusammenzutreffen, würde mir ein großes Glück sein. Indes ich komme schwerlich je wieder nach Rom. Ich vollende in wenigen Wochen mein 70. Jahr, und danach muss man zu Hause bleiben und sich bescheiden lernen – aber ich bekenne Ihnen, dass mir die Resignation schwer fällt, die des Alters Teil ist, obschon ich mich bis jetzt relativ eines guten Alters zu freuen habe.

Möchte Ihr liebes Leben recht, recht lang und immer vom Glück und von Gesundheit und Kraft begleitet sein.

228. Carl Alexander an Fanny Lewald

Weimar, den 19. Februar 1881

Vielfältigen Dank, meine verehrte Gönnerin, habe ich Ihnen für Ihren Brief und für die Sendung zu sagen, von welcher Ihre Zeilen die Begleiterinnen waren. Vor allem aber danke ich Ihnen für die so freundschaftliche Absicht, mir Ihr Bildnis zu bestimmen, denn Sie wussten, welche Freude Sie mir bereiten würden. Mit der Versicherung, dass Ihnen diese Absicht gelungen, vollständig gelungen, danke ich Ihnen am richtigsten. Dass also mein Dank auch der herzlichste ist, wissen Sie, umso mehr Sie sich dies selbst sagen müssen. Ihr Bildnis ist sehr gelungen; sein Ausdruck ist ernster, als ich bei Ihnen gewohnt bin, aber er stört nicht die Ähnlichkeit, und diese ist tadellos. Sie haben Recht gehabt, den Wunsch Liszts zu erfüllen, er hatte Recht, ihn zu hegen; der Künstler ist der Ehre wert, die Sie ihm antaten, als Sie ihm zu seiner Arbeit saßen. Diejenige Medaille, welche das Bildnis Liszts darstellt, halte ich für sehr gut: als Arbeit, als Ähnlichkeit, als Geschmack. Ich lobe die Arbeit an dem Bildnis des Papstes; ich vermag ein Gleiches nicht an der Rückseite dieser Medaille. Malerisch kann ich nämlich mir die Gruppe der Figuren mit dem Hintergrund auf einem Gemälde selbst auf einem Relief denken. Auf einer Medaille ist das Malerische nicht an seiner Stelle. Hier muss Konzentration mit Deutlichkeit durch Schönheit verbunden die Grundbedingung sein. Die Medaillen des *Cinquecento*[31] drücken aus, was und wie ich's meine. Eine Dame, welche Rom längere Zeit bewohnte, sagte mir gestern Abend: der Papst selbst habe diese Zusammenstellung bedungen. Das erklärt manches. Hätte der Künstler freie Hand gehabt, würde es, nach meiner schwachen Meinung, genügt haben, den Heiland vor den knienden, Schlüssel empfangenden Leo XIII. zu stellen. Sagen Sie mir nun, bitte, wie ich dem Künstler zu danken habe? Da Sie in seinem Auftrag mir die Medaillen senden, wage ich, Sie um die Übermittlung meines Dankes zunächst zu bitten. Dann möchte ich einen schriftlichen Dank direkt folgen lassen; was aber dann diesem? Je mehr man jemanden schätzt, je individueller muss der Dank sein, den man ihm schuldet. Nur Sie können mir hier raten. Ach, könnte ich mündlich diesen Rat mir holen! Dieser Seufzer sagt alles, was ich schreiben könnte. Sie werden ihn am besten auch auslegen können. In wiederholter Dankbarkeit küsse ich Ihnen die Hände.

229. Fanny Lewald an Carl Alexander

Rom, den 5. März 1781
Hotel Molaro

Haben Sie recht herzlichen Dank für Ihr gütiges, ausführliches Schreiben, das ich absichtlich zu beantworten gezögert, bis ich aus den Zeitungen Ihre Heimkehr von den Berliner Hochzeitsfesten erfahren hatte.

Sie fragen mich, mein gnädigster Herr! in welcher Weise Sie dem Bildhauer Wittig am besten Ihre Zufriedenheit mit seinen Leistungen ausdrücken könnten, auf die es ihm sicherlich in erster Linie angekommen ist, da er sich Ihnen für vorkommende Fälle vorzustellen und als Arbeiter zu empfehlen wünschte. Einen Anspruch auf eine Anstellung oder eine Geldunterstützung hat er, soweit ich ihn kennen lernen und beurteilen kann, gewisslich nicht zu erheben gedacht, obschon seine gegenwärtige Lage durchaus keine sorgenfreie ist; aber ich glaube, wenn Sie – falls das innerhalb des Bereichs des Herkömmlichen läge – ihm eine Dekoration oder sonst ein Ehrenanerkenntnis zukommen zu lassen die Gnade hätten, so würde ihm dies eine große Aufmunterung und zugleich die beste allgemeine Empfehlung sein, da derlei immer in die Öffentlichkeit kommt, und aus Ihrer kunstverständigen Künstlerhand einen vielfachen Wert für ihn haben könnte. Ist dieser Vorschlag ungehörig, Königliche Hoheit! so schreiben Sie dies meiner Ihnen durch frühere Erfahrung bekannten Unkenntnis des Herkömmlichen in diesen Dingen zu. Ich und Stahr haben nie einen Orden oder ein Diplom oder so etwas erhalten, und ich weiß wahrhaftig nicht, wie es mit diesen Ehrenanerkennungen gehalten wird. Sie fragten mich aber um meine Meinung, und ich spreche sie also aus, so gut ich es verstehe.

Wie grundgern, Königliche Hoheit, wollte ich, Sie kämen, wie Sie es so liebenswürdig in Ihrem Brief aussprechen, sich »meine Antwort hier in Rom selber holen!« Indes Sie hier in Rom zu treffen, wird mir wohl nicht mehr beschieden sein. Ich vollende in wenigen Tagen mein 70. Jahr – im nächsten Jahr wieder nach Rom zu gehen, würde mir, wenn ich in diesem Jahr nicht viel arbeite, wozu unterwegs nicht Aussicht ist, nicht wohl möglich sein –, und sich im 72. Jahre noch auf neue Römerfahrten einzulassen, würde eine Torheit sein, selbst wenn man den Zeitpunkt relativ bei Kräften erreichte.

So genieße ich denn *mein* Rom, diesmal mit einer stillen, intensiven Inbrunst, mit einem inneren Abschiednehmen; und es hilft mir dabei gar nichts, wenn ich mir oder andere mir sagen: Halte dir vor, dass du 4 mal und jedes Mal 7/8 Monate in Rom gewesen bist! Ich bin in diesen Dingen durchaus weder philosophisch noch resigniert, und halte es mit Goethes »Kein Ende! Kein Ende!«, wo es das Lieben, und das Genießen des Guten, Edlen und Schönen gilt. Man macht an sich, wenn man seelisch jung bleibt, im fortschreitenden Leben eigene Erfahrungen, und ich denke oft daran, wie Stahr mir einmal von sich redend sagte: »Ich bin nicht für das Altwerden gemacht, meine Natur ist auf Jugend angelegt!« Er war auch so jung geblieben bis zuletzt, und ich denke, gnädigster Herr! danach müssen wir alle trachten.

Erhalte Ihnen ein gütiges Geschick Ihren jungen Sinn, Ihr gutes Herz, Ihre stattliche Gesundheit und alles, was Ihnen wert ist, und mir Ihre Gunst und Teilnahme.

Lieber, gnädiger Herr! ich bin während des Schreibens so und so oft unterbrochen, habe mich also verschrieben, korrigiert, radiert wie ein Schulkind – seien Sie nicht böse darüber, bitte ich auch wie ein Kind – von Ihrer Gnade Königliche Hoheit!

XIV

November 1881 – 6. Dezember 1884

»*Sorrentiner Stilleben*« – *Berthold Auerbach* – *Kaiserin Augusta* – »*Berlin in Frascati*« – »*Abschied von Rom*« – *Bürgeler Tonwaren* – *Schillers* »*Wallenstein*« – *Ernest Rénan* »*Les apôtres*« – *Typhus in Rom* – *Bildhauer Römer* – *Siemerings Gräfe-Denkmal* – *Wartburgsprüche* – *Bilder von Wereschtschagin und Neuville* – *Tod des Prinzen Karl von Preußen und Wolfgang Goethes* – »*Modische Wohnungen*« – »*Stella*« – *Walter Robert-Tornow* – *Urteil über Holland*

230. Fanny Lewald an Carl Alexander

Ohne Datum (Ende November 1881)

Ich will mein mir so wertes altes Recht, mich Ihnen in das Gedächtnis zu rufen und selbst nach Ihrem Ergehen zu fragen, nicht verjähren lassen, und möchte mir in den nebelgrauen Tagen, die sich nun seit so viel langen Wochen über uns breiten, den Sonnenblick eines Briefes von Ihnen erwerben.

Schriebe ich Ihnen so oft, wie ich Ihrer und Ihrer mir stets erwiesenen Güte und Teilnahme gedenke, so könnte Ihnen das leicht zu viel werden; denn je kürzer die Lebensstrecke wird, die man noch im besten Falle vor sich liegen sieht, umso lieber und in umso festerem Zusammenhang blickt man rückwärts; und wenn ich an Sie denke, geschieht es immer mit der freudigen Vorstellung, dass Ihr Geschick Sie auf einen Platz gestellt hat, in welchem fruchtreiches Wirken und ein gewiesener Beruf mit nie endenden Vorwärtsbedingungen Ihnen als Ihre natürliche Aufgabe zugewiesen worden ist. Mich dünkt dies für die späteren Lebensjahre, die ja dereinst auch Ihnen – und Gott gebe in langer, langer Rüstigkeit – zuteil werden sollen, das allerhöchste Glück. An andere als an sich selbst denken zu müssen, sich in anderen vergessen zu können und sich notwendig, unentbehrlich zu fühlen, das kommt mir wie ein wahres Lebenselixier vor, und Ihr Wort, dass man sich »beständig neue Ziele stecken müsse«, ist sehr weise. Mir ist das in gewissem Sinne nicht mehr möglich. Ich hatte mein Lebensziel in der Zufriedenheit meines Mannes, und – vielleicht haben Sie Recht, wenn Sie das an mir tadeln – daneben trat alles andere für mich sehr wesentlich zurück. Seitdem ich ihn verloren habe, arbeite ich wie früher, bin ich auch für meine 70 Jahre noch genussfähig und rüstig genug, aber – wie Bauern bei uns in Ostpreußen sagen: ich kann's tun, ich kann's auch lassen! Ich habe für mein Sein und Tun keine Notwendigkeit mehr. Trotzdem liebe ich das Leben, wenn auch nicht wie sonst und habe gute Tage und Stunden und wenig Leid – unberufen!! – aus dem letzten Jahr zu verzeichnen.

Ich war bis zum 10. Mai in Rom, bis zum 30. in Neapel, bis zum 26. Juli in Sorrent, in großer Sommerhitze, die ich aber sehr nach meinem Geschmack fand. Fürchtete ich nicht, dass Sie keine Zeit für derlei haben, mein gnädigster Herr! so schickte ich Ihnen sechs, sieben Feuilletons *Sorrentiner Stillleben* – Sie haben keinen Wert und keine Bedeutung, als dass sie Licht und Farben in sich aufgenommen haben, die wir jetzt hier entbehren, und ich glaube, darum haben die Leser sich daran gefreut.

Ende Juli war ich 4 Tage auf der Rückreise in Rom, und da war es so einsam, so still, so traumselig wie vor 36 Jahren, als ich es zuerst bewohnt.

Nun bin ich seit drei Monaten in meinem alten Heim und komme wohl schwerlich noch einmal über die Alpen. Rom ist weit und das Reisen doch immer beschwerlich. Dafür aber, dass ich jetzt fein still zu Hause bleibe, hoffe ich, im nächsten Sommer, wenn ich ihn erlebe, in Deutschland ein wenig herumzukommen und mich vielleicht Ihnen wieder einmal persönlich vorstellen zu können, wenn nicht ein Glücksstern mir vielleicht schon vorher die Gunst bereitet, Sie in Berlin zu sehen.

Ich lege Ihnen, Königliche Hoheit! auf Ihre Nachsicht bauend, eine originelle Fotografie bei, in der ich das Unwesentliche – nur eine Vorgrundpflanze oder Studie – bin, der Hintergrund aber die Hauptsache.

Es sind die Landschafts-Fresko-Gemälde aus der unterirdischen Villa der Livia (zu den drei Hennen) vor *prima porta,* in der die herrliche Augustus-Statue vor 20 Jahren gefunden worden ist. Ein junger Freund[1] von mir, Dr. juris und Amateur-Fotograf hat das Ding, bei natürlich höchst ungünstigem Oberlicht durch eine lukenartige Öffnung gut genug zustande gebracht.

Und nun ich Ihnen so viel Zeit genommen, will ich schließen. Vergessen Sie meiner nicht, Königliche Hoheit! Denn ich bin Ihnen von ganzer Seele ergeben und wünsche Ihnen alles, was Ihr Leben irgend beglücken kann! Das heißt zunächst, Ihrem Land und den Ihren Wohlfahrt wünschen.

231. Carl Alexander an Fanny Lewald

Ohne Datum (Weimar, Dezember 1881)

Mit rechter Freude habe ich Ihren Brief von dem Ende vorigen Monats begrüßt, mit nicht geringerer ihn gelesen, möge nun mein Dank, meine Hochverehrte, Ihnen gleichfalls willkommen sein. Mir ist es in Wahrheit zunächst, Sie wohl, Sie rüstig, Sie also tätig zu wissen. Denn beides Erstere kann ich mir eigentlich nur dann wirklich denken, wenn das Letztere damit verbunden ist. Deshalb wage ich auch, es mir gar nicht bange werden zu lassen, wenn Sie sagen: »Sie könnten es tun, Sie könnten es auch lassen.« Denn keinesweges werden Sie es je lassen können noch dürfen, aufzuhören tätig zu sein, am allerwenigsten im Sinne Ihres Gatten, der immer im Bereich der Veredlung, der fortgesetzten Bildung zu sein strebte. Dafür aber, für Veredlung, für Zunahme an Bildung innerhalb unserer deutschen Nation, bietet sich, sollte ich meinen, ein weites Feld, besonders was die wahre politische Bildung betrifft. Einstweilen senden Sie mir ja, da Sie selbst so gütig mir es anbieten, Ihre Blätter aus Sorrent, dem mir so wohl bekannten, von mir lang bewohnten Ort. Möge der Winter im Norden Ihnen nicht den im Süden zu sehr vermissen lassen, denn vergessen lässt sich der Süden nun einmal nicht. Von diesem allen mich persönlich mit Ihnen zu unterhalten, wird mir hoffentlich bald die Gelegenheit werden und Ihnen dann für die so gute und ähnliche Fotografie in berühmter Örtlichkeit wiederholt zu danken, durch welche Ihre Güte mich überrascht, Ihre Freundschaft mich erfreut hat.

232. Fanny Lewald an Carl Alexander

Berlin, den 11. Februar 1882

Es ist eine ganze Menge von Wochen her, dass Sie mich ermunterten, Ihnen die paar Blätter zu senden, die ich in heller Sommerlust unter dem begnadigten Himmel von Sorrent geschrieben. Damals ließ ich mir die Feuilletons gleich aus der Expedition der *National-Zeitung* holen – und als ich sie dann in Händen hatte, wurde ich zaghaft.

Ich dachte: was soll der viel beanspruchte, viel beschäftigte gnädige Herr damit? Und nun, nach dem Zögern, Erwägen, Bedenken und Schwanken, die eine üble Gewohnheit des Alters sind, nun schicke ich sie Ihnen doch, da Sie sie ja ungelesen lassen können – und Sie vielleicht, wenn Sie sie lesen, doch einen Sonnenstrahl der Erinnerung an das geliebte Land in sich aufleuchten fühlen.

Alles in allem genommen ist bis jetzt dieser Winter an uns hier gnädig genug, d. h. ohne jeden Schnee und ohne befrorene Scheiben vorübergegangen, aber die Sonne haben wir seit Anfang August selten zu Gesicht bekommen – und doch trotz des ewigen Nebels schimmerte es heute, als die Sonne einmal durchbrach, grün an Strauch und Bäumen.

Wie man dies neue Werden gegenüber dem ewigen Vergehen im Alter immer mehr als ein Wunder anstaunt, das wird Ihr feiner Sinn, mein gnädigster Herr! in späteren Zeiten auch erfahren.

Ich habe in diesen Tagen vielmals bei der Nachricht von Berthold Auerbachs Tod, mir die dritte Strophe von Goethes – des alles Wissenden – *Faust* vorgesagt.[3] Man muss es lernen, schließlich seine Zeitgenossen zu entbehren – und ich habe die merkwürdige Erfahrung gemacht, dass sehr alte Leute den Tod ihrer Zeitgenossen mit einer Art von heimlicher Genugtuung betrachten, als freuten sie sich, dass sie es besser als die anderen verständen, leben zu bleiben. Noch finde ich es hart und bitter wenn die Reihen derer, mit denen ich

»lebte, strebte, litt«[4]

sich um mich her lichten; und überhaupt hat man sich gegen sich selbst und seine Nachsicht mit sich selbst immer zu wehren. Dafür ist mir Ihre Majestät, die Kaiserin – die das gewiss nicht ahnen kann – ein wundervolles Beispiel und Erziehungsmittel. Manchmal, wenn ich unlustig oder müde bin, etwas zu leisten, was man von mir verlangt, unlustig am Abend noch der und jener gesellschaftl. Pflicht zu genügen, so sage ich mir: Ach! Die Kaiserin ist so alt wie du, ist nicht so rüstig wie du – und was muss die vielleicht heute mit großer Selbstverleugnung leisten?

Und dann geht's und geht auch gut! Erhalte der Himmel die edle Frau Ihnen und allen noch lange und in leidlichem Befinden – denn leben, um schwer zu leiden, ist kein Glück.

Da ich Ihnen, Königliche Hoheit! schon Gedrucktes sende, darf ich nicht noch viel Geschriebenes hinzutun. Nehmen Sie das eine wie das andere mit gewohnter Güte auf.

Ich hoffe, der Frühling führt Sie nach Berlin. Möchte er und alle Tage Ihnen heilvoll und erfreulich sein.

233. Carl Alexander an Fanny Lewald

Weimar, den 24. Februar 1882

Da rasches Genießen nicht der Geschmack eines jeden, im Besonderen nicht der meinige ist, so werden Sie mir verzeihen, dass ich langsam – nicht schnell – mir mein geliebtes Sorrent emporzaubern lassen wollte. Und so kam es, dass ich Sie bis morgen auf meinen heutigen Dank warten lasse, um so mehr ich gern das mir Zugesandte lesen, ehe ich darüber schreiben wollte. Nun aber sei Ihnen, meine gütige Freundin, mein um so herzlicherer Dank dargebracht für die Absicht, mir Freude machen zu wollen, wie für die Ausführung ersterer. Dies sagt aber schon, was ich im einzelnen nur wiederholen müsste, sollte ich die Wirkung Ihrer Feder schildern. Nur das gelingt, was man liebt; deshalb gelang Ihnen Ihre Sorrentiner Schilderung so vortrefflich, umso mehr Sie die Wahrheit durch Natürlichkeit mit der Schönheit der Sprache verbinden. Darin liegt die eigentümliche Kraft wie Grazie Ihres Stils. Dies aber sage ich Ihnen, weil ich Ihnen Wahrheit schulde, nicht aber Ihnen schmeicheln will.

Die Wahrheit ist es auch, welche Sie in Ihrem Urteil über die Kaiserin, meine Schwester, sagen. Diese Wahrheit resümiert sich aber in dem einfachen Wort »Pflichtgefühl«. Dies ist durch Gottes Hilfe Ihre Lebenskraft, wie es ihr Lebenswerk immer ist.

Dass Sie dies erkennen, freut mich, wie dass Sie es mir aussprechen, umso mehr Sie wissen, weil Sie es fühlen, was der Name, den wir tragen, was der Name »Weimar« uns Geschwistern auferlegt.

Möge der milde Winter, der schon von Frühling spricht, Ihnen wohl tun und mir die Freude gönnen, Ihnen bald persönlich wieder meinen Besuch abzustatten[5] und im traulichen Gespräch mündlich meine Ergebenheit zu beweisen.

234. Fanny Lewald an Carl Alexander

Weimar, den 25. März 1782
Matthäikirchstraße 21

Jemandem zu danken, dem man seit einem Menschenalter so ergeben ist, wie ich Ihnen, ist ein großes Vergnügen und eine Herzensbefriedigung.

Haben Sie denn warmen Dank für Ihren lieben, langen Besuch mit all seinem erquickenden und sinnierenden Aussprechen; und Dank auch für die herrlichen Blumen, die Sie mir gestern zum Geburtstag gesendet. Sie werden fortblühen in meinem Erinnern, länger als sie dauern.

Sie sagten vorgestern – und es war so galant und freundlich –, wenn Sie mich vor sich sähen, dächten Sie immer, ich würde mich doch wieder einmal demaskieren und äußerlich jung werden, wie (gottlob!) der Himmel es mir gegönnt hat, mich innerlich zu erhalten.

Das mahnte mich an eine eigene Erfahrung, die ich an mir gemacht. Mir prägt sich nämlich das Bild der Menschen in der Regel am lebhaftesten in einem Moment ihres Lebens und meines Begegnens mit ihnen ein; und so stehen Sie mir immer vor, wie ich Sie vor langen Jahren, groß, schlank, elastisch an dem Tag gesehen, an dem seine Hoheit, Prinz Herrmann von Weimar, mit seiner Württembergischen Braut in Weimar[6] eingezogen war. Da sah ich Sie in Uniform mit einem roten Band oder so etwas über der Brust – und das Bild ist mir geblieben wie alles Gute und wie die Erinnerung an das menschlich warme Wohlwollen, das Sie Stahr und mir stets gewährt.

Erhalte Sie der Himmel! Schonen Sie Ihre Kräfte für die Ihren, für Ihr Land – und auch für mich, denn solange Sie leben, habe ich einen gnädigen Freund, das weiß ich, da ich mich dieser Gunst nicht unwert machen werden. Die paar kleinen Feuilletons *Berlin in Frascati* und *Abschied von Rom* sende ich Ihnen nach Weimar. Es liegt der Hauch jener Stätten darüber – das ist all ihr Verdienst. Sie haben in Weimar eher einen Augenblick dafür als hier.

Haben Sie die Gnade, Königliche Hoheit, mich der Frau Großherzogin in das Gedächtnis zu rufen und zu empfehlen.

235. Carl Alexander an Fanny Lewald

Weimar, den 21. April 1882

In allen Sprichwörtern liegt Wahrheit, deshalb dauern sie auch. Mögen Sie, meine Verehrte, die Wahrheit des Sprichwortes »Was lange währt, wird gut« bestätigt finden, indem Sie die irdene Ware Bürgeler Industrie betrachten und dann gebrauchen, die ich – endlich – Ihnen zusende. »Endlich« sage ich, denn seit ich im März Ihre Zimmer verließ, ist die Bestellung nach jenen Gefäßen sofort gemacht worden. Beurteilen Sie nun danach meine Ungeduld, bis jetzt Sie haben warten lassen zu müssen, statt das Versprechen sofort erfüllen zu können. Allein jene Töpfer sind ebenso tätig im Arbeiten wie lässig im Denken, denn statt für ein Musterlager im Ort oder in Weimar zu sorgen, wo man das zu Bestellende aussuchen könnte, arbeiten sie nur dasjenige, was im Ort selbst bestellt wird, ohne etwas vorrätig zu haben. Mit der Erfahrung wird sich wohl auch die Klugheit einstellen. Einstweilen lassen Sie mich auf Ihre Güte hoffen, um meine Sendung nur als eine solche anzusehen, welche dem gewöhnlichsten Hausbedarf, keineswegs aber dem Schmuck dienen soll. Immerhin ist erstrebt, das bloß Nützliche in gefällige Form zu kleiden.

Das herrlichste Frühlingswetter begleitet meine Sendung. Sei das Erste ein günstiges Zeichen für die Aufnahme der Zweiten.

236. Fanny Lewald an Carl Alexander

Berlin, den 24. April 1882

Kennen Sie das Klaus Grothsche Gedicht

»wat en Vergnögen! wat en Vergnögen!«

Die Worte habe ich mir vorgestern, als Ihr lieber, gütiger Brief anlangte, und heute, als die aus Bürgel angekommenen Herrlichkeiten ausgepackt wurden, immer vorgesagt, und Ihnen das Vergnügen von Herzen gedankt. Die Kannen und Krüge sind ungewöhnlich hübsch. Der große Krug mit Zinndeckel soll mein täglicher Wasserkrug werden, da mein amerikanischer doppelwendiger Wasserkühler (auch ein Freundesgeschenk) so schwer ist, dass ich ihn nicht gern hantiere. Ich bin den ganzen Morgen herumgezogen, in den vier kleinen Stuben die rechten Plätze für die neuen Krüge zu finden. Vier davon haben neben der großen Schillerbüste ihr Ziel gefunden, und Goethe sieht sie vom anderen Schrank an – der sicher die größte Freude daran gehabt hätte, derlei im Weimarischen fabrizieren zu sehen. Ich dachte das schon oftmals, wenn ich die schönen Fabrikate in Eisenach vor Augen hatte.

Sonderbar genug sah ich den Tag, ehe Ihre Gabe ankam, einige ebenfalls sehr schöne irdene Gerätschaften aus Bürgel, die ein sehr kunstgebildeter Dragoner-Offizier hier in dem sogenannten »roten Schloss« in den Magazinen über der alten Stechbahn angekauft hatte. Und er wie ich fanden gerade auch das daran hervorzuheben, dass sie nicht nur den Reichen zugänglich sind. Haben Sie herzlichen Dank! Es ist solch ein Vergnügen, etwas geschenkt zu bekommen, wo man sich der Güte des Gebers so sicher fühlt wie ich mich Ihnen gegenüber.

Gestern Abend habe ich in gewissem Sinne auch viel nach Weimar hinübergedacht. Ich habe *Wallensteins Tod* von den Meiningern sehr gut – in manch Einzelnem vortrefflich – darstellen sehen und doch wieder, die in Stahr und mir mit den Jahren immer bestimmter hervorgetretene Empfindung gehabt, dass es eigentlich ein ganz quälendes Werk ist trotz aller seiner wundervollen Schönheiten. Ein Held, dem von Anfang an jeder, der mit ihm in Berührung kommt, seinen Treubruch und seine Felonie rückhaltslos ins Gesicht schleudert, vom Schwedischen Hauptmann bis zu den Pappenheimschen und bis zu Max und

Thekla, ist ein fürchterlicher Anblick! Und daneben der Verrat, den Piccolomini, Buttler, Isolani wieder an Wallenstein üben. Es ist schwer zu ertragen!

Ich sagte mir dabei gestern wieder, wo nimmt unsereiner den Mut zum Schaffen her, wo gewinnt man in sich den Glauben an sich, ohne den man nichts ist und kann, wenn man sieht, wie solche Genien irren konnten und wie wir – das ist tröstlich daneben – sie doch noch in ihren Fehlern zu bewundern haben?

Dabei – bei den bewunderten Fehlern – fällt mir eine Stelle aus einem alten Werk, aus Rénans *Geschichte der Apostel* ein, die mich dieser Tage sehr beschäftigt hat. Sie kennen das Werk gewiss, ich habe es jetzt erst kennen lernen. Er erzählt die Geschichte der Grablegung, erklärt die Erscheinung des Heilands vor Maria Magdalena als eine aus deren den Heiland liebendem und ersehnendem Herzen hervorgegangene Vision und Sinnestäuschung und schließt die schöne Darstellung mit den Worten[7]:
La gloire de la résurrection appartient donc à Marie de Magdala. Après Jésus, c'est Marie qui a le plus fait pour la fondation du christianisme. L'ombre créée par les sens délicats de Madeleine plane encore sur le monde. Reine et patronne des idéalistes, Madeleine a su mieux que personne affirmer son rêve, imposer à tous la vision sainte de son âme passionnée. La grande affirmation de femme: Il est ressuscité! a été la base de la foi de l'humanité. Loin d'ici, raison impuissante! Où est le sage qui a donné au monde autant de joie que l'a possédée Marie de Magdala?

Ich bin davon auf das tiefste erschüttert worden; denn ich hätte in dem Augenblick, in welchem Stahr die Augen schloss, mein ganzes Sein hingegeben, hätte ich jene beseligende Vision haben, oder jenen Glauben in mir lebendig machen können, gegen jenes trostlose »Wissen, dass das der Tod ist« und dem gegenüber schließlich auch wieder nichts übrig bleibt als das wahrhaft fromm ergebene Wort Goethes »in Wundern ist der arme Mensch geboren – in Wundern ist der arme Mensch verloren!«[8]

Aber ich habe mich gehen lassen, gnädigster Herr! als säßen Sie mir gegenüber – und will schließen.

Wenn Se. Königliche Hoheit der Erbgroßherzog weiß, dass ich existiere, und wenn es ihn freut, es zu hören, so sagen Sie ihm, dass ich seine Absicht, das Allereinfachste zu verschönen, für eine höchst segensreiche halte und daß ich Form und namentlich Farbe und Ornament und Devise an den mir von Ihrer Gnade gesendeten Sachen sehr erfreulich finde.

Ich erlaube mir zugleich, Königliche Hoheit! Ihnen die beiden im vorigen Frühjahr zuletzt in Rom geschriebenen Feuilletons[9] als bloße Farbenskizzen und Stimmungsbilder gleichzeitig mit diesen Blättern zuzusenden, weil wir neulich davon gesprochen hatten.

Heute regnet es hier so warm auf das volle frische Grün wie vor dem Jahr an dem Tag in Frascati, den ich in dem einen Feuilleton beschrieben. Es ist übrigens doch mit dem Klima von Rom ein eigen Ding! Ich habe in den letzten Wochen von dort so viele Todesnachrichten erhalten, dass man nachdenklich darüber wird. Auch der junge Medailleur, dessen Arbeiten ich Ihnen vor dem Jahr zur Ansicht schickte, Herrmann Wittig, ist dem Typhus erlegen, der meiner Meinung nach durch das ungeheure Aufgraben befördert wird.

Die Gelehrten, wie Blaserna und Thomasi Crudeli u.s.w., streiten mir das ab. Da es aber feststeht, dass überall, wo große Erdarbeiten gemacht werden, Fieber entstehen, kann dies doch sicher nicht ausbleiben, wo ganze große Stadtviertel umgegraben und eine 2000 bis 3000-jährige Erdschicht von unten nach oben geworfen wird. Landwirte aus Deutschland stimmten mir darin bei – und wenn ich auch zugebe, dass jetzt statt eines Reisenden im Vergleich zu 1845 fünfhundert und mehr nach Rom kommen, so ist doch das Verhältnis der Typhuskranken dort immer ein großes –, und mir fällt es auf, dass in diesem Jahr in den Berichten über die Gesamtheit der Todesfälle vom Reichsgesundheitsamt in den Zeitungen Rom ganz und gar fehlt.

Aber – nun wirklich Schluss! Lassen Sie mich hoffen, dass Sie den langen Brief nicht schelten und dass Sie mir gnädig, wie ich Ihnen von Herzen ergeben, bleiben, mein teurer, gnädiger Herr!

237. Carl Alexander an Fanny Lewald

Wartburg, den 10. Mai 1882

Den Beweis zu empfangen, Freude gemacht zu haben, wo man diese beabsichtigte, ist immer eine wahre Freude. Sie bereiten sie mir durch Ihren Brief vom 24. d. M. Mit dieser Versicherung und Empfindung lassen Sie mich meine Antwort beginnen. Etwas erschreckt wurde ich durch die Bemerkung, dass Sie die Bürgeler Ware auch zum Schmuck gebrauchen; denn nur zum täglichen Gebrauch und Hausbedarf war sie bestimmt und ist sie geeignet, mit Ausnahme vielleicht von den langhälsigen kleinen Gefäßen zu Blumen. Indessen mag dem sein, wie ihm wolle, den Lebensbedarf und Gebrauch zu schmücken, ist ein Hauptzweck der Industrie – wie meiner Gabe.

Ihre kritische Beleuchtung *Wallensteins* erscheint mir neu, aber wahr. Ich möchte glauben, dass dieselbe Überzeugung, welche ihn, [Schiller] anderswo sagen lässt: »Das ist der Fluch der bösen Tat, dass sie stets Böses muß gebären«[10], dem Autor den Verrat als gleichsam die Atmosphäre bezeichnen machte, die den Verräter Wallenstein, allein umgeben konnte und wechselweise wirkend den Eindruck des Fatums erzeugt, das unerbittlich herrscht und die Hauptperson mit ihrem Haus in den Abgrund stürzt.

Was die stilistisch schönen Phrasen von Rénan betrifft, so müssen Sie mir gestatten, entgegengesetzter Meinung zu sein. Will er die Erscheinung des Heilands nach seiner Auferstehung für eine Halluzination der Maria Magdalena halten, so ist das Renans Sache. Halluzination dürfte es aber schwerlich gewesen sein, dass so viele andere – Apostel, Schüler – den Heiland, den Auferstandenen, nach ihr sahen, erkannten, von ihm belehrt wurden; Halluzination ist auch nicht das sich entwickelnde und immer mächtiger werdende Christentum, das der Gott der Liebe und Wahrheit durch den Glauben an die Unsterblichkeit seitdem entwickelt. Zudem ist »Gott nicht ein Gott der Toten, sondern der Lebendigen«, wie die Schrift und der in uns gelegte Geist sagt.

Auch ich erhielt durch eine Dame aus Eisenach die allmählich sich von dem Typhus erholt, dem sie im vergangenen Jahr zu Rom und Castellamare fast erlag, soeben die Bestätigung der Typhus-Gefahr, der die Besucher Roms jetzt ausgesetzt sind. Sollte denn eine Desinfizierung nicht möglich sein? Die Gefahr drängt sich auf, wie es die Sibyllinischen Bücher dem Kaiser Augustus taten.[11]

Mein Sohn dankt sehr für das Urteil, welches Sie über seine Stiftung Bürgeler Waren in das Gewerbemuseum in Berlin fällen, und ich danke schließlich ebensosehr für die mir gesendete

Fortsetzung Ihrer *Römischen Briefe*, dieser schönen Blätter der Erinnerung, von hier aus, von diesem Ort der Erinnerungen.

238. Carl Alexander an Fanny Lewald

Biarritz, den 30. Oktober 1882

Gestatten Sie mir, meine stets gütige Gönnerin, nicht erst auf den Empfang des zweiten Beweises dieser Titulatur – Ihr Werk – zu warten, sondern gleich jetzt den Dank für dasselbe mit dem für den ersten Beweis, Ihren Brief[12], zu verbinden, der mich hier erfreute. Umso mehr als ich befürchte, dass mich das Werk in Weimar erwarten wird, da mir nur Briefe an diese ferne Küste eigentlich zugesendet werden. Und umso besser ist dies, denn so freue ich mich schon im Voraus, durch Ihren Zauberstab wieder in dem »Sehnsuchtsland der Deutschen« wie Herr von Radowitz Italien nannte, zu wandeln und Ihnen dann ein wiederholtes Mal zu danken, wohl möglich in Berlin, wohin ich vielleicht im Dezember, so Gott will, komme.

Bei ruhigem, sonnenbeleuchtetem Meer schreibe ich diese Zeilen; bei entsetzlichstem Sturm würde ich sie die verflossenen Tage haben schreiben müssen. Auch hier ist der Herbst dieses Jahres eine Reihe wechselvoller, oft sehr schlechter Tage; Schlimmeres hört man aus Italien. Der Norden sprach und spricht vom Gegenteil, denn während Italien fast ertrank, sonnte ich mich fortwährend an den nicht erbleichenden Strahlen lappländischer Sonne[13]. Es ist ein sonderbares Jahr, eine sonderbare, fast rätselhafte Zeit!

Sie tun sehr Recht, sich den anregenden und vielsagenden Briefen Goethes und Schillers wieder hinzugeben, wie ich fühle, Recht getan zu haben zu gleicher Zeit *Dichtung und Wahrheit* wieder vorzunehmen, ist doch Goethe der Geist, den ich absolut immer nötig habe, um mich weiterzubilden und um das Leben möglichst richtig zu verwerten. Mit Ihnen glaube ich, dass beiden – Goethe wie Schiller – durch die geringere Zersplitterung ihrer Zeit geholfen wurde; mit mir aber werden Sie indes gewiss auch glauben, dass wenige so richtig das Leben zu nehmen wussten wie diese, Goethe, namentlich, der in seinem

»Frei gesinnt, sich selbst beschränkend«[14]

das Geheimnis seiner Lebensweisheit predigt.

239. Fanny Lewald an Carl Alexander

Berlin, den 29. Dezember 1782
Matthäikirchstraße 21

Auch Ihnen, mein gnädigster Herr! wird es auf Ihrer Höhe, wie uns anderen in unseren Mittelbereichen ergehen, und das Weihnachtsfest und das Ende des Jahres werden Ihnen die Fülle der Arbeit, des Sollens und Wollens und Müssens auferlegen. Weil ich mir das dachte, habe ich gezögert Ihnen, mein gnädigster und herzenstreuer Herr, für die Freude zu danken, die Ihr lieber, letzter Besuch mir wieder bereitet hat. Ich war so erfreut, Sie so unverändert frisch, noch in aller Elastizität Ihrer jungen Jahre wiederzusehen. Erhalte das Leben Sie noch lange so!

Die farbigen kleinen Figürchen des Bildhauers Römer, auf welche Sie in der Meyerschen Kunsthandlung aufmerksam geworden waren, habe ich mir, wie Sie gewünscht, auf die Ähnlichkeit hin angesehen. Ich kannte nur zwei von den Personen: die Tante und den Vater von Römers Frau, welch letzterer d. h. der Vater, beiläufig ein Sohn von dem Maler Hensel[15] und von Fanny Mendelssohn Bartholdy ist; und diese beiden, Frau Adelsen in gelbrotem, Direktor Hensel in bronzefarbenem Ton, waren sehr ähnlich. Man rühmt mir das auch von den anderen kleinen Büsten und Figürchen und rühmt namentlich die Art der Technik. Römer setzt – ich verstehe nicht recht wie – die Sachen aus verschiedenfarbigem Ton zusammen, und sie sollen dadurch viel dauerhafter als die gemalten Tanagra-Figuren sein. Mein Bedenken geht gegen die Kleinheit der Arbeiten, sofern sie Porträt sein sollen. Ich verstehe die großen Büsten aus farbigem Ton der Mediceer und anderer in unserem und in vielen anderen Museen, aber wenn ich mir z. B. die Gestalten von Bismarck, Moltke, der Kaiserin, in solch spannlangem Maße denke, stelle ich sie mir, die ersteren wie Sonneberger Figuren, die letzteren wie französische Nippes dar: und die Größe der viel verbreiteten Goethe-Statuette von Rauch in Biskuit[16] scheint mir das kleinste Maß zu sein, wenn es nicht spielerisch wirken soll. Ich höre, dass der Preis einer Statuette, wie Sie, Königliche Hoheit, sie gesehen haben, sich auf 600–700 Mark für das Original stellt, dass aber die Vervielfältigung leicht und nicht kostbar sei. Jedenfalls ist es ein Unternehmen und Herr Römer ein Talent, die Sie mit Fug und Recht beachtet haben, und ich höre nur Gutes von dem jungen Mann, dem ihre Beachtung sicherlich von der höchsten Wichtigkeit und eine Ermutigung sein würde.

Wäre der Winter und seine dunkle Nässe, wäre der Niedergang des Jahres mir nicht schon seit einer Reihe von Jahren feindlich, so wäre ich längst einmal zu Römers Atelier gefahren. Aber die Nässe in den Bildhaueratelies ist empfindlich für meine Nerven, und so muss ich derlei immer für die trockene Jahreszeit versparen. Haben Sie denn, gnädigster Herr! hier das Gräfe-Denkmal[17] gesehen? Und waren Sie je in der Werkstatt seines Schöpfers, in der meines Landsmanns Siemering? Sie ist sicher eine der interessantesten in Berlin neben und mit der von Schaper.

Ich stelle mir vor, dass die Silberhochzeit des kronprinzlichen Paares[18] Sie wieder hierher führt und getröste mich, dass dann wieder ein Stückchen Zeit auch für mich abfällt. Dann gehen ja die Tage und das Jahr wieder bergan – obschon dies Vorwärtswünschen der Zeit für das Alter seine Bedenken hat. Es lebt sich doch anders mit dem ganzen, vollen Leben vor sich; und alle Taschen voll Zeit haben, ist noch mehr wert, als sie voll Geld zu haben – obschon das auch ein gutes Ding ist. Ihnen, vor vielen anderen, wünsche ich beides, gnädigster Herr!, denn Sie wissen, was damit zu machen ist!

Sind Sie mir böse, Königliche Hoheit!, wenn ich Sie an die Töpfersachen aus Bürgel und an die Inschriften von der Wartburg mahne? Sie haben zwar ein wundervolles Gedächtnis, aber es hat auch mehr zu behalten als meine von Ihnen freundlich angeregten Wünsche. Und nun sei alles Glück und alles Gute mit Ihnen, gnädigster Herr!, mit Ihrer Familie und mit Ihrem Lande – und mit dem Vaterland! Der Brief kommt hoffentlich noch vor der Neujahrs-Springflut in Ihre Hände! Nehmen Sie ihn freundlich auf und erhalten Sie mir Ihre mich erquickende Güte.

Sehen Sie, das ist imitiertes Papier nach dem von 1528, gnädigster Herr!

240. Carl Alexander an Fanny Lewald

Weimar, den 31. Dezemnber 1882

Ihre gütigen Zeilen von dem 29. d. M. verpflichten mich zu dem herzlichsten Dank; die »Springflut«, mit welchem Wort Sie so richtig den morgenden Tag charakterisieren, nötigt mich, den Ausdruck meiner Erkenntlichkeit kurz zu fassen. Letzterer ist mithin das Gegenteil meiner Empfindung für Ihre immer sich gleichbleibende Güte und freundschaftliche Teilnahme für mich. Entnehmen Sie hieraus, wie herzlich mene Glückwünsche für Sie sind, die Gott segnen möge, wie egoistisch ich es meine, wenn ich um fernere Gesinnungen – wie die bisherigen waren – bitte.

Bei meinem nächsten Erscheinen in Berlin, so Gott will, werde ich Ihnen das mündlich wiederholen. Dann auch werde ich versuchen, die beiden Bildhauer Römer und Siemering kennen zu lernen. Indessen werden längst meine Wartburgsprüche und zerbrechliche Waren bei Ihnen sein. Für heute nun bitte ich, »hoch und höchst mich zu entlassen«.

Das »Stilgemäße« selbst im Papier ist ein Beweis, dass die Mode unberechenbar ist.[19]

241. Fanny Lewald an Carl Alexander

Berlin, den 12. Januar 1883

Bei uns in Ostpreußen hat das Landvolk einen Aberglauben in Bezug auf das Niesen beim Erwachen, den es in einen ganzen Vers gebracht hat. Er fängt mit den Worten an:

»Sonntag beschenkt, Montag gekränkt u.s.w.«

Ich habe den Rest vergessen. Den vorigen Montag erwache ich, niese aus Herzenskräften den eiskalten nordöstlichen Sonnenschein an, der in meine Schlafstube scheint, und denke: »Wer oder was wird dich heute kränken?«

In dem Augenblick klingelt der Postbote, und statt der Kränkung, die der Montag bringen sollte, bringt er mir die Wartburgsprüche und zwei schöne große Bürgler-Vasen von Ihnen, die mir große Freude machen. Es ist also nichts mit jenem heimischen Volksglauben – oder ihre Güte hat, wenigstens in Bezug auf mich, den Bann gebrochen. Ich hätte Ihnen gern, wie es sich gebührt, gleich meinen Dank dafür gesagt, gnädigster Herr!, aber ich war seit Mitte Dezember recht unwohl und bin auch jetzt noch nicht recht ich selbst.

Nervenverstimmung sagt mein trefflicher Arzt, und »Sie haben das oft gehabt und überwunden; es geht auch jetzt wieder vorüber!« Das hoffe ich auch, und denke, Ihnen wieder ganz ordentlich unter die Augen treten zu können. Aber den Wartburgspruch

>>Man kann mit allen seinem Sinnen
Sich selber nicht entrinnen!«[20]

erprobt man in solchen Zeiten recht als Wahrheit, in denen einem, wie Stahr es zu nennen pflegte, zugemutet wird, »über seinen Schatten zu springen« oder »sich selber bei den Haaren aus dem Wasser zu ziehen«. Und wie ich Ihnen schon einmal sagte, in solchen Zeiten halte ich mir immer das Beispiel unserer Majestät, der Kaiserin, vor und strebe nach deren Tapferkeit und Selbstverleugnung. Gutes wirkt auch aus der Ferne Gutes.

Einen neuen großen Eindruck habe ich durch das älteste deutsche Epos gehabt, durch den *Heliand*, den man mir in schöner Ausgabe geschenkt. Sie, Königliche Hoheit! kennen diese aus dem 9. Jahrhundert stammende Erzählung des Lebens Christi sicherlich. Mir war sie fremd, und sie wirkte auf mich wie die alten Heiligenbilder, die in aller Unschuld Zeit, Kostüm und Ort sich und ihrer Umgebung anpassen und die so voll rührender Inbrunst sind. Sollten Sie es nicht kennen, was doch möglich ist, so lassen Sie es sich nicht entgehen. Es ist von Simrock lange schon übersetzt, und die Ausgabe von Müller-Grote[21] hier in Berlin ist sehr stattlich.

Unter den Wartburg-Sprüchen sind ein paar, die ich nicht verstehe. Der Wahlspruch der Rodriguer[22] und noch ein paar andere. Ich lange mir aber in diesen Tagen jemand, der sie mir erklärt.

Wenn man das sieht, wie viel Kluges und Gutes durch die Jahrhunderte gedacht worden ist, wundert man sich, dass es noch so viel Verkehrtes in der Welt gibt und dass wir noch immer nicht über den Krieg als letztes Entscheidungsmittel hinaus sind. Ich sah die Tage im Vorüberfahren, in der Königstadt, den Neubau für das Panorama, in dem wieder ein Schlachtbild aufgestellt werden soll. Wenn solche grässliche Darstellungen wie die Bilder von Wereschtschagin[23] und Neuville[24] nicht als Abschreckungsmittel Grauen vor dem Krieg und Friedensliebe erwecken, wäre es doch wahrhaftig besser, man stellte wie in London die Nilfahrt oder eine Reise nach Indien auf, die gesehen zu haben ich mich heute noch mit Freuden erinnere.

Aber dass ich nicht arbeiten kann, müssen Sie nicht büßen, und ich will schließen.

Haben Sie tausend Dank für Ihren letzten Brief, dessen Heiterkeit mir in das Herz leuchtete; und erhalte Sie der Himmel so fort und fort, zu Ihrem eigenen und Ihres Landes Heil.

Die Antwort erhalte ich, so Gott und Sie wollen, mündlich.

242. Fanny Lewald an Carl Alexander

Berlin, den 24. Januar 1883
Matthäikirchstraße 21

Nur dass ich Ihrer denke, mein gnädigster Herr! lassen Sie mich Ihnen sagen.

Unter welch anderen Zuständen hatten Sie am 23. hier einzutreffen erwartet! Aber das alte: »Zwischen Lipp' und Kelchesrand« hat sich leider hier in schmerzlicher Weise bewährt.

Der Tod eines nahen Angehörigen[25] und der Tod eines Kindheitsgenossen treffen dicht für Sie zusammen; und wie fest Ihr Herz auch sei, wie oft Sie auf den Schlachtfeldern das Ende des Menschen vor Augen gehabt haben – Sie werden tief ergriffen, schwer erschüttert sein.

Helfe Ihnen Ihre Kraft darüber fort und gewähre die Zukunft Ihnen bald hellen Sonnenschein, damit Sie freien, frohen Sinnes vorwärts blicken und fortwirken wie bisher.[26]

243. Fanny Lewald an Carl Alexander

Berlin, den 18. März 1883

Ich bin es so sehr gewohnt, Ihrem Wort zu vertrauen, dass ich Ihnen auf den neulich von Ihnen ausgesprochenen Wunsch, meine kleine Arbeit[27] über *Stilvolle Wohnungen* zu lesen, die drei beikommenden Blätter sende. Ich hoffe, Sie sind meiner Meinung und bereuen die halbe Stunde nicht, die Sie daran wenden.

Dass die Festlichkeiten zu Ehren des Kronprinzlichen Paares so ohne Störung verlaufen sind, hat überall Freude erregt. Möge es dem Land für alle Zeit eine gute Vorbedeutung sein.

Aber da ich schon ein Stück von Ihrer Zeit beanspruche, darf ich mit diesem Brief mich nicht gehen lassen. Nur eines muss ich Ihnen erzählen.

Ich las neulich in meinen alten Briefen an Stahr die Schilderung des Abends, an welchem Sie die Gnade hatten, mich im Jahre 1848 im Erbprinzen zum ersten Mal aufzusuchen. Sie ist voll Freude über Ihre Warmherzigkeit, über Ihre Liebe für das Große und Schöne und schließt mit den Worten: »Ich hoffe, den behalte ich!«

Verzeihen Sie diesen für die größte Vertraulichkeit geschriebenen Ausdruck, um des wohltuenden Gedankens willen, dass diese Hoffnung sich bewahrheitet hat durch Ihre Gunst. Eine Frau, die wie ich nur noch wenige Tage von der Vollendung ihrer 72 Jahre fern ist, der erlaubt man schon etwas! Und da Sie mir wohlwollend geblieben sind von 1848 bis auf diese Stunde, so erhalten Sie mir dies Glück auch ferner, so kurz oder lang es mir gegönnt sein mag, mich seiner zu erfreuen.

244. Carl Alexander an Fanny Lewald

Weimar, den 20. März 1883

Sie wissen es wohl – Sie haben sich nicht geirrt: Sie haben ihn behalten. Er aber dankt Ihnen, und das von Herzen, für so freundschaftliche Gesinnung. Erhalten Sie mir diese – darum bitte ich! Entnehmen Sie nun aus dem Gefühlten die Wärme meiner Glückwünsche für Sie! Möge Gottes Gnade in dem neuen Lebensjahr Ihnen Gesundheit und Freude am Schaffen erhalten!

Den Beweis von Letzterem, das Sie so gütig sind, mir zu senden, habe ich soeben und mit rechter Freude gelesen, denn es bringt Wahrheit in schöner Form, und der Humor hat das Paar kopuliert. Und nun lassen Sie mich noch ein paar Worte hinzufügen: Sonst, in den Zeiten aus denen wir meistens das »Stilvolle« entnehmen, also bis zum 17., ja 18. Jahrhundert, baute man von innen nach außen, jetzt geschieht es umgekehrt: man baut von außen nach innen. Sonst war die Einrichtung der Ausdruck der charaktervollen Zeit; jetzt sucht sie nach einem Charakter – die Einrichtung –, weil die Zeit selbst keinen Charakter hat. Dabei ist dieses Charakterlose der Einrichtungen, dieser Mangel an Naturwüchsigem doch sehr charakteristisch für die Zeit wie der Realismus in der Kunst der bis zur Apotheose des absolut Häßlichen treibt. Es ließe sich darüber noch viel sagen, ich wage aber nicht, und noch dazu einem Autor wie Sie gegenüber, Ihnen die Zeit zu rauben, umso weniger als Sie vortrefflich gesagt, was Sie so richtig erkannt haben. Von besonderer Wichtigkeit dabei ist das, was Sie über die Notwendigkeit sagen, den Unbemittelten müsse die Verbindung der Kunst mit der Industrie zugunsten kommen nicht minder als den Reichen. Das ist eine Aufgabe für unsere hiesigen Industriellen, der ich meine Aufmerksamkeit widmen will. Ist etwas gelungen, erbitte ich mir Ihr Urteil hier, an Ort und Stelle.

245. Carl Alexander an Fanny Lewald

Wilhelmsthal, den 20. Juli 1883

Mit dem aufrichtigen Wunsch, dass Ihnen die Sommerfrische in Bodenbach so gut tue, wie Sie es hoffen, erwidere und danke ich für den Brief[28], welchen mir der gestrige Tag von Ihnen aus jenen Gegenden brachte, die ich bisher immer nur als Eisenbahnstation mit verstaubten Reisenden, nicht als Ruhepunkt kannte. Wie dem nun auch sei, so scheint mir die Aussicht auf einen Aufenthalt in Ragaz lockender als die Gegenwart zwischen Eisenbahnzügen. Die Gegenwart Ihrer Schwestern wird Ihnen Letztere – die Gegenwart nämlich – versüßen, und die Wahl der Bücher, die Sie, meine Hochverehrte, zu lesen beabsichtigen, wird hierzu auch beitragen. *Das Leben und die Schriften Mercks*[29] kenne ich nicht, wohl aber eine andere Biografie desselben Mannes und manche seiner ungedruckten Briefe, die seinen scharfen Blick und spitzes Urteil kennzeichnen und wohl erklären, dass er von meinem Großvater und Goethe gern begegnet wurde. Über Novalis hat eine Nichte, Frl. v. Hardenberg[30], eine sehr anziehende Lebensbeschreibung geschrieben, die in ihrer zarten Auffassung zu dem zart besaiteten Dichter passt. Das Bild des Dichters der Revanche[31] ist ein charakteristisches für das jetzige Frankreich; ich wüsste in diesem Augenblick nicht, welchen Autor Deutschlands ich zu gleicher Zeit wählen sollte, um uns in unserer größten Gefahr, »der zersetzenden Parteiungen«, zu malen. Dies sind unsere wahrsten Feinde, von denen uns die größten Gefahren umso mehr drohen, als wir nichts tun, um sie zu beseitigen. Könnte dies mit Monumenten und Ausstellungen geschehen, wäre uns geholfen. Die Berliner[32] habe ich nicht besucht, weil ich sie nicht in Ruhe hätte sehen können.

246. Carl Alexander an Fanny Lewald

Weimar, den 12. Dezember 1883

Sie sind wie die Natur, die immer wohltuend wirkt und der man immer zu danken hat. Sind meine Briefe eintönig, so tragen Sie, meine Gönnerin, die Schuld daran. Denn stets habe ich Ihnen zu danken. Und nun erst heute, wo ich soeben das Werk[33], das Ihre Güte mir bestimmt, erhalte, und überdies begleitet von so herzlichen Worten, die Sie mir unter Gefahr, Ihren Augen zu schaden, schrieben! Ich glaube fast, dass meine Angst größer als meine Dankbarkeit ist. Beiden aber gebe ich Ausdruck; ich habe ein Recht zu verlangen, dass Sie auch für mich sich pflegen, denn wenn man Freunde hat, muss man auch für diese sich erhalten, denn wir gehören mit einem Teil ihnen an. Erlauben Sie mir nun, demgemäß Sie zu bitten, sich an das Vorlesen, an das Diktieren zu gewöhnen. Dass bei letzterem die Elastizität des Geistes nicht zu Schaden kommt, hat Goethe bewiesen, der fast immer, selbst Briefe, diktierte und diese Art sich auszudrücken für einen »unberechenbaren Vorteil« – dies seine Worte – erklärte. Schon durch die Zeitungen bin ich auf *Stella* aufmerksam. Das Lob, das in den Blättern dem Werk voranging, war ein so vollkommenes, dass ich – hätte ich nicht das Glück, Sie zu kennen – schon jener Preisung wegen an jenes Werk herangetreten wäre. Mit umso größerer Erwartung tue ich es jetzt und freue mich im Besonderen auf das vortreffliche Deutsch, das kaum einer vaterländischen Feder so entfließt wie der Ihren.

Ihr letzter Brief war aus Bodenbach; dann sagte mir eine Zeitung, Sie wären in Ragaz; vor ein paar Tagen Fürst Handjeri, er habe Sie gesprochen. Dies sind die Etappen bis zu dem heutigen Brief. Ich indes begleitete die Großherzogin im Frühjahr nach Polen, ihr bei der Übernahme ihrer Güter daselbst zu helfen; dann später meine jüngste Tochter in das Seebad von Trouville[34]; endlich folgte ich dem Kaiser zu den Manövern nach Homburg, zu der Enthüllungsfeier auf den Niederwald.[35] Ich mußte später nach Schlesien und jetzt – fast nur für Stunden – nach Wusterhausen und Berlin. Ich sage »Stunden«; wären es Tage gewesen, sagte ich Ihnen dies alles mündlich.

Ich schließe mit dem herzlichen Wunsch, dass Gott Ihnen ein recht gesegnetes Jahr schenken, Sie also befreien möge auch von der letzten Spur überstandener, schwerer Prüfung. Das Werk *Über Goethes Religionsanschauung*[36], das ich ebensowenig wie das andere, dessen Sie Erwähnung tun, kenne, wird uns gewiss die nützlichsten, praktischesten Beispiele geben, wie Goethes Geist Gott durch die weise Benutzung der Kräfte anbetete, die er von Ihm erhalten. Es bleibt dies immer des Lebens schönste Aufgabe.

Lassen Sie mir nach einiger Zeit – diktierte – Kunde zukommen, ob die aufrichtigsten Wünsche für Ihr Wohl sich erfüllt haben.

247. Carl Alexander an Fanny Lewald

Weimar, den 18. Januar 1884

Sie werden es gewiss natürlich finden, dass ich *Goethe in Heines Werken* erst kennen lernen wollte, ehe ich für die Übersendung des Werkchens dankte. Um so herzlicher tue ich letzteres heute, wo ich ersteres getan habe. Ich bitte Sie, meine Hochverehrte, Herrn Robert-Tornow[37] all meine Erkenntlichkeit in meinem Namen aussprechen zu wollen für die Aufmerksamkeit, die er mir durch Übersendung seiner Arbeit, und noch dazu durch Ihre gütige Vermittlung, erwiesen; nicht minder für das eigentümliche Interesse, das ich empfand, diese unwillkürlichen und daher umso wichtigeren Selbstbekenntnisse des Heinischen Geistes zu empfangen, die er macht, indem er Goethe beurteilt bald bewundernd, bald beneidend, bald deshalb erzürnt, endlich doch von der Wahrheit überwältigt. Diese Zusammenstellung ist nach beiden Geistern hin – dem Goethes wie dem Heines – von Bedeutung, nach der des letzteren besonders, und ich freue mich aufrichtig dieser Veröffentlichung.

Ich schließe mit dem noch aufrichtigeren Wunsch, dass diese Zeilen Sie bei gutem Wohlsein treffen möchten, ein wahres Kunststück in diesem sonderbaren Winter, wo jeden Morgen und jeden Abend die eigentümlichsten Lichterscheinungen die ungesundeste Luft beleuchten. Die Gelehrten versichern, dass dies noch die Folge der Katastrophe von Krakatau[38] sei oder wir uns im Schweif eines Kometen befänden, der seinen Kopf verloren. In beiden Ansichten finde ich keinen Trost für Husten und Schnupfen, kaum ein Interesse. Ein großes aber habe ich stets, Sie gesund und tätig zu wissen.[39]

248. Carl Alexander an Fanny Lewald

Im römischen Haus zu Weimar, den 23. Juni 1884

Da mir eben ein freier Augenblick gegönnt ist, so lassen Sie mich ihn benutzen, um von klassischer Stätte Ihnen für Ihren heute Morgen erhaltenen Brief[40] zu danken. Ich tue es herzlich denn nicht anders kann ich Ihnen gegenüber fühlen also reden, die Sie immer so gut und wahr es mit mir meinten und meinen. Erhalten Sie mir diese Gesinnungen; und Sie werden sie mir erhalten, da Sie mir Gutes wünschen. Gebe Gott Seinen Segen diesem »Guten«, also auch meinem guten Willen. Dieser ist selbstverständlich in meiner Seele mit Wirken und Streben, zu beidem aber ist das Muss ein zwar oft strenges, immer aber heilbringendes, wahres Glück. Ich empfinde dies tief und danke Gott hierfür.

Ich freue mich mit Ihnen der Übersetzung Ihres vortrefflichen Romans, den ich mit Spannung nunmehr kennen lerne. Dieses Ihnen mündlich – und noch mehr – zu sagen, ist mir im Voraus eine Freude.

Wann? Das ist die Frage, welche der letzte der Minnesänger, der Wolkensteiner Oswald[41], schon als Devise auf seine Harfe setzte, wie sie dies auf der Wartburg beweist. Ich kann nur antworten, dass ich wohl weiß, was ich möchte und was man mir zu tun rät, nicht aber, was ich kann. Wann es auch sei, bleibe ich immer Ihr ergebener, dankbarer

C. A.[42]

249. *Carl Alexander an Fanny Lewald*

Wilhelmsthal, den 15. August 1884

Für Ihre gütige Teilnahme an meinem Unwohlsein, deren Beweis mir Ihr Brief aus Scheveningen[43] brachte, eile ich, Ihnen meinen herzlichen Dank auszusprechen. Er hat mich ebenso gerührt wie erfreut, denn wohl weiß ich, weil ich es fühle, wie gut Sie es mit mir meinen. Ein plötzlicher Fieberanfall ward, gottlob, rasch überwunden. In meiner Rekonvaleszenz war *Stella* meine Lieblingsbeschäftigung; mein Wohlbefinden wuchs mit dem Interesse, das mir durch Ihr Werk gebracht wurde, das an psychologischer Beobachtung und Entwicklung so reiche wie fesselnde. Nun geht es mir wieder gut, doch gehe ich vorsichtig mit »Wollen« und »Können« um. Solche Vorsicht passt zu dem Land, wo meine Erkenntlichkeit Sie aufsucht, denn Vorsicht ist die Grundbedingung der Existenz desselben seit Jahrhunderten und bleibt ein charakteristisches Zeichen seiner Geschichte. Ich wünsche, dass Sie sich die Muße gönnen, dies merkwürdige Land wie eigentümliche Volk näher kennen zu lernen, denn beides bietet ein immer fesselnderes Interesse. Ein großes finde ich indessen an dem viel versprechenden Unternehmen des Herrn Lüderitz[44] wie an seiner Persönlichkeit. Ich hoffe Gutes von beiden zum Besten des Vaterlandes.

Ich schließe, womit ich begann: mit meinem herzlichen Dank und in alter Ergebenheit.

250. *Fanny Lewald an Carl Alexander*

Berlin, den 6. Dezember 1884

Nun ich Sie zu Hause und zu meiner großen Beruhigung außer dem Bereich des Epidemien-Unheils weiß, erlauben Sie mir, dass ich Sie selber frage, wie es Ihnen ergangen ist und ergeht.

In diesem Sommer, am 6. September, war ich, von Holland kommend, Ihnen in Eisenach, wo ich übernachten musste, so nahe, dass ich nur schwer der Lust widerstand, Sie, gnädigster Herr! mit dem Telegrafen anzufragen, ob Sie mich auf der Wartburg empfangen wollten. Ich kam um 5 Uhr nachmittags an und musste bis zum andern Tag um 2 Uhr dort verweilen. Aber der Gedanke an Ihre Güte hielt mich davon zurück. Ich sagte mir, Sie wären nach der Wartburg gegangen, um Ruhe zu haben, Sie wüssten, wie gern ich Sie wiedersähe, Sie würden aus Güte für mich, sich vielleicht einen Zwang auflegen, kurz, ich saß in dem sehr behaglichen Zimmer im Rautenkranz, sah auf den Kirchplatz hinaus, für den ich eine große Vorliebe habe, guckte nach dem zum Schloss hinaufführenden Weg, von dem hie und da einer Ihrer Wagen hinunterfuhr – und resignierte mich, um an einem der folgenden Tage in Dresden zu erfahren, dass ich damit nichts Gescheites getan und mir eine Freude entzogen hatte.

Denn während ich unten, ein Pendant zum Ritter Toggenburg, nach Ihrem Fenster sah, hatte Ihnen oben Herr Voß[45] seinen Verleger Minden[46], meinen Schwestersohn, vorgestellt, den Sie die Güte gehabt zu empfangen; und ich stand da als Illustration zu dem etwas ordinären Berliner Volkswort:

»Bescheidenheit ist eine Zier!
Doch fährt man besser ohne ihr!«

Die Hauptsache war mir aber zu erfahren, dass Sie, Königliche Hoheit! wohl ausgesehen hätten, heiter gewesen wären – und so hoffe ich, sind Sie denn auch genesen, für lange, lange Zeit vor jeder Unbill bewahrt, in Ihr liebes, uns allen ins Herz gewachsenes Weimar heimgekehrt. Möge der Winter, der dies Jahr so früh und launenhaft beginnt, Ihnen gnädig vergehen.

Ich bin dies Jahr schon Mitte September heimgekehrt, und ich habe es nicht bereut, mich in Holland umgesehen zu haben. Es ist ein sehr originelles Land, dessen großartige Geschichte man erst recht bewundert, wenn man es kennen gelernt hat. Aber trotzdem möchte ich ein Wort aus dem mir sonst sehr antipathischen Werk von Taine *Sur l'Italie* auf Holland anwenden, das Taine bald nach seiner Ankunft in Rom über Rom schreibt: Er sagt: »*Rome – c'est un vieux bric à brac! Il faut y aller, mais ne pas y rester!*« Der erste Satz passt natürlich auf Holland durchaus nicht; aber den zweiten unterschreibe ich, natürlich nur für mein Teil. Diese unabsehbaren Wiesen und Kanäle haben etwas Ermüdendes – und wie sehr interessant Den Haag, Rotterdam und Amsterdam auch sind, möchte ich in keinem der Orte dauernd weilen. Dazu ist der Menschenschlag unschön; und wie ich in Eisenach die schlanken, langbeinigen Männer festen Schrittes, hoch getragenen Kopfes, bis hinunter zu den Schuljungen, über den Markt gehen sah, gefiel mir's erst recht im Vaterland!

Das alles und noch viel mehr hätte ich Ihnen damals gern erzählt. Zum Schreiben ist's zu lang – und heute wollte ich nur schreiben, um hoffentlich mir gute Nachricht von Ihnen, Königliche Hoheit! zu gewinnen.

Mir geht es für mein Alter gut genug, aber wissen möchte ich, ob es alte Menschen gibt, denen wirklich wohl ist! d. h. die nicht gezwungen sind, an sich zu denken, die nicht durch ihren Körper immer daran erinnert werden, dass sie ihn haben. Bleiben Sie, gnädiger Herr! weit, weit hinaus im Genuss des Lebens, des Schaffens; an alles denkend und ohne an sich denken zu müssen. Aber erinnern Sie sich dazwischen bisweilen an Ihre Ihnen von Herzen ergebene
                                      Fanny Lewald-Stahr[47]

Denken Sie, gnädiger Herr! das Haus, in dem ich ein Vierteljahrhundert wohne, wird eingerissen, und ich muss Ostern umziehen! Ich mag gar nicht daran denken!

XV

27. Januar 1885 – 4. Juli 1889

Richard Voß – Carmen Sylvas »Aus zwei Welten« – Das Bild des Großherzogs – Walter Goethes Tod und sein Vermächtnis – Fanny Lewalds Wohnungswechsel – Stahrs Bibliothek – Die Lutherspiele in Jena – »Im Abendrot« – Prinzessin Elisabeth – Gurlitts Kunstsalon – »Reiche Bettler« – Tod König Ludwigs II. von Bayern – Liszts Tod – »Familie Darner« – von Loën – Tod Kaiser Wilhelms I. – »Zwölf Bilder nach dem Leben« – Carl Alexanders Unfall – Hass der Schweizer gegen Deutschland – Frau v. Olfers – Katastrophe von Mayerling – Shakespeare- und Goethe-Stiftung – Goethe und Schiller-Archiv

251. Fanny Lewald an Carl Alexander

Berlin, den 27. Januar 1785

Fürchten Sie sich nicht, dies Riesenblatt schreibe ich nicht voll! Ich wollte Ihnen nur gern, noch ehe der erste Monat des neuen Jahres zu Ende geht, Glück und Heil für Sie und die Ihren zu demselben wünschen und Sie bitten, mir in demselben Ihr Wohlwollen zu erhalten, wie zu meiner innersten Freude, nun schon so lange Jahre. Und das tue ich hiermit, gnädigster Herr! auf einem Briefbogen von meinem Weihnachtstisch[1], um Ihnen, wenn Sie sie noch nicht kennen, diese zum Teil sehr schönen Vignetten vorzustellen. Ein paar Blätter, namentlich die Kurfürstenbrücke, die ich leider nicht mehr habe, sind sehr gelungen. Es fehlte derlei; und Sie interessieren sich ja für alles Künstlerische.

Ich habe gewartet, bis, wie ich vermute, der Andrang des Neujahrs an Ihnen, Königliche Hoheit! einigermaßen vorübergeflutet sein wird; denn ich versuche es mir oftmals vorzustellen, wie es für Sie, für fürstliche Landesherren möglich sein kann, den an sie gestellten Anforderungen zu genügen und doch zu einer Ruhe, zu einem Insichleben und dem daraus entspringenden Lebensgenuss zu kommen. Es muss schwer genug sein, und Sie leisten's doch beides so treu und sind so beständig!

In der letzten Zeit, gnädigster Herr! habe ich Ihren Wartburgs-Bibliothekar ein paarmal bei mir gesehen und etwas näher kennen gelernt. Sie haben recht! Er ist eine feine, anziehende Natur – und er hat so weiches blondes Haar, das gut zu ihm passt. Ich habe das Drama *Fahrendes Volk*[2] (ich denke, so heißt es) und mit noch größerem Interesse die Novelle *San Sebastian* gelesen. Voß hat eine außerordentliche Auffassung von Rom und seiner Umgebung. Man lebt mitten darin, man atmet römische Luft; und die Figur des wilden, römischen Mädchens, das sich vor Zorn und Wut in die Zöpfe beißt, ist vortrefflich. Indes in allen seinen anderen Figuren ist etwas zu Krankes – oder Ungesundes – für mein Gefühl; und ich glaube, etwas Gebrochenes ist in ihm selbst. Woher das in ihm stammt, ob es herstellbar ist, das weiß ich nicht, da ich ihn ja nur wenig kenne. An und für sich sind für den Psychologen, den Dichter die problematischen und zwiespältigen Naturen ja unendlich verlockender zur Darstellung als die unwahren Engel und Teufel – aber sie müssen nicht die Masse, sondern die Ausnahmen bilden, wie ich meine. Jedenfalls hat mich die Bekanntschaft sehr gefreut, und ich hoffe, sie fortzusetzen und immer mehr davon zu haben. Er passt recht in den Rahmen Ihres Wartburgsschlosses – und wäre seinerzeit ein hübscher Page für eine hohe blonde Herzogin gewesen. Als er Ihr vortreffliches Bild bei mir sah, die fotografierte Zeichnung, war er ganz angetan davon, und wir gedachten Ihrer beide mit dem Herzen.

Ehe ich es vergesse, Königliche Hoheit! Haben Sie den Roman der Königin von Rumänien[3] gelesen, *Aus zwei Welten?* Er ist anonym erschienen, und wunderbar genug in vielem Sinne. Sie muß jedenfalls eine Frau von Geist und Temperament sein.

Aber – das macht der große Bogen! – er ist verlockend, und ich will standhaft sein.

Wir hatten hier vorige Woche einen bangen Morgen, als man den Kaiser in Gefahr glaubte. Gottlob! dass Er uns noch bleibt – dies Sinnbild eines guten Herrschers und einer großen Zeit! Ich pusele so herum an einem Roman[4], der unter Friedrich Wilhelm III. während der Kriegsjahre von 6–7 bei uns in Ostpreußen spielt. Ob ich ihn beenden kann? Ob er wird, was ich möchte? »Was er webt, das weiß kein Weber!«[5] – und das Alter wird zweiflerisch, am meisten gegen sich selbst. Es ist eine Arbeit, die ich vor Jahren begonnen und von der ich nicht lassen kann. Wird's nichts, nun so war's ein Streben; und mehr ist vieles von unserm Tun ja überall nicht.

Ihnen aber, Königliche Hoheit! gebe die Zukunft Gelingen überall, und mir gönne sie, Sie wiederzusehen.

252. Carl Alexander an Fanny Lewald

Weimar, den 17. Februar 1885

Auf diesem zwar minder schönen, doch nicht minder bedeutungsvollen Bogen[6] lassen Sie mich – endlich – für den Brief und seine Glückwünsche danken, welche Sie unter dem schön gelungenen Stich des Goethe-Monuments – unter dieser Bedeutung Schutz – an mich richteten. Das Wort »endlich« umhüllt alles, was ich zu meiner Entschuldigung sagen könnte und möchte. Es rächt sich immer im Leben, wenn man nicht gleich tut, was man gleich tun könnte. So ging es mir mit meinem Dank; die kleine Unterlassung ward zur Lawine, aus der ich erst heute mit aller Energie mich rette. Zum Glück glauben wir uns so herzlich und gegenseitig alles Glück, das wir uns wünschen, dass es zwischen uns keiner neuen Beteuerungen bedarf. Goethe sagt: Man solle immer das Nächste tun. Ich denke, dass man sich auch immer das Nächste Gute wünschen muss. Und so wünsche ich Ihnen, den Umzug in das neue Quartier[7] baldigst und glücklich überstanden zu haben. Ist er erfolgt, so geben Sie mir gütigst und genau Ihre neue Adresse an, denn meine alten Gewohnheiten, Sie aufzusuchen, gehen Ihnen nach; dies müssen Sie sich gefallen lassen.

Ihre Wünsche kamen, wie Sie es so richtig berechnet, nach der Sturmflut des Neujahrs; sie waren mir umso willkommner. Das »In-Sich-Leben« das Sie so richtig zum »Lebensgenuss« rechnen, ist mir durch Ihren Brief, meine verehrte Freundin, erleichtert und erhöht worden. Lassen Sie sich durch dieses Bekenntnis danken.

Ich freue mich, dass Sie meinen Bibliothekar Voß kennen und erkennen lernten. Ich schätze ihn und hoffe, mit Gottes Hilfe, ihn zu fördern. Er ist ein junger Mann von ungewöhnlicher Begabung, die mir reicher zu sein scheint, als die Welt sie vermutet.

Aus zwei Welten kenne ich nicht. Dagegen kenne und schätze ich die gekrönte Autorin, dies Phänomen unter Fürstinnen –

und vielleicht Autorinnen. Meine besten Wünsche umgeben unsere beste Schriftstellerin der Gegenwart; sie soll den Mut nicht sinken lassen bei dem Roman, der sie jetzt beschäftigt. Wer sie ist, überlässt Ihnen zu erraten Ihr stets ergebener

C. A.

253. Carl Alexander an Fanny Lewald

Dornburg, den 24. März 1885[8]

Unter Bündnisse und Dekrete setzt man Siegel und Unterschriften zur Bekräftigung der Wahrheit. So setze ich mein Bildnis und meine Unterschrift als Bekräftigung der Herzlichkeit meiner Glückwünsche für Sie unter den Ausdruck der Gesinnungen, die ich für Sie hege. Sie aber, verehrte Gönnerin, werden vollkommen Glauben schenken Ihrem aufrichtig ergebenen

C. A.

254. Carl Alexander an Fanny Lewald

Wartburg, den 27. April 1885

Zunächst lassen Sie mich Ihnen recht sehr für Ihre Teilnahme danken, die Sie in Ihrem Brief von dem 19. d. M. dem schweren Verlust[9] weihen, der mich betroffen. So aber nenne ich ihn, weil ich die Trennung von einem treuesten Freund beklage dessen Seelenadel und feine Bildung mit dieser Freundschaft den immer neuen Reiz liebenswürdigen Umgangs verband. Er hat seiner Anhänglichkeit den wahrsten Stempel aufgedrückt, indem er der Großherzogin wie mir sein Vertrauen vermachte: ihr das Archiv Goethes und seiner Familie, mir die Verwaltung der Goetheschen Sammlungen. Gott möge uns in der Erfüllung dieser neuen, auf die gesamte gebildete Welt sich beziehenden Pflichten leiten.

Sodann danke ich Ihnen für all Ihr Interesse an dem Unternehmen, die Geschichte der vielsagenden Mauern zu schreiben, von denen aus ich diesen Brief Ihnen, meine verehrte Freundin, sende. Es versteht sich von selbst, dass ich von dem Bibliothekar dieses Schlosses, dass ich von Richard Voß[10] nur verlangt habe und nur verlangen kann, seine Talente derart der Behandlung des Gegenstandes zu weihen, die der Eigentümlichkeit erstrer entspricht. Eine nur archivarische Arbeit verlangen, hieße, seine Talente missverstehen. Er selbst dürfte und würde sich hierzu auch durchaus nicht verstehen. Je höher man einen Menschen schätzt, je mehr muss man seine Individualität achten.

Ich denke der Ihrigen mit wirklichem Anteil und nicht ohne Besorgnis bei der teils überstandenen, teils zu überstehenden Trennung von der Bibliothek Ihres Gatten[11] zuerst, von Ihrer Wohnung sodann. Man denkt hundert Mal an eine zu überwindende Unannehmlichkeit, steht man vor ihr, so ist es, als ob man sich selbst erst kennen lernen müsse. Lassen Sie mich durch eine Zeile wissen, wann und dass alles glücklich überstanden ist.

255. Carl Alexander an Fanny Lewald

Weimar, den 15. Mai 1885

Vor allen Dingen lassen Sie mich Ihnen Glück wünschen, dass Sie den Wohnungswechsel überstanden haben. Neben der physischen Abmühung handelt es sich hierbei um die Pein, sich von Örtlichkeiten zu trennen – und in diesem Fall für immer –, an die sich teure Erinnerungen heften. Sie werden hundert Mal diese Trennung sich vorerzählt, vorgemerkt haben; das Eintreten des Momentes selbst bringt doch sein Recht an unseren Schmerz. Möge Gott es Ihnen gut gehen lassen in der neuen Wohnung und Ihnen gute Gesundheit erhalten und freudige Arbeit schenken.

Und nun danke ich herzlich für Ihre Schenkung getaner Arbeit. Mit Freuden habe ich Ihr Buch[12] empfangen, und mit Ungeduld erwarte ich die ruhige Zeit, wo ich es lesen werde.

Ich lege indes die Nachricht bei, welche sich auf die Lutherfestspiele in Jena[13] bezieht, wie ich es Ihnen versprach. Sollten Sie wünschen, einem derselben beizuwohnen, so bitte ich um genaue Angabe der Zeit Ihrer Ankunft, damit ich Ihnen einen guten Platz sichern könne.

Im Geist besuche ich Sie bereits in Ihrer neuen Wohnung, im Körper hoffe ich, es, so Gott will, ebenfalls zu tun.

256. Carl Alexander an Fanny Lewald

Belvedere, den 23. Juni 1885

Empfangen Sie sogleich, verehrte Freundin, meinen doppelten Dank für Ihren soeben in meine Hände gelangten Brief; für diesen im Allgemeinen, für Ihre Glückwünsche[14] im Besonderen. Letztere aber von einem so klaren Geist ausgesprochen zu bekommen, wie der Ihrige es ist, erscheint mir von guter Vorbedeutung, die Gott segnen möge!

Und diese Vorbedeutung trifft mich zu einer Epoche, wo, wie Sie teils erfahren, teils sich gesagt haben werden, besondere und ernste Pflichten durch das Testament des letzten Enkels Goethes an mich herangetreten sind, Pflichten, die allmählich ihrer Natur nach zu wachsen haben werden, denn sie beziehen sich nicht bloß auf mein Land, nicht bloß auf Deutschland, sondern auf die ganze gebildete Welt. Dass die Großherzogin sich dieser Pflichtbedeutung auch vollkommen bewusst ist, werden Sie mir glauben und wird sie, so Gott will, durch Verwaltung des ihr zugefallenen Erbteils beweisen. Deshalb können Sie auch überzeugt sein, dass die Würde des hohen Namens dem jenes Archiv[15] entstammt, stets gewahrt und bewahrt bleiben wird. Wie nötig dies gegenüber der Neugierde und Kritik der Welt, richtiger gesagt, der Alltäglichkeit derselben ist, werde ich Ihnen nicht zu erklären brauchen.

Ich aber brauche die Überzeugung zu gewinnen, dass Sie sich sorgfältig diesen Sommer gönnen, was Ihre Gesundheit erfordert. Es nicht getan zu haben, zog die Katastrophe herbei, die meinen Neffen das Leben, die Armee einen tüchtigen Heerführer[16] kostete, dessen Armeebefehl Sie so richtig hervorheben.

Gönnen Sie also meinen Bitten Erhörung als Beweis der Fortdauer Ihrer Freundschaft.

257. Carl Alexander an Fanny Lewald

Belvedere, den 14. Juli 1885

Sie wünschen mir, dass ich mir mein festes Herz bewahre! Ich hoffe zu Gott, dass Er mir dazu verhilft, nachdem er so sichtlich mein Kind[17] aus größter Lebensgefahr gerettet und es seitdem in der Besserung fortschreiten lässt. Es war eine schwer zu durchleidende Woche, die fast unmittelbar den Goethe-Tagen folgte. Das Beispiel Goethes lehrt, die Ereignisse sich möglichst zurechtzulegen und über denselben zu stehen, doch in der Angst und im Kummer ist es, als ob man vor einer Mauer stünde und die Gegenwart spottet des ordnenden Willens.

Nun allmählich kommt man wieder zu einer gewissen Regelmäßigkeit und Beruhigung, und mit der Hoffnung kehrt die Freude an Tätigkeit zurück.

Nehmen Sie meinen herzlichsten Dank für Ihre teilnehmenden Zeilen auch im Namen der Großherzogin. Gottlob geht es uns beiden physisch wohl und können wir wirken und schaffen.[18]

258. Carl Alexander an Fanny Lewald

Wartburg, den 13. November 1885

In früher Morgenstunde – es ist eben 7 Uhr – lassen Sie mich Ihnen, meine Hochverehrte, herzlich für Ihren gestern erhaltenen Brief danken. Er erfreut mich mit Recht, denn er bringt gute Nachrichten betreffs Ihrer Gesundheit und den Beweis Ihrer fortwährenden geistigen Tätigkeit, und beides bildet immer den Hintergrund aller guten Wünsche, die man hegen kann. Gott möge Ihnen beides erhalten: körperliche Gesundheit, geistige Tätigkeit. Auf den Beweis der letzteren, auf den Roman, bin ich gespannt, namentlich auch weil Sie einer der Geister sind, die immer zur Vervollkommnung streben. Ihr eigenes Bekenntnis: »Immer gegenüber von sich kritischer zu werden« ist hiervon ein Beweis, und dazu wünsche ich Ihnen Glück. Wer dies tut verwertet das große und wichtigste Gut: das Leben.

Ich danke Ihnen sehr für Ihren Anteil an meinen Schicksalen. Gottlob geht es uns allen gut – der Großherzogin und unserer Tochter in Gries bei Botzen, nachdem letztere eine Zeitlang bei mir hier auf der Wartburg gewohnt hatte. Es scheint mir, als ob die Kur auf dem Lido und der Aufenthalt in Venedig mir gut bekommen seien, in geistiger Hinsicht in jedem Fall, denn das längere Weilen in einem seltsamen Ort, der keinem anderen gleicht, ist mir eine wahre Wohltat und Erfrischung gewesen. Da mir Venedig immer sympathisch war, so habe ich mit doppelter Freude in ihr eine Art Aufschwung bemerkt, namentlich in industrieller Hinsicht. Dabei restauriert die Regierung fortwährend weiter mit großer Gewissenhaftigkeit, und auch dies ist eine Freude zu sehen.

Ich aber werde eine besondere haben, Sie in Ihrer neuen Wohnung[19] aufzusuchen. Bis dahin, so Gott will, wird es gelungen sein, die verschiedenen Gelüste auf politischem Gebiet zu dämpfen, und wir werden ruhig zusammen plaudern können wie die guten Bürger im *Faust*, »während die Schifflein den Fluss hinuntergleiten«[20]. Leben Sie indes wohl und tätig. Dies wünsche ich in immer treuer Gesinnung.

259. Carl Alexander an Fanny Lewald

Dornburg, den 5. Januar 1886

Hier ist der Aufsatz der *Weimarer Zeitung*[21], dessen ich gestern bei Ihnen Erwähnung tat. Er wird Ihnen Freude machen, denn er bringt die Beredsamkeit der Wahrheit in willkommener Gestaltung.

Der Kaiserin habe ich gestern Abend gesagt, welchen Auftrag Sie mir für dieselbe gegeben hatten. Sie wünscht, dass ich Ihnen all ihren herzlichen Dank ausspreche, einen Dank der vollkommen der Freude entspricht, die sie empfand, als ich jenen Auftrag ihr gegenüber erfüllte.

Ich aber wiederhole meine Neujahrswünsche, welche ich in dem zusammenfasse, dass Gott Ihnen ein dem Geist wie Körper günstiges, glückliches Jahr schenken möge.

260. Carl Alexander an Fanny Lewald

Bordighera, den 20. März 1886
Hotel Bordighera

Soeben habe ich den Brief gelesen, durch welchen Sie mir nach Weimar Mitteilung des schweren Verlustes[23] machen, den Sie erlitten und auf meine Teilnahme rechnen. Dass Sie aber dies alles, dies letztere besonders tun rührt mich, und um so herzlicher ist mein Dank. Nichts ehrenvoller wüsste ich, als wenn das Vertrauen im Voraus auf das Mitgefühl baut. Zwar habe ich nicht die Ehre gehabt, die Verstorbene zu kennen, allein Ihr

Schmerz lässt mich die Vorzüge derselben erkennen. Möge Gottes Beistand, nachdem Er Sie geprüft, Ihnen in reichstem Maße zuteil werden. »Abgewischt werden einst alle Tränen«, so verspricht die Heilige Schrift; diese aber ist wahr, denn sie sagt die Worte Gottes, also der Wahrheit. Das augenblicklich Schwerste zu ertragen, müssen Sie die begonnene Arbeit womöglich nicht fliehen; müssen, wenn es Ihnen unausführbar erscheint, nach einer anderen sich umsehen. »Das alte Hausmittel« nennt Goethe diese Verfahrungsart. Er aber verstand es, das Leben zu behandeln und seine Seele durch das Leben, an dem Leben zur Vollendung heranzubilden. Egoismus nannte die Torheit oder der Neid seine Objektivität. Sie war dennoch nur das richtige Mittel zum erhabensten und erreichten Ziel. Sodann möchte ich Sie diesem entsetzlichen Winter entrückt sehen; die beispiellos strengen Bedingungen desselben müssen doppelt schwer auf Ihnen lasten. Ich kann mir dies umso deutlicher vorstellen, seitdem ich ihm entronnen bin. Bis vor Genua verfolgte er uns, in der Lombardei, in dem Apennin lag mehr Schnee als in Deutschland. Dies schreibe ich seit achttägigem Frühjahr aus einem Zimmer, dessen Fenster auf einen Palmengarten sich öffnet. – Mögen diese Zeilen Sie schon beruhigter antreffen. Von Herzen wünsche ich dies Ihnen.

261. Carl Alexander an Fanny Lewald

Lugano, den 28. April 1886

Ihr gestern erhaltener Brief bringt mir Ihre Glückwünsche[24], und für diese danke ich umso herzlicher, weil ich an die Wirksamkeit aufrichtig gemeinter Wünsche glaube. Dies aber sind die Ihrigen. Ich danke Gott, meine Tochter glücklich zu sehen und mit ihr Vertrauen in den Bräutigam gewonnen zu haben. So darf ich, so will ich bei dem Verlust, den die Trennung bringt, nicht weilen.

Sie in fortwährender Tätigkeit zu wissen, ist mir eine wahre Freude, denn es beweist Ihr Wohlbefinden. Die Tätigkeit aber ist die Grundbedingung für Letzteres. Meine Pflichten zu der meinigen – zunächst die Pflichten welche die Goethesche Erbschaft mir auferlegt – rufen mich jetzt nach Deutschland zurück. Gottlob, dass es Pflichten, und zwar diese, sind; der Abschied aus Italien würde mir sonst zu schwer.

262. Carl Alexander an Fanny Lewald

Belvedere, den 10. Juni 1886

Noch nachträglich muss ich um Vergebung bitten, dass ich neulich[25] zu so später Stunde, mich bei Ihnen ansagte, allein zu meinen gewöhnlichen verwandtschaftlichen Pflichten in Berlin, kamen diesmal noch die der Ausstellung hinzu, so dass nur die späte Abend- und frühe Nachtstunde, jene, die ich bezeichnen ließ, diejenige war, die ich eine für mich freie nennen konnte. Sehr bedaure ich, Sie leidend zu wissen, und Sie nicht gesehen zu haben ebensosehr. Beides wird Ihnen keine Mühe machen, mir zu glauben. Hätte ich Sie gesprochen, würde ich Ihnen mündlich die wahre Achtung ausgedrückt haben, welche mir Ihr Neffe Gurlitt[26] einflößt, der seine Räume mit wahrem Kunstsinn, seine Bildung dem Besten der Kunst und mit wahrer Vaterlandsliebe dem Besten der vaterländischen Kunst öffnet. Meine Achtung hat sich, seit ich Ihren Brief von dem 5. d. M. erhielt, gesteigert, denn die Einzelheiten, welche dieser mir über die Mühseligkeiten bringt, welche Ihr Neffe bei dem Durchführen seiner Absichten zu überwinden hat, beweisen mir, wie ernst er seine sich selbst gesetzte Aufgabe nimmt. Ein Zeichen meiner Anerkennung ihm zu geben wurde mir Bedürfnis. Es muss sich Ersteres mit Ihrem Brief gekreuzt haben, aus dem mir die Freude wurde zu sehen, dass ich einen Wunsch von Ihnen erfüllte, ehe ich ihn kannte.

Sie sprechen von einer »gedruckten Anlage«, die Sie mit dem Titel *Reiche Bettler*[27] bezeichnen. Diese habe ich bis heute nicht erhalten. Hier erwarte ich dieselbe, hier erhielt ich Ihren Brief, hier – zu Belvedere – hat er mich, gottlob, in voller Tätigkeit gefunden. Sie aber ist mir die Grundbedingung des Wohlbefindens. Mein Meister Goethe lehrt es uns alle, die wir leben, also streben und mithin arbeiten. Es möge der Sommer Ihnen diese harmonische Tätigkeit, recht genießen lassen, dies wünsche ich Ihnen herzlich. Die Gräfin Kalkreuth kennen zu lernen war mein Wunsch; Ihre Empfehlung macht aus dem Wunsch nun ein Streben. Einer anderen Empfehlung, der betreffs Vetter Robert[28], verdanke ich eine Bekanntschaft die mich fesselte, denn sie tritt sehr hinaus aus dem Kreise dessen, was die Welt meist bringt und mit ihm sein literarisches Unternehmen.

Und nun, Gott befohlen! Ich empfehle mich der Fortdauer Ihres Andenkens und Ihrer freundlichen Teilnahme!

263. Carl Alexander an Fanny Lewald

Belvedere, den 23. Juni 1886

Herzlich zwar, wenn auch nur in wenig flüchtigen Worten, lassen Sie mich für Ihren soeben erhaltenen Brief danken. Aufrichtige Wünsche geben auf Erfüllung die meiste Hoffnung. So danke ich in und mit dieser Ihnen umso lebhafter. Ihre Sendung begleitet mich heute nach Dornburg, wohin ich für diese Zeit so gern fliehe und wohin der beginnende Aufbruch mich mit der Feder über dies Blatt eilen lässt, da ich keinerlei Schulden liebe, weder finanzielle noch epistolare.

Ihrem Neffen, einen Beweis meiner sehr aufrichtigen Anerkennung öffentlich zu geben, war ich mir selbst schuldig. Ihm, Ihnen aber so große Freude damit gemacht zu haben, beweist mir umso mehr, dass ich recht fühlte wie handelte.

Die günstigen Urteile Abekens[29] erstaunen mich. Ich konnte nur immer die Art und Weise loben, mit der er oft vermittelnd eintrat, wo die Leidenschaften der gewaltigen Zeit aufregten und kämpften.

Tief erschüttert hat auch mich die Katastrophe in Bayern[30], der ich eine gewisse Größe zuerkenne. Wenn erst die Zeit zwischen Ihnen und den lebenden Geschlechtern getreten sein wird, muss und wird die Poesie sich jener furchtbaren Tatsache bemächtigen und sie umranken wie der Efeu das Gemäuer.

264. Carl Alexander an Fanny Lewald

Wilhelmsthal, den 6. August 1886

Sie haben aufs Neue bewiesen, dass Verständnis des Herzens das Wohltuendste sei. Sehr bewegt hat mich Ihr Brief[31], denn er berührt mit so wahren Worten den Kummer, der mich jetzt erfüllt, dass ich – könnte ich ihm Ausdruck geben – keinen anderen wählen möchte als den, in welchen Sie Ihre Teilnahme kleiden. Sei Ihnen auf das Herzlichste für diese gedankt. Ganz Recht haben Sie, wenn Ihnen in Liszt der Mensch höher noch als der Künstler stand, so unerreicht auch dieser war und bleiben wird. Umso mehr können Sie beurteilen, was ich verlor, der ich freundschaftlich mit ihm verbunden war. Richtig angewandt daher ist das Wort Shakespeares[32], das Sie in richtigem

Seelenverständnis zu wählen verstanden, um zu beleuchten, wie Liszt aufzufassen sei. Und wenn ich die Worte hinzufüge, die von Goethe in den Mund Euphorions gelegt werden:

>»Immer höher muss ich steigen,
>Immer weiter muss ich schau'n«[33]

so bezeichne ich in Wahrheit den Genius der in ihm, in Liszt, wirkte und, unseren Augen für jetzt entrückt, fortwirkt, denn unsterblich ist die himmlische Kraft wie ihr Gewand: die Seele. Die meinige ist indes schwer gedrückt. Gott möge umso mehr die guten Wünsche in Erfüllung gehen lassen, welche Sie tröstend mir senden.

265. Carl Alexander an Fanny Lewald

Weimar, den 24. Oktober 1886

Nehmen Sie, meine verehrte Gönnerin, all meinen Dank – meinen herzlichsten – für die Segenswünsche hin, welche mir Ihr Brief von vorgestern wie meiner Tochter zu ihrer bevorstehenden Vermählung[34] bringt. Von der Innigkeit der Wünsche hängt ihre Erfüllung ab. Dies hoffe und glaube ich in Gott also auch für die Ihrigen, und umso aufrichtiger daher ist mein Dank.

Er ist es aber auch für die so freundschaftliche Erinnerung, welche Sie mit jenem 22. d. M.[35] verbinden, der für uns beide ein Tag besonderen Gedenkens geworden ist. Er führt Sie sehr natürlich auf jene Zeit zurück, wo ich ein Gesetz walten lassen konnte, das Ihr Gatte mit Recht »ein menschliches« nannte. Dass Sie wie er, so edel es zu gebrauchen wussten, ward aber und bleibt Ihr Glück.

Von der Fernwirkung Ihres Gespräches mit H. v. Derenthal[36] verspürte ich zwar nichts, allein dass ich in besten Händen war fühl' ich, indem ich die herzlichen Zeilen lese, die mich dessen versichern. Und abermals lassen Sie mich Ihnen auf das wärmste danken. In dem neuen Gesandten erhalte ich durch jenes Gespräch plötzlich fast einen nahen Bekannten, denn in der Erkenntnis einer dritten Persönlichkeit, in welcher sich die Meinungen zweier, die sich nicht kennen, vereinigen, liegt ein Band. In diesem Fall ist es mir besonders willkommen, da Sie es mir reichen. – Ende nächsten Monats, spätestens Anfang Dezember, hoffe ich, so Gott will, Sie wiederzusehen[37] und nicht zu verfehlen. Auf dieses Wiedersehen lassen Sie mich das Viele ersparen, das sich immer zu sagen vorfindet, wenn ich an Sie denke, noch mehr wenn ich mich bei Ihnen befinde. Sie aber kennen die Gesinnungen alle, die der Hintergrund hiervon sind.

266. Carl Alexander an Fanny Lewald

Weimar, den 28. Januar 1887

Mit Rührung und aufrichtiger Dankbarkeit habe ich Ihren Brief von dem 25. wie den Entwurf der Widmung[38] gelesen, welche Ihre freundliche Güte mir zugedacht hat. Sie ist, diese Widmung, zunächst wahr; sie ist für mich sodann ein sehr ehrenvolles Zeichen Ihrer Gesinnung; in diesen beiden Urteilen liegt meine Ansicht; dass ich Ihre Widmung mithin dankbar annehme, folgern Sie selbstverständlich aus dem Gesagten. »Arbeiten und nicht müde werden« ist Ihr Wahlspruch, *vigilando ascendimus* (wir steigen, indem wir wachen) der meinige. Beide vereinigen sich im rastlosen Streben nach dem Guten und Schönen. Ich bin, wie Sie ermessen werden, das Echo Ihrer eigenen Ansicht. Gott segne uns in und durch die Arbeit! Mit diesem Wunsch küsse ich Ihnen die Hand.[39]

267. Carl Alexander an Fanny Lewald

Schloss Wartburg, den 5. Mai 1887

Freude machen zu wollen ist immer unter den Absichten eine der edelsten; Freude gemacht zu haben rechne ich zu dem, was Glück ist. Genießen Sie, verehrte Freundin, das Bewusstsein hiervon. Durch diese Worte danke ich am richtigsten für die doppelten neuen Beweise Ihrer Gesinnungen für mich: für Ihren Brief, für Ihre Widmung. Durch dieselben aber fühle ich mich geehrt; Sie aber fühlen, dass ich die Wahrheit sage.

In Weimar fand mich Ihre Sendung inmitten peinlichster Eindrücke und drückender Geschäfte – dies alles hervorgerufen durch den plötzlichen Tod meines Generalintendanten von Loën, in dem ich einen Freund verlor. Diese Bedrängnis möge die Verspätung meines Dankes entschuldigen.

Hierher habe ich Ihr Werk genommen; mir scheint dieser Ort besonders geeignet, ruhig und allmählich Ihre Arbeit kennen zu lernen. »Man soll sich auch was Gutes gönnen«, sagt Goethe irgendwo. Dies aber denke ich auszuführen, und zwar an Ihrer reich begabten wie geübten Hand, die ich küsse.

268. Fanny Lewald an Carl Alexander

Berlin, den 27. Juni 1887
Bendlerstraße 21

Ich brauche es Ihnen nicht erst zu versichern, dass ich des 24. Juni nicht vergessen kann und dass ich an dem Tag, wie an allen anderen, mit den treuesten Wünschen Ihrer gedacht habe. Ich habe aber eine solche Scheu vor allem Massenhaften, dass ich das Massenhafte, welches an Ihrem Geburtstag auf Sie mit Notwendigkeit einstürmen muss, auch nicht um ein Blatt Papier oder einen sich aufdrängenden Gedanken beschweren mag. Und so sage ich Ihnen erst heute: Gehe es Ihnen so wohl, gnädiger Herr! wie die treue Redlichkeit Ihres Wollens und Tuns es verdienen – dann sind Sie wohlbedacht in jedem Sinne –, und gönne das Geschick Ihnen ein hohes, wirksames Alter und die Lust, es zu tragen für und für. Leicht ist es nicht; und unser Meister Goethe hat davon gesungen und gesagt! Also: Gesundheit und Lebenslust als die Schwingen, die die Zukunft leicht und froh über das Schwere und Lastende erheben!

Ich füge auch weiter nichts hinzu! Es liegen viele bange Sorgen auf uns allen, die wir mit dem Herzen an der Zukunft des Reiches hängen – und da ich Ihnen drei dicke Bücher aufgeladen habe, wage ich nicht, Königliche Hoheit! Ihnen auch noch lange Briefe zum Lesen nachzuschicken.

Mich möchte man überreden, wieder den gewohnten Weg nach Ragaz zu gehen; ich sträube mich indes dagegen, ohne zu wissen, ob ich die verständige Kraft haben werde, meinen Willen auszuführen und zu Hause zu bleiben. Wenn der Beruf eines Landesherrn auch seine sehr schweren Seiten hat – so hat er das Gute, dass ein solcher verschiedene Zuhause hat und nicht in die weite Welt unter allerlei fremdes Volk zu laufen braucht, um einen Luftwechsel zu suchen. Möge er Ihnen, Königliche Hoheit! heilsam und erquickend sein, wo immer Sie ihn sich zu verschaffen denken.

269. Carl Alexander an Fanny Lewald

Dornburg[40], den 28. Juni 1887

Sie haben, meine Verehrteste, Recht gehabt, Ihre so herzlichen Glückwünsche mir zuzusenden, als die epistolare und telegrafische Flut sich verlaufen hatte, von der ich überstürzt ward, denn in Ruhe zu danken, ist ein umso größerer Genuss. Diesen empfinde ich jetzt, indem ich in stiller Stunde, aus diesem schönen Ort an Sie den Ausdruck, den lebhaften, meiner Erkenntlichkeit richte. Herzliche Wünsche haben immer die meiste Aussicht, von Gott erhört zu werden; so glaube ich fest, dass mir die Ihrigen Glück bringen werden und deshalb fühle ich umso tiefer meinen Dank. Je mehr ich lebe, um so bemerkenswerter finde ich das Leben, denn immer weiter werden die Horizonte, immer fesselnder, immer wichtiger erscheint das Leben selbst. Dies ist meine Erfahrung und meine Ansicht. Wie ich es zu nehmen habe, ergibt sich aus dem Gesagten. Gebe mir Gott hierzu richtigste Erkenntnis und freudigstes Wirken.

Da sich seinen Freunden zu erhalten eine Pflicht ist, würden Sie dieselbe vernachlässigen, wollten Sie in diesem Jahr zu wiederholen vermeiden, was im vorigen Ihnen gut getan hat. Gehen Sie also ja nach Ragaz, darum bitte ich herzlich.

270. Carl Alexander an Fanny Lewald

Heinrichau, den 28. Oktober 1887

Ihr Brief von vorgestern, verehrte Freundin – denn so müssen Sie sich von mir nun einmal nennen lassen –, erreichte mich hier: sozusagen mit der Feder in der Hand, Ihnen zu schreiben. Dies aber wollte ich und tue dies nun auch aus zwei Gründen: erstens habe ich Ihnen meinen sehr aufrichtigen Dank zu sagen für die *Familie Darner*, also wegen Ihres Inhalts, und aufs Neue zufolge desselben für Ihre Widmung. Romane oder Novellen, wenn auch vortrefflich geschrieben, die mir nichts bringen als

»eine Geschichte« haben in meinen Augen sehr geringen Wert. Denn was am Ende liegt daran, »eine bloße Geschichte« zu lesen? Von Wert, und zwar von großem, aber ist es, wenn diese Geschichte uns die Wahrheit zeigt in der Entfaltung und Entwicklung dessen, worauf es einer jeden Seele am meisten ankommen sollte: des Geistes und des Charakters. Dies aber bringt dieser ihr neuester Roman. Und für diese Tat danke ich Ihnen freudig. Dass aber die Widmung gerade dieses Ihrer Werke mir Freude machen müsse, fühlen Sie und glauben also auch meinem Dank für Ihre liebenswürdige Güte mir gegenüber. Mit großer Aufmerksamkeit, ohne mich im mindesten zu übereilen, las ich Ihre *Familie Darner*. Mit voller Überzeugung schreibe ich nun dies Urteil.

Zweitens will ich Ihnen nun für einen zweiten Genuss danken: jenen Aufsatz über Franz Liszt[41], den Sie der *Rundschau* anvertrauten. Ich wüsste nicht, je etwas über diesen gelesen zu haben, das ein richtigeres Bild von unserem teuren *maestro* gäbe als Ihr – beiläufig gesagt: meisterhaft geschriebener – Aufsatz. Er hat mich daher oft tief ergriffen, und – Ihnen will ich es im Geheimen gestehen – die dicken Tränen sind mir dabei einmal in die Augen getreten. Dass Ihr Roman so rasch, so allgemein richtig geschätzt wird, freut mich wahrhaft, dass Ihnen jene Biografie Liszts so gelungen, danke ich Ihnen besonders. Und nun schließe ich mit meinem Dank für Ihre eben erhaltenen Zeilen, die in Weimar mich suchten und hier, in Heinrichau, dem Mittelpunkt unserer schlesischen Besitzungen, mich fanden, wo ich seit Wochen hinter alten Abteimauern hause. Nächsten Montag, so Gott will, hoffe ich, in der Bendlerstraße Nr. 21 Ihnen von unserer weimarischen Tätigkeit mündlich berichten zu können.[42] Von der Gründung der Liszt-Stiftung durch einen Teil des Vermögens des Meisters zur Förderung bedeutender junger Talente im Gebiete der Musik in Deutschland wie Österreich-Ungarn, mit der Oberleitung in Weimar, werden Sie indes gehört haben und sich daran erfreuen. Fahren Sie fort, zu wirken und zu streben, denn kein Alter gibt es – nur ewige Jugend – für die Seele, welche empor zur Verschönerung strebt und wirkt.

271. Carl Alexander an Fanny Lewald

Schloß Weimar, den 8. Januar 1888

Lassen Sie mich ungesäumt durch den Ausdruck meiner Freude für den Brief danken, welcher mir heute überbracht wurde und der mir den Beweis Ihrer Wiederherstellung – gottlob – bringt. Welche Besorgnis Ihre Krankheit mir einflößte, von der ich indes erst erfuhr, als ich versuchte, Ihnen in Berlin neulich meinen Besuch zu machen, überlasse ich Ihrer eigenen Beurteilung. Und so bleibt mir nur übrig, Ihnen das zurückzugeben, was Ihre Güte für mich Sie an mich mahnend, vorsorgend, ratend sagen läßt: sorgfältige Vermeidung möglichen Erkrankens, Überwachung eines eingetretenen Übels und Schonung hintendrein. Gewiss hat Ihr Arzt Recht, Ihnen jetzt Luft als Stärkung zu raten; gewiss habe ich nicht Unrecht, Sie zu bitten, bessere zu suchen als in Berlin, Bendlerstraße Nr. 21. An Ihrer Stelle eilte ich mit irgendeiner befreundeten Seele der Sonne entgegen, z. B. nach Rom. Ferner sollten Sie sich diesen Winter gründlich ausruhen, wozu Ihnen Ihre überstandene Krankheit Veranlassung genug, die *Familie Darner* genugsam ein Recht gibt. Ich würde mich über das Erscheinen des neuen Werkes – der *Erinnerungen an Liszt* – ängstigen, wüsste ich es nicht schon längst geschrieben. Ich werde für alle Fälle Sie wie ein Kind behandeln, dem man verspricht, seinen Willen zu tun, wenn es vorher den unsrigen erfüllt hat, und Ihnen alle Vorsicht für mich feierlich zusagen, wenn Sie mir versprechen, meine Verhaltungsmaßregeln zu befolgen. Hierbei sollten Sie nach solchen Büchern zum ruhigen Lesen sich umsehen, von denen Sie die Erwartung hegen, dass dieselben Ihnen in Ihrer Konvaleszenz passend erscheinen. Dies und die Luft- und Horizontveränderung wird Ihnen, unter Gottes Hilfe, zum Besten gereichen. Dies zunächst wünsche ich Ihnen zum neuen Jahr und noch viele andere der Gesundheit und der Sie erfreuenden Tätigkeit. Dies alles aber wünsche ich Ihnen, verehrte Freundin, ebenso herzlich, wie Ihre Wünsche für mich es sind. Die Großherzogin stimmt mit den meinigen überein. Alles aber müssen und werden Sie glauben Ihrem ergebenen

C. A.

272. Carl Alexander an Fanny Lewald

Weimar, den 24. März 1888

Mit wahrer Rührung habe ich Ihren Brief von gestern gelesen und möchte Ihnen so recht danken, wie ich es fühle, und weiß nicht, die Worte zu finden. So ein ähnliches Gefühl hielt mich ab, Sie diesmal zu besuchen[43], und so blieb ich fern, das erste Mal seit so manchem Jahr. Aber nicht mit dem Herzen blieb ich Ihnen fern – das fühlen Sie –, aber ich empfinde immer eine Art Scheu, mich im Kummer zu zeigen, den aber hatte ich, und den habe ich. Doch mit oder ohne einen Kummer wünsche ich Ihnen nicht minder aufrichtig ein von Gott Ihnen gesegnetes neues Lebensjahr; ja fast möchte ich sagen können: ich wünsche es noch lebhafter als bisher, denn ich fühle mich durch Ihren Brief Ihnen noch näher verbunden. Sein Inhalt spricht so wahr das aus, was ich empfinde, dass ich kaum etwas hinzuzufügen hätte. Es muss eben ertragen werden, und der feste Glaube hilft auch dazu. Er lässt mir die feste Überzeugung, dass der Allweise und Allbarmherzige gewiss alles zum Besten leiten wird, wenn wir diese Prüfung nur richtig und mutig bestehen. Auf das Ganze und Große muss der Geist blicken, wenn das Einzelne schwer zu ertragen, fast unerträglich scheint. Aber unerträglich müsste die jetzige Lage erscheinen, wollte man sich nicht über dieselbe erheben und nicht auf die Zukunft blicken. Meine arme Schwester ist mir und uns allen eine wahre Hilfe und Trost geworden in ihrer Glaubenstreue, ihrem Eifer der Pflichterfüllung und ihrer Würde des inneren Gleichgewichtes. Ihre schwer geprüfte Tochter[44] ist ihr ebenbürtiges Kind, das ich fast am meisten beklage. Sie würden – hätten Sie den Blick des armen jetzigen Kaisers gesehen, der so traurig redet, während das gesprochene Wort seinem Mund versagt bleibt – sich wie gebannt fühlen. Das sind so einzelne Züge aus dieser Tragödie, die langsam daherzieht wie das schwere Gewitter am Himmel.

Ich bin hierher zurückgekehrt, als meine öffentlichen wie privaten Pflichten bei meiner Familie jetzt beendet waren. Ich arbeite an mir, wieder das Gleichgewicht zu erringen, das in diesen Wochen mehr als einmal erschüttert ward. Gott wird gewiss weiterhelfen.

Mit Freude begrüßte ich heute die erste warme Frühlingsluft. Möge Sie Ihnen wohl tun und Ihnen bald völlige Genesung bringen. Würden Sie nicht in unseren Bergen Stärkung später suchen? – Ihre Zusendungen werde ich wieder mit neuer Dankbarkeit aufnehmen als das, was diese Sendung ist: ein neuer Beweis Ihrer Güte, verehrte Freundin.

273. Carl Alexander an Fanny Lewald

Weimar, den 15. Mai 1888

Aus den Niederlanden vor einigen Stunden hierher zurückgekehrt, fand ich Ihren Brief von dem 11. d. M. mit den ihn begleitenden *Zwölf Bildern nach dem Leben*. Über der Widmungsaufschrift »Ihren und meinen Freunden zur Erinnerung an sie und mich« las ich die Worte, durch welche Sie mir den Band bestimmen, und nun sagt mir mein Egoismus wie meine Eitelkeit, dass Sie auch mich unter die zählen, denen Sie das Werk widmen. Wenigstens werden Sie mir zugeben müssen, dass ich menschlich urteile. Sie aber haben menschlich gefühlt, indem Ihre Güte, meine Verehrte, mir eine geistige Erfrischung in der schweren Zeit darreichen wollte, die ich durchlebe. Dass Sie dieses gewollt und getan, dafür lassen Sie mich von Herzen danken, wie Ihr Wollen und Handeln dem Herzen entquoll. – Ich werde Ihr Buch gleich zu lesen beginnen, und zwar mit der großen Erwartung, zu welcher Ihre Feder mich längst berechtigt; ist dieselbe doch auch in Schilderung von Persönlichkeiten eine Meisterin.

Der Aufenthalt in den Niederlanden, der Wechsel der Horizonte, der Gesichtspunkte, der Menschen und Örtlichkeiten ist mir eine Wohltat gewesen. Ich kehre erfrischt zu der Erfüllung meiner hiesigen Pflichten zurück. In wie schwere Zeit[45] diese fallen, wissen Sie so gut wie ich und ahnen, wie eng dieselben mit meinem Leben äußerlich wie innerlich sich verknüpfen und es durchweben. Stillhalten und sich in Gottes Willen fügen, heißt es hierbei zunächst. »Arbeiten und nicht müde werden« – Ihr Wahlspruch also, fügt sich bei! Ihre fernere mir in Aussicht gestellte Sendung[46] erfüllt mich jetzt schon mit Dank. Möge dieser Sommer Ihre Gesundheit kräftigen und Sie in Ihrem Schaffen stärken und fördern.[47]

274. Carl Alexander an Fanny Lewald

Wilhelmsthal, den 28. Juli 1888

Gottlob ist Ihre Güte für mich weit größer als mein Unfall, und ich darf Ihnen durch die Versicherung herzlich dankend antworten, dass ich diese Zeilen schreibe, wie es ein Pascha machen würde: ausgestreckt auf niedrigem Polster und den rechten viel gekneteten Fuß auf einem Bau nicht zu weicher Kissen. So hoffe ich, mit Gottes Hilfe, in kurzem meinem Arzt und der Geduld entlassen zu werden. Sie sehen, Ihre Predigt traf einen bereits Bekehrten, wenngleich ich meiner hoch verehrten Gönnerin gestehen muss, dass ich jener Tugend die Zähne weise. Aber es geht nun einmal wie Sie und andere mir versichern, hierbei nicht ohne dies verdammte Ding. Sie können daraus ohne Eitelkeit, den Schluss ziehen, dass mir Ihr höchst liebenswürdiger epistolarer Besuch ein sehr willkommener war. Ich möchte, dass mir ein vernünftiger Schweizer erklärte, weshalb wir Deutsche von seinen Landsleuten immer mehr gehasst werden. Ist es der Neid, der sie übersehen lässt, dass wir ihnen nie geschadet, immer nur genützt haben; ja, was in jenen Augen überzeugender sein würde: dass es keineswegs in unserem Interesse liegt, ihnen zu schaden! Gestehen Sie: wir leben in einer Zeit, deren eine der interessantesten Eigentümlichkeiten darin liegt, dass was wir mit Recht tun wie erstreben, die Fehler wie Absichten unserer Feinde wie Beneider, nach der Reihe aufdeckt, weit mehr als jene es wünschen, ja selbst wollen und wissen. Das, was Sie von der Schweiz erzählen, ist ein neuer Beweis davon.[48] Und das, was Sie hinzufügen, ist vortrefflich, denn es ist umso geistreicher, weil es wahr ist. Sie werden sich vielleicht noch unseres Gesprächs auf Ihrem Balkon vor wenigen Wochen erinnern. Was Sie mir schreiben, fügt sich wie die Fortsetzung an jenes. Verschiedene Veröffentlichungen, die seitdem stattgefunden, haben einen Widerhall erzeugt, der meine Meinung unterstützt. Zwar hat man sich um diesen nicht zu kehren, aber wohl ihn im Gedächtnis zu vermerken, meine ich.

Wenn gute Wünsche etwas nützen, so machen Sie die beste der Kuren jetzt, zu Ragaz. Wie sehr ich wünsche, dass Sie wieder dieselbe gebrauchen möchten, wussten Sie; wie sehr ich mich freue, Sie daselbst mit dieser Kur beschäftigt zu wissen, können Sie sich denken; wie sehr es mich beruhigt, Ihren eigenen Arzt[49] dort in Ihrer Nähe zu sehen, lassen Sie mich Ihnen gestehen – und wie sehr es mir Genugtuung erscheint, nun auch Sie zu bitten, Ihre Kur recht gewissenhaft und geduldig zu gebrauchen, gönnen Sie gewiss meiner Bosheit wie der alten und sehr aufrichtigen Ergebenheit, die ich herzlich Ihnen darbringe.

275. Fanny Lewald an Carl Alexander

Berlin, den 7. Februar 1889
Bendlerstraße 21

Neun Tage[50] sind es her, dass Sie mir in der herzenswarmen Teilnahme an mir, die mir so erquickende Freude machten, mich in meiner Krankheit aufzusuchen; und was haben wir, was hat die Welt seitdem an Entsetzen und an Graus erlebt! Ich mag nicht daran denken, nicht davon reden hören! Die Phantasie sträubt sich, die Bilder festzuhalten, die sich einem aufdrängen – und doch betrifft man sich immer wieder auf dem Gedanken: was alles muss vorher gesündigt, welch ein Unmaß erst vorher gelitten sein, ehe der Erbe eines der mächtigsten Reiche der Welt dazu getrieben wurde, sein Leben und das seiner Geliebten von sich zu werfen[51]: mit jenem *la coupe est vide! Adieu!*[52]

Es ist eine Tat, wie die Weltgeschichte sie nicht erlebt hat; und wäre sie aus dem Gedächtnis der Menschheit auszutilgen – es wäre ein Segen für sie. Solche Taten ziehen böse Folgen nach sich – und unser Boden ist unterwühlt genug durch die Anarchisten!

Aber – das alles wollte ich Ihnen nicht sagen gnädigster Herr! Sie sehen, das Überwältigende überwältigt eben auch mich in der friedensvollen Stimmung, in der ich mich zu Ihnen wende.

Ich sehe und sah es als ein schönes Symbol meines ganzen Lebens und Strebens an, dass Sie, Königliche Hoheit! in meinen alten und leidenden Tagen bei mir saßen, als gehörte ich zu Ihnen! Ich habe nach Rang und Titel und Orden nie getrachtet – dass Sie mir sagten: Haben Sie denn ganz vergessen, wie lieb ich Sie habe? Dass ich von Ihrer Krankheit erst durch Derenthal erfuhr! Das, gnädigster Herr, ist mein Adelsbrief, und die

Freundschaft vieler Guten, das ist mein Ehrenzeichen! Bleiben Sie mir gut bis zu meinem Ende – wie ich Ihrer in Freundschaft ergeben und in Verehrung von ganzem Herzen! Denn auch Sie haben nach dem Höchsten und Besten gestrebt, und es ist Ihnen viel gelungen.

Abends. Es ist der erste Brief, Königliche Hoheit! den ich seit dem 28. Sept. geschrieben – und in einem Strich bringe ich ihn auch nicht zu Ende. So fange ich jetzt gegen Abend noch einmal an.

Meine Ärzte sagen mir, dass es zum Guten mit mir vorwärtsgehe. Ich selber merke davon noch nicht allzuviel, will es aber wünschen, wenn ich noch für eine ordentliche Spanne Zeit zu einem brauchbaren Menschen für mich und andere werden kann. In verlängertem oder größerem Siechtum hinzuleben, wäre mir eine entsetzliche Aufgabe – indes Goethes, des Allweisen und Allerfahrenen, Wort hat für jeden seine Geltung, und sein

> »Keine Kunst ist's alt zu werden,
> Es ist Kunst, es zu ertragen!«[53]

hat eben auch für ihn sich bewährt. Indes man hat das zu nehmen, wie es kommt! Und so wollen wir einander und ich vor allem Ihnen, Königliche Hoheit, wünschen, dass das Geschick Ihnen »das Alter weit hinaus ferne« und dass Sie es dereinst erleben, wie meine alte Freundin, Exzellenz von Olfers (geb. von Stegemann) die jetzt in ihrem 89. Jahr noch täglich ausgeht und Lesekränzchen, Theater u.s.w. besucht und von deren Gedicht ich Ihnen neulich erzählte. So klingt der Brief, der so bitter hart beginnt, milde aus.

Ich hatte ihr geschrieben, dass sie das Alter so viel besser zu tragen verstehe als ich – und sie hatte dabei geschrieben, sie entbehre ihr scharfes Auge, ihr feines Gehör schwer genug. Da heißt es denn:

Des Alters Leiden

Nicht hören! einem Kampf der Worte
Nur teilnahmslos vorübergehen?
An der verschlossenen Geistes-Pforte
Soll ich fortdann vereinsamt stehen?

Nicht sehen? Poesie der Ferne,
Die sonst mein rascher Blick umfing!
Verschleiert Firmament und Sterne,
Daran mein trunkenes Auge hing!

Vergiss, vergiss, was sonst gewesen,
Bleibt Dir das Nächste nur vertraut!
Die Lust zu denken und zu lesen
Und süßgewohnter Stimme Laut!

Einschlafen möcht ich, sonder Grämen,
Und preisen meines Glücks Gestirn!
Lässt mir nur Gott zum Abschied nehmen,
Das warme Herz, das klare Hirn!
Hedwig von Olfers

Sehen Sie, Königliche Hoheit! Dies von einer Frau von 89 Jahren als freier Erguss in einem Brief hingeschrieben – hat mich gerührt und erhoben und wird auf Sie die gleiche Wirkung tun.

Verzeihen Sie die Korrekturen meinen Augen, die noch angegriffen sind, und gönne das Geschick Ihnen solche Seelenruhe für und für, bis in die weiteste Zeit.

Ich habe über den unseligen Einfluss der Unsittlichkeit auf der Bühne und im Feuilleton-Roman – gegen Ibsen, der mir ein Grauen ist – unsäglich viel auf dem Herzen, aber ich kann noch nicht weiter.

Wenn Sie mich lieb haben, Königliche Hoheit! wünschen Sie mir, dass mir es noch vergönnt sei, Sie wiederzusehen.

276. Carl Alexander an Fanny Lewald

Weimar, den 10. Februar 1889

Mit Freuden habe ich Ihren Brief, meine verehrte Freundin, begrüßt, mit wahrer Rührung gelesen, und nun lassen Sie mich herzlichst Ihnen für denselben danken. Unter den Mitteln zu helfen ist wohl, Freude zu bereiten, eines der sichersten. Nun sagen Sie mir, dass dieses mir bei Ihnen gelungen: da können Sie sich denken, wie sehr ich dafür erkenntlich sein muss, dass Sie es mir sagen, umso mehr ich längst weiß, dass nur die

Wahrheit über Ihre Lippen kommt. Gottlob, dass auch Ihre fortschreitende Besserung Wahrheit ist. Ich hoffe zu Gott, dass Sie mich von gänzlicher Wiederherstellung bald benachrichtigten. Als ich Ihren Brief erhielt, wollte ich schreiben, Sie zu fragen, wie es Ihnen seit diesen acht Tagen gehe. Doch noch eine andere Ursache ließ mich zur Feder greifen. Nachdem ich Sie neulich verlassen, überbrachte ich der Kaiserin, meiner Schwester, das, was Sie für I. M. mir gesagt hatten. Sie beauftragte mich, »Ihnen herzlich zu danken und zu versichern, dass sie mit größter Aufmerksamkeit wie aufrichtigem Interesse Ihrer Tätigkeit folgte«. Dies mündlich Ihnen zu sagen, hatte ich mir vorgenommen, kam aber nicht gleich zur Ausführung. Da trat schließlich die erste Nachricht von der Katastrophe in Meyerling hinzu. Seitdem, hier die Kunde der nun bestätigten Einzelheiten! Diese aber bilden eine neue Katastrophe schlimmster Art, denn die Seele empört sich nun, wo sie sich nur entsetzt hatte. Noch nie habe ich so verstehen lernen wie jetzt, was der Ausdruck sagen wolle: »unter dem Banne stehen«. Dies empfinde ich nach all diesem. Noch wird es mir schwer, es in das aufzunehmen, mit dem man eben im Leben rechnen muss. Wie ein Friedensgruß ist mir das Gedicht erschienen, das Sie so gütig sind für mich abzuschreiben. Es muss eine wahrhaft schöne Seele sein, die so fühlen, so sich ausdrücken kann. Und so muss sich ein eigentümlicher Zauber von selbst ergeben, den sie um sich verbreiten soll und den auch Sie zu kennen scheinen. Dass Sie die Absicht hegen, Ihre hohen Gaben aufs Neue in den Kampf gegen Geschmacksverirrung und Verderben richten zu wollen, die durch Romane wie Bühne verbreitet werden, in dieser unserer Zeit, begrüße ich mit wahrer Freude zunächst als einen Beweis, und zwar den besten, Ihrer wiederkehrenden Gesundheit und sodann weil es eine Tat sein wird, die nur gute Früchte bringen kann. Gut gewählt ist hierzu in jedem Fall auch der Zeitpunkt, denn was man jetzt in der Kunst den Realismus nennt, nimmt Proportionen und Formen an, die furchtbar sind, und verdrängt und verdeckt werden die Begriffe der Wahrheit, der Schönheit, der Pflicht, die uns an alles Erhabene fesselte. Mit Schaudern denke ich hierbei unwillkürlich an die Katastrophe in Meyerling. So lassen Sie mich im Voraus Ihre wieder aufzunehmende Tätigkeit begrüßen und mit verdoppeltem Eifer Sie bitten, mit geduldiger Sorgfalt, sich pflegen zu wollen und pflegen zu lassen. Wie gern täte ich Letzteres selbst; gönnen Sie mir, meiner alten Freundschaft, die Eitelkeit zu glauben, dass diese armen Zeilen ein wenig Pflege für Sie sind und dass diese Pflege gut anschlägt.

277. Carl Alexander an Fanny Lewald

Weimar, den 27. April 1889

Soeben, meine verehrte Freundin und Gönnerin, soeben habe ich Ihren Brief von dem 23. d. M. gelesen, und nun freue ich mich über denselben, wie ich mich auch des wiederkehrenden Frühlings nach langem Winter freue. Mit diesem Urteil – richtiger gesagt: durch dasselbe – lassen Sie sich herzlichst von mir gedankt sein und Ihnen das *felice Pargrea*[54] von ganzer Seele zurufen. Und wenn Sie in Sonnenschein und warmer Frühlingsluft der wiederkehrenden Kräfte sich freuen, so denken Sie meiner, der sich indessen des Beweises dieser Wiederbelebung der Kräfte freut, von welcher Ihr Brief mir den Beweis bringt. Ich aber hoffe und glaube das Beste für Sie und alle, die mit mir Ihr Bestes wünschen, und denke zu Gott, es wird alles sehr gut wieder werden. Dies aber zu sagen eile ich – denn ich finde, dass Goethe Recht hat, wenn er sagt:

>»Du im Leben nichts verschiebe
>Sey dein Leben Tat um Tat
>Und dein Streben sei in Liebe
>Und dein Leben sei die Tat.«[55]

Die morgige Ankunft des Kaisers lässt mich diesen Rat befolgen, denn zwischen Empfangen, Auerhahnjagen und Eisenbahnfahren lässt sich nicht vernünftige Briefe schreiben. Diese aber erwarten Sie doch von mir, obgleich bei meinen Besuchen bei Ihnen Sie gewohnt sind, dass ich meist vom Hundertsten ins Tausendste komme. So streicht denn die Zeit immer hin und gibt dem Berliner Aufenthalt immer wieder das Gepräge des Gehetztseins, das ich nirgends in der Welt so wie dort empfinde. Ich befürchte, dass der Kaiser mir Recht geben wird, bereits aus eigener Erfahrung; sein guter Wille, die Pflicht gewissenhaft zu erfüllen, lässt es mich vermuten. Sie scheinen Ihren Wahlspruch – »Arbeiten und nicht müde werden« – ihm angezaubert zu haben. Wir beendigen indes einen tätigen Winter, um uns einem wahrscheinlich etwas unruhigen Sommer zu nähern. Von der eben abgehaltenen Shakespeare-Gesellschaft werde ich Ihnen die bemerkenswerte Rede senden die der Direktor des Goethe-Archivs über »Shakespeares Einfluss auf die goldne Zeit deutscher Literatur«[56] gehalten hat. Die große Vereinigung der Goethe-Gesellschaft steht uns bevor, und tätig unermüdet hebt man die Schätze ihres Archivs. Von manchem Zweckmäßigen und Schönen in Land und Städten berichte ich als neu Entstandenes mündlich, so Gott will. Jetzt bitte ich, mich empfehlen zu dürfen, denn zwar nicht mein Jäger, aber die Zeit klopft an meine Tür und ruft mich zur Morgenarbeit. Ich aber küsse Ihnen die Hände und wünsche herzlich, dass Sie vom Besseren zum Guten fortschreiten.

Ich werde mich Ihres Auftrags bei meiner Frau entledigen. Wir leben stets in wechselnder Sorge in Bezug auf den König[57], ihren Bruder.

278. Carl Alexander an Fanny Lewald

Belvedere, den 4. Juli 1889

Ihr gestern erhaltener Brief von dem 2. d. M., meine verehrte Freundin, gibt mir den mich sehr erfreuenden Beweis, dass es mit Ihnen wieder besser geht, denn wenn die Möglichkeit der Tätigkeit wieder eintritt, ist auch die Besserung vorhanden. Gottlob, dass dem so ist! Dass die für uns – leider – ungewohnte, lang andauernde Wärme Sie schwächen und angreifen würde, ist ganz natürlich und Ihr Arzt ein vernünftiger Mann, wenn er Ihnen Luftveränderung vorschlägt; ich möchte gleiches Lob verdienen und Ihnen Wald- und Gebirgsluft empfehlen. Sie scheinen mir dabei an Thüringen zu denken und wünschen, es bequem zu genießen. Ganz Thüringen ist jetzt, was man mit dem süddeutschen Ausdruck »Sommerfrische« bezeichnet. Selbst Eisenach macht hierauf Ansprüche und besetzt Tal wie Höhen mit zu vermietenden Villen. Ich nenne die gleichen Ansprüche von Ilmenau, das sehr gesunde Luft auch bietet, von Berka bei Weimar. Liebenstein ist das größte der Thüringischen Bäder, ich glaube auch das älteste – bei allen finden Sie gute Luft, spazierbare Wege und eine Verpflegung, die dann am besten ist, wenn man durch eigene Dienerschaft oder Umgebung sie überwachen lässt. Da Sie gewiss von Bedienung begleitet werden, bin ich über letzteren Punkt beruhigt. Selbstverständlich müsste die von Ihnen gewohnte Pflege Ihnen gesichert bleiben. Benachrichtigen Sie mich über Ihre Reiseentschlüsse. Ich selbst gedenke, den 8. d. M., so Gott will, meinen Aufenthalt in Wilhelmsthal bei Eisenach zu nehmen, also mitten zwischen thüringischen Bergen. Vielleicht gelingt es mir dann, auf irgendeinem thüringischen Gebirgsgipfel unter irgendeiner Tanne Ihnen zu erzählen, dass man in Weimar doppelt tätig ist, seitdem das großartige Geschenk des Enkels Schillers, das Archiv seines Großvaters, dies mit dem Goethes verbunden hat. Doppelte Pflichten treten an uns mithin heran, und verdoppelte Tätigkeit ist unser Losungswort, umso mehr sich auch die Ansprüche an Weimar damit verdoppeln. Das wäre so ungefähr die Vorrede zu unserer nächsten Unterhaltung, so Gott will. Einstweilen erbitte ich mir für Sie selbst die Elastizität Ihres reichen Geistes, die das Zeichen des energischen Willens ist und für mich die Fortdauer Ihrer Güte.

ANMERKUNGEN

I. 27. Oktober 1848 – 19. Juni 1849 (S. 3 – 32)

1. *Goethes Briefe an Frau von Stein* gab Adolf Schöll 1848-1851 in drei Bänden heraus.
2. Fanny Lewald war Zeuge des endgültigen Bruchs zwischen Gutzkow und Therese. Thereses Ehe mit Bacheracht wurde im Juli 1849 geschieden. Bald darauf heiratete sie ihren Vetter Heinrich von Lützow, Oberst in niederländischen Diensten, und fuhr mit ihm im Oktober 1849 nach Java.
3. Napoleon III.
4. Die eiserne Krone wird im Dom von Monza bei Mailand aufbewahrt.
5. Gattin des 1844 verstorbenen Landesdirektionspräsidenten.
6. Joh. I, 14 (»Und das Wort ward Fleisch«).
7. Karl Hummel, der Sohn des Komponisten.
8. In dem Sinne von »Kommt Zeit, kommt Rat«.
9. Es handelt sich um Prinzessin Marie, die später Prinz Heinrich VII. von Reuß-Schleiz-Köstritz heiratete.
10. *Der hinkende Teufel,* eines der Hauptwerke von Lesage.
11. »Bitte nur keine Komplimente!«
12. Ventura (1792-1861) war ein berühmter italienischer Prediger und Theologe. Sibour (1792-1857) wurde am 3. Januar 1857 von einem mit dem Kirchenbann belegten Geistlichen ermordet.
13. Gisela von Arnim, die Tochter Bettines; mit ihr war Fanny Lewald am 4. Juni 1848 in der Kammer.
14. Nach dem Rücktritt des Ministers Ludolf Camphausen am 20. Juni 1848 bildete David Justus Hansemann ein neues Ministerium, das aber bereits im September zum Rücktritt gezwungen wurde.
15. *Erinnerungen aus dem Jahre 1848,* I. Bd., S. 62ff.
16. *Lettres originales de Mirabeau écrites du donjon* de Vincennes, 4 Bände, Paris 1792ff.
17. Jean François Casimir Delavigne (1793-1846), Dichter des Liberalismus.
18. Der Archäologe und Philologe Ernst Curtius, der Erzieher des späteren Kaisers Friedrich III.
19. Im *Cottaschen Morgenblatt.*
20. Gemeint ist Maria Anna, Prinzessin von Hessen-Homburg (1785-1846), Gemahlin des Prinzen Friedrich Wilhelm Karl von Preußen (1783-1851).
21. An dem Regierungskongress in Berlin beteiligten sich nur Hannover, Sachsen und Bayern, das aber bald zurücktrat.
22. Weimar trat für die Wiedergewinnung der Herzogtümer Schleswig-Holstein ein.
23. Der spätere Kaiser Friedrich III., der Sohn Augustas von Sachsen-Weimar, der Schwester Carl Alexanders.
24. Die Herzogin Helene von Orléans (1814-1858) widmete sich nach ihrer Flucht aus Frankreich auf dem Eisenacher Schloss ganz der Erziehung ihrer Söhne.
25. Marie Lewald.
26. Prinz Louis Ferdinand.

27 Alwine Frommann, Vorleserin und Vertraute der damaligen Prinzessin Augusta von Preußen, der späteren deutschen Kaiserin.
28 Um den letzten Akt der *Maria Stuart* ungestört auszuarbeiten, zog sich Schiller ins Jagdschloss Ettersburg zurück (siehe Schillers Brief an Körner vom 16. Juni 1800).
29 Am 22. April 1849 begab sich Carl Alexander zum Heer nach Schleswig-Holstein und nahm am 7. Mai an dem Treffen von Viuf in Jütland teil.

II. *26. September 1849 – 22. April 1850 (S. 32 – 68)*

1 Fanny Lewald hielt sich vom 25. August bis 20. September in Helgoland auf und verbrachte dort heitere Tage mit Adolf Stahr, Liszt, Dingelstedt, Julius Fröbel und den Malern Rudolf Lehmann, Ernst Meier und Heinrich Gaetke.
2 Goethe, *Torquato Tasso,* I, 2.
3 Mitglieder der äußersten Linken.
4 Amely Bölte, Nichte von Fanny Tarnow, Romanschriftstellerin.
5 Im Nachlass von Adolf Stahr liegt ein Brief Heinrichs von Lützow mit der Unterschrift *Im Indischen Meere 400 Meilen von Java, am 30. Dezember 1849.* Demzufolge hatte Therese während der Seefahrt sehr unter der Seekrankheit gelitten. Sie hofften in 8-12 Tagen auf Java zu landen.
6 Der Romanschriftsteller Alexander von Ungern-Sternberg (1806-1868).
7 Goethe, *Torquato Tasso,* V, 2.
8 Dieser Brief befindet sich nicht im Goethe-Schiller-Archiv.
9 Die Schriftstellerin Amely Bölte (1811-1891), siehe Brief 13.
10 1849 erschien bei Brockhaus eine Sammlung der Novellen Thereses in zwei Teilen, gleichsam als Abschiedsgruß an ihre Freunde in Europa.
11 Carl Bernhard, Herzog von Sachsen-Weimar (1792-1862), Onkel von Carl Alexander, trat 1815 in den Dienst des Königs der Niederlande und war 1848-1855 Oberbefehlshaber der holländisch-indischen Armee in Java. Er war auch literarisch tätig.
12 Herzogin Ida, geb. Prinzessin von Sachsen-Meiningen, seit 1816 mit Herzog Carl Bernhard verheiratet, gestorben am 4. April 1852. Die sterblichen Überreste der Herzogin und des Herzogs liegen in der Fürstengruft zu Weimar.
13 1849 erschienen die beiden ersten Bände von Macaulays *History of England From the Accession of James II.* Der 3. und 4. Band kamen 1855 heraus, der 5. nach seinem Tod (1860).
14 Friedrich Franz II. (1823-1883), seit 1842 Großherzog von Mecklenburg-Schwerin.
15 Benedikt Waldeck, aufgrund gefälschter Schriftstücke des Hochverrats angeklagt, wurde am 7. Dezember 1849 freigesprochen.
16 Robert Griepenkerl (1810-1868). Seine Dramen *Robespierre* und *Die Girondisten* ernteten Beifall auf allen größeren Bühnen Deutschlands; seine folgenden Dramen hingegen fielen durch.
17 Platen, *Sonette,* Nr. 62.

18 Liegt in Gelderland, nicht weit entfernt von Velp bei Arnheim.
19 Die Unterredung fand am 7. Dezember 1849 im Oldenburger Schloss statt.
20 Otto Lewald, angesehener Rechtsanwalt in Berlin, der sich als Verteidiger im Polenprozess einen Namen gemacht hatte.
21 Goethes *Faust II*, V, Finstere Galerie.
22 *Die Deutsche allgemeine Monatsschrift,* herausgegeben von Kolatscheck, hielt sich nicht lange (1850-51).
23 Heinrich Bernhard Oppenheim (1819-1880), politischer Schriftsteller.
24 Gemeint ist Eugen Sues zehnbändiger Roman *Juif errant*.
25 *Erinnerungen aus dem Jahre* 1848
26 Roman von Charles Dickens.
27 Gutzkow hatte u.a. eine Anzeige in der *Allgemeinen Zeitung* über *Prinz Louis Ferdinand* erscheinen lassen, die er in einem Brief vom 12. August 1849 an Fanny Lewald mit folgenden Worten zu rechtfertigen versuchte: »Werden Sie mir über meine Anzeige des *Prinzen Louis* in der *Allgemeinen Zeitung* Nr. 221 zürnen? Ich konnte dem Drange nicht widerstehen, über Ihre ideale Königliche Hoheit ein klein wenig zu spotten. Ich hasse so sehr die laxen Grundsätze Varnhagens und seine biografischen Verschönerungen, dass ich Sie tadeln musste, wie Sie in seine Falle gehen konnten.«
28 Besonders entrüstet war Fanny Lewald über die Besprechung von *Prinz Louis Ferdinand* in der *Kreuzzeitung* (Juli 1849) durch den Schriftsteller Alexander von Ungern-Sternberg.
29 Anspielung auf den sicheren Instinkt dieses Meisters diplomatischer Kunst.
30 Thereses Briefe an Fanny Lewald sind bis auf wenige Einzelbriefe vernichtet.
31 Das Tagebuch ist erhalten.
32 Christian Karl Josias von Bunsen war preußischer Gesandter in London.
33 Carl Alexander gab ihr einen Brief an den Weimarer Generalkonsul Kahlmann in London.

III. *11. Juni 1850 – 19. Dezember 1851 (S. 69 – 100)*

1 Fanny Lewald war nach einem längeren Aufenthalt am Rhein am 18. Mai in London eingetroffen.
2 Gullivers Reisen (1726), eine politische Satire, das bedeutendste Werk von Jonathan Swift (1667-1745)
3 Thackerays *Jahrmarkt der Eitelkeiten*
4 Prinzessin Augusta, spätere deutsche Kaiserin
5 1831 war Thackeray in Weimar.
6 Der Schluss des Gedichtes *Beherzigung*.
7 Robert Chambers und sein Bruder William erwarben sich als Verfasser und Verleger gemeinnütziger Schriften große Verdienste. Vgl. Fanny Lewalds ausführliches Reisetagebuch *England und Schottland*.

8 Romanschriftstellerin (1812-1880), deren Romane *Zoe* und *Half-Sisters* Fanny Lewald in ihrem Buch *England und Schottland* bespricht.
9 Erschien 1850 bei J. J. Weber in Leipzig. Der Plan zu dieser Novelle entstand während ihres Aufenthalts in Pyrmont im Juli/August 1849.
10 Dieser Brief ist nicht überliefert.
11 Elisabeth, verheiratet mit dem Maler Louis Gurlitt.
12 Montmorency liegt nördlich von Paris, Jouy bei Versailles.
13 Auch dieser Brief ist nicht überliefert.
14 Drei ihrer *Dünen- und Berggeschichten* verdankte sie ihrer englischen Reise.
15 Das scharfe Urteil Fanny Lewalds über Gutzkow ist beeinflußt durch seinen Bruch mit Therese von Bacheracht im Oktober 1848 in Dresden.
16 Otto Lewald; ihr jüngerer Bruder Moritz war am 31. Januar 1847 als Arzt in Tiflis gestorben.
17 Ihre Schwester Minna verlobte sich mit dem Gutsbesitzer Minden bei Königsberg.
18 Fanny Lewald reiste am 24. April von Nischwitz nach Weimar und erhielt am 25. April den ersten Besuch des Großherzogs Carl Alexander. Brief 37 ist demnach mit dem 25. April 1851 zu datieren.
19 Dieses Billett ist kurz nach dem 12.5.1851 zu datieren, als Fanny Lewald mit ihrem Mann der *Lohengrin*-Aufführung beiwohnte.
20 Das Billett ist vermutlich nach der Unterredung Fanny Lewalds mit Carl Alexander im Weimarer Park am 29. Mai geschrieben.
21 Vgl. Fanny Lewald, *England und Schottland*.
22 Die Briefe Carl Augusts an Knebel.
23 Vielleicht die 1851 erschienenen *Dünen- und Berggeschichten*. Man könnte aber auch an Fanny Lewalds *Italienisches Bilderbuch*, Band I, denken (vgl. Brief 45).
24 »Niemand wird mich ungestraft reizen.«
25 Fanny Lewald gebraucht den Ausdruck Hochzeitsreise, weil die Reise des Großherzogs Carl Alexander nach Russland die erste größere Reise war, die er mit seiner Gemahlin unternahm.
26 Bernhard von Arnswald, seit 1841 Kommandant der Burg.
27 Georg Spiller von Hauenschild, Pseud. Max Waldau (1825-1855). Er widmete sein Graubündner Epos *Cordula* Fanny Lewalds Mann Adolf Stahr und war neben Hettner als Mitarbeiter der geplanten Revue vorgesehen.
28 In Fanny Lewalds Nachlass befindet sich ein interessanter Brief Hauenschilds vom 15. Juni 1851. Wenn dieser Brief gemeint ist, so sind obige Zeilen nach dem 15. Juni geschrieben. Am 20. Mai sandte Carl Alexander Briefe Max Waldaus über Weimar an Stahr zurück mit dem Kommentar: »... deren bedeutsamer Inhalt mich sehr frappiert, denn selten habe ich Briefe gelesen, die mit mehr Geist und Gemüt geschrieben waren.«
29 Vor dem Reiseantritt Carl Alexanders, also vor dem 6. Juni 1851.
30 Henriette.
31 Marie.

32 Karl Vogt (1817-1895), Professor der Geologie und Zoologie in Genf.
Jakob Moleschott (1822-1893), Professor der Physiologie und Arzt.
Hermann Burmeister (1807-1892) war durch seine *Reise nach Brasilien* (1853) bekannt geworden.
Matthias Jakob Schleiden (1804-1881) war Botaniker.
33 Karl Snell und Oskar Schmidt, beide damals Professoren in Jena.
34 Die treibende Kraft war Franz Liszt. Durch Hofmarschall von Beaulieu aufgefordert, hatte Adolf Stahr seinen Revueentwurf am 27. Juni an Carl Alexander geschickt und zugleich die Bedingungen angegeben, unter denen er die Leitung des Unternehmens übernehmen würde.
35 Am Samstag, den 15. November, reiste Fanny Lewald ab, wohnte am Sonntag der Aufführung der Oper *Stradella* von Friedrich von Flotow im Theater bei, wo Carl Alexander sie von weitem begrüßte. Am Montagabend stattete er ihr dann einen dreistündigen Besuch ab bei der alten Frau von Schwendler.

IV. 1. März 1852 – 31. März 1853 (S. 101 – 124)

1 Es handelt sich um Stahrs Ehescheidung.
2 Vgl. Brief 5. Der erste Vers lautet bei Goethe: »Wer will denn alles gleich ergründen!«
3 Es handelt sich um 8 Gruppen; Drakes Arbeit stellt einen Krieger dar, dem Victoria einen Kranz reicht.
4 In Schillers Übertragung des *Macbeth* IV, 3.
5 Gemeint sind die Worte in *Faust I,* Vers 1592 f.:
»Mir wird von alledem so dumm,
Als ging' mir ein Mühlrad im Kopf herum.«
6 In einer Besprechung der Bildhauer-Ateliers in Berlin in der *National Zeitung* (März 1852) gibt Stahr dem in Erz ausgeführten Modell zum Beethoven-Denkmal Bläsers den Vorzug gegenüber dem von Hähnel in Bonn.
7 Graf Potocki, dem Fanny Lewald von der Fürstin vorgestellt worden war.
8 Siehe *Italienisches Bilderbuch,* 2. Bd.
9 Marie Espérance von Schwartz, als Schriftstellerin bekannt unter dem Namen Elpis Melena.
10 Emma von Schwanenfeld.
11 Dr. Steinheim.
12 Ein Freund ihres väterlichen Hauses; ihm widmete Fanny Lewald das *Italienische Bilderbuch.*
13 Karl Eberwein (1786-1868)
14 Therese starb am 16. September 1852 in Tjilatjap an der Südküste von Java infolge von Dysenterie.
15 Die Vorarbeiten für den *Torso.*
16 *Die Wandlungen* erschienen 1853.
17 Seit 1850 Konzertmeister an der Hofkapelle in Weimar.
18 Der Rudolstädter Realschullehrer Berthold Sigismund (1819-1864), ursprünglich Arzt.

19 *Lieder eines fahrenden Schülers,* hg. von Adolf Stahr, 1853.
20 Vgl. Adolf Stahr, Kleine Schriften, Bd. 2, S. 187-213 »Ernst Rietschel«.
21 Gemeint ist der Bildhauer Hanns Gasser (1817-1868), vgl. *Italienisches Bilderbuch,* Bd. 1, S. 186 ff.
22 Erschien zunächst als Einzelschrift, dann im *Torso* 1854, Bd. 1, S. 225-248. Adolf Stahr legte der Sendung einen eigenhändigen Brief bei, in dem er ausführlich auf den Werdegang von Dr. Berthold Sigismund eingeht. Am 31. März dankte Carl Alexander ihm schriftlich für seine Gabe.
23 *Wandlungen*, Roman in 4 Bänden, Braunschweig 1853.
24 Hier liegt ein Irrtum Carl Alexanders vor.
25 »Sie war ein himmlisches Stück.«

V. 24. Juli 1853 – 12. Februar 1855 (S. 125 – 144)

1 Am 8. Juli 1853 starb der Großherzog Carl Friedrich. Carl Alexander bestimmte den 28. August, Goethes Geburtstag, als den offiziellen Tag seiner Thronbesteigung.
2 Stahrs Trennung von seiner Frau wurde schließlich durch einen Prozess in Oldenburg entschieden.
3 Erst am 20. Oktober sandte Stahr den ersten Band des *Torso* mit einem Begleitschreiben an Carl Alexander.
4 Dr. Oskar von Wydenbrugk (1815-1876), 1848-1854 Minister in Weimar.
5 *Wandlungen.*
6 Wilhelmine Klauß heiratete Friedrich Szarvady und führte mit ihm ein gastliches Haus in Paris.
7 Edmund Höfer (1819-1882), einst vielgelesener Novellist und Romanschriftsteller, gab mit Hackländer 1854-1867 die *Hausblätter* heraus.
8 Fanny Lewald, 12 Bilder nach dem Leben, S. 35-63. Die berühmte dramatische Sängerin war seit 1850 mit dem livländischen Edelmann von Bock verheiratet.
9 *Die Girondisten.*
10 Es stellte sich bald heraus, dass es eine falsche Nachricht war. Der Schriftsteller Moritz Hartmann (1821-1872) hat öfters den Lebensweg Fanny Lewalds gekreuzt.
11 Friedrich Szarvady übersetzte mit Hartmann die Gedichte des Ungarn Petöfi.
12 Ihm widmete Stahr den *Torso.*
13 In der *Kölner Zeitung* erschien »Kein Haus« und »Hausgenossen«, in den *Hausblättern* »Die Tante«, die Paul Heyse später in den *Novellenschatz* aufnahm.
14 Zur gleichen Zeit schickte Stahr den 1. Band seines *Torso* mit einem Begleitschreiben an Carl Alexander.
15 Siehe dazu Stahrs poetischer Nachruf »Bei Max Waldaus Todesstunde« in *Ein Stück Leben. Gedichte,* S. 151.
16 *Adele.* Fanny Lewald widmete diesen Roman dem Berliner Hofschauspieler Theodor Döring, Adolf Stahrs Jugendfreund.

VI. 19. Juli 1855 – 5. Februar 1860 (S. 145 – 172)

1. Fanny Lewald und ihr Mann waren vom 6. Juli bis zum 21. August zu Besuch bei Fannys Onkel Friedrich Lewald.
2. 1840-1842 während seiner militärischen Ausbildung.
3. Das ehemalige großherzogliche Lustschloß, 8 km südlich von Eisenach, von Carl August und Goethe gern aufgesucht.
4. Heinrich und Gustav Simon
5. Alwin Stahr
6. François VI., Herzog von La Rochefoucauld (1613-1680), geißelte in seinen *Maximes et réflexions morales* die Sittenverderbnis der höheren Stände seiner Zeit.
7. »Die Tante«, »Kein Haus« und »Das große Los«.
8. Dieser Brief ist nicht erhalten; er brachte Fanny Lewalds und Adolf Stahrs Glückwunsch zur Feier des 100-jährigen Geburtstags Carl Augusts.
9. Fanny Lewald und Adolf Stahr weilten vom 5. September bis zum 12. Oktober in Dresden. Das Tagebuch verzeichnet am 27. September: »Der Großherzog lässt sich melden« und am 28. September: »Auf den Großherzog gewartet«.
10. Die Einweihung des von Drake ausgeführten Denkmals des Kurfürsten Johann Friedrich des Großmutigen, des Gründers der Universität Jena.
11. Vom 21. bis zum 24. Juli. Darauf reisen sie über Frankfurt und Heidelberg nach Stuttgart.
12. Adolf Stahr hatte Carl Alexander am 2. Juli 1858 Beitzkes dreibändiges Werk über die deutschen Freiheitskriege geschickt; vgl. Fanny Lewalds Briefe 95 und 107.
13. Rückvergütung bei der Wiederausfuhr verzollter Waren.
14. Zu der großen Kunstausstellung im Münchener Glaspalast, die mehr als 1500 Bilder der deutschen Malerschulen von 1800 bis 1858 umfaßte.
15. Friedrich Nerly (Nehrlich) 1807-1878.
16. Platens Werke, Stuttgart 1853 (Cotta), Bd.2, Sonett 32
17. Prinz Wilhelm von Preußen übernahm am 7. Oktober 1858 die Regentschaft für seinen schwerkranken Bruder, den König Friedrich Wilhelm IV.
18. Das Beileidsschreiben von Fanny Lewald beim Tod der Prinzessin Sophie, der zweiten Tochter Carl Alexanders, am 26. Mai 1859 ist nicht erhalten.
19. Da Fanny Lewald und ihr Mann im April und Mai 1859 öfters mit Ferdinand Lassalle zusammentrafen, handelt es sich vermutlich um die Broschüre *Der italienische Krieg und die Aufgabe Preußens* (1859), in der Lassalle sich dafür einsetzte, dass Preußen die Gelegenheit zur Wiederherstellung der deutschen Einheit nutzte.
20. Fanny Lewald und Adolf Stahr hielten sich vom 20. Juli bis zum 7. September auf Helgoland auf. Carl Alexander kam am 14. August und blieb bis zum 5. September 1859.
21. Es handelt sich um den Aufsatz »Gedanken über die Errichtung einer Ehrenhalle deutscher Kunst in Weimar«.

22 Shakespeare, *Macbeth* I, 3.
23 Seit 1857 war Major Pattinson Gouverneur.
24 Pierre Thomas Levasseur (1808-1870) war ein französischer Schauspieler. Fanny Lewald hatte ihn am 16. Januar 1858 im Friedrich Wilhelmstädtischen Theater in einigen Vaudevilles gesehen.
25 Der Hamburger Verleger Julius Campe.
26 Ludmilla Assing, *Sophie Laroche, die Freundin Wielands* (1859).
27 Außer Carl Alexander und dessen Begleitern Graf Kalckreuth und Prof. Ritgen nahmen noch Prof. Henoch, der bekannte Berliner Arzt für Kinderkrankheiten, und der Philologe Prof. Martin Hertz teil.
28 Beitzke gehörte seit November 1858 dem preußischen Abgeordnetenhaus an.
29 *Zwölf Bilder nach dem Leben* (Berlin 1888). Frau von Bock war am 26. Januar 1860 in Coburg gestorben.
30 Matthäikirche
31 Adolf Stahr, *Herbstmonate in Oberitalien,* Oldenburg 1859.

VII. 7. September 1860 – 13. Dezember 1864 (S. 173 – 197)

1 Fanny Lewald besichtigte am 9. September 1860 mit großem Interesse die Sonneberger Zeichen-Modellierschule.
2 Fanny Lewald und ihr Mann waren vom 5. bis 7. August 1863 in Weimar, dann fuhren sie über Gießen nach Schlangenbad (8. August bis 4. September).
3 Carl Alexander reiste erst am 15. August mit Graf Beust nach Frankfurt a. M. zum deutschen Fürstentag und kam am 2. September zurück.
4 Der jüngere Sohn von David Justus Hansemann, der sich als volkswirtschaftlicher und philosophischer Schriftsteller einen Namen machte.
5 Das bei Münsterberg an der Ohlau gelegene 1222 gegründete Zisterzienserkloster war Eigentum der Großherzogin Sophie.
6 1861/62 bei Otto Janke in Berlin erschienen.
7 Goethe, *Torquato Tasso,* I, 3
8 Gemeint sind die Kämpfe um Schleswig-Holstein.
9 Heinrich Heine: »Jahre kommen und vergehn / In dem Webstuhl läuft geschäftig / Schnurrend hin und her die Spule / Was er webt, das weiß kein Weber«.
10 Bulwer-Lyttons *Maltravers* und *Alice* erschienen 1837. *Maltravers* widmete er »dem großen deutschen Volke, einem Volke von Denkern und Kritikern«.
11 Am 22. April 1864 fuhren Adolf Stahr und Fanny Lewald nach Weimar, um den Shakespeare-Aufführungen beizuwohnen, zu denen sie Dingelstedt eingeladen hatte. Am 24. April besuchte sie Carl Alexander. An dem Diner zu Ehren der »Koryphäen Shakespeares« am 25. April nahm Adolf Stahr teil, während er wegen Unwohlseins der Soiree am 1. Mai fernbleiben mußte. Am 27. April 1864 verzeichnet das Tagebuch Stahrs: »langer Besuch des Großherzogs, Fanny 1 Stunde bei der Fürstin«. Carl Alexander nahm am Tag ihrer Abreise (3. Mai) persönlich Abschied von ihnen.

12 Diese Zeilen sind nicht erhalten.
13 Gemeint ist sein Bericht über die Shakespeare-Feier.
14 dt. »heimlich«.
15 Sechs dieser Briefe behandeln die Shakespeare-Feier; im siebten lässt Adolf Stahr einen unvollendet gebliebenen Aufsatz seines am 6. Mai 1863 verstorbenen Bruders Karl über die bestehenden Theaterverhältnisse drucken.
16 Vom 2. August bis zum 3. September 1864 waren Fanny Lewald und Adolf Stahr in Ostende, wo sich auch Carl Alexander aufhielt.
17 Es handelt sich um den Roman *Von Geschlecht zu Geschlecht*.
18 Marie Gerson.
19 Poesie und Prosa nach Paolo Ferraris *Il Tartufo moderno*. Dingelstedt legte in einem Brief vom 10. Oktober 1860 Fanny Lewald ausführlich die Gründe dar, warum er das Stück nicht in Weimar aufführen konnte.
20 Die »Montagabende« führten eine Menge bedeutender Persönlichkeiten des In- und Auslands in der Wohnung Fanny Lewalds während der Wintermonate zusammen.
21 *Briefwechsel Carl Augusts mit Goethe, 1776-1828.* 2 Bde., Leipzig 1863

VIII. 18. Mai 1865 – 16. April 1867 (S. 198 – 221)

1 Ludwig Uhland, Wanderlieder Nr. 9.
2 Am 14. Januar 1865 in Friedberg / Hessen.
3 Tod des Thronfolgers am 24. April 1865 in Nizza.
4 Er war in den geistlichen Stand getreten.
5 Gewissermaßen der 7. Band ihrer Lebensgeschichte, erschien erst nach Fanny Lewalds Tod.
6 *Nibelungenlied,* 31. Aventiure, V.3.
7 Graf Stanislaus von Kalckreuth, der Direktor der Weimarer Kunstschule.
8 Das Gesamtwerk fasste er unter dem Titel *Bilder aus dem Altertum* 1863-66 zusammen; es besteht aus vier Teilen: *Tiberius, Kleopatra, Römische Kaiserfrauen* und *Agrippina, die Mutter Neros.*
9 Der Briefwechsel zwischen Georg Ebers und Fanny Lewald erstreckte sich über die Jahre 1876, 1881-88.
10 1834 geboren, habilitierte er sich 1861 in Jena und bekam Ostern 1865 eine Professur für Zoologie.
11 *Von Geschlecht zu Geschlecht*. Der Roman besteht aus 2 Teilen (*Der Freiherr* und *Der Emporkömmling*), jeder Teil aus 2 Bänden.
12 Kaiser Alexander II. von Russland und seine Gemahlin.
13 Gemeint sind Gustav Hansemann und Familie.
14 Familie Löb.
15 Anfang August; Herbesthal liegt nordwestlich von Eupen.
16 Ludwig Traube, damals ein berühmter Arzt (1818-1876)
17 Bajocco war bis 1867 eine Kupfermünze.
18 So hieß das während der französischen Besetzung Roms von Pius IX. unterhaltene Fremdenbataillon, das meist aus Franzosen bestand und in Antibes (zwischen Nizza und Cannes) gebildet wurde.

19 Der Monte Mario liegt nordwestlich von Rom.
20 *Rafael-Album mit einer Lebensskizze Rafaels und den Erklärungen der Bilder von Adolf Stahr.* Berlin (Gustav Schauer).
21 Michelangelo Caetani, Herzog von Sermoneta (1804-1882), italienischer Kunstkenner und Danteforscher.
22 Vgl. Adolf Stahr und Fanny Lewald, *Ein Winter in Rom*, 1869, S. 97 ff.
23 Vgl. Adolf Stahr und Fanny Lewald, *Ein Winter in Rom*, 1869, S. 324, 335.
24 Horace Vernet (1758-1835) wurde bes. bekannt durch seine beiden großen Gemälde »Die Schlacht bei Marengo« (1806) und »Napoleon in der Schlacht bei Austerlitz« (1808).
25 Giacomo Antonelli (1806-1876), 1847 Kardinal, leitete seit 1850 die päpstliche Politik.
26 Ihren Briefwechsel mit Ferdinand Gregorovius gab Sigmund Münz 1896 heraus.
27 Fräulein von Gerstenberg und Frau von Eichel gehörten Weimarer Adelsfamilien an.
28 Vgl. Adolf Stahr und Fanny Lewald, *Ein Winter in Rom*, 1869, S. 373.
29 Carl Alexander ließ von sich aus die Inschrift auf Goethes Grab wiederherstellen.
30 In der *Italienischen Reise* heißt es: »Der Staat des Papstes scheint sich nur zu erhalten, weil ihn die Erde nicht verschlingen will.« (25. Oktober 1786)
31 Temporalien: die mit der Verfassung eines kirchlichen Amtes verbundenen weltlichen Rechte und Einnahmen.
32 Es muss richtig heißen: Fräulein von Gerstenberg.

IX. *23. September 1867 – 22. Februar 1869 (S. 222 – 253)*

1 Die 800-jährige Gedächtnisfeier der Gründung der Wartburg am 28. August 1867. Ende Juli war Liszt in Weimar eingetroffen, um den Chorproben seiner *Heiligen Elisabeth* beizuwohnen. Die Aufführung am Festtag sowie die letzte Aufführung dirigierte er selbst.
2 Maximilian, Erzherzog von Österreich und Kaiser von Mexiko (1864-67), war am 9. Juni dort erschossen worden.
3 Vgl. Adolf Stahr und Fanny Lewald, *Ein Winter in Rom*, 1869, S. 290 ff.
4 Der Literaturhistoriker Georg Gottfried Gervinus (1805-1871) verbrachte mit seiner Frau den Winter 1866/67 in Rom.
5 Diese zehn Artikel brachte u.a. das *Journal des Débats* (15.9.1867) in französischer Übersetzung mit der einleitenden Bemerkung: »Certes l'esprit n'a pas fait défaut dans ces batailles parlées; mais, chose étrange! Ce n'est pas la France qui en a montré le plus: c'est l'Allemagne, par la plume incisive d'une femme, Mme Stahr (Fanny Lewald).« Und die *Kölnische Zeitung* berichtete über den Kongress am 16.9.1867: »Die einzigen, wirklich ganz zur Sache und zum Programm gehörigen Mitteilungen waren einerseits die Rede von Ludwig Simon von Trier, andererseits 10 Artikel gegen den Krieg von Frau Fanny Lewald-Stahr, die Karl Vogt im Original und in französischer Übersetzung vorlas.«

6 Ein umfangreicher Brief von Kurd von Schlözer (Rom, 21. August 1867) über die Choleraepidemie liegt im Nachlass von F. Lewald. – Monsignore Lichnowsky, Bruder des am 18. September 1848 auf der Bornheimer Heide in Frankfurt a.M. mit General Auerswald ermordeten Felix Lichnowsky.
7 Vorort von Lausanne.
8 Am 8. Oktober 1867.
9 Dieser Brief ist nicht überliefert.
10 »Ich muss abreisen; das Vaterland ruft mich, ich muss in den Kampf; aber ich scheue nicht die Gefahren, ich gehe gern. Die Heiligkeit der Sache gibt mir Mut, und ich hoffe auf Erfolg. Wenn nicht, ist es nicht meine Schuld!« ... »Das letztere ist nur allzu wahr; aber unnütz sind die Kräfte ungerechter Menschen.« Fanny Lewald, *Reisebriefe,* 1880, S. 196.
11 Oberst Gustav Frigyesi.
12 *Jasch* (1868).
13 *Golos* (Stimme), eine liberale russische Zeitung 1863-83.
14 Vgl. Brief 56.
15 Anna.
16 Anton Dohrn war Leiter der zoologischen Station in Neapel.
17 Englischer Naturforscher.
18 Am 30. Mai 1868 war Adolf Stahrs erster Enkel Hermann geboren.
19 Rochefort, französischer Journalist und Politiker, gründete 1868 das vielgelesene Wochenblatt *La Lanterne,* in dem er das Kaiserreich Napoleons III. unbarmherzig verspottete.
20 Marschall Niel (1802-1869), zuletzt französischer Kriegsminister
21 Prinzessin Luise, Tochter von Augusta, der Schwester Carl Alexanders, war seit 1856 mit dem Großherzog Friedrich von Baden verheiratet.
22 Als Landschaftsmaler bevorzugte er die schönsten Gegenden des Apennins, der Pyrenäen und der Alpen.
23 *Villa Riunione. Erzählungen eines alten Tanzmeisters,* 2 Bde., 1869. Der erste Band enthält »Prinzessin Aurora« und »Eine traurige Geschichte«, der zweite »Ein Schiff aus Cuba« und »Domenico«.
24 Der Brief ist vermutlich auf der Wartburg geschrieben worden.
25 Goethes Worte an Lavater (1780) sind derber: »In der Jugend traut man sich zu, dass man den Menschen Paläste bauen könne, und wenn's um und an kommt, so hat man alle Hände voll zu tun, um ihren Mist beiseite bringen zu können.«
26 Adolf Stahr besprach die ersten drei Bände des Werks Lanfreys in 5 Aufsätzen Ende 1868 und Anfang 1869 in der *Nationalzeitung.*

X. 28. Januar 1870 – 29. Oktober 1873 (S. 254 – 283)

1 Der Briefband erschien 1869 bei Janke in Berlin, der bereits 1863 die *Osterbriefe für die Frauen* verlegt hatte. Diesen folgten 1868 *Die Gewerbeschulen für Frauen,* sechs Briefe in *Westermanns Monatsheften.*
2 Lessing, *Emilia Galotti* I, 1

3 Vgl. *Vierzehn Tage im Elsass* in Adolf Stahr, *Kleine Schriften zur Literatur und Kunst*, 4. Bd., S. 87 ff. Fanny Lewald und ihr Mann wohnten bei den Schwiegereltern von Eduard Schuré.
4 *Nella. Eine Weihnachtsgeschichte*. Berlin (Janke) 1870.
5 Bernhard Plockhorst, Professor an der Weimarer Malerschule 1866-69. Andrew Hamilton besuchte Fanny Lewald und ihren Mann am 21. 1. 1870.
6 *Goethes Unterhaltungen mit dem Kanzler von Müller,* hg. von E.A.H. Burkhardt, 1870.
7 Sulpiz Boisserée, *Biographie und Briefwechsel,* 2 Bde., Stuttgart 1862.
8 Das war Fanny Lewalds Lebensmotto.
9 Gemeint ist Udo Brachvogels *Westliche Post St. Louis.*
10 Marie Alexandrine, die sich 1875 mit Prinz Heinrich VII. von Reuß-Schleiz-Köstritz vermählte.
11 Tagebucheintrag vom 12. Februar 1870: »Teebuden sind eingerichtet.« Der Aufsatz erschien in der *Nationalzeitung.*
12 Ihr widmete Fanny Lewald das vierte der *Zwölf Bilder nach dem Leben*; vgl. auch *Italienisches Bilderbuch,* 1. Bd., S. 177 ff.
13 dt. »Im Krieg ist es nicht einmal anders.«
14 Carl Alexander war allerdings anderer Meinung.
15 *Ein Winter in Rom* (1870) und eine neue Ausgabe von *Goethes Frauengestalten,* ergänzt um das Lebensbild Minna Herzliebs.
16 Am 16. und 17. September waren sie in Weimar.
17 Am 20. Juni 1873 fand die öffentliche Verlobung, am 26. August die Hochzeit Carl Augusts mit Prinzessin Pauline von Sachsen-Weimar, der ältesten Tochter von Prinz Hermann und Prinzessin Auguste von Württemberg, statt.
18 Am 7. Januar sah sich aber Fanny Lewald zu ihrem größten Bedauern genötigt, auf den ihr von Carl Alexander zugedachten Besuch wegen Krankheit zu verzichten.
19 *Belagerung von Mainz* (25. Juli 1793): »Es liegt nun einmal in meiner Natur; ich will lieber eine Ungerechtigkeit begehen als Unordnung ertragen.«
20 Rudolf Siemering, Bildhauer.
21 Adolf Stahr hatte sich mit Sohn Alwin am 8. Januar zu einer Audienz bei Carl Alexander eingefunden.
22 Am 21. März 1872 verzeichnet das Tagebuch: »Langer Besuch des Großherzogs.«
23 Am 7. und 8. Oktober 1872.
24 Das von Robert Härtel ausgeführte Krieger-Denkmal wurde erst 1878 auf dem Watzdorfplatz errichtet; siehe Brief 174.
25 Der Romanschriftsteller Gustav Kühne (1806-1888), ein Vertreter des Jungen Deutschland, war eng befreundet mit Ottilie von Goethe, der er seine Schrift *Deutsche Männer und Frauen* zueignete.
26 Ludmilla Assing, Nichte Varnhagens von Ense, veröffentlichte *Briefwechsel und Tagebücher des Fürsten Pückler-Muskau,* 9 Bde. 1873-1876.
27 Fanny Lewald hat aufgrund dieser Briefe dem Fürsten in ihrem Buch *Zwölf Bilder aus dem Leben* ein kleines Denkmal gesetzt.

28 Martin Oskar Meding (Pseud. Gregor Samarow und Leo Warren) veröffentlichte Zeitromane mit Porträts berühmter Zeitgenossen.
29 Gemeint sind Eduard Laskers am 14. Januar und 17. Februar 1873 im Abgeordnetenhaus gehaltenen Reden, die sich gegen den Gründungsschwindel richteten.
30 Ludwig Bamberger (1823-1899), liberaler Parlamentarier, politischer und volkswirtschaftlicher Schriftsteller.
31 *Die Erlöserin,* 3 Bde., Berlin (Janke) 1873. Dieser Roman war, wie Ernst von Bergmann Fanny Lewald mitteilte, das letzte Buch, in dem Kaiser Friedrich bei Beginn seiner schweren Erkrankung las.
32 Der letzte Besuch fand am 25. März 1873 statt.
33 Adolf Stahr widmete Katharine Baum eines seiner Gelegenheitsgedichte in *Ein Stück Leben. Gedichte,* S. 148. Sie stürzte sich im Wahnsinn in der Nacht zum 1. August 1876 aus dem Fenster.
34 Pierre François Wartel (1806-1882), berühmter Gesanglehrer in Paris.
35 Am 26. August 1873.
36 Prinz Hermann, Sohn von Herzog Carl Bernhard, heiratete im Juni 1851 Prinzessin Auguste von Württemberg.
37 »An den Mond«, 3. Strofe.
38 Am 30. September.
39 Palmnicken bei Fürstenwalde. Der Erinnerungstag war der 22. Oktober.
40 Caroline (1786-1816) war die Tochter Carl Augusts, Erbprinzessin von Mecklenburg-Schwerin und die Mutter der Herzogin Helene von Orleans.
41 Maria Pawlowna.
42 *Charlotte von Schiller und ihre Freunde,* hg. von Ludwig Urlichs. Stuttgart 1860-65, 3 Bde.
43 Heinrich Düntzer, *Aus Knebels Briefwechsel mit seiner Schwester Henriette.* Jena 1858.
44 Am 24. März 1874, dem 63. Geburtstag Fanny Lewalds, traf ein (nicht erhaltenes) Schreiben Carl Alexanders ein, für das Stahr ihm am 25. März dankte.

XI. *13. Juli 1874 – 19. November 1876 (S. 284 – 309)*

1 *Benedikt (*1874), 2 Teile. Fanny Lewald widmete den Roman der Sängerin Katharine Baum.
2 Im Besitz des Herzogs von Meiningen, am Hang hinter dem Kaiserhof, mit Fresken nach Ludwig Richters Zeichnungen.
3 Am 27. Juli 1874 besuchte Carl Alexander sie in Liebenstein.
4 Laut einem Tagebucheintrag am 27. Juli.
5 Tagebuchnotiz vom 28. August 1874: »Abends kommt der Großherzog zu stundenlangem Besuch; er reist nach Italien.«
6 Dieser Brief ist nicht erhalten.
7 Am 6. Dezember besuchte Carl Alexander Fanny Lewald in Berlin und erzählte ihr von seiner italienischen Reise.
8 Der Dank bezieht sich auf die Beteiligung der Frauen an der Volkserziehung.

9   Wahrscheinlich ist damit Adolf Stahrs Aufruf für die Bewohner Meiningens gemeint, deren Stadt am 5. und 6. September 1874 zu einem Drittel abgebrannt war.
10 Adolf Stahr hatte 1840 seine Schrift über J.H. Merck dem Großherzog Carl Friedrich gewidmet.
11 *Zur Volkserziehung,* 4 Briefe. Steffens Volkskalender.
12 Fanny Lewald und ihr Mann waren vom 26. Juni bis zum 1. Juli 1875 in Weimar; am 29. und 30. Juni waren sie mit Carl Alexander zusammen. Dann fuhren sie nach Bad Liebenstein, wohin Carl Alexander ihnen die Kopie des Goethe-Bildnisses von Otto Schwerdgeburth am 13. Juli sandte. Am 15. Juli brachte der Herzog von Meiningen den Großherzog zu ihnen.
13 Gemeint ist Udo Brachvogel, damals Herausgeber und Redakteur des New Yorker *Belletristischen Journals.*
14 Hauptmann W. Amann, Neffe des Oldenburger Staatsmanns Johann Ludwig Mosle. Briefe von ihm liegen im Nachlass Stahrs, nicht aber sein satirisches Gedicht »Das Reichsheer auf mobilem Fuß, vorgeführt von Pegasus«.
15 Diesen Brief dürfte Carl Alexander, dem Wunsch Fanny Lewalds entsprechend (Brief 179), vernichtet haben.
16 Zur Verlobung von Prinzessin Marie mit Prinz Heinrich VII. von Reuß-Schleiz-Köstritz.
17 Robert Keil, *Vor hundert Jahren – Mitteilungen über Weimar, Goethe und Corona Schröter.* Weimar 1875, 1. Bd.: Goethes Tagebuch aus den Jahren 1776-1782.
18 Die Künstler-Biografie erschien – wie schon vorher *Die Erlöserin* und *Benedikt* – zuerst in der Romanzeitung und dann als Buch bei Janke in Berlin.
19 Wahrscheinlich Baron von Pirch, preußischer Gesandter in Weimar.
20 Auf dem Dönhoffplatz in Berlin.
21 Die Stadt Allstedt mit ihrem alten Schloss gehört zu Sachsen-Weimar und liegt im östlichen Teil der »Goldenen Aue«.
22 Am 29. November 1875.
23 Gemeint ist der Enkel Schillers, der Maler Freiherr Ludwig von Gleichen-Rußwurm.
24 Dieses Glückwunschschreiben zur Hochzeit von Prinzessin Marie mit dem Prinzen von Reuß am 6. Februar 1876 ist nicht erhalten.
25 Die Nationalgalerie in Berlin.
26 Am 6. und am 7. Mai wurden zum ersten Mal die beiden Teile des *Faust* in der Bearbeitung von Otto Devrient mit der Musik von Eduard Lassen gegeben. *Die natürliche Tochter* wurde am 8. März aufgeführt.
27 Der Tagebucheintrag vom 21. März lautet: »Großherzog von Weimar bei Adolf«.
28 Die Reiterstatue Carl Augusts von Donndorf wurde am 3. September 1875 im Beisein Kaiser Wilhelms I. enthüllt.
29 Fanny Lewald denkt wohl an *Faust I,* Nacht, Verse 201-204:
    »Ja, eure Reden, die so blinkend sind
    In denen ihr der Menschheit Schnitzel kräuselt,

Sind unerquicklich wie der Nebelwind,
Der herbstlich durch die dürren Blätter säuselt.«
30 Goethe kam am 7. November 1775 in Weimar an. Der Zyklus der Festvorstellungen begann am 6. November 1875 und endete am 6./7. Mai 1876.
31 *Goethes Briefwechsel mit den Brüdern von Humboldt* (1795-1832), hg. von F. J. Bratranek. 1876.
32 Das Glückwunschschreiben zur Geburt des späteren Großherzogs Wilhelm Ernst (10. Juni 1876) ist nicht erhalten.
33 Ludwig Uhland, *Glück der Kindheit:*
»Zu stehn in frommer Eltern Pflege
Welch schöner Segen für ein Kind!
Ihm sind gebahnt die rechten Wege,
Die vielen schwer zu finden sind.«
34 Siehe Brief 177
35 Am 27. Juni kam Carl Alexander von Wilhelmsthal zu Besuch nach Liebenstein.
36 Adolf Stahr war am 3. Oktober in Wiesbaden gestorben.
37 Goethe, *Torquato Tasso,* III,4:
»Das Alter muß noch einen Vorzug haben,
Dass, wenn es auch dem Irrtum nicht entgeht,
Es doch sich auf der Stelle fassen kann.«

XII. 29. Dezember 1876 – 12. November 1878 (S. 310 – 343)

1 Hermann Grimm, Vorlesungen über Goethe, 1876.
2 Goethe, *Faust I,* Vorspiel, Vers 47 f.:
»Die Gegenwart von einem braven Jungen
Ist, dächt ich, immer auch schon was.«
3 Er war seit 1876 Mitglied des preußischen Herrenhauses; 1877 wurde er deutscher Botschafter in Konstantinopel, 1878 in Wien.
4 Carl Alexanders Schwester Marie starb am 18. Januar 1877; das Schreiben Fanny Lewalds ist nicht erhalten.
5 Am 24. März 1877.
6 *Neue Novellen von Fanny Lewald,* Berlin (Hertz) 1877: »Die Stimme des Blutes«, »Ein Freund in der Not«, »Martina«.
7 Goethe, *Sprüche in Prosa,* Nr. 472 (»Mit den Jahren steigern sich die Prüfungen.«)
8 Dem Altertumsforscher Sir Austen Henry Layard verdankt das British Museum seine reiche Ausbeute an assyrischen und persischen Altertümern.
9 Fanny Lewald hielt sich vom 29. Juni bis zum 9. August in Bad Ragaz auf. Carl Alexanders Brief, wohl eine Antwort auf das Schreiben vom 26. Juni 1877, ist nicht erhalten.
10 Der Anfang von Lessings *Emilia Galotti.*
11 Adolf Stahr, *Ein Stück Leben.* Gedichte, S. 27 »Bettler in Rom«.
12 Alexander Carl Friedrich Freiherr von Otterstedt, geb. 1848 in Petersburg.

13 *Briefe in die Heimat.* Gesammelt in *Reisebriefe aus Deutschland, Italien und Frankreich.* Berlin 1880.
14 Viktor Emanuel, gestorben am 9. Januar 1878.
15 dt. »der Wechsel«.
16 Daniele Manin, ital. Staatsmann (1806-1857); Enrico Cernuschi, ital. Nationalökonom (1821-1896); Mazzinis gedenkt Fanny Lewald in *England und Schottland,* Bd. 1, S. 335 ff.
17 Kronprinz Friedrich Wilhelm, der spätere Kaiser Friedrich III.
18 Arrigo Boito, geb. 1842; *vgl. Reisebriefe,* S. 226 ff.
19 dt. »Ist Dir Faust bekannt? Der sonderbarste Narr, den ich kenne.«
20 dt. »Ich werde ja mit Wohlgefallen Neapel sehen, aber mit meinen Gedanken in Rom sein.«
21 Der Friede zu Santo Stefano bei Konstantinopel am 3. März 1878 beendete den Russisch-Türkischen Krieg.
22 Sie erschienen in der Kölnischen Zeitung, dann in der Sammlung *Reisebriefe* 1880.
23 Pius IX. starb am 7. Februar 1878.
24 François Certain de Canrobert, Marschall von Frankreich, er nahm 1859 am ital. Freiheitskrieg teil, leistete aber bei Solferino Marschall Niel nicht schnell genug Unterstützung.
25 dt. »Wirrwarr«.
26 Vgl. Macaulay, *Critical and Historical Essays,* Bd. 4, S. 99.
27 Oper von Donizetti.
28 Giuseppe Mario, berühmter ital. Tenorist.
29 Charlotte, die Tochter von Kaiser Friedrich III., heiratete am 18. Februar 1878 den Erbprinzen Bernhard von Sachsen-Meiningen.
30 Hedwig und Marie von Olfers.
31 Am 20. Februar 1878 wurde Gioacchino Pecci zum Papst gewählt und am 3. März als Leo XIII. gekrönt.
32 Crispi war wegen Bigamie angeklagt, aber dann freigesprochen worden.
33 Am 18. April 1878 brachte Erbgroßherzogin Pauline einen zweiten Sohn, Bernhard Heinrich, zur Welt.
34 Am 31. Mai ging das Panzerturmschiff Großer Kurfürst im Kanal mit 5 Offizieren und 264 Mann zugrunde.
35 Es handelt sich um Hödels (am 11. Mai 1878) und Nobilings Attentat (2. Juni 1878).
36 Im Hause des Schweizer Staatsrechtslehrers Karl Hilty.
37 Dieser Brief ist nicht erhalten. Das 25jährige Regierungsjubiläum wurde am 8. Juli 1878 begangen.
38 Mit diesen Worten lässt Goethe in seinem Gedicht »Frühlingsorakel« den Kuckuck seinen Namen wiederholen.
39 Friedrich Ferdinand Graf von Beust, seit Oktober 1878 österreichisch-ungarischer Botschafter in Paris.
40 Harry Graf von Arnim (1824-1881); der Prozess gegen ihn wegen Zurückhaltung wichtiger amtlicher Schriftstücke erregte die deutschen Gemüter.
41 Wohl ein Nachkomme des Medizinprofessors Ried in Jena.
42 Kaiser Wilhelm I. hatte vom 4. Juni an die Leitung der Regierungsge-

schäfte dem Kronprinzen übertragen. Nachdem er verschiedene Heilbäder besucht hatte, kehrte er genesen nach Berlin zurück und übernahm am 5. Dezember wieder die Regierung.
43 Carl Alexander hatte auf einer Badereise nach Biarritz von Paris aus seinen Verwandten, den Grafen von Paris, in dessen Schloß Eu (nordöstlich von Dieppe) aufgesucht.

XIII. 11. Januar 1879 – 5. März 1881 (S. 344 – 368)

1 Joseph Maria von Radowitz (1797-1853), preußischer General und Staatsmann, Vertrauter von König Friedrich Wilhelm IV.
2 Wahrscheinlich Sir Theodore Martin, *The Life of H.R.H. the Prince Consort,* 5 Bde. (dt. von E. Lehmann 1876-81).
3 Der Roman schildert heidnisches und christliches Leben in Alexandria zu Beginn des 5. Jh. n.Ch.
4 Adolf Hausrath, Professor der Kirchengeschichte in Heidelberg, schrieb auch unter dem Pseud. George Taylor historische Romane.
5 dt. »Geh fort von da, damit ich mich hinstelle!«
6 Vgl. Fanny Lewald, *Vom Sund zum Posilipp, Briefe aus den Jahren 1879-81* (1883), S. 74 ff.; in Schloss Kronborg bei Helsingör.
7 *Hamlet* III, 1.
8 Goethe, *Westöstlicher Divan,* Buch 2, Nr. 8.
9 Der Sundzoll wurde bis 1859 in Schloss Kronborg bei Helsingör erhoben.
10 Die Biographie Struensees erschien 1879.
11 Das Kunstgewerbemuseum in Kiel beherbergt die 1875 von Professor Taulow (gest. 1883) der Provinz geschenkte, wertvolle Sammlung von Holzschnitzereien.
12 Vgl. Brief 215, Anm.
13 Vgl. Brief 210, Anm.
14 Reminiszenz an Zahme *Xenien* I, Nr. 10 und 14.
15 Die bereits erwähnten *Reisebriefe aus Deutschland, Italien und Frankreich*
16 4. Brief.
17 Briefe 29-32, bes. der 29. Brief »Die Frauen in der Familie und der Socialismus«.
18 Diesen Zeilen scheint eine schriftliche Mitteilung Carl Alexanders vorausgegangen zu sein.
19 Marie Stahr war am 22. Dezember 1879 gestorben.
20 Erschien zunächst in *Über Land und Meer.*
21 Der zweite Roman aus der Künstlerwelt (der erste war *Benvenuto,* 1876).
22 »Briefe aus der Heimat. Goethes Standbild in Berlin«, Kölnische Zeitung, 2. Juni 1880.
23 Am 10. März 1880 war das Marmordenkmal von Encke im Berliner Tiergarten enthüllt worden.
24 1880 erschien der erste von Ludwig Geiger in Berlin herausgegebene Jahrgang.

25 Heinrich Christoph Kolbe /1771-1836).
26 Gustav Adolf Schöll, Direktor der Großherzoglichen Bibliothek in Weimar.
27 Obwohl Fanny Lewald vom 26. Juni bis Mitte Oktober auf Reisen gewesen war, beschloss sie auf Zureden ihres Arztes, Geheimrat Dr. Körte, den Winter 1880/81 in Begleitung ihrer Schwester Henriette in Rom zu verbringen.
28 Schiller, *Resignation* (»Was man von der Minute ausgeschlagen, gibt keine Ewigkeit zurück«).
29 Vielleicht Reminiszenz an Schillers Gedicht *An die Freunde* (»Tausend Steine würden redend zeugen«).
30 Hermann Wittig, siehe Brief 236.
31 Die Hochrenaissance in der ersten Hälfte des 16. Jahrhunderts.

XIV. *November 1881 – 6. Dezember 1884 (S. 369 – 393)*

1 Ernst Seeligmann
2 *Briefe aus Sorrent,* Nationalzeitung Juni 1880. Dem Brief liegen zehn Nummern bei.
3 Die 3. Strophe der »Zueignung« zum *Faust* (»Sie hören nicht die folgenden Gesänge« usw.)
4 Vgl. Brief 217, Anm.
5 Der Besuch erfolgte am 23. März 1882. Carl Alexander erzählte Fanny Lewald von der aufblühenden Tonwarenindustrie in Bürgel (nordöstlich von Jena) und sagte ihr eine Probesendung dieser Erzeugnisse zu.
6 Juni 1851; vgl. Brief 165.
7 Ernest Rénan, *Les apôtres,* Paris 1866, S. 13.
8 Genau: »Ein Wunder ist der arme Mensch geboren, in Wundern ist der irre Mensch verloren.« Goethe, *Wilhelm Meisters Wanderjahre,* 2. Buch, 5. Kapitel.
9 Die bereits in Brief 234 erwähnten Feuilletons »Berlin in Frascati« und »Abschied von Rom«.
10 Schiller, *Piccolomini,* V,1:
»Das eben ist der Fluch der bösen Tat,
Dass sie fortzeugend, immer Böses muß gebären.«
11 Sueton, *Divus Augustus,* Kap. 31. Als Kaiser Augustus das Amt des Oberpriesters (pontifex maximus) übernommen hatte, ließ er alle Weissagebücher verbrennen und behielt nur eine Auswahl der Sibyllinischen Bücher zurück.
12 Dieser Brief ist nicht erhalten. Das neue Werk ist die Erzählung »Treue Liebe«, erst in »Über Land und Meer«, dann in Buchform in Dresden (H. Minden) erschienen.
13 Auf einer Reise nach Russland.
14 »Entgegnung vom 28. August«. Erwiderung der Feier meines 70. Geburtstags. Karlsbad, 15. September 1819 Vers 13 (»Sah gemalt, in Gold und Rahmen ...«)
15 Wilhelm Hensel (1794-1861); Fanny Hensel, die Schwester von Felix Mendelssohn Bartholdy, war schon 1847 gestorben.

16 Zweimal gebranntes unglasiertes Porzellan.
17 Der berühmte Augenarzt Albrecht von Gräfe (1828-70); sein Denkmal wurde am 22. Mai 1882 in der Charité zu Berlin enthüllt.
18 Am 25. Januar 1883.
19 Den Kopf des Briefbogens ziert eine Krone mit den Initialen C. A.
20 Wartburg-Sprüche. Ausgewählt und angebracht von J.V. von Scheffel und B. von Arnswald. Neu aufgeschrieben, vervollständigt und herausgegeben von Franz Lechleitner. Weimar 1892, S. 128: »Ich kann mit allen Sinnen mir selber nicht entrinnen.«
21 Verlag Müller-Grote.
22 »Mein Leben ich bauen muss / Vom Scheitel bis zum Fuß.«
23 Wereschtschagin, russischer Schlachtenmaler.
24 Alphonse Marie de Neuville (1836-1885), französischer Schlachtenmaler.
25 Prinz Karl von Preußen war am 21. Januar, Wolfgang Maximilian von Goethe am 20. Januar gestorben.
26 Zwischen diesen und den folgenden Brief fallen ein oder mehrere Besuche Carl Alexanders, denn Fanny Lewald schreibt am 14. März 1883 an ihren Stiefsohn Adolf: »Auch den Großherzog habe ich bei seinen hiesigen Aufenthalten bei mir gesehen und den alten, treuen Freund in ihm gefunden.«
27 1883 erschienen in der *Nationalzeitung* drei Artikel unter dem Titel »Modische Wohnungen«.
28 Dieser Brief ist nicht erhalten. Aus den Jahren 1884-1889 sind nur noch vier Briefe Fanny Lewalds im Goethe-Schiller-Archiv erhalten, dagegen dreißig Briefe Carl Alexanders. Aus diesen und den Tagebuchaufzeichnungen Fanny Lewalds lässt sich aber im großen und ganzen der Inhalt ihrer Schreiben erschließen.
29 Adolf Stahr, *Johann Heinrich Merck's ausgewählte Schriften zur schönen Literatur und Kunst*. Oldenburg 1840, dem Großherzog Carl Friedrich gewidmet.
30 Friedrich von Hardenberg, gen. Novalis. Eine Nachlese aus den Quellen des Familienarchivs. Gotha 1883.
31 Gemeint ist Paul Déroulède, Vorsitzender der Patriotenliga.
32 1883 war eine Hygiene-Ausstellung in Berlin.
33 *Stella*. Roman in drei Bänden. Berlin 1883 (Otto Janke) erschien zuerst in Jankes Deutscher Romanzeitung. Fanny Lewald widmete den Roman dem Juristen Bernhard Windscheid (1817-1892) zur Erinnerung an die mit ihm und Adolf Stahr 1845 in Rom gemeinsam verlebten Tage.
34 Trouville-sur-Mer in der Normandie.
35 Das von Johannes Schilling erbaute Nationaldenkmal wurde am 28. September 1883 enthüllt.
36 W. Neveling, *Die religiöse Weltanschauung Goethes*. Barmen 1884.
37 Walter Robert-Tornow (1852-1895), der auch die Bearbeitung der 9. Aufl. von Stahrs Lessing übernahm, wohnte seit Frühjahr 1888 als Vorsteher der Privatbibliothek des Deutschen Kaisers im Weißen Schloss an der Spree. Er arbeitete an Büchmanns *Geflügelten Worten* mit und setzte nach dessen Tod das Werk fort.

38 Insel zwischen Sumatra und Java. Der Ausbruch erfolgte in der Nacht vom 26./27. August 1883.
39 Am 24. März 1884 empfing Fanny Lewald den Großherzog in ihrer Berliner Wohnung.
40 Es war ein Glückwunschschreiben zum Geburtstag Carl Alexanders.
41 Oswald von Wolkenstein aus einem Tiroler Rittergeschlecht (1367 bis 1445).
42 Am 27. Juni 1884 reiste Fanny Lewald über Caldenhof, Bergisch-Gladbach und Köln nach Bad Scheveningen. Von hier aus richtete sie ein Schreiben an Carl Alexander, in dem sie ihm ihre Teilnahme an seiner Erkrankung aussprach.
43 Fanny Lewald hielt sich vom 2. bis 20. August 1884 im Nordseebad Scheveningen in Holland auf.
44 Der Bremer Großkaufmann Lüderitz hatte das am Hafen von Angra-Pequena in Südwestafrika 1883 erworbene Gebiet 1884 unter den Schutz des Deutschen Reiches gestellt.
45 Drei Briefe von Richard Voß an Fanny Lewald befinden sich im Nachlass von F. Lewald.
46 Heinrich Minden war Verleger in Minden und Neffe von Fanny Lewald
47 Carl Alexander besuchte am 14. Dezember 1884 Fanny Lewald in Berlin.

XV. 27. Januar 1885 – 4. Juli 1889 (S. 394 – 420)

1 Mit der Vignette des Schaperschen Goethe-Denkmals.
2 Gemeint ist *Unehrliches Volk*. Der Roman *San Sebastian* war bereits 1883 erschienen.
3 Elisabeth, Königin von Rumänien (Pseud. Carmen Sylva) schrieb den Roman gemeinsam mit Mite Kremnitz.
4 *Die Familie Darner*.
5 Vgl. Brief 115, Anm.
6 Mit der Vignette der Wartburg.
7 Fanny Lewald mußte ihre Wohnung in der Matthäikirchstraße 21, in der sie seit 1860 wohnte, verlassen, da das Haus abgerissen werden sollte, um dem Märkischen Provinzial-Ständehaus Platz zu machen. Ihre neue und letzte Wohnung befand sich in der Bendlerstraße 21.
8 Am 22. März überbrachte Carl Alexander persönlich seine Glückwünsche und schickte Fanny Lewald zu ihrem 74. Geburtstag sein Bildnis mit Unterschrift.
9 Am 15. April 1885 starb Walter von Goethe, der letzte Nachkomme des Dichters.
10 Richard Voß, seit 1882 Bibliothekar der Wartburg, schrieb am 15. April 1885 an Fanny Lewald: »Als ich in Weimar war, erzählte mir der Großherzog von Ihrem Billett, darin Sie meiner und des Wartburgwerkes gedachten. Sehen Sie, das hat mich gerührt. Sie wollten dem Großherzog noch mehr davon sagen. Wie gut und hilfreich ist das von Ihnen! Sie übersehen meine Lage und wußten, worauf es ankam. Und es kam sehr

darauf an. Wie jetzt die Dinge stehen, ist meine Arbeit in weite Ferne gerückt: ein Historiker soll die Quellen sammeln und zu einem Ganzen zusammenstellen, ein Kunsthistoriker den kunstästhetischen Teil behandeln. Erst dann werde ich an die Reihe kommen. Ich hoffe sehr, dass Sie dieser Teilung Ihren Beifall zollen und dass Sie Ihre Meinung dem Großherzog gelegentlich ausdrücken werden; denn Ihre Meinungen werden von unserem fürstlichen Freund stets zitiert.«

11 Fanny Lewald trennte sich bei ihrem Umzug von der wertvollen Bibliothek ihres Mannes, die sie seinem Wunsch entsprechend dem Oldenburger Gymnasium überließ.
12 *Im Abendrot. Kaleidoskopische Erzählung in 16 Briefen.* Dresden und Leipzig 1885 (Heinrich Minden). Fanny Lewald widmete das Buch dem Reichsgerichtspräsidenten Eduard Simson, der mit ihr verwandt war.
13 Otto Devrients anlässlich des Luther-Jubiläums geschriebenes Festspiel Luther wurde zum ersten Mal im Herbst 1883 in Jena aufgeführt.
14 Zum Geburtstag Carl Alexanders.
15 Goethe und Schiller-Archiv.
16 Prinz Friedrich Karl von Preußen, Sohn des Prinzen Karl, des Bruders Kaiser Wilhelms I., und der Prinzessin Marie von Sachsen-Weimar, der Schwester der Kaiserin Augusta, starb an einem Schlaganfall am 15. Juni 1885.
17 Prinzessin Elisabeth hatte sich durch einen Sturz vom Pferd lebensgefährlich verletzt.
18 Vom 10. Juli bis zum 7. September 1885 hielt sich Fanny Lewald in Bad Ragaz auf. Nach Berlin zurückgekehrt, arbeitete sie eifrig an ihrem Roman *Die Familie Darner.* Anfang November konnte sie Carl Alexander mitteilen, dass der zweite Band des Romans ihrer Meinung nach beendet sei.
19 Der versprochene Besuch erfolgte am 4. Januar 1886.
20 Goethe, *Faust I,* 2 Vor dem Tor.
21 Vermutlich der Aufsatz »Die Wiederherstellung des Hochmeisterschlosses in Marienburg« von Max Zimmermann in der Weimarer Zeitung vom 3. Januar 1886.
22 Bordighera liegt am Ligurischen Meer, nicht weit von San Remo.
23 Fanny Lewalds Schwester Henriette war am 8. März 1886 gestorben.
24 Prinzessin Elisabeth hatte sich mit Herzog Johann Albrecht von Mecklenburg-Schwerin, dem späteren Regenten von Braunschweig verlobt.
25 Am 4. Juni 1886; Fanny Lewald war unpässlich und konnte Carl Alexander nicht empfangen.
26 Fritz Gurlitt, der Begründer des bekannten Berliner Kunstsalons.
27 Dieser Aufsatz erschien im Feuilleton der *Nationalzeitung.*
28 Fanny Lewalds entfernter Verwandter Walter Robert-Tornow; vgl. Brief 247.
29 Der Geheime Legationsrat Heinrich Abeken gehörte während des Deutsch-Französischen Kriegs dem Großen Hauptquartier zu Versailles an. Vielleicht handelt es sich hier um Abekens Urteile über Bismarck.
30 Königs Ludwig II. tragischer Tod im Starnberger See am 13. Juni 1886.
31 Franz Liszt starb am 31. Juli 1886 in Bayreuth.

32 Fanny Lewald hatte wahrscheinlich Ophelias Worte aus *Hamlet* III, 1 zitiert: »O welch' ein edler Geist ist hier zerstöret!«
33 *Faust II*, 3, Vers 5209 f.
34 Prinzessin Elisabeths Hochzeit fand am 6. November 1886 statt; vgl. Brief 261.
35 Der Geburtstag Adolf Stahrs.
36 Der Diplomat Eduard von Derenthal, den Fanny Lewald am 18. Oktober 1886 getroffen hatte.
37 Am 6. Dezember 1886 verzeichnet das Tagebuch: »Großherzog von Sachsen zu herzlichem Gespräch über Liszt, über unser langes Freundschaftsband.«
38 Fanny Lewald widmete *Die Familie Darner,* ihr letztes großes Werk, dem Großherzog.
39 Am 26. März 1887 verzeichnet das Tagebuch: »Besuch des treuen Großherzogs von Sachsen.«
40 Von den drei Schlössern Dornburgs, 9 km nordöstlich von Jena, wurde das mittlere bisweilen von Carl Alexander als Sommerresidenz benutzt.
41 *Deutsche Rundschau* 1887, Bd. 52, S. 270 ff. und 370 ff. , dann in der Sammlung *Zwölf Bilder nach dem Leben.* Berlin 1888, S. 331-398.
42 Erst am 18. Dezember 1887 versuchte Carl Alexander bei Fanny Lewald vorzusprechen, konnte aber wegen ihrer plötzlichen schweren Erkrankung nicht empfangen werden.
43 Kaiser Wilhelm I. war am 9. März 1888 gestorben; Carl Alexander wohnte den Beisetzungsfeierlichkeiten am 16. März bei.
44 Luise, seit 1856 Gemahlin des Großherzogs Friedrich von Baden; sie hatte am 23. Februar 1888 ihren jüngsten Sohn, Prinz Ludwig von Baden, verloren.
45 In die schwere Leidenszeit Kaiser Friedrichs III.
46 Fanny Lewalds letzte Erzählung »Josias«, beendet am 21. Oktober 1887. Sie erschien zunächst in der *Gartenlaube,* dann als Buch in Stuttgart (bei Kröner).
47 Tagebucheintrag vom 25. Juni 1888: »Um 7 Uhr langer, ausgiebiger Besuch des Großherzogs von Sachsen.«
48 Fanny Lewald hielt sich vom 19. Juli 1888 an in Bad Ragaz auf und nahm hier mit Bedauern wahr, dass die Schweizer Deutschland, insbesondere Bismarck, nicht wohl gesinnt waren.
49 Geheimrat Dr. Körte.
50 Am 28. Januar 1889 empfing Fanny Lewald zum letzten Mal Carl Alexander in ihrer Berliner Wohnung. Im Tagebuch heißt es: »Großherzog von Sachsen. Langer Besuch; er beträgt sich wie ein Sohn und ist sehr mitteilsam.«
51 Am 30. Januar 1889 fand Kronprinz Rudolf von Österreich im Schloss Mayerling bei Wien ein tragisches Ende.
52 dt. »Der Becher ist leer.«
53 *Zahme Xenien* I, Nr. 10.
54 Dieser italienische, vielleicht verschriebene Zuruf ist nicht zu deuten, da Fanny Lewalds Brief nicht erhalten ist.

55 *Wilhelm Meisters Wanderjahre,* 3. Buch, 1. Kap.; der 3. Vers lautet korrekt: »Und dein Streben, sei's in Liebe.«
56 Prof. Dr. Bernhard Suphan.
57 Wilhelm III., König der Niederlande, starb am 23. November 1890 nach langer Krankheit.
58 Nachdem Fanny Lewald am 23. Juni 1889 den beabsichtigten Besuch des Großherzogs hatte absagen müssen, schrieb sie ihm zum letzten Mal am 2. Juli (auch dieser Brief ist nicht erhalten) kurz vor ihrer Abreise von Berlin, da der Arzt ihr dringend zu einer Luftveränderung geraten hatte.

Zeittafel Fanny Lewald

1811	24. März: Fanny Lewald (eigentlich Mathilde Auguste Marcus) wird als erstes Kind einer jüdischen Kaufmannsfamilie in Königsberg geboren. Die Familie des Vaters David Marcus, seit vier Generationen in der Stadt ansässig, gilt als aufgeklärt und religiös tolerant. Juni: Ein großer Brand in Königsberg zerstört auch das bis dahin florierende Bank- und Speditionsgeschäft von David Marcus und seinem Bruder Beer.
1812/13	Königsberg erlebt erst den Durchzug des napoleonischen Heeres nach Rußland, später französische und russische Besatzung. Beginn der Befreiungskriege gegen die napoleonische Herrschaft.
1814	April: Abdankung Napoleons.
1814/15	Wiener Kongress. Abkehr vom Aufbruch der Befreiungskriege und Rückkehr zum System des Ancien Régime bei regionaler Umverteilung gemäß dem Prinzip des europäischen Gleichgewichts. An die Stelle des Heiligen Römischen Reichs Deutscher Nation tritt der Deutsche Bund (37 souveräne Fürsten und vier freie Städte) unter Führung Österreichs.
1817	Eintritt Fannys in die Ulrichsche Privatschule. Obwohl der Schulbesuch für Mädchen damals nicht üblich ist, fördert der Vater die Ausbildung seiner Tochter.
1819	»Hep-Hep-Unruhen«, in vielen deutschen Staaten gegen Juden gerichtete Krawalle, verdeutlichen Fanny das Gefühl, einer Minderheit anzugehören. Wurzel der Ausschreitungen ist die allgemeine politische und wirtschaftliche Unzufriedenheit, die nationalistische Demagogen für eine antisemitische Propaganda nutzen. Das ganze Jahr steht im Zeichen antiliberaler, reaktionärer Politik, die ihren deutlichsten Ausdruck in den »Karlsbader Beschlüssen« findet. Im Zuge radikaler Unterdrückung nationaler und liberaler Tendenzen werden in den kommenden Jahren Tausende verfolgt, verhaftet und verurteilt, vertrieben oder zumindest ihrer Ämter enthoben (u.a. Joseph Görres, Friedrich Ludwig Jahn, Fritz Reuter, Karl August Varnhagen von Ense).
1824	Vorzeitiges Ende der Schulzeit wegen Schließung des Instituts. Laut Autobiographie Beginn der »Leidensjahre«. Während die Brüder Gymnasium und Universität besuchen, muss Fanny sich auf Aufgaben im Haushalt beschränken. Liebesbeziehung zu dem Theologiestudenten Leopold Bock. Der Vater fordert aber die Beendigung der Verbindung. Bock stirbt ein Jahr später an einer schweren Krankheit.
1830	Februar: Übertritt Fannys zum Protestantismus. Julirevolution in Frankreich weckt Fannys Interesse an der Politik.
1831	David Marcus nimmt, wie zuvor seine Brüder, im Zuge der Assimilation den Namen Lewald an.

1832	Reise nach Baden-Baden mit dem Vater, dort Bekanntschaft mit Giacomo Meyerbeer und Ludwig Börne, der wie David Lewald am Hambacher Schlossfest teilnimmt (27. Mai), auf dem ca. 30 000 Teilnehmer Freiheit, Einheit und demokratische Volksvertretungen fordern. Der Deutsche Bund reagiert darauf mit völligem Versammlungsverbot. Ab Juni mehrmonatiger Aufenthalt im Haus ihres angesehenen Breslauer Onkels Friedrich Lewald (ministerieller Berater). Fanny lernt hier anregende Gesellschaft kennen und liest in der Bibliothek des Onkels jede Art von Literatur, darunter Werke zeitgenössischer und jungdeutscher Autoren. Persönliche Bekanntschaft mit Heinrich Hoffmann von Fallersleben. Zweite unglückliche, weil unerwiderte Liebe zu ihrem Breslauer Cousin Heinrich Simon, später liberaler Abgeordneter in der Nationalversammlung.
1835	David Lewald wird als erster Jude zum Stadtrat im Königsberger Magistrat gewählt.
1836	Fanny widersetzt sich einer vom Vater arrangierten Ehe mit einem ostpreußischen Landrat.
1839/40	Reise nach Berlin zu Verwandten, dort Englisch- und Französischunterricht und erste Erfahrungen in der Gesellschaft.
1840	Thronbesteigung König Friedrich Wilhelms IV. und Huldigungsfeier in Königsberg. Neue Hoffnungen auf Liberalisierung und Reformen. Erste Erzählungen *(Modernes Märchen, Der Stellvertreter).* Dezember: Tod der Mutter.
1843	Die Romane *Jenny* und *Clementine* erscheinen anonym bei Brockhaus. Im Spätherbst erneute Reise nach Berlin. Preisgabe der Anonymität, dadurch Zugang zu literarischen Kreisen. Bekanntschaft mit den Salonièren Henriette Herz und Sarah Levy, mit Willibald Alexis und Franz Liszt.
1845	Februar: Nach kurzem Aufenthalt im Königsberg Bezug der ersten möblierten Berliner Wohnung (Markgrafen-/Ecke Kronenstraße). Fanny muss sich von nun an ihren Lebensunterhalt durch Schreiben verdienen. Beginn der Freundschaft mit Therese von Bacheracht, unglücklich verheiratet und zugleich unglücklich verliebt in den jungdeutschen Schriftsteller Karl Gutzkow. *Der dritte Stand,* eine Auftragsarbeit, fordert Solidarität zwischen Besitzenden und Besitzlosen. Die Novelle zeigt Anklänge an George Sands Sozialromane.
1845/46	Erste Italienreise (Mailand, Genua, Florenz, Rom, Neapel, Sizilien). In Rom Kontakt zur deutschen Künstlerkolonie (u.a. Adele Schopenhauer, Ottilie von Goethe, die Archäologin Sibylle Mertens-Schaaffhausen), dort Begegnung mit dem Publizisten, Literaturhistoriker und Gymnasialprofessor Adolf Stahr aus Oldenburg, Hauptmitarbeiter der von Fanny geschätzten *Hallischen Jahrbücher.* Nach anfänglich kritischer Distanz Entwicklung einer zunächst aussichtslos scheinenden Liebesbeziehung zu dem verheirateten Vater von fünf Kindern.

1846	Mai: Tod des Vaters in Königsberg. Weiterreise Fannys von Rom nach Süditalien. Oktober: Rückkehr nach Berlin.
1847	Mit dem *Italienischen Bilderbuch* tritt Fanny erstmals als talentierte Reiseschriftstellerin hervor. *Diogena*, Satire auf die aristokratisch-antidemokratische Weltfremdheit eines Romans der damals populären Autorin Ida Hahn-Hahn, sichert endgültigen literarischen Durchbruch.

Beginn einer lebenslangen Freundschaft mit Johann Jacoby, einem führenden Repräsentanten des politischen Liberalismus in Königsberg, als Mitglied der preußischen Nationalversammlung und des Stuttgarter Rumpfparlaments 1848/49 zweimal des Hochverrats angeklagt, 1865 inhaftiert wegen eines missliebigen Aufrufs.

»Die Stube der Lewald« gilt jetzt und in den folgenden Jahren mit den regelmäßig stattfindenden Montagsgesellschaften als Forum der Literatur. Neben Literaten zählen vor allem liberaldemokratische Publizisten zu Fannys Gästen, darunter Gottfried Keller, der noch unbekannte Theodor Fontane, Friedrich Spielhagen, George Eliot, Levin Schücking, Paul Heyse, Franz Liszt, Ferdinand Lassalle, Julius Fröbel, Johann Jacoby, Heinrich Simon, der Verleger Bernhard Wolff. Nicht wenige von ihnen müssen Deutschland 1849 verlassen.

1848	Februar: Vierzehntägige Reise nach Paris mit Therese von Bacheracht. Fannys *Erinnerungen aus dem Jahre 1848* sind ein wichtiges Zeitdokument. In Paris Bekanntschaft mit Heinrich Heine. März: Bei Übergreifen der Revolution auf Deutschland Rückkehr nach Berlin. Enttäuschung über politische Unreife und Unentschlossenheit. Herbst: Teilnahme an Versammlungen in der Frankfurter Paulskirche. Angesichts der einsetzenden politischen Reaktion Sorge um linksliberale Freunde wie Johann Jacoby und Heinrich Simon. Bekanntschaft mit Erbgroßherzog Carl Alexander von Sachsen-Weimar-Eisenach.
1849	Erscheinen des historischen Romans *Prinz Louis Ferdinand*.
1850	Mai-August: Reise nach England und Schottland. Kontakte zu dem Historiker Thomas Carlyle und zu William Thackeray; Zusammentreffen mit Moritz Hartmann und Arnold Ruge, die 1849 ins Exil gegangen sind. Von England Weiterreise nach Paris mit Adolf Stahr, mit dem sie seit der ersten Begegnung in Rom immer wieder längere Zeitabschnitte gemeinsam verbringt.
1851	Ab Mai: Aufenthalt in Weimar und Camsdorf bei Jena, zunächst gemeinsam mit Stahr. *England und Schottland. Reisetagebuch* *Dünen- und Berggeschichten.*
1852	Tod der Freundin Therese von Bacheracht. Endgültiger Umzug Stahrs nach Berlin in die Wohnung am Leipziger Platz 3, die Fanny im September bezogen hat.
1853	Erscheinen des Romans *Wandlungen*.

1854	Scheidung Stahrs und Warten auf Heiratsgenehmigung. Mehrwöchiger Aufenthalt auf Helgoland.
1855	Eheschließung mit Adolf Stahr. Gemeinsame Reise zur Weltausstellung nach Paris, Zusammentreffen mit Heinrich Heine und Moritz Hartmann.
1856	*Deutsche Lebensbilder* (vier Bände Novellen und Erzählungen)
1858	Beginn der »Neuen Ära« in Preußen (Übernahme der Regentschaft durch Prinz Wilhelm, ab 1861 König) wird von Fanny mit neuer Hoffnung begrüßt. Wiedererwachen des politischen Lebens. Fanny sympathisiert mit den 1849 von Heinrich von Gagern und Eduard Simson gegründeten rechtsliberalen »Gothaern«, die eine kleindeutsche Einigung ohne Österreich anstreben.
1860	Umzug in die Mathäikirchstraße, die von jetzt an Treffpunkt der Montagabendgesellschaften wird.
1861	Abschluss der Arbeiten an der Autobiographie *Meine Lebensgeschichte* in sechs Bänden.
1862	Nach Wahlerfolgen der linken Parteien Auflösung des preußischen Landtags durch König Wilhelm I., um eine Heeresreform durchzusetzen. Der neue Ministerpräsident Otto von Bismarck regiert gegen die Verfassung. Fanny beginnt immer mehr aktuelle Artikel und Aufrufe zu schreiben. *Der Letzte seines Stammes* erscheint als Fortsetzungsroman in der *Gartenlaube*.
1863	Die *Osterbriefe für die Frauen* unterstützen die deutsche Frauenbewegung. Plädoyer für politisch-gesellschaftliche Emanzipation; Aufruf zur Organisierung.
1865	*Von Geschlecht zu Geschlecht* (achtbändiger Journalroman und Fannys umfangreichstes Werk) übt Kritik am ökonomisch unfähigen Adel.
1865/66	*Freundschaftsbriefe an einen Gefangenen* für Johann Jacoby, in denen Fanny die Verhältnisse in Preußen anprangert.
1866	Preußisch-Österreichischer Krieg. Nach anfänglich erbitterter Gegnerschaft zu Bismarcks Politik schwenkt die bisherige Pazifistin um, als eine nationale Einigung als Resultat dieser kriegerischen Politik greifbar wird. An ihren Abendgesellschaften nehmen nun auch nationalliberale Parteigänger Bismarcks teil. Fannys Salon bleibt bis 1887 bestehen.
1866/67	Reise nach Rom. Juni: Reise in die französische Schweiz. September: Friedenskongress in Genf, an dem Fanny als Frau nicht teilnehmen darf. Trotzdem werden ihre *Zehn Artikel wider den Krieg,* die sie verlesen lässt, als einer der bedeutendsten Beiträge gewertet. In Genf Begegnung mit dem italienischen Freiheitskämpfer Giuseppe Garibaldi.
1869	Erscheinen der Reisetagebücher *Ein Winter in Rom* und *Sommer und Winter am Genfer See*. Kuraufenthalte in Karlsbad, Bad Ragaz und auf Helgoland.
1870/71	Deutsch-Französischer Krieg, von Fanny mit glühendem Patriotismus begleitet.

1871	Erscheinen der *Gesammelten Werke* in zwölf Bänden. Aufenthalt in Weimar und Dresden.
1872	Beginn eines zurückgezogenen Lebens, da die angegriffene Gesundheit Adolf Stahrs weder anstrengende Reisen noch häufige Geselligkeiten zulässt.
1873	Journalroman *Die Erlöserin*
1874	Roman Benedikt bringt noch einmal Fannys alte liberale Überzeugung zum Ausdruck.
1876	Reise zur Kur nach Wiesbaden, wo Adolf Stahr nach vorübergehender Erholung am 3. Oktober 71-jährig stirbt.
1877	*Neue Novellen.* Tod des Freundes Johann Jacoby.
1877/78	Einjährige Italienreise mit den Schwestern Henriette und Elisabeth sowie dem Schwager Louis Gurlitt (Landschaftsmaler). Zusammentreffen in Rom mit Paul Heyse, Henrik Ibsen und Franz Liszt. Anschließender Kuraufenthalt in Bad Ragaz und Rückkehr nach Berlin im Oktober.
1879	Reise durch den Norden Deutschlands.
1880	Erscheinen der *Reisebriefe aus Deutschland, Italien und Frankreich* aus den Jahren 1877/78. Nach Kuraufenthalt in Schlangenbad im Herbst letzte Reise nach Italien (bis Mai 1881).
1883	Reisebriefe *Vom Sund zum Posilipp.*
1886	Beendigung der Arbeit am letzten großen Roman Die Familie Darner über eine Königsberger Familie *Erinnerungen an Heine.*
1888	*Zwölf Bilder nach dem Leben* vereinigen Porträts von Zeitgenossen aus dreißig Jahren.
1889	Im Juli letzte Reise nach Dresden, wo Fanny Lewald am 5. August stirbt.

Zeittafel Carl Alexander von Sachsen-Weimar

1818	24. Juni: Carl Alexander wird als lang erwarteter Erbprinz in Weimar geboren. Die Großeltern sind Großherzog Carl August und Großherzogin Luise Auguste. Der Vater, Erbgroßherzog Carl Friedrich, ist seit 1804 verheiratet mit Maria Pawlowna, Tochter des 1801 ermordeten russischen Zaren Paul.
1822	Auf Empfehlung Goethes wird Frédéric Soret, ein Anhänger aufklärerisch-republikanischer Ideen, als Erzieher Carl Alexanders nach Weimar geholt.
1828	Nach dem Tod Carl Augusts wird Carl Friedrich neuer Großherzog. Seitdem verstärktes Engagement Maria Pawlownas für eine kulturelle Erneuerung in Weimar, aber auch für eine Verbesserung der sozialen Zustände.
1829	Heirat der Schwester Augusta mit dem preußischen Prinzen Wilhelm (1861 preußischer König, 1871 deutscher Kaiser). Johann Peter Eckermann beginnt, Carl Alexander zu unterrichten, zunächst mit englischen Lektionen. Zwei Jahre später kommen deutsche Sprache und Literatur hinzu. Eckermanns Unterricht trägt wesentlich dazu bei, die Goethe-Verehrung des Prinzen und seine literarischen Interessen zu fördern. Später wird Eckermann den jungen Fürsten oft in kulturellen Angelegenheiten beraten.
1830	Julirevolution in Paris. Sturz des ultrakonservativen Königs Karl X., Berufung des Enkels Louis-Philippe zum neuen König.
1833/34	Beitritt Sachsen-Weimars zum Deutschen Zollverein, dessen Ziel eine stärkere wirtschaftliche Einigung der deutschen Bundesstaaten (ohne Österreich) ist.
1834	Erste Italienreise Carl Alexanders. Begegnung mit Papst Gregor XVI. und Jérôme Napoleon.
1835/36	Besuch juristischer und naturwissenschaftlicher Vorlesungen an der Universität Leipzig. Rückkehr Sorets nach Genf.
1836/37	Fortsetzung der Studien in Jena. Besuch eines Kollegs bei dem nationalliberalen Historiker Heinrich Luden, dessen Ideen maßgeblich die Burschenschaften beeinflussen.
1838	Erste Erneuerungspläne für die in desolatem baulichem Zustand befindliche Wartburg in Eisenach.
1839	Reisen nach Böhmen, Wien, Ungarn und England.
1840	Besuch von Park und Schloss Muskau stiftet Kontakt zu Fürst Hermann von Pückler, der Carl Alexander in der Folgezeit bei der Gestaltung des Parks von Schloss Ettersburg berät.
1840/41	Aufenthalt Ferdinand von Freiligraths in Weimar. Inspiriert vom »Musenhof« seiner Urgroßmutter Anna Amalia ist Carl Alexander bestrebt, bedeutende Schriftsteller nach Weimar zu holen – nicht immer mit Erfolg.
1841	Erste Begegnung mit Franz Liszt, der in Weimar einige Konzerte gibt.

	Reise nach Russland und Teilnahme an der Hochzeit des Cousins »Sascha« (ab 1855 Zar Alexander II.).
1842	Hochzeit in Den Haag mit seiner 18-jährigen Cousine Sophie, Tochter König Wilhelms der Niederlande und der russischen Großfürstin Anna Pawlowna.
	Ernennung Liszts zum Hofkapellmeister.
1844	Geburt des Sohnes Carl August.
	17. Juni: Die Ettersburger Geselligkeiten nehmen ihren Anfang. Über acht Jahre lang Sammlung der Texte im Ettersburger *Album* oder *Journal*. Breites Gästespektrum: u.a. der kosmopolitische Hermann Fürst von Pückler-Muskau, der dänische Märchendichter Hans Christian Andersen, der deutsch-jüdische Dichter und Verfechter demokratischer Ideen Berthold Auerbach, der österreichisch-jüdische Dichter Moritz Hartmann, die Weimarer Schriftstellerin Amalie Winter.
1848	Februar: Revolution in Frankreich, Abdankung des Bürgerkönigs Louis-Philippe und Ausrufung der Republik. Von Baden ausgehend Beginn von Unruhen in den deutschen Staaten.
	März: Aufstände in Wien (mit nachfolgenden Erhebungen in Italien, Böhmen und Ungarn) und Berlin. Die preußischen Truppen rücken auf Befehl von König Friedrich Wilhelm IV. aus der Stadt ab – gegen den Widerstand von Prinz Wilhelm.
	18. Mai: Zusammentritt der Nationalversammlung in der Frankfurter Paulskirche.
1849	Februar: Aufführung der Wagner-Oper *Tannhäuser* in Weimar. Es folgen u.a. *Lohengrin* (1850), *Der fliegende Holländer* (1853), *Tristan und Isolde* (1874).
	April: Der Preußenkönig Friedrich Wilhelm IV. lehnt die ihm von der Nationalversammlung angetragene Kaiserwürde ab.
	Mai: Revolution in der Pfalz und in Sachsen, wo die Unruhen mit preußischer Hilfe niedergeschlagen werden. Einen republikanischen Aufstand in Baden beendet ein Bundesheer unter Führung von Prinz Wilhelm von Preußen (»Kartätschenprinz«). 80 000 Badener, darunter die führenden Köpfe der Revolution, müssen emigrieren.
	Geburt der Tochter Marie Alexandrine.
	August: Weimar begeht mit großen Feiern den 100. Geburtstag Goethes.
1850	Errichtung eines Denkmals für Johann Gottfried Herder, der von 1776 bis zu seinem Tod 1803 in Weimar mehrere geistliche Ämter innehatte.
1851	Geburt der Tochter Sophie.
	In Frankreich Staatsstreich Louis Napoleons und Auflösung des Parlaments.
1852	Reise nach Italien. Besuch bei dem Bildhauer Karl Steinhäuser, der an einer von Bettine von Arnim bestellten Statue Goethes arbeitet. Ankauf der Statue, die ein Jahr später nach Weimar gebracht wird und im 1869 eröffneten Großherzoglichen Museum ihren endgültigen Platz findet.

	Dezember: Louis Napoleon läßt sich zum französischen Kaiser krönen (Napoleon III.)
1853	Tod des Vaters Carl Friedrich, dem Carl Alexander als Großherzog folgt.
1854	Geburt der Tochter Elisabeth.
	Heinrich Hoffmann von Fallersleben, in einigen deutschen Staaten politisch verfolgt, kommt nach Weimar, ediert gemeinsam mit Oskar Schade das *Weimarische Jahrbuch für deutsche Sprache, Literatur und Kunst*.
	Moritz von Schwind beginnt in der Wartburg mit den Arbeiten an seinen berühmten Fresken.
1855	Karl Biedermann, ehemaliges Mitglied des Frankfurter Parlaments und vielerorts wegen kritischer Artikel angefeindet, wird Redakteur der *Weimarischen Zeitung*.
1856	Vergebliche Intervention Carl Alexanders beim sächsischen König Johann, seinem Cousin, zugunsten Richard Wagners, um dem Komponisten die Rückkehr nach Deutschland zu ermöglichen.
1857	Erster Besuch Friedrich Hebbels in Weimar. Carl Alexander schätzt die konservativ-liberale Einstellung des Dichters, dessen *Nibelungen-Trilogie* 1861 in Weimar aus der Taufe gehoben wird.
1857	Franz Dingelstedt wird auf Empfehlung Liszts zum Generalintendanten der Weimarer Bühnen berufen.
	September: Enthüllung des Goethe-Schiller-Denkmals vor dem Theater.
1859	Tod der Mutter Maria Pawlowna und der achtjährigen Tochter Sophie.
	November: Jubiläumsfeier zum 100. Geburtstag Schillers in Weimar.
1860	Gründung der Kunstschule in Weimar.
1861	Januar: Nach dem Tod Friedrich Wilhelms IV. wird der bisherige Prinzregent als Wilhelm I. neuer preußischer König.
	März: Viktor Emanuel II. von Piemont wird auf Beschluss des ersten italienischen Parlaments König von Italien.
	Gründung des »Allgemeinen Deutschen Musikvereins« zur Förderung moderner Musik in Weimar.
	Weggang Franz Liszts aus Weimar, nachdem Carl Alexander das Musiktheater weniger gefördert hat als Dingelstedts Schauspielbühnen.
	Ernst Haeckel, Zoologe und Philosoph, Anhänger Darwins, wird Privatdozent in Jena. Ein Jahr später Ernennung zum Direktor des Zoologischen Museums im Jenaer Stadtschloss.
1862	Ende der »Neuen Ära« in Preußen durch Auflösung des Abgeordnetenhauses und Entlassung der liberalen Minister. Ernennung Bismarcks zum preußischen Ministerpräsidenten.
1864	Januar-Oktober: Deutsch-Dänischer Krieg.
1866	Mai: Feier zum 50. Jahrestag der Weimarer Verfassung, die mit ihrer fortschrittlichen Tendenz den Übergang zur konstitutionellen Monarchie markiert.

	Juni/Juli: Deutscher Krieg (zugleich Österreichisch-Italienischer Krieg). Seit Januar wachsende Spannungen zwischen Preußen und Österreich in der Schleswig-Holstein-Frage, die Bismarck zum Anlass nimmt, die Vormachtstellung Preußens zu erzwingen. Der Konflikt spaltet den Deutschen Bund. Nur widerstrebend schließt Sachsen-Weimar sich dem Bündnis gegen Österreich an.

Dezember: Beitritt Sachsen-Weimars zum Norddeutschen Bund trotz Einwände gegen Bismarcks Verfassungsentwurf, der die Souveränität der Einzelstaaten beschneidet.

1867 800-Jahr-Feier in der weitgehend wiederhergestellten Wartburg. Anlässlich dieses Festes Rückkehr Liszts aus Rom.

1869 Franz Liszt bezieht in der sog. »Hofgärtnerei« Wohnung und verbringt bis zu seinem Tod (1886) künftig mehrere Monate im Jahr in Weimar.

Eröffnung des Großherzoglichen Museums.

1870/71 Deutsch-Französischer Krieg

August 1870: Großherzog Carl Alexander begibt sich ins Hauptquartier des preußischen Königs.

September 1870: Die französische Garnison wird wegen des Krieges aus dem Kirchenstaat abgezogen; italienische Truppen besetzen Rom.

18. Januar 1871: Kaiserproklamation in Versailles. Wilhelm I. von Preußen wird im Beisein der deutschen Fürsten (darunter auch Carl Alexander mit Sohn) zum Deutschen Kaiser ausgerufen.

1873 Hochzeit des Erbprinzen Carl August mit Pauline von Sachsen-Weimar-Eisenach.

1876 Heirat der Tochter Marie Alexandrine mit Prinz Heinrich VII. Reuß.

1878 Berliner Kongress soll das russische Übergewicht auf dem Balkan revidieren, belastet in der Folge jedoch den Frieden in Europa.

Mai/Juni: Zwei Attentate auf Kaiser Wilhelm durch den Hilfsarbeiter Max Hödel bzw. den Landwirt Karl Eduard Nobiling.

1880 Gründung der »Permanenten Kunstausstellung«, die Kunst und Gewerbe vereinigen soll.

1881 Gründung der »Großherzoglich-Sächsischen Zentralstelle für Kunstgewerbe«.

1885 Tod Walther von Goethes, des letzten Enkels und alleinigen Besitzers des Dichter-Nachlasses. Liegenschaften und Sammlungen gehen an den Staat Sachsen-Weimar, der literarische Nachlass an die Großherzogin Sophie.

1888 Dreikaiserjahr

9. März: Tod des 91-jährigen Wilhelm I. Zur Beisetzung des Schwagers reist Carl Alexander nach Berlin.

15. Juni: Friedrich III., bei seinem Regierungsantritt bereits todkrank, stirbt. Nachfolger wird sein 29-jähriger Sohn Wilhelm II. Carl Alexander bezeichnet in seinen Aufzeichnungen die Ereignisses dieses Jahres als »Tragödien«.

1889 Richard Strauss, erst 25 Jahre alt, wird Kapellmeister in Weimar. Henrik Ibsen auf Einladung Carl Alexanders in Weimar zu Gast.

1890	Entlassung Bismarcks. Nach dem Ende der Ära Bismarck Beginn des »persönlichen Regiments« Wilhelms II. Unter dem Reichskanzler Leo Graf Caprivi wird innenpolitisch ein stärkerer Ausgleich gesucht (»Neuer Kurs«).
1892	Entlassung von Carl Alexanders Schwiegersohn Prinz Reuß als deutscher Botschafter in Wien.
1894	Tod des Erbprinzen Carl August nach schwerem Nierenleiden.
1896	Einweihung des von Otto Minkert geschaffenen Goethe-Archivs.
1897	23. März: Tod der Großherzogin Sophie. Carl Alexander erfährt auf dem Rückweg von Berlin (Gedächtnisfeier zum 100. Geburtstag Kaiser Wilhelms I.) vom Tod seiner Frau. Juli: Besuch Carl Alexanders bei Bismarck in Friedrichsruh.
1899	Beschäftigung mit der Philosophie Friedrich Nietzsches, der sich zu der Zeit gerade im Weimar aufhält.
1901	5. Januar: Tod Carl Alexanders, der sich im Dezember auf der Jagd eine Lungenentzündung zugezogen hat.

Personenregister

Abeken, Heinrich 404
Albert von Sachsen-Coburg 347
Alexander II., Zar 94, 201
Anna Amalia, Herzogin von
  Sachsen-Weimar 94, 283
Antonelli, Giacomo, Kardinal 214
Arnim, Bettine von 19, 22, 24, 272
Arnim, Gisela von 18, 24
Arnim, Harry Graf von 340
Arnswald, Bernhard von 89
Assing, Ludmilla 267, 269 ff.
Auerbach, Berthold XVII, 372
Augusta von Preußen XIII, 71,
  103, 278 f., 335, 339, 372 f.,
  381, 384, 401, 411, 417

Bacheracht, Therese von VIII,
  IX f., XV, 3, 5, 14, 30 ff., 38,
  41 ff., 51 f., 54, 61, 63 f., 66 f.,
  78, 116, 118 ff., 126, 338
Bamberger, Ludwig 271
Baum, Katharina 275, 288, 298
Beethoven, Ludwig van 107
Beitzke, Heinrich Major 157 f.,
  160, 169, 170
Donizetti, Gaetano 329
Bernhard Heinrich, Herzog von
  Sachsen-Weimar 61, 63 f., 121
Beust, Friedrich Ferdinand Graf
  von 340
Bischoff, Christian 174
Bismarck, Fürstin 268, 272
Bismarck, Otto Fürst von XIV,
  268, 272, 298, 381
Blaserna, Physiker 350, 378
Bläser, Gustav 105, 107
Bock, Frau von 135, 170
Böhme, Jakob 241
Boisserée, Sulpiz 256
Boito, Arrigo 324
Bölte, Amelie 35
Börne, Ludwig 25
Brachvogel, Udo 293, 307

Braun, Luise 20 f., 23
Buckle, Henry Thomas 262
Buddelmeyer, August 21
Bunsen, Christian Karl Josias von
  65, 70
Burmeister, Hermann 93

Cairoli, Benedetto 228
Campe, Julius 167
Canrobert, François de 327
Carey, Henry Charles 262
Carl Alexander, Herzog von
  Sachsen-Weimar, Kinder von
  91, 192, 262, 276, 279, 294,
  306 f., 311 ff., 315, 326, 389,
  399 f., 402, 405
Carl August, Herzog von Sachsen-
  Weimar IX f., 56, 85, 94, 150,
  179, 180 f., 195 f., 269, 280,
  290, 341
Carlyle, Thomas 216
Caroline, Prinzessin von Weimar
  280, 282
Cellini, Benvenuto 365
Cernuschi, Enrico 322
Chambers, Robert 75
Crispi, Francesco 332
Curtius, Ernst 21

Dante Alighieri 105
Dargaud, J. M. 86
Darwin, Charles 245
Dawison, Bogumil 170
Delavigne, Jean François Casimir
  21
Derenthal, Eduard von XIV, 405, 414
Devrient, Emil 169 f.
Dickens, Charles (Boz) 60
Dingelstedt, Franz von 195, 197
Dohrn, Anton 245
Döring, Theodor 195
Drake, Friedrich 105, 265
Dumont, Josef 141

Ebers, Georg 200
Eberwein, Justizrat 115, 119
Eberwein, Karl 115
Eckermann, Johann Peter IX, 57
Eichel, Frau von 216, 220
Eliot, George XVII
Elisabeth, Prinzessin von Sachsen-Weimar 399 f., 402, 405
Encke, Louise von 358
Ersilia, Gräfin Lovatelli 214, 217, 221

Ferrari, Paolo 195
Feuerbach, Ludwig 41, 74
Filosofoff, russ. General 236, 241
Fontane, Theodor XVII
Freytag, Gustav 147, 150
Friedrich Franz II., Großherzog von Mecklenburg-Schwerin 48
Friedrich II., der Große 218, 240
Friedrich Karl, Prinz von Preußen 399
Friedrich Wilhelm III., König von Preußen 27, 324
Friedrich Wilhelm IV., König von Preußen 74
Frigyesi, Oberst 235
Fröbel, Julius 34 f., 74
Frommann, Alwine 30, 103

Galizin, Sophie 109
Gambetta, Léon 337
Garibaldi, Giuseppe XVI, 224, 226, 228, 235
Gasser, Josef 122, 124
Geiger, Ludwig 359, 361
Gerson, Marie *siehe* Stahr, Marie
Gerstenberg, Fräulein von 216, 223
Gervinus, Georg Gottfried 224
Gleichen-Rußwurm, Ludwig von 300
Goethe, Johann Wolfgang von IX, XIV, XVIII, 4 f., 8, 12, 32, 39, 57, 74, 94 f., 103, 106 f., 121, 156, 165, 179, 181, 192, 195 f., 203, 210, 218, 220, 242 f., 245, 247, 252, 256 f., 264, 267 f., 275 f., 278, 281, 283, 288 ff., 294 f., 297, 299, 304 ff., 310 ff., 314 f., 340 f., 349, 354, 358-362, 365, 368 f., 371 f., 376, 380 f., 389, 396 f., 400, 402 f., 407, 415, 418, 420
Goethe, Ottilie von IX, 110, 238, 266 f., 270
Goethe, Walter von IX, 110, 397, 399
Goethe, Wolfgang von IX, 110, 243
Gräfe, Albrecht von 382
Gregor XVI., Papst 319
Gregorovius, Ferdinand XII
Griepenkerl, Robert 49 f., 52, 73, 134, 136
Grimm, Hermann XVIII, 310, 312
Groth, Klaus 376
Gurlitt, Elisabeth *siehe* Lewald, Elisabeth
Gurlitt, Fritz 264, 403, 404
Gurlitt, Louis 82
Gutzkow, Karl VIII, 61, 80 f., 198, 201

Häckel, Ernst 200
Hackländer, Friedrich Wilhelm von 140
Hamilton, Andrew 256
Hansemann, David Justus 18
Hansemann, Gustav 177, 203, 234
Hardenberg, Friedrich v. *siehe* Novalis
Hartmann, Moritz 137 ff., 141, 153 f.
Hauenschild, Georg Spiller von 90, 143 f.
Hausrath, Adolf 348
Hebbel, Friedrich XII
Hegel, Georg Wilhelm 88
Heine, Heinrich VIII, XV, 389
Heldburg, Helene Freifrau von 288, 292
Hennig, Julius von 139
Henoch, Eduard Heinrich 165, 168
Hensel, Wilhelm 381
Hermann, Prinz von Sachsen-Weimar 276, 374

Hertz, Martin 168
Herz, Henriette VII
Hettner, Hermann 77, 96, 98
Heyse, Paul XII, XVII
Hiltey, Karl 338
Höfer, Edmund 134, 140
Hoffmann von Fallersleben, Heinrich XII
Hugo, Victor 182
Humboldt, Alexander von 65, 93, 269, 305 f.
Humboldt, Wilhelm von 305 f.
Hummel, Johann Nepomuk XI, 12, 87
Huxley, Thomas Henry 245

Ibsen, Henrik 416

Jacoby, Johann IX, XVII, 18, 34 f., 43
Joachim, Josef 119

Kahlmann, weimar. Generalkonsul 67, 71, 177
Kalkreuth, Stanislaus Graf von 200, 202, 249
Kant, Immanuel 106
Carl Friedrich, Großherzog von Sachsen-Weimar 291
Carl Friedrich, Prinz von Preußen 385
Carl-Bernhard, Herzog von Sachsen-Weimar 44
Keller, Gottfried XVII
Keudell, Robert von 268, 272, 298
Kingsley, Hypatia von 348, 349
Klauß, Wilhelmine 134, 136
Knebel, Henriette von 283
Knebel, Karl Ludwig von 85, 94, 283
Kolbe, Heinrich Christoph 360

La Roche, Sophie von 167
Lanfrey, Pierre 252 f.
La Rochefoucauld, François VI., Herzog von 153
Lasker, Eduard 271, 273
Lassalle, Ferdinand XVII

Lavater, Johann Caspar 39
Layard, Sir Austen Henry 317
Lehmann, Rudolf 227
Leo XIII., Papst 332, 334, 364, 366
Leo, Heinrich 114
Lepsius, Sabine XVII
Lessing, Gotthold Ephraim 106, 224, 226, 236, 247, 268, 318
Levasseur, Pierre Thomas 164
Levy, Sarah VIII
Lewald (Gurlitt), Elisabeth 39, 80, 82 f., 99
Lewald (verh. Minden), Minna 39, 82, 88
Lewald, David Marcus VII
Lewald, Friedrich 148, 150
Lewald, Henriette 39, 88, 92, 401
Lewald, Marie 29, 31, 38 f., 88, 92, 95, 105
Lewald, Otto 19, 39, 53, 55 f., 80, 82, 99
Lichnowsky, Felix Fürst von 225
Liszt, Franz VIII, XII f., XVII, 14, 33 f., 37, 40 f., 45, 90, 99, 119, 123, 134, 199, 208 f., 212, 214 f., 364 ff., 404 f., 409 f.
Livius 114
Loën, August Freiherr von 296, 357, 406
Lüderitz, Franz Adolf Eduard 391
Ludwig II., König von Bayern XVII, 11, 110
Luise, Großherzogin von Sachsen-Weimar 94
Luther, Martin 115
Lützow, Heinrich von 30 f., 42, 63 f., 116, 118 f., 126
Lützow, Therese von siehe Bacheracht, Therese

Macauly Thomas Babington 47, 50, 52, 70, 72, 328
Manin, Daniele 322
Manteuffel, Edwin Freiherr von 272
Marchand, Konsul 277
Maria Pawlowna XI, 228

Maria-Anna, Prinzessin von
   Hessen-Homburg 24
Marie Alexandrine, Herzogin v.
   Sachsen-Weimar 258
Mazzini, Giuseppe 322
Meding, Regierungsrat *siehe*
   Samarow, Gregor
Mendelssohn Bartholdy, Fanny
   VIII, 381
Metternich, Fürstin von 122
Minden, Heinrich 392
Mirabeau, Honoré Gabriel de
   19 f., 23 f.
Moleschott, Jakob 93
Moltke, Hellmuth Graf von 110,
   381
Monnier, Sophie 19
Müller, Friedrich von 94, 256 f.
Müller, Gustav 176
Mylius, Bankiersfamilie 158 f.

Napoleon I. 26, 94, 244
Napoleon II., Louis, König von
   Holland 271
Nerly, Friedrich 158 f.
Neuville, Alphonse Marie de 385
Nierl, Adolphe 248
Novalis 387

Olfers, Hedwig von (geb. Stege-
   mann) 329, 415 f.
Olfers, Maria 329
Omer Pascha 137
Oppenheim, Dagobert 360
Oppenheim, Heinrich Bernhard
   58
Otterstedt, Alexander Carl
   Friedrich Freiherr von 320 f.

Paracelsus, Theophrastus 241
Pellico, Silvio 248, 322
Pirch, Baron von 297
Pius IX., Papst 207, 218 f., 5319,
   326 ff., 330
Platen, August Graf von 51 f., 160
Plockhorst, Bernhard 255
Plutarch 96 f.
Potocki, Graf von 109

Preller, Friedrich 77, 277
Pückler-Muskau, Hermann Fürst
   von 267-272, 298

Radowitz, Joseph Maria von 346
Raffael (Raffaello Santi) 211
Rauch, Christian Daniel 122, 381
Rénan, Ernst 377, 379
Reuß, Marie Fürstin von (*siehe
   auch* Carl Alexander, Kinder)
   311, 315
Ried, Dr. 341
Rietschel, Ernst 121 f., 124, 317
Ritgen, Hugo von 173
Robert-Tornow, Walter 389,
   403
Rochefort, Henri 248
Romberg, Moritz Heinrich 113
Römer, Bildhauer 381 ff.
Rothschild, Familie 109
Rudolf von Habsburg, Kronprinz
   von Österreich XVII, 414

Samarow, Gregor 268, 272, 298
Sand, George VII
Schaper, Friedrich 382, 396
Scheffel, Josef Viktor von XII
Schiller, Charlotte von 280, 281,
   282
Schiller, Friedrich von 32, 94, 103,
   107, 121, 156, 192, 242, 281,
   283, 376, 379, 380
Schinkel, Karl Friedrich 317
Schlegel, Friedrich 88
Schleiden, Matthias Jakob 93
Schleiermacher, Friedrich 272
Schlichtekrull, Frl. von 152, 154
Schlözer, Kurd von 225
Schmid, Elise 151-154
Schöll, Gustav Adolf 360
Schröder-Devrient, Schauspielerin
   135, 169
Schröter, Corona 297
Schücking, Levin XVII, 17, 19
Schwanenfeld, Baron von 110
Schwanenfeld, Emma Baronin von
   110
Schwartz, Marie Espérance 110

Schwendler, Frau von 8, 14, 80, 96, 276
Schwerdgeburth, Otto 340
Seebeck, Moritz von 96
Sermoneta, Michelangelo Herzog von 212, 214, 217, 220, 225
Shakespeare, William 190 f., 204, 350 f., 404, 419
Siebert, Dr. 287, 292
Siemering, Rudolf 265, 382, 383
Sigismund, Bertold 120 f.
Simon, Gustav 151
Simon, Heinrich IX, XVII, 34 f., 151
Simrock, Karl 384
Sophie, Großherzogin von Sachsen-Weimar XI, 16, 65, 86, 88, 90 f., 96 f., 99, 102, 107 f., 112, 118, 124, 126, 128, 137, 141, 143, 147, 149, 155, 161, 172, 186, 188 ff., 192, 205, 226, 237 ff., 246, 249, 253, 258, 260, 266, 268, 273, 275, 278, 282, 302, 312, 320, 324, 326, 346, 375, 389, 399, 400
Soret, Frédéric IX
Staël, Germaine de 73
Stahr, Adolf VIII f., XIII, XV f., XVII, XVIII f., 12, 19, 38, 41, 45, 47, 49, 53, 56, 64, 67, 72, 77, 84 f., 87-92, 94 f., 102 f., 108-117, 119 f., 123, 126 f., 129-133, 136, 138 ff., 142 f., 145, 149, 153 ff., 160-163, 166 f., 171, 173 ff., 178, 184 f., 187-191, 193 f., 196, 203-206, 208, 210-213, 215, 217, 219 f., 223 f., 227, 230 f., 236 f., 239, 242-247, 249 f., 252, 255 f., 258-262, 265 f., 268 f., 271, 274 f., 278, 281, 283, 285-293, 295-298, 300-306, 308-311, 314, 317 f., 332, 335 f., 338, 340, 342, 344 f., 347 ff., 354, 359, 367 f., 376, 384, 398
Stahr, Alwin XVI, 140, 146, 151 ff., 180, 182-185, 194 ff., 229 ff., 236-239, 246, 248 ff., 251, 263, 266, 329, 332, 334, 379
Stahr, Adolf, Kinder 146, 184, 200, 230 f., 236 ff., 239, 250, 255, 263, 308, 310, 316, 357, 374, 386
Stahr, Marie (geb. Gerson) 194
Stahr, Marie, 112, 119, 130 ff., 140, 146, 156, 184, 310, 357
Stein, Charlotte von 4, 8, 10, 285, 288 f., 297
Stein, Freiherr von 26
Sternberg, Alexander von Ungern- 39, 61
Story, William 213, 215 ff., 220, 223 f., 226
Strauß, David 74
Struensee, Graf von 351
Sue, Eugen 60
Sueton 114
Suphan, Bernhard 419
Swift, Jonathan 70
Szarvady, Friedrich 139, 141

Tacitus 114, 200
Taine, Hippolyte 392
Talleyrand, Charles Maurice de 62, 64
Teano, Prinz von 212, 214, 217, 225
Temme, Hubertus 35
Ternow, Fanny 42
Thackeray, William 59 f., 62, 70 f., 73
Tolstoi, Gräfin 241
Traube, Ludwig 205

Ungher-Sabatier, Caroline 258
Unruh, Hans Viktor von 35

Varnhagen von Ense, Karl August von VIII, 269, 271
Vent, C. 91, 117
Ventura 17
Vernet, Horace 213
Viktor Emanuel, König von Italien 319, 321 ff., 327
Vogt, Karl 93, 234
Voß, Richard 392, 395 f.

Wagner, Richard XII, 46, 48, 84, 108, 123 f., 259 f.
Waldau, Max *siehe* Hauenschild, Georg Spiller von
Waldeck, Benedikt Franz Leo 35, 52
Wartel, Pierre François 275
Wereschtschagin, Wassili 385
Werner, Anton von 317
Wieland, Christoph Martin 103, 121-124
Wilhelm I., dt. Kaiser u. König von Preußen XIII, XVI, 42, 160 f., 240, 272, 298, 335, 337, 339, 342, 389, 395, 411, 418
Wilhelm II., König der Niederlande 419
Wittich, Karl 351
Wittig, Hermann 364-367, 378
Wolkenstein, Oswald von 390
Wolzogen, Caroline von 94
Wydenbrugk, Oskar von 127, 130

Zabel, Friedrich 188, 191, 242
Zitz, Franz Heinrich 35